中華古籍保護計劃

ZHONG HUA GU JI BAO HU JI HUA CHENG GUO

·成 果·

# 黑龍江省十家公共圖書館古籍普查登記目録

全國古籍普查登記目録

國家圖書館出版社
National Library of China Publishing House

**圖書在版編目(CIP)數據**

黑龍江省十家公共圖書館古籍普查登記目録/《黑龍江省十家公共圖書館古籍普查登記目録》編委會編. --北京:國家圖書館出版社, 2017.6
(全國古籍普查登記目録)
ISBN 978-7-5013-5891-5

Ⅰ. ①黑… Ⅱ. ①黑… Ⅲ. ①公共圖書館—古籍—圖書館目録—黑龍江省 Ⅳ. ①Z838

中國版本圖書館 CIP 數據核字(2016)第 151609 號

| | |
|---|---|
| **書　名** | 黑龍江省十家公共圖書館古籍普查登記目録 |
| **著　者** | 《黑龍江省十家公共圖書館古籍普查登記目録》編委會　編 |
| **責任編輯** | 張珂卿 |

| | |
|---|---|
| **出　版** | 國家圖書館出版社(100034　北京市西城區文津街 7 號)<br>(原書目文獻出版社　北京圖書館出版社) |
| **發　行** | 010-66114536　66126153　66151313　66175620<br>66121706(傳真)　66126156(門市部) |
| **E-mail** | nlcpress@ nlc. cn(郵購) |
| **Website** | www. nlcpress. com→投稿中心 |
| **經　銷** | 新華書店 |
| **印　裝** | 河北三河弘翰印務有限公司 |
| **版　次** | 2017 年 6 月第 1 版　2017 年 6 月第 1 次印刷 |

| | |
|---|---|
| **開　本** | 787×1092(毫米)　1/16 |
| **印　張** | 30 |
| **字　數** | 630 千字 |

| | |
|---|---|
| **書　號** | ISBN 978-7-5013-5891-5 |
| **定　價** | 270.00 圓 |

#《全國古籍普查登記目録》

## 工作委員會

**主　任：** 周和平

**副主任：** 張永新　詹福瑞　劉小琴　李致忠　張志清

**委　員**（按姓氏筆畫排序）：

| | | | | |
|---|---|---|---|---|
| 于立仁 | 王水喬 | 王　沛 | 王紅蕾 | 王筱雯 |
| 方自今 | 尹壽松 | 包菊香 | 任　競 | 全　勤 |
| 李西寧 | 李　彤 | 李忠昊 | 李春來 | 李　培 |
| 李曉秋 | 吳建中 | 宋志英 | 努　木 | 林世田 |
| 易向軍 | 周建文 | 洪　琰 | 倪曉建 | 徐欣禄 |
| 徐　蜀 | 高文華 | 郭向東 | 陳荔京 | 陳紅彦 |
| 張　勇 | 湯旭巖 | 楊　揚 | 賈貴榮 | 趙　嫄 |
| 鄭智明 | 劉洪輝 | 歷　力 | 鮑盛華 | 韓　彬 |
| 魏存慶 | 鍾海珍 | 謝冬榮 | 謝　林 | 應長興 |

# 《全國古籍普查登記目録》

## 序　言

全國古籍普查登記工作是“中華古籍保護計劃”的首要任務，是全面開展古籍搶救、保護和利用工作的基礎，也是有史以來第一次由政府組織、參加收藏單位最多的全國性古籍普查登記工作。

2007年國務院辦公廳發佈《關於進一步加强古籍保護工作的意見》(國辦發[2007]6號)，明確了古籍保護工作的首要任務是對全國公共圖書館、博物館和教育、宗教、民族、文物等系統的古籍收藏和保護狀況進行全面普查，建立中華古籍聯合目録和古籍數字資源庫。2011年12月，文化部下發《文化部辦公廳關於加快推進全國古籍普查登記工作的通知》(文辦發[2011]518號)，進一步落實了全國古籍普查登記工作。根據文化部2011年518號文件精神，國家古籍保護中心擬訂了《全國古籍普查登記工作方案》，進一步規範了古籍普查登記工作的範圍、内容、原則、步驟、辦法、成果和經費。目前進行的全國古籍普查登記工作的中心任務是通過每部古籍的身份證——“古籍普查登記編號”和相關信息，建立古籍總臺賬，全面瞭解全國古籍存藏情況，開展全國古籍保護的基礎性工作，加强各級政府對古籍的管理、保護和利用。

《全國古籍普查登記工作方案》規定了全國古籍普查登記工作的三個主要步驟：一、開展古籍普查登記工作；二、在古籍普查登記基礎上，編纂出版館藏古籍普查登記目録，形成《全國古籍普查登記目録》；三、在古籍普查登記工作基本完成的前提下，由省級古籍保護中心負責編纂出版本省古籍分類聯合目録《中華古籍總目》分省卷，由國家古籍保護中心負責編纂出版《中華古籍總目》統編卷。

在党和政府領導下，在各地區、各有關部門和全社會共同努力下，古籍普查登記工作得以扎實推進。古籍普查已在除臺、港、澳之外的全國各省級行政區域開展，普查内容除漢文古籍外，還包括各少數民族文字古籍，特别是於2010年分别啓動了新疆古籍保護和西藏古籍保護專項，因地制宜，開展古籍普查登記工作；國家古籍保護中心研製的“全國古籍普查登記平臺”已覆蓋到全國各省級古籍保護中心，並進一步研發了“中華古籍索引庫”，爲及時展現古籍普查成果提供有力支持；截至目前，已有11375部古籍進入《國家珍貴古籍名録》，浙江、江蘇、山東、河北等省公佈了省級《珍貴古籍名録》，古籍分級保護機制初步形成。

《全國古籍普查登記目録》是古籍普查工作的階段性成果，旨在摸清家底，揭示館藏，反映古籍的基本信息。原則上每申報單位獨立成冊，館藏量少不能獨立成冊者，則在本省範圍内幾個館目合併成冊。無論獨立成冊還是合併成冊，均編製獨立的書名筆畫索引附於書後。著録的必填基本項目有：古籍普查登記編號、索書號、題名卷數、著者（含著作方式）、版本、冊數及存缺卷數。其他擴展項目有：分類、批校題跋、版式、裝幀形式、叢書子目、書影、破損狀況等。有條件的收藏單位多著録的一些擴展項目，也反映在《全國古籍普查登記目録》上。目録編排按古籍普查登記編號排序，内在順序給予各古籍收藏單位較大自由度，可按分類排列古籍普查登記編號，也可按排架號、按同書名等排列古籍普查登記編號，以反映各館特色。

此次全國古籍普查登記工作，克服了古籍數量多、普查人員少、普查難度大等各種困難，也得到了全國古籍保護工作者的極大支持。在古籍普查登記過程中，國家古籍保護中心、各省古籍保護中心爲此舉辦了多期古籍普查、古籍鑒定、古籍普查目録審校等培訓班，全國共1600餘家單位參加了培訓，爲古籍普查登記工作培養了大量人才。同時在古籍普查登記工作中，也鍛煉了普查員的實踐能力，爲將來古籍保護事業發展奠定了良好的基礎。

《全國古籍普查登記目録》的出版，將摸清我國古籍家底，爲古籍保護和利用工作提供依據，也將是古籍保護長期工作的一個里程碑。

國家古籍保護中心
2013年10月

# 《全國古籍普查登記目録》

## 編纂凡例

一、收録範圍爲我國境内各收藏機構或個人所藏，産生於 1912 年以前，具有文物價值、學術價值和藝術價值的文獻典籍，包括漢文古籍和少數民族文字古籍以及甲骨、簡帛、敦煌遺書、碑帖拓本、古地圖等文獻。其中，部分文獻的收録年限適當延伸。

二、以各收藏機構爲分册依據，篇幅較小者，適當合併出版。

三、一部古籍一條款目，複本亦單獨著録。

四、著録基本要求爲客觀登記、規範描述。

五、著録款目包括古籍普查登記編號、索書號、題名卷數、著者、版本、册數、存缺卷等。古籍普查登記編號的組成方式是：省級行政區劃代碼—單位代碼—古籍普查登記順序號。

六、以古籍普查登記編號順序排序。

七、編製各館藏目録書名筆畫索引附於書後，以便檢索。

# 《黑龍江省十家公共圖書館古籍普查登記目録》

## 編委會

**主　　編：** 高文華

**副 主 編：** 畢洪秋　金　鳳

**編　　委：** 王延榮　周俊十　石　菲　李冬梅　富　紅　陳懷民
蔣　偉　施連德　王學文　張　靜　扈佳俠　李靜波
蔣艷霞

**參編單位及人員：**

黑龍江省哈爾濱市圖書館：趙　靖　林學軍　張麗偉

黑龍江省齊齊哈爾市圖書館：馬義秋　于　勇
張冬吉　祁曉敏　王冬梅

黑龍江省佳木斯市圖書館：王　微　胡英杰

黑龍江省牡丹江市圖書館：原妍婷

黑龍江省大慶市圖書館：呂艷麗　王　蕊

黑龍江省伊春市圖書館：單傳花

黑龍江省大興安嶺地區圖書館：張　聰

黑龍江省雞西市圖書館：高翠萍　國金榮

黑龍江省望奎縣圖書館：方立波

黑龍江省安達市圖書館：劉　麗

# 《黑龍江省十家公共圖書館古籍普查登記目録》

## 前　言

按全國古籍普查工作的部署，在國家古籍保護中心和黑龍江省古籍保護中心的具體指導下，黑龍江省所轄市、縣級公共圖書館初步完成了館藏古籍普查登記目録。因各個收藏館古籍藏量都相對較少，不能單獨成册，故將十家公共圖書館的古籍數據合爲一册。

黑龍江省地處北疆，古代是遊牧民族聚居的地方，經濟不發達，中原文化傳入晚，流佈遲緩，作爲文化中心的城市出現得也晚，且城中書坊絶少。歷史原因影響到這一地區古籍的存藏數量，但也因邊地的緣故，作爲發配戍所，歷代都有流人寓居，帶來了文化和書籍，加之近現代的發展，特别是各城市公共圖書館的建立，也爲聚集古籍藏書提供了一些條件。本書收録十家公共圖書館登記的經、史、子、集、叢各部類古籍數據 6207 條，收録數量具體爲：黑龍江省哈爾濱市圖書館 2384 條、黑龍江省齊齊哈爾市圖書館 2929 條、黑龍江省佳木斯市圖書館 66 條、黑龍江省牡丹江市圖書館 339 條、黑龍江省大慶市圖書館 287 條、黑龍江省伊春市圖書館 51 條、黑龍江省大興安嶺地區圖書館 79 條、黑龍江省雞西市圖書館 58 條、黑龍江省望奎縣圖書館 7 條、黑龍江省安達市圖書館 7 條。各家圖書館所處地區歷史背景及圖書館的發展歷史和規模不同，决定了古籍的收藏數量、品質、藏書特色的不同。

黑龍江省哈爾濱市圖書館是東省特别區管理局於 1926 年創立的，伴隨着政權的更迭，幾經易名和搬遷，至 1948 年，東北行政委員會在原有基礎上成立了東北圖書館，翌年遷往瀋陽，當時有部分藏書留了下來，1949 年在原址再次籌建哈爾濱市圖書館。最初的古籍藏書是在這樣的歷史背景下聚集起來的。20 世紀 50 年代以後，又陸續購入，綫裝書的總量超過了 13 萬册。其中各部的常用書比較齊備，此外，經部的叢書、小學類的字書和韻書，史部的目録、金石，包括各類書目、甲骨、銅器、璽印等，子部的篆刻、碑拓和小説，數量和種類都有一定規模，成爲館藏特色。版本和裝幀形式也比較豐富，早期的雕版、銅活字、木活字，晚近的石印、鉛印等版本形式，原裝的包背裝、經折裝、卷軸裝、綫裝及後製作的蝴蝶裝，各個歷史時期書籍在形式上的變化大都有體現，能較全面地展現中國印刷書籍發展的歷程。自南宋至清中期，各朝代的珍貴刻本都有收藏，其中 18 部宋、元、明、清刻本入選《國家珍貴古籍名録》，包括宋淳祐十年(1250)刻元修本《國朝諸臣奏議》一百五十卷、宋刻本《後村居士集》五十卷、宋刻本《纂圖互註尚書》十三卷、宋刻元修本《資治通鑑綱目》五十九卷,還有元刻本《纂圖互註揚子法言》十卷、《朱文公校昌黎先生文集》四十卷《外集》十卷《遺文》一卷、《新編方輿勝覽》七十卷等。

黑龍江省齊齊哈爾市圖書館前身爲黑龍江省圖書館,清光緒末年由黑龍江將軍程德全創辦,是繼浙江、湖南、湖北三省之後,全國建立的第四座省級公共圖書館。得天獨厚的歷史條件爲古籍藏書的聚集提供了方便。創辦之初以及歷史發展中的成規模購入,還有一部分流人後代、地方官員和地方名流的捐贈,加上後期的徵集和交换,藏書已有一定規模,《解學士文集》十卷、《朱文公校昌黎先生文集》四十卷等 8 部明刻本,及清刻本《新刻滿漢字詩經》六卷入選《國家珍貴古籍名録》。館藏古籍歷來被當地政府珍視,早在 1930 年,時任東北邊防軍副司令兼黑龍江省政府主席萬福麟即親自批建了專門的藏書樓。藏書樓是由德國工程師設計,采用近代最新建築材料建造的一座中西合璧的宫殿式仿古建築,使用至今,近年又經政府撥款,修葺一新。

黑龍江省牡丹江市圖書館是 1954 年建館的,300 多部古籍大多來源於捐贈,其中較具代表性的有清康熙五十七年(1718)刻本《雙溪集》十二卷及清光緒十五年(1889)稿本《遺山詩髓》十四卷。黑龍江省大慶市圖書館建於 1972 年,截至 1990 年,購進古籍 200 多部,明萬曆刻本《宋史紀事本末》十卷和清康熙三十七年(1698)刻本《蘇學士文集》十六卷是其中較好版本。

黑龍江省佳木斯市圖書館、黑龍江省伊春市圖書館、黑龍江省雞西市圖書館、黑龍江省大興安嶺地區圖書館都是在 20 世紀 50 至 70 年代建館的,古籍收藏都不足百部,來源多是捐贈和購買。其中伊春市圖書館的收藏中有明末文奎堂刻本《南華發覆》、清康熙五十二年(1713)刻本《御選唐詩》三十二卷等幾部善本。安達市圖書館和望奎縣圖書館都是隸屬黑龍江省綏化地區的縣級圖書館,古籍收藏數量都在個位數,也收入了本書中。

古籍作爲承載中國 5000 年傳統文化的物質載體,隨歷史的發展發生、流轉、聚散,傳至今日,凝聚歷代傳承者的心血,帶着歷史的印迹,其價值更勝於當初。此次全國性的古籍普查登記推動了基層圖書館古籍工作,黑龍江省的各市縣圖書館都不同程度地改善了古籍收藏條件,或完善了制度,或改善了古籍書庫的藏書條件,添置了保護設施,各藏書館的古籍工作人員都多次參加了國家古籍保護中心和省古籍保護中心組織的業務培訓,提升了業務水準,爲古籍普查登記工作的順利完成和日後古籍保護工作的進一步深入开展做了人員上的準備。

本書各收藏單位按全國古籍普查登記平臺中各單位代碼排序,依次爲黑龍江省哈爾濱市圖書館、黑龍江省齊齊哈爾市圖書館、黑龍江省佳木斯市圖書館、黑龍江省牡丹江市圖書館、黑龍江省大慶市圖書館、黑龍江省伊春市圖書館、黑龍江省大興安嶺地區圖書館、黑龍江省雞西市圖書館、黑龍江省望奎縣圖書館、黑龍江省安達市圖書館。

經過兩年的編纂、審校，此書得以按時出版，在這裏要感謝全省十家公共圖書館參編人員的通力合作，感謝黑龍江省圖書館審校人員的辛勤努力，也要感謝國家古籍保護中心和各參編單位領導的高度重視和大力支持。

限於時間和編者水平等因素，疏漏之处在所難免，待方家指教，以期日後補正。

黑龍江省古籍保護中心
2017 年 1 月

# 目　録

# 黑龍江省哈爾濱市圖書館古籍普查登記目録

全國古籍普查登記目録

國家圖書館出版社
National Library of China Publishing House

230000－0902－0000001　206.2/4936
**國朝諸臣奏議一百五十卷**　(宋)趙汝愚編　宋淳祐十年(1250)刻元修本　一冊　存一卷(七十四)

230000－0902－0000002　403.1/4694
**草堂詩餘五卷**　(明)楊慎評點　明閔暎璧刻朱墨印本　四冊　存三卷(一至三)

230000－0902－0000003　305.19/1214
**赤水玄珠三十卷醫旨緒餘二卷醫案五卷**　(明)孫一奎撰　明末黃鼎刻本　二十四冊

230000－0902－0000004　405.53/1090
**赤松游傳奇三卷**　(清)丁耀亢撰　清順治刻本　三冊

230000－0902－0000005　311.1/2821
**初學記三十卷**　(唐)徐堅撰　明萬曆十五年(1587)徐守銘寧壽堂刻本　二十四冊

230000－0902－0000006　401/2540
**楚辭集註八卷辯證二卷後語六卷**　(宋)朱熹撰　明正德十四年(1519)沈圻刻本　八冊

230000－0902－0000007　105.41/4736
**春秋胡傳三十卷**　(宋)胡安國撰　**綱領一卷提要一卷列國東坡圖說一卷諸國興廢說一卷**　明崇禎六年(1633)閔齊伋刻本　四冊

230000－0902－0000008　105/4411
**春秋經傳集解三十卷**　(晉)杜預撰　**春秋名號歸一圖二卷**　(五代)馮繼先撰　明刻本　二十四冊

230000－0902－0000009　313.1/3847
**大方廣佛華嚴經八十卷**　(唐)釋實叉難陀譯　明萬曆十五年(1587)刻本　八十一冊

230000－0902－0000010　306.19/4640
**大明嘉靖七年歲次戊子大統曆一卷**　明嘉靖欽天監刻本　一冊

230000－0902－0000011　213.13/4424
**杜氏通典二百卷**　(唐)杜佑撰　明刻公文紙印本　八冊　存二十四卷(四至十三、二十至三十三)

230000－0902－0000012　308.1/1103
**法書要錄六卷**　(唐)張彥遠輯　明崇禎毛氏汲古閣刻本　六冊

230000－0902－0000013　313.1/2741
**佛母大孔雀明王經三卷**　(唐)釋不空譯　明刻本　三冊

230000－0902－0000014　313.1/2332
**佛說身毛喜竪經三卷**　(唐)釋惟淨譯　宋刻本　三冊

230000－0902－0000015　403.12/0015
**古詩歸十五卷**　(明)譚元春　(明)鍾惺選評　明末閔氏刻三色套印本　八冊

230000－0902－0000016　403.12/0015
**古詩歸十五卷**　(明)譚元春　(明)鍾惺選評　明崇禎刻本　八冊

230000－0902－0000017　110.3/7542
**廣韻五卷**　(宋)陳彭年等重修　(□)□□刪節　明刻本　一冊　存三卷(一至三)

230000－0902－0000018　308.1/4431
**廣川書跋十卷**　(宋)董逌撰　明崇禎刻津逮祕書本　四冊

230000－0902－0000019　110.24/0754
**汗簡三卷目錄敘略一卷**　(宋)郭忠恕撰　清康熙四十二年(1703)汪立名一隅草堂刻本　二冊

230000－0902－0000020　402.4/7244
**後村居士集五十卷目錄二卷**　(宋)劉克莊撰　宋刻本　一冊

230000－0902－0000021　214.51/1090
**集古印譜六卷**　(明)王常輯　明萬曆三年(1575)顧氏芸閣朱印本　四冊　存四卷(二至五)

230000－0902－0000022　402.35/4453
**集千家注杜工部詩集二十卷文集二卷**　(唐)杜甫撰　(宋)黃鶴補注　明嘉靖十五年(1536)玉几山人刻本　十二冊

230000－0902－0000023　402.3/4453

**集千家注杜工部詩集二十卷**　(唐)杜甫撰　(宋)黃鶴補注　明嘉靖十五年(1536)玉几山人刻明易山人印本　二十四册

230000－0902－0000024　402.3/4453
**集千家註分類杜工部詩二十五卷文集二卷**　(唐)杜甫撰　(宋)徐居仁編　(宋)黃鶴補注　**年譜一卷**　(宋)黃鶴撰　元刻本　四册　存四卷(一、十四、十七至十八)

230000－0902－0000025　308.11/1071
**芥子園畫傳五卷**　(清)王槩輯　清康熙十八年(1679)芥子園甥館刻彩色套印本　五册

230000－0902－0000026　308.11/1071
**芥子園畫傳二集八卷**　(清)王槩等輯　清康熙四十年(1701)芥子園甥館刻彩色套印本　四册

230000－0902－0000027　402.5/1177
**金臺集二卷**　(元)迺賢撰　明毛氏汲古閣刻本　二册

230000－0902－0000028　211.61/1046
**禁扁五卷**　(元)王士點撰　清康熙四十五年(1706)揚州詩局刻本　一册

230000－0902－0000029　314.13/2004
**老子翼三卷**　(明)焦竑撰　明萬曆十六年(1588)刻本　二册

230000－0902－0000030　403.12/0742
**樂府詩集一百卷目錄二卷**　(宋)郭茂倩輯　明末毛氏汲古閣刻本　八册　存四十一卷(一至三十九、目錄二卷)

230000－0902－0000031　313.1/1351
**力莊嚴三昧經三卷**　(隋)釋那連提耶舍譯　宋刻本　三册

230000－0902－0000032　110.2/3144
**隸辨八卷**　(清)顧藹吉撰　清康熙五十七年(1718)項絪玉淵堂刻本　八册

230000－0902－0000033　202.21/4498
**前漢紀三十卷**　(漢)荀悅撰　**後漢紀三十卷**　(晉)袁宏撰　明嘉靖黃姬水刻本　四十八册

230000－0902－0000034　403.12/4420
**六家文選六十卷**　(唐)李善等注　明嘉靖十三年至二十八年(1534－1549)袁褧嘉趣堂刻本　一册　存一卷(二十六)

230000－0902－0000035　312.2/4490
**錄異記八卷**　(五代)杜光庭撰　明末毛氏汲古閣刻本　二册

230000－0902－0000036　103.1/5042
**毛詩日箋六卷**　(清)秦松齡撰　清康熙挺秀堂刻本　二册

230000－0902－0000037　308.1/2570
**墨池編二十卷**　(宋)朱長文撰　清康熙五十三年(1714)就閒堂刻本　四册

230000－0902－0000038　405.63/3633
**牡丹亭還魂記二卷**　(明)湯顯祖撰　明末刻本　四册

230000－0902－0000039　308.1/1278
**佩文齋書畫譜一百卷**　(清)孫岳頒等撰　清康熙四十六年(1707)内府刻本　六十四册

230000－0902－0000040　110.24/4720
**千文六書統要二卷**　(明)胡正言篆輯　清初十竹齋刻本　四册

230000－0902－0000041　402.3/4480
**韓柳全集一百四卷**　(明)蔣之翹輯注　明崇禎六年(1633)蔣氏三徑草堂刻本　四十册

230000－0902－0000042　214.51/6019
**秦漢印統八卷**　(明)羅王常編　明萬曆吳氏樹滋堂刻朱印本　八册

230000－0902－0000043　214.51/6019
**秦漢印統八卷**　(明)羅王常編　明萬曆吳氏樹滋堂刻朱印本　十四册

230000－0902－0000044　500.12/4017
**羣芳清玩十五卷**　(明)李璵輯　明崇禎二年(1629)毛氏汲古閣刻本　六册

230000－0902－0000045　500.12/2010

**三唐人文集三十四卷**　(明)毛晉輯　明毛氏汲古閣刻本　八册

230000－0902－0000046　403.12/7248
**刪補古今文致十卷**　(明)劉士鏻選　(明)王宇增刪　明天啓刻本　六册

230000－0902－0000047　202.9/3144
**少微通鑑節要五十卷外紀四卷**　(宋)江贄撰　明正德九年(1514)司禮監刻本　二十册

230000－0902－0000048　403.12/3190
**詩紀一百五十六卷目錄三十六卷**　(明)馮惟訥輯　明萬曆吳琯刻本　二十册

230000－0902－0000049　103.19/3448
**詩經類考三十卷**　(明)沈萬鈳撰　明萬曆三十七年(1609)刻本　二十四册

230000－0902－0000050　103.1/2141
**詩經世本古義二十八卷首一卷末一卷**　(明)何楷撰　明崇禎十四年(1641)刻本　二十册

230000－0902－0000051　103.1/4102
**詩傳孔氏傳一卷**　題(春秋)端木賜撰　**詩說一卷**　題(漢)申培撰　**詩述述一卷**　(明)姚應仁撰　明刻本　六册

230000－0902－0000052　208.6/8000
**史異編十七卷**　(明)俞文龍撰　明萬曆四十七年(1619)刻本　六册

230000－0902－0000053　312.3/7283
**世說新語六卷**　(南朝宋)劉義慶撰　明吳中珩刻本　四册

230000－0902－0000054　311.1/4723
**書言故事大全十二卷**　(宋)胡繼宗集　(明)陳玩直解　明萬曆十七年(1589)刻本　十二册

230000－0902－0000055　110.2/4939
**說文長箋一百卷六書長箋七卷**　(明)趙宧光撰　明崇禎刻本　五十册　存八十七卷(一至二十六、四十七至一百,六書長箋七卷)

230000－0902－0000056　110.2/0894
**說文解字十二卷**　(漢)許慎撰　(宋)李燾編

**說文異同一卷**　(明)陳大科撰　明萬曆二十六年(1598)陳大科刻清岱雲樓印本　十二册

230000－0902－0000057　403.114/6030
**宋文鑑一百五十卷目錄三卷**　(宋)吕祖謙輯　明嘉靖五年(1526)晉藩朱知烊養德書院刻本　四十八册

230000－0902－0000058　305.6/1044
**湯液本草三卷**　(元)王好古撰　明萬曆二十九年(1601)新安吳勉學刻本　二册

230000－0902－0000059　500.12/2010
**唐人選唐詩二十三卷**　(明)毛晉輯　明崇禎元年(1628)毛氏汲古閣刻本　二十册

230000－0902－0000060　403.11/0115
**唐詩歸三十六卷**　(明)鍾惺　(明)譚元春輯　明崇禎刻本　二十四册

230000－0902－0000061　311.1/2076
**唐宋白孔六帖一百卷目錄二卷**　(唐)白居易　(宋)孔傳輯　明刻本　五十册

230000－0902－0000062　211.5/2624
**天下名山記鈔十六卷**　(清)吳秋士選編　清康熙三十四年(1695)刻本　十二册

230000－0902－0000063　302.1/2540
**武經七書彙解七卷首一卷末一卷**　(清)朱墉輯注　清康熙懷山園刻本　十三册

230000－0902－0000064　211.1/3626
**新編方輿勝覽七十卷**　(宋)祝穆編　元刻本　五册　存五卷(三十九至四十三)

230000－0902－0000065　312.5/3484
**四雪草堂重訂通俗隋唐演義二十卷一百回**　(清)褚人穫彙編　清康熙四雪草堂刻本　二十册

230000－0902－0000066　312.5/3568
**新鐫全像通俗演義隋煬帝豔史八卷四十回**　題(明)齊東野人撰　明末刻本　十二册

230000－0902－0000067　302.1/1032
**新鐫武經七書十二卷**　(明)王守仁批點　明

天啓元年(1621)茅震東刻朱墨印本　八册

230000－0902－0000068　312.3/7522
**胡氏粹編五種**　(明)胡文焕輯　明刻本　二册　存一種二卷(新刻諧史粹編二卷)

230000－0902－0000069　405.63/7148
**雪韻堂批點燕子箋記二卷**　(明)阮大鋮撰　明末刻本　四册

230000－0902－0000070　311.1/7770
**藝文類聚一百卷**　(唐)歐陽詢輯　明華堅蘭雪堂銅活字印本　一册　存一卷(八十九)

230000－0902－0000071　310.3/2560
**湧幢小品三十二卷**　(明)朱國楨撰　明末刻本　十六册

230000－0902－0000072　312.1/7754
**酉陽雜俎二十卷續集十卷**　(唐)段成式撰　明崇禎毛氏汲古閣刻本　八册

230000－0902－0000073　405.62/2342
**元曲選**　(明)臧懋循輯　明萬曆臧氏雕蟲館刻本　四十册

230000－0902－0000074　403.115/4412
**元文類七十卷目錄三卷**　(元)蘇天爵編　明嘉靖十六年(1537)晉藩刻本　二十册

230000－0902－0000075　205/2644
**貞觀政要十卷**　(唐)吳兢撰　明成化元年(1465)内府刻本　六册

230000－0902－0000076　301.271/1037
**中說十卷**　(隋)王通撰　(宋)阮逸注　元刻本　一册　存五卷(六至十)

230000－0902－0000077　403.113/4280
**重校正唐文粹一百卷**　(宋)姚鉉輯　明嘉靖三年(1524)徐焴刻本　十六册

230000－0902－0000078　101.1/1223
**周易正義九卷**　(唐)孔穎達撰　明萬曆十四年(1586)國子監刻本　五册

230000－0902－0000079　402.3/4480
**朱文公校昌黎先生文集四十卷外集十卷遺文一卷**　(唐)韓愈撰　(宋)朱熹考異　(宋)王伯大音釋　**傳一卷**　元刻本　三册　存五卷(一、二十八至二十九、三十七至三十八)

230000－0902－0000080　314.17/2004
**莊子翼八卷**　(明)焦竑撰　明萬曆十六年(1588)刻本　四册

230000－0902－0000081　215.1/1744
**資治通鑑綱目發明五十九卷**　(宋)尹起莘撰　明初刻本　二册　存七卷(三十三至三十九)

230000－0902－0000082　215/2540
**資治通鑑綱目五十九卷**　(宋)朱熹撰　宋刻元修本　二册　存一卷(三十六)

230000－0902－0000083　215/4041
**資治通鑑綱目五十九卷**　(宋)朱熹撰　**資治通鑑綱目前編二十五卷**　(明)南軒撰　**續資治通鑑綱目二十七卷**　(明)商輅撰　(明)陳仁錫評　明崇禎三年(1630)陳仁錫刻本　一百九册

230000－0902－0000084　102.1/1236
**纂圖互註尚書十三卷**　題(漢)孔安國傳　宋刻本　一册　存二卷(五至六)

230000－0902－0000085　301.217/5640
**纂圖互註揚子法言十卷**　(宋)司馬光等注　元刻本　一册　存三卷(三至五)

230000－0902－0000086　301.217/5640
**纂圖互註揚子法言十卷**　(宋)司馬光等注　元刻本　四册

230000－0902－0000087　203/0044
**左傳紀事本末五十三卷**　(清)高士奇撰　清康熙四十年(1701)高氏刻本　八册

230000－0902－0000088　104.4/1028
**新定三禮圖二十卷**　(宋)聶崇義集注　清刻本　四册

230000－0902－0000089　405.1/2010
**宋名家詞九十卷**　(明)毛晉編　明崇禎毛氏汲古閣刻本　四十八册

230000－0902－0000090　311.1/3236
**宋稗類鈔八卷**　(清)潘永因輯　清康熙刻本　八册

230000－0902－0000091　403.12/1110
**御選宋金元明四朝詩三百二卷首二卷姓名爵里十三卷**　(清)張豫章等編　清康熙四十八年(1709)内府刻本　一百五十六册

230000－0902－0000092　403.113/4430
**全唐詩九百卷目録十二卷**　(清)曹寅　(清)彭定求等輯　清康熙四十四年至四十六年(1705－1707)揚州詩局刻本　一百二十册

230000－0902－0000093　402.3/3102
**白香山詩長慶集二十卷後集十七卷别集一卷補遺二卷附年譜一卷年譜舊本一卷**　(唐)白居易撰　(清)汪立名編訂　清康熙四十一年至四十二年(1702－1703)汪立名一隅草堂刻本　二十册

230000－0902－0000094　402.3/2425
**杜詩詳注二十五卷首一卷附編二卷**　(清)仇兆鰲輯注　清康熙刻本　二十册

230000－0902－0000095　402.3/4423
**杜工部集二十卷**　(唐)杜甫撰　(清)錢謙益箋注　**年譜一卷諸家詩話一卷唱酬題詠附録一卷**　清康熙六年(1667)季氏静思堂刻本　八册

230000－0902－0000096　402.7/1043
**帶經堂集九十二卷**　(清)王士禛撰　清康熙四十九年至五十年(1710－1711)程氏七略書堂刻本　二十册

230000－0902－0000097　402.3/4007
**李義山文集十卷**　(唐)李商隱撰　(清)徐樹穀箋　(清)徐炯注　清康熙四十七年(1708)徐氏花谿草堂刻本　六册

230000－0902－0000098　405.53/3663
**吴吴山三婦合評牡丹亭還魂記二卷**　(明)湯顯祖撰　(清)陳同等評點　清康熙刻本　四册

230000－0902－0000099　403.22/1122
**唐宋八大家文鈔十九卷**　(清)張伯行輯　清康熙正誼堂刻本　六册

230000－0902－0000100　403.113/1031
**王荊公唐百家詩選二十卷**　(宋)王安石輯　(清)丘迥校補　清康熙四十三年(1704)宋犖、丘迥刻本　四册

230000－0902－0000101　308.32/4711
**印章篆稿四卷**　(清)韋承元摹寫　(清)韋慶棱續寫　清光緒二十一年至民國十七年(1895－1928)稿本　四册

230000－0902－0000102　312.5/6072
**新刻逸田叟女仙外史大奇書一百回**　(清)吕熊撰　清康熙釣璜軒刻本　二十四册

230000－0902－0000103　402.7/0094
**御製文集四十卷**　(清)聖祖玄燁撰　清康熙内府刻本　二十二册

230000－0902－0000104　308.161/8799
**五經背録不分卷**　(清)鄭燮書　清光緒三十四年(1908)石印本　三册

230000－0902－0000105　312.5/8882
**皋鶴堂批評第一奇書金瓶梅一百回**　(明)蘭陵笑笑生撰　(清)張竹坡評　清康熙刻本　三十二册

230000－0902－0000106　101.1/1114
**周易卦象六卷占易秘解一卷**　(清)張丙嚞輯　清光緒二十二年(1896)刻本　七册

230000－0902－0000107　101.1/1727
**易酌十四卷首一卷**　(清)刁包撰　清道光二十三年(1843)祁陽順積樓刻本　十四册

230000－0902－0000108　101.1/2540
**周易本義十二卷首一卷末一卷**　(宋)朱熹本義　(宋)吕祖謙音訓　清光緒十九年(1893)江南書局刻本　二册

230000－0902－0000109　101.1/2540
**周易四卷首一卷**　(宋)朱熹本義　清光緒二十四年(1898)燕臺文勝堂刻本　二册

230000－0902－0000110　101.1/2540
**周易四卷**　(宋)朱熹本義　清江寧致和堂刻本　二册

230000－0902－0000111　101.1/2540
**周易四卷**　(宋)朱熹本義　清光緒四年(1878)蘇州掃葉山房刻本　二册

230000－0902－0000112　101.1/2540
**周易四卷**　(宋)朱熹本義　清光緒六年(1880)掃葉山房刻本　二册

230000－0902－0000113　101.1/2540
**周易四卷**　(宋)朱熹本義　清光緒六年(1880)蘇州綠蔭堂刻本　二册

230000－0902－0000114　101.1/2540
**周易四卷**　(宋)朱熹本義　清光緒十七年(1891)蘇州掃葉山房刻本　二册

230000－0902－0000115　101.1/2671
**易經八卷首一卷**　(宋)程頤傳　清光緒九年(1883)江南書局刻本　四册

230000－0902－0000116　101.1/2717
**易經備旨七卷**　(清)鄒聖脈纂輯　清光緒三十年(1904)上海文盛書局石印本　四册

230000－0902－0000117　101.1/4012
**易經大全會解四卷**　(清)來爾繩輯　清同治十年(1871)崇德堂刻本　四册

230000－0902－0000118　101.1/4012
**易經大全會解不分卷**　(清)來爾繩輯　清光緒六年(1880)掃葉山房刻本　二册

230000－0902－0000119　101.1/4012
**易經大全會解四卷**　(清)來爾繩輯　清善美堂刻本　四册

230000－0902－0000120　101.2/4082
**來瞿唐先生易注十五卷首一卷末一卷**　(明)來知德撰　清嘉慶十四年(1809)刻本　二十册

230000－0902－0000121　101.2/4082
**來瞿唐先生易注十五卷首一卷末一卷**　(明)來知德撰　清善成堂刻本　十二册

230000－0902－0000122　101.1/4094
**御纂周易折中二十二卷首一卷**　(清)李光地等纂　清同治六年(1867)浙江巡撫馬新貽刻本　十册

230000－0902－0000123　101.1/4094
**御纂周易折中二十二卷首一卷**　(清)李光地等纂　清同治六年(1867)浙江書局刻本　五册　存十二卷(十一至二十二)

230000－0902－0000124　101.1/4094
**御纂周易折中二十二卷首一卷**　(清)李光地等纂　清光緒四年(1878)廣州翰墨園刻本　十二册

230000－0902－0000125　101.1/4215
**周易姚氏學十六卷首一卷**　(清)姚配中撰　清光緒元年(1875)湖北崇文書局刻本　四册

230000－0902－0000126　101.1/5511
**周易學七卷首一卷**　曹元弼撰　清宣統元年(1909)刻本　四册

230000－0902－0000127　101.3/6030
**周易傳義音訓八卷首一卷末一卷**　(宋)程頤傳　(宋)朱熹本義　(宋)吕祖謙音訓　清光緒十五年(1889)江南書局刻本　八册

230000－0902－0000128　101.4/3481
**需時眇言十卷**　(清)沈善登撰　清光緒豫恕堂刻本　八册

230000－0902－0000129　101.8/1044
**費氏古易訂文十二卷**　王樹枏撰　清光緒十七年(1891)青神刻本　四册

230000－0902－0000130　102/2632
**寫定尚書不分卷**　(清)吳汝綸撰　清光緒十八年(1892)桐城吳氏家塾刻本　一册

230000－0902－0000131　102.1/1012
**欽定書經傳說彙纂二十一卷首二卷書序一卷**　(清)王頊齡等撰　清光緒十四年(1888)江南書局刻本　十二册

230000－0902－0000132　102.1/1012
**欽定書經傳說彙纂二十一卷首二卷書序一卷**

（清）王頊齡等撰　清刻本　十一冊　缺一卷（四）

230000－0902－0000133　102.1/1236
**附釋音尚書注疏二十卷**　（漢）孔安國傳　（唐）陸德明音義　（唐）孔穎達疏　**附校勘記二十卷**　（清）阮元撰　清嘉慶二十年（1815）江西南昌府學刻本　十冊

230000－0902－0000134　102.1/2717
**書經備旨七卷**　（清）鄒聖脈纂輯　清光緒三十年（1904）上海會文堂書局石印本　四冊

230000－0902－0000135　102.1/2717
**書經備旨七卷**　（清）鄒聖脈纂輯　清光緒三十年（1904）上海文盛書局石印本　四冊

230000－0902－0000136　102.1/4434
**書經六卷**　（宋）蔡沈集傳　清咸豐四年（1854）小酉山房刻本　四冊

230000－0902－0000137　102.1/4434
**書經六卷**　（宋）蔡沈集傳　清光緒二年（1876）上洋大魁堂刻本　四冊

230000－0902－0000138　102.1/4434
**書經六卷**　（宋）蔡沈集傳　清光緒六年（1880）上海掃葉山房刻本　四冊

230000－0902－0000139　102.1/4434
**書經六卷**　（宋）蔡沈集傳　清光緒七年（1881）金陵書局刻本　四冊

230000－0902－0000140　102.1/4434
**書經六卷**　（宋）蔡沈集傳　清光緒十二年（1886）校經山房刻本　四冊

230000－0902－0000141　102.1/4434
**書經六卷**　（宋）蔡沈集傳　清光緒十三年（1887）上海掃葉山房刻本　四冊

230000－0902－0000142　102.1/4434
**書經六卷**　（宋）蔡沈集傳　清光緒十五年（1889）綠蔭堂刻本　四冊

230000－0902－0000143　102.1/4434
**書經六卷**　（宋）蔡沈集傳　清光緒十七年（1891）校經山房刻本　四冊

230000－0902－0000144　102.1/4434
**書經六卷**　（宋）蔡沈集傳　清光緒二十七年（1901）營口成文信刻本　四冊

230000－0902－0000145　102.1/4434
**書經六卷**　（宋）蔡沈集傳　清宣統元年（1909）上海掃葉山房石印本　四冊

230000－0902－0000146　102.1/4487
**新刻書經體注六卷**　（清）范翔訂　清同治元年（1862）慶雲樓刻本　四冊

230000－0902－0000147　102.1/4742
**書說二卷**　（清）郝懿行撰　**汲冢周書輯要一卷**　（清）郝懿行輯　清光緒八年（1882）東路廳署刻本　三冊

230000－0902－0000148　102.1/7741
**尚書古文疏證八卷**　（清）閻若璩撰　**朱子古文書疑一卷**　（清）閻詠輯　清乾隆十年（1745）眷西堂刻本　一冊　缺四卷（尚書古文疏證一至二、四，朱子古文書疑一卷）

230000－0902－0000149　102.1/8343
**書經體注大全合參六卷**　（清）錢希祥纂輯　清光緒十四年（1888）江左書林刻本　四冊

230000－0902－0000150　102.1/8840
**尚書集注三十二卷首一卷末二卷附答問一卷**　簡朝亮撰　清光緒、民國間刻讀書堂叢刻本　十四冊

230000－0902－0000151　102.2/1231
**欽定書經圖說五十卷**　（清）孫家鼐等纂　清光緒二十九年（1903）刻本　十六冊

230000－0902－0000152　102.2/1231
**欽定書經圖說五十卷**　（清）孫家鼐等纂　清光緒三十一年（1905）石印本　十六冊

230000－0902－0000153　102.3/2724
**尚書蔡傳音釋六卷首一卷**　（元）鄒季友音釋　清光緒十五年（1889）江南書局刻本　六冊

230000－0902－0000154　103.1/0044
**朱子詩義補正八卷**　（清）方苞撰　清光緒三年（1877）南海馮焌光刻本　二冊

230000－0902－0000155　103.1/1032
**欽定詩經傳説彙纂二十一卷首二卷詩序二卷**　(清)王鴻緒纂　清同治七年(1868)閩浙總督馬新貽刻本　十六册

230000－0902－0000156　103.1/1032
**欽定詩經傳説彙纂二十一卷首二卷詩序二卷**　(清)王鴻緒等纂　清刻本　五册　存七卷(十三至十九)

230000－0902－0000157　103.1/2231
**詩古微十九卷首一卷**　(清)魏源撰　清光緒十三年(1887)掃葉山房刻本　八册

230000－0902－0000158　103.1/2391
**御纂詩義折中二十卷**　(清)傅恒等纂　清道光十八年(1838)署理四川總督蘇廷玉刻本　十册

230000－0902－0000159　103.1/2391
**御纂詩義折中二十卷**　(清)傅恒等纂　清刻本　六册

230000－0902－0000160　103.1/2391
**御纂詩義折中二十卷**　(清)傅恒等纂　清經元堂刻本　八册

230000－0902－0000161　103.1/2540
**詩二十卷詩序一卷**　(宋)朱熹集傳　清刻本　五册

230000－0902－0000162　103.1/2540
**詩經八卷**　(宋)朱熹集傳　清光緒七年(1881)掃葉山房刻本　四册

230000－0902－0000163　103.1/2540
**詩經集傳八卷詩序辨說一卷**　(宋)朱熹集傳　清光緒七年(1881)金陵書局刻本　五册

230000－0902－0000164　103.1/2540
**詩經八卷**　(宋)朱熹集傳　清光緒十二年(1886)湖北官書處刻本　四册

230000－0902－0000165　103.1/2540
**詩經八卷**　(宋)朱熹集傳　清光緒十二年(1886)上洋大文堂楨記刻本　四册

230000－0902－0000166　103.1/2540
**詩經八卷**　(宋)朱熹集傳　清光緒十九年(1893)上海熙記書莊刻本　四册

230000－0902－0000167　103.1/2540
**詩經八卷**　(宋)朱熹集傳　清光緒二十年(1894)淮南書局刻本　四册

230000－0902－0000168　103.1/2540
**詩經八卷**　(宋)朱熹撰　清光緒二十二年(1896)金陵書局刻本　四册

230000－0902－0000169　103.1/2540
**詩經八卷**　(宋)朱熹集傳　清光緒二十四年(1898)北京文勝堂刻本　四册

230000－0902－0000170　103.1/2540
**詩經八卷**　(宋)朱熹集傳　清光緒二十六年(1900)直隸書局刻本　四册

230000－0902－0000171　103.1/2540
**詩經八卷**　(宋)朱熹集傳　清光緒三十一年(1905)上海掃葉山房鉛印本　四册

230000－0902－0000172　103.1/2540
**詩經八卷**　(宋)朱熹集傳　清宣統二年(1910)上海廣益書局石印本　四册

230000－0902－0000173　103.1/2540
**詩經八卷**　(宋)朱熹集傳　清宣統二年(1910)掃葉山房鉛印本　四册

230000－0902－0000174　103.1/2540
**詩經八卷**　(宋)朱熹集傳　清宣統三年(1911)上海章福記石印本　四册

230000－0902－0000175　103.1/2540
**詩經八卷**　(宋)朱熹集傳　清京都文和堂刻本　四册

230000－0902－0000176　103.1/2540
**詩經八卷**　(宋)朱熹集傳　清末八杉齋刻本　三册　存六卷(三至八)

230000－0902－0000177　103.1/2540
**詩經八卷**　(宋)朱熹集傳　清末刻本　一册　存一卷(五)

230000－0902－0000178　103.1/2643

**毛詩復古錄十二卷首一卷**　(清)吳懋清撰　清光緒二十年(1894)廣州學使署刻本　六冊

230000－0902－0000179　103.1/2718
**毛詩要義二十卷**　(宋)魏了翁撰　清光緒八年(1882)莫祥芝刻本　十冊

230000－0902－0000180　103.1/2749
**毛詩禮徵十卷**　(清)包世榮撰　清光緒李氏木犀軒刻本　四冊

230000－0902－0000181　103.1/3101
**毛詩異議四卷詩譜一卷**　(清)汪龍撰　清道光五年(1825)鮑方渠刻光緒四年(1878)印本　四冊

230000－0902－0000182　103.1/4022
**詩義旁通十二卷**　(清)李允升輯　清咸豐二年(1852)易簡堂刻本　六冊

230000－0902－0000183　103.1/4279
**詩經通論十八卷首一卷**　(清)姚際恒撰　清道光十七年(1837)韓城王氏鐵琴山館刻本　四冊

230000－0902－0000184　103.1/4442
**詩經精華十卷**　(清)薛嘉穎撰　清道光十八年(1838)同文堂刻本　五冊

230000－0902－0000185　103.1/4442
**詩經精華十卷**　(清)薛嘉穎撰　清光緒九年(1883)上海掃葉山房刻本　八冊

230000－0902－0000186　103.1/4711
**毛詩後箋三十卷**　(清)胡承珙撰　清光緒十六年(1890)廣雅書局刻本　十二冊

230000－0902－0000187　103.1/4742
**詩問七卷**　(清)郝懿行撰　清光緒八年(1882)東路廳署刻本　四冊　存四卷(二至五)

230000－0902－0000188　103.1/6030
**呂氏家塾讀詩記三十二卷**　(宋)呂祖謙撰　**續呂氏家塾讀詩記三卷**　(宋)戴溪撰　清刻本　十二冊

230000－0902－0000189　103.1/6627
**詩緝三十六卷**　(宋)嚴粲撰　清嘉慶十五年(1810)聽彝堂刻本　十二冊

230000－0902－0000190　103.1/7117
**毛詩傳箋通釋三十二卷**　(清)馬瑞辰撰　清光緒十四年(1888)廣雅書局刻本　十二冊

230000－0902－0000191　103.1/7231
**詩經恒解六卷**　(清)劉沅撰　清光緒北京道德學社鉛印本　六冊

230000－0902－0000192　103.1/7533
**毛詩稽古編三十卷**　(清)陳啓源撰　**毛詩稽古編附考一卷**　(清)費雲倬撰　清光緒九年(1883)上海同文書局縮印本　八冊

230000－0902－0000193　103.1/8002
**詩附記四卷**　(清)翁方綱撰　清光緒五年(1879)定州王氏謙德堂刻本　二冊

230000－0902－0000194　103.1/8700
**毛詩二十卷**　(漢)毛亨傳　(漢)鄭玄箋　清乾隆四十八年(1783)武英殿刻本　十冊

230000－0902－0000195　103.1/8700
**詩經二十卷**　(漢)毛亨傳　(漢)鄭玄箋　清刻本　六冊

230000－0902－0000196　103.19/2541
**毛詩名物略四卷**　(清)朱桓撰　清嘉慶七年(1802)刻本　四冊

230000－0902－0000197　103.19/7442
**毛詩草木鳥獸蟲魚疏二卷**　(晉)陸機撰　清咸豐五年(1855)山陽丁晏刻本　二冊

230000－0902－0000198　103.2/0041
**詩經融注大全體要八卷**　(清)高朝瓔撰　清光緒十二年(1886)聚元堂刻本　四冊

230000－0902－0000199　103.2/2822
**毛詩名物圖說九卷**　(清)徐鼎輯　清乾隆三十六年(1771)刻本　二冊

230000－0902－0000200　103.2/7717
**毛詩品物圖考七卷**　(日本)岡元鳳纂輯　清宣統二年(1910)上海掃葉山房石印本　二冊

230000－0902－0000201　103.3/1088
**毛詩雙聲疊韻說不分卷**　(清)王筠撰　清刻本　一冊

230000－0902－0000202　103.3/2644
**詩小學三十卷補一卷**　(清)吳樹聲撰　清同治七年(1868)壽光官廨刻本　十三冊

230000－0902－0000203　103.3/4480
**毛詩吻訂十卷**　(清)苗夔撰　清咸豐元年(1851)漢專亭刻本　四冊

230000－0902－0000204　103.3/6028
**詩集傳音釋二十卷圖一卷綱領一卷詩序辨說一卷附校勘札記一卷**　(元)羅復撰　清咸豐五年至七年(1855－1857)海昌蔣氏衍芬草堂刻本　一冊　存四卷(音釋一至二、圖一卷、綱領一卷)

230000－0902－0000205　103.3/7220
**詩經叶音辨訛八卷**　(清)劉維謙撰　清乾隆壽峯書屋刻本　四冊

230000－0902－0000206　103.3/7588
**毛詩古音考四卷屈宋古音義三卷讀詩拙言一卷**　(清)陳第撰　清武昌張氏刻本　六冊

230000－0902－0000207　103.4/0163
**邶風說二卷**　(清)龔景瀚撰　清道光六年(1826)恩錫堂刻本　一冊

230000－0902－0000208　103.4/2690
**讀詩一得不分卷**　(清)吳棠撰　清同治三年(1864)刻本　二冊

230000－0902－0000209　103.4/4763
**枕葄齋詩經問答十四卷**　(清)胡嗣運撰　清光緒三十四年(1908)木活字印本　二冊

230000－0902－0000210　103.4/5079
**詩說三卷**　(清)惠周惕撰　清嘉慶十七年(1812)璜川吳氏刻本　一冊

230000－0902－0000211　103.4/7240
**讀詩日錄十三卷**　(清)劉士毅撰　清光緒六年(1880)刻本　二冊

230000－0902－0000212　103.8/4742
**詩經拾遺一卷**　(清)郝懿行輯　清光緒八年(1882)東路廳署刻本　一冊

230000－0902－0000213　104.11/0023
**舒恬齋周禮讀本六卷**　(清)龐佑清撰　清道光二十八年(1848)蘇郡棗傳齋刻本　一冊　存三卷(四至六)

230000－0902－0000214　104.11/3520
**周官精義十二卷**　(清)連斗山編　清蘇州綠蔭堂刻本　六冊

230000－0902－0000215　104.11/4421
**周禮(周禮節訓)六卷**　(清)黃叔琳撰　清嘉慶六年(1801)許氏家塾刻本　一冊

230000－0902－0000216　104.11/4421
**周禮節訓六卷**　(清)黃叔琳撰　清光緒十二年(1886)蘇州掃葉山房刻本　二冊

230000－0902－0000217　104.11/7504
**周禮精華六卷**　(清)陳龍標輯　清同治三年(1864)寶文堂刻本　六冊

230000－0902－0000218　104.11/7504
**周禮精華六卷**　(清)陳龍標輯　清光緒六年(1880)掃葉山房刻本　六冊

230000－0902－0000219　104.11/7504
**周禮精華六卷**　(清)陳龍標輯　清光緒九年(1883)上海校經山房刻本　六冊

230000－0902－0000220　104.11/7504
**周禮精華六卷**　(清)陳龍標輯　清光緒九年(1883)掃葉山房刻本　六冊

230000－0902－0000221　104.11/7504
**周禮精華六卷**　(清)陳龍標輯　清光緒十四年(1888)煙台文勝堂刻本　六冊

230000－0902－0000222　104.11/7528
**重校古周禮六卷**　(明)陳仁錫註釋　明末沁園刻本　六冊

230000－0902－0000223　104.11/8700
**附釋音周禮注疏四十二卷**　(漢)鄭玄注　(唐)陸德明音義　(唐)賈公彥疏　**附校勘記四十二卷**　(清)阮元撰　(清)盧宣旬摘錄

清嘉慶二十年(1815)南昌府學刻本　三冊　存十二卷(注疏十九至二十、三十五至三十八,校勘記十九至二十、三十五至三十八)

230000－0902－0000224　104.11/8700
**附釋音周禮注疏四十二卷**　(漢)鄭玄注　(唐)陸德明音義　(唐)賈公彥疏　**附校勘記四十二卷**　(清)阮元撰　(清)盧宣旬摘錄　清嘉慶二十年(1815)南昌府學刻本　十二冊　存五十四卷(注疏三至十二、十八至三十二、三十七至三十八,校勘記三至十二、十八至三十二、三十七至三十八)

230000－0902－0000225　104.11/8700
**附釋音周禮注疏四十二卷**　(漢)鄭玄注　(唐)陸德明音義　(唐)賈公彥疏　**附校勘記四十二卷**　(清)阮元撰　清嘉慶二十年(1815)南昌府學刻道光六年(1826)重校本　十七冊　存八十卷(注疏一至二十九、三十二至四十,校勘記四十二卷)

230000－0902－0000226　104.21/1722
**儀禮問津不分卷**　(清)孟先穎輯　清道光十五年(1835)刻本　一冊

230000－0902－0000227　104.21/4044
**儀禮集釋三十卷**　(宋)李如圭撰　清乾隆四十二年(1777)福建刻道光十年(1830)、二十七年(1847)遞修本　三冊　存八卷(十六至二十一、二十九至三十)

230000－0902－0000228　104.21/8323
**欽定儀禮義疏四十八卷首二卷**　清同治七年(1868)浙江巡撫李瀚章刻本　二十二冊　存四十二卷(一至四十、首二卷)

230000－0902－0000229　104.21/8700
**儀禮注疏五十卷**　(漢)鄭玄注　(唐)陸德明音義　(唐)賈公彥疏　**附校勘記五十卷**　(清)阮元撰　(清)盧宣旬摘錄　清嘉慶二十一年(1816)南昌府學刻本　八冊　存五十卷(注疏七至十二、十九至三十五、四十二至四十四,校勘記七至十二、十九至三十五、四十二)

230000－0902－0000230　104.21/8700
**儀禮注疏五十卷**　(漢)鄭玄注　(唐)陸德明音義　(唐)賈公彥疏　**附校勘記五十卷**　(清)阮元撰　(清)盧宣旬摘錄　清嘉慶二十一年(1816)南昌府學刻本　三冊　存二十卷(注疏十三至十五、二十二至二十四、二十八至三十一,校勘記十三至十五、二十二至二十四、二十八至三十一)

230000－0902－0000231　104.22/1150
**儀禮圖六卷**　(清)張惠言撰　清同治九年(1870)湖北崇文書局刻本　三冊

230000－0902－0000232　104.24/1099
**五服釋例二十卷**　(清)夏燮撰　清刻本　六冊

230000－0902－0000233　104.24/4044
**儀禮韻言二卷**　(清)檀萃撰　清光緒九年(1883)山西濬文書局刻本　一冊　存一卷(二)

230000－0902－0000234　104.31/2542
**禮記訓纂四十九卷**　(清)朱彬撰　清宣統元年(1909)學部圖書局影印本　十冊

230000－0902－0000235　104.31/7534
**禮記十卷**　(元)陳澔集說　清光緒二年(1876)掃葉山房刻本　十冊

230000－0902－0000236　104.31/7534
**禮記集説十卷**　(元)陳澔撰　清光緒十四年(1888)蘇州掃葉山房刻本　十冊

230000－0902－0000237　104.31/7534
**禮記集説十卷**　(元)陳澔撰　清光緒十七年(1891)三餘書棧刻本　十冊

230000－0902－0000238　104.31/7534
**禮記集説十卷**　(元)陳澔撰　清光緒十九年(1893)江南書局刻本　十冊　存九卷(一至七、九至十)

230000－0902－0000239　104.31/8330
**欽定禮記義疏八十二卷首一卷**　清光緒十四年(1888)江南書局刻本　七冊　存十九卷

（三至二十一）

230000－0902－0000240　104.38/1044
**校正孔氏大戴禮記補注十三卷**　王樹枏撰　清光緒九年(1883)刻本　四册

230000－0902－0000241　104.5/5046
**五禮通考二百六十二卷**　(清)秦蕙田撰　清刻本　八十五册　存二百二十一卷(二十至二百四十)

230000－0902－0000242　105.11/2477
**左傳選十四卷**　(清)儲欣評　清光緒二十五年(1899)蘇州綠蔭堂刻本　六册

230000－0902－0000243　105.11/3147
**左繡三十卷首一卷**　(清)馮李驊　(清)陸浩輯　清光緒三十一年(1905)善成堂刻本　十六册

230000－0902－0000244　105.11/3147
**左繡三十卷首一卷**　(清)馮李驊　(清)陸浩輯　清光緒三十四年(1908)大興堂刻本　十六册

230000－0902－0000245　105.11/3147
**左繡三十卷首一卷**　(清)馮李驊　(清)陸浩輯　清宣統三年(1911)上海會文堂石印本　八册　存十五卷(一至十四、首一卷)

230000－0902－0000246　105.11/3147
**左繡三十卷首一卷**　(清)馮李驊　(清)陸浩輯　清紫文閣刻本　十六册

230000－0902－0000247　105.11/4022
**左傳快讀十八卷首一卷**　(清)李紹崧輯　清同治七年(1868)緯文堂刻本　十六册

230000－0902－0000248　105.11/4022
**曲江書屋新訂批註左傳快讀十八卷首一卷**　(清)李紹崧輯　清宣統元年(1909)上海書局石印本　十二册

230000－0902－0000249　105.11/4240
**春秋左傳杜注三十卷首一卷**　(清)姚培謙撰　清同治五年(1866)金陵書局刻本　十册

230000－0902－0000250　105.11/4240
**春秋左傳杜注三十卷首一卷**　(清)姚培謙撰　清光緒九年(1883)江南書局刻本　十册

230000－0902－0000251　105.11/4240
**春秋左傳杜注三十卷首一卷**　(清)姚培謙撰　清刻本　一册　存四卷(一至四)

230000－0902－0000252　105.11/4411
**春秋左傳五十卷**　(晉)杜預注　(宋)林堯叟補注　(唐)陸德明音義　(明)鍾惺等評　清光緒十一年(1885)江蘇掃葉山房刻本　十六册

230000－0902－0000253　105.11/4411
**春秋左傳五十卷**　(晉)杜預注　(宋)林堯叟補注　(唐)陸德明音義　(明)鍾惺等評　清光緒二十三年(1897)上海文瑞樓刻本　八册　存二十六卷(一至二十六)

230000－0902－0000254　105.11/4411
**春秋左傳五十卷**　(晉)杜預注　(宋)林堯叟補注　(唐)陸德明音義　(明)鍾惺等評　清刻本　八册　存二十四卷(二十七至五十)

230000－0902－0000255　105.11/4411
**春秋左傳五十卷**　(晉)杜預注　(宋)林堯叟補注　(唐)陸德明音義　(明)鍾惺等評　清光緒三十一年(1905)上海校經山房石印本　十六册

230000－0902－0000256　105.11/4411
**春秋左傳五十卷**　(晉)杜預注　(宋)林堯叟補注　(唐)陸德明音義　(明)鍾惺等評　清宣統二年(1910)上海掃葉山房石印本　十二册

230000－0902－0000257　105.11/4411
**春秋左傳五十卷**　(晉)杜預注　(宋)林堯叟補注　(唐)陸德明音義　(明)鍾惺等評　清大文堂刻本　十二册

230000－0902－0000258　105.11/4411
**春秋經傳集解三十卷**　(晉)杜預撰　(唐)陸德明音義　**春秋名號歸一圖二卷**　(五代)馮繼先撰　**春秋年表一卷**　清刻本　十四册

230000－0902－0000259　105.11/4411
**春秋經傳集解三十卷**　（晉）杜預撰　（唐）陸德明音義　清宣統二年（1910）學部圖書局影印本　十五冊

230000－0902－0000260　104.21/4044
**春秋釋例十五卷**　（晉）杜預撰　**附校勘記二卷**　（清）孫星華撰　清乾隆四十二年（1777）福建刻本　四冊　存六卷（一至四、七至八）

230000－0902－0000261　105.11/4426
**欽定春秋左傳讀本三十卷**　（清）英和等撰　清道光二年（1822）武英殿刻本　七冊　存十三卷（三至四、七至八、十九至二十二、二十五至二十九）

230000－0902－0000262　105.11/4426
**欽定春秋左傳讀本三十卷**　（清）英和等撰　清同治八年（1869）江蘇書局刻本　十冊

230000－0902－0000263　105.11/4444
**太史張天如詳節春秋綱目左傳句解六卷**　（清）韓菼重訂　清燕臺文勝堂刻本　六冊

230000－0902－0000264　105.11/4444
**太史張天如詳節春秋綱目左傳句解六卷**　（清）韓菼重訂　清光緒十年（1884）錦文堂刻本　六冊

230000－0902－0000265　105.11/4444
**評點春秋綱目左傳句解彙雋六卷**　（清）韓菼重訂　清末上海掃葉山房石印本　五冊　存五卷（一至二、四至六）

230000－0902－0000266　105.11/7177
**左傳事緯十二卷**　（清）馬驌撰　清光緒四年（1878）潘霨敏德堂刻本　十冊

230000－0902－0000267　105.14/6030
**東萊博議四卷**　（宋）呂祖謙撰　**附增補虛字注釋一卷**　（清）張文炳輯　清光緒二十四年（1898）華文書局石印本　四冊

230000－0902－0000268　105.14/6030
**東萊博議四卷**　（宋）呂祖謙撰　清光緒二十五年（1899）上海校經山房刻本　四冊

230000－0902－0000269　105.14/6030
**東萊博議四卷**　（宋）呂祖謙撰　清宣統二年（1910）上海鑄記書局石印本　二冊

230000－0902－0000270　105.14/6030
**東萊博議四卷**　（宋）呂祖謙撰　（清）劉鐘英輯注　清宣統三年（1911）上海會文堂書局石印本　四冊

230000－0902－0000271　105.14/6030
**東萊先生左氏博議二十五卷**　（宋）呂祖謙撰　清道光錢塘瞿世瑛刻本　六冊

230000－0902－0000272　105.14/6030
**東萊先生左氏博議二十五卷**　（宋）呂祖謙撰　清光緒十四年（1888）雲陽義秀書屋刻本　六冊

230000－0902－0000273　105.14/6030
**東萊先生左氏博議二十五卷**　（宋）呂祖謙撰　清光緒二十四年（1898）上海校經山房刻本　六冊

230000－0902－0000274　105.21/2124
**監本附釋音春秋公羊注疏二十八卷**　（漢）何休撰　（唐）陸德明音義　（□）□□疏　**附校勘記二十八卷**　（清）阮元撰　（清）盧宣旬摘錄　清嘉慶二十年（1815）南昌府學刻本　十二冊

230000－0902－0000275　105.21/2124
**春秋公羊經傳解詁十二卷**　（漢）何休撰　清道光四年（1824）揚州汪氏問禮堂刻本　二冊

230000－0902－0000276　105.21/2124
**春秋公羊傳十一卷**　（漢）何休解詁　（唐）陸德明音義　清光緒十二年（1886）湖北官書處刻本　四冊

230000－0902－0000277　105.24/7527
**公羊逸禮考徵一卷**　（清）陳奐撰　**喪禮經傳約一卷**　（清）吳卓信撰　清同治十一年（1872）刻本　一冊

230000－0902－0000278　105.29/4428
**董子春秋繁露十七卷附錄一卷**　（漢）董仲舒

撰　清光緒二年(1876)浙江書局刻本　二册

230000－0902－0000279　105.31/4430
**春秋穀梁傳十二卷**　(晉)范甯集解　(唐)陸德明音義　**附考異一卷**　楊守敬撰　清光緒九年(1883)黎氏日本東京使署影印本　一册　存六卷(一至六)

230000－0902－0000280　105.31/4430
**春秋穀梁傳十二卷**　(晉)范甯集解　(唐)陸德明音義　清光緒十二年(1886)湖北官書處刻本　四册

230000－0902－0000281　105.41/3123
**春秋集傳十六卷首一卷末一卷**　(清)汪紱撰　清刻本　三册　存十七卷(春秋集傳十六卷、末一卷)

230000－0902－0000282　105.41/8352
**欽定春秋傳説彙纂三十八卷首二卷**　清同治九年(1870)浙江巡撫楊昌濬刻本　二十册

230000－0902－0000283　105.41/5029
**春秋十六卷首一卷**　(清)□□輯　**附陸氏三傳釋文音義十六卷**　(唐)陸德明撰　清嘉慶十年(1805)刻五經四書讀本本　十六册

230000－0902－0000284　105.41/8352
**欽定春秋傳説彙纂三十八卷首一卷**　清刻本　十二册　存二十一卷(十八至三十八)

230000－0902－0000285　105.42/3140
**春秋大事表五十卷輿圖一卷附錄一卷**　(清)顧棟高撰　清萬卷樓刻本　六册　存二十九卷(十二至十三、二十五至四十一、四十三至五十,輿圖一卷,附錄一卷)

230000－0902－0000286　106/4042
**古文孝經一卷**　(漢)孔安國傳　明萬曆二十七年(1599)刻本　一册

230000－0902－0000287　106.1/5511
**孝經學七卷**　曹元弼撰　清宣統元年(1909)刻本　一册

230000－0902－0000288　107/4094
**欽定篆文六經四書六十一卷**　(清)李光地等輯　清光緒九年(1883)上海同文書局石印本　九册　缺四卷(詩經一至四)

230000－0902－0000289　500.13/4877
**武英殿聚珍版書二十七種**　清乾隆四十二年(1777)福建刻道光補刻本　九十七册

230000－0902－0000290　107.12/1020
**皇清經解續編一千四百三十卷**　王先謙輯　清光緒十四年(1888)南菁書院刻本　三百二十册

230000－0902－0000291　107.12/1265
**五經四書讀本**　清同治三年(1864)浙江撫署刻本　三十四册　缺十一卷(詩經一至八、春秋十一至十三)

230000－0902－0000292　107.12/2452
**通志堂經解六百六十四卷**　(清)納蘭成德輯　清同治十二年(1873)粵東書局刻本　三百九十三册

230000－0902－0000293　107.12/2842
**御纂七經**　清同治六年至九年(1867－1870)浙江書局刻本　一百四十二册

230000－0902－0000294　107.12/2842
**御纂七經**　清同治十年(1871)湖北崇文書局刻本　一百十二册

230000－0902－0000295　107.12/2842
**御纂七經**　清光緒十四年(1888)江南書局刻本　一百四十二册

230000－0902－0000296　107.12/4120
**十三經注疏附考證**　清同治十年(1871)廣東書局刻本　一百六十册

230000－0902－0000297　107.12/4120
**十三經注讀**　清末李光明莊刻本　十九册

230000－0902－0000298　107.12/7110
**重刊宋本十三經註疏　校勘記**　(清)阮元撰　(清)盧宣旬摘錄　清光緒十三年(1887)上海脈望仙館石印本　十册

230000－0902－0000299　107.12/7110
**皇清經解一千四百八卷**　(清)阮元輯　清道

光九年(1829)廣東學海堂刻咸豐十一年(1861)補刻本　三百六十册

230000－0902－0000300　107.12/7110
**皇清經解一千四百十二卷首一卷**　(清)阮元輯　清道光九年(1829)廣東學海堂刻咸豐十一年(1861)補刻同治九年(1870)續刻本　三百六十二册

230000－0902－0000301　107.12/7110
**皇清經解一百九十卷**　(清)阮元輯　清光緒十七年(1891)上海鴻寶齋石印本　二十四册

230000－0902－0000302　107.12/7752
**五經味根錄三十八卷首五卷**　(清)闞掞生編　清光緒十八年(1892)淩雲閣書局石印本　十五册

230000－0902－0000303　107.12/8052
**十三經古注**　(明)金蟠　(明)葛鼒校　明崇禎十二年(1639)序詠懷堂刻清同治八年(1869)浙江書局重修本　十七册　存五種一百九卷(周易九卷略例一卷、書經二十卷、詩經二十卷、周禮四十二卷、儀禮十七卷)

230000－0902－0000304　107.12/8208
**古經解彙函二百八十三卷**　(清)鍾謙鈞等輯　清同治十二年(1873)粵東書局刻本　六十八册

230000－0902－0000305　107.3/1013
**經義述聞三十二卷**　(清)王引之撰　清道光七年(1827)京師壽藤書屋刻本　二十四册

230000－0902－0000306　107.3/1013
**經義述聞三十二卷**　(清)王引之撰　清末上海文瑞樓石印本　十册　存十六卷(十七至三十二)

230000－0902－0000307　107.3/2148
**五經典林五十四卷**　(清)何松編　清光緒元年(1875)慈谿何氏刻本　十册　存二十八卷(一至二十八)

230000－0902－0000308　208.25/3424
**南史識小録十四卷北史識小録十四卷**　(清)沈名蓀　(清)朱昆田輯　(清)張應昌補正　清同治十年(1871)武林吴氏清來堂刻本　十二册

230000－0902－0000309　208.9/2500
**史略八十七卷**　(清)朱堃輯　清同治五年(1866)皖南朱氏兖麓山房刻本　八册　存四十五卷(一至四十五)

230000－0902－0000310　208.9/4246
**史記菁華録六卷**　(清)姚苎田輯　清同治十二年(1873)紅杏山房刻朱墨印本　六册

230000－0902－0000311　208.9/4684
**史筌五卷首一卷**　(清)楊銘柱撰　清道光二十六年(1846)寄雲書屋刻本　二册　缺二卷(讀史論畧上、下)

230000－0902－0000312　208.9/4741
**讀史兵略四十六卷**　(清)胡林翼撰　清光緒元年(1875)湖北崇文書局刻本　十六册

230000－0902－0000313　209.1/0424
**萬國通鑑四卷地圖一卷**　(美國)謝衛樓撰　(清)趙如光譯　清光緒八年(1882)刻本　六册

230000－0902－0000314　209.1/1042
**普法戰紀二十卷**　(清)張宗良譯　(清)王韜撰并輯　清光緒十二年(1886)弢園王氏刻本　十册

230000－0902－0000315　209.1/1044
**彼得興俄記一卷**　王樹枏撰　清光緒二十二年(1896)刻陶廬叢刻本　一册

230000－0902－0000316　209.1/1044
**歐洲列國戰事本末二十二卷**　王樹枏撰　清光緒二十八年(1902)中衛縣署刻本(陶廬叢稿之一)　八册

230000－0902－0000317　209.1/1044
**歐洲列國戰事本末二十二卷**　王樹枏撰　清光緒二十八年(1902)中衛縣署刻本(陶廬叢稿之一)　八册

230000－0902－0000318　209.1/1044

**歐洲列國戰事本末二十二卷**　王樹枏撰　清光緒二十八年(1902)中衛縣署刻本(陶廬叢稿之一)　八册

230000－0902－0000319　209.1/1044
**歐洲列國戰事本末二十二卷**　王樹枏撰　清光緒二十八年(1902)中衛縣署刻本(陶廬叢稿之一)　八册

230000－0902－0000320　209.1/1044
**歐洲族類源流略五卷**　王樹枏撰　清光緒二十八年(1902)中衛縣署刻本(陶廬叢稿之一)　二册

230000－0902－0000321　209.1/1044
**歐洲族類源流略五卷**　王樹枏撰　清光緒二十八年(1902)中衛縣署刻陶廬叢刻本　二册

230000－0902－0000322　209.1/1044
**希臘春秋八卷**　王樹枏撰　清光緒三十二年(1906)刻本　四册

230000－0902－0000323　209.1/1044
**希臘春秋八卷**　王樹枏撰　清光緒三十二年(1906)刻本　四册

230000－0902－0000324　209.1/1044
**希臘春秋八卷**　王樹枏撰　清光緒三十二年(1906)刻本　四册

230000－0902－0000325　209.1/1044
**希臘春秋八卷**　王樹枏撰　清光緒三十二年(1906)刻陶廬叢刻本　四册

230000－0902－0000326　209.1/1044
**希臘春秋八卷**　王樹枏撰　清光緒三十二年(1906)刻本　四册

230000－0902－0000327　209.1/1063
**西學考略二卷**　(美國)丁韙良撰　清光緒九年(1883)同文館鉛印本　一册

230000－0902－0000328　209.1/4410
**泰西新史攬要二十三卷附記一卷**　(英國)麥肯齊撰　(英國)李提摩太譯　蔡爾康述稿　清光緒二十三年(1897)上海美華書館鉛印本　七册　存二十二卷(一至十三、十六至二十三,附記一卷)

230000－0902－0000329　209.1/4433
**日本國志四十卷首一卷**　(清)黄遵憲編纂　清光緒十六年(1890)羊城富文齋刻本　十四册

230000－0902－0000330　209.1/5040
**日本維新三十年史十二編**　(日本)東京博文館編　(清)上海廣智書局譯　清光緒二十八年(1902)上海廣智書局鉛印本　五册

230000－0902－0000331　209.1/7575
**萬國史記二十卷**　(日本)岡本監輔撰　清光緒二十七年(1901)上海書局石印本　六册

230000－0902－0000332　209.1/8218
**歐羅巴通史四卷**　(日本)箕作元八　(日本)峰岸米造纂　(清)胡景伊等譯　清光緒二十六年(1900)東亞譯書會排印本　四册

230000－0902－0000333　209.1/8363
**日本政治地理一卷**　(日本)矢津昌永撰　陶鎔譯　清光緒二十八年(1902)上海商務印書館鉛印本　一册

230000－0902－0000334　209.1/8830
**美史紀事本末十卷**　(美國)姜甯氏撰　章宗元輯譯　清光緒二十九年(1903)刻本　二册

230000－0902－0000335　210/4422
**玉燭寶典十二卷**　(隋)杜臺卿撰　清光緒黎氏刻古逸叢書本　一册　存五卷(一至五)

230000－0902－0000336　210/5040
**月令粹編二十四卷圖説一卷**　(清)秦嘉謨輯　清光緒九年(1883)安徽聚文書坊刻本　十二册

230000－0902－0000337　211/1171
**歷代定域史綱四卷**　張印西撰　清光緒二十九年(1903)蘘碧軒石印本　一册

230000－0902－0000338　211/2848
**大興徐氏三種**　(清)徐松撰　清道光刻北平隆福寺文奎堂印本　八册

230000－0902－0000339　211/4420

**萬國地理志要二卷補遺一卷**　(英國)慕維廉輯　清光緒二十七年(1901)鉛印本　二册

230000－0902－0000340　211.1
**皇朝藩屬輿地叢書二十八種**　(清)浦口輯　清光緒二十九年(1903)金匱浦氏靜寄東軒石印本　四十八册

230000－0902－0000341　211.1/1092
**歷代輿地沿革險要圖說**　(清)王尚德繪　清光緒二十四年(1898)上海文賢閣石印本　一册

230000－0902－0000342　211.1/1171
**歷代定域史綱四卷**　張印西撰　清光緒二十九年(1903)蘗碧軒石印本　一册

230000－0902－0000343　211.1/2615
**大清一統志四百二十四卷**　(清)和珅等纂修　清光緒二十八年(1902)上海寶善齋石印本　六十册

230000－0902－0000344　211.1/2615
**大清一統志四百二十四卷**　(清)和珅等纂修　清光緒二十八年(1902)上海寶善齋石印本　六十册

230000－0902－0000345　211.1/2619
**東三省沿革表六卷**　吴廷燮撰　清宣統元年(1909)退畊堂刻本　六册

230000－0902－0000346　211.1/2711
**大清中外一統輿圖三十一卷首一卷**　(清)鄒世詒等撰　清同治二年(1863)湖北撫署景桓樓刻本　九册

230000－0902－0000347　211.1/2711
**大清中外一統輿圖三十一卷首一卷**　(清)鄒世詒等撰　清同治二年(1863)湖北撫署景桓樓刻本　十三册

230000－0902－0000348　211.1/3132
**讀史方輿紀要一百三十卷輿圖要覽四卷**　(清)顧祖禹撰　清敷文閣刻光緒五年(1879)蜀南薛氏桐華書屋修補本　五十册

230000－0902－0000349　211.1/3132
**讀史方輿紀要一百三十卷輿圖要覽四卷**　(清)顧祖禹撰　清敷文閣刻光緒五年(1879)蜀南薛氏桐華書屋修補本　六十四册

230000－0902－0000350　211.1/3132
**讀史方輿紀要鈔不分卷**　(清)顧祖禹撰　(清)駱成驤鈔　清光緒二十九年(1903)成都志古堂刻本　二册

230000－0902－0000351　211.1/3132
**讀史方輿紀要摘錄十卷**　(清)顧祖禹撰　(清)黄冕摘鈔　清光緒十五年(1889)長沙遐齡庵傳忠書局刻本　九册

230000－0902－0000352　211.1/3132
**讀史方輿紀要摘錄十卷**　(清)顧祖禹撰　(清)黄冕摘鈔　清光緒十五年(1889)長沙遐齡庵傳忠書局刻本　十册

230000－0902－0000353　211.1/4091
**漢西域圖考七卷首一卷**　(清)李光廷撰　清同治九年(1870)廣州富文齋刻本　四册

230000－0902－0000354　211.1/4612
**輿地沿革表四十卷**　(清)楊丕復撰　清光緒刻楊愚齋先生全集本　二十四册

230000－0902－0000355　211.1/4734
**歷代輿地沿革險要圖注**　楊守敬　饒敦秩撰　清光緒二十二年(1896)石印本　一册

230000－0902－0000356　211.1/4910
**皇朝一統輿地全圖一卷**　(清)李兆洛編　(清)六嚴生縮摹　清光緒二十八年(1902)上海石印本　一册

230000－0902－0000357　211.1/7542
**歷代地理沿革表四十七卷**　清光緒二十一年(1895)廣雅書局刻本　十五册

230000－0902－0000358　211.2/0038
**[光緒]蔚州志二十卷首一卷**　(清)慶之金修　(清)楊篤纂　清光緒三年(1877)蘿川公廨刻本　八册

230000－0902－0000359　211.2/0038
**[正德]武功縣志三卷**　(明)康海撰　**勘證一**

卷　(清)方楷撰　**[正德]朝邑縣志二卷**　(明)韓邦靖撰　**勘證一卷**　(清)方楷撰　清同治十三年(1874)彭城刻本　一冊

230000－0902－0000360　211.2/0704
**廣東圖說九十二卷首一卷**　(清)毛鴻賓等修　(清)陳澧等繪圖　清刻本　十八冊

230000－0902－0000361　211.2/1044
**新疆國界圖志八卷**　王樹枏撰　清宣統元年(1909)刻本　八冊

230000－0902－0000362　211.2/1044
**新疆國界圖志八卷**　王樹枏撰　清宣統元年(1909)刻本　四冊

230000－0902－0000363　211.2/1113
**[宣統]承德縣志書不分卷**　(清)都林布修　(清)李巨源等纂　(清)金正元增修　(清)張子瀛　(清)聞鵬齡增纂　清宣統二年(1910)石印本　三冊

230000－0902－0000364　211.2/1172
**長白彙徵錄八卷**　張鳳臺等編輯　清宣統二年(1910)鉛印本　四冊

230000－0902－0000365　211.2/1172
**長白彙徵錄八卷**　張鳳臺等修　(清)劉龍光　(清)王大經纂　清宣統二年(1910)鉛印本　四冊

230000－0902－0000366　211.2/1128
**[光緒]撫甯縣志十六卷首一卷**　(清)張上龢修　(清)史夢蘭纂　清光緒三年(1877)刻本　六冊

230000－0902－0000367　211.2/1145
**[光緒]無錫金匱縣志四十卷首一卷**　(清)裴大中修　(清)秦緗業纂　清光緒七年(1881)刻本　二十冊

230000－0902－0000368　211.2/1464
**[宣統]西安縣志略十一卷**　(清)雷飛鵬等修　(清)段盛梓等纂　清宣統三年(1911)石印本　二冊

230000－0902－0000369　202.9/2391
**御批歷代通鑑輯覽一百二十卷**　(清)高宗弘曆撰　清刻朱墨套印本　五十八冊

230000－0902－0000370　211.2/3088
**[乾隆]盛京通志四十八卷首一卷**　(清)宋筠等修　(清)魏樞等纂　清乾隆元年(1736)刻咸豐二年(1852)雷以誠補刻本　二十冊

230000－0902－0000371　211.2/3088
**[乾隆]盛京通志四十八卷首一卷**　(清)宋筠等修　(清)魏樞等纂　清乾隆元年(1736)刻咸豐二年(1852)雷以誠補刻本　二十冊

230000－0902－0000372　211.2/4021
**[雍正]西湖志四十八卷**　(清)李衛等修　(清)傅王露等纂　清光緒四年(1878)浙江書局刻本　二十冊

230000－0902－0000373　211.2/6713
**黑龍江外紀八卷**　(清)西清撰　清光緒刻漸西村舍彙刊本　二冊

230000－0902－0000374　211.2/7110
**[道光]廣東通志三百三十四卷首一卷**　(清)阮元修　(清)陳昌齊等纂　清同治三年(1864)刻本　一百十六冊

230000－0902－0000375　211.2/7121
**[光緒]吉林通志一百二十二卷圖一卷**　(清)長順　(清)訥欽修　(清)李桂林　(清)顧雲纂　清光緒刻本　四十九冊

230000－0902－0000376　211.2/7121
**[光緒]吉林通志一百二十二卷圖一卷**　(清)長順　(清)訥欽修　(清)李桂林　(清)顧雲纂　清光緒刻本　四十八冊　存一百二十二卷(吉林通志一百二十二卷)

230000－0902－0000377　211.2/7121
**[光緒]吉林通志一百二十二卷圖一卷**　(清)長順　(清)訥欽修　(清)李桂林　(清)顧雲纂　清光緒刻本　四十九冊

230000－0902－0000378　211.2/7509
**[光緒]奉化縣志十四卷末一卷**　(清)錢開震修　(清)陳文焯纂　清光緒十一年(1885)刻

本　四冊

230000－0902－0000379　211.2/8064
**［光緒］山西通志一百八十四卷首一卷**　（清）曾國荃等修　（清）王軒等纂　清光緒十八年（1892）刻本　八十八冊　存一百六十八卷（一至十三、三十一至一百八十四，首一卷）

230000－0902－0000380　211.3/0024
**水道提綱二十八卷**　（清）齊召南編　清光緒霞城精舍刻本　八冊

230000－0902－0000381　211.3/1731
**水經注四十卷**　（北魏）酈道元撰　**御製文**　（清）高宗弘曆撰　清刻本　十六冊

230000－0902－0000382　211.3/1731
**水經注四十卷**　（北魏）酈道元撰　清光緒元年（1875）刻崇文書局彙刻書本　十冊

230000－0902－0000383　211.3/1731
**全校水經注四十卷補遺一卷附錄二卷正誤一卷**　（清）全祖望撰　清光緒十四年（1888）無錫薛福成刻本　十二冊

230000－0902－0000384　211.3/4634
**水經注疏要刪四十卷補遺一卷**　楊守敬撰　清光緒三十一年（1905）觀海堂刻本　七冊

230000－0902－0000385　211.3/4634
**水經注疏要刪補遺并續補四十卷**　楊守敬撰　清宣統元年（1909）刻本　五冊

230000－0902－0000386　211.3/4913
**水經注釋四十卷首一卷附錄二卷水經注箋刊誤十二卷**　（清）趙一清撰　清光緒六年（1880）蛟川花雨樓張氏刻本　二十冊

230000－0902－0000387　211.4/3404
**補三國疆域志補注十九卷首一卷**　（清）謝鍾英撰　清刻本　八冊

230000－0902－0000388　211.5/7544
**中國江海險要圖志二十二卷圖五卷**　（英國）海軍海圖官局編　（清）陳壽彭譯　清光緒二十七年（1901）經世文社石印本　十三冊

230000－0902－0000389　211.5/8432
**清涼山志十卷**　（明）釋鎮澄纂修　清乾隆二十年（1755）釋聚用刻光緒二十年（1894）重修民國印本　四冊

230000－0902－0000390　211.51/1044
**新疆山脈圖志六卷**　王樹枏撰　清宣統元年（1909）刻本　四冊

230000－0902－0000391　211.6/7521
**南朝佛寺志二卷**　（清）孫文川撰　（清）陳作霖編　清刻本　二冊

230000－0902－0000392　211.64/2517
**歷代陵寢備考五十卷歷代宗庙附考八卷**　（清）朱孔陽撰　清光緒申報館鉛印申報館叢書本　十二冊　缺八卷（歷代宗庙附考八卷）

230000－0902－0000393　211.64/2517
**歷代陵寢備考五十卷歷代宗廟附考八卷**　（清）朱孔陽撰　清光緒申報館鉛印申報館叢書本　十四冊

230000－0902－0000394　211.7/0744
**閩産錄異六卷**　（清）郭柏蒼撰　清光緒十二年（1886）刻本　三冊

230000－0902－0000395　211.7/1004
**江西考古錄十卷**　（清）王謨撰　清光緒十七年（1891）賦梅書屋刻本　四冊

230000－0902－0000396　211.7/2654
**黔語二卷**　（清）吳振棫撰　清咸豐刻本　一冊

230000－0902－0000397　211.7/3234
**求我篇一卷**　（清）潘清蔭撰　清光緒二十九年（1903）刻本　一冊

230000－0902－0000398　211.7/4054
**朝市叢載八卷**　（清）李虹若撰　清光緒十四年（1888）京都刻本　八冊

230000－0902－0000399　211.7/4497
**鳳臺祗謁筆記一卷永寧祗謁筆記一卷**　（清）董恂撰　清同治刻本　二冊

230000－0902－0000400　211.7/4560
**西域聞見錄八卷首一卷**　（清）七十一（椿園）

撰　清刻本　二册

230000－0902－0000401　211.8/0814
**斐洲遊記四卷**　(英國)施登萊撰　(清)匯報館譯　清光緒二十六年(1900)上海中西書室鉛印本　二册

230000－0902－0000402　211.9/1035
**黑龍江外紀八卷**　(清)西清撰　清刻漸西村舍彙刊本　二册

230000－0902－0000403　211.9/1126
**蒙古遊牧記十六卷**　(清)張穆撰　(清)何秋濤補　清同治六年(1867)壽陽祁氏刻本　四册

230000－0902－0000404　211.9/2310
**遊歷巴西圖經十卷**　(清)傅雲龍撰　清光緒二十八年(1902)石印本　二册

230000－0902－0000405　211.9/2647
**寧古塔記略一卷**　(清)吳桭臣撰　清刻漸西村舍彙刊本　一册

230000－0902－0000406　211.9/4443
**吉林外記十卷**　(清)薩英額撰　清光緒刻漸西村舍彙刊本　四册

230000－0902－0000407　212/1017
**歷代職官表六卷**　(清)王廷學重校　清光緒八年(1882)上海王氏刻本　三册

230000－0902－0000408　212.17/3414
**國朝歷科館選錄(清順治三年至光緒二年)特授改補館職(清順治二年至咸豐三年)**　(清)沈廷芳等輯　清光緒刻本　四册

230000－0902－0000409　212.3/1062
**治臺必告錄八卷**　(清)丁曰健輯　清同治六年(1867)知足知止園刻本　八册

230000－0902－0000410　214.196
**武英殿聚珍版書四種十三卷**　清乾隆武英殿木活字印本　九册

230000－0902－0000411　213/1382
**北洋公牘類纂二十五卷**　(清)甘厚慈輯　清光緒三十三年(1907)鉛印本　十三册　存十八卷(一至二、四至九、十一至十八、二十四至二十五)

230000－0902－0000412　213/2210
**五大洲政治通考四十八卷**　(清)急先務齋主人校刊　清光緒二十七年(1901)江左書林石印本　十二册

230000－0902－0000413　213/2277
**欽定大清會典一百卷**　(清)崑岡等撰　清光緒京師官書局石印本　二十四册

230000－0902－0000414　213/2314
**欽定續通典一百五十卷**　清光緒二十八年(1902)上海鴻寶書局石印本　八册

230000－0902－0000415　213/4030
**欽定大清會典事例一千二百二十卷目錄八卷**　(清)崑岡等撰　清光緒三十四年(1908)上海商務印書館石印本　一百五十册

230000－0902－0000416　213/2494
**盛京典制備考八卷**　(清)特慎菴撰　(清)崇厚增輯　清光緒四年(1878)盛京軍督署刻本　六册

230000－0902－0000417　213/4334
**列國政要一百三十二卷首一卷**　(清)端方　(清)戴鴻慈輯　清光緒三十三年(1907)上海商務印書館石印本　三十二册

230000－0902－0000418　213/4334
**列國政要續編九十四卷總目一卷**　(清)端方　(清)戴鴻慈輯　清宣統三年(1911)上海商務印書館石印本　三十二册

230000－0902－0000419　213/4424
**九通序不分卷**　(唐)杜佑等撰　清光緒二十八年(1902)上海掃葉山房石印本　三册

230000－0902－0000420　213/4424
**九通序不分卷**　(唐)杜佑等撰　清光緒二十八年(1902)上海掃葉山房石印本　三册

230000－0902－0000421　213/4424
**通典二百卷**　(唐)杜佑撰　清光緒二十七年(1901)貫吾齋石印本　八册

230000－0902－0000422　206.2/6715
**硃批諭旨三百六十卷**　(清)鄂爾泰等編　清光緒十三年(1887)上海點石齋石印朱墨本　六十册

230000－0902－0000423　213.1/2314
**欽定續文獻通考二百五十卷附六通訂誤不分卷**　(清)嵇璜等纂　清光緒二十七年(1901)上海圖書集成局鉛印本　三十八册

230000－0902－0000424　213.1/2314
**欽定續文獻通考二百五十卷附六通訂誤不分卷**　(清)嵇璜等纂　清光緒二十七年(1901)上海圖書集成局鉛印本　三十八册

230000－0902－0000425　213.1/4713
**歷代政要表二卷**　(清)胡子清輯　清光緒二十九年(1903)長沙刻本　二册

230000－0902－0000426　213.1/7107
**文獻通考三百四十八卷**　(元)馬端臨撰　清光緒二十七年(1901)上海圖書集成局鉛印本　四十四册

230000－0902－0000427　403.1/3102
**唐四家詩八卷**　(清)汪立名輯　清康熙三十四年(1695)天都汪氏刻本　二册

230000－0902－0000428　213.2/2544
**文廟通考六卷**　(清)牛樹梅編　清同治八年(1869)陝甘公所刻本　二册

230000－0902－0000429　213.2/7246
**明宫史八卷**　(明)劉若愚撰　清宣統二年(1910)上海國學扶輪社鉛印本　二册

230000－0902－0000430　213.27/4033
**皇朝文典七十四卷**　(清)李兆洛輯　清刻本　八册　存四十一卷(一至四十一)

230000－0902－0000431　213.3/4428
**文學興國策二卷**　(日本)森有禮編　(美國)林樂知譯　清光緒二十二年(1896)上海廣學會鉛印本　一册

230000－0902－0000432　308.32/4417
**歷朝史印十卷**　(清)黄學圯篆刻　清道光九年(1829)楚橋書屋鈐印本　六册

230000－0902－0000433　213.3/5189
**籌藏芻議一卷**　(清)姚錫光撰　清光緒三十四年(1908)京師刻本　一册

230000－0902－0000434　213.4/4413
**洋務時事彙編八卷**　(清)葛子源輯　清光緒二十四年(1898)上海書局石印本　十二册

230000－0902－0000435　301.6/6045
**呻吟語六卷**　(明)吕坤撰　清乾隆五十九年(1794)吕燕昭江寧刻本　六册

230000－0902－0000436　213.5/2200
**大清律例刑案新纂集成四十卷督捕則例附纂二卷**　(清)姚潤纂　(清)胡璋增輯　清刻本　二十一册　存三十六卷(五至四十)

230000－0902－0000437　213.5/3405
**大清新律例不分卷**　清光緒三十三年(1907)上海書局石印本　四册

230000－0902－0000438　213.5/3473
**大清新刑律草案不分卷**　(清)法學社編　清宣統三年(1911)奉天省關東印書館鉛印本　一册

230000－0902－0000439　213.5/4322
**大清律例彙輯便覽四十卷督捕則例附纂二卷**　(清)□□輯　清光緒二十四年(1898)京都琉璃廠榮録堂刻本　三十三册

230000－0902－0000440　213.5/4450
**欽定總管内務府堂現行則例四卷**　清光緒刻本　四册

230000－0902－0000441　213.5/7144
**欽定戶部軍需則例九卷兵部軍需則例五卷工部軍需則例一卷**　清刻本　四册

230000－0902－0000442　213.5/7772
**大清律例增修統纂集成四十卷**　(清)任彭年輯　(清)陶駿　(清)陶念霖增輯　清宣統元年(1909)上海文淵山房鉛印本　二十四册

230000－0902－0000443　213.5/8330
**欽定戶部則例九十九卷**　清咸豐刻本　七十

二冊

230000－0902－0000444　213.6/5037
**重定青神縣鴻化堰章程一卷**　王樹枏等撰　清光緒十四年(1888)青神縣刻本　一冊

230000－0902－0000445　213.7/2701
**實驗二部教授法七編**　(日本)日野海順等撰　(清)繆文功等譯　清光緒三十四年(1908)上海中國圖書公司鉛印本　一冊

230000－0902－0000446　213.8
**丁未和會類要四卷**　(清)□□輯　清光緒三十四年(1908)上海中國圖書公司鉛印本　四冊

230000－0902－0000447　213.8/1331
**約章成案匯覽甲篇十卷**　(清)北洋洋務局編　清光緒三十一年(1905)上海點石齋石印本　十冊

230000－0902－0000448　213.8/1331
**約章成案匯覽甲篇十卷**　(清)北洋洋務局編　清光緒三十一年(1905)上海點石齋石印本　六冊　存六卷(一至六)

230000－0902－0000449　213.8/4001
**歐洲東方交涉記十二卷**　(英國)麥高爾撰　(美國)林樂知　(清)瞿昂來譯　清光緒六年(1880)江南機器製造總局刻本　二冊

230000－0902－0000450　213.8/5260
**各國通商條約稅則章程三種**　清光緒刻本　一冊

230000－0902－0000451　214.11/0033
**隋經籍志考證十三卷**　(清)章宗源撰　清光緒三年(1877)湖北崇文書局刻本　四冊

230000－0902－0000452　214.11/0033
**隋經籍志考證十三卷**　(清)章宗源撰　清光緒三年(1877)湖北崇文書局刻本　四冊

230000－0902－0000453　214.11/0033
**隋經籍志考證十三卷**　(清)章宗源撰　清光緒三年(1877)湖北崇文書局刻本　四冊

230000－0902－0000454　214.11/0033
**隋經籍志考證十三卷**　(清)章宗源撰　清光緒三年(1877)湖北崇文書局刻本　四冊

230000－0902－0000455　214.15
**欽定四庫全書簡明目錄二十卷四庫全書總目二百卷**　(清)紀昀等撰　清同治七年(1868)廣東書局刻本　一百十五冊　存二百十二卷(簡明目錄一至十二、總目二百卷)

230000－0902－0000456　214.15/4204
**永樂大典目錄六十卷**　(明)姚廣孝等撰　清道光二十八年(1848)靈石楊氏刻連筠簃叢書本　二十冊

230000－0902－0000457　214.16/2741
**藝風藏書記八卷續記八卷**　繆荃孫撰　清光緒末至民國二年(1913)刻本　六冊

230000－0902－0000458　214.16/2741
**藝風藏書記八卷**　繆荃孫撰　清光緒二十六年至二十七年(1900－1901)藝風堂刻本　二冊

230000－0902－0000459　214.16/3141
**江刻書目三種**　(清)江標輯　清光緒元和江氏靈鶼閣刻本　三冊

230000－0902－0000460　214.16/3141
**鐵琴銅劍樓宋元本書目四卷**　(清)江標輯　清光緒二十三年(1897)刻江刻書目三種本　一冊　存二卷(一至二)

230000－0902－0000461　214.16/4437
**天一閣現存書目四卷首一卷末一卷**　(清)薛福成編　清光緒十五年(1889)無錫薛氏刻本　四冊

230000－0902－0000462　214.16/4622
**楹書隅錄五卷續錄四卷**　(清)楊紹和撰　清光緒二十年(1894)海源閣刻本　八冊

230000－0902－0000463　214.16/6081
**衢本郡齋讀書志二十卷**　(宋)晁公武撰　(宋)姚應績編　清光緒六年(1880)會稽章氏刻本　六冊

230000－0902－0000464　214.16/6680

**鐵琴銅劍樓藏書目錄二十四卷** (清)瞿鏞撰 清光緒二十三年(1897)誦芬室刻本 十册

230000－0902－0000465 214.16/7433
**皕宋樓藏書志一百二十卷續志四卷** (清)陸心源撰 清光緒八年(1882)萬卷樓刻本 三十二册

230000－0902－0000466 214.16/7433
**皕宋樓藏書志一百二十卷續志四卷** (清)陸心源撰 清光緒八年(1882)萬卷樓刻本 三十二册

230000－0902－0000467 308.3/7701
**印人傳三卷** (清)周亮工撰 清刻本 一册

230000－0902－0000468 214.16/7551
**直齋書録解題二十二卷** (宋)陳振孫撰 清光緒九年(1883)江蘇書局刻本 六册

230000－0902－0000469 214.17/1133
**書目答問不分卷附國朝著述諸家姓名略一卷** (清)張之洞撰 清光緒四年(1878)上海淞隱閣刻本 四册

230000－0902－0000470 214.17/2767
**欽定四庫全書簡明目録二十卷** (清)紀昀等編 清刻本 十二册

230000－0902－0000471 214.175/3127
**彙刻書目** (清)顧修編 (清)朱學勤增訂 (清)王懿榮重編 清光緒十五年(1889)上海福瀛書局刻本 二十册

230000－0902－0000472 214.175/3127
**彙刻書目** (清)顧修編 (清)朱學勤增訂 (清)王懿榮重編 清光緒十五年(1889)上海福瀛書局刻本 二十册

230000－0902－0000473 214.175/3127
**彙刻書目** (清)顧修編 (清)朱學勤增訂 (清)王懿榮重編 清光緒十五年(1889)上海福瀛書局刻本 二十册

230000－0902－0000474 214.18/2323
**揅經室經進書録四卷** (清)阮元撰 清光緒八年(1882)大興傅氏刻本 二册

230000－0902－0000475 214.18/4444
**宋元舊本書經眼録三卷附録二卷** (清)莫友芝撰 清同治十二年(1873)莫繩孫刻本 一册

230000－0902－0000476 214.181/1010
**善本書室藏書志四十卷附録一卷** (清)丁丙撰 清光緒二十七年(1901)錢塘丁氏刻本 十六册

230000－0902－0000477 214.181/1747
**四庫簡明目録標注二十卷附録一卷** (清)邵懿辰撰 清宣統三年(1911)邵章刻本 十册

230000－0902－0000478 214.181/8313
**欽定天禄琳琅書目十卷** (清)于敏中等撰 **後編二十卷** (清)彭元瑞等撰 清光緒十年(1884)刻本 十册

230000－0902－0000479 214.182/2509
**行素草堂目睹書録不分卷** (清)朱記榮輯 清光緒十年(1884)刻本 十册

230000－0902－0000480 214.182/2509
**行素草堂目睹書録不分卷** (清)朱記榮輯 清光緒十年(1884)朱記榮刻本 十册

230000－0902－0000481 214.19/4448
**四庫全書表文箋釋四卷** (清)林鶴年撰 清宣統元年(1909)吴興劉氏求恕齋刻本 四册

230000－0902－0000482 214.19/7713
**古今書刻二卷** (明)周弘祖撰 清光緒三十二年(1906)長沙葉氏觀古堂刻本 二册

230000－0902－0000483 214.191/1133
**書目答問不分卷** (清)張之洞撰 **輶軒語一卷** (清)張之洞撰 **求在我齋示子弟帖一卷** (清)成穀撰 清光緒五年(1879)刻本 三册

230000－0902－0000484 214.192/0436
**小學考五十卷** (清)謝啟昆撰 清光緒十四年(1888)浙江書局刻本 二十册

230000－0902－0000485 214.192/1200
**札迻十二卷** (清)孫詒讓撰 清光緒二十年

(1894)刻本　四冊

230000－0902－0000486　214.192/8334
**欽定通考考證三卷**　(□)□□撰　清刻本　三冊

230000－0902－0000487　214.193/7433
**羣書校補九十二卷**　(清)陸心源輯　清刻本　二十四冊

230000－0902－0000488　214.194/8354
**曝書雜記三卷**　(清)錢泰吉撰　清同治七年(1868)刻甘泉鄉人稿本　一冊

230000－0902－0000489　214.196/7433
**儀顧堂題跋十六卷續跋十六卷**　(清)陸心源撰　清光緒刻本　八冊

230000－0902－0000490　214.197/4634
**留真譜初編不分卷二編不分卷**　楊守敬編　清光緒二十七年至民國六年(1901－1917)宜都楊氏觀海堂刻本　二十冊

230000－0902－0000491　214.199/2764
**皕宋樓藏書源流考一卷**　(日本)島田翰撰　清光緒三十三年(1907)京師刻本　一冊

230000－0902－0000492　214.199/4469
**藏書紀事詩六卷**　葉昌熾撰　清光緒二十三年(1897)長沙學使署江標刻本　十二冊

230000－0902－0000493　214.21
**西清續鑑甲編二十卷附錄一卷**　(清)王傑等撰　清宣統二年(1910)上海商務印書館涵芬樓影印本　四十二冊

230000－0902－0000494　214.21
**西清續鑑甲編二十卷附錄一卷**　(清)王傑等撰　清宣統二年(1910)上海商務印書館涵芬樓影印本　三十五冊　存十八卷(一至十八)

230000－0902－0000495　214.21
**續考古圖五卷**　(宋)□□撰　**考古圖釋文一卷**　(宋)趙九成撰　清光緒十三年(1887)歸安陸氏刻本　二冊

230000－0902－0000496　214.21/0200
**陶齋吉金錄八卷**　(清)端方輯　清光緒三十四年(1908)石印本　八冊

230000－0902－0000497　214.21/0200
**陶齋吉金續錄二卷**　(清)端方輯　清宣統元年(1909)石印本　二冊

230000－0902－0000498　214.21/2580
**敬吾心室彝器款識不分卷**　(清)朱善旂輯　清光緒三十四年(1908)朱之榛石印本　二冊

230000－0902－0000499　214.21/2643
**恒軒所見所藏吉金錄不分卷**　(清)吳大澂藏并輯　清光緒十一年(1885)刻本　二冊

230000－0902－0000500　214.21/2644
**攈古錄金文三卷**　(清)吳式芬撰　清光緒二十一年(1895)吳重熹刻本　九冊

230000－0902－0000501　214.21/7110
**積古齋鐘鼎彝器款識十卷**　(清)阮元撰　清虞山鮑廷爵刻本　四冊

230000－0902－0000502　214.21/7243
**長安獲古編二卷補一卷**　(清)劉喜海撰　清刻本　二冊

230000－0902－0000503　214.21/8341
**十六長樂堂古器款識考四卷**　(清)錢坫撰　清嘉慶元年(1796)十六長樂堂刻本　二冊

230000－0902－0000504　201.24/4047
**晉書一百三十卷**　(唐)房玄齡等撰　**音義三卷**　(唐)何超撰　清同治十年(1871)金陵書局刻本　六冊　存四十七卷(三十八至四十五、六十至六十七、九十至九十五、一百一至一百二十五)

230000－0902－0000505　201.251/3427
**宋書一百卷**　(南朝梁)沈約撰　清同治十一年(1872)金陵書局刻本　一冊　存六卷(七十三至七十八)

230000－0902－0000506　201.252/4416
**南齊書五十九卷**　(南朝梁)蕭子顯撰　清同治十三年(1874)金陵書局刻本　一冊　存六卷(九至十四)

230000－0902－0000507　201.262/4014

**北齊書五十卷** （唐）李百藥撰 清同治十三年（1874）金陵書局刻本 一册 存十六卷（二十一至三十六）

230000－0902－0000508 201.263/8424
**周書五十卷** （唐）令狐德棻等撰 清同治十三年（1874）金陵書局刻本 一册 存十五卷（九至二十三）

230000－0902－0000509 201.29/4014
**北史一百卷** （唐）李延壽撰 清同治十一年（1872）金陵書局刻本 十册 存四十六卷（一至三、二十八至三十、五十五至七十、七十七至一百）

230000－0902－0000510 201.3/7267
**舊唐書二百卷** （五代）劉昫等撰 清同治十一年（1872）浙江書局刻本 一册 存七卷（一百三十六至一百四十二）

230000－0902－0000511 201.32/7772
**唐書二百二十五卷** （宋）歐陽修 （宋）宋祁等撰 清同治十二年（1873）浙江書局刻本 三册 存十七卷（二十八下至三十二、六十四至六十九、二百五至二百十）

230000－0902－0000512 500.13/1062－1
**檀几叢書五十卷二集五十卷餘集二卷** （清）王晫 （清）張潮輯 清康熙三十四年（1695）新安張氏霞舉堂刻本 十六册

230000－0902－0000513 201.35/4471
**舊五代史一百五十卷目錄二卷** （宋）薛居正等撰 清同治十一年（1872）湖北崇文書局刻本 一册 存六卷（一百二十三至一百二十八）

230000－0902－0000514 201.352/7772
**新五代史七十四卷** （宋）歐陽修撰 （宋）徐無黨注 清同治十一年（1872）湖北崇文書局刻本 一册 存八卷（四十四至五十一）

230000－0902－0000515 311.1/2622
**幼學須知句解四卷** （明）程允升原本 （清）錢元龍校補 清光緒二十二年（1896）掃葉山房刻本 四册

230000－0902－0000516 201.35/4471
**舊五代史一百五十卷目錄二卷** （宋）薛居正等撰 清同治十一年（1872）湖北崇文書局刻本 一册 存九卷（七十五至八十三）

230000－0902－0000517 201.5/3030
**元史二百十卷附考證** （明）宋濂 （明）王褘等撰 **元史氏族表三卷元史藝文志三卷** （清）錢大昕撰 清同治十三年（1874）江蘇書局刻本 四册 存二十一卷（八十九至九十二、一百一至一百四、一百六十二至一百六十六、一百八十七至一百九十四）

230000－0902－0000518 201.6/1111
**明史三百三十二卷** （清）張廷玉等撰 清光緒三年（1877）湖北崇文書局刻本 一册 存五卷（一百十四至一百十八）

230000－0902－0000519 311.1/2622
**幼學須知句解四卷** （明）程允升原本 （清）錢元龍校補 清光緒二十二年（1896）掃葉山房刻本 四册

230000－0902－0000520 201.9/1065
**十七史商榷一百卷** （清）王鳴盛撰 清光緒十九年（1893）廣雅書局刻本 七册 存五十七卷（一至五十七）

230000－0902－0000521 214.22/2610
**兩罍軒彝器圖釋十二卷** （清）吳雲撰 清同治十一年（1872）刻本 四册

230000－0902－0000522 214.22/2610
**二百蘭亭齋金石記不分卷** （清）吳雲撰 清咸豐六年（1856）歸安吳氏刻本 四册

230000－0902－0000523 214.22/2699
**筠清館金石文字五卷** （清）吳榮光撰 清道光二十二年（1842）南海吳氏刻本 五册

230000－0902－0000524 214.22/3234
**攀古廔彝器款識不分卷** （清）潘祖蔭撰 清同治十一年（1872）潘氏滂喜齋刻本 二册

230000－0902－0000525 214.22/7233
**奇觚室吉金文述二十卷** （清）劉心源撰 清

光緒二十八年(1902)石印本　十冊

230000－0902－0000526　214.22/7233
**古文審八卷**　(清)劉心源撰　清光緒十七年(1891)嘉魚劉氏龍江樓刻本　四冊

230000－0902－0000527　214.23/4469
**語石十卷**　葉昌熾撰　清宣統元年(1909)刻本　四冊

230000－0902－0000528　214.32/0200
**陶齋藏石記四十四卷藏甎記二卷**　(清)端方編撰　清宣統元年(1909)上海商務印書館石印本　十二冊

230000－0902－0000529　214.32/1262
**寰宇訪碑錄十二卷**　(清)孫星衍　(清)邢澍撰　清光緒十一年(1885)朱記榮刻本　八冊

230000－0902－0000530　214.32/4173
**山右石刻叢編四十卷**　(清)胡聘之撰　清光緒二十七年(1901)刻本　二十四冊

230000－0902－0000531　214.32/4469
**語石十卷**　葉昌熾撰　清蘇州文學山房刻本　四冊

230000－0902－0000532　214.5/2644
**古今錢略三十二卷首一卷末一卷**　(清)倪模輯　清光緒五年(1879)望江倪氏兩疆勉齋刻本　十六冊

230000－0902－0000533　214.5/2644
**古今錢略三十二卷首一卷末一卷**　(清)倪模輯　清光緒望江倪氏兩疆勉齋刻本　十六冊

230000－0902－0000534　214.5/3701
**欽定錢錄十六卷**　(清)梁詩正等纂　清刻本　四冊

230000－0902－0000535　214.5/3701
**欽定錢錄十六卷**　(清)梁詩正等纂　清刻本　八冊

230000－0902－0000536　214.51/1124
**錢志新編二十卷首一卷**　(清)張崇懿輯　清道光十年(1830)刻本　二冊

230000－0902－0000537　214.51/3792
**吉金所見錄十六卷首一卷末一卷**　(清)初尚齡纂輯　清道光七年(1827)古香書舍刻本　八冊

230000－0902－0000538　214.51/3792
**吉金所見錄十六卷首一卷末一卷**　(清)初尚齡纂輯　清道光七年(1827)古香書舍刻本　四冊

230000－0902－0000539　214.51/4377
**古泉叢話三卷附一卷**　(清)戴熙撰　清同治十一年(1872)吳縣潘氏滂喜齋京師刻本　一冊

230000－0902－0000540　214.51/4377
**古泉叢話三卷附一卷**　(清)戴熙撰　清同治十一年(1872)潘氏滂喜齋京師刻本　一冊

230000－0902－0000541　214.52/0072
**泉幣彙考十六卷制錢通考四卷**　(清)唐興崑撰　清咸豐元年至三年(1851－1853)唐氏紅藥山房刻本　八冊

230000－0902－0000542　214.52/0090
**癖泉臆說六卷**　(清)高煥文撰　清宣統三年(1911)上海商務印書館石印本　二冊

230000－0902－0000543　214.52/1709
**泉布統志九卷首一卷**　(清)孟麟輯　清道光刻本　三十二冊

230000－0902－0000544　214.52/2644
**封泥考略十卷**　(清)吳式芬　(清)陳介祺撰　清光緒三十年(1904)滬上石印本　十冊

230000－0902－0000545　214.52/2700
**續泉匯十四卷補遺二卷**　(清)李佐賢　(清)鮑康編　清光緒元年(1875)刻本　四冊

230000－0902－0000546　214.52/3438
**泉志十五卷**　(宋)洪遵撰　清照曠閣刻學津討原本　一冊

230000－0902－0000547　214.52/4426
**古泉雜詠四卷**　葉德輝撰　清光緒二十七年(1901)刻本　二冊

230000－0902－0000548　214.52/8042
**泉志校誤四卷**　(清)金嘉采撰　清刻觀自得齋叢書本　二册

230000－0902－0000549　214.6/7595
**玉紀一卷**　(清)陳性撰　清光緒二十五年(1899)西泠印社吴氏活字印本　一册

230000－0902－0000550　214.62/2643
**古玉圖考不分卷**　(清)吴大澂撰　清光緒十五年(1889)刻本　二册

230000－0902－0000551　214.69/2519
**陶說六卷**　(清)朱琰撰　清乾隆三十九年(1774)新安鮑氏知不足齋刻本　二册　存三卷(一至二、六)

230000－0902－0000552　214.8
**三古圖**　(清)黄晟輯　清乾隆十七年(1752)天都黄氏亦政堂刻本　二十四册

230000－0902－0000553　214.8/2509
**行素草堂金石叢書**　(清)朱記榮輯　清光緒朱氏刻本　四十册

230000－0902－0000554　214.8/2509
**行素草堂金石叢書**　(清)朱記榮輯　清光緒朱氏刻本　四十册

230000－0902－0000555　214.81/1146
**重訂金石契不分卷**　(清)張燕昌撰　清光緒二十二年(1896)劉氏聚學軒刻本　四册

230000－0902－0000556　214.81/7493
**金石續編二十一卷**　(清)陸耀遹撰　清同治十三年(1874)毘陵雙白燕堂刻本　十六册

230000－0902－0000557　214.81/7584
**金石摘不分卷**　(清)陳善墀輯　清同治十二年(1873)瀏陽不求甚解齋刻本　十册

230000－0902－0000558　214.82/2509
**金石全例十種**　(清)朱記榮輯　清光緒十八年(1892)吴縣朱氏彙印本　十五册　缺二卷(墓銘舉例一至二)

230000－0902－0000559　214.82/3117
**金索六卷石索六卷**　(清)馮雲鵬　(清)馮雲鵷輯　清道光元年(1821)馮氏滋陽縣署刻本　十二册

230000－0902－0000560　214.82/3117
**金石索十二卷**　(清)馮雲鵬輯　清光緒三十二年(1906)上海文新書局石印本　二十四册

230000－0902－0000561　214.82/4096
**觀妙齋藏金石文考略十六卷**　(清)李光暎撰　清雍正刻道光十七年(1837)乍川盛氏拜石山房印本　十四册

230000－0902－0000562　214.82/4460
**小蓬萊閣金石文字不分卷**　(清)黄易輯　清道光刻本　五册

230000－0902－0000563　214.82/7521
**求古精舍金石圖初集四卷**　(清)陳經輯　清嘉慶十八年(1813)烏程陳氏說劍樓刻本　四册

230000－0902－0000564　214.83/2884
**從古堂款識學十六卷**　(清)徐同柏撰　清光緒三十二年(1906)蒙學報館石印本　十六册

230000－0902－0000565　214.84/2741
**藝風堂金石文字目十八卷**　繆荃孫撰　清光緒三十二年(1906)刻本　八册

230000－0902－0000566　214.85/3434
**常山貞石志二十四卷**　(清)沈濤撰　清道光二十二年(1842)刻本　八册

230000－0902－0000567　214.85/7433
**吴興金石記十六卷**　(清)陸心源撰　清光緒十六年(1890)刻本　四册

230000－0902－0000568　214.85/8002
**兩漢金石記二十二卷**　(清)翁方綱撰　清乾隆五十四年(1789)南昌使院刻蘇齋叢書本　十二册

230000－0902－0000569　215/0021
**史略六卷**　(宋)高似孫撰　清光緒遵義黎氏刻古逸叢書本　一册

230000－0902－0000570　215.1/7528
**資治通鑑綱目五十九卷**　(宋)朱熹撰　**資治**

**通鑑綱目前編二十五卷**　(明)南軒撰　**續資治通鑑綱目二十七卷**　(明)商輅等撰　清康熙六十一年(1722)四喜堂刻本　一百二十册

230000－0902－0000571　215.1/7528
**資治通鑑綱目五十九卷**　(宋)朱熹撰　**資治通鑑綱目前編二十五卷**　(明)　南軒撰　**續資治通鑑綱目二十七卷**　(明)商輅等撰　清嘉慶八年(1803)敬書堂刻本　一百十三册

230000－0902－0000572　215.2/1102
**校刊史記集解索隱正義札記五卷**　(清)張文虎撰　清同治十一年(1872)金陵書局刻本　二册

230000－0902－0000573　215.2/2767
**史通削繁四卷**　(清)紀昀撰　清道光十三年(1833)粤東省城翰墨園刻朱墨印本　四册

230000－0902－0000574　215.2/2767
**史通削繁四卷**　(清)紀昀撰　清光緒元年(1875)湖北崇文書局刻本　四册

230000－0902－0000575　215.2/3340
**史通通釋二十卷**　(清)浦起龍釋　清光緒二十年(1894)金匱浦氏刻上海積山書局石印本　八册

230000－0902－0000576　215.2/3912
**讀史大略六十卷**　(清)沙張白撰　**小沙子史略一卷**　(清)沙晉撰　清咸豐七年(1857)大興邵氏刻本　十二册

230000－0902－0000577　215.2/4034
**讀通鑑綱目條記二十卷**　(清)李述來撰　清光緒八年(1882)群玉山房刻本　六册

230000－0902－0000578　215.2/7746
**漢書注校補五十六卷**　(清)周壽昌撰　清光緒十年(1884)小對竹軒刻本　十六册

230000－0902－0000579　215.3
**欽定明鑑二十四卷**　(清)托津等纂　清同治九年(1870)湖北崇文書局刻本　十册

230000－0902－0000580　215.3/1133
**歷代史論十二卷**　(明)張溥撰　**左傳史論二卷**　(清)高士奇撰　**明史論四卷**　(清)谷應泰撰　清光緒九年(1883)都城蒼松山房刻朱墨印本　十二册

230000－0902－0000581　215.3/4917
**廿二史劄記三十六卷補遺一卷**　(清)趙翼撰　清光緒二十年(1894)刻廣雅書局叢書本　十六册

230000－0902－0000582　215.33/4432
**東萊先生音注唐鑑二十四卷**　(宋)范祖禹撰　(宋)呂祖謙音注　清同治十三年(1874)蓉城尊經書院刻本　四册

230000－0902－0000583　215.4/4694
**廿一史彈詞注十一卷**　(明)楊慎撰　(清)張三異增定　清刻本　八册

230000－0902－0000584　215.4/4930
**史學提要輯注四卷**　(清)狄寬輯　**史學提要四卷**　(宋)黄繼善撰　(清)狄寬增訂　清乾隆二十八年(1763)刻嘉慶十一年(1806)補刻本　四册

230000－0902－0000585　215.4/7544
**史餘二十卷**　(清)陳堯松撰　(清)陳慶颺注　清同治三年(1864)竹平安齋刻本　四册

230000－0902－0000586　215.46/8481
**明宫雜詠二十卷**　(清)饒智元撰　清光緒十九年(1893)湘淥館刻本　六册

230000－0902－0000587　308.13
**滋蕙堂墨寶八卷**　(清)曾恒德輯　清江西曾恒德刻拓本　八册

230000－0902－0000588　308.13/0734
**祁寯藻楷書一卷**　(清)祁寯藻書　清刻本　一册

230000－0902－0000589　308.13/1022
**擬山園帖十卷**　(清)王無咎輯　清刻拓本　一册　存一卷(七)

230000－0902－0000590　308.13/1031
**天香樓藏帖八卷**　(清)王望霖輯　清嘉慶元年至三年(1796－1798)上虞王氏刻拓本

八册

230000－0902－0000591　308.13/1167
**國朝名人法帖十二卷**　(清)孔繼涑輯　清乾隆孔繼涑刻拓本　七册　存七卷(一至七)

230000－0902－0000592　308.13/1213
**玉虹樓帖十六卷**　(清)張照書　(清)孔繼涑輯　清乾隆孔繼涑刻拓本　十六册

230000－0902－0000593　308.13/1772
**臨王鐸書一卷**　(清)孟周衍臨　清刻拓本　一册

230000－0902－0000594　308.13/2543
**寶賢堂集古法帖十二卷**　(明)朱奇源輯　明晉藩刻清康熙戴夢熊補刻拓本　十二册

230000－0902－0000595　301.7
**欽定執中成憲八卷**　(清)世宗胤禛編　清乾隆元年(1736)武英殿刻本　六册　存六卷(一至六)

230000－0902－0000596　308.13/2694
**耕石老人法帖不分卷**　(清)魏燮均書　清刻拓本　一册

230000－0902－0000597　308.13/2695
**自敘帖一卷**　(唐)釋懷素書　清道光四年(1824)蘭州刻拓本　一册

230000－0902－0000598　308.13/3016
**詒晉齋書法十六卷**　(清)永瑆書　清嘉慶九年(1804)刻拓本　一册

230000－0902－0000599　308.13/3193
**雙節堂贈言墨蹟不分卷**　(清)汪輝祖彙集　清乾隆五十九年(1794)刻拓本　十册

230000－0902－0000600　308.13/3225
**海山仙館藏真十六卷**　(清)潘仕成輯　清道光二十七年(1847)番禺潘氏海山僊館刻拓本　十六册

230000－0902－0000601　308.13/4038
**古寶賢堂帖四卷**　(明)朱奇源輯　清康熙五十七年(1718)李清鑰刻拓本　四册

230000－0902－0000602　308.32/1144
**伴書軒印草一卷**　(清)項士松篆刻　清乾隆三十九年(1774)刻朱墨印本　一册

230000－0902－0000603　308.13/4407
**黄文節公法書石刻不分卷**　(宋)黄庭堅書　清嘉慶二十年(1815)黄嵋彙刻拓本　六册

230000－0902－0000604　308.13/4453
**晚香堂蘇帖十二卷**　(清)姚學經輯　清乾隆五十三年(1788)姚學經刻拓本　七册　存七卷(二至四、八至九、十一至十二)

230000－0902－0000605　308.13/4453
**觀海堂蘇帖一卷**　(宋)蘇軾書　清道光十八年(1838)廖甡刻拓本　一册

230000－0902－0000606　308.13/4784
**玄秘塔碑一卷**　(唐)柳公權書　清道光四年(1824)刻拓本　一册

230000－0902－0000607　308.13/4912
**道德經一卷陰符經一卷**　(元)趙孟頫書　清咸豐八年(1858)刻拓本　一册

230000－0902－0000608　308.13/4945
**宋思陵敕書四道墨蹟一卷**　(宋)高宗趙構書　清宣統二年(1910)影印本　一册　存一道(四)

230000－0902－0000609　107.3/4034
**重校十三經不貳字不分卷**　(清)李鴻藻等輯　清光緒二年(1876)滋本堂刻本　一册

230000－0902－0000610　107.3/7426
**經典釋文三十卷**　(唐)陸德明撰　**考證三十卷**　(清)盧文弨撰　清同治八年(1869)湖北崇文書局刻本　十二册

230000－0902－0000611　107.4/5341
**九經今義二十八卷**　(清)成本璞撰　清光緒三十一年(1905)鉛印本　一册　存十三卷(一至十三)

230000－0902－0000612　107.5/6031
**傳經表二卷**　(清)畢沅撰　清光緒十一年(1885)蛟川張氏花雨樓刻花雨樓叢鈔本

一冊

230000－0902－0000613　108.11/2160
**論語注疏解經二十卷**　（三國魏）何晏集解　（宋）邢昺疏　**校勘記二十卷**　（清）阮元撰　清嘉慶二十年（1815）南昌府學刻本　一冊　存八卷（論語注疏解經十一至十四、校勘記十一至十四）

230000－0902－0000614　108.11/2540
**論語十卷**　（宋）朱熹集注　清光緒十八年（1892）浙江書局刻本　一冊　存五卷（一至五）

230000－0902－0000615　108.11/2540
**論語十卷**　（宋）朱熹集注　清光緒三十二年（1906）上海商務印書館鉛印本　二冊

230000－0902－0000616　108.11/4441
**論語後案二十卷**　（清）黄式三撰　清光緒九年（1883）浙江書局刻儆居遺書本　十冊

230000－0902－0000617　500.13/4877
**武英殿聚珍版書五十種**　清同治十三年（1874）江西書局刻本　一百一冊

230000－0902－0000618　108.4/2540
**孟子要略五卷**　（宋）朱熹撰　（清）曾國藩注　清道光二十九年（1849）漢陽劉氏刻本　二冊

230000－0902－0000619　108.41/1025
**四書朱子本義匯參四十三卷首四卷**　（清）王步青輯　清敦復堂刻本　四冊　存四卷（孟子集注本義匯參九、十一至十三）

230000－0902－0000620　108.41/4437
**增補蘇批孟子二卷**　（宋）蘇洵評點　（清）趙大浣增補　清咸豐六年（1856）刻朱墨印本　二冊

230000－0902－0000621　108.41/4924
**孟子注疏解經十四卷**　（漢）趙岐注　（宋）孫奭疏　**校勘記十四卷**　（清）阮元撰　清嘉慶二十年（1815）南昌府學刻道光六年（1826）重修本　八冊

230000－0902－0000622　108.41/8042
**孟子說七卷**　（清）姜郁嵩撰　清光緒三十三年（1907）主敬堂刻本　二冊

230000－0902－0000623　108.5/6050
**滿漢合璧四書**　清刻本　二冊　存二卷（論語下、孟子上）

230000－0902－0000624　108.51/1009
**殖學齋編訂四書大全二十卷**　（清）王文烜手録　清雍正十一年（1733）古吳三樂齋刻本　八冊　存九卷（論語五至十、孟子一至三）

230000－0902－0000625　108.51/1015
**四書劄記八卷**　（清）王巡泰撰　清光緒九年（1883）臨潼横渠書院刻本　八冊

230000－0902－0000626　108.51/1744
**新訂四書補注備旨十卷**　（明）鄧林撰　（清）杜定基增訂　清光緒六年（1880）上海掃葉山房刻本　六冊　存八卷（大學一卷，中庸一卷，論語一至三，孟子一至二、四）

230000－0902－0000627　108.51/1744
**新訂四書補注備旨十卷**　（明）鄧林撰　（清）杜定基增訂　清掃葉山房刻本　八冊

230000－0902－0000628　108.51/1744
**新訂四書補注備旨十卷**　（明）鄧林撰　（清）杜定基增訂　清光緒三十四年（1908）校經山房刻本　八冊

230000－0902－0000629　108.51/2540
**御製翻譯四書不分卷**　（宋）朱熹集解　（清）鄂爾泰校譯　清末北京聖經博古堂刻本　五冊

230000－0902－0000630　108.51/2540
**四書章句集註十九卷**　（宋）朱熹撰　清光緒十五年（1889）北京善成東記刻本　六冊

230000－0902－0000631　108.51/2540
**四書章句集註十九卷**　（宋）朱熹撰　清光緒二十九年（1903）京都文成堂刻本　六冊

230000－0902－0000632　108.51/2540
**四書集注十九卷**　（宋）朱熹撰　清道光十八

年(1838)京都琉璃廠炳蔚堂朱氏刻本　七冊　存十二卷(大學一卷、中庸一卷、論語一至十)

230000－0902－0000633　108.51/2540
**四書集注十九卷**　(宋)朱熹撰　清光緒元年(1875)湖北崇文書局刻本　十冊

230000－0902－0000634　108.51/2540
**四書集注十九卷**　(宋)朱熹撰　清光緒二十年(1894)金陵書局刻本　六冊

230000－0902－0000635　108.51/2540
**四書集注十九卷**　(宋)朱熹撰　清光緒二十年(1894)金陵書局刻本　一冊　存二卷(大學章句一卷、中庸章句一卷)

230000－0902－0000636　108.51/2540
**四書集注十九卷**　(宋)朱熹撰　清刻本　十三冊

230000－0902－0000637　108.51/2540
**四書集注十九卷**　(宋)朱熹撰　清末李光明莊刻本　一冊　存二卷(大學章句一卷、中庸章句一卷)

230000－0902－0000638　108.51/2540
**四書集注十九卷**　(宋)朱熹撰　**附四書圖一卷四書句辨一卷四書章句附考四卷**　(清)吳志忠輯　清大梁馮氏刻本　七冊

230000－0902－0000639　108.51/2540
**監本四書十九卷**　(宋)朱熹集注　清光緒十九年(1893)滬上熙記書莊刻本　六冊

230000－0902－0000640　108.51/2540
**正蒙四書十九卷**　(宋)朱熹章句　清嘉慶十四年(1809)刻本　六冊

230000－0902－0000641　108.51/2540
**四書集註正蒙釋文合刻十九卷附四書集字音義辨一卷**　(宋)朱熹集註　(清)王賡言釋文　(清)萬青銓輯　清道光二十八年(1848)鴻文齋刻朱墨印本　六冊

230000－0902－0000642　108.51/2540
**新刻批點四書讀本十九卷**　(宋)朱熹集注　(清)高氏批點　清道光二十九年(1849)緯文堂刻朱墨印本　五冊　存十七卷(大學一卷,中庸一卷,論語一至十,孟子一至二、五至七)

230000－0902－0000643　108.51/2540
**四書章句集注十九卷**　(宋)朱熹撰　清光緒五年(1879)連雲閣刻本　六冊

230000－0902－0000644　108.51/2540
**論語二十卷孟子七卷**　(宋)朱熹集注　清刻本　五冊　存十七卷(論語十一至二十、孟子七卷)

230000－0902－0000645　108.51/2540
**御製翻譯四書不分卷**　(宋)朱熹集解　(清)鄂爾泰校譯　清北京三槐堂書坊刻本　六冊

230000－0902－0000646　108.51/2663
**四書經註集證十九卷**　(清)吳昌宗撰　清嘉慶三年(1798)江都汪氏刻本　七冊　存八卷(大學一卷,中庸一卷,論語一至四、六至七)

230000－0902－0000647　108.51/3119
**大學指掌一卷中庸指掌二卷**　(清)汪瑞堂撰　(清)周際華增訂　清道光二十一年(1841)刻本　三冊

230000－0902－0000648　108.51/3128
**四書題鏡□□卷**　(清)汪鯉翔纂述　清刻本　八冊　存二十一卷(論語一至二十、中庸一卷)

230000－0902－0000649　108.51/4061
**四書反身錄八卷**　(清)李顒撰　清浙江書局刻本　四冊

230000－0902－0000650　108.51/7474
**松陽講義十二卷**　(清)陸隴其撰　清光緒十三年(1887)固始張氏刻朱印本　四冊

230000－0902－0000651　108.51/7474
**四書義十二卷**　(清)陸隴其撰　清光緒二十四年(1898)掃葉山房木活字印本　六冊

230000－0902－0000652　108.51/7474
**四書義十二卷**　(清)陸隴其撰　清光緒二十四年(1898)掃葉山房刻本　五冊　存十卷

(一至二、五至十二)

230000－0902－0000653　108.51/7474
**四書義十二卷**　(清)陸隴其撰　清末鉛印本　六册

230000－0902－0000654　108.51/7745
**四書典故辨證二十卷附錄一卷**　(清)周柄中撰　清敬儀堂刻本　六册

230000－0902－0000655　108.51/8028
**酌雅齋四書遵注合講十九卷附圖說一卷**　(清)翁復編　清乾隆五十九年(1794)金閶書業堂刻本　五册

230000－0902－0000656　108.51/8038
**四書味根錄三十九卷**　(清)金澂輯　清咸豐十年(1860)綠芸書舍刻本　十六册

230000－0902－0000657　108.51/8038
**四書味根錄三十九卷**　(清)金澂輯　清咸豐十年(1860)綠芸書舍刻本　四册　存十一卷(論語一至六、十四至十六,首一卷;中庸二)

230000－0902－0000658　108.51/8038
**四書味根錄三十九卷**　(清)金澂輯　清咸豐十年(1860)綠芸書舍刻本　十四册　缺六卷(論語十一至十三、首一卷,孟子一至二)

230000－0902－0000659　108.51/8038
**四書味根錄三十九卷**　(清)金澂輯　清光緒二十九年(1903)上海鴻寶齋石印本　六册

230000－0902－0000660　108.51/8038
**四書味根錄三十九卷**　(清)金澂輯　清光緒八年(1882)緯文堂刻本　十六册

230000－0902－0000661　108.51/8038
**四書味根錄三十九卷**　(清)金澂輯　清光緒十一年(1885)上海掃葉山房刻本　十六册

230000－0902－0000662　108.51/8038
**增廣四書題鏡味根錄三十九卷附增四書宗旨不分卷**　(清)金澂等輯　清光緒二十一年(1895)上海寶文書局石印本　八册

230000－0902－0000663　108.53/2342
**增註四書人物類典串珠四十卷**　(清)臧志仁輯　清光緒十九年(1893)寶善書局石印本　四册

230000－0902－0000664　108.54/7743
**四書典制類聯音註十卷**　(清)閻其淵輯　清光緒十年(1884)仁記刻本　五册　存五卷(一至五)

230000－0902－0000665　110.11/0712
**爾雅注疏十卷**　(晉)郭璞注　(宋)邢昺疏　**附校勘記十卷**　(清)阮元撰　(清)盧宣旬摘錄　清嘉慶二十年(1815)南昌府學刻本　四册　存十六卷(爾雅注疏十卷,校勘記一至二、七至十)

230000－0902－0000666　110.11/0712
**爾雅圖三卷**　(晉)郭璞注　(清)姚之麟摹繪　清光緒十年(1884)上海同文書局石印本　二册

230000－0902－0000667　110.11/0712
**爾雅圖三卷**　(晉)郭璞注　(唐)陸德明音義　清光緒二十一年(1895)金陵書局刻本　三册

230000－0902－0000668　110.11/0712
**爾雅註疏十一卷**　(晉)郭璞註　(宋)邢昺疏　清乾隆三十四年(1769)三樂齋刻本　六册

230000－0902－0000669　110.11/0712
**爾雅註疏十一卷**　(晉)郭璞註　(宋)邢昺疏　清聚錦堂刻本　四册

230000－0902－0000670　110.11/0712
**爾雅注疏十一卷**　(晉)郭璞注　(宋)邢昺疏　清光緒八年(1882)崇德書院刻本　四册　存七卷(一至七)

230000－0902－0000671　110.11/1044
**爾雅郭注佚存補訂二十卷**　王樹枏撰　清光緒十八年(1892)資陽文莫室刻陶廬叢刻本　六册

230000－0902－0000672　110.11/1044
**爾雅郭注佚存補訂二十卷**　王樹枏撰　清光緒十八年(1892)資陽文莫室刻陶廬叢刻本

六冊

230000－0902－0000673　110.11/1044
**爾雅郭注佚存補訂二十卷**　王樹枏撰　清光緒十八年(1892)資陽文莫室刻陶廬叢刻本　六冊

230000－0902－0000674　110.11/4742
**爾雅義疏二十卷**　(清)郝懿行撰　清光緒十四年(1888)湖北官書處刻本　八冊

230000－0902－0000675　110.13/2626
**廣續方言四卷**　(清)程先甲輯　清光緒二十三年(1897)木活字印本　二冊

230000－0902－0000676　110.13/3428
**續方言疏證二卷**　(清)沈齡撰　清刻本　一冊　存一卷(二)

230000－0902－0000677　110.13/4430
**越諺三卷附賸語二卷**　(清)范寅輯　清光緒谷應山房刻本　三冊

230000－0902－0000678　110.13/5640
**方言十三卷**　(漢)揚雄撰　(晉)郭璞注　清刻本　一冊

230000－0902－0000679　110.14/1020
**釋名疏證補八卷續釋名釋名補遺一卷疏證補附一卷**　王先謙撰集　清光緒二十二年(1896)刻本　四冊

230000－0902－0000680　110.15/1081
**廣雅疏證十卷**　(清)王念孫撰　**附博雅音十卷**　(隋)曹憲撰　清光緒五年(1879)淮南書局刻本　八冊

230000－0902－0000681　110.19/0028
**通雅五十二卷刊誤補遺一卷**　(清)方以智撰　清光緒六年(1880)桐城方氏刻本　十六冊

230000－0902－0000682　110.19/0122
**稗雅四卷**　(清)龍彪輯　清道光五年(1825)寄南雲齋刻本　四冊

230000－0902－0000683　110.19/1069
**拾雅注二十卷**　(清)夏味堂撰　(清)夏紀堂注　清嘉慶刻本　十冊

230000－0902－0000684　110.19/2644
**駢雅訓纂七卷首一卷**　(清)魏茂林撰　清光緒十二年(1886)常熟鮑氏刻後知不足齋叢書本　八冊

230000－0902－0000685　110.19/4001
**通詁二卷勦說四卷**　(清)李調元撰　清刻本　一冊

230000－0902－0000686　110.19/7110
**經籍籑詁一百六卷附補遺一百六卷**　(清)阮元撰　清刻本　四十八冊

230000－0902－0000687　110.19/7110
**經籍籑詁一百六卷附補遺一百六卷**　(清)阮元撰　清光緒十四年(1888)鴻文書局石印本　十五冊　存一百一卷(一至一百、首一卷)

230000－0902－0000688　110.21/0892
**說文解字十五卷**　(漢)許慎撰　(宋)徐鉉等校定　清同治十三年(1874)浦氏刻本　四冊

230000－0902－0000689　110.21/1088
**說文釋例二十卷**　(清)王筠撰　清末中江家塾刻本　二十冊

230000－0902－0000690　110.21/1088
**說文釋例二十卷附補正二十卷**　(清)王筠撰　清末中江家塾刻本　十八冊　存十八卷(一至八、十一至二十)

230000－0902－0000691　110.21/1088
**說文解字句讀三十卷**　(清)王筠撰　清光緒八年(1882)四川尊經書局刻本　二十四冊

230000－0902－0000692　110.21/1088
**說文解字句讀三十卷**　(清)王筠撰　清光緒八年(1882)四川尊經書局刻本　二十冊

230000－0902－0000693　110.21/1122
**說文楬原二卷**　(清)張行孚撰　清光緒十一年(1885)維揚識小居刻本　二冊

230000－0902－0000694　110.21/1198
**許學叢書**　張炳翔輯　清光緒長洲張氏儀鄦廬刻本　二十四冊

230000－0902－0000695　110.21/1714

**許氏說文解字雙聲疊韻譜不分卷** (清)鄧廷楨撰 清光緒七年(1881)刻後知不足齋叢書本 一冊

230000－0902－0000696 110.21/2004
**說文檢字二卷** (清)毛謨撰 **補遺一卷** (清)姚覲元撰 清光緒歸安姚氏刻咫進齋叢書本 二冊

230000－0902－0000697 110.21/2615
**說文引經攷二卷補遺一卷** (清)吳玉搢撰 清道光歸安姚氏刻咫進齋叢書本 二冊

230000－0902－0000698 110.21/2643
**說文古籀補十四卷附錄一卷** (清)吳大澂撰 清光緒二十四年(1898)刻本 二冊

230000－0902－0000699 110.21/2643
**說文古籀補十四卷附錄一卷** (清)吳大澂撰 清光緒二十四年(1898)刻本 二冊

230000－0902－0000700 110.21/2643
**說文古籀補十四卷附錄一卷** (清)吳大澂撰 清光緒二十四年(1898)刻本 三冊

230000－0902－0000701 110.21/2667
**說文字原考略六卷** (清)吳大澂撰 清乾隆五十七年(1792)南城吳氏刻本 四冊

230000－0902－0000702 110.21/2810
**說文解字注匡謬六卷** (清)吳大澂撰 清光緒十四年(1888)上海蜚英館石印本 一冊

230000－0902－0000703 110.21/3202
**說文蠡箋十四卷** (清)吳大澂撰 清同治十三年(1874)三松堂刻本 二冊

230000－0902－0000704 110.21/4031
**說文辨字正俗八卷** (清)吳大澂撰 清同治九年(1870)校經廎刻本 八冊

230000－0902－0000705 110.21/4206
**說文聲系十四卷** (清)吳大澂撰 清嘉慶九年(1804)粵東使署姚文田刻本 二冊

230000－0902－0000706 110.21/4206
**說文聲系十四卷** (清)吳大澂撰 清嘉慶九年(1804)粵東使署姚文田刻本 二冊

230000－0902－0000707 110.21/4428
**說文解字義證五十卷** (清)吳大澂撰 清同治九年(1870)湖北崇文書局刻本 三十二冊

230000－0902－0000708 110.21/4433
**說文古籀疏證六卷原目一卷** (清)吳大澂撰 清刻本 四冊

230000－0902－0000709 110.21/4444
**苗氏說文四種** (清)吳大澂撰 清道光二十二年(1842)理董居刻本 六冊

230000－0902－0000710 110.21/4444
**苗氏說文四種** (清)吳大澂撰 清咸豐元年(1851)漢磚亭刻本 四冊

230000－0902－0000711 110.21/4444
**唐寫本說文解字木部箋異一卷** (清)吳大澂撰 **仿唐寫本說文解字木部一卷** 清同治三年(1864)刻本 二冊

230000－0902－0000712 110.21/4720
**說文字原韻表二卷** (清)胡重撰 清嘉慶十六年(1811)秀水金氏月香書屋刻本 一冊

230000－0902－0000713 110.21/1122
**說文發疑六卷** (清)張行孚撰 清光緒九年(1883)刻本 二冊

230000－0902－0000714 110.21/7274
**說文疊韻二卷首一卷末一卷** (清)劉熙載撰 清光緒刻本 二冊

230000－0902－0000715 110.21/7714
**段氏說文解字注三十二卷附六書音均表二卷** (清)段玉裁注 清同治六年(1867)蘇州保息局刻本 十六冊

230000－0902－0000716 110.21/7714
**說文解字注三十二卷六書音均表二卷汲古閣說文訂一卷** (清)段玉裁注 清光緒元年(1875)湖北崇文書局刻本 十八冊

230000－0902－0000717 110.21/7714
**說文解字注三十二卷附六書音韻表二卷** (清)段玉裁注 清光緒十四年(1888)上海蜚英館石印本 六冊

230000－0902－0000718　110.21/7714
**汲古閣說文訂一卷**　(清)段玉裁撰　清光緒九年(1883)歸安姚氏刻民國蘇州振新書社印本　一冊

230000－0902－0000719　110.21/7747
**說文雙聲二卷**　(清)劉熙載撰　清光緒刻本　一冊

230000－0902－0000720　110.21/8341
**說文解字斠詮十四卷**　(清)錢坫撰　清光緒九年(1883)淮南書局刻本　六冊

230000－0902－0000721　110.21/8341
**說文解字斠詮十四卷**　(清)錢坫撰　清光緒九年(1883)淮南書局刻本　二冊　存四卷(十一至十四)

230000－0902－0000722　110.21/8718
**說文逸字二卷**　(清)鄭珍撰　清咸豐八年(1858)刻本　一冊

230000－0902－0000723　110.21/8718
**說文新附考六卷**　(清)鄭珍撰　清光緒五年(1879)刻民國十五年(1926)蘇州振新書社印本　二冊

230000－0902－0000724　110.21/8741
**說文新附攷六卷續攷一卷**　(清)鈕樹玉撰　清同治七年(1868)碧螺山館刻本　六冊

230000－0902－0000725　110.21/8741
**說文解字校錄十五卷附說文玉篇校錄一卷**　(清)鈕樹玉撰　清光緒十一年(1885)江蘇書局刻本　十四冊

230000－0902－0000726　110.23/1013
**字典考證三十六卷**　(清)王引之撰　清愛日堂刻本　八冊

230000－0902－0000727　110.23/1013
**字典考證三十六卷**　(清)王引之撰　清刻本　六冊

230000－0902－0000728　110.23/1115
**康熙字典四十一卷**　(清)張玉書等撰　清道光七年(1827)刻本　三十九冊

230000－0902－0000729　110.23/1115
**康熙字典四十二卷**　(清)張玉書等撰　清光緒六年(1880)上海點石齋縮印本　四冊

230000－0902－0000730　110.23/1115
**康熙字典四十二卷**　(清)張玉書等撰　清光緒十年(1884)上海同文書局石印本　六冊

230000－0902－0000731　110.23/1115
**康熙字典四十二卷**　(清)張玉書等撰　清光緒十九年(1893)上海寶文書局石印本　六冊

230000－0902－0000732　110.23/1115
**康熙字典四十二卷**　(清)張玉書等撰　清刻本　四十冊

230000－0902－0000733　110.23/1115
**康熙字典四十二卷**　(清)張玉書等撰　清光緒十九年(1893)上海復和書局石印本　六冊

230000－0902－0000734　110.23/1779
**類篇四十五卷**　(宋)司馬光等撰　清光緒二年(1876)姚覲元東川官舍刻本　十四冊

230000－0902－0000735　110.23/2391
**御製增訂清文鑑三十二卷補編四卷總綱八卷補編總綱一卷**　(清)傅恒等撰　**續入新語一卷二次續入新清語一卷兼寫三合漢字十二字頭一卷**　清刻本　五十冊

230000－0902－0000736　110.23/2391
**御製增訂清文鑑三十二卷補編四卷總綱八卷補編總綱一卷**　(清)傅恒等撰　**二次續入新清語一卷兼寫三合漢字十二字頭一卷**　清刻本　四十五冊　存四十五卷(清文鑑一、三至三十二,補編四卷,總綱一至三、五至八,補編總綱一卷;二次續入新清語一卷,兼寫三合漢字十二字頭一卷)

230000－0902－0000737　110.23/2391
**御製增訂清文鑑三十二卷補編四卷總綱八卷補編總綱一卷**　(清)傅恒撰　**續入新語一卷二次續入新清語一卷**　清刻本　四十八冊

230000－0902－0000738　110.23/2391
**御製增訂清文鑑三十二卷補編四卷總綱八卷**

**補編總綱一卷** (清)傅恒撰 清刻本 九册 存九卷(清文鑑二十三、二十七、三十二,補編一至二,總綱二、五至六,補編總綱一卷)

230000－0902－0000739 110.23/2949
**清文典要四卷** (清)秋芳堂編輯 清乾隆三年(1738)京都永魁齋刻本 四册

230000－0902－0000740 110.23/2949
**清文典要四卷** (清)秋芳堂編輯 清刻本 五册

230000－0902－0000741 110.23/4014
**清文彙書十二卷** (清)李延基編 清北京三槐堂書坊刻本 十二册

230000－0902－0000742 110.23/4427
**字類標韻六卷** (清)華綱輯 清光緒元年(1875)肄江王氏刻本 二册

230000－0902－0000743 110.23/4803
**字彙十二卷首一卷末一卷附韻法直圖一卷韻法橫圖一卷** (明)梅膺祚撰 清光緒九年(1883)上海掃葉山房刻本 十四册

230000－0902－0000744 110.23/4803
**字彙十二卷首一卷末一卷附韻法直圖一卷韻法橫圖一卷** (明)梅膺祚撰 清光緒九年(1883)上海掃葉山房刻本 六册 存六卷(丑至巳、首一卷)

230000－0902－0000745 110.23/4803
**字彙十二卷** (明)梅膺祚撰 清刻本 十二册

230000－0902－0000746 110.23/7549
**倉頡篇三卷** (清)陳其榮輯 清光緒十八年(1892)石埭徐氏刻觀自得齋叢書本 一册

230000－0902－0000747 110.24/2880
**篆文大觀六卷說文標目一卷** (宋)徐鉉書寫 清光緒上海碧梧山莊石印本 六册

230000－0902－0000748 110.24/3432
**隸釋二十七卷** (宋)洪適撰 **刊誤一卷** (清)黄丕烈撰 清同治十年至十一年(1871－1872)皖南洪氏晦木齋刻本 六册

230000－0902－0000749 110.24/4428
**繆篆分韻五卷補一卷** (清)桂馥撰 清光緒姚覲元刻民國蘇州振新書社印本 二册

230000－0902－0000750 110.24/7702
**六書通十卷** (明)閔齊伋撰 (清)畢弘述篆訂 清光緒二十一年(1895)上海鴻寶齋石印本 五册

230000－0902－0000751 110.29/0192
**字學舉隅一卷** (清)龍啟瑞撰 清同治十年(1871)上海曙海樓刻本 一册

230000－0902－0000752 110.29/1021
**藤花小舫字學藏本不分卷** (清)王維珍輯 清光緒二年(1876)京都懿文齋刻本 二册

230000－0902－0000753 110.29/1088
**文字蒙求四卷** (清)王筠撰 清光緒十三年(1887)梁谿浦氏刻本 一册

230000－0902－0000754 110.29/3051
**清文指要三卷** 清嘉慶十四年(1809)三槐堂刻本 二册

230000－0902－0000755 110.29/3058
**清語摘鈔四種** (清)□□撰 清光緒十四年(1888)京都聚珍堂刻本 四册

230000－0902－0000756 110.29/3186
**字學舉隅續編一卷** (清)汪敘疇撰 清光緒十年(1884)掃葉山房刻本 一册

230000－0902－0000757 110.29/3300
**滿漢六部成語六卷** 清道光二十二年(1842)刻本 六册

230000－0902－0000758 110.29/3730
**初學必讀不分卷** (清)□□輯 清光緒十八年(1892)京都隆福寺聚珍堂刻本 五册

230000－0902－0000759 110.29/3431
**滿蒙漢三文合璧教科書十卷** (清)蔣維介 (清)莊愈等編 (清)榮德譯 清末民國間鉛印本 一册 存一卷(二)

230000－0902－0000760 110.29/4431
**重刻清文虛字指南編二卷** (清)萬福撰

(清)劉鳳山訂　清光緒二十年(1894)京都隆福寺聚珍堂書坊刻本　二冊

230000－0902－0000761　110.29/5038
**急就篇四卷**　(漢)史游撰　(唐)顔師古注　(宋)王應麟補注　清光緒九年(1883)浙江書局刻玉海本　二冊

230000－0902－0000762　110.29/5813
**史館正字考一卷**　(□)□□撰　清光緒十三年(1887)刻本　一冊

230000－0902－0000763　110.29/7247
**澄衷蒙學堂字課圖說四卷**　(清)劉樹屏撰　(清)吴子城繪圖　清光緒二十九年(1903)澄衷學堂印書處石印本　八冊

230000－0902－0000764　110.29/7560
**一學三貫清文鑑四卷**　(清)屯圖注　清乾隆十一年(1746)紫竹齋刻本　四冊

230000－0902－0000765　110.29/8441
**滿漢字清文啓蒙四卷**　(清)舞格撰　清三槐堂刻本　四冊

230000－0902－0000766　110.3/0051
**集韻考正十卷**　(清)方成珪撰　清光緒刻本　十冊

230000－0902－0000767　110.3/1710
**切音捷訣一卷切音便讀一卷**　(清)酈珩撰　清光緒六年(1880)摭古堂刻本　一冊

230000－0902－0000768　110.3/3139
**音學五書**　(清)顧炎武撰　清光緒十一年(1885)四明觀稼樓刻本　十六冊

230000－0902－0000769　110.3/3603
**詩韻合璧五卷**　(清)湯文璐編　清光緒十一年(1885)文英堂刻本　五冊

230000－0902－0000770　110.3/3603
**詩韻合璧五卷**　(清)湯文璐編　清光緒十三年(1887)廣百宋齋鉛印本　五冊

230000－0902－0000771　110.3/3603
**詩韻合璧五卷**　(清)湯文璐編　清光緒上海公興書局鉛印本　五冊

230000－0902－0000772　110.3/4206
**四聲易知錄四卷**　(清)姚文田撰　清嘉慶十七年(1812)刻本　一冊

230000－0902－0000773　110.3/4310
**聲韻攷四卷**　(清)戴震撰　清乾隆四十四年(1779)刻微波榭叢書本　一冊

230000－0902－0000774　110.3/8067
**詩韻珠璣五卷**　(清)余照輯　清嘉慶五年(1800)一枝山房刻本　五冊

230000－0902－0000775　110.3/8067
**詩韻集成十卷**　(清)余照撰　清光緒元年(1875)掃葉山房刻本　四冊

230000－0902－0000776　110.3/8067
**詩韻集成十卷**　(清)余照撰　清刻本　三冊　存八卷(三至十)

230000－0902－0000777　110.4/1142
**澤存堂五種**　(清)張士俊輯　清光緒十四年(1888)上海蜚英館影印本　八冊

230000－0902－0000778　110.4/2244
**小學鉤沈十九卷**　(清)任大椿輯　(清)王念孫校　清光緒十年(1884)龍氏刻本　二冊

230000－0902－0000779　110.4/2244
**小學鉤沈十九卷**　(清)任大椿輯　(清)王念孫校　清光緒十年(1884)龍氏刻本　四冊

230000－0902－0000780　110.4/2244
**小學鉤沈十九卷**　(清)任大椿輯　(清)王念孫校　清光緒十年(1884)龍氏刻本　四冊

230000－0902－0000781　311.1/2622
**幼學須知句解四卷**　(明)程允升原本　(清)錢元龍校補　清光緒二十二年(1896)掃葉山房刻本　四冊

230000－0902－0000782　110.4/4241
**姚氏叢刻三種**　(清)姚覲元輯　清光緒二年(1876)川東官舍刻本　三十冊

230000－0902－0000783　110.4/4241
**姚氏叢刻三種**　(清)姚覲元輯　清光緒二年(1876)川東官舍刻本　二十三冊　缺七卷

（類篇一至七）

230000－0902－0000784　308.13/5301
**詒晉齋巾箱帖四卷**　（清）永瑆輯　清嘉慶十二年（1807）錢泳刻拓本　四冊

230000－0902－0000785　308.13/6494
**貽古堂帖四卷**　（清）□□輯　清道光二十九年（1849）刻拓印本　一冊　存一卷（四）

230000－0902－0000786　308.13/7280
**清愛堂石刻四卷墨刻二卷**　（清）劉鏞書　清嘉慶刻拓本　五冊

230000－0902－0000787　308.13/8092
**滋蕙堂墨寶八卷**　（清）曾恒德輯　清乾隆三十三年（1768）刻拓本　四冊　存四卷（二、五、七至八）

230000－0902－0000788　308.13/9050
**綠天庵帖三種**　（唐）釋懷素書　（清）釋達受摹　清刻拓本　三冊

230000－0902－0000789　308.14/4730
**書畫題跋記十二卷**　（明）郁逢慶撰　清宣統三年（1911）順德鄧氏刻本　四冊

230000－0902－0000790　308.15/1213
**庚子銷夏記八卷**　（清）孫承澤撰　清宣統三年（1911）上海掃葉山房石印本　四冊

230000－0902－0000791　308.15/5033
**桐陰論畫二卷首一卷附錄一卷**　（清）秦祖永撰　清同治三年（1864）刻朱墨印本　八冊

230000－0902－0000792　308.16
**楷法溯源十四卷目錄一卷**　（清）潘存輯　楊守敬編　清光緒四年（1878）刻本　十五冊

230000－0902－0000793　308.161/8799
**五經背錄不分卷**　（清）鄭燮手書　清光緒三十四年（1908）石印本　三冊

230000－0902－0000794　308.162/1814
**紅樓夢圖詠**　（清）改琦繪　清光緒刻本　四冊

230000－0902－0000795　308.162/4377
**習苦齋畫絮十卷**　（清）戴熙撰　（清）惠年編　清光緒十九年（1893）刻本　四冊

230000－0902－0000796　308.162/4377
**習苦齋畫絮十卷**　（清）戴熙撰　（清）惠年編　清光緒十九年（1893）刻本　四冊

230000－0902－0000797　308.17/1100
**國朝畫徵錄三卷續錄二卷**　（清）張庚撰　清光緒十三年（1887）掃葉山房石印本　二冊

230000－0902－0000798　308.17/3084
**國朝書畫家筆錄四卷**　竇鎮輯　清宣統三年（1911）蘇州文學山房木活字印本　八冊

230000－0902－0000799　308.17/3182
**國朝畫識十七卷**　（清）馮金伯撰　清刻本　八冊

230000－0902－0000800　308.17/3182
**墨香居畫識十卷**　（清）馮金伯輯　清刻本　四冊

230000－0902－0000801　308.17/4241
**歷代畫史彙傳七十二卷首一卷附錄二卷**　（清）彭蘊燦編　清光緒八年（1882）掃葉山房刻本　三十二冊

230000－0902－0000802　308.17/4241
**歷代畫史彙傳七十二卷首一卷附錄二卷**　（清）彭蘊燦編　清宣統二年（1910）上海文瑞書樓石印本　十二冊

230000－0902－0000803　308.2/0240
**詩經古譜不分卷**　清光緒三十四年（1908）學部圖書局石印本　一冊

230000－0902－0000804　308.3/3136
**篆學瑣著三十種**　（清）顧湘輯　清道光二十年（1840）海虞顧氏刻本　八冊

230000－0902－0000805　308.32/0060
**七十二侯印譜不分卷**　（清）童晏摹刻　清光緒十二年（1886）刻鈐印本　二冊

230000－0902－0000806　308.32/0080
**敦讓生印存不分卷**　（清）方鎬篆刻　清光緒鈐印本　二冊

230000－0902－0000807　308.32/0400
**梅石臨百二古銅印譜不分卷**　(清)謝庸篆刻　清末鈐印本　二冊

230000－0902－0000808　308.32/0714
**漢晉六朝帝王紀元印史**　(清)郭苦瓜篆刻　清光緒二十三年(1897)鈐印本　四冊

230000－0902－0000809　308.32/0733
**續齊魯古印攈不分卷**　(清)郭裕之輯　清光緒十八年(1892)濰縣郭氏鈐印本　十六冊

230000－0902－0000810　308.32/1017
**雪廬百印附續集不分卷**　(清)王琛篆刻　清光緒二十六年(1900)鈐印本　二冊　缺(續集不分卷)

230000－0902－0000811　308.32/1017
**雪廬百印附續集不分卷**　(清)王琛篆刻　清光緒二十九年(1903)鈐印本　三冊

230000－0902－0000812　308.32/1017
**半舫印存不分卷**　(清)王琛輯　清末鈐印本　一冊

230000－0902－0000813　308.32/1021
**西泠八家印選不分卷**　丁仁輯　清末鈐印本　三十冊

230000－0902－0000814　308.32/1021
**杭郡印輯八卷**　丁仁輯　清光緒三十一年(1905)西泠印社鈐印本　八冊

230000－0902－0000815　308.32/1023
**讀畫軒印存四卷**　(清)王俊篆刻并輯　清光緒七年(1881)鈐印本　四冊

230000－0902－0000816　308.32/1032
**兩漢儒林印譜不分卷**　(清)夏道生篆刻　清光緒鈐印本　一冊

230000－0902－0000817　308.32/1081
**石室印萃不分卷**　(清)丁善長輯　清光緒十年(1884)萬卷堂鈐印本　六冊

230000－0902－0000818　308.32/1130
**卷石阿印草不分卷**　(清)張定篆刻并輯　清光緒鈐印本　一冊

230000－0902－0000819　308.32/1131
**聽秋山館印譜不分卷**　(清)張澐篆刻　清咸豐二年(1852)鈐印本　四冊

230000－0902－0000820　308.32/1170
**二銘室印譜不分卷**　(清)張厚齋篆刻　清宣統鈐印本　六冊

230000－0902－0000821　308.32/1264
**漱芳書屋集古印譜一卷**　(清)孫思敬輯　清光緒十九年(1893)鈐印本　一冊

230000－0902－0000822　308.32/1313
**玉連環室印存不分卷**　(清)□□篆刻　清光緒九年(1883)崇川徐氏金石齋鈐印本　四冊

230000－0902－0000823　308.32/1787
**養正樓印存六卷**　(清)孟介臣篆刻　清道光二十一年(1841)鈐印本　六冊

230000－0902－0000824　308.32/2230
**琴鶴堂印譜不分卷**　(清)繼良輯　清光緒鈐印本　八冊

230000－0902－0000825　308.32/2236
**古印集存不分卷**　(清)崔鴻圖輯　清光緒二十七年(1901)古棣崔氏乾修齋鈐印本　十二冊

230000－0902－0000826　308.32/2343
**西泠六家印存六卷**　(清)傅栻輯　清光緒九年(1883)鈐印本　四冊

230000－0902－0000827　308.32/3443
**雙嬋娟室印存不分卷**　清道光鈐印本　四冊

230000－0902－0000828　308.32/2603
**似鴻軒印稿不分卷**　(清)吳誦清篆刻　清光緒鈐印本　一冊

230000－0902－0000829　308.32/2610
**二百蘭亭齋古印攷藏六卷**　(清)吳雲輯　清同治三年(1864)鈐印本　三冊

230000－0902－0000830　308.32/2643
**十六金符齋印存不分卷**　(清)吳大澂輯　清光緒鈐印本　二十四冊

230000－0902－0000831　308.32/2648
**撫賴古堂印不分卷**　(清)張秉鋭摹刻　清嘉慶八年(1803)鈐印本　二册

230000－0902－0000832　308.32/2661
**缶廬印存初集不分卷**　吴昌碩篆刻　清光緒西泠印社鈐印本　四册

230000－0902－0000833　308.32/2702
**有竹山房印癖四卷**　(清)鄒端篆刻　清道光鈐印本　四册

230000－0902－0000834　308.32/2702
**石琴吟館印存不分卷**　伊立勳篆刻　清光緒十九年(1893)鈐印本　二册

230000－0902－0000835　308.32/2717
**天倪閣印譜不分卷**　(清)倪璐篆刻　清光緒鈐印本　二册

230000－0902－0000836　308.32/2849
**觀自得齋秦漢官私銅印譜不分卷**　(清)徐士愷輯　清光緒二十四年(1898)鈐印本　十册

230000－0902－0000837　308.32/2847
**雲留小住印譜二卷**　(清)徐學幹篆刻　清道光鈐印本　二册

230000－0902－0000838　308.32/3133
**飛鴻堂印譜四十卷**　(清)汪啓淑輯　清石印本　二十册

230000－0902－0000839　308.32/3136
**小石山房印譜五卷**　(清)顧湘　(清)顧浩輯　清同治八年(1869)鈐印本　四册

230000－0902－0000840　308.32/3137
**秋水軒印存不分卷**　(清)江湄篆刻　清同治鈐印本　二册

230000－0902－0000841　308.32/3144
**玩月草堂印存不分卷**　(清)馮士堜篆刻　清光緒十六年(1890)鈐印本　六册

230000－0902－0000842　308.32/3333
**小石山房印譜四卷别集一卷附集一卷**　(清)顧湘　(清)顧浩輯　清道光十一年(1831)鈐印本　六册

230000－0902－0000843　308.32/3730
**紉佩齋集印不分卷**　(清)沈祥龍篆刻　清光緒十四年(1888)鈐印本　四册

230000－0902－0000844　308.32/4076
**秦漢三十體印證二卷**　(清)李陽輯　清道光二十年(1840)實籀齋刻本　四册

230000－0902－0000845　308.32/4404
**秋蘋印草二卷**　(清)華文彬篆刻　清嘉慶鈐印本　二册

230000－0902－0000846　308.32/4433
**竹雪軒印集八卷**　(清)蔡濬源輯　清光緒鈐印本　四册

230000－0902－0000847　308.32/4433
**竹雪軒印集八卷**　(清)蔡濬源輯　清光緒鈐印本　四册

230000－0902－0000848　308.32/4433
**竹雪軒印集八卷**　(清)蔡濬源輯　清光緒鈐印本　四册

230000－0902－0000849　308.32/4622
**友石軒印存不分卷**　(清)楊秉信篆刻　清光緒三十年(1904)鈐印本　一册

230000－0902－0000850　308.32/4633
**文秘閣印稿不分卷**　(清)楊心源篆刻　清道光三年(1823)鈐印本　二册

230000－0902－0000851　308.32/4739
**松舫居士印譜不分卷**　(清)胡宗烑篆刻　清道光鈐印本　三册

230000－0902－0000852　308.32/4926
**百將百美合璧印譜不分卷**　(清)趙穆篆刻　清光緒二十年(1894)鈐印本　八册

230000－0902－0000853　308.32/4931
**補羅迦室印譜不分卷**　(清)趙之琛篆刻　清宣統二年(1910)西泠印社鈐印本　二册

230000－0902－0000854　308.32/5344
**蒼雪軒印譜不分卷**　(日本)惠藕橋篆刻　清光緒二十七年(1901)鈐印本　四册

230000－0902－0000855　308.32/5372
**柏葉盦印存不分卷**　(清)戈履徵篆刻　清宣統二年(1910)鈐印本　二册

230000－0902－0000856　308.32/6048
**求志居集印四卷**　(清)羅振鏞篆刻　清光緒鈐印本　四册

230000－0902－0000857　308.32/6072
**遯盦集古印存初集不分卷**　吳隱輯　清光緒三十四年(1908)西泠印社鈐印本　四册

230000－0902－0000858　308.32/6621
**七家名人印譜不分卷**　(清)嚴信厚輯　清光緒小長蘆館鈐印本　八册

230000－0902－0000859　308.32/6644
**錢叔蓋胡鼻山兩家刻印不分卷**　(清)嚴荄輯　清光緒三十一年(1905)西泠印社鈐印本　四册

230000－0902－0000860　308.32/7110
**蘭石軒印草不分卷**　(清)龐君亮篆刻　清光緒鈐印本　六册

230000－0902－0000861　308.32/7141
**聽鸝軒印稿一卷**　(清)馬壽石篆刻　清光緒鈐印本　一册

230000－0902－0000862　308.32/7534
**陳曼生印存不分卷**　(清)陳鴻壽篆刻　清光緒西泠印社鈐印本　四册

230000－0902－0000863　308.32/7535
**承霤居印稿不分卷**　(清)陳湯奏篆刻　清光緒鈐印本　四册

230000－0902－0000864　308.32/8244
**漱石軒印存四卷印集四卷**　(清)鍾權篆刻　清光緒鈐印本　八册

230000－0902－0000865　308.32/8300
**近鄦齋印存不分卷**　(清)錢庚篆刻　清光緒鈐印本　一册

230000－0902－0000866　308.32/8348
**未虛室印賞不分卷**　(清)錢松篆刻　清光緒鈐印本　四册

230000－0902－0000867　308.32/8734
**十琴軒黃山印册二卷**　(清)鄭沛篆刻　清光緒鈐印本　一册

230000－0902－0000868　308.32/8741
**詩品印譜不分卷**　翁壽虞篆刻　清宣統元年(1909)鈐印本　四册

230000－0902－0000869　308.32/8793
**福壽不分卷**　(清)鄭耀祖篆刻　清光緒鈐印本　一册

230000－0902－0000870　308.33/4487
**廣印人傳十六卷補遺一卷**　葉銘輯　清末民初西泠印社刻本　四册

230000－0902－0000871　308.4/7583
**簠齋傳古別錄一卷**　(清)陳介祺撰　清光緒五年(1879)福山王氏刻天壤閣叢書本　一册

230000－0902－0000872　309.3/3440
**食物本草會纂十二卷**　(清)沈李龍輯　清尊德堂刻本　七册

230000－0902－0000873　309.3/7555
**秘傳花鏡六卷**　(清)陳扶搖輯　清光緒三十年(1904)上海書局石印本　六册

230000－0902－0000874　310.121/1044
**墨子斠注補正二卷**　王樹枏撰　清光緒十三年(1887)新城王氏刻陶廬叢刻本　一册

230000－0902－0000875　310.121/1044
**墨子斠注補正二卷**　王樹枏撰　清光緒、民國間新城王氏刻陶廬叢刻本　一册

230000－0902－0000876　310.121/1150
**墨子經説解二卷**　(清)張惠言撰　清宣統元年(1909)國家保存會石印本　一册

230000－0902－0000877　310.121/6031
**墨子十六卷**　(清)畢沅校注　清光緒二年(1876)浙江書局刻二十二子本　四册

230000－0902－0000878　310.146/0002
**呂氏春秋二十六卷**　(秦)呂不韋撰　(漢)高誘注　清光緒元年(1875)浙江書局刻本　六册

230000－0902－0000879　310.149/4741
**梅叟閑評四卷**　(清)郝培元撰　清光緒十年(1884)東路廳署刻本　二册

230000－0902－0000880　310.149/7230
**淮南子二十一卷**　(漢)劉安撰　(漢)高誘注　清光緒二年(1876)浙江書局刻本　六册

230000－0902－0000881　310.197/4413
**道德法律進化之理二卷**　(日本)加藤弘之撰　(清)金壽康　(清)楊殿玉譯　清光緒二十九年(1903)上海廣智書局鉛印本　一册

230000－0902－0000882　310.2/1000
**困學紀聞集證二十卷首一卷末一卷**　(宋)王應麟撰　(清)萬希槐集證　清嘉慶八年(1803)聚秀堂刻本　十二册

230000－0902－0000883　310.2/1000
**困學紀聞注二十卷**　(清)翁元圻撰　清道光五年(1825)餘姚守福堂刻本　十二册

230000－0902－0000884　310.2/2504
**十三經札記二十一卷羣書札記十六卷**　(清)朱亦棟撰　清光緒四年(1878)武林竹簡齋刻本　十二册

230000－0902－0000885　310.2/2510
**無邪堂答問五卷**　(清)朱一新撰　清光緒二十一年(1895)廣雅書局刻本　五册

230000－0902－0000886　310.2/2510
**無邪堂答問五卷**　(清)朱一新撰　清光緒二十一年(1895)廣雅書局刻本　四册　存四卷(一至二、四至五)

230000－0902－0000887　310.2/3137
**清嘉錄十二卷**　(清)顧錄撰　清刻本　四册

230000－0902－0000888　310.2/3191
**日知錄集釋三十二卷刊誤二卷續刊誤二卷**　(清)黄汝成撰　清同治八年(1869)廣州述古堂刻本　十六册

230000－0902－0000889　310.2/3191
**日知錄集釋三十二卷刊誤二卷續刊誤二卷**　(清)黄汝成撰　清同治十一年(1872)湖北崇文書局刻本　十六册

230000－0902－0000890　310.2/3191
**日知錄集釋三十二卷刊誤二卷續刊誤二卷**　(清)黄汝成撰　清光緒元年(1875)湖北崇文書局刻本　十六册

230000－0902－0000891　310.2/3191
**日知錄集釋三十二卷刊誤二卷續刊誤二卷**　(清)黄汝成撰　清光緒二十一年(1895)上海點石齋石印本　六册

230000－0902－0000892　310.2/3434
**容齋隨筆十六卷續筆十六卷三筆十六卷四筆十六卷五筆十卷**　(宋)洪邁撰　清同治十一年至光緒元年(1872－1875)新豐洪氏十三公祠刻本　六册　存三十二卷(隨筆十六卷、續筆十六卷)

230000－0902－0000893　310.2/3434
**容齋隨筆十六卷續筆十六卷三筆十六卷四筆十六卷五筆十卷**　(宋)洪邁撰　清光緒二十年(1894)衣江官廨刻本　二十四册

230000－0902－0000894　310.2/3484
**蘇詩查注補正四卷**　(清)沈欽韓撰　清光緒二十年(1894)廣雅書局刻本　二册

230000－0902－0000895　310.2/4423
**橋西雜記**　(清)葉名澧撰　清同治十年(1871)潘氏刻滂喜齋叢書本　一册

230000－0902－0000896　310.2/4428
**札樸十卷**　(清)桂馥撰　清光緒九年(1883)長洲蔣氏刻心矩齋叢書本　八册

230000－0902－0000897　310.2/4742
**讀書記八卷**　(清)郝懿行輯　清光緒三十四年(1908)湖南洪江分州署刻本　四册

230000－0902－0000898　310.2/6745
**嘯亭雜錄八卷續錄二卷**　(清)昭槤輯　清光緒二十七年(1901)上海掃葉山房石印本　四册

230000－0902－0000899　310.2/7234
**愈愚錄六卷**　(清)劉寶楠撰　清光緒十四年

(1888)廣雅書局刻本　二册

230000－0902－0000900　310.2/7777
**考槃餘事十七卷**　(明)屠隆撰　清光緒十一年(1885)山陰宋澤元刻本　三册

230000－0902－0000901　310.2/8346
**十駕齋養新錄二十卷**　(清)錢大昕撰　清嘉慶刻本　六册

230000－0902－0000902　310.3
**經義雜記三十卷**　(清)臧琳撰　**敘錄一卷**　(清)臧庸輯　清武進臧氏拜經堂刻本　八册

230000－0902－0000903　310.3/0021
**讀書作文譜十二卷父師善誘法二卷**　(清)唐彪輯撰　清文餘堂刻本　四册

230000－0902－0000904　310.3/1043
**居易錄三十四卷**　(清)王士禛撰　清刻本　八册

230000－0902－0000905　310.3/3714
**七修類稿五十一卷**　(明)郎瑛撰　清光緒六年(1880)廣州翰墨園刻本　十二册

230000－0902－0000906　310.3/4034
**隨園瑣記二卷**　(清)袁祖志撰　清光緒五年(1879)嘯園刻本　一册

230000－0902－0000907　310.3/4442
**避暑錄話二卷**　(宋)葉夢得撰　清宣統元年(1909)葉氏觀古堂刻本　二册

230000－0902－0000908　310.3/4710
**繹志十九卷**　(清)胡承諾撰　清同治十一年(1872)浙江書局刻本　八册

230000－0902－0000909　310.3/4942
**禮俗權衡二卷**　(清)趙執信撰　清刻本　一册

230000－0902－0000910　310.3/6045
**呻吟語四卷**　(明)呂坤撰　(清)陳宏謀評　清光緒刻吉林探源書舫叢書本　三册　存三卷(二至四)

230000－0902－0000911　310.3/7172
**願同集六卷**　清刻本　六册

230000－0902－0000912　310.3/7231
**槐軒雜著四卷**　(清)劉沅撰　清咸豐二年(1852)劉氏豫誠堂刻本　四册

230000－0902－0000913　310.3/7503
**經餘必讀八卷**　(清)雷琳等輯　清嘉慶八年(1803)大中堂刻本　八册

230000－0902－0000914　310.3/7503
**郎潛紀聞初筆七卷二筆八卷三筆六卷**　(清)陳康祺撰　清宣統二年(1910)上海掃葉山房石印本　十册

230000－0902－0000915　310.3/7536
**東塾讀書記十五卷**　(清)陳澧撰　清刻本　五册

230000－0902－0000916　310.3/7536
**東塾讀書記十五卷**　(清)陳澧撰　清光緒二十四年(1898)上海江左書林石印本　四册

230000－0902－0000917　310.4/2737
**桐蔭清話八卷**　(清)倪鴻撰　清同治十三年(1874)申江刻本　四册

230000－0902－0000918　310.5/1058
**傳家寶全集**　(清)石成金撰　清經濟堂刻本　二十九册　存二十九卷(初集一至八,二集一至八,三集一至八,四集一至二、四至五、七)

230000－0902－0000919　310.5/1081
**讀書雜志八十二卷餘編二卷**　(清)王念孫撰　清同治九年(1870)金陵書局刻本　二十四册

230000－0902－0000920　310.5/1081
**讀書雜志八十二卷餘編二卷**　(清)王念孫撰　清同治九年(1870)金陵書局刻本　二十四册

230000－0902－0000921　310.5/2337
**子史精華一百六十卷**　(清)允祿監修　(清)吳襄等纂　清光緒十五年(1889)上海蜚英館石印本　八册

230000－0902－0000922　310.5/2802
**玉芝堂談薈三十六卷**　（明）徐應秋撰　清光緒蒨園刻本　三十二册

230000－0902－0000923　310.5/5250
**平旦鐘聲二卷**　（清）好德書齋編　清嘉慶十三年（1808）榕城宋家刻坊刻本　一册

230000－0902－0000924　310.5/7237
**人譜類記增訂六卷**　（明）劉宗周撰　清光緒三年（1877）崇文書局刻本　一册

230000－0902－0000925　3105.5/7425
**合肥學舍札記十二卷**　（清）陸繼輅撰　清道光十六年（1836）刻本　四册

230000－0902－0000926　310.5/8026
**格言聯璧不分卷**　（清）金纓輯　清光緒二年（1876）上海翼化堂刻本　一册

230000－0902－0000927　310.5/8064
**經史百家雜鈔二十六卷**　（清）曾國藩輯　清光緒二年（1876）傳忠書局刻本　二十二册

230000－0902－0000928　310.6/1014
**經餘必讀八卷續編八卷三編四卷**　（清）雷琳等輯　清嘉慶十四年至道光十年（1809－1830）三多齋刻本　十二册

230000－0902－0000929　310.6/1014
**經餘必讀續編八卷**　（清）雷琳等輯　清嘉慶十二年（1807）新聚堂刻本　四册

230000－0902－0000930　310.6/1173
**楊園張先生全集**　（清）張履祥撰　（清）祝淦編　清光緒三十年（1904）武昌呂氏刻本　六册

230000－0902－0000931　310.6/1173
**楊園張先生全集**　（清）張履祥撰　（清）萬斛泉編　清同治十年（1871）江蘇書局刻本　十六册

230000－0902－0000932　311.1
**五洲事物采新十卷**　孫子慕輯　清光緒二十八年（1902）上海書局石印本　四册

230000－0902－0000933　311.1/0052
**古事比五十二卷**　（清）方中德輯　清光緒十三年（1887）石印本　六册

230000－0902－0000934　311.1/1040
**學史四十八卷**　（清）王希廉撰　清光緒二年（1876）申報館鉛印本　八册

230000－0902－0000935　311.1/1120
**記事珠十卷**　（清）張以謙撰　清光緒八年（1882）掃葉山房刻本　十二册

230000－0902－0000936　311.1/1144
**淵鑑類函四百五十卷目錄四卷**　（清）張英（清）王士禛等纂　清清吟堂刻本　一百二十册

230000－0902－0000937　311.1/1144
**淵鑑類函四百五十卷目錄四卷**　（清）張英（清）王士禛等纂　清清吟堂刻本　二百册

230000－0902－0000938　311.1/1144
**淵鑑類函四百五十卷目錄四卷**　（清）張英（清）王士禛等纂　清光緒二十三年（1897）上海點石齋石印本　十册

230000－0902－0000939　311.1/1144
**淵鑑類函四百五十卷目錄四卷**　（清）張英（清）王士禛等纂　清清吟堂刻本　一百四十册

230000－0902－0000940　311.1/2144
**北堂書鈔一百六十卷**　（唐）虞世南撰　（清）孔廣陶校注　清光緒十四年（1888）羊城富文齋刻本　二十册

230000－0902－0000941　311.1/2144
**北堂書鈔一百六十卷**　（唐）虞世南撰　（清）孔廣陶校注　清光緒十四年（1888）羊城富文齋刻本　二十册

230000－0902－0000942　311.1/2337
**子史精華一百六十卷**　（清）允禄監修　（清）吳襄等纂　清刻本　四十八册

230000－0902－0000943　311.1/2337
**子史精華一百六十卷**　（清）允禄監修　（清）吳襄等纂　清宣統元年（1909）上海朝記書莊

石印本　八册

230000－0902－0000944　311.1/2622
**幼學故事瓊林四卷**　(明)程登吉原本　(清)鄒聖脈增補　清光緒十三年(1887)刻本　四册

230000－0902－0000945　311.1/2622
**幼學故事瓊林四卷**　(明)程登吉原本　(清)鄒聖脈增補　清光緒十四年(1888)蘇州掃葉山房刻本　四册

230000－0902－0000946　311.1/2622
**幼學故事瓊林四卷首一卷**　(明)程登吉原本　(清)鄒聖脈增補　**附十三經難字音注一卷　新增應酬彙選三卷補遺一卷**　(清)陸九如纂輯　(清)石韞玉增補　清光緒三十年(1904)上海鴻寶齋石印本　一册

230000－0902－0000947　311.1/2622
**幼學故事瓊林四卷**　(明)程登吉原本　(清)鄒聖脈增補　清刻本　四册

230000－0902－0000948　311.1/2622
**幼學須知句解四卷**　(明)程登吉原本　(清)錢元龍校　清光緒二十二年(1896)蘇州校經山房刻本　四册

230000－0902－0000949　311.1/2622
**幼學須知句解四卷**　(明)程登吉原本　(清)錢元龍校　清光緒二十四年(1898)煙台文勝堂刻本　四册

230000－0902－0000950　311.1/2622
**幼學須知句解四卷**　(明)程登吉原本　(清)錢元龍校　清光緒二十二年(1896)掃葉山房刻本　四册

230000－0902－0000951　311.1/2622
**幼學須知句解四卷**　(明)程登吉原本　(清)錢元龍校　清光緒二十二年(1896)掃葉山房刻本　四册

230000－0902－0000952　311.1/2622
**幼學須知句解四卷**　(明)程登吉原本　(清)錢元龍校　清光緒二十二年(1896)掃葉山房刻本　四册

230000－0902－0000953　311.1/2622
**幼學須知句解四卷**　(明)程登吉原本　(清)錢元龍校　清光緒二十二年(1896)掃葉山房刻本　四册

230000－0902－0000954　311.1/2622
**幼學須知句解四卷**　(明)程登吉原本　(清)錢元龍校　清光緒二十二年(1896)掃葉山房刻本　四册

230000－0902－0000955　311.1/2622
**幼學須知句解四卷**　(明)程登吉原本　(清)錢元龍校　清光緒二十二年(1896)掃葉山房刻本　四册

230000－0902－0000956　311.1/2622
**幼學須知句解四卷**　(明)程登吉原本　(清)錢元龍校　清光緒二十二年(1896)掃葉山房刻本　四册

230000－0902－0000957　311.1/2622
**幼學須知句解四卷**　(明)程登吉原本　(清)錢元龍校　清光緒二十二年(1896)掃葉山房刻本　四册

230000－0902－0000958　311.1/2622
**幼學須知句解四卷**　(明)程登吉原本　(清)錢元龍校　清光緒二十二年(1896)掃葉山房刻本　四册

230000－0902－0000959　311.1/2622
**幼學須知句解四卷**　(明)程登吉原本　(清)錢元龍校　清光緒二十二年(1896)掃葉山房刻本　四册

230000－0902－0000960　311.1/2622
**幼學須知句解四卷**　(明)程登吉原本　(清)錢元龍校　清光緒二十二年(1896)掃葉山房刻本　四册

230000－0902－0000961　311.1/2622
**幼學須知句解四卷**　(明)程登吉原本　(清)錢元龍校　清光緒二十二年(1896)掃葉山房刻本　四册

230000－0902－0000962　311.1/2622

**幼學須知句解四卷**　(明)程登吉原本　(清)錢元龍校　清光緒二十二年(1896)掃葉山房刻本　四冊

230000－0902－0000963　311.1/2622

**幼學須知句解四卷**　(明)程登吉原本　(清)錢元龍校　清光緒二十二年(1896)掃葉山房刻本　四冊

230000－0902－0000964　311.1/2622

**幼學須知句解四卷**　(明)程登吉原本　(清)錢元龍校　清光緒二十二年(1896)掃葉山房刻本　四冊

230000－0902－0000965　311.1/4060

**太平御覽一千卷**　(宋)李昉等撰　清光緒十八年(1892)學海堂刻本　一百冊

230000－0902－0000966　311.1/4409

**廣治平略正集三十六卷續集八卷**　(清)蔡方炳編　清光緒十六年(1890)上海廣百宋齋鉛印本　六冊

230000－0902－0000967　311.1/4434

**龍文鞭影初集二卷**　(明)蕭良有撰　(明)楊臣諍增訂　**龍文鞭影二集二卷**　(清)李暉吉　(清)徐灒輯　清光緒六年(1880)紫文閣刻本　四冊

230000－0902－0000968　311.1/4434

**龍文鞭影初集二卷**　(明)蕭良有撰　(明)楊臣諍增訂　**龍文鞭影二集二卷**　(清)李暉吉　(清)徐灒輯　清光緒十年(1884)北京打磨廠文和堂刻本　四冊

230000－0902－0000969　311.1/4434

**龍文鞭影初集二卷**　(明)蕭良有撰　(明)楊臣諍增訂　清光緒十三年(1887)江左書林印儒林閣刻本　二冊

230000－0902－0000970　311.1/4434

**龍文鞭影初集四卷**　(明)蕭良有撰　(明)楊臣諍增訂　**龍文鞭影二集四卷**　(清)李暉吉　(清)徐灒輯　清光緒二十年(1894)上洋熙記書莊刻本　四冊

230000－0902－0000971　311.1/4444

**增補事類統編九十三卷**　(清)黃葆真增輯　清光緒十四年(1888)上海積山書局石印本　十二冊

230000－0902－0000972　311.1/4444

**增補事類統編九十三卷**　(清)黃葆真增輯　清光緒十四年(1888)上海積山書局石印本　十二冊

230000－0902－0000973　311.1/4447

**重訂廣事類賦四十卷**　(清)華希閔撰　清光緒十四年(1888)掃葉山房刻本　八冊

230000－0902－0000974　311.1/5067

**重訂詩料詳注四卷**　(清)秦照　(清)郭一經輯　清光緒三年(1877)三味元刻本　四冊

230000－0902－0000975　311.2/0038

**增廣尚友錄統編二十二卷**　(清)應祖錫編輯　清光緒二十八年(1902)上海鴻寶齋石印本　十二冊

230000－0902－0000976　311.2/1115

**欽定佩文韻府一百六卷韻府拾遺一百六卷**　(清)張玉書等編　清光緒十二年(1886)上海同文書局石印本　五十三冊　存一百九十六卷(一至五十四、七十一至一百六,拾遺一百六卷)

230000－0902－0000977　311.2/1115

**欽定佩文韻府一百六卷韻府拾遺一百六卷**　(清)張玉書等編　清光緒二十年(1894)上海點石齋石印本　五十冊　存一百八十六卷(一至六十三、九十至一百六,拾遺一百六卷)

230000－0902－0000978　311.2/1115

**欽定佩文韻府一百六卷韻府拾遺一百六卷**　(清)張玉書等編　清石印本　十九冊　存一百二十九卷(十七至三十九、拾遺一百六卷)

230000－0902－0000979　311.2/3193

**史姓韻編六十四卷**　(清)汪輝祖輯　清光緒十年(1884)慈谿耕餘樓鉛印本　十六冊

230000－0902－0000980　311.2/3193

**史姓韻編六十四卷**　(清)汪祖輝輯　清光緒二十九年(1903)上海文瀾書局石印本　八冊

230000－0902－0000981　311.2/4963
**三字錦二卷**　(清)趙暄編　清玉尺堂刻本　二冊

230000－0902－0000982　311.4/4430
**元和姓纂十卷**　(唐)林寶撰　清光緒六年(1880)金陵書局刻本　四冊

230000－0902－0000983　311.9/0037
**小四書五卷**　(宋)方逢辰等撰　清常郡文會堂刻本　四冊

230000－0902－0000984　311.9/0037
**小四書五卷**　(明)朱升輯　清道光二十八年(1848)共賞書局刻本　四冊

230000－0902－0000985　311.9/1046
**增訂廣日記故事詳註二卷**　(清)王相增註　清李光明莊刻本　二冊

230000－0902－0000986　312.1/0847
**珊瑚舌雕談初筆八卷**　(清)許起撰　清光緒十一年(1885)吳郡弢園王氏活字印本　四冊

230000－0902－0000987　312.1/1009
**唐語林八卷**　(宋)王讜撰　清刻本　四冊

230000－0902－0000988　312.1/2777
**塗說四卷**　(清)繆艮輯　清道光八年(1828)如此草堂刻本　八冊

230000－0902－0000989　312.1/3722
**兩般秋雨盦隨筆八卷**　(清)梁紹壬撰　清宣統元年(1909)上海掃葉山房石印本　四冊

230000－0902－0000990　312.1/6022
**嗚呼易順鼎一卷哭庵碎語一卷**　易順鼎撰　清宣統琴志樓鉛印本　一冊

230000－0902－0000991　312.1/7280
**世說新語六卷**　(南朝宋)劉義慶撰　(南朝梁)劉孝標注　清光緒三年(1877)湖北崇文書局刻本　四冊

230000－0902－0000992　312.1/7622
**日本維新英雄兒女奇遇記一卷**　(日本)長田偶得等撰　(清)逸人後裔譯　清光緒二十八年(1902)上海廣智書局鉛印本　一冊

230000－0902－0000993　312.2
**古今志異六卷**　(□)□□撰　清光緒十八年(1892)問柳書屋刻本　六冊

230000－0902－0000994　312.2/0856
**里乘四卷**　(清)許奉恩撰　清光緒四年(1878)蕉華館刻本　二冊

230000－0902－0000995　312.2/2627
**山海經廣注十八卷**　(清)吳任臣撰　清刻本　一冊

230000－0902－0000996　312.2/2767
**閱微草堂筆記二十四卷**　(清)紀昀撰　清嘉慶二十一年(1816)北平盛氏刻本　十冊

230000－0902－0000997　312.2/2767
**閱微草堂筆記二十四卷**　(清)紀昀撰　清嘉慶二十一年(1816)北平盛氏刻本　十六冊

230000－0902－0000998　312.2/2767
**閱微草堂筆記二十四卷**　(清)紀昀撰　清道光十三年(1833)羊城刻本　四冊　存八卷(一至八)

230000－0902－0000999　312.2/2767
**閱微草堂筆記二十四卷**　(清)紀昀撰　清小蓬萊山館刻本　十冊

230000－0902－0001000　312.2/3132
**音釋坐花志果八卷**　(清)汪道鼎撰　(清)鶩峰樵者音釋　清光緒四年(1878)刻本　四冊

230000－0902－0001001　312.2/3422
**情史三十四卷**　(明)詹詹外史評輯　清宣統元年(1909)北京自強書局石印本　六冊

230000－0902－0001002　312.2/3434
**夷堅志五十卷**　(宋)洪邁撰　清宣統三年(1911)上海黎光社石印本　十六冊

230000－0902－0001003　312.2/3747
**北東園筆錄全集二十四卷**　(清)梁恭辰撰　清光緒二十一年(1895)北京善成堂刻本

八冊

230000－0902－0001004　312.2/4007
**醉茶志怪四卷**　（清）李慶辰撰　清光緒十八年（1892）津門刻本　四冊

230000－0902－0001005　312.2/4060
**太平廣記五百卷**　（宋）李昉等撰　清天都黄晟刻本　十八冊　存七十三卷（三百十九至三百八十四、三百八十五至三百九十一）

230000－0902－0001006　312.2/4263
**西湖佳話古今遺跡十六卷**　題（清）古吳墨浪子編　清刻本　八冊

230000－0902－0001007　312.2/4442
**聊齋志異新評十六卷**　（清）蒲松齡撰　（清）王士正評　（清）但明倫新評　清刻朱墨印本　十三冊　存十三卷（二至七、九至十三、十五至十六）

230000－0902－0001008　312.2/4442
**聊齋志異新評十六卷**　（清）蒲松齡撰　（清）但明倫新評　清道光二十二年（1842）廣順但氏刻本　十六冊

230000－0902－0001009　312.2/4442
**聊齋志異新評十六卷**　（清）蒲松齡撰　（清）但明倫新評　（清）呂湛恩注　清光緒九年（1883）上海校經山房刻朱墨印本　十六冊

230000－0902－0001010　312.2/4442
**聊齋志異新評十六卷**　（清）蒲松齡撰　（清）王士正評　（清）但明倫新評　清光緒十三年（1887）泊鎮聚元堂刻本　十六冊

230000－0902－0001011　312.2/4442
**聊齋志異新評十六卷**　（清）蒲松齡撰　（清）但明倫新評　（清）呂湛恩注　清刻本　十六冊

230000－0902－0001012　312.2/4442
**詳注聊齋志異圖詠十六卷**　（清）蒲松齡撰　清光緒同文書局石印本　八冊

230000－0902－0001013　312.2/7247
**春泉聞見錄四卷**　（清）劉壽眉撰　清嘉慶刻本　四冊

230000－0902－0001014　312.2/7754
**酉陽雜俎二十卷**　（唐）段成式撰　清光緒元年（1875）湖北崇文書局刻本　三冊

230000－0902－0001015　312.2/7754
**酉陽雜俎二十卷續集十卷**　（唐）段成式撰　清光緒三年（1877）湖北崇文書局刻本　六冊

230000－0902－0001016　312.3/7522
**新刻諧史粹編二卷**　（明）胡文煥編　明胡氏文會堂刻本　二冊

230000－0902－0001017　312.4/1490
**繪圖白蛇奇傳五卷**　（清）玉花堂主人校訂　清光緒十九年（1893）水竹居士鉛印本　二冊

230000－0902－0001018　312.4/4427
**南史演義三十二卷**　（清）杜綱撰　（清）許寶善批評　清道光五年（1825）書業堂刻本　五冊

230000－0902－0001019　312.5
**新刻異説緑牡丹六卷六十四回**　（□）□□撰　清刻本　六冊

230000－0902－0001020　312.5
**繡像東西漢全傳十六卷**　（明）甄偉　（明）謝詔撰　（清）清遠道人重編　清同治善成堂刻本　十四冊

230000－0902－0001021　312.5
**希夷夢四十卷四十回**　（清）汪寄撰　清光緒四年（1878）翠筠山房刻本　二十冊

230000－0902－0001022　312.5
**新刊繡像昇仙傳演義八卷五十六回**　（清）倚雲氏撰　清光緒二十五年（1899）文成堂刻本　八冊

230000－0902－0001023　312.5/0347
**施案奇聞八卷九十七回**　（□）□□撰　清嘉慶三年（1798）刻本　二冊

230000－0902－0001024　312.5/0701
**永慶昇平二十四卷九十七回**　（清）郭廣瑞撰　清光緒十七年（1891）寶文堂刻本　二十

四冊

230000－0902－0001025　312.5/0821
**新刻鍾伯敬先生批評封神演義二十卷一百回**　（明）許仲琳撰　（明）鍾惺評　清經綸堂刻本　十二冊

230000－0902－0001026　312.5/1004
**評論出像水滸傳二十卷七十回**　（元）施耐庵撰　（清）王望如評點　清刻本　二十冊

230000－0902－0001027　312.5/1072
**醒世姻緣傳不分卷一百回**　（清）西周生撰　清同治九年（1870）刻本　二十冊

230000－0902－0001028　312.5/1072
**繡像醒世姻緣傳一百回**　（清）西周生撰　清光緒二十年（1894）上海書局石印本　十冊

230000－0902－0001029　312.5/1127
**新刻天花藏批評玉嬌梨四卷二十回**　（清）張勻撰　清經濟堂刻本　四冊

230000－0902－0001030　312.5/1141
**新鐫三分夢全傳十六回**　（清）張士登撰（清）何芳苡評　清道光三年（1823）刻本　八冊

230000－0902－0001031　312.5/1192
**繪圖平金川四卷三十二回**　（清）張小山編　清光緒二十六年（1900）煥文書局刻本　四冊

230000－0902－0001032　312.5/1235
**繡像海上繁花夢初集六卷三十回二集六卷三十回**　（清）孫家振撰　清光緒二十九年（1903）上海笑林報館鉛印本　十一冊　存十一卷（初集一至五、二集六卷）

230000－0902－0001033　312.5/1364
**繪圖繪芳錄八卷八十回**　（清）西泠野樵撰　清光緒二十年（1894）上海書局石印本　八冊

230000－0902－0001034　312.5/1408
**雙鳳奇緣傳二十卷八十回**　（清）雪樵主人撰　清刻本　六冊

230000－0902－0001035　312.5/1440
**精繡通俗全像梁武帝西來演義十卷四十回**　（清）天花藏主人編　清咸豐元年（1851）裕國堂刻本　十二冊

230000－0902－0001036　312.5/2337
**重刻繡像說唐演義後傳五十五回**　（清）如蓮居士編　清姑蘇綠慎堂刻本　十冊

230000－0902－0001037　312.5/2458
**義俠好逑傳四卷十八回**　（清）名教中人編　清同治五年（1866）古經閣刻本　四冊

230000－0902－0001038　312.5/2611
**飛龍全傳十二卷六十回**　（清）吳璿編　清咸豐元年（1851）三讓堂刻本　十二冊

230000－0902－0001039　312.5/2611
**飛龍全傳十二卷六十回**　（清）吳璿編　清裕元堂刻本　十二冊

230000－0902－0001040　312.5/2638
**新編批評繡像後七國樂田演義四卷十八回**（清）徐震輯　清古吳大興堂刻本　四冊

230000－0902－0001041　312.5/2712
**海上塵天影六十回**　（清）司香舊尉（鄒弢）編　清光緒二十年（1894）石印本　十二冊

230000－0902－0001042　312.5/2714
**岳武穆精忠傳六卷六十八回**　（明）鄒元標編　清刻本　六冊

230000－0902－0001043　312.5/2738
**續金瓶梅十二卷六十四回**　（清）紫陽道人（丁耀亢）編　清刻本　九冊　存四十六回（一至十八、二十五至四十、四十七至五十八）

230000－0902－0001044　312.5/2781
**繡像紅樓夢補四卷四十八回**　（清）歸鋤子撰　清光緒二十五年（1899）上海鎔經閣鉛印本　四冊

230000－0902－0001045　312.5/2808
**續纂施公案三十六卷一百回**　（□）□□撰　清光緒二十年（1894）集誼會刻本　十冊

230000－0902－0001046　312.5/2836
**繡像雲合奇蹤五卷八十回**　題（明）徐渭編　清光緒十二年（1886）刻本　四冊

230000－0902－0001047　312.5/3347
**繡像三國演義續編十二卷**　題(□)滄浪舊隱撰　題(明)陳氏尺蠖齋評釋　清光緒十九年(1893)廣百宋齋鉛印本　八册

230000－0902－0001048　312.5/3608
**續紅樓夢新編四十卷**　(清)海圃主人撰　清嘉慶十年(1805)文秀堂刻本　十二册

230000－0902－0001049　312.5/3652
**海國春秋十二卷四十回**　(清)汪寄撰　清光緒三十年(1904)上海書局石印本　十册

230000－0902－0001050　312.5/4031
**鏡花緣二十卷一百回**　(清)李汝珍撰　清道光十二年(1832)集成堂刻本　十二册

230000－0902－0001051　312.5/4031
**鏡花緣二十卷一百回**　(清)李汝珍撰　清刻本　十一册　存九卷(一至三、五至十)

230000－0902－0001052　312.5/4031
**繪圖鏡花緣二十卷一百回**　(清)李汝珍撰　清光緒十四年(1888)上海點石齋石印本　十册

230000－0902－0001053　312.5/4054
**原本海公大紅袍傳六十回**　(清)□□編　清道光十年(1830)大文堂刻本　十二册

230000－0902－0001054　312.5/4059
**水石緣六卷三十則**　(清)李春榮編　清經濟堂刻本　六册

230000－0902－0001055　312.5/4283
**繡像彭公案八集四卷二十四回**　題(□)濁物撰　題(□)肓道人評　清宣統二年(1910)上海江左書林石印本　四册

230000－0902－0001056　312.5/4371
**繡像夢影緣四十八回**　(清)苕溪爨下生(鄭貞華)撰　清光緒二十一年(1895)竹簡齋石印本　十六册

230000－0902－0001057　312.5/4444
**繡像南唐演義薛家將十卷一百回**　(清)如蓮居士編　清宣統元年(1909)宏道堂刻本　四册

230000－0902－0001058　312.5/4480
**繡像七劍十三俠初集六卷六十回續集六卷六十回三續六卷六十回**　(清)桃花館主人(唐芸洲)編　清光緒三十一年(1905)日新書局石印本　十八册

230000－0902－0001059　312.5/4608
**嬋真逸史四十回**　(明)方汝浩撰　清文新堂刻本　二十册

230000－0902－0001060　312.5/4834
**李公案奇聞初集三十四回**　(清)惜紅居士編纂　清光緒二十八年(1902)刻本　六册

230000－0902－0001061　312.5/5014
**續紅樓夢三十卷**　(清)秦子忱撰　清光緒八年(1882)經訓堂刻本　十六册

230000－0902－0001062　312.5/5510
**紅樓夢一百二十卷**　(清)曹霑撰　(清)高鶚補　(清)王希廉評　清光緒三年(1877)刻本　十八册　存八十七卷(一至八十七)

230000－0902－0001063　312.5/5510
**紅樓夢一百二十卷**　(清)曹霑撰　(清)王希廉評　清光緒三年(1877)刻本　十八册　存五十七卷(一至五十七)

230000－0902－0001064　312.5/5514
**增評補圖石頭記一百二十卷首一卷**　(清)曹霑撰　(清)高鶚補　(清)王希廉等評　清光緒二十六年(1900)鉛印本　十六册

230000－0902－0001065　312.5/6054
**玉茗堂批點殘唐五代史演義傳二卷六十回**　(元)羅本撰　(明)湯顯祖批評　清刻本　二册

230000－0902－0001066　312.5/6071
**繪圖評點女仙外史一百回**　(清)呂熊撰　清光緒三十三年(1907)上海積山書局石印本　十六册

230000－0902－0001067　312.5/6474
**繪圖三公奇案三種二十卷**　(清)鳴松居士輯

清光緒十七年(1891)上海正誼書局鉛印本　六冊

230000－0902－0001068　312.5/7214
**林蘭香六十四回**　(清)隨緣下士編輯　(清)寄旅散人批點　清光緒上海申報館鉛印本　八冊

230000－0902－0001069　312.5/7216
**西遊原旨二十四卷首一卷一百回**　(清)劉一明撰　清嘉慶二十四年(1819)護國菴刻本　二十四冊

230000－0902－0001070　312.5/7275
**繡像東西晉全傳十二卷**　題(明)陳氏尺蠖齋評釋　清英德堂刻本　八冊

230000－0902－0001071　312.5/7540
**品花寶鑑六十回**　(清)陳森撰　清刻本　二十四冊　存五十七回(一至五十七)

230000－0902－0001072　312.5/7540
**西遊真詮一百回**　(清)陳士斌撰　清光緒十年(1884)席氏掃葉山房刻本　二十冊

230000－0902－0001073　312.5/7540
**西遊真詮一百回**　(清)陳士斌撰　清光緒十年(1884)校經山房刻本　二十冊

230000－0902－0001074　312.5/7540
**西遊真詮一百回**　(清)陳士斌撰　清光緒十年(1884)校經山房刻本　十冊　存五十回(一至五十)

230000－0902－0001075　312.5/7738
**新刻按鑑編纂開闢衍繹通俗志傳六卷八十回**　(明)周遊撰　清道光十年(1830)刻本　六冊

230000－0902－0001076　312.5/8045
**結水滸全傳六十八卷一百四十回**　(清)俞萬春撰　清書業堂刻本　二十四冊

230000－0902－0001077　312.5/8322
**增訂精忠演義說本全傳二十卷八十回**　(清)錢彩編　清愛日堂刻本　二十冊

230000－0902－0001078　312.5/8438
**新刊繡像永慶昇平後傳二十三卷一百回**　(清)貪夢道人撰　清光緒刻本　二十四冊

230000－0902－0001079　312.5/8438
**繪圖彭公案六卷一百回**　(清)貪夢道人撰　清光緒十九年(1893)上海書局石印本　六冊

230000－0902－0001080　312.6/1408
**繡像雙珠鳳全傳十二卷八十回**　(清)一葉主人撰　清靜雅書屋刻本　十二冊

230000－0902－0001081　312.6/1828
**新刻玉釧緣全傳三十二卷**　(清)西湖居士撰　清文成堂刻本　三十二冊　存十六卷(一至十六)

230000－0902－0001082　312.6/2085
**續刻笑中緣圖說四卷二十四回**　(□)□□撰　清光緒十九年(1893)上海書局石印本　四冊

230000－0902－0001083　312.6/2273
**繡像馬潛龍走國全傳十二卷八十四回**　(□)□□撰　清宣統元年(1909)上海茂記書莊石印本　十二冊

230000－0902－0001084　312.6/2670
**錦上花四十八回**　(清)修月閣主人撰　清同治十三年(1874)學餘堂刻本　十二冊

230000－0902－0001085　312.6/3054
**安邦志二十卷**　(□)□□撰　清敦仁堂刻本　二十冊

230000－0902－0001086　312.6/3603
**定國志安邦中集二十卷**　(□)□□撰　清刻本　二十冊

230000－0902－0001087　312.6/3603
**定國志安邦中集二十卷**　(□)□□撰　清刻本　十冊　存十卷(六至八、十至十二、十四至十五、十九至二十)

230000－0902－0001088　312.6/3605
**定國志二十卷**　(□)□□編　清刻本　七冊　存六卷(八至十三)

230000－0902－0001089　312.6/3727

新刻唱白時調沉香閣二十四回 (□)□□編 清合州閔忠恕堂刻本 四冊

230000－0902－0001090 314.28
古本周易參同契集注二卷 (清)仇兆鰲集注 補遺附録圖像 清刻本 四冊

230000－0902－0001091 403.22/1133
漢魏六朝百三名家集四十六種 (明)張溥輯 清光緒十八年(1892)善化章經濟堂刻本 四十一冊

230000－0902－0001092 402.4/3104
蘇文忠公詩合注五十卷首一卷 (宋)蘇軾撰 (清)馮應榴輯訂 清乾隆六十年(1795)馮氏踵息齋刻本 十六冊

230000－0902－0001093 402.6/4623
鐵厓古樂府注三種二十六卷 (明)楊維信撰 (清)樓卜瀍注 清乾隆三十九年(1774)聯桂堂刻本 六冊

230000－0902－0001094 402.7/3633
隨園詩草八卷禪家公案頌一卷 (清)邊連寶撰 清乾隆四十年(1775)刻本 四冊

230000－0902－0001095 402.7/3633
隨園詩草八卷附録一卷 (清)邊連寶撰 清乾隆四十年(1775)刻本 四冊

230000－0902－0001096 308.12/4014
甌鉢羅室書畫過目攷四卷首一卷附録一卷 (清)李玉棻輯 清光緒二十三年(1897)京都興盛齋刻本 四冊

230000－0902－0001097 403.117/3423
欽定國朝詩别裁集三十二卷 (清)沈德潛纂評 清乾隆二十六年(1761)翰林院刻本 十冊

230000－0902－0001098 312.6/3843
海公奇案八種 (□)□□撰 清刻本 十冊

230000－0902－0001099 312.6/4412
新刻真本唱口雙珠球全傳十二集四十九回 (清)黄子貞撰 清光緒三年(1877)刻本 十二冊

230000－0902－0001100 312.6/4694
廿一史彈詞注十一卷 (明)楊慎編 (清)張三異增定 明史彈詞注一卷 (清)張三異續編 清刻本 八冊

230000－0902－0001101 312.6/7441
繡像説唱麒麟豹傳十卷六十回 (清)陸士珍編撰 題(清)廢閑主人重編 清光緒元年(1875)玉積山房刻本 十冊

230000－0902－0001102 312.6/7502
再生緣二十卷 (清)陳端生撰 (清)梁德繩續補 清光緒二年(1876)文聚堂刻本 四十冊

230000－0902－0001103 312.6/7534
繡像芙蓉洞全傳十卷四十回 (清)陳遇乾撰 清道光十六年(1836)刻本 十冊

230000－0902－0001104 312.6/7714
繡像孝義真蹟珍珠塔六卷二十四回 (清)周殊士撰 清光緒十五年(1889)無錫三益齋刻本 六冊

230000－0902－0001105 33126./7772
鳳凰山七十二卷七十二回 (清)□□撰 清海陵軒刻本 三十六冊

230000－0902－0001106 308.32/4417
歷朝史印十卷 (清)黄學圯篆刻 清道光九年(1829)楚橋書屋鈐印本 六冊

230000－0902－0001107 313/4600
佛教初學課本不分卷 (清)楊文會撰 清光緒三十二年(1906)金陵刻經處刻本 一冊

230000－0902－0001108 313.1
大佛頂如來密因修證了義諸菩薩萬行首楞嚴經十卷 (唐)釋般剌密帝譯 清光緒三十三年(1907)刻本 五冊

230000－0902－0001109 313.1
大佛頂如來密因修證了義諸菩薩萬行首楞嚴

**經纂注十卷首一卷末一卷**　(唐)釋般剌密帝譯　(明)釋真界纂注　清光緒金陵刻經處刻本　五冊

230000－0902－0001110　313.1
**大佛頂如來密因修證了義諸菩薩萬行首楞嚴經十卷**　(唐)釋般剌密帝譯　清光緒元年(1875)刻本　三冊

230000－0902－0001111　313.1/0024
**般若波羅蜜多心經一卷**　(唐)釋玄奘譯　清光緒元年(1875)江北刻經處刻本　一冊

230000－0902－0001112　313.1/0028
**佛說無量壽經二卷**　(三國魏)康僧鎧譯　清同治十三年(1874)金陵刻經處刻本　一冊

230000－0902－0001113　203.7/2631
**聖武記十四卷**　(清)魏源撰　清道光二十二年(1842)古微堂刻二十六年(1846)第三次重訂本　十冊

230000－0902－0001114　313.1/0028
**淨土三經三種**　(三國魏)康僧鎧譯　**佛遺教經一卷佛說梵網經菩薩戒一卷**　(後秦)釋鳩摩羅什譯　清光緒九年(1883)戀西學人玉峯古崑刻本　一冊

230000－0902－0001115　313.1/0144
**龍藏七千一百六十八卷**　清雍正十三年(1735)刻本　十冊　存十卷(大集譬喻王經一至二、大哀經一至八)

230000－0902－0001116　313.1/2430
**繪像大悲神咒一卷**　(唐)伽梵達磨譯　清光緒二十六年(1900)石印本　一冊

230000－0902－0001117　313.1/2726
**大方廣圓覺修多羅了義經二卷**　(唐)釋佛陀多羅譯　清同治八年(1869)金陵刻經處刻本　一冊

230000－0902－0001118　313.1/3462
**淨土四經**　(□)□□譯　清光緒七年(1881)金陵刻經處刻本　一冊

230000－0902－0001119　313.1/3722
**佛說長壽滅罪護諸童子陀羅尼經一卷**　(唐)釋佛陀波利譯　清宣統三年(1911)龍泉孤兒院石印本　一冊

230000－0902－0001120　313.1/4062
**妙法蓮花經七卷**　(後秦)釋鳩摩羅什譯　清光緒十八年(1892)揚州眾香庵刻本　七冊

230000－0902－0001121　206.2/0043
**南海先生戊戌奏稿不分卷**　康有為撰　麥仲華編　清宣統三年(1911)鉛印本　一冊

230000－0902－0001122　206.2/0043
**南海先生戊戌奏稿不分卷**　康有為撰　麥仲華編　清宣統三年(1911)鉛印本　一冊

230000－0902－0001123　313.1/4062
**佛說梵綱經菩薩心地品合注七卷**　(後秦)釋鳩摩羅什譯　(明)釋智旭注　清同治十三年(1874)金陵刻經處刻本　五冊

230000－0902－0001124　313.1/4062
**佛說梵綱經二卷**　(後秦)釋鳩摩羅什譯　清光緒十年(1884)金陵刻經處刻本　一冊

230000－0902－0001125　313.1/4062
**梵綱經菩薩戒本疏十卷**　(唐)釋法藏撰　清光緒二十五年(1899)金陵刻經處刻本　二冊

230000－0902－0001126　313.1/4062
**佛說梵綱經二卷**　(後秦)釋鳩摩羅什譯　清光緒二十七年(1901)東甌頭陀山妙智禪寺刻本　一冊　存一卷(下)

230000－0902－0001127　313.1/4062
**維摩詰所說經注八卷**　(後秦)釋鳩摩羅什譯　(晉)釋僧肇注　清光緒十三年(1887)金陵刻經處刻本　二冊

230000－0902－0001128　313.1/4323
**大清重刻龍藏彙記一卷**　(清)釋超盛等輯　清同治九年(1870)金陵刻經處刻本　一冊

230000－0902－0001129　313.1/4828
**佛說四分戒本一卷**　(後秦)釋佛陀耶舍　(後秦)釋竺佛念譯　(唐)釋道宣刪定　清末潭柘寺監院刻本　一冊

230000－0902－0001130　313.1/6027
**無量義經一卷**　(南朝齊)釋曇摩伽陀耶舍譯　**佛說觀普賢菩薩行法經一卷**　(南朝宋)釋曇摩蜜多譯　清光緒三年(1877)江北刻經處刻本　一冊

230000－0902－0001131　313.1/6027
**無量義經一卷**　(南朝齊)釋曇摩伽陀耶舍譯　**佛說觀普賢菩薩行法經一卷**　(南朝宋)釋曇摩蜜多譯　清光緒三年(1877)江北刻經處刻本　一冊

230000－0902－0001132　313.1/6027
**無量義經一卷**　(南朝齊)釋曇摩伽陀耶舍譯　**佛說觀普賢菩薩行法經一卷**　(南朝宋)釋曇摩蜜多譯　清光緒三年(1877)江北刻經處刻本　一冊

230000－0902－0001133　313.1/6027
**無量義經一卷**　(南朝齊)釋曇摩伽陀耶舍譯　**佛說觀普賢菩薩行法經一卷**　(南朝宋)釋曇摩蜜多譯　清光緒三年(1877)江北刻經處刻本　一冊

230000－0902－0001134　313.1/6027
**無量義經一卷**　(南朝齊)釋曇摩伽陀耶舍譯　**佛說觀普賢菩薩行法經一卷**　(南朝宋)釋曇摩蜜多譯　清光緒三年(1877)江北刻經處刻本　一冊

230000－0902－0001135　313.1/6027
**無量義經一卷**　(南朝齊)釋曇摩伽陀耶舍譯　**佛說觀普賢菩薩行法經一卷**　(南朝宋)釋曇摩蜜多譯　清光緒三年(1877)江北刻經處刻本　一冊

230000－0902－0001136　313.1/6027
**無量義經一卷**　(南朝齊)釋曇摩伽陀耶舍譯　**佛說觀普賢菩薩行法經一卷**　(南朝宋)釋曇摩蜜多譯　清光緒三年(1877)江北刻經處刻本　一冊

230000－0902－0001137　313.1/6032
**佛說轉女身經一卷**　(南朝宋)釋曇摩蜜多譯　清光緒十五年(1889)江北刻經處刻本　一冊

230000－0902－0001138　313.1/6302
**呂祖註釋心經二卷**　(□)□□撰　清光緒三十年(1904)盛京億增興刻字鋪刻本　一冊

230000－0902－0001139　313.1/7530
**大佛頂如來密因修證了義諸菩薩萬行首楞嚴經十卷**　(唐)釋般剌密帝譯　清光緒刻本　三冊

230000－0902－0001140　313.1/7530
**大佛頂如來密因修證了義諸菩薩萬行首楞嚴經十卷**　(唐)釋般剌密帝譯　清刻本　四冊

230000－0902－0001141　313.1/8830
**佛升忉利天為母說法經三卷**　(晉)釋竺法護譯　清宣統元年(1909)揚州藏經院刻本　一冊

230000－0902－0001142　313.1/8830
**佛升忉利天為母說法經三卷**　(晉)釋竺法護譯　清宣統元年(1909)揚州藏經院刻本　一冊

230000－0902－0001143　313.14/2406
**金剛般若波羅蜜經一卷**　(後秦)釋鳩摩羅什譯　清光緒二年(1876)俞敬義堂刻本　一冊

230000－0902－0001144　313.3/3347
**大方廣佛華嚴經合論一百二十卷**　(唐)釋實叉難陀譯　(唐)李通玄造論　(唐)釋志寧釐經合論　清刻本　二十六冊　存一百四卷(一至七十六、八十五至一百、一百五至一百十二、一百十七至一百二十)

230000－0902－0001145　313.3/4030
**略釋新華嚴經修行次第決疑論四卷後記一卷**　(唐)李通玄撰　清同治九年(1870)如皋刻經處刻本　二冊

230000－0902－0001146　313.3/4373
**無量壽經起信論三卷觀無量壽佛經約論一卷阿彌陀經約論一卷**　(清)彭際清述　清末刻本　一冊

230000－0902－0001147　313.3/8644

**淨土十疑論**　(隋)釋智者大師說　清刻本　一冊

230000－0902－0001148　313.37/7167
**大乘起信論**　(唐)釋實叉難陀譯　(南朝梁)釋真諦譯　清光緒二十四年(1898)金陵刻經處刻本　一冊

230000－0902－0001149　313.5/2610
**夢東禪師遺集二卷**　(清)釋了亮校　清刻本　二冊

230000－0902－0001150　313.5/4704
**金剛般若波羅蜜經宗通九卷**　(後秦)釋鳩摩羅什譯　(明)曾鳳儀宗通　清光緒十一年(1885)金陵刻經處刻本　二冊

230000－0902－0001151　313.51/0028
**佛說阿彌陀經義疏一卷**　(宋)釋元照述　清光緒二十四年(1898)金陵刻經處刻本　一冊

230000－0902－0001152　313.51/1024
**金剛經心經注彙纂二卷**　(清)孫念郇彙纂　清光緒二十二年(1896)揚州藏經院刻本　二冊

230000－0902－0001153　313.51/2188
**大佛頂首楞嚴經正脈疏四十卷**　(明)釋交光真鑒述　清光緒二十二年(1896)金陵刻經處刻本　十四冊

230000－0902－0001154　313.51/34444
**般若波羅蜜多心經略疏附注解**　(唐)釋法藏述　清光緒二年(1876)長沙刻經處刻本　一冊

230000－0902－0001155　313.51/6372
**大佛頂經序指味疏**　(清)釋諦閑述疏　清光緒刻本　一冊

230000－0902－0001156　313.51/6760
**相宗八要解**　(明)釋明昱解　清刻本　二冊

230000－0902－0001157　313.51/7172
**阿彌陀經疏鈔事義問辯問答疑辯四卷**　(明)釋袾宏撰　清光緒十八年(1892)金陵刻經處刻本　一冊

230000－0902－0001158　313.51/8724
**呂祖注講金剛心經一卷**　(清)純陽子注講　清光緒九年(1883)校經山房刻本　一冊

230000－0902－0001159　313.51/8724
**金剛般若波羅蜜經**　(後秦)釋鳩摩羅什譯　清光緒三十年(1904)瀋陽福陞厚刻本　一冊

230000－0902－0001160　313.51/8724
**金剛般若波羅蜜經直解一卷**　(清)純陽子注講　清光緒三十年(1904)瀋陽福陞厚刻本　一冊

230000－0902－0001161　313.52/3044
**因明入正理論疏八卷**　(唐)釋窺基撰　清光緒二十二年(1896)金陵刻經處刻本　二冊

230000－0902－0001162　313.54/2226
**千手千眼大悲懺法不分卷**　(唐)釋伽梵達摩譯　(宋)釋知禮輯　清金陵刻經處刻本　一冊

230000－0902－0001163　313.555/1234
**淨土證心集三卷**　(清)釋卍蓮述　清光緒元年(1875)古杭昭慶寺刻本　一冊

230000－0902－0001164　313.555/8634
**異方便淨土傳燈歸元鏡三祖實錄二卷**　(清)釋智達撰　清光緒二十三年(1897)揚州藏經院刻本　一冊

230000－0902－0001165　313.556/5522
**六祖壇經不分卷**　(唐)釋慧能說　(唐)釋法海錄　清同治十一年(1872)如皋刻經處刻本　一冊

230000－0902－0001166　313.557/1226
**瑜伽燄口施食要集不分卷**　(□)□□撰　清光緒三年(1877)金陵刻經處刻本　一冊

230000－0902－0001167　313.56
**重訂教乘法數十二卷**　(清)釋超海等重訂　清光緒三十四年(1908)刻本　六冊

230000－0902－0001168　313.56/2435
**性相通說不分卷**　(明)釋德清述　清同治十二年(1873)金陵刻經處刻本　一冊

230000－0902－0001169　313.56/2435
**性相通說不分卷**　(明)釋德清述　清同治十

二年(1873)金陵刻經處刻本　一冊

230000－0902－0001170　313.56/2435

**性相通說不分卷**　(明)釋德清述　清同治十二年(1873)金陵刻經處刻本　一冊

230000－0902－0001171　313.56/2435

**金剛決疑一卷附般若波羅蜜多心經直說一卷**　(明)釋德清撰　清末刻本　一冊

230000－0902－0001172　313.56/3530

**諸經日誦集要二卷附西方願文略釋一卷**　(明)釋袾宏訂輯　清光緒金陵刻經處刻本　一冊

230000－0902－0001173　313.56/3530

**戒殺放生文不分卷**　(明)釋袾宏撰并注　清同治九年(1870)昭慶經房刻本　一冊

230000－0902－0001174　313.56/4242

**大乘起信論疏解五種**　(□)□□撰　清光緒金陵刻經處刻本　七冊

230000－0902－0001175　313.56/6044

**月心笑巖寶祖南北二集二卷**　(清)釋曇芝編集　清光緒十二年(1886)昭慶慧空經房刻本　二冊

230000－0902－0001176　313.56/8132

**慈悲梁皇寶懺十卷**　(南朝梁)武帝蕭衍集　清光緒十五年(1889)金陵刻經處刻本　二冊　存七卷(四至十)

230000－0902－0001177　313.56/8442

**四念處四卷**　(隋)釋智顗說釋　清光緒三年(1877)江北刻經處刻本　一冊

230000－0902－0001178　313.56/8621

**修習止觀坐禪法要二卷**　(隋)釋智覬述　清光緒十八年(1892)金陵刻經處刻本　一冊

230000－0902－0001179　313.56/8638

**禪林寶訓筆說三卷**　(清)釋智祥述　清光緒揚州藏經禪院刻本　三冊

230000－0902－0001180　313.56/8680

**淨土極信錄一卷**　(清)釋智善述　(清)蓮根輯　清光緒四年(1878)刻本　一冊

230000－0902－0001181　313.56/9177

**念佛百問一卷**　(清)釋悟開著　清同治五年(1866)刻本　一冊

230000－0902－0001182　313.57/3066

**比丘尼傳四卷**　(晉)釋寶唱撰　清光緒十一年(1885)金陵刻經處刻本　一冊

230000－0902－0001183　313.57/3808

**大慧普覺禪師宗門武庫附雪堂行和尚拾遺錄**　(宋)釋道謙編　清光緒七年(1881)常熟刻經處刻本　一冊

230000－0902－0001184　313.57/4420

**高僧傳初集十五卷首一卷**　(南朝梁)釋慧皎撰　清光緒十年(1884)金陵刻經處刻本　三冊　存十二卷(一至三、八至十五,首一卷)

230000－0902－0001185　313.57/8030

**五燈會元二十卷**　(宋)釋普濟撰　清光緒二十八年至三十二年(1902－1906)貴池劉氏玉海堂刻本　十二冊

230000－0902－0001186　313.59

**觀音濟渡本願真經二卷**　(□)□□撰　清刻本　一冊

230000－0902－0001187　313.58/8732

**修西定課不分卷**　(清)鄭澄德　(清)鄭澄源撰　清光緒二十四年(1898)金陵刻經處刻本　一冊

230000－0902－0001188　313.58/8732

**修西定課不分卷**　(清)鄭澄德　(清)鄭澄源撰　清光緒二十四年(1898)金陵刻經處刻本　一冊

230000－0902－0001189　314.16/1134

**沖虛至德真經八卷**　(晉)張湛注　清嘉慶九年(1804)寶慶經綸堂刻本　一冊

230000－0902－0001190　314.16/1134

**列子八卷**　(晉)張湛注　清光緒二年(1876)浙江書局刻本　四冊

230000－0902－0001191　314.16/1134

**列子八卷**　(晉)張湛注　清刻本　二冊

230000－0902－0001192　314.16/1134
**列子八卷**　(晉)張湛注　清光緒二年(1876)浙江書局刻本　二册

230000－0902－0001193　314.17/0727
**莊子十卷**　(晉)郭象注　(唐)陸德明音義　清光緒二十三年(1897)圖書集成局活字印本　四册

230000－0902－0001194　314.17/2723
**莊子内篇注四卷**　(明)釋德清注　清光緒十四年(1888)金陵刻經處刻本　二册

230000－0902－0001195　314.17/7444
**莊子雪三卷**　(清)陸樹芝輯注　清嘉慶四年(1799)阮元文選樓刻本　六册

230000－0902－0001196　314.19
**覺世正宗十卷**　牛莊慈雲壇輯　清同治元年(1862)刻本　六册

230000－0902－0001197　314.19/2137
**天仙正理直論增注不分卷**　(明)伍守陽撰　清咸豐五年(1855)上海城隍廟内翼化堂刻本　二册

230000－0902－0001198　314.27/1010
**歷代仙史八卷**　(清)王建章輯　清光緒七年(1881)常熟抱芳閣刻本　六册

230000－0902－0001199　314.27/2126
**重刊繪圖三教源流搜神大全七卷**　(□)□□撰　清宣統元年(1909)葉氏郎園刻本　四册

230000－0902－0001200　314.27/3338
**繪像列仙傳四卷**　(清)還初道人輯　清光緒十三年(1887)掃葉山房刻本　四册

230000－0902－0001201　314.28/2727
**古本周易參同契集注二卷**　(清)仇兆鰲集注　清刻本　四册

230000－0902－0001202　314.28/1120
**悟真篇三注三卷外集一卷**　(宋)張伯端撰　**頂批金丹真傳五卷**　(明)孫汝忠撰　**周易參同契分章注解三卷**　(漢)魏伯陽撰　清光緒二年(1876)刻本　六册

230000－0902－0001203　314.28/4040
**無欺老祖全書**　(清)袁志謙撰　清宣統三年(1911)養真仙苑刻本　六册

230000－0902－0001204　214.29/0601
**文昌帝君葆生新經一卷附關聖帝君永命經一卷**　(□)□□撰　清光緒十九年(1893)鉛印本　二册

230000－0902－0001205　314.29/2201
**勸世歸真四卷**　題(唐)孚佑帝君等降筆　清光緒十五年(1889)京都永盛齋刻字鋪刻本　四册

230000－0902－0001206　314.29/2216
**會心内集二卷外集二卷象言破疑二卷通關文二卷**　(清)劉一明撰　清光緒三年至六年(1877－1880)上海翼代堂刻本　六册

230000－0902－0001207　314.29/2847
**文昌帝君勸友文註釋一卷附二十二史孝感錄一卷**　(清)徐桐注釋　清光緒二十四年(1898)經正書館刻本　一册

230000－0902－0001208　314.29/3747
**勸戒近錄六卷續錄六卷三錄六卷四錄六卷**　(清)梁恭辰撰　清光緒六年(1880)盛京彩盛刻字鋪刻本　八册

230000－0902－0001209　314.29/4270
**太上感應篇圖說不分卷**　(□)□□撰　清光緒十九年(1893)吉林萃一堂刻本　八册

230000－0902－0001210　314.29/7210
**經濟尋源九卷後集三卷**　(清)臥雲編　清光緒十七年(1891)北京鉛印本　五册

230000－0902－0001211　314.29/7714
**光緒乙酉秋闈後扶乩文**　(清)周子敬等降筆　清光緒十二年(1886)刻本　一册

230000－0902－0001212　314.29/8003
**文昌帝君遏慾文一卷**　(清)俞斌注　清同治十三年(1874)刻本　一册

230000－0902－0001213　314.29/8014
**戒慎集不分卷**　(清)金廷柱輯文　(清)金廷

桂附篆　清乾隆二十七年(1762)進修堂刻本　一冊

230000－0902－0001214　314.29/8087
**敬信錄不分卷**　(清)益善氏增訂　清光緒十二年(1886)刻本　二冊

230000－0902－0001215　314.29/8138
**陰騭文圖說不分卷**　(清)鐵石道人秋池編　清光緒七年(1881)京都永盛齋刻本　四冊

230000－0902－0001216　314.29/9121
**三聖經直講一卷**　(清)悟真子撰　清同治十一年(1872)北京天華館鉛印本　一冊

230000－0902－0001217　315/2057
**子書百家**　(清)崇文書局輯　清光緒元年(1875)湖北崇文書局刻本　一百六冊

230000－0902－0001218　315/3357
**二十二子三百三十七卷**　(清)浙江書局輯　清光緒浙江書局刻本　八十三冊

230000－0902－0001219　402.231/1060
**曹集詮評十卷**　(清)丁晏纂　**曹集逸文**　(清)丁晏纂　**陳思王[曹植]年譜**　(清)丁晏編　清同治十一年(1872)金陵書局刻本　二冊

230000－0902－0001220　311.2/0038
**增廣尚友錄統編二十二卷**　(清)應祖錫編輯　清光緒二十八年(1902)上海鴻寶齋石印本　十二冊

230000－0902－0001221　402.24/7731
**陶淵明集八卷首一卷末一卷**　(晉)陶潛撰　清光緒五年(1879)廣州翰墨園朱墨套印本　二冊

230000－0902－0001222　402.24/7731
**陶淵明集八卷首一卷末一卷**　(晉)陶潛撰　清光緒五年(1879)廣州翰墨園朱墨套印本　二冊

230000－0902－0001223　403.22/1133
**漢魏六朝百三名家集九十一種**　(明)張溥輯　清光緒十八年(1892)善化章經濟堂刻本　九十一冊

230000－0902－0001224　402.3/2665
**杜詩提要十四卷**　(清)吳瞻泰撰　清乾隆刻本　八冊

230000－0902－0001225　312.5/7594
**水滸後傳十卷四十回**　(明)陳忱撰　(清)蔡界評定　清乾隆刻本　十冊

230000－0902－0001226　404.1/4721
**漁隱叢話前集六十卷後集四十卷**　(宋)胡仔撰　清乾隆五年(1740)楊佑啟耘經樓刻本　十冊

230000－0902－0001227　405.537/4451
**石榴記傳奇四卷**　(清)黃振撰　清乾隆三十七年(1772)柴灣村舍刻本　四冊

230000－0902－0001228　405.62/1127
**玉燕堂四種曲八卷**　(清)張堅撰　清乾隆刻本　十六冊

230000－0902－0001229　405.63/4443
**芝龕記六卷**　(清)董榕撰　清乾隆十六年(1751)初刻道光二年(1822)補刻本　四冊

230000－0902－0001230　405.8/4490
**納書楹曲譜補遺四卷**　(清)葉堂訂　(清)王文治參訂　清乾隆五十九年(1794)葉堂納書楹刻本　四冊

230000－0902－0001231　305.2/8780
**瘟疫明辨四卷附方一卷**　(清)鄭奠一著　清乾隆十七年(1752)刻本　二冊

230000－0902－0001232　305.6/2588
**本草詩箋十卷**　(清)朱鑰撰　清乾隆二十七年(1762)羣玉山房刻本　四冊

230000－0902－0001233　301.7/7530
**五種遺規十六卷**　(清)陳宏謀輯　清乾隆八年(1743)李安民刻本　十六冊

230000－0902－0001234　402.253/2260
**任彥昇集五卷**　(南朝梁)任昉撰　清宣統三年(1911)上海文明書局鉛印本　一冊

230000－0902－0001235　214.18/1030
**浙江採集遺書總錄十一卷**　(清)三寶等纂錄　清乾隆三十九年(1774)刻本　十二册

230000－0902－0001236　402.253/4427
**梁簡文帝集八卷**　(南朝梁)簡文帝蕭綱撰　清宣統三年(1911)上海文明書局鉛印本　一册

230000－0902－0001237　402.263/0020
**庾子山集十六卷**　(北周)庾信撰　(清)倪璠注　**年譜一卷**　(清)倪璠編　**總釋一卷**　(清)倪璠撰　清光緒二十年(1894)儒雅堂刻本　十一册　缺二卷(八至九)

230000－0902－0001238　402.263/0020
**庾子山集十六卷**　(北周)庾信撰　(清)倪璠注　**年譜一卷**　(清)倪璠編　**總釋一卷**　(清)倪璠撰　清光緒二十年(1894)儒雅堂刻本　十六册

230000－0902－0001239　402.27/4600
**隋煬帝集五卷**　(隋)楊廣撰　清宣統三年(1911)上海文明書局鉛印本　一册

230000－0902－0001240　402.255/3134
**江文通集四卷**　(南朝梁)江淹撰　清宣統三年(1911)上海文明書局鉛印本　一册

230000－0902－0001241　402.3/0838
**杜詩註釋二十四卷**　(清)許寶善編輯　清光緒三年(1877)吳縣朱氏補刻自怡軒本　十二册

230000－0902－0001242　402.3/1014
**李太白全集三十卷附錄六卷**　(清)王琦輯注　清光緒三十四年(1908)上海掃葉山房石印本　二十册

230000－0902－0001243　402.3/1023
**王摩詰集六卷**　(唐)王維撰　清光緒十年(1884)上海文瑞樓石印本　四册

230000－0902－0001244　402.3/1042
**杜工部集二十卷首一卷**　(明)王世貞等評點　清光緒二年(1876)粵東翰墨園刻朱墨套印本　十册

230000－0902－0001245　402.3/1707
**孟東野集十卷附錄一卷**　(唐)孟郊撰　**追昔游集三卷**　(唐)李紳撰　(明)毛晉訂　清宣統二年(1910)上海著易堂書局石印本　四册

230000－0902－0001246　402.3/1707
**孟東野集十卷附錄一卷**　(唐)孟郊撰　**追昔游集三卷**　(唐)李紳撰　(明)毛晉訂　清宣統二年(1910)上海著易堂書局石印本　四册

230000－0902－0001247　402.3/1707
**孟東野集十卷附錄一卷**　(唐)孟郊撰　**追昔游集三卷**　(唐)李紳撰　(明)毛晉訂　清宣統二年(1910)上海著易堂書局石印本　三册　存十二卷(一至八、附錄一卷,追昔游集三卷)

230000－0902－0001248　402.3/2528
**昌黎先生詩集注十一卷**　(清)朱彝尊　(清)何焯評　清道光膺德堂刻秀野堂朱墨套印本　四册

230000－0902－0001249　402.3/2584
**韓昌黎詩集編年箋注十二卷**　(清)朱彝尊　(清)何焯評　(清)方世舉考訂　清宣統二年(1910)德州盧氏影印本　六册　存六卷(一至六)

230000－0902－0001250　402.3/2676
**白香山詩長慶集二十卷後集十七卷別集一卷補遺二卷**　(唐)白居易撰　(清)汪立名編訂　清康熙四十二年(1703)一隅草堂刻本　十册

230000－0902－0001251　402.3/3120
**昌黎先生詩增注證訛十一卷**　(清)黃鉞增注證訛　(清)顧嗣立刪補　**附年譜一卷**　清咸豐七年(1857)四明鮑氏刻本　四册

230000－0902－0001252　402.3/4007
**李義山詩集三卷**　(唐)李商隱撰　(清)朱鶴齡箋注　清光緒二十四年(1898)廣州倅署刻三色套印本　四册

230000－0902－0001253　402.3/4007
**李商隱詩集三卷**　(唐)李商隱撰　清宣統元年(1909)石印本　二冊

230000－0902－0001254　402.3/4026
**李翰林集三十卷**　(唐)李白撰　清光緒三十二年(1906)西泠印社影宋刻本　六冊

230000－0902－0001255　402.3/4026
**李太白文集三十卷**　(唐)李白撰　清光緒元年(1875)湖北崇文書局刻本　四冊

230000－0902－0001256　402.3/4026
**李太白文集三十卷**　(唐)李白撰　清光緒元年(1875)湖北崇文書局刻本　四冊

230000－0902－0001257　402.3/4046
**李長吉集四卷外卷一卷**　(唐)李賀撰　(清)黃陶菴評　(清)黎二橋批點　清宣統元年(1909)上海掃葉山房石印朱墨套印本　二冊

230000－0902－0001258　402.3/4047
**李元賓文集六卷**　(唐)李觀撰　清嘉慶二十三年(1818)秦氏石研齋刻本　二冊

230000－0902－0001259　402.3/4480
**昌黎先生全集四十卷外集十卷遺文一卷**　(唐)韓愈撰　(唐)李漢編　**韓集點勘四卷**　(清)陳景雲撰　**朱子校昌黎先生集傳一卷**　(宋)朱熹校　清宣統三年(1911)上海千頃堂書局、鴻文書局石印本　十冊

230000－0902－0001260　402.3/4702
**韋蘇州集十卷**　(唐)韋應物撰　清宣統三年(1911)上海冰雪山房影印本　六冊

230000－0902－0001261　402.3/4702
**韋蘇州集十卷**　(唐)韋應物撰　清宣統三年(1911)上海冰雪山房影印本　六冊

230000－0902－0001262　402.3/4702
**韋蘇州集十卷**　(唐)韋應物撰　清宣統三年(1911)上海冰雪山房影印本　六冊

230000－0902－0001263　402.3/4702
**韋蘇州集十卷**　(唐)韋應物撰　清宣統三年(1911)上海冰雪山房影印本　六冊

230000－0902－0001264　402.3/4731
**河東先生文集六卷**　(唐)柳宗元撰　清宣統二年(1910)上海會文堂書局石印本　六冊

230000－0902－0001265　402.3/8080
**溫飛卿詩集七卷別集一卷集外詩一卷**　(明)曾益注　(清)顧予咸補注　清宣統二年(1910)石印本　四冊

230000－0902－0001266　402.3/8080
**溫飛卿詩集七卷別集一卷集外詩一卷**　(明)曾益注　(清)顧予咸補注　清宣統二年(1910)石印本　四冊

230000－0902－0001267　402.3/8308
**杜工部集二十卷**　(清)錢謙益箋注　清宣統三年(1911)時中書局石印本　八冊

230000－0902－0001268　402.4/0813
**施注蘇詩四十二卷續補遺二卷**　(宋)施元之注　(清)邵長蘅等刪補　清刻本　八冊　存二十四卷(二十一至四十二、補遺二卷)

230000－0902－0001269　402.4/1000
**蘇文忠公詩編注集成四十六卷集成總案四十五卷諸家雜綴酌存一卷蘇海識餘四卷真像考一卷箋詩圖一卷**　(清)王文誥輯訂　清光緒十四年(1888)浙江書局刻本　二十四冊

230000－0902－0001270　402.4/1114
**岳忠武王文集八卷首一卷末一卷**　(宋)岳飛撰　(清)黃邦寧輯　清同治十一年(1872)王鵬越刻本　四冊

230000－0902－0001271　402.4/2540
**朱子全集一百四卷補遺一卷**　(宋)朱熹撰　清咸豐十年(1860)紫霞洲祠堂刻本　四十冊

230000－0902－0001272　402.4/2734
**道鄉公文集四十卷補遺一卷**　(宋)鄒浩撰　清光緒八年(1882)刻本　十二冊

230000－0902－0001273　402.4/2880
**徐騎省集三十卷補遺一卷**　(宋)徐鉉撰　**校勘記**　(清)李英元撰　清光緒黔南李氏刻本　八冊

230000－0902－0001274　402.4/3104
**蘇文忠公詩合注五十卷首一卷**　(清)馮應榴輯　清同治九年(1870)踵息齋刻本　二十四冊

230000－0902－0001275　402.4/3104
**蘇文忠公詩合注五十卷首一卷**　(清)馮應榴輯　清同治九年(1870)踵息齋刻本　十六冊

230000－0902－0001276　308.3/7701
**續印人傳八卷**　(清)王啟淑撰　清道光二十年(1840)海虞顧氏篆學瑣著本　二冊

230000－0902－0001277　402.4/4423
**艮齋先生薛常州浪語集三十五卷**　(宋)薛季宣撰　清同治刻本　六冊

230000－0902－0001278　402.4/4428
**蘇學士文集十六卷**　(宋)蘇舜欽撰　清宣統三年(1911)北京龍文閣書局石印本　六冊

230000－0902－0001279　402.4/4430
**水心先生別集十六卷**　(宋)葉適撰　清同治九年(1870)瑞安孫氏金陵刻本　四冊

230000－0902－0001280　402.4/4430
**水心先生文集二十九卷補遺一卷**　(宋)葉適撰　清光緒八年(1882)瑞安孫氏刻本　八冊

230000－0902－0001281　402.4/4453
**重刊明成化本東坡七集一百十卷**　(宋)蘇軾撰　清光緒三十四年至宣統元年(1908－1909)浭陽端方寶華盦刻本　四十冊

230000－0902－0001282　402.4/6030
**呂東萊先生文集二十卷首一卷**　(宋)呂祖謙撰　清同治七年(1868)退補齋刻金華叢書本　十冊

230000－0902－0001283　402.41/8017
**元豐類稿五十卷**　(宋)曾鞏撰　清光緒十六年(1890)慈利漁浦書院刻本　十二冊

230000－0902－0001284　402.41/8017
**元豐類稿五十卷**　(宋)曾鞏撰　清光緒十六年(1890)慈利漁浦書院刻本　十冊

230000－0902－0001285　403.22/4420
**重訂文選集評十五卷首一卷末一卷**　(南朝梁)蕭統纂　(清)于光華訂　清乾隆五十一年(1786)金閶書業堂刻本　十六冊

230000－0902－0001286　402.45/1047
**元遺山先生集四十卷新樂府四卷續夷堅志四卷**　(金)元好問撰　清光緒七年(1881)讀書山房刻本　十七冊

230000－0902－0001287　402.45/4920
**閑閑老人詩集十卷附年譜二卷目錄二卷**　(金)趙秉文撰　清光緒十三年(1887)文莫室刻王樹枏考訂本　四冊

230000－0902－0001288　402.45/4920
**閑閑老人詩集十卷附年譜二卷目錄二卷**　(金)趙秉文撰　清光緒十三年(1887)文莫室刻王樹枏考訂本　四冊

230000－0902－0001289　402.45/4920
**閑閑老人詩集十卷附年譜二卷目錄二卷**　(金)趙秉文撰　清光緒十三年(1887)文莫室刻王樹枏考訂本　四冊

230000－0902－0001290　402.5/1244
**湛然居士文集十四卷**　(元)耶律楚材撰　清光緒二十一年(1895)漸西村舍刻本　四冊

230000－0902－0001291　402.5/2603
**楚國文憲公雪樓程先生文集三十卷附錄一卷**　(元)程鉅夫撰　清宣統二年(1910)陽湖陶氏涉園影刻本　十冊

230000－0902－0001292　402.6/1003
**疑雨集四卷**　(明)王彥泓撰　清光緒三十一年(1905)鄒園葉氏刻本　二冊

230000－0902－0001293　402.6/1120
**西廬文集四卷**　(明)張雋撰　清宣統二年(1910)上海國學扶輪社鉛印本　二冊

230000－0902－0001294　402.6/1171
**張文忠公文集十一卷詩集六卷**　(明)張居正撰　清宣統三年(1911)醉古堂石印本　四冊

230000－0902－0001295　402.6/2126
**盧忠肅公集十二卷**　(明)盧象昇撰　清光緒

三十四年(1908)施惠刻本　十冊

230000－0902－0001296　402.6/2749
**震川先生集三十卷別集十卷**　(明)歸有光撰　清光緒六年(1880)常熟歸氏刻本　十六冊

230000－0902－0001297　402.6/3626
**祝枝山全集三十卷**　(明)祝允明撰　清宣統二年(1910)中國書畫會鉛印本　八冊

230000－0902－0001298　402.6/4047
**李空同詩集三十三卷附錄一卷**　(明)李夢陽撰　清宣統二年(1910)上海掃葉山房石印本　十冊

230000－0902－0001299　402.6/4627
**楊忠愍公集不分卷**　(明)楊繼盛撰　清咸豐元年(1851)恭壽堂刻本　二冊

230000－0902－0001300　402.6/4635
**楊忠烈公文集十卷首一卷表忠錄一卷**　(明)楊漣撰　清同治四年(1865)世美堂刻本　八冊　存九卷(一至七、首一卷,表忠錄一卷)

230000－0902－0001301　402.6/5072
**史忠正公集四卷首一卷末一卷**　(明)史可法撰　(清)史山清輯　(清)史開純校　清咸豐二年(1852)致康刻本　二冊

230000－0902－0001302　402.6/6045
**去僞齋集十卷**　(明)呂坤撰　清道光七年(1827)開封府署刻本　六冊　存五卷(一至五)

230000－0902－0001303　402.6/7237
**劉子全書四十卷首一卷**　(明)劉宗周撰　(清)董瑒編次　清刻本　六冊　存七卷(二十八至三十四)

230000－0902－0001304　402.7/0044
**望溪先生文集十八卷集外文十卷集外文補遺二卷年譜一卷附錄一卷**　(清)方苞撰　(清)戴鈞衡重編　清咸豐戴鈞衡刻本　十六冊

230000－0902－0001305　402.7/0121
**定盦文集三卷續集四卷續錄一卷古今體詩二卷雜詩一卷詞選一卷詞錄一卷文集補編四卷**　(清)龔自珍撰　清光緒二十三年(1897)萬本書堂刻本　六冊

230000－0902－0001306　402.7/0121
**定盦文集三卷續集四卷續錄一卷古今體詩二卷雜詩一卷詞選一卷詞錄一卷文集補編四卷**　(清)龔自珍撰　清光緒三十四年(1908)成都官書局刻本　六冊

230000－0902－0001307　402.7/0002
**萃錦吟十八卷**　(清)奕訢撰　清光緒十一年(1885)刻本　二十冊

230000－0902－0001308　402.7/0026
**陶山詩錄十二卷前錄二卷**　(清)唐仲冕撰　清嘉慶十六年(1811)崇川酌民言堂刻本　四冊

230000－0902－0001309　402.7/0123
**復堂類集二十一卷**　(清)譚獻撰　**合肥三家詩錄二卷**　(清)譚獻選　**待堂文一卷**　(清)吳懷珍撰　**池上小集不分卷**　**非見齋審定六朝正書碑目復堂附評一卷**　清光緒刻本　十冊

230000－0902－0001310　402.7/0168
**定山堂詩集四十三卷詩餘四卷**　(清)龔鼎孶撰　**芳草詞一卷**　(清)龔士稚撰　清光緒九年(1883)龔氏聽彝書屋刻本　十六冊

230000－0902－0001311　402.7/0724
**養知書屋文集二十八卷詩集十五卷**　(清)郭嵩燾撰　清光緒十八年(1892)刻本　十二冊

230000－0902－0001312　402.7/0863
**增注秋水軒尺牘四卷**　(清)許思湄撰　(清)婁世瑞注　清光緒三十四年(1908)上海朝記書莊石印本　二冊

230000－0902－0001313　402.7/1020
**虛受堂書札二卷**　王先謙撰　清光緒三十三年(1907)刻本　二冊

230000－0902－0001314　402.7/1042
**弢園尺牘十二卷**　(清)王韜撰　清光緒十三年(1887)大文書局鉛印本　四冊

230000－0902－0001315　402.7/1042
**弢園文錄外編八卷**　（清）王韜撰　清光緒九年（1883）鉛印本　四冊

230000－0902－0001316　402.7/1043
**考功集選四卷**　（清）王士祿撰　（清）王士禛選　清雍正刻本　一冊

230000－0902－0001317　402.7/1043
**百柱堂全集五十二卷首一卷**　（清）王柏心撰　清光緒十九年（1893）刻本　二十冊

230000－0902－0001318　402.7/1060
**煙霞萬古樓文集六卷詩選二卷**　（清）王曇撰　清光緒二十一年（1895）鴻文書局石印粵雅堂叢書本　四冊

230000－0902－0001319　402.7/1117
**退思軒詩集六卷補遺一卷**　（清）張百熙撰　清宣統三年（1911）武昌刻本　二冊

230000－0902－0001320　402.7/1150
**茗柯文初編一卷二編二卷三編一卷四編一卷**　（清）張惠言撰　清光緒七年（1881）刻四部叢刊本　二冊

230000－0902－0001321　402.7/1177
**船山詩草二十卷**　（清）張問陶撰　清宣統二年（1910）上海掃葉山房石印本　六冊

230000－0902－0001322　402.7/1262
**芳茂山人文集十二卷詩集十卷**　（清）孫星衍撰　清光緒十一年（1885）吳縣朱氏槐廬家塾刻本　十冊

230000－0902－0001323　402.7/1342
**芸香館遺詩二卷**　（清）那遜蘭保撰　清同治十三年（1874）于盛昱刻本　一冊

230000－0902－0001324　402.7/2231
**古微堂内集三卷外集七卷**　（清）魏源撰　清光緒四年（1878）淮南書局刻本　四冊

230000－0902－0001325　402.7/2322
**霜紅龕集四十卷附錄三卷年譜一卷**　（清）傅山撰　（清）丁寶銓編　清宣統三年（1911）山陽丁氏刻本　十二冊

230000－0902－0001326　402.7/2440
**存研樓文集十六卷**　（清）儲大文撰　清光緒元年（1875）靜遠堂刻本　八冊

230000－0902－0001327　402.7/2528
**曝書亭集八十卷附錄一卷**　（清）朱彝尊撰　清康熙刻本　十三冊　存七十四卷（一至二十二、三十至八十，附錄一卷）

230000－0902－0001328　402.7/2617
**梅村詩集箋注十八卷**　（清）吳偉業撰　（清）吳翌鳳箋注　清嘉慶十九年（1814）嚴氏滄浪吟榭刻本　十二冊

230000－0902－0001329　402.7/2617
**梅村詩集箋注十八卷**　（清）吳翌鳳箋注　清光緒十年（1884）湖北官書處刻本　十二冊

230000－0902－0001330　402.7/2623
**梅村詩集箋注十八卷**　（清）吳偉業撰　（清）吳翌鳳箋注　清光緒二十二年（1896）新化三味堂刻本　十二冊

230000－0902－0001331　402.7/2623
**梅村集二十卷**　（清）吳偉業撰　清宣統二年（1910）上海國學昌明社石印本　六冊

230000－0902－0001332　402.7/2623
**梅村集二十卷**　（清）吳偉業撰　清宣統二年（1910）上海國學昌明社石印本　六冊

230000－0902－0001333　402.7/2680
**有正味齋全集詩十六卷續八卷外集五卷駢體文二十四卷續八卷詞八卷續二卷外集二卷**　（清）吳錫麒撰　清嘉慶刻本　十八冊

230000－0902－0001334　402.7/2767
**紀文達公遺集十六卷**　（清）紀昀撰　清嘉慶十七年（1812）孫樹馨編校刻本　八冊

230000－0902－0001335　402.7/2767
**紀文達公遺集十六卷**　（清）紀昀撰　清紀樹馥刻本　十四冊

230000－0902－0001336　402.7/2694
**九梅村詩集二十卷**　（清）魏燮均編　清光緒元年（1875）紅杏山莊刻本　六冊

230000－0902－0001337　402.7/3144
**炳燭室雜文一卷**　(清)江藩撰　清光緒三年(1877)八喜齋刻本　一册

230000－0902－0001338　402.7/3150
**述學内篇三卷外篇一卷補遺一卷别録一卷**　(清)汪中撰　清同治八年(1869)揚州書局刻本　二册

230000－0902－0001339　402.7/3883
**功甫小集十一卷**　(清)潘曾沂撰　清同治三年(1864)刻本　二册

230000－0902－0001340　402.7/3408
**紅樓夢賦一卷**　(清)沈謙撰　清道光二年(1822)緑香紅影書巢刻朱墨套印本　二册

230000－0902－0001341　402.7/3677
**海秋詩集二十六卷後集一卷**　(清)湯鵬撰　清同治十二年(1873)刻本　十册

230000－0902－0001342　402.7/3708
**藤花吟館詩鈔十卷**　(清)梁章鉅撰　清道光刻本　四册

230000－0902－0001343　402.7/4047
**道古堂全集七十六卷首一卷**　(清)杭世駿撰　清光緒十四年(1888)泉塘汪氏振綺堂校補舊刻本　十二册

230000－0902－0001344　402.7/4048
**袁文箋正十六卷補注一卷**　(清)袁枚撰　(清)石韞玉箋　清光緒八年(1882)汗青簃刻本　八册

230000－0902－0001345　402.7/4048
**袁文箋正十六卷補注一卷**　(清)袁枚撰　(清)石韞玉箋　**增訂袁文四卷**　(清)魏大縉撰　清光緒十四年(1888)上海石竹山房石印本　五册

230000－0902－0001346　402.7/4048
**音注小倉山房尺牘八卷**　(清)袁枚撰　(清)胡光斗箋釋　清光緒十二年(1886)上海掃葉山房朱墨套印本　四册

230000－0902－0001347　402.7/4048
**音注小倉山房尺牘八卷**　(清)袁枚撰　(清)胡光斗箋釋　清光緒十二年(1886)上海掃葉山房朱墨套印本　四册

230000－0902－0001348　402.7/4053
**念宛齋詩集十卷**　(清)左輔撰　清嘉慶二十五年(1820)裕德堂刻本　二册

230000－0902－0001349　402.7/4061
**二曲集二十六卷附四書反身録十七卷**　(清)李顒撰　清同治元年(1862)合川會善堂刻本　十册

230000－0902－0001350　402.7/4088
**越縵堂駢體文四卷散體文一卷**　(清)李慈銘撰　清光緒二十三年(1897)刻本　四册

230000－0902－0001351　402.7/4088
**越縵堂駢體文四卷散體文一卷**　(清)李慈銘撰　清光緒二十三年(1897)刻本　四册

230000－0902－0001352　402.7/4217
**惜抱軒全集二十六卷**　(清)姚鼐撰　清同治刻本　十六册

230000－0902－0001353　402.7/4217
**惜抱軒全集二十六卷**　(清)姚鼐撰　清同治五年(1866)省心閣刻本　十六册

230000－0902－0001354　402.7/4217
**惜抱軒全集二十六卷**　(清)姚鼐撰　清同治五年(1866)省心閣刻本　十六册

230000－0902－0001355　402.7/4217
**惜抱先生尺牘八卷**　(清)姚鼐撰　(清)陳用光輯　清宣統元年(1909)小萬柳堂刻本　四册

230000－0902－0001356　402.7/4217
**惜抱先生尺牘八卷**　(清)姚鼐撰　(清)陳用光輯　清宣統元年(1909)小萬柳堂刻本　四册

230000－0902－0001357　402.7/4217
**惜抱先生尺牘八卷**　(清)姚鼐撰　(清)陳用光輯　清宣統元年(1909)小萬柳堂刻本　四册

230000－0902－0001358　402.7/4294
**吳詩集覽二十卷補注二十卷談藪二卷**　(清)吳偉業撰　(清)靳榮藩輯　清刻本　十五冊

230000－0902－0001359　402.7/4448
**忠雅堂詩集二十七卷補遺二卷**　(清)蔣士銓撰　清嘉慶三年(1798)揚州刻本　六冊

230000－0902－0001360　402.7/4462
**兩當軒集二十二卷考異二卷附錄四卷**　(清)黃景仁撰　清光緒二年(1876)刻本　六冊

230000－0902－0001361　402.7/4713
**石笥山房文集五卷補遺一卷**　(清)胡天游撰　清宣統元年(1909)國學扶輪社鉛印本　四冊

230000－0902－0001362　402.7/5045
**漁洋山人精華錄訓纂十卷**　(清)惠棟撰　**漁洋山人自撰年譜二卷**　清光緒十七年(1891)南皮張氏刻本　十二冊

230000－0902－0001363　402.7/5313
**注釋水竹居賦不分卷**　(清)盛觀潮撰　清光緒五年(1879)上海紫文閣刻本　四冊

230000－0902－0001364　402.7/5374
**集杜百首一卷附集韓文一卷許家垣傳一卷陳童子馥洲傳一卷**　(清)戚學標撰　清乾隆三十年(1765)三禮堂刻本　一冊

230000－0902－0001365　402.7/6080
**有正味齋賦四卷**　(清)吳錫麒撰　(清)胡玉樹編注　清道光六年(1826)刻本　二冊

230000－0902－0001366　402.7/6614
**鐵橋漫稿八卷**　(清)嚴可均撰　清光緒十一年(1885)長洲蔣氏刻本　四冊

230000－0902－0001367　402.7/7110
**定香亭筆談四卷**　(清)阮元撰　清光緒二十五年(1899)浙江書局刻本　三冊　存三卷(一、三至四)

230000－0902－0001368　402.7/7233
**蓬山塾課不分卷**　(清)劉清源撰　清道光二十五年(1845)右文堂刻本　六冊

230000－0902－0001369　402.7/7233
**蓬山塾課不分卷**　(清)劉清源撰　(清)薛維錦選評　清光緒六年(1880)上海掃葉山房刻本　十五冊

230000－0902－0001370　402.7/7233
**蓬山塾課不分卷**　(清)劉清源撰　清光緒六年(1880)上海掃葉山房刻本　四冊　存(孟藝小題不分卷)

230000－0902－0001371　402.7/7233
**蓬山塾課不分卷**　(清)劉清源撰　(清)薛維錦選評　清光緒六年(1880)上海掃葉山房刻本　五冊　存(大學不分卷、中庸不分卷、上論不分卷)

230000－0902－0001372　402.7/7233
**蓬山塾課小題不分卷**　(清)劉清源撰　清道光二十九年(1849)刻本　八冊

230000－0902－0001373　402.7/7233
**劉禮部集十二卷**　(清)劉逢祿撰　清光緒十八年(1892)延暉承慶堂刻本　六冊

230000－0902－0001374　402.7/7262
**尚絅堂駢體文二卷**　(清)劉嗣綰撰　清光緒九年(1883)四明張氏華雨樓刻本　二冊

230000－0902－0001375　402.7/7474
**松陽鈔存二卷**　(清)陸隴其撰　清同治傳經堂刻本　一冊

230000－0902－0001376　402.7/7503
**秣陵集六卷金陵歷代紀年事表一卷圖考一卷**　(清)陳文述撰　清光緒十年(1884)淮南書局刻本　三冊

230000－0902－0001377　402.7/7522
**湖海樓全集五十卷補遺一卷**　(清)陳維崧撰　清光緒十九年(1893)弇山鐸署刻本　十六冊

230000－0902－0001378　402.7/7530
**培遠堂手札節存三卷**　(清)陳宏謀撰　清同治十一年(1872)江蘇書局刻本　一冊

230000－0902－0001379　402.7/7748

**胡文忠公遺集十卷首一卷**　(清)胡林翼撰　(清)閻敬銘等編輯　清同治三年(1864)武昌節署刻本　八冊

230000－0902－0001380　402.7/7780
**周犢山文稿不分卷**　(清)周鎬撰　清光緒十九年(1893)宜興文德堂刻本　四冊

230000－0902－0001381　402.7/8002
**復初齋文集三十五卷**　(清)翁方綱撰　清光緒三年(1877)刻本　十二冊

230000－0902－0001382　402.7/8030
**鮚埼亭集三十八卷**　(清)全祖望撰　清同治十一年(1872)刻本　二十四冊

230000－0902－0001383　402.7/8030
**鮚埼亭集三十八卷外編五十卷經史問答十卷**　(清)全祖望撰　清同治刻本　三十二冊

230000－0902－0001384　402.7/8064
**曾文正公文集三卷**　(清)曾國藩撰　(清)李瀚章編　清光緒二年(1876)傳忠書局刻本　三冊

230000－0902－0001385　402.7/8064
**曾文正公書札三十三卷**　(清)曾國藩撰　清光緒二年(1876)傳忠書局刻本　十六冊

230000－0902－0001386　402.7/8064
**曾文正公書札三十三卷**　(清)曾國藩撰　清光緒二年(1876)傳忠書局刻本　十六冊

230000－0902－0001387　402.7/8064
**曾文正公書札三十三卷**　(清)曾國藩撰　清光緒二年(1876)傳忠書局刻本　十六冊

230000－0902－0001388　402.7/8064
**曾文正公雜著二卷**　(清)曾國藩撰　清光緒二年(1876)傳忠書局刻本　二冊

230000－0902－0001389　402.7/8308
**初學集二十卷**　(清)錢謙益撰　清宣統三年(1911)國學扶輪社石印本　十二冊

230000－0902－0001390　402.7/8332
**錢南園先生遺集五卷首一卷**　(清)錢灃撰　清同治十一年(1872)刻本　二冊

230000－0902－0001391　402.7/8332
**錢南園先生遺集五卷首一卷**　(清)錢灃撰　清光緒十九年(1893)浙江書局刻本　二冊

230000－0902－0001392　402.7/8799
**板橋全集**　(清)鄭燮撰　清光緒十八年(1892)積山書局石印本　四冊

230000－0902－0001393　402.7/8848
**韞山堂時文初集二集三集不分卷**　(清)管世銘撰　清光緒六年(1880)湖南書局刻本　四冊

230000－0902－0001394　402.7/9747
**甌香館集十二卷首一卷末一卷**　(清)惲格撰　清光緒元年(1875)湖北崇文書局刻本　四冊

230000－0902－0001395　402.7/9748
**大雲山房文稿初集四卷二集四卷詩二卷補編一卷**　(清)惲敬撰　清光緒十年(1884)刻本　十冊

230000－0902－0001396　402.8/1044
**陶廬箋牘四卷**　王樹枏撰　清光緒三十四年(1908)刻本　二冊

230000－0902－0001397　402.8/1044
**陶廬外編一卷**　王樹枏撰　清宣統二年(1910)刻本　一冊

230000－0902－0001398　402.8/1073
**湘綺樓文集八卷詩集十四卷箋啓八卷**　王闓運撰　清宣統二年(1910)上海國學扶輪社石印本　十二冊

230000－0902－0001399　402.8/1073
**湘綺樓箋啓六卷**　王闓運撰　清光緒三十三年(1907)長沙墨莊劉氏刻本　四冊

230000－0902－0001400　402.8/2196
**澄齋詩稿一卷**　何煜撰　清宣統三年(1911)鉛印本　一冊

230000－0902－0001401　402.8/7510
**散原精舍詩二卷**　陳三立撰　清宣統二年(1910)上海商務印書館鉛印本　二冊

230000－0902－0001402　403.1/1043
**惜抱軒今體詩選十八卷**　(清)姚鼐撰　清同治五年(1866)金陵書局刻本　二冊

230000－0902－0001403　403.1/1043
**惜抱軒今體詩選十八卷**　(清)姚鼐撰　清同治五年(1866)金陵書局刻本　二冊

230000－0902－0001404　403.1/1043
**漁洋山人古詩選三十二卷**　(清)王士禛選　清同治五年(1866)金陵書局刻本　八冊

230000－0902－0001405　403.1/1043
**漁洋山人古詩選三十二卷**　(清)王士禛選　清同治五年(1866)金陵書局刻本　八冊

230000－0902－0001406　403.1/1106
**國朝詩鐸二十六卷**　(清)張應昌選　清同治八年(1869)永康應氏秀芷堂刻本　十六冊

230000－0902－0001407　403.1/2874
**玉臺新詠十卷**　(南朝陳)徐陵編　(清)吳兆宜原注　(清)程琰刪補　清光緒五年(1879)宏達堂刻本　八冊

230000－0902－0001408　403.1/7241
**國朝六家詩鈔八卷**　(清)劉執玉選　清刻本　八冊

230000－0902－0001409　403.11/1032
**唐四家詩集二十卷**　(清)胡鳳丹輯　清刻本　五冊

230000－0902－0001410　403.11/3102
**唐四家詩集二十卷**　(清)胡鳳丹輯　清刻本　五冊

230000－0902－0001411　403.11/1042
**唐詩合解十二卷古詩合解四卷**　(清)王堯衢注　清泰山堂刻本　六冊

230000－0902－0001412　403.11/1042
**古唐詩合解十六卷**　(清)王堯衢注　清周村益友堂刻本　六冊

230000－0902－0001413　403.11/1042
**古唐詩合解十六卷**　(清)王堯衢注　清光緒十七年(1891)掃葉山房刻本　八冊

230000－0902－0001414　403.11/1042
**唐詩合解十二卷古詩合解四卷**　(清)王堯衢注　清光緒五年(1879)掃葉山房刻本　八冊

230000－0902－0001415　403.11/1042
**唐詩合解十二卷古詩合解四卷**　(清)王堯衢注　清光緒二十四年(1898)煙台文勝堂刻本　六冊

230000－0902－0001416　403.11/1042
**唐詩合解十二卷古詩合解四卷**　(清)王堯衢注　清光緒二十四年(1898)煙台文勝堂刻本　六冊

230000－0902－0001417　403.11/1042
**唐詩合解十二卷古詩合解四卷**　(清)王堯衢注　清光緒二十四年(1898)上海文瑞樓刻本　八冊

230000－0902－0001418　403.11/1042
**唐詩合解十二卷古詩合解四卷**　(清)王堯衢注　清光緒三十一年(1905)掃葉山房刻本　八冊

230000－0902－0001419　403.11/1043
**唐人萬首絕句選七卷**　(宋)洪邁輯　(清)王士禛選　清光緒二十三年(1897)金陵書局刻本　二冊

230000－0902－0001420　403.11/1043
**唐賢三昧集三卷**　(清)王士禛選　(清)吳煊等評注　清光緒九年(1883)翰墨園刻朱墨套印本　三冊

230000－0902－0001421　403.11/1043
**唐賢三昧集三卷**　(清)王士禛撰　清宣統二年(1910)淵古齋石印本　六冊

230000－0902－0001422　403.11/3102
**明三十家詩選初集八卷二集八卷**　(清)汪端輯　清同治十二年(1873)蘊蘭吟館刻本　八冊

230000－0902－0001423　403.11/3224
**兩浙輶軒續錄五十四卷**　(清)潘衍桐訂　清光緒十七年(1891)浙江書局刻本　四十冊

230000－0902－0001424　403.11/3423
**唐詩別裁集引典備注二十卷**　(清)沈德潛選　(清)俞汝昌注　清富春堂刻本　十六册

230000－0902－0001425　403.11/4877
**御選唐宋詩醇四十七卷**　(清)高宗弘曆選　清光緒二十一年(1895)上海鴻文書局石印本　八册

230000－0902－0001426　403.11/4917
**同岑五家詩鈔十四卷**　(清)曾燠輯　清道光九年(1829)刻本　六册

230000－0902－0001427　403.11/5530
**全唐詩九百卷**　(清)聖祖玄燁輯　清光緒十三年(1887)上海同文書局石印本　三十二册

230000－0902－0001428　403.11/5530
**全唐詩九百卷**　(清)聖祖玄燁輯　清光緒十三年(1887)上海同文書局石印本　三十二册

230000－0902－0001429　403.11/5530
**全唐詩九百卷**　(清)聖祖玄燁輯　清光緒十三年(1887)上海同文書局石印本　三十二册

230000－0902－0001430　403.11/5530
**全唐詩九百卷**　(清)聖祖玄燁輯　清光緒十三年(1887)上海同文書局石印本　二十四册

230000－0902－0001431　403.11/8094
**樂府雅詞三卷拾遺二卷**　(宋)曾慥輯　清嘉慶二十一年(1816)秦恩復享帚精舍刻本　六册

230000－0902－0001432　403.113/7542
**唐詩三百首補注八卷**　(清)陳婉俊輯　清光緒十七年(1891)文美齋刻本　四册

230000－0902－0001433　403.117/1033
**湖海詩傳四十六卷**　(清)王昶輯　清同治四年(1865)綠蔭堂刻本　十六册

230000－0902－0001434　403.117/1173
**硃批增注七家詩選七卷**　(清)張熙宇輯評　清光緒十二年(1886)上海江左書林刻朱墨套印本　四册

230000－0902－0001435　403.117/3653
**婺學治事文編五卷**　湯壽潛點定　清光緒二十七年(1901)目巧室石印本　二册

230000－0902－0001436　403.117/4042
**隨園女弟子詩選六卷**　(清)袁枚編　清嘉慶元年(1796)新安汪氏刻本　二册

230000－0902－0001437　403.12/0442
**文章軌範七卷**　(宋)謝枋得編　清光緒元年(1875)湖北崇文書局刻三色套印本　二册

230000－0902－0001438　403.12/0742
**樂府詩集一百卷**　(宋)郭茂倩輯　清同治十三年(1874)湖北崇文書局刻本　十六册

230000－0902－0001439　403.12/2633
**玉臺新詠十卷**　(南朝陳)徐陵編　(清)吳兆宜原注　(清)程琰删補　清光緒五年(1879)宏達堂刻本　六册

230000－0902－0001440　403.12/3423
**古詩源十四卷**　(清)沈德潛選　清光緒十七年(1891)湖南思賢書局刻本　四册

230000－0902－0001441　403.12/7244
**歷朝詩約選九十二卷**　(清)劉大櫆纂　清光緒二十三年(1897)刻本　二十二册

230000－0902－0001442　403.12/8064
**十八家詩鈔二十八卷**　(清)曾國藩輯　清同治十三年(1874)傳忠書局刻本　二十八册

230000－0902－0001443　403.13/4098
**桐溪耆隱集一卷補錄一卷**　(清)袁炯輯　清光緒十六年(1890)春藻堂刻本　一册

230000－0902－0001444　403.13/5044
**永平詩存二十四卷**　(清)史夢蘭編　(清)郭長清訂　清同治十年(1871)刻本　八册

230000－0902－0001445　403.14/4391
**瑞芝山房詩鈔八卷**　(清)戴燮元撰　清光緒元年(1875)廣陵刻本　四册

230000－0902－0001446　403.14/8326
**欽定熙朝雅頌集一百六卷首集二十六卷餘集二卷**　(清)鐵保輯　清嘉慶刻本　二十四册

230000－0902－0001447　403.16/2514
**煙沽漁唱五卷一百集**　(清)朱祖謀　(清)夏潤庵選　清同治十二年(1873)天津須社鉛印本　四册

230000－0902－0001448　403.16/7739
**學海堂初集十六卷**　(清)阮元編　清道光五年(1825)啟秀山房刻本　六册

230000－0902－0001449　403.16/7739
**學海堂二集二十二卷**　(清)吳蘭修編　清道光十八年(1838)啟秀山房刻本　十册

230000－0902－0001450　403.16/7739
**學海堂三集二十四卷學海堂志一卷**　(清)張維屏編　清咸豐九年(1859)啟秀山房刻本　九册

230000－0902－0001451　206.1/4310
**大清太宗文皇帝聖訓六卷首一卷**　清刻本　三册

230000－0902－0001452　206.1/4310
**大清世祖章皇帝聖訓六卷首一卷**　清刻本　三册

230000－0902－0001453　403.19/3833
**童蒙必讀書十四種**　(清)涂宗瀛輯　清光緒九年(1883)武昌書局刻本　二册

230000－0902－0001454　403.2/0040
**古文苑二十一卷**　(宋)章樵注　清光緒十二年(1886)江蘇書局刻本　四册

230000－0902－0001455　403.2/0040
**古文苑二十一卷**　(宋)章樵注　清光緒十二年(1886)江蘇書局刻本　四册

230000－0902－0001456　403.2/0066
**瀛奎律髓刊誤四十九卷**　(宋)方回編選　(清)紀昀批點　清嘉慶五年(1800)俟官李光垣約齋刻本　十六册

230000－0902－0001457　403.2/0845
**六朝文絜四卷**　(清)許槤評選　清光緒三年(1877)南海馮焌光刻朱墨套印本　四册

230000－0902－0001458　403.2/1004
**緶雅堂駢體文八卷**　(清)王詒壽撰　清光緒六年(1880)刻本　二册

230000－0902－0001459　403.2/1262
**續古文苑二十卷**　(清)孫星衍撰　清嘉慶十七年(1812)冶城山館刻本　十册

230000－0902－0001460　403.2/1262
**續古文苑二十卷**　(清)孫星衍撰　清嘉慶十七年(1812)冶城山館刻本　十册

230000－0902－0001461　403.2/1262
**續古文苑二十卷**　(清)孫星衍撰　清光緒九年(1883)江蘇書局刻本　十册

230000－0902－0001462　403.2/1262
**八家四六文注八卷補注一卷**　(清)吳鼒輯　(清)許貞幹注　(清)陳衍補注　清光緒十八年(1892)上海圖書集成印書局鉛印本　八册

230000－0902－0001463　403.2/2120
**史論觀止正集十卷**　(清)何秉誠選　清光緒二十九年(1903)上海美華石印本　十册

230000－0902－0001464　403.2/2624
**古文觀止十二卷**　(清)吳乘權輯　清光緒十二年(1886)上洋江左書林刻本　六册

230000－0902－0001465　403.2/2624
**古文觀止十二卷**　(清)吳乘權輯　清光緒三十二年(1906)蘇州掃葉山房刻本　六册

230000－0902－0001466　403.2/2625
**香痕奩影集四卷題辭一卷**　(清)吳仲輯　清宣統二年(1910)京師國學萃編社鉛印本　五册

230000－0902－0001467　403.2/2706
**續古文辭類纂二十八卷**　(清)黎庶昌纂　清光緒二十一年(1895)金陵狀元閣刻本　十二册

230000－0902－0001468　403.2/2732
**宋范文正公忠宣公全集七十三卷**　鄒福保校　清宣統二年(1910)歲寒堂刻本　十六册

230000－0902－0001469　403.2/2847
**古文淵鑒六十四卷**　(清)徐乾學等編注　清

宣統二年(1910)學部圖書局石印本　二十四冊

230000－0902－0001470　403.2/3144
**古文喈鳳新編八卷**　(清)汪基輯　清經文堂刻本　八冊

230000－0902－0001471　403.2/4010
**賦學正鵠十卷**　(清)李元度輯　清光緒二十年(1894)澹雅書局刻本　七冊

230000－0902－0001472　403.2/4033
**駢體文鈔三十一卷**　(清)李兆洛輯　清道光合河康氏登雲閣刻本　十冊

230000－0902－0001473　403.2/4217
**古文辭類纂七十四卷**　(清)姚鼐纂　**續古文辭類纂三十四卷**　王先謙纂　清光緒三十三年(1907)商務印書館鉛印本　八冊　存七十一卷(古文辭類纂一至五十、六十一至七十四,續古文辭類纂一至七)

230000－0902－0001474　403.2/4224
**小謨觴館詩集八卷詩餘一卷文集四卷**　(清)彭兆蓀撰　清嘉慶十一年(1806)韓江寓舍刻本　四冊

230000－0902－0001475　403.2/4245
**國朝文錄八十二卷**　(清)姚椿輯　清光緒二十六年(1900)上海掃葉山房石印本　十六冊

230000－0902－0001476　403.2/4245
**國朝文錄八十二卷**　(清)姚椿輯　清光緒二十六年(1900)上海掃葉山房石印本　十六冊

230000－0902－0001477　403.2/4418
**古文析義十六卷**　(清)林雲銘評注　清光緒二十七年(1901)聯墨堂刻本　十六冊

230000－0902－0001478　403.2/4418
**古文析義六卷**　(清)林雲銘評注　清經綸堂刻本　六冊

230000－0902－0001479　403.2/4437
**三蘇全集**　(清)弓翊清校　清道光十二年(1832)眉州三蘇祠刻本　六十四冊

230000－0902－0001480　403.2/4443
**古文雅正十四卷**　(清)蔡世遠輯　清嘉慶刻本　四冊

230000－0902－0001481　403.2/4443
**古文雅正十四卷**　(清)蔡世遠輯　清道光八年(1828)懷清書屋刻本　八冊

230000－0902－0001482　403.2/4443
**古文雅正十四卷**　(清)蔡世遠輯　清天祿閣刻本　十二冊

230000－0902－0001483　403.2/6043
**四家賦鈔四卷**　(清)景其濬輯　清咸豐三年(1853)誦芬堂刻本　四冊

230000－0902－0001484　403.2/6614
**全上古三代秦漢三國六朝文七百四十卷**　(清)嚴可均校輯　清光緒二十年(1894)黃岡王氏刻本　一百冊

230000－0902－0001485　403.2/6614
**全上古三代秦漢三國六朝文七百四十卷**　(清)嚴可均校輯　清光緒二十年(1894)黃岡王氏刻本　九十一冊　缺七十卷(全後漢文一至七十)

230000－0902－0001486　403.2/6614
**全上古三代秦漢三國六朝文七百四十卷**　(清)嚴可均校輯　清光緒十三年至十九年(1887－1893)廣雅書局刻本　七十二冊　存六百六十卷(全後漢文一百六卷、全三國文七十五卷、全晉文一百六十七卷、全宋文六十四卷、全齊文二十六卷、全梁文七十四卷、全陳文十八卷、全後魏文六十卷、全北齊文十卷、全後周文二十四卷、全隋文三十五卷、先唐文一卷)

230000－0902－0001487　403.2/7242
**玉磬山房文集二卷**　(清)劉大觀撰　清刻本　一冊

230000－0902－0001488　403.2/7248
**古今文致十卷**　(明)劉士鏻原選　(明)王宇增訂　清古堇群玉山房刻朱墨套印本　六冊

230000－0902－0001489　403.2/7277

**國朝十家四六文鈔不分卷**　王先謙輯　清光緒十五年(1889)長沙王氏刻本　四册

230000－0902－0001490　403.2/7547
**唐駢體文鈔十七卷**　(清)陳均輯　清同治十二年(1873)南海譚宗浚校刻本　四册

230000－0902－0001491　403.2/8003
**重訂古文釋義新編八卷**　(清)余誠評注　清光緒二十三年(1897)上海文瑞樓刻本　八册

230000－0902－0001492　403.2/8003
**重訂古文釋義新編八卷**　(清)余誠評注　清光緒二十四年(1898)文勝堂刻本　八册

230000－0902－0001493　403.2/8003
**重訂古文釋義新編八卷**　(清)余誠評注　清光緒二十四年(1898)文勝堂刻本　八册

230000－0902－0001494　403.2/8003
**重訂古文釋義新編八卷**　(清)余誠評注　清光緒二十四年(1898)文勝堂刻本　八册

230000－0902－0001495　403.2/8003
**重訂古文釋義新編八卷**　(清)余誠評注　清光緒二十四年(1898)文勝堂刻本　八册

230000－0902－0001496　403.2/8003
**重訂古文釋義新編八卷**　(清)余誠評注　清光緒二十四年(1898)文勝堂刻本　八册

230000－0902－0001497　403.2/8003
**重訂古文釋義新編八卷**　(清)余誠評注　清光緒二十四年(1898)文勝堂刻本　八册

230000－0902－0001498　403.2/8003
**重訂古文釋義新編八卷**　(清)余誠評注　清光緒二十四年(1898)文勝堂刻本　八册

230000－0902－0001499　403.2/8003
**重訂古文釋義新編八卷**　(清)余誠評注　清光緒二十四年(1898)文勝堂刻本　八册

230000－0902－0001500　403.2/8003
**重訂古文釋義新編八卷**　(清)余誠評注　清光緒二十四年(1898)文勝堂刻本　八册

230000－0902－0001501　403.2/8003
**重訂古文釋義新編八卷**　(清)余誠評注　清光緒二十四年(1898)文勝堂刻本　八册

230000－0902－0001502　403.2/8003
**重訂古文釋義新編八卷**　(清)余誠評注　清光緒二十四年(1898)文勝堂刻本　八册

230000－0902－0001503　403.2/8003
**重訂古文釋義新編八卷**　(清)余誠評注　清光緒二十四年(1898)文勝堂刻本　八册

230000－0902－0001504　403.2/8064
**十八家詩鈔二十八卷**　(清)曾國藩纂　清同治十三年(1874)傳忠書局刻本　二十四册

230000－0902－0001505　403.21/0700
**唐文粹補遺二十六卷**　(清)郭麐纂　清光緒十一年(1885)江蘇書局刻本　四册

230000－0902－0001506　403.21/1042
**唐詩合解箋注十二卷古詩四卷**　(清)王堯衢注　清光緒十二年(1886)老二酉堂刻本　六册

230000－0902－0001507　403.21/3141
**唐人五十家小集五十種**　(清)江標輯　清光緒二十一年(1895)元和江氏靈鶼閣影宋刻本　十六册

230000－0902－0001508　403.21/3141
**唐人五十家小集五十種**　(清)江標輯　清光緒二十一年(1895)元和江氏靈鶼閣影宋刻本　十六册

230000－0902－0001509　403.21/6030
**宋文鑑一百五十卷**　(宋)吕祖謙輯　清光緒十二年(1886)江蘇書局刻本　二十四册

230000－0902－0001510　403.21/7110
**詁經精舍文集十四卷**　(清)阮元訂　清嘉慶六年(1801)揚州阮氏瑯環仙館刻本　八册

230000－0902－0001511　403.21/7547
**唐駢體文鈔十七卷**　(清)陳均輯　清同治十二年(1873)南海譚宗浚刻本　四册

230000－0902－0001512　403.213/3062
**初唐四傑文集**　(清)項家達輯　清光緒五年

(1879)淮南書局刻本　四冊

230000－0902－0001513　403.21/1047

**初唐四傑文集**　(清)項家達輯　清光緒五年(1879)淮南書局刻本　四冊

230000－0902－0001514　403.217/2777

**文章游戲初編八卷二編八卷三編八卷四編八卷**　(清)繆艮纂　清道光藕花館刻本　十六冊

230000－0902－0001515　403.217/4245

**國朝文錄八十二卷**　(清)姚椿輯　清光緒二十六年(1900)上海掃葉山房石印本　十六冊

230000－0902－0001516　403.217/7530

**國朝古文所見集十三卷**　(清)陳兆麒編　清道光二年(1822)刻本　二冊

230000－0902－0001517　403.217/8096

**國朝駢體正宗評本十二卷**　(清)曾燠選　(清)姚燮評　清光緒十年(1884)花雨樓刻朱墨套印本　六冊

230000－0902－0001518　403.22/0442

**謝疊山先生文章軌範七卷**　(宋)謝枋得輯　清咸豐二年(1852)萬青銓刻三色套印本　二冊

230000－0902－0001519　403.22/1094

**文選集評十五卷首一卷末一卷**　(清)于光華集評　清同治十一年(1872)江蘇書局刻本　十六冊

230000－0902－0001520　403.22/2477

**唐宋十大家全集錄**　(清)儲欣輯　清光緒八年(1882)江蘇書局刻本　三十二冊

230000－0902－0001521　403.22/2624

**古文觀止十二卷**　(清)吳乘權輯　清光緒三十一年(1905)宜興正誼山房刻本　六冊

230000－0902－0001522　403.22/2624

**古文觀止十二卷**　(清)吳乘權輯　清光緒狀元閣刻本　六冊

230000－0902－0001523　403.22/2706

**續古文辭類纂二十八卷**　(清)黎庶昌纂　清光緒二十五年(1899)金陵狀元閣刻本　十二冊

230000－0902－0001524　403.22/4317

**古文辭類纂七十四卷**　(清)姚鼐纂　**續古文辭類纂三十四卷**　王先謙輯　清光緒十九年(1893)思賢講舍刻本　二十冊

230000－0902－0001525　403.22/4420

**文選六十卷**　(南朝梁)蕭統輯　(唐)李善注　**考異十卷**　(清)胡克家撰　清同治潯陽萬氏刻本　二十四冊

230000－0902－0001526　403.22/4420

**文選六十卷**　(南朝梁)蕭統輯　(唐)李善注　清同治八年(1869)金陵書局刻本　十冊

230000－0902－0001527　403.22/4420

**文選六十卷**　(南朝梁)蕭統輯　(唐)李善注　(清)何焯評點　清海錄軒朱墨套印本　十六冊

230000－0902－0001528　403.22/4420

**文選六十卷**　(南朝梁)蕭統輯　(唐)李善注　(清)何焯評點　清海錄軒朱墨套印本　十六冊

230000－0902－0001529　403.22/4420

**文選六十卷**　(南朝梁)蕭統輯　(唐)李善注　**考異十卷**　(清)胡克家撰　清宣統三年(1911)上海會文堂書局石印本　十六冊

230000－0902－0001530　403.22/4420

**文選六十卷**　(南朝梁)蕭統選　(唐)李善注　清宣統三年(1911)上海會文堂粹記石印本　十六冊

230000－0902－0001531　403.22/4448

**忠雅堂評選四六法海八卷**　(清)蔣士銓評選　清同治藏園刻本　十冊

230000－0902－0001532　403.22/4877

**御選唐宋文醇五十八卷**　(清)高宗弘曆選　清刻三色套印本　十六冊

230000－0902－0001533　403.22/7120

**六朝唐賦讀本不分卷**　(清)馬傳庚選注　清

光緒二年(1876)京都松竹齋刻本　二冊

230000－0902－0001534　403.24/7360
**八旗文經五十六卷作者考三卷敘錄一卷**　(清)盛昱　楊鐘羲輯　清光緒二十七年(1901)武昌刻本　十二冊

230000－0902－0001535　403.24/2710
**八旗文經五十六卷作者考三卷敘錄一卷**　(清)盛昱　楊鐘羲輯　清光緒二十七年(1901)武昌刻本　十二冊

230000－0902－0001536　403.24/5360
**八旗文經五十六卷作者考三卷敘錄一卷**　(清)盛昱　楊鐘羲輯　清光緒二十七年(1901)武昌刻本　十二冊

230000－0902－0001537　403.24/5501
**八旗文經五十六卷作者考三卷敘錄一卷**　(清)盛昱　楊鐘羲輯　清光緒二十七年(1901)武昌刻本　十二冊

230000－0902－0001538　403.26
**三元秘授六卷**　(明)張溥撰　清百忍堂刻本　四冊

230000－0902－0001539　403.26
**七家詩選七卷**　(清)張熙宇評選　(清)張昶注釋　清咸豐七年(1857)刻本　四冊

230000－0902－0001540　403.26/0044
**欽定四書文四十一卷**　(清)方苞等編　清光緒二年(1876)崇文書局刻本　十二冊

230000－0902－0001541　403.26/0044
**欽定四書文四十一卷**　(清)方苞等編　清刻本　八冊　存(啟禎四書文:孟子上、下;本朝四書文:論語上、下,孟子上、下)

230000－0902－0001542　403.26/0044
**欽定四書文四十一卷**　(清)方苞等編　清刻本　四冊　存(啟禎四書文:大學,論語上、下,中庸,孟子上;隆萬四書文:中庸,孟子上、下)

230000－0902－0001543　403.26/0072
**清同治十年欽定第一甲第二名殿試卷一份附御製文一篇**　(清)高岳崧撰　清同治刻本　一冊

230000－0902－0001544　403.26/0380
**小題宗海不分卷**　(清)文滙館主人編輯　清光緒十一年(1885)上海點石齋石印本　十六冊

230000－0902－0001545　403.26/1014
**三場一貫大成五種附錄一種**　(清)王子芹輯　清光緒十四年(1888)上洋文海堂校定積山局石印本　十六冊

230000－0902－0001546　403.26/1011
**古今史論大觀前編十五卷後編十七卷**　雷瑨編　清光緒二十七年(1901)硯耕山莊石印本　十冊

230000－0902－0001547　403.26/1033
**試帖百篇最豁解不分卷**　(清)王澤浬評注　清嘉慶十九年(1814)上海江左書林刻本　二冊

230000－0902－0001548　403.26/1044
**七家試帖輯注彙鈔七卷**　(清)張熙宇輯評　(清)王植桂輯注　清同治九年(1870)江左書林刻本　八冊

230000－0902－0001549　403.26/1094
**塾課文鈔五集二卷**　(清)于光華編次　清心簡齋刻本　六冊

230000－0902－0001550　403.26/1113
**得月樓搭截文鈔不分卷**　(清)張元灝評次　清咸豐四年(1854)同文堂刻本　四冊

230000－0902－0001551　403.26/1113
**得月樓賦甲編乙編丙編丁編**　(清)張元灝選評　清同治十年(1871)漱芳書屋刻本　八冊

230000－0902－0001552　403.26/1173
**七家試帖輯注彙鈔七卷**　(清)張熙宇輯評　(清)王植桂輯注　清同治九年(1870)江左書林刻本　八冊

230000－0902－0001553　403.26/1177
**花樣集錦**　(清)張鵬翀輯　清道光文德堂刻本　六冊

230000－0902－0001554　403.26/1264
**愚軒詩鈔附詩餘二卷文鈔二卷**　（清）孫國楨撰　**漱芳齋試帖五種**　清光緒二十四年（1898）世澤堂刻本　四册

230000－0902－0001555　403.26/2223
**五經樓小題拆字四卷**　（清）山仲甫輯選　清光緒五年（1879）紫文閣刻本　四册

230000－0902－0001556　403.26/2223
**五經樓小題拆字四卷**　（清）山仲甫輯選　清光緒六年（1880）掃葉山房刻本　四册

230000－0902－0001557　403.26/2223
**五經樓小題拆字四卷**　（清）山仲甫輯選　清光緒六年（1880）掃葉山房刻本　四册

230000－0902－0001558　403.26/2435
**經藝宏括不分卷**　（清）□□輯　清光緒十一年（1885）上海同文書局石印本　十六册

230000－0902－0001559　403.26/2484
**制藝鎔裁不分卷續集不分卷**　（□）□□撰　清同治十二年（1873）求古齋刻本　十六册

230000－0902－0001560　403.26/2641
**八銘堂塾鈔初集四卷二集四卷**　（清）吳懋政編次　清光緒十三年（1887）鎮江殷文成堂刻本　十二册

230000－0902－0001561　403.26/2732
**律賦準繩不分卷**　（清）繆裕紱選　清光緒十年（1884）華翰齋刻本　二册

230000－0902－0001562　403.26/2841
**目耕齋初集二集三集**　（清）徐楷評注　清光緒十九年（1893）上海點石齋石印本　三册

230000－0902－0001563　403.26/3403
**小題清華集不分卷**　（清）沈霖溥等撰　清光緒十六年（1890）掃葉山房刻本　六册

230000－0902－0001564　403.26/3427
**目耕小題偶編不分卷**　（清）沈叔眉編　清江南李光明莊刻本　一册

230000－0902－0001565　403.26/4010
**塾課小題正鵠初集二集三集四集不分卷訓蒙草詳注一卷**　（清）李元度編輯　清光緒五年（1879）上海掃葉山房刻本　四册

230000－0902－0001566　403.26/4010
**塾課小題正鵠初集二集三集不分卷訓蒙草一卷養正草一卷**　（清）李元度編輯　清光緒十八年（1892）上海掃葉山房刻本　八册

230000－0902－0001567　403.26/4012
**蘭言詩鈔四卷**　（清）李瑞選評　清同治十三年（1874）天津鍾文魁刻本　四册

230000－0902－0001568　403.26/4012
**蘭言詩鈔四卷**　（清）李瑞選評　清光緒十七年（1891）上海文成堂刻本　四册

230000－0902－0001569　403.26/4012
**蘭言詩鈔二十卷**　（清）李瑞選評　清光緒二十二年（1896）上海中西五彩書局石印本　四册

230000－0902－0001570　403.26/4050
**王尤合稿二卷**　（清）李靜齋編次　清光緒二年（1876）鉛印本　二册

230000－0902－0001571　403.26/4242
**柏蘊皋稿**　（清）柏蘊皋撰　（清）王鈞鰲編　清光緒二年（1876）四明茹古齋鉛印本　四册

230000－0902－0001572　403.26/4444
**桐城方氏時文全稿三種**　（清）韓菼評選　清光緒十七年（1891）常郡宛委山莊刻本　五册

230000－0902－0001573　403.26/4447
**四書五經義策論正續合編不分卷**　（清）韓韋編輯　**存我軒偶錄不分卷**　清宣統三年（1911）崇實書社石印本　十一册

230000－0902－0001574　403.26/4600
**桐雲閣試帖輯注二卷**　（清）楊庚撰　（清）王植桂輯注　清刻本　一册

230000－0902－0001575　403.26/4635
**青雲集分韻試帖詳注四卷**　（清）楊逢春　（清）蕭應魁輯　（清）沈品華等注　清咸豐六年（1856）掃葉山房席氏刻本　四册

230000－0902－0001576　403.26/4635

**分韻試帖青雲集合注四卷** (清)楊逢春輯 (清)沈品華等注 清光緒三年(1877)上海校經山房石印本 四冊

230000－0902－0001577 403.26/4635
**分韻試帖青雲集合注四卷** (清)楊逢春輯 (清)沈品華等注 清光緒十七年(1891)寶興堂刻本 四冊

230000－0902－0001578 403.26/5423
**四書義經正篇二卷** (清)掃葉山房輯 清光緒二十七年(1901)掃葉山房石印本 四冊

230000－0902－0001579 403.26/5670
**館律分韻初編不分卷** 延子澄編輯 清光緒十四年(1888)上海鴻寶齋石印本 六冊

230000－0902－0001580 403.26/5670
**館律分韻初編不分卷** 延子澄編輯 清光緒十八年(1892)錦官堂增訂石印本 六冊

230000－0902－0001581 403.26/6724
**關中書院課士賦不分卷** (清)路德選 清同治二年(1863)聚錦堂刻本 二冊

230000－0902－0001582 403.26/7057
**大題文府二集** (清)同文書局輯 清光緒十三年(1887)上海同文書局石印本 九冊

230000－0902－0001583 403.26/7404
**國朝名文約編詳注二卷** (清)陳詩編 清道光二十七年(1847)大文堂刻本 六冊

230000－0902－0001584 403.26/7532
**陳星齋文稿不分卷** (清)陳兆崙撰 (清)蔡玉堂等評注 清光緒三年(1877)刻本 六冊

230000－0902－0001585 403.26/8028
**師竹齋小題文鈔不分卷** (清)余虛穀編輯 清光緒九年(1883)上洋掃葉山房刻本 四冊

230000－0902－0001586 403.26/8077
**紫陽課藝二卷** (清)俞曲園鑒定 清光緒二十八年(1902)上海掃葉山房石印本 二冊

230000－0902－0001587 403.26/8097
**國朝駢體正宗評本十二卷** (清)曾燠選 (清)姚燮評 清光緒十年(1884)刻花雨樓本 六冊

230000－0902－0001588 403.26/9600
**小題文府續集不分卷** (□)□□撰 清光緒十三年(1887)滬上石印本 四冊

230000－0902－0001589 403.28
**八賢手札不分卷** (清)郭慶藩編 清光緒十一年(1885)上海同文書局影印本 二冊

230000－0902－0001590 403.28/0704
**名賢手札不分卷** (清)郭慶藩輯 清光緒十一年(1885)上海同文書局石印本 二冊

230000－0902－0001591 403.28/1024
**分類尺牘備覽三十卷** (清)王虎榜輯 清光緒二十一年(1895)積山書局石印本 八冊 存二十五卷(一至二、八至三十)

230000－0902－0001592 403.28/2683
**歷代名人小簡二卷** 吳曾祺輯 清宣統元年(1909)上海商務印書館鉛印本 二冊

230000－0902－0001593 403.28/4093
**如面談十卷** (清)李光祚纂輯 清會元樓刻本 六冊

230000－0902－0001594 403.29
**重編留青新集二十四卷** (清)伊君重編 清光緒十六年(1890)上海鉛印本 十二冊

230000－0902－0001595 403.29/4444
**古今集聯不分卷** (清)雙魚罍齋輯 清末刻本 四冊

230000－0902－0001596 403.29/6027
**呂書四種合刻** (明)呂得勝撰 清道光七年(1827)開封府署刻本 一冊

230000－0902－0001597 403.29/6027
**呂書四種合刻** (明)呂得勝撰 清道光七年(1827)開封府署刻本 一冊

230000－0902－0001598 404.1/1043
**漁洋山人詩問二卷** (清)王士禛撰 清宣統三年(1911)上海掃葉山房石印本 一冊

230000－0902－0001599 404.1/1240

**眉韻樓詩話八卷**　孫雄撰　清光緒三十四年(1908)鉛印本　一冊

230000－0902－0001600　404.11/4300
**全唐詩話六卷**　(宋)尤袤撰　(明)毛晉訂　清宣統三年(1911)上海朝記書莊石印本　六冊

230000－0902－0001601　404.11/4300
**全唐詩話六卷**　(宋)尤袤撰　(明)毛晉訂　清宣統三年(1911)上海朝記書莊石印本　六冊

230000－0902－0001602　404.11/7433
**宋詩紀事補遺一百卷補正四卷**　(清)陸心源輯　清光緒十九年(1893)刻本　二十六冊

230000－0902－0001603　404.11/7521
**元詩紀事二十四卷**　陳衍輯　清光緒石遺室鉛印本　六冊

230000－0902－0001604　404.11/7521
**元詩紀事二十四卷**　陳衍輯　清光緒石遺室鉛印本　六冊

230000－0902－0001605　404.11/7560
**明詩紀事甲籤三十卷乙籤二十二卷丙籤十二卷丁籤十七卷**　(清)陳田輯　清光緒二十五年(1899)貴陽陳氏聽詩齋刻陳氏叢書本　三十八冊

230000－0902－0001606　404.11/7560
**明詩紀事甲籤三十卷乙籤二十二卷丙籤十二卷丁籤十七卷戊籤二十二卷己籤二十卷庚籤三十卷辛籤三十四卷**　(清)陳田輯　清光緒至宣統貴陽陳氏聽詩齋刻本　三十八冊

230000－0902－0001607　404.3/2732
**律賦準繩不分卷**　(清)繆裕紱選定　清光緒十年(1884)華翰齋刻本　二冊

230000－0902－0001608　404.3/6030
**東萊先生古文關鍵二卷**　(宋)呂祖謙編　清冠山堂刻本　四冊

230000－0902－0001609　404.3/7246
**文心雕龍十卷**　(南朝梁)劉勰撰　(清)黄叔琳注　(清)紀昀評　清道光十三年(1833)廣州翰墨園刻朱墨套印本　四冊

230000－0902－0001610　404.3/7246
**文心雕龍十卷**　(南朝梁)劉勰撰　(清)黄叔琳注　(清)紀昀評　清道光十三年(1833)廣州翰墨園刻朱墨套印本　四冊

230000－0902－0001611　404.34/4420
**評選船山史論二卷**　(清)王夫之撰　林紓評選　清宣統二年(1910)上海商務印書館鉛印本　二冊

230000－0902－0001612　405.1
**景刊宋金元明本詞四十種**　吳昌綬輯　陶湘續輯　清宣統三年至民國六年(1911－1917)仁和吳氏雙照樓刻民國六年至十二年(1917－1923)武進陶氏涉園續刻本　三十二冊

230000－0902－0001613　405.1/1190
**山中白雲詞八卷**　(宋)張炎撰　清宣統三年(1911)北京龍文閣書莊石印本　四冊

230000－0902－0001614　405.1/4031
**曝書亭集詞注七卷**　(清)李富孫輯　清嘉慶校經廎刻本　四冊

230000－0902－0001615　405.2/1022
**歷朝名人詞選十三卷**　(清)夏秉衡選　清宣統元年(1909)掃葉山房石印本　六冊

230000－0902－0001616　405.22/2010
**三家宮詞三卷二家宮詞二卷**　(明)毛晉輯　清同治十二年(1873)淮南書局刻本　一冊

230000－0902－0001617　405.4/0442
**白香詞譜箋四卷**　(清)舒夢蘭輯　(清)謝朝徵箋注　清宣統二年(1910)上海掃葉山房石印本　四冊

230000－0902－0001618　405.4/4444
**詞律二十卷首一卷**　(清)萬樹撰　**詞律拾遺一卷**　(清)徐本立撰　**詞律補遺一卷**　(清)杜文瀾撰　清光緒二年(1876)吳下刻本　十六冊

230000－0902－0001619　405.51/2552

**三家曲三卷**　(清)陳壽嵩等撰　清光緒二十六年(1900)刻本　二册

230000－0902－0001620　405.53/0067
**芥子園繪像第七才子書琵琶記六卷**　(元)高明撰　(清)毛聲山評　(清)宗岡參評　清拾芥園刻本　六册

230000－0902－0001621　405.53/1028
**審音鑑古録不分卷**　(□)□□輯　(清)王繼善補訂　清道光刻本　十二册

230000－0902－0001622　405.53/1028
**審音鑑古録不分卷**　(□)□□輯　(清)王繼善補訂　清道光刻本　十二册

230000－0902－0001623　405.53/1035
**繪像第六才子書八卷**　(清)金喟批點　**才子醉心篇一卷**　(清)陳維崧訂　清光緒十年(1884)廣州刻朱墨套印本　六册

230000－0902－0001624　405.53/1148
**六如亭二卷**　(清)張九鉞撰　清道光刻本　二册

230000－0902－0001625　405.53/1292
**桃花扇傳奇四卷首一卷**　(清)孔尚任撰　清光緒三十三年(1907)蘭雪堂覆校修改本　五册

230000－0902－0001626　405.53/2671
**儒酸福傳奇二卷**　(清)魏熙元撰　清光緒十年(1884)玉玲瓏館刻本　一册

230000－0902－0001627　405.53/3460
**長生殿傳奇二卷**　(清)洪昇撰　清刻本　四册

230000－0902－0001628　405.53/3460
**長生殿傳奇二卷**　(清)洪昇撰　清光緒十三年(1887)上海蜚英館石印本　二册

230000－0902－0001629　405.53/4037
**笠翁十種曲**　(清)李漁撰　清道光五年(1825)懷德堂刻本　二十册

230000－0902－0001630　405.53/4487
**漁邨記十三折**　(清)韓錫胙撰　清光緒二年(1876)妙有山房刻本　二册

230000－0902－0001631　405.53/7148
**批點燕子箋二卷**　(明)阮大鋮撰　清宣統二年(1910)貴池劉氏暖紅室刻本　二册

230000－0902－0001632　405.53/7148
**批點燕子箋二卷**　(明)阮大鋮撰　清宣統二年(1910)貴池劉氏暖紅室刻本　二册

230000－0902－0001633　405.53/7593
**玉獅堂傳奇十種**　(清)陳烺撰　清光緒十一年(1885)武林刻本　十册

230000－0902－0001634　405.6/4644
**樂府新編陽春白雪五卷**　(元)楊朝英輯　清光緒三十一年(1905)南陵徐氏影元刻本　一册

230000－0902－0001635　405.63/0887
**風雲會傳奇二卷**　(清)許善長撰　清光緒十一年(1885)刻本　二册

230000－0902－0001636　405.63/4037
**意中緣傳奇**　(清)李漁撰　清刻本　二册

230000－0902－0001637　213.1/7107
**文獻通考三百四十八卷**　(元)馬端臨撰　清光緒二十七年(1901)上海圖書集成局鉛印本　四十四册

230000－0902－0001638　213.3/4642
**通商表四卷**　(清)楊楷等輯　清光緒二十一年(1895)海昌官廨刻本　四册

230000－0902－0001639　205.6/7334
**荊駝逸史四十三種**　(清)陳湖逸士輯　清道光古槐山房木活字印本　十八册

230000－0902－0001640　305/7773
**周氏醫學叢書一百九十三卷**　(清)周學海編　清光緒、宣統池陽周氏刻宣統三年(1911)彙印本　七十二册

230000－0902－0001641　202.9/2391
**御批歷代通鑑輯覽一百二十卷**　(清)高宗弘曆撰　清刻朱墨套印本　五十八册

230000－0902－0001642　314.19/2137
**天仙正理直論增注不分卷**　(明)伍守陽撰　清咸豐五年(1855)上海城隍廟内翼化堂刻本　二册

230000－0902－0001643　314.27/3338
**繪像列仙傳四卷**　(清)還初道人輯　清光緒十三年(1887)掃葉山房刻本　四册

230000－0902－0001644　308.13/2695
**自敘帖**　(唐)釋懷素書　清道光十年(1830)刻本　一册

230000－0902－0001645　308.32/1034
**松園印譜不分卷**　(清)賈永刻　清乾隆福壽堂鈐印本　六册

230000－0902－0001646　310.197/2191
**義門讀書記五十八卷**　(清)何焯撰　清乾隆三十四年(1769)承恩堂刻本　十册

230000－0902－0001647　310.2/8014
**香墅漫鈔四卷**　(清)曾廷枚輯　清乾隆五十二年(1787)曾氏家塾刻本　四册

230000－0902－0001648　312.5/7537
**雪月梅傳十卷五十回**　(清)陳朗撰　(清)董孟汾評釋　清乾隆四十年(1775)德華堂刻本　十册

230000－0902－0001649　305/0833
**東醫寶鑑二十三卷**　(朝鮮)許浚撰　清乾隆二十八年(1763)左翰文刻壁魚堂印本　二十五册

230000－0902－0001650　310.3/4433
**封氏聞見記十卷**　(唐)封演撰　清乾隆二十一年(1756)德州盧氏刻雅雨堂藏書本　一册

230000－0902－0001651　309.1/3030
**陽羨名陶録二卷**　(清)吴騫撰　清乾隆五十一年(1786)刻本　一册

230000－0902－0001652　308.32/2622
**墨花禪印稿五卷**　(清)釋續行篆刻　清乾隆鈐印本　四册

230000－0902－0001653　308.32/2632
**瑶原十六景**　(清)程鴻緒篆刻　清嘉慶鈐印本　一册

230000－0902－0001654　308.32/1014
**研山印草不分卷**　(清)王玉茹刻印　清乾隆十六年(1751)刻本　一册

230000－0902－0001655　308.32/1014
**研山印草不分卷附印人姓氏一卷**　(清)王玉茹刻印　清乾隆二十六年(1761)刻本　二册

230000－0902－0001656　308.32/7585
**秋水園印譜一卷**　(清)陳鍊刻印　清乾隆鈐印本　二册

230000－0902－0001657　310.3/3406
**菜根譚一卷**　(明)洪應明撰　清刻本　一册

230000－0902－0001658　311.4/2699
**歷代名人年譜十卷**　(清)吴榮光撰　清咸豐刻本　十册

230000－0902－0001659　311.1/4262
**酬世寶要全書七卷**　(清)姚時勉輯　清道光五年(1825)翰選樓刻本　四册

230000－0902－0001660　310.7/1243
**理學宗傳二十六卷**　(清)孫奇逢輯　清光緒六年(1880)浙江書局刻本　十二册

230000－0902－0001661　310.3/4002
**蠹言四卷**　(清)李詒經撰　清木活字印本　一册

230000－0902－0001662　310.2/3150
**述學六卷**　(清)汪中撰　清道光汪氏刻本　二册

230000－0902－0001663　310.2/3150
**述學六卷**　(清)汪中撰　清同治八年(1869)揚州書局刻本　二册

230000－0902－0001664　310.3/7530
**庸書内篇二卷外篇二卷**　(清)陳次亮撰　清光緒二十四年(1898)知今齋石印本　四册

230000－0902－0001665　305.12/1032
**黄帝内經靈樞十二卷**　(唐)王冰注　清光緒

三年(1877)浙江書局刻本　二冊

230000－0902－0001666　308.32/8041
**詩品印譜不分卷**　翁壽虞刻印　清宣統元年(1909)鈐印本　四冊

230000－0902－0001667　312.5/7216
**西遊原旨二十四卷首一卷一百回**　(清)劉一明撰　清嘉慶二十四年(1819)護國菴刻本　二十四冊

230000－0902－0001668　214.11/0033
**隋經籍志考證十三卷**　(清)張宗源撰　清光緒三年(1877)湖北崇文書局刻本　四冊

230000－0902－0001669　308.32/2702
**石琴吟館印存不分卷**　伊立勳篆刻　清光緒十九年(1893)鈐印本　二冊

230000－0902－0001670　308.32/1240
**聊自娛齋印存不分卷**　清光緒鈐印本　四冊

230000－0902－0001671　308.32/4734
**青琅玕館摹古印譜五卷印存一卷**　(清)胡之森篆刻　清道光鈐印本　六冊

230000－0902－0001672　214.11/0033
**隋經籍志考證十三卷**　(清)張宗源撰　清光緒三年(1877)湖北崇文書局刻本　四冊

230000－0902－0001673　310.3/3452
**夢溪筆談二十六卷附補筆談三卷續筆談一卷**　(宋)沈括撰　清光緒三十二年(1906)番禺陶氏愛廬刻本　四冊

230000－0902－0001674　310.5/1013
**熙朝人鑒二集八卷**　(清)丁承詁纂輯　清光緒十三年(1887)刻本　八冊

230000－0902－0001675　310.3/4000
**甕牖閒評八卷**　(宋)袁文撰　清乾隆浙江刻武英殿聚珍版書本　四冊

230000－0902－0001676　310.5/1144
**博物志十卷**　(晉)張華撰　清光緒元年(1875)湖北崇文書局刻本　一冊

230000－0902－0001677　310.5/3708
**浪跡叢談十卷附刻一卷續談八卷**　(清)梁章鉅撰　清刻本　六冊　存十四卷(叢談一至六、十,附刻一卷、續談一至六)

230000－0902－0001678　308.32/8793
**福壽不分卷**　(清)鄭耀祖刻印　清光緒鈐印本　一冊

230000－0902－0001679　201.1/1773
**史記一百三十卷**　(漢)司馬遷撰　(南朝宋)裴駰集解　(唐)司馬貞索隱　(唐)張守節正義　清同治五年至九年(1866－1870)金陵書局刻五省官書局合刻二十四史本　二十冊

230000－0902－0001680　201.1/1773
**史記一百三十卷**　(漢)司馬遷撰　(南朝宋)裴駰集解　(唐)司馬貞索隱　(唐)張守節正義　清同治五年至九年(1866－1870)金陵書局刻五省官書局合刻二十四史本　二十冊

230000－0902－0001681　201.1/1773
**史記一百三十卷**　(漢)司馬遷撰　(南朝宋)裴駰集解　(唐)司馬貞索隱　(唐)張守節正義　清同治九年(1870)楚北崇文書局刻本　十八冊　存九十四卷(一至九十四)

230000－0902－0001682　201.1/1773
**史記一百三十卷**　(漢)司馬遷撰　(明)歸有光評點　清光緒二年(1876)武昌刻本　三十二冊

230000－0902－0001683　201.1/1773
**史記一百三十卷**　(漢)司馬遷撰　(南朝宋)裴駰集解　清光緒八年(1882)上海點石齋縮印本　四冊

230000－0902－0001684　201.1/1773
**史記一百三十卷**　(漢)司馬遷撰　(南朝宋)裴駰集解　(唐)司馬貞索隱　(唐)張守節正義　清光緒二十八年(1902)史學會社影印二十四史本　八冊

230000－0902－0001685　201.1/1773
**史記一百三十卷**　(漢)司馬遷撰　(南朝宋)裴駰集解　(唐)司馬貞索隱　(唐)張守節正義　清光緒三十一年(1905)武林竹簡齋影印

二十四史本　十册

230000－0902－0001686　201.21/1020

**漢書補注一百卷首一卷**　王先謙撰　清光緒二十六年(1900)長沙王氏刻本　三十二册

230000－0902－0001687　201.21/1160

**前漢書一百卷**　(漢)班固撰　(唐)顔師古注　清同治八年(1869)金陵書局刻五省官書局合刻二十四史本　十六册

230000－0902－0001688　201.21/1160

**前漢書一百卷**　(漢)班固撰　(唐)顔師古注　清同治八年(1869)金陵書局刻五省官書局合刻二十四史本　十六册

230000－0902－0001689　201.21/1160

**前漢書一百卷**　(漢)班固撰　(唐)顔師古注　清同治八年(1869)金陵書局刻五省官書局合刻二十四史本　十六册

230000－0902－0001690　201.21/1160

**前漢書一百卷**　(漢)班固撰　(唐)顔師古注　清同治八年(1869)金陵書局刻五省官書局合刻二十四史本　十二册　存七十四卷(一至十八、二十六至四十四、五十五至六十三、七十三至一百)

230000－0902－0001691　201.21/1160

**前漢書一百卷**　(漢)班固撰　(唐)顔師古注　清光緒九年(1883)上海點石齋石印本　五册　存八十四卷(一至八十四)

230000－0902－0001692　201.21/1160

**前漢書一百卷**　(漢)班固撰　(唐)顔師古注　清光緒十三年(1887)金陵書局刻五省官書局合刻二十四史本　十六册

230000－0902－0001693　201.21/1160

**前漢書一百卷**　(漢)班固撰　(唐)顔師古注　清光緒十三年(1887)金陵書局刻五省官書局合刻二十四史本　三册　存十六卷(一至七、九十二至一百)

230000－0902－0001694　201.21/1160

**前漢書一百卷**　(漢)班固撰　(唐)顔師古注　清光緒十四年(1888)上海圖書集成印書局鉛印二十四史本　二十册

230000－0902－0001695　201.21/1160

**前漢書一百卷**　(漢)班固撰　(唐)顔師古注　清光緒二十年(1894)上海同文書局影印二十四史本　二十四册　存六十五卷(一至四十、七十六至一百)

230000－0902－0001696　201.21/1160

**前漢書一百卷**　(漢)班固撰　(唐)顔師古注　清光緒二十八年(1902)史學會社影印二十四史本　八册

230000－0902－0001697　201.21/1160

**前漢書一百卷**　(漢)班固撰　(唐)顔師古注　清光緒二十九年(1903)上海五洲同文局影印二十四史本　二十四册　存五十卷(一至二十、四十一至一百)

230000－0902－0001698　201.21/1160

**前漢書一百卷**　(漢)班固撰　(唐)顔師古注　清光緒三十一年(1905)武林竹簡齋影印二十四史本　十册

230000－0902－0001699　201.21/1160

**前漢書一百卷**　(漢)班固撰　(唐)顔師古注　清末石印本　五册　存十九卷(四十六至六十四)

230000－0902－0001700　201.21/3427

**漢書評林一百卷**　(明)凌稚隆纂輯　清同治十三年(1874)長沙魏氏養翮書屋刻本　三十二册

230000－0902－0001701　201.22/4464

**後漢書九十卷**　(南朝宋)范曄撰　(唐)李賢注　**續志三十卷**　(晉)司馬彪撰　(南朝梁)劉昭補注　清同治八年(1869)金陵書局刻五省官書局合刻二十四史本　十六册

230000－0902－0001702　201.22/4464

**後漢書九十卷**　(南朝宋)范曄撰　(唐)李賢注　**續志三十卷**　(晉)司馬彪撰　(南朝梁)劉昭補注　清同治八年(1869)金陵書局刻五省官書局合刻二十四史本　十六册

230000－0902－0001703　201.22/4464
**後漢書九十卷**　(南朝宋)范曄撰　(唐)李賢注　**續志三十卷**　(晉)司馬彪撰　(南朝梁)劉昭補注　清同治八年(1869)金陵書局刻五省官書局合刻二十四史本　十六冊

230000－0902－0001704　201.22/4464
**後漢書九十卷**　(南朝宋)范曄撰　(唐)李賢注　**續志三十卷**　(晉)司馬彪撰　(南朝梁)劉昭補注　清同治八年(1869)金陵書局刻五省官書局合刻二十四史本　一冊　存六卷(七十五至八十)

230000－0902－0001705　201.22/4464
**後漢書九十卷**　(南朝宋)范曄撰　(唐)李賢注　**續志三十卷**　(晉)司馬彪撰　(南朝梁)劉昭補注　清光緒十三年(1887)金陵書局刻五省官書局合刻二十四史本　十六冊

230000－0902－0001706　201.22/4464
**後漢書九十卷**　(南朝宋)范曄撰　(唐)李賢注　**續志三十卷**　(晉)司馬彪撰　(南朝梁)劉昭補注　清光緒二十八年(1902)上海史學會社影印二十四史本　八冊

230000－0902－0001707　201.22/4464
**後漢書九十卷**　(南朝宋)范曄撰　(唐)李賢注　**續志三十卷**　(晉)司馬彪撰　(南朝梁)劉昭補注　清光緒二十九年(1903)上海五洲同文局影印二十四史本　十冊　存五十三卷(一至五十三)

230000－0902－0001708　201.22/4464
**後漢書九十卷**　(南朝宋)范曄撰　(唐)李賢注　**續志三十卷**　(晉)司馬彪撰　(南朝梁)劉昭補注　清光緒三十一年(1905)武林竹簡齋影印二十四史本　八冊

230000－0902－0001709　201.22/4464
**後漢書九十卷**　(南朝宋)范曄撰　(唐)李賢注　**續志三十卷**　(晉)司馬彪撰　(南朝梁)劉昭補注　清末石印本　八冊　存三十一卷(三十九至六十九)

230000－0902－0001710　201.22/5045
**後漢書補注二十四卷**　(清)惠棟撰　清嘉慶刻本　四冊

230000－0902－0001711　201.22/5045
**後漢書補注二十四卷**　(清)惠棟撰　清光緒二十年(1894)廣雅書局刻廣雅書局叢書本　十二冊

230000－0902－0001712　201.23/7540
**三國志六十五卷**　(晉)陳壽撰　(南朝宋)裴松之注　清同治九年(1870)金陵書局刻五省官書局合刻二十四史本　八冊

230000－0902－0001713　201.23/7540
**三國志六十五卷**　(晉)陳壽撰　(南朝宋)裴松之注　清光緒十二年(1886)廣州澹吟館刻本　十六冊

230000－0902－0001714　201.23/7540
**三國志六十五卷**　(晉)陳壽撰　(南朝宋)裴松之注　清光緒十三年(1887)江南書局刻五省官書局合刻本　八冊

230000－0902－0001715　201.23/7540
**三國志六十五卷**　(晉)陳壽撰　(南朝宋)裴松之注　清光緒十三年(1887)江南書局刻五省官書局合刻本　八冊

230000－0902－0001716　201.23/7540
**三國志六十五卷**　(晉)陳壽撰　(南朝宋)裴松之注　清光緒十三年(1887)江南書局刻五省官書局合刻本　四冊　存四十一卷(二十五至六十五)

230000－0902－0001717　201.23/7540
**三國志六十五卷**　(晉)陳壽撰　(南朝宋)裴松之注　清末金陵書局刻本　四冊　存二十三卷(六至二十二、二十五至三十)

230000－0902－0001718　201.23/7540
**三國志六十五卷**　(晉)陳壽撰　(南朝宋)裴松之注　清末石印本　一冊　存三卷(二十八至三十)

230000－0902－0001719　201.24/4047
**晉書一百三十卷**　(唐)房玄齡等撰　**音義三**

卷　(唐)何超撰　清光緒二十九年(1903)上海五洲同文局影印二十四史本　三十册

230000－0902－0001720　201.251/3427

**宋書一百卷**　(南朝梁)沈約撰　清同治十一年(1872)金陵書局刻五省官書局合刻二十四史本　十六册

230000－0902－0001721　201.54/4260

**陳書三十六卷**　(唐)姚思廉撰　清同治十一年(1872)金陵書局刻五省官書局合刻二十四史本　四册

230000－0902－0001722　201.261/2628

**魏書一百十四卷**　(北齊)魏收撰　清同治十一年(1872)金陵書局刻五省官書局合刻二十四史本　四册　存二十七卷(十九至三十、五十三至五十九、九十七至一百四)

230000－0902－0001723　201.27/2628

**隋書八十五卷**　(唐)魏徵　(唐)長孫無忌等撰　**考異一卷**　(清)薛壽撰　清同治十年(1871)淮南書局刻五省官書局合刻二十四史本　一册　存十一卷(五十三至六十三)

230000－0902－0001724　201.27/2628

**隋書八十五卷**　(唐)魏徵　(唐)長孫無忌等撰　**考異一卷**　(清)薛壽撰　清光緒二十九年(1903)五洲同文局影印二十四史本　十六册　存五十六卷(一至二十一、五十一至八十五)

230000－0902－0001725　201.3/7267

**舊唐書二百卷**　(五代)劉昫等撰　清同治十一年(1872)浙江書局刻五省官書局合刻二十四史本　四十册

230000－0902－0001726　201.32/7772

**唐書二百二十五卷**　(宋)歐陽修　(宋)宋祁等撰　**釋音二十五卷**　(宋)董衝撰　清光緒二十九年(1903)五洲同文局影印二十四史本　八册　存三十四卷(三十七至七十)

230000－0902－0001727　201.32/7772

**唐書二百二十五卷**　(宋)歐陽修　(宋)宋祁等撰　**釋音二十五卷**　(宋)董衝撰　清光緒三十四年(1908)上海集成圖書公司鉛印本　三十一册　存二百三十七卷(唐書一至八十三、九十七至二百二十五,釋音二十五卷)

230000－0902－0001728　201.35/4471

**舊五代史一百五十卷目錄二卷**　(宋)薛居正等撰　清同治十一年(1872)湖北崇文書局刻五省官書局合刻二十四史本　十六册

230000－0902－0001729　201.352/7772

**五代史記七十四卷**　(宋)歐陽修撰　(宋)徐無黨　(清)彭元瑞注　清道光八年(1828)刻本　二十册

230000－0902－0001730　201.352/7772

**五代史記七十四卷**　(宋)歐陽修撰　(宋)徐無黨　(清)彭元瑞注　清道光八年(1828)刻本　三十册　存六十二卷(一至六十二)

230000－0902－0001731　201.352/7772

**五代史七十四卷**　(宋)歐陽修撰　(宋)徐無黨注　清同治十一年(1872)湖北崇文書局刻五省官書局合刻二十四史本　八册

230000－0902－0001732　201.352/7772

**五代史七十四卷**　(宋)歐陽修撰　(宋)徐無黨注　清同治十一年(1872)湖北崇文書局刻五省官書局合刻二十四史本　八册

230000－0902－0001733　201.352/7772

**五代史七十四卷**　(宋)歐陽修撰　(宋)徐無黨注　清光緒二十九年(1903)上海五洲同文局影印二十四史本　十册

230000－0902－0001734　201.352/7772

**五代史記七十四卷**　(宋)歐陽修撰　(宋)徐無黨注　清宣統元年至三年(1909－1911)貴池劉氏玉海堂刻本　十二册

230000－0902－0001735　201.4/7878

**宋史四百九十六卷**　(元)脱脱等撰　清光緒元年(1875)浙江書局刻五省官書局合刻二十四史本(卷二百九十二至二百九十六、二百二十四至二百二十五補配同版不同印本)　二十册　存一百二卷(七十八至八十四、一百八十一至一百九十七、二百四至二百九、二百十八至二百二十、二百二十四至二百二十五、二百三十五、二百九十二至三百一、三百八至三百十三、三百二十六至三百三十、四百七至四百十二、四百三十四至四百四十五、四百五十八至四百七十、四百七十七至四百九十)

230000－0902－0001736　201.4/7878
**宋史四百九十六卷**　(元)脱脱等撰　清光緒二十九年(1903)上海五洲同文局影印二十四史本　六十九册　存三百五十一卷(四十三至二百九、二百三十三至三百四十、三百八十至四百五十五)

230000－0902－0001737　201.43/5245
**遼史一百十五卷**　(元)托克托等撰　清同治十二年(1873)江蘇書局刻五省官書局合刻二十四史本　十二册

230000－0902－0001738　201.43/5245
**遼史一百十六卷**　(元)脱脱等撰　清光緒二十九年(1903)上海五洲同文局影印二十四史本　八册

230000－0902－0001739　201.43/5245
**遼史一百十五卷**　(元)托克托等撰　清刻本　十册

230000－0902－0001740　201.43/7878
**遼史一百十六卷**　(元)脱脱等撰　清光緒三十四年(1908)上海集成圖書公司鉛印本　八册

230000－0902－0001741　201.45/5245
**金史一百三十五卷**　(元)托克托等撰　清同治十三年(1874)江蘇書局刻五省官書局合刻二十四史本　二十四册

230000－0902－0001742　201.5/3030
**元史二百十卷目錄二卷**　(明)宋濂等撰　清同治十三年(1874)江蘇書局刻五省官書局合刻二十四史本　三十册

230000－0902－0001743　201.5/3030
**元史二百十卷目錄二卷**　(明)宋濂等撰　清光緒三十四年(1908)上海集成圖書公司鉛印本　十四册　存一百十七卷(一至十六、二十六至九十五、一百四至一百三十二,目錄二卷)

230000－0902－0001744　201.6/1111
**明史三百三十二卷目錄四卷**　(清)張廷玉等撰　清刻本　六十四册　存二百三十八卷(一至二百三十二、目錄四卷)

230000－0902－0001745　201.9/0047
**二十三史二千三百四十一卷**　(清)席世臣輯　清乾隆末年至嘉慶初年南沙席氏掃葉山房彙印本　三百六十四册　缺七十四卷(前漢書六十二至七十、三國志六十五卷)

230000－0902－0001746　201.9/1065
**十七史商榷一百卷**　(清)王鳴盛撰　清乾隆五十二年(1787)洞涇草堂刻本　二十四册

230000－0902－0001747　201.9/1065
**十七史商榷一百卷**　(清)王鳴盛撰　清光緒十九年(1893)廣雅書局刻本　七册　存五十七卷(一至五十七)

230000－0902－0001748　201.9/1465
**二十四史二千三百五十一卷**　清同治八年(1869)嶺南葄古堂刻本　三百八十册　缺一千八百二十九卷(前漢書三十五至一百,後漢書一至一百十七,梁書十四至五十六,陳書一至三十六,魏書一至一百十四,北齊書一至二十五,舊唐書二十至二十六、三十一至八十九、九十九至二百,唐書一至二百二十五,舊五代史一至一百五十,五代史一至七十四,宋史一至四百九十六,遼史一至七十,元史二十三至八十三、一百八十一至一百八十九、二百一至二百五,明史一百六十三至三百三十二)

230000－0902－0001749　201.9/1465
**二十四史**　清光緒十年(1884)上海同文書局影印本　七百十册　缺四卷(宋史一百七十三至一百七十六)

230000－0902－0001750　201.9/1465
**二十四史**　清同治、光緒五省官書局合刻清光緒五年(1879)湖北書局彙印本　五百三十四册

230000－0902－0001751　201.9/1465
**二十四史**　清光緒十八年(1892)武林竹簡齋影印本　一百九十七册　缺七十四卷(新五代史一至七十四)

230000－0902－0001752　202.1/1073
**竹書紀年統箋十二卷前編一卷雜述一卷**　(清)徐文靖統箋　清光緒三年(1877)浙江書局刻本　四册

230000－0902－0001753　202.1/7532
**竹書紀年集證五十卷首一卷**　(清)陳逢衡撰　清嘉慶十八年(1813)裛露軒刻本　二十册

230000－0902－0001754　202.21/4498
**前漢紀三十卷**　(漢)荀悅撰　**兩漢紀校記二卷**　(清)陳璞撰　清光緒二年(1876)嶺南學海堂刻本　七册

230000－0902－0001755　202.21/4498
**前漢紀三十卷**　(漢)荀悅撰　清五峯閣刻本　十二册

230000－0902－0001756　202.22/4030
**後漢紀三十卷**　(晉)袁宏撰　清光緒二年(1876)嶺南學海堂刻本　七册

230000－0902－0001757　202.6/0146
**明大政纂要六十三卷**　(明)譚希思撰　清湖南思賢書局刻本　二十七册　存六十一卷(一至六十一)

230000－0902－0001758　202.6/1099
**明通鑑九十卷目錄二十卷前編四卷附編六卷**　(清)夏燮撰　清同治十二年(1873)宜黄官廨刻資治通鑑彙刻本　四十八册

230000－0902－0001759　202.6/1099
**明通鑑九十卷目錄二十卷前編四卷附編六卷**　(清)夏燮撰　清光緒二十三年(1897)湖北官書處刻本　四十册

230000－0902－0001760　202.6/1111
**御撰資治通鑑綱目三編二十卷**　(清)張廷玉等撰　清光緒三十年(1904)酉記書局刻本　六册

230000－0902－0001761　202.6/1111
**御撰資治通鑑綱目三編二十卷**　(清)張廷玉等撰　清刻本　八册

230000－0902－0001762　202.6/1111
**御撰資治通鑑綱目三編六卷**　(清)張廷玉等撰　清末石印本　二册

230000－0902－0001763　202.6/2624
**明鑑易知錄十五卷**　(清)吳乘權等輯　清三讓堂刻本　八册

230000－0902－0001764　202.6/2624
**明鑑易知錄十五卷**　(清)吳乘權等輯　清經國堂刻本　八册

230000－0902－0001765　202.6/2840
**小腆紀年附考二十卷**　(清)徐鼒撰　清光緒四年(1878)京都龍威閣書坊刻本　十册

230000－0902－0001766　202.6/7547
**明紀六十卷**　(明)陳鶴輯　清同治十年(1871)江蘇書局刻本　二十册

230000－0902－0001767　202.7/1020
**東華錄一百九十五卷(天命朝至雍正朝)東華續錄三百三十卷(乾隆朝至咸豐朝)**　王先謙撰　清光緒刻本　一百九十九册　缺(嘉慶朝五十卷)

230000－0902－0001768　202.7/2547
**東華續錄二百二十卷(光緒朝)**　(清)朱壽朋撰　清宣統元年(1909)上海集成圖書公司鉛印本　六十四册

230000－0902－0001769　202.9/1779
**資治通鑑二百九十四卷**　(宋)司馬光撰　(元)胡三省音注　**資治通鑑釋文辨誤十二卷**　(元)胡三省撰　清同治十年(1871)湖北崇文書局刻本　一百四册

230000－0902－0001770　202.9/1779
**資治通鑑二百九十四卷**　(宋)司馬光撰　(元)胡三省音注　**資治通鑑釋文辨誤十二卷**　(元)胡三省撰　清同治十年(1871)湖北崇文書局刻本　九十五册　存二百八十二卷

（通鑑一至二百八十二）

230000－0902－0001771　202.9/2391
**御批歷代通鑑輯覽一百二十卷**　（清）高宗弘曆撰　清同治十年（1871）浙江書局刻朱墨套印本　四十八册

230000－0902－0001772　202.9/2391
**御批歷代通鑑輯覽一百二十卷**　（清）高宗弘曆撰　清光緒十一年（1885）同文書局石印本　二十册

230000－0902－0001773　202.9/2391
**御批歷代通鑑輯覽一百二十卷**　（清）高宗弘曆撰　清光緒十三年（1887）上海同文書局石印本　二十四册

230000－0902－0001774　202.9/2391
**御批歷代通鑑輯覽一百二十卷**　（清）高宗弘曆撰　清光緒二十五年（1899）新化三味堂刻本　六十四册

230000－0902－0001775　202.9/2391
**御批歷代通鑑輯覽一百二十卷**　（清）高宗弘曆撰　清光緒三十年（1904）上海通元書局石印本　二十四册

230000－0902－0001776　202.9/2391
**御批歷代通鑑輯覽一百二十卷**　（清）高宗弘曆撰　清刻朱墨套印本　五十八册

230000－0902－0001777　202.9/2391
**御批歷代通鑑輯覽一百二十卷**　（清）高宗弘曆撰　清刻朱墨套印本　五十八册

230000－0902－0001778　202.9/4033
**廿一史提綱歌二卷**　（清）李兆洛撰　清道光刻本　二册

230000－0902－0001779　202.9/4044
**鼎鍥趙田了凡袁先生編纂古本歷史大方綱鑑補三十九卷首一卷**　（明）袁黄撰　清光緒三十年（1904）酉記書局刻本　三十册

230000－0902－0001780　202.9/4044
**鼎鍥趙田了凡袁先生編纂古本歷史大方綱鑑補三十九卷首一卷**　（明）袁黄撰　**御撰資治通鑑綱目三編二十卷**　（清）張廷玉等撰　清同文堂刻本　三十六册

230000－0902－0001781　202.9/4044
**鼎鍥趙田了凡袁先生編纂古本歷史大方綱鑑補三十九卷首一卷**　（明）袁黄撰　**御撰資治通鑑綱目三編二十卷**　（清）張廷玉等撰　清寶慶府經綸堂刻本　三十五册　存三十八卷（一至三十一、三十四至三十九，首一卷）

230000－0902－0001782　202.9/4044
**袁王綱鑑合編三十九卷首一卷**　（明）袁黄（明）王世貞撰　**御撰明紀綱目二十卷**　**御批通鑑輯覽補不分卷**　清宣統三年（1911）育文書局石印本　十六册

230000－0902－0001783　202.9/7528
**資治通鑑綱目五十九卷前編二十五卷續編二十七卷末一卷**　（明）陳仁錫評　清嘉慶八年（1803）敬書堂刻本　一百十三册

230000－0902－0001784　203.1/7175
**繹史一百六十卷首一卷**　（清）馬驌撰　清光緒三十年（1904）浙江書局刻本　四十三册　存一百三十四卷（二十四至一百四十六、一百五十一至一百六十，首一卷）

230000－0902－0001785　203.17/0044
**左傳紀事本末五十三卷**　（清）高士奇撰　清同治十二年（1873）江西書局刻本　十二册

230000－0902－0001786　203.4/2844
**三朝北盟會編二百五十卷校勘記二卷校勘記補遺一卷**　（宋）徐夢莘編　清光緒四年（1878）越東鉛印本　四十册

230000－0902－0001787　203.4/2844
**三朝北盟會編二百五十卷**　（宋）徐夢莘編　清光緒三十四年（1908）刻本　十册　存六十四卷（一百八十七至二百五十）

230000－0902－0001788　203.43/4049
**遼史紀事本末四十卷首一卷**　（清）李有棠撰　清光緒十九年（1893）同文書局石印本　四册

230000－0902－0001789　203.44/1188
**西夏紀事本末三十六卷首二卷**　(清)張鑒撰　清光緒十年(1884)江蘇書局刻本　四册

230000－0902－0001790　203.6/2623
**綏寇紀略十二卷補遺三卷**　(清)吳偉業撰　清嘉慶九年至十四年(1804－1809)虞山張氏照曠閣刻學津討原本　六册

230000－0902－0001791　203.7/2242
**拳匪紀略八卷圖一卷**　(清)僑析生輯　清光緒二十九年(1903)上洋書局石印本　四册

230000－0902－0001792　203.7/2631
**聖武記十四卷**　(清)魏源撰　清道光二十二年(1842)古微堂刻二十六年(1846)第三次重訂本　十二册

230000－0902－0001793　203.7/3237
**中西紀事二十四卷首一卷**　(清)夏燮撰　清同治七年(1868)刻本　八册

230000－0902－0001794　203.7/3408
**臺灣戰紀二卷**　洪棄父纂　清光緒三十二年(1906)鉛印本　二册

230000－0902－0001795　203.7/4403
**平定粵寇紀略十八卷附記四卷**　(清)杜文瀾撰　清光緒元年(1875)詒穀堂刻本　十二册

230000－0902－0001796　203.7/4634
**西巡大事本末記六卷**　(清)花朝生撰　清光緒二十七年(1901)上海書局石印本　四册

230000－0902－0001797　203.7/7743
**淮軍平捻記十二卷**　(清)周世澄撰　清刻本　六册

230000－0902－0001798　203.9/0157
**紀事本末彙刻七種**　(清)廣雅書局輯　清光緒中廣雅書局刻本　一百四十四册　缺二百十一卷(左傳紀事本末三十至五十三、通鑑長編紀事本末一至一百五十、宋史紀事本末一至三十七)

230000－0902－0001799　203.9/6757
**紀事本末五種**　(清)思賢書局輯　清光緒二十四年(1898)湖南思賢書局刻本　一百二十册

230000－0902－0001800　203.9/6757
**紀事本末五種五百八卷**　(清)思賢書局輯　清光緒二十四年(1898)湖南思賢書局刻本　一百十一册　缺三十五卷(左傳紀事本末二十七至五十三、明史紀事本末一至八)

230000－0902－0001801　405.53/4490
**納書楹玉茗堂四夢曲譜四種八卷**　(清)葉堂訂　清乾隆五十七年(1792)納書楹刻本　八册

230000－0902－0001802　204.23/4490
**續後漢書四十二卷義例一卷音義四卷**　(宋)蕭常撰　清同治八年(1869)師古山房刻本　六册

230000－0902－0001803　204.23/4721
**續後漢書九十卷**　(元)郝經撰　(元)荀宗道注　**附札記四卷**　(清)郝松年撰　清道光二十二年(1842)上海郁氏刻宜稼堂叢書本　十七册

230000－0902－0001804　205.5/4006
**元史譯文證補三十卷**　(清)洪鈞撰　清光緒二十三年(1897)刻本　四册

230000－0902－0001805　204.9/0822
**建康實録二十卷**　(唐)許嵩撰　清光緒二十八年(1902)金陵復廬甘氏刻本　六册

230000－0902－0001806　204.9/4447
**歷代史表五十九卷**　(清)萬斯同撰　清光緒十五年(1889)廣雅書局刻本　八册

230000－0902－0001807　204.9/8740
**通志二百卷**　(宋)鄭樵撰　清光緒二十七年(1901)上海圖書集成局鉛印本　六十册

230000－0902－0001808　205.17/4067
**國語二十一卷**　(三國吳)韋昭解　**校刊明道本韋氏解國語札記一卷**　(清)黃丕烈撰　**國語明道本考異四卷**　(清)汪遠孫撰　清同治八年(1869)湖北崇文書局刻本　五册

230000－0902－0001809　205.17/4067
**國語二十一卷**　(三國吴)韋昭解　(宋)宋庠補音　清同治九年(1870)經綸堂刻本　四册

230000－0902－0001810　205.18/0002
**戰國策三十三卷**　(漢)高誘注　**附札記三卷**　(清)黄丕烈輯撰　清同治八年(1869)湖北崇文書局刻本　五册

230000－0902－0001811　205.249/2237
**十六國春秋一百卷**　(北魏)崔鴻撰　清會稽徐氏述史樓刻本　十六册

230000－0902－0001812　205.249/2237
**十六國春秋一百卷**　(北魏)崔鴻撰　清光緒元年(1875)湖北崇文書局刻本　十二册

230000－0902－0001813　205.36/7200
**南漢春秋十三卷**　(清)劉應麟撰　清道光三十年(1850)刻本　二册

230000－0902－0001814　205.6/0404
**明季北略二十四卷**　(清)計六奇撰　清光緒十三年(1887)上海圖書集成印書局鉛印本　六册

230000－0902－0001815　205.6/0404
**明季南略十八卷**　(清)計六奇撰　清光緒十三年(1887)上海圖書集成印書局鉛印本　四册

230000－0902－0001816　205.6/3115
**見聞隨筆二卷**　(清)馮甦撰　清嘉慶二十一年(1816)臨海宋氏刻台州叢書本　二册

230000－0902－0001817　205.6/3627
**南疆繹史勘本五十八卷**　(清)溫睿臨原本　(清)李瑤勘定　清刻本　二十册

230000－0902－0001818　205.6/3642
**虎口餘生記一卷**　(明)邊大綬撰　清光緒九年(1883)海棠僊館刻本　一册

230000－0902－0001819　205.5/4006
**元朝秘史十五卷**　(清)李文田注　清光緒二十二年(1896)通隱堂刻漸西村舍叢書本　四册

230000－0902－0001820　205.5/4006
**元朝秘史十五卷**　(清)李文田注　清光緒二十九年(1903)石印本　四册

230000－0902－0001821　205.6/7174
**明季稗史正編二十七卷**　(清)留雲居士輯　清光緒二十九年(1903)鉛印本　六册

230000－0902－0001822　205.6/7174
**明季稗史彙編**　(清)留雲居士輯　清都城琉璃廠刻本　十二册

230000－0902－0001823　205.6/7334
**荊駝逸史四十九種**　(清)陳湖逸史輯　清宣統三年(1911)中國圖書館石印本　十六册

230000－0902－0001824　205.7/3634
**湘軍志十六卷**　王闓運撰　清光緒十二年(1886)成都墨香書屋刻本　四册

230000－0902－0001825　205.7/3634
**湘軍志十六卷**　王闓運撰　清宣統元年(1909)東洲刻本　四册

230000－0902－0001826　205.7/4428
**中東戰紀本末八卷續編四卷**　(美國)林樂知彙輯　蔡爾康纂錄　**附文學興國策二卷**　(美國)林樂知譯　清光緒二十二年(1896)上海廣學會鉛印本　十三册

230000－0902－0001827　205.7/4428
**中東戰紀本末八卷續編四卷**　(美國)林樂知彙輯　蔡爾康纂錄　**附文學興國策二卷**　(美國)林樂知譯　清光緒二十二年(1896)上海廣學會鉛印本　十三册

230000－0902－0001828　205.9/9274
**欽定蒙古源流八卷**　(清)小徹辰薩囊台吉撰　清刻本　四册

230000－0902－0001829　206.1/4310
**大清太祖高皇帝聖訓四卷首一卷**　清刻本　二册

230000－0902－0001830　206.1/4310
**大清聖祖仁皇帝聖訓六十卷首一卷**　清刻本　十二册

230000－0902－0001831　206.1/4310
**大清世宗憲皇帝聖訓三十六卷**　清刻本　十册

230000－0902－0001832　206.1/4310
**大清高宗純皇帝聖訓三百卷**　清刻本　十八册　存七十七卷(一百九十九至二百七十五)

230000－0902－0001833　206.1/4310
**大清仁宗睿皇帝聖訓一百十卷**　清刻本　三十二册　存八十七卷(一至二十、四十四至一百十)

230000－0902－0001834　206.1/4310
**大清宣宗成皇帝聖訓一百三十卷**　清刻本　三十六册

230000－0902－0001835　206.1/4310
**大清文宗顯皇帝聖訓一百十卷**　清刻本　二十四册

230000－0902－0001836　206.1/4310
**大清穆宗毅皇帝聖訓一百六十卷**　清刻本　四十二册　存一百四十二卷(一至一百四十二)

230000－0902－0001837　206.2/0043
**南海先生戊戌奏稿不分卷**　康有為撰　麥仲華編　清宣統三年(1911)鉛印本　一册

230000－0902－0001838　206.2/4030
**李文忠公奏議二十卷**　(清)李鴻章撰　(清)吳汝綸　(清)章洪鈞編　清光緒保定莲池書院石印本　二十册

230000－0902－0001839　206.2/4210
**彭剛直公奏稿八卷**　(清)彭玉麟撰　清光緒十七年(1891)鉛印本　四册

230000－0902－0001840　206.2/4462
**林文忠公政書三十七卷**　(清)林則徐撰　清末刻本　十六册

230000－0902－0001841　206.2/4913
**兩漢策要十二卷**　(宋)陶叔獻輯　清光緒十三年(1887)上海同文書局石印本　八册　缺一卷(原缺三)

230000－0902－0001842　206.2/6715
**硃批諭旨三百六十卷**　(清)鄂爾泰等編　清光緒十三年(1887)上海點石齋石印本　六十册

230000－0902－0001843　206.2/6715
**硃批諭旨三百六十卷**　(清)鄂爾泰等編　清光緒十三年(1887)上海點石齋石印本　六十册

230000－0902－0001844　206.2/6715
**硃批諭旨三百六十卷**　(清)鄂爾泰等編　清光緒十三年(1887)上海點石齋石印本　六十册

230000－0902－0001845　206.2/6715
**硃批諭旨三百六十卷**　(清)鄂爾泰等編　清光緒十三年(1887)上海點石齋石印本　四十册　缺十册(一至十)

230000－0902－0001846　206.2/7445
**唐陸宣公集二十二卷**　(唐)陸贄撰　清道光四年(1824)刻本　十二册

230000－0902－0001847　206.2/7445
**唐陸宣公集二十二卷**　(唐)陸贄撰　清道光四年(1824)刻本　六册

230000－0902－0001848　206.2/7445
**唐陸宣公集二十二卷**　(唐)陸贄撰　(清)年羹堯重訂　清光緒二十七年(1901)煥文書局石印本　四册

230000－0902－0001849　206.2/7445
**唐陸宣公奏議全集四卷首一卷制誥續集十卷**　(唐)陸贄撰　(清)汪銘謙編輯　清同治十一年(1872)長沙楊氏刻本　六册

230000－0902－0001850　206.2/7445
**唐陸宣公奏議讀本四卷**　(唐)陸贄撰　(清)汪銘謙編輯　(清)馬傳庚評點　清光緒二十六年(1900)會稽馬氏石印本　二册

230000－0902－0001851　206.2/7445
**注陸宣公奏議十五卷首一卷**　(唐)陸贄撰　(宋)郎曄注　清光緒三十年(1904)歸安姚氏

咫進齋刻本　四册

230000－0902－0001852　206.2/7445
**唐陸宣公集二十二卷**　(唐)陸贄撰　清同治五年(1866)善化楊岳斌問竹軒刻本(卷一至五補配清道光、咸豐間耆英重訂本)　八册

230000－0902－0001853　206.2/7512
**同治中興京外奏議約編八卷**　(清)陳弢編　清光緒元年(1875)篋劍囊琴之室刻本　四册

230000－0902－0001854　206.2/7580
**庸盦尚書奏議十六卷**　陳夔龍撰　俞陛雲編輯　清宣統鉛印本　八册

230000－0902－0001855　206.2/7734
**陶雲汀先生奏疏七十六卷**　(清)陶澍撰　清道光八年(1828)刻本　三十八册

230000－0902－0001856　206.2/7744
**周中丞撫江奏稿**　周樹模撰　清宣統二年(1910)鉛印本　一册　存一卷(三)

230000－0902－0001857　206.2/8064
**曾文正公奏稿三十卷**　(清)曾國藩撰　(清)李瀚章編　清光緒二年(1876)傳忠書局刻本　十六册

230000－0902－0001858　206.2/8064
**曾文正公奏稿三十卷**　(清)曾國藩撰　(清)李瀚章編　清光緒二年(1876)傳忠書局刻本　三十册

230000－0902－0001859　206.2/8064
**曾文正公奏議十卷首一卷末一卷補編四卷**　(清)曾國藩撰　(清)薛福成編　清光緒二十二年(1896)上海圖書集成印書局鉛印本　四册

230000－0902－0001860　207.11/0014
**歷代帝王年表不分卷**　(清)齊召南編　(清)阮福續編　**帝王廟謚年諱譜一卷**　清道光四年(1824)阮福刻文選樓叢書本　六册

230000－0902－0001861　207.11/0032
**續高士傳五卷**　(清)高兆撰　清光緒十九年(1893)石埭徐氏刻觀自得齋叢書刻本　一册

230000－0902－0001862　207.11/0175
**涵芬樓古今文抄小傳四卷首一卷附錄一卷**　商務印書館編譯所編　清宣統三年(1911)上海商務印書館鉛印本　一册

230000－0902－0001863　207.11/1043
**正氣集十卷**　王式輯　清宣統三年(1911)不讀非道書齋鉛印本　四册

230000－0902－0001864　207.11/1044
**歷朝美人綱目百韻全書四卷**　(清)王大樞撰　清嘉慶二年(1797)玉香堂刻本　八册

230000－0902－0001865　207.11/1066
**百將圖傳二卷**　(清)丁日昌撰　清同治八年(1854)江蘇書局刻本　二册

230000－0902－0001866　207.11/1066
**列女傳補注八卷敘錄一卷校正一卷**　(清)王照圓撰　清光緒刻郝氏遺書本　四册

230000－0902－0001867　207.11/2541
**歷代名臣言行錄二十四卷**　(清)朱桓輯　清光緒二十六年(1900)湖南書局刻本　三十六册

230000－0902－0001868　207.11/2541
**歷代名臣言行錄二十四卷**　(清)朱桓輯　清光緒二十八年(1902)上海文運書莊石印本　八册

230000－0902－0001869　207.11/2650
**高士傳三卷**　(晉)皇甫謐撰　清光緒二年(1876)紅杏山房刻增訂漢魏叢書本　一册

230000－0902－0001870　207.11/2650
**高士傳三卷**　(晉)皇甫謐撰　清咸豐八年(1858)王氏養和堂刻本　三册

230000－0902－0001871　207.11/3131
**古聖賢像傳略十六卷**　(清)顧沅輯　清道光十年(1830)刻本　六册

230000－0902－0001872　207.11/4438
**宋元學案一百卷首一卷**　(清)黃宗羲撰　(清)全祖望修定　清光緒五年(1879)長沙刻本　四十册

230000－0902－0001873　207.11/4438
**宋元學案一百卷首一卷**　(清)黄宗羲撰　(清)全祖望修定　清光緒五年(1879)長沙刻本　四十冊

230000－0902－0001874　207.11/4438
**宋元學案一百卷首一卷**　(清)黄宗羲撰　(清)全祖望修定　清光緒五年(1879)長沙刻本　四十冊

230000－0902－0001875　207.11/4441
**歷代名臣傳節錄三十卷**　(清)蕭培元錄訂　(清)崇厚增輯　清同治九年(1870)雲蔭堂刻本　十冊

230000－0902－0001876　207.11/5414
**典故列女傳四卷**　(明)解縉撰　清金閶綠蔭堂刻本　四冊

230000－0902－0001877　207.11/5414
**典故列女傳四卷**　(明)解縉撰　清光緒九年(1883)掃葉山房刻本　四冊

230000－0902－0001878　207.11/6023
**聖賢像贊三卷**　(明)呂維祺輯　清光緒四年(1878)曲阜會文堂刻本　四冊

230000－0902－0001879　207.11/7110
**疇人傳四十六卷**　(清)阮元撰　**疇人傳續六卷**　(清)羅士琳撰　**疇人傳三編七卷**　(清)諸可寶纂錄　**近代疇人著述記一卷**　(清)華世芳撰　清光緒二十二年(1896)上海璣衡堂石印本　六冊

230000－0902－0001880　207.11/7227
**新刊古列女傳八卷**　(漢)劉向撰　清道光五年(1825)阮福摹刻南宋建安余氏刻本　二冊
存四卷(五至八)

230000－0902－0001881　207.11/7277
**廣列女傳二十卷**　(清)劉開撰　清光緒十年(1884)皖城刻本　六冊

230000－0902－0001882　207.11/8090
**中國女史二十一卷**　金炳麟　王以銓撰　清宣統元年(1909)杭州中合公司鉛印本　六冊

230000－0902－0001883　207.11/9715
**蘭閨寶錄六卷**　(清)惲珠輯　清道光十一年(1831)紅香館刻本　六冊

230000－0902－0001884　207.122/1181
**兩漢五經博士考三卷**　(清)張金吾撰　清光緒中蛟川張氏花雨樓刻花雨樓叢鈔本　一冊

230000－0902－0001885　207.124/2893
**自號錄一卷**　(宋)徐光溥撰　清刻本　一冊

230000－0902－0001886　207.126/2840
**小腆紀傳六十五卷**　(清)徐鼒撰　(清)徐承禮編輯　**附補遺不分卷**　(清)徐承禮撰　清光緒十三年至十四年(1887－1888)徐氏金陵刻本　十七冊

230000－0902－0001887　207.126/2840
**小腆紀傳六十五卷**　(清)徐鼒撰　(清)徐承禮編輯　**附補遺不分卷**　(清)徐承禮撰　清光緒十三年至十四年(1887－1888)徐氏金陵刻本　十六冊

230000－0902－0001888　207.126/3145
**史外八卷**　(清)汪有典撰　清光緒三年(1877)刻本　八冊

230000－0902－0001889　207.126/7234
**勝朝殉揚錄三卷**　(清)劉寶楠輯　清同治十年(1871)淮南書局刻本　二冊

230000－0902－0001890　207.127/0088
**國朝學案小識十五卷首一卷**　(清)唐鑑撰　清光緒十年(1884)刻本　十六冊

230000－0902－0001891　207.127/2168
**漁洋感舊集小傳四卷補遺一卷**　(清)盧見曾輯　清宣統二年(1910)上海國學扶輪社鉛印本　二冊

230000－0902－0001892　207.127/2510
**中興將帥別傳三十卷**　(清)朱孔彰撰　清光緒二十三年(1897)江寧刻本　十二冊

230000－0902－0001893　207.127/2510
**中興將帥別傳三十卷**　(清)朱孔彰撰　清光緒二十五年(1899)掃葉山房石印本　四冊

230000－0902－0001894　207.127/2510
**中興名臣事略八卷**　(清)朱孔彰撰　清光緒二十五年(1899)上海圖書集成印書局鉛印本　二冊

230000－0902－0001895　207.127/3144
**國朝漢學師承記八卷國朝經師經義目錄一卷國朝宋學淵源記二卷附記一卷**　(清)江藩撰　清咸豐四年(1954)南海伍氏刻粤雅堂叢書本　四冊

230000－0902－0001896　207.127/4010
**國朝先正事略六十卷**　(清)李元度撰　清同治五年(1866)循陔草堂刻本　二十四冊

230000－0902－0001897　207.127/4010
**國朝先正事略六十卷**　(清)李元度撰　清光緒二十四年(1898)上海書局石印本　八冊

230000－0902－0001898　207.127/4010
**國朝先正事略六十卷**　(清)李元度撰　清光緒二十六年(1900)兩儀堂刻本　三十六冊

230000－0902－0001899　207.127/4010
**國朝先正事略正編八卷**　(清)李元度撰　**續編四卷**　(清)朱孔彰撰　清光緒二十八年(1902)上海廣益書局石印本　十冊

230000－0902－0001900　207127/4041
**國朝耆獻類徵初編七百二十卷國朝賢媛類徵初編十二卷**　(清)李桓輯　清光緒十年至十六年(1884－1890)湘陰李氏刻本　三百冊

230000－0902－0001901　207.127/4431
**直隸法政學堂同學錄不分卷**　(清)□□輯　清宣統三年(1911)鉛印本　一冊

230000－0902－0001902　207.127/4431
**直隸法政學堂同學錄不分卷**　清宣統三年(1911)鉛印本　一冊

230000－0902－0001903　207.127/4431
**直隸法政學堂同學錄不分卷**　清宣統三年(1911)鉛印本　一冊

230000－0902－0001904　207.127/4372
**貳臣傳八卷逆臣傳二卷**　(清)國史館編　清末京都琉璃廠榮錦書坊刻本　十二冊

230000－0902－0001905　207.127/6058
**滿洲名臣傳四十八卷漢名臣傳三十二卷**　(清)國史館編　清末京都琉璃廠榮錦書坊刻本　八十冊

230000－0902－0001906　207.217/1666
**新刊聖蹟圖不分卷**　清同治十三年(1874)孔綫蘭刻本　一冊

230000－0902－0001907　207.217/4247
**孔子編年五卷**　(宋)胡仔撰　清同治九年(1870)京都墨文齋刻本　二冊

230000－0902－0001908　207.217/4247
**孔子編年五卷**　(宋)胡仔撰　清同治九年(1870)京都墨文齋刻本　二冊

230000－0902－0001909　207.241/2211
**韓魏公言行錄不分卷**　(清)崔廷璋編　清光緒十三年(1887)刻本　一冊

230000－0902－0001910　207.241/7211
**鄂國金佗萃編二十八卷續編三十卷**　(宋)岳珂編　清光緒九年(1883)浙江書局刻本　十二冊

230000－0902－0001911　207.27/1100
**張文襄公榮哀錄十卷**　(清)□□輯　清宣統北京集成圖書公司鉛印本　二冊　存五卷(一至五)

230000－0902－0001912　207.3/1124
**孫淵如先生[星衍]年譜二卷**　(清)張紹南撰　清光緒二十三年(1897)刻本　一冊

230000－0902－0001913　207.3/2538
**朱文端公[軾]年譜一卷**　(清)朱瀚撰　(清)朱舲補訂　清光緒十年(1884)津河廣仁堂刻本　一冊

230000－0902－0001914　207.3/2699
**歷代名人年譜十卷附一卷**　(清)吳榮光撰　清信都萬忍堂刻北京晉華書局印本　十冊

230000－0902－0001915　207.3/2714
**戴東原先生[震]年譜一卷**　(清)段玉裁撰

清光緒十年(1884)清湖張氏花雨樓刻花雨樓叢鈔本　一冊

230000－0902－0001916　207.3/4428
**王文公年譜考略節要四卷**　(清)蔡上翔撰　(清)楊希閔節錄　**附存二卷**　(清)楊希閔輯　清光緒四年(1878)福州刻豫章先賢九家年譜本　四冊

230000－0902－0001917　207.3/7282
**王船山先生[夫之]年譜二卷**　(清)劉毓崧編　清光緒十二年(1886)江南書局刻本　二冊

230000－0902－0001918　207.3/8323
**明王文成公年譜節鈔二卷**　(清)錢德洪撰　(清)楊希閔鈔　清光緒四年(1878)刻本　二冊

230000－0902－0001919　207.4/1035
**使俄草八卷**　(清)王之春撰　清光緒二十一年(1895)上海石印本　四冊

230000－0902－0001920　207.4/4351
**英軺日記十二卷**　(清)載振撰　清光緒二十九年(1903)上海文明編譯書局鉛印本　四冊

230000－0902－0001921　207.7/2120
**光緒十四年戊子科順天鄉試同年齒錄不分卷**　(清)□□輯　清光緒刻本　四冊

230000－0902－0001922　207.7/2120
**光緒辛卯科順天鄉試同年齒錄不分卷**　(清)□□輯　清光緒刻本　四冊

230000－0902－0001923　207.7/2921
**光緒丙午科各省優貢同年齒錄不分卷**　(清)□□輯　清光緒刻本　四冊

230000－0902－0001924　207.7/3022
**光緒二年丙子恩科會試錄登科錄不分卷**　(清)□□輯　清光緒刻本　二冊

230000－0902－0001925　207.7/3320
**浙江光緒辛卯科鄉試同年齒錄不分卷**　(清)□□輯　清光緒刻本　四冊

230000－0902－0001926　211.1/7120
**歷代地理沿革圖不分卷**　(清)馬徵麟訂補　清同治十一年(1872)金陵書局刻本　一冊

230000－0902－0001927　211.2/8878
**新民府志不分卷**　管鳳龢纂　清宣統元年(1909)鉛印本　一冊

230000－0902－0001928　213/1382
**北洋公牘類纂續編二十四卷**　(清)甘厚慈輯　清宣統二年(1910)絳雪齋鉛印本　七冊　存九卷(二至三、六至七、十、十二至十五)

230000－0902－0001929　307.6/2107
**丙丁龜鑑五卷**　(宋)柴望輯　(明)陳繼儒訂正　**寶顏堂訂正丙丁龜鑑續錄二卷**　(明)陳繼儒輯　**續丙丁龜鑑一卷**　(清)柴自挺輯　清木活字印本　一冊

230000－0902－0001930　213/2314
**皇朝通志一百二十六卷**　(清)嵇璜等撰　清光緒二十七年(1901)上海圖書集成局鉛印本　十二冊

230000－0902－0001931　213/2318
**狀元策不分卷**　(清)□□輯　清康熙六十年(1721)京都琉璃廠榮錦堂刻乾隆續刻本　十二冊

230000－0902－0001932　213.1/4422
**獨斷一卷**　(漢)蔡邕撰　清光緒元年(1875)湖北崇文書局刻本　一冊

230000－0902－0001933　213.1/7107
**文獻通考三百四十八卷**　(元)馬端臨撰　清光緒二十七年(1901)上海圖書集成局鉛印本　四十四冊

230000－0902－0001934　308.32/4416
**銘雀硯齋印存不分卷**　(清)黃霖澤輯　清光緒鈐印本　二冊

230000－0902－0001935　213.5/0070
**欽定吏部處分則例五十二卷**　(清)□□輯　清光緒十一年(1885)刻本　十六冊　存二十三卷(一至十二、四十二至五十二)

230000－0902－0001936　213.5/4078
**第一次考試法官京闈擬作不分卷附闈中唱和**

**七律一卷**　吉同鈞撰　清宣統二年(1910)法部律學館石印本　一册

230000－0902－0001937　213.5/4078
**審判要略三十則**　吉同鈞撰　清宣統二年(1910)法部律學館石印本　一册

230000－0902－0001938　213.9/1114
**問心齋學治雜錄二卷**　(清)張聯桂撰　清光緒十一年(1885)刻本　二册

230000－0902－0001939　301.11/1050
**孔子家語十卷**　(三國魏)王肅注　清李光明莊刻本　四册

230000－0902－0001940　301.15/4620
**荀子二十卷**　(唐)楊倞注　清光緒二年(1876)浙江書局刻本　六册

230000－0902－0001941　301.12/8064
**曾子家語六卷**　(清)曾國荃審訂　(清)王定安編輯　清光緒十六年(1890)金陵刻本　二册

230000－0902－0001942　301.213/1003
**新書十卷**　(漢)賈誼撰　清光緒元年(1875)浙江書局刻本　二册

230000－0902－0001943　301.224/2848
**中論二卷**　(漢)徐幹撰　清光緒三年(1877)刻本　一册

230000－0902－0001944　206.2/6715
**硃批諭旨三百六十卷**　(清)鄂爾泰等編　清光緒十三年(1887)上海點石齋石印朱墨本　六十册

230000－0902－0001945　206.2/6715
**硃批諭旨三百六十卷**　(清)鄂爾泰等編　清光緒十三年(1887)上海點石齋石印朱墨本　六十册

230000－0902－0001946　301.229/1046
**女四書二卷**　(清)王相箋注　清光緒十三年(1887)上海江左書林刻本　二册

230000－0902－0001947　301.229/1046
**女四書二卷**　(清)王相箋注　清光緒十九年(1893)滬上熙記書莊刻本　二册

230000－0902－0001948　301.229/1046
**女四書二卷**　(清)王相箋注　清光緒李光明書莊刻本　二册

230000－0902－0001949　301.44/0080
**小學六卷**　(清)高愈纂注　**文公朱子[熹]年譜一卷**　(清)高愈撰　**忠經一卷**　(漢)鄭玄集注　**孝經一卷**　(明)陳選集注　清光緒三十一年(1905)上洋掃葉山房刻本　五册

230000－0902－0001950　301.44/2540
**朱子原訂近思錄十四卷**　(宋)朱熹　(宋)呂祖謙輯　(清)江永集注　清同治七年(1868)楚北崇文書局刻本　五册

230000－0902－0001951　301.49/2222
**大學衍義四十三卷**　(宋)眞德秀撰　清同治十一年(1872)浙江書局刻本　十册

230000－0902－0001952　301.49/2222
**大學衍義四十三卷**　(宋)眞德秀撰　清同治十三年(1874)金陵書局刻本　八册

230000－0902－0001953　301.49/2222
**大學衍義四十三卷**　(宋)眞德秀撰　清同治十三年(1874)金陵書局刻本　八册

230000－0902－0001954　301.49/2222
**大學衍義輯要六卷**　(宋)眞德秀撰　(清)陳宏謀輯　清刻本　四册

230000－0902－0001955　301.6/6045
**呂子節錄四卷首一卷**　(明)呂坤撰　(清)陳宏謀評輯　清光緒十七年(1891)刻本　二册

230000－0902－0001956　301.6/6045
**呂語集粹四卷首一卷**　(明)呂坤撰　(清)陳宏謀評　清光緒蘇州綠蔭堂刻本　四册

230000－0902－0001957　301.7/1000
**聖諭廣訓直解一卷**　(清)聖祖玄燁撰　(清)世宗胤禛廣訓　(清)□□直解　清華亭縣刻本　二册

230000－0902－0001958　301.7/1000
**聖諭廣訓直解一卷**　(清)聖祖玄燁撰　(清)

世宗胤禛廣訓　（清）□□直解　清刻本　二冊

230000－0902－0001959　301.7/0054
**漢學商兑三卷**　（清）方東樹撰　清光緒二十六年（1900）浙江書局刻本　四冊

230000－0902－0001960　301.7/0070
**章氏遺書二種**　（清）章學誠撰　清道光十二年至十三年（1832－1833）章華紱刻本　五冊

230000－0902－0001961　301.7/0071
**説性一卷仰止編三卷**　（清）高驤雲撰　清道光二十五年至二十六年（1845－1846）時術書堂刻潄琴室存藁本　二冊

230000－0902－0001962　301.7/0094
**聖祖仁皇帝庭訓格言一卷**　（清）聖祖玄燁撰　清光緒二十三年（1897）刻本　一冊

230000－0902－0001963　301.7/0094
**聖祖仁皇帝庭訓格言一卷**　（清）聖祖玄燁撰　清粵東味經堂刻本　一冊

230000－0902－0001964　301.7/1133
**輶軒語不分卷**　（清）張之洞撰　清光緒四年（1878）潘氏敏德堂刻本　二冊

230000－0902－0001965　301.7/1133
**勸學篇一卷**　（清）張之洞撰　清光緒二十四年（1898）兩湖書院刻本　一冊

230000－0902－0001966　301.7/1216
**鑄史駢言十二卷**　（清）孫玉田編　清光緒二年（1876）刻本　四冊

230000－0902－0001967　301.7/2141
**訓蒙千字文一卷**　（清）何桂珍撰并注　清咸豐二年（1852）松竹齋刻本　一冊

230000－0902－0001968　301.7/2221
**倭文端公遺書十卷首二卷**　（清）倭仁撰　清光緒三年（1877）粵東翰元樓刻本　六冊

230000－0902－0001969　301.7/3178
**御製勸善要言不分卷**　（清）世祖福臨輯　清刻本　一冊

230000－0902－0001970　301.7/3193
**雙節堂庸訓六卷**　（清）汪輝祖撰　清咸豐刻本　一冊

230000－0902－0001971　301.7/3318
**聖諭像解二十卷**　（清）梁延年輯　清光緒二十八年（1902）江蘇撫署石印本　九冊　存十八卷（一至五、八至二十）

230000－0902－0001972　301.7/3702
**梁瀛侯先生日省録一卷**　（清）梁文科撰　清光緒六年（1880）刻本　一冊

230000－0902－0001973　301.7/4094
**榕村語録三十卷**　（清）李光地撰　清刻本　十二冊

230000－0902－0001974　301.7/4417
**六事箴言一卷**　（清）葉玉屏輯　清宣統元年（1909）刻本　一冊

230000－0902－0001975　301.7/4421
**女學六卷**　（清）藍鼎元撰　清光緒二年（1876）怡怡園刻本　四冊

230000－0902－0001976　301.7/4431
**鄉塾正誤二卷**　（清）李江撰　清同治八年（1869）斌陞書局刻本　一冊

230000－0902－0001977　301.7/4438
**明夷待訪録一卷**　（清）黄宗羲撰　清光緒刻本　一冊

230000－0902－0001978　301.7/6034
**小學韻語一卷**　（清）羅澤南撰　清光緒七年（1881）聯雅齋刻本　一冊

230000－0902－0001979　301.7/7097
**簡通録一卷**　（清）馬煇輯　清道光刻本　一冊

230000－0902－0001980　301.7/7530
**大學衍義補輯要十二卷**　（明）邱濬撰　（清）陳宏謀纂輯　清刻本　六冊　存六卷（七至十二）

230000－0902－0001981　301.7/7530
**四種遺規摘鈔**　（清）陳宏謀輯　清嘉慶十九

年(1814)勉行堂刻本　六冊

230000－0902－0001982　301.7/7530
**五種遺規**　(清)陳宏謀輯　清光緒二十八年(1902)上海古香閣石印本　四冊

230000－0902－0001983　301.7/7535
**東塾讀書記十二卷**　(清)陳澧撰　清光緒刻本　四冊

230000－0902－0001984　301.7/8042
**百孝圖說四卷首一卷**　(清)俞葆真輯　(清)俞泰繪圖　清同治十年(1871)河間俞氏刻本　二冊

230000－0902－0001985　302/1211
**武經三子全書三種**　(清)□□輯　清光緒元年(1875)湖北崇文書局刻本　一冊

230000－0902－0001986　302/4741
**讀史兵略四十六卷**　(清)胡林翼撰　清咸豐十一年(1861)武昌節署刻本　六冊　存十七卷(一至二、九至十一、二十一至二十四、二十八至三十、四十至四十二、四十五至四十六)

230000－0902－0001987　302/5437
**洴澼百金方十四卷**　(清)袁宮桂輯　清刻本　五冊　存九卷(一至四、十至十四)

230000－0902－0001988　310.5/1081
**讀書雜志八十二卷餘編二卷**　(清)王念孫撰　清同治九年(1870)金陵書局刻本　二十四冊

230000－0902－0001989　302.3/3133
**衛公兵法輯本三卷**　(唐)李靖撰　**附舊唐書李靖傳考證一卷**　(清)汪宗沂撰　清光緒二十年(1894)桐廬袁氏刻漸西村舍彙刻之汪氏兵學三書本　一冊

230000－0902－0001990　302.4/0837
**虎鈐經二十卷**　(宋)許洞撰　清刻本　四冊

230000－0902－0001991　302.6/5329
**練兵實紀九卷雜記六卷**　(明)戚繼光撰　清善成堂刻本　六冊

230000－0902－0001992　302.7/1042
**操勝要覽不分卷**　(清)王韜撰　清光緒十一年(1885)敦懷書屋刻本　一冊

230000－0902－0001993　302.8/7502
**兵法史略學二卷**　陳慶年撰　清光緒安慶正誼書局木活字印本　二冊

230000－0902－0001994　303.11/8825
**管子二十四卷**　(春秋)管仲撰　(唐)房玄齡注　清光緒二年(1876)浙江書局刻本　五冊　存二十卷(一至十二、十七至二十四)

230000－0902－0001995　303.11/8825
**管子二十四卷**　(春秋)管仲撰　(唐)房玄齡注　清光緒五年(1879)影宋刻本　四冊

230000－0902－0001996　303.13/0045
**商子五卷**　(戰國)商鞅撰　(清)孫星衍(清)孫馮翼校　清嘉慶八年(1803)承德孫氏刻問經堂叢書本　一冊

230000－0902－0001997　304/3131
**佩文齋廣群芳譜一百卷**　(清)汪灝等撰　清同治七年(1868)江左書林刻本　三十六冊

230000－0902－0001998　304.1/5153
**奉天全省農業調查書五編**　(清)奉天農業試驗場編　清宣統元年(1909)鉛印本　四冊

230000－0902－0001999　305
**洗冤錄詳義四卷**　(清)許槤編校　清咸豐六年(1856)古均閣許氏刻本　四冊

230000－0902－0002000　305/0217
**新刊醫林狀元壽世保元十卷**　(明)龔廷賢撰　清光緒三十四年(1908)上海校經山房成記書局刻本　十冊

230000－0902－0002001　305/0833
**東醫寶鑑二十三卷目錄二卷**　(朝鮮)許浚撰　清光緒十六年(1890)朱氏槐廬刻本　二十五冊

230000－0902－0002002　305/0845
**洗冤錄詳義四卷首一卷**　(清)許槤編校　**洗冤錄摭遺二卷**　(清)葛元煦編　**洗冤錄摭遺補一卷**　(清)張開運編　清光緒三年(1877)

湖北藩署刻本　六冊

230000－0902－0002003　305/1022
**王氏脈經十卷**　（晉）王叔和撰　清光緒二十二年（1896）新化三味堂刻本　四冊　存六卷（一至二、五至八）

230000－0902－0002004　305/1029
**九思堂重訂證治準繩四十四卷**　（明）王肯堂撰　清九思堂刻本　六十冊

230000－0902－0002005　305/1032
**醫林改錯二卷**　（清）王清任撰　清光緒十五年（1889）掃葉山房刻本　二冊

230000－0902－0002006　305/1117
**張氏醫書十六卷**　（清）張璐撰　清光緒三十三年（1907）上海書局石印張氏醫書七種本　十二冊

230000－0902－0002007　305/2322
**傅青主男科二卷女科二卷補遺一卷産後編二卷**　（清）傅山撰　清光緒三十一年（1905）上海有益書局石印本　二冊

230000－0902－0002008　305/2844
**徐氏醫書八種**　（清）徐大椿撰　清光緒四年（1878）上海校經山房刻本　六冊　存六種十卷（難經經釋二卷、神農百草經百種錄一卷、醫學源流論二卷、醫貫砭二卷、傷寒論類方一卷、蘭臺軌範一至二）

230000－0902－0002009　305/3117
**新刊增補萬病回春原本八卷**　（明）龔廷賢撰　清上海掃葉山房刻本　八冊

230000－0902－0002010　305/3485
**沈氏尊生書七種**　（清）沈金鰲撰　清同治十三年（1874）湖北崇文書局刻本　二十六冊

230000－0902－0002011　305/4060
**醫學十書**　（明）□□輯　清光緒七年（1881）羊城雲林閣刻本　十六冊

230000－0902－0002012　305/7583
**陳修園醫書五十種**　（清）陳念祖撰　清光緒三十一年（1905）上海商務印書館鉛印本　二十八冊

230000－0902－0002013　405.4/4444
**詞律二十卷**　（清）萬樹撰　清康熙二十六年（1687）萬氏堆絮園刻本　十二冊

230000－0902－0002014　305.1/1183
**景岳全書六十四卷**　（明）張介賓撰　清掃葉山房刻本　二十四冊

230000－0902－0002015　305.1/2608
**御纂醫宗金鑑六十卷首一卷**　（清）吳謙等輯　清光緒九年（1883）掃葉山房刻本　三十二冊

230000－0902－0002016　305.1/4877
**御纂醫宗金鑑九十卷首一卷**　（清）吳謙等輯　清刻本　四十二冊　存八十卷（一至六十六、七十八至九十，首一卷）

230000－0902－0002017　305.11/1032
**補注黃帝内經素問二十四卷**　（唐）王冰注　（宋）林億等校正　**素問遺篇一卷**　（宋）劉溫舒原本　清光緒三年（1877）浙江書局刻二十二子本　八冊

230000－0902－0002018　305.11/7144
**黃帝内經素問註證發微九卷**　（明）馬蒔撰　清光緒五年（1879）善成堂刻本　十二冊

230000－0902－0002019　305.11/7144
**黃帝内經靈樞註證發微九卷補遺一卷**　（明）馬蒔撰　清光緒五年（1879）善成堂刻本　八冊

230000－0902－0002020　305.12/1141
**靈樞經十卷**　（清）張志聰集注　清光緒三年（1877）馮氏刻本　十冊

230000－0902－0002021　305.13/1147
**脈訣難經合編八卷**　（明）張世賢注　**校正瀕湖脈學一卷奇經八脈考一卷**　（明）李時珍撰　清光緒三十三年（1907）上海書局石印本　五冊

230000－0902－0002022　305.14/2050

**針灸甲乙經十二卷**　(晉)皇甫謐集　(宋)林億等校　清光緒十三年(1887)行素草堂刻本　四冊

230000－0902－0002023　305.14/2650
**針灸甲乙經十二卷**　(晉)皇甫謐集　(宋)林億等校　清光緒十三年(1887)行素草堂刻本　六冊

230000－0902－0002024　305.15/1061
**傷寒論三註十六卷**　(清)周揚俊撰　清宣統二年(1910)掃葉山房石印本　六冊

230000－0902－0002025　305.19/2844
**醫學源流論二卷**　(清)徐大椿撰　清刻本　二冊

230000－0902－0002026　305.19/4054
**醫宗必讀五卷首一卷**　(明)李中梓撰　清英德堂刻本　六冊

230000－0902－0002027　305.2/1030
**肺病問答不分卷**　(日本)石神亨撰　(清)沙曾詒譯　清光緒鉛印本　一冊

230000－0902－0002028　305.2/0044
**醫門棒喝初集四卷二集九卷**　(清)章楠撰　清同治六年(1867)聚文堂刻本　十冊

230000－0902－0002029　305.2/2610
**溫病條辨六卷首一卷**　(清)吳瑭撰　清寧波羣玉山房刻本　四冊

230000－0902－0002030　305.2/2817
**醫貫砭二卷**　(清)徐大椿撰　清光緒朱氏槐廬刻本　一冊

230000－0902－0002031　305.2/2649
**瘟疫論二卷補遺一卷**　(明)吳有性撰　清貞一堂刻本　二冊

230000－0902－0002032　305.2/3123
**醫林纂要探源十卷**　(清)汪紱輯　清光緒二十三年(1897)江蘇書局刻本　十冊

230000－0902－0002033　305.4/2322
**補注傅氏女科全集四卷**　(清)傅山撰　清光緒十一年(1885)北京文成堂刻本　三冊

230000－0902－0002034　305.5
**幼科鐵鏡六卷**　(清)夏鼎撰　清同治三年(1864)揚州文富堂刻本　二冊

230000－0902－0002035　305.5/3131
**驚風辨誤三卷**　馮汝玖輯　清宣統三年(1911)刻本　一冊

230000－0902－0002036　305.5/4418
**驚風辨證必讀書二種二卷**　(清)劉德馨輯　清光緒二十七年(1901)上元江氏刻本　一冊

230000－0902－0002037　305.6/1077
**藥品化義十三卷首一卷**　(明)賈所學輯　(清)李延昰補訂　清光緒三十年(1904)鉛印本　二冊

230000－0902－0002038　305.6/2623
**本草從新十八卷**　(清)吳儀洛編　清光緒六年(1880)掃葉山房刻本　六冊

230000－0902－0002039　305.6/4978
**本草綱目拾遺十卷**　(清)趙學敏輯　清光緒十一年(1885)合肥張氏味古齋刻本　八冊

230000－0902－0002040　305.7/1040
**唐王燾先生外臺祕要方四十卷**　(唐)王燾撰　清光緒二十四年(1898)上海圖書集成印書局鉛印本　十六冊

230000－0902－0002041　305.7/1117
**孫真人千金方衍義三十卷**　(清)張璐撰　清嘉慶六年(1801)上海掃葉山房刻本　三十二冊

230000－0902－0002042　305.7/2430
**急救良方一卷**　(□)□□撰　清道光二十九年(1849)京都前門外琉璃廠龍元齋刻本　一冊

230000－0902－0002043　305.7/4080
**針灸擇日編集一卷**　(明)金循義　(明)金義孫輯　**備急灸法一卷**　(宋)聞人耆年撰　清光緒十七年(1891)江寧藩署刻本　二冊

230000－0902－0002044　305.8/1373
**三家醫案合刻三種三卷**　(清)吳金壽輯　清

道光十一年(1831)笠澤吳金壽刻本　二册

230000－0902－0002045　305.8/2844
**徐氏醫書八種**　(清)徐大椿撰　清光緒十五年(1889)上海江左書林刻本　六册　存三種八卷(蘭臺軌範三至八、洄溪醫案一卷、愼疾芻言一卷)

230000－0902－0002046　305.8/8010
**古今醫案按十卷**　(清)俞震纂輯　(清)李齡壽重輯　清光緒九年(1883)吳江李氏刻本　十册

230000－0902－0002047　306.2/7781
**屈省園先生九數通考十一卷首一卷末一卷**　(清)屈曾發輯　清光緒二十四年(1898)巴蜀善成堂刻本　六册

230000－0902－0002048　306.22/2642
**重刊梅文穆公增刪算法統宗十一卷首一卷**　(明)程大位編輯　(清)梅瑴成增刪　**校算記一卷**　(清)賈步緯撰　清光緒二十二年(1896)上海璣衡堂石印本　二册

230000－0902－0002049　306.24/1044
**天元草五卷**　王树枏撰　清光緒十九年(1893)成都文莫室刻陶廬叢刻本　二册

230000－0902－0002050　306.24/1044
**天元草五卷**　王树枏撰　清光緒十九年(1893)成都文莫室刻陶廬叢刻本　二册

230000－0902－0002051　306.24/1044
**天元草五卷**　王树枏撰　清光緒十九年(1893)成都文莫室刻陶廬叢刻本　二册

230000－0902－0002052　306.24/1044
**天元草五卷**　王树枏撰　清光緒十九年(1893)成都文莫室刻陶廬叢刻本　二册

230000－0902－0002053　307/0254
**堪輿演易前集五卷後集四卷**　(清)許揚芬撰　清光緒六年(1880)瞑牛山莊刻本　六册

230000－0902－0002054　307/1700
**皇極經世十二卷**　(宋)邵雍撰　清咸豐元年(1851)洛陽安樂窩刻本　十二册

230000－0902－0002055　307.1
**御製數理精蘊五十三卷**　(清)聖祖玄燁撰　清光緒上海愼記書局石印本　二十四册

230000－0902－0002056　307.1
**御製數理精蘊五十三卷**　(清)聖祖玄燁撰　清宣統三年(1911)上海文瑞樓石印本　二十四册

230000－0902－0002057　307.1
**御製數理精蘊五十三卷**　(清)聖祖玄燁撰　清光緒八年(1882)廣東藩司刻本　三十二册

230000－0902－0002058　307.1/1348
**理數合解四卷**　(清)王希孟撰　清光緒刻本　三册

230000－0902－0002059　307.1/1582
**五曹算經五卷**　(唐)李淳風等注　**夏侯陽算經三卷**　(□)夏侯陽撰　清乾隆四十二年(1777)福建刻光緒十九年(1893)補刻武英殿聚珍版書本　一册

230000－0902－0002060　307.2/2141
**皇極經世易知八卷首一卷**　(清)何夢瑤輯釋　清光緒十三年(1887)上海校經山房刻本　八册

230000－0902－0002061　307.2/6660
**大唐開元占經一百二十卷**　(唐)瞿曇悉達撰　清道光恒德堂刻本　二十册

230000－0902－0002062　307.3/1734
**雪心賦正解四卷**　(唐)卜應天撰　(清)孟浩注　**辯論三十篇一卷**　(清)孟浩撰　清上海掃葉山房刻本　四册

230000－0902－0002063　307.4/0725
**大六壬大全十三卷**　題(清)郭御青(郭載騋)撰　清咸豐七年(1857)同文堂刻本　十三册

230000－0902－0002064　307.4/0725
**大六壬大全十三卷**　題(清)郭御青(郭載騋)撰　清光緒十三年(1887)掃葉山房刻本　十二册　缺一卷(七)

230000－0902－0002065　307.4/0747

**大六壬大全十三卷**　題（清）郭御青（郭載騋）撰　清光緒十九年（1893）無錫經綸堂刻本　十二冊

230000－0902－0002066　307.41/2007
**焦氏易林四卷**　（漢）焦贛撰　清光緒元年（1875）湖北崇文書局刻本　四冊

230000－0902－0002067　307.5/1144
**新鐫神峯張先生通考闢謬命理正宗六卷**　（明）張楠撰　清光緒十二年（1886）上海校經山房成記書局刻本　六冊

230000－0902－0002068　307.5/7422
**新刊校正增釋合併麻衣先生人相編五卷**　（清）陸位崇編　清光緒十三年（1887）上海校經山房刻本　二冊

230000－0902－0002069　307.6/1030
**新訂王氏羅經透解三卷**　（清）王道亨輯錄　清光緒十三年（1887）江左書林刻本　四冊

230000－0902－0002070　308.1/1133
**四銅鼓齋論畫集刻十二種**　（清）張祥河輯　清宣統元年（1909）北京會文齋刊本　四冊

230000－0902－0002071　308.1/3112
**幽穿雪鴻一卷**　（清）馮玉衡繪　清光緒十年（1884）上海同文書局石印本　一冊

230000－0902－0002072　308.1/4241
**歷代畫史彙傳七十二卷首一卷目錄三卷附錄二卷**　（清）彭蘊璨編　清光緒八年（1882）掃葉山房刻本　二十四冊

230000－0902－0002073　308.1/5033
**畫學心印八卷**　（清）秦祖永輯　清光緒四年（1878）刻朱墨套印本　八冊

230000－0902－0002074　308.1/6548
**時事報館戊申全年畫報**　（清）時事報館編輯部編輯　清宣統元年（1909）石印本　三十六冊

230000－0902－0002075　308.11/4421
**分隸偶存二卷**　（清）萬經撰　清光緒八年（1882）江左書林刻本　二冊

230000－0902－0002076　308.12/0013
**虛齋名畫錄十六卷**　龐元濟撰　清宣統元年（1909）烏程龐氏申江刻本　十六冊

230000－0902－0002077　308.12/1087
**國朝書人輯略十一卷首一卷**　震鈞輯　清光緒三十四年（1908）金陵刻本　八冊

230000－0902－0002078　308.12/1117
**清河書畫舫十二卷**　（明）張丑撰　清光緒元年（1875）有竹人家刻本　十二冊

230000－0902－0002079　308.12/4014
**甌鉢羅室書畫過目考四卷首一卷附一卷**　（清）李玉棻輯　清光緒二十三年（1897）京都興盛齋刻本　四冊

230000－0902－0002080　308.1
**文美齋詩箋譜**　張兆祥繪　清宣統三年（1911）天津文美齋彩色套印本　二冊

230000－0902－0002081　307.7/4474
**三命通會十二卷**　（明）萬民英撰　清宣統元年（1909）上海江左書林石印本　十二冊

230000－0902－0002082　500.12/7446
**古今說海一百三十五種**　（明）陸楫編　清道光元年（1821）苕溪邵氏酉山堂刻本　二十四冊

230000－0902－0002083　500.13/1062
**檀几叢書五十卷二集五十卷餘集二卷**　（清）王晫　（清）張潮輯　清康熙三十四年（1695）新安張氏霞舉堂刻本　十二冊

230000－0902－0002084　500.13/1122
**正誼堂全書**　（清）張伯行輯　（清）楊浚重輯　清同治福州正誼書院刻本　一百六十冊

230000－0902－0002085　500.13/1313
**昭代叢書五百十七種**　（清）張漸等續輯　清道光吳江沈氏世楷堂刻本民國補刻本　一百七十二冊

230000－0902－0002086　500.13/2168
**雅雨堂藏書**　（清）盧見曾輯　清乾隆二十一年（1756）德州盧氏刻本　二十八冊

230000－0902－0002087　500.15/2126
**粵雅堂叢書一百六十五種**　（清）伍崇曜輯　清道光至光緒南海伍氏刻本　三百三十五冊

230000－0902－0002088　500.13/2744
**紀慎齋先生全集十二種**　（清）紀大奎輯　清嘉慶十三年（1808）刻本　五十冊

230000－0902－0002089　500.13/4004
**貸園叢書初集十二種**　（清）周永年編　清乾隆五十四年（1789）歷城周氏竹西書屋印本　十六冊

230000－0902－0002090　500.13/4031
**函海一百五十九種**　（清）李調元輯　清光緒七年至八年（1881－1882）廣漢鍾登甲樂道齋刻本　一百二十冊

230000－0902－0002091　500.13/4411
**善書匯**　（清）黃正元輯　清乾隆二年（1737）公善堂刻本　六冊

230000－0902－0002092　500.13/7123
**龍威秘書六十六種**　（清）馬俊良輯　清乾隆五十九年（1794）石門馬氏大酉山房刻本　四十冊

230000－0902－0002093　500.13/7474
**陸子全書九種**　（清）陸隴其撰　清光緒十六年（1890）宗培等刻本　十二冊

230000－0902－0002094　500.14
**讀畫齋叢書**　（清）顧修輯　清嘉慶四年（1799）桐川顧氏刻本　六十四冊

230000－0902－0002095　500.14
**海山仙館叢書**　（清）潘仕成輯　清道光、咸豐番禺潘氏刻本　一百二十八冊

230000－0902－0002096　500.14
**宜稼堂叢書七種**　（清）郁松年輯　清道光上海郁氏刻本　六十四冊

230000－0902－0002097　500.14
**小嫏嬛山館彙刊類書十二種**　（清）□□編　清咸豐元年（1851）群玉閣刻本　八冊

230000－0902－0002098　500.14/1000
**唐代叢書**　（清）王文誥　（清）邵希曾輯　清嘉慶十一年（1806）弁山樓刻本　十八冊

230000－0902－0002099　500.14/3191
**顧亭林先生遺書十種補遺十一種**　（清）顧炎武撰　清蓬瀛閣刻吳縣朱記榮增刻光緒三十二年（1906）彙印本　十六冊

230000－0902－0002100　500.14/4023
**李氏五種**　（清）李兆洛撰　清光緒十四年（1888）上海掃葉山房刻本　十二冊

230000－0902－0002101　500.14/4457
**三長物齋叢書**　（清）黃本驥輯　清光緒四年（1878）古香書閣刻本　五十冊

230000－0902－0002102　500.14/7110
**學海堂集十六卷**　（清）阮元輯　**二集二十二卷**　（清）吳蘭珍輯　**三集二十四卷**　（清）張維屏輯　清道光啟秀山房刻本　二十冊

230000－0902－0002103　500.14/7550
**湖海樓叢書**　（清）陳春輯　清嘉慶蕭山陳氏湖海樓刻本　三十二冊

230000－0902－0002104　500.14/8373
**守山閣叢書**　（清）錢熙祚輯　清光緒十五年（1889）上海鴻文書局影印本　一百冊

230000－0902－0002105　500.15/0848
**榆園叢刻**　（清）許增輯　清同治、光緒刻本　十六冊

230000－0902－0002106　500.15/0848
**娛園叢刻**　（清）許增輯　清光緒十五年（1889）刻本　三冊

230000－0902－0002107　500.15/1032
**雷刻四種**　（清）雷浚輯　清光緒十年（1884）吳縣雷氏刻本　六冊

230000－0902－0002108　500.15/1049
**天壤閣叢書**　（清）王懿榮輯　清同治、光緒福山王氏刻本　十六冊

230000－0902－0002109　500.15/2509
**重校拜經樓叢書十種**　（清）朱記榮輯　清光緒二十年（1894）吳縣朱氏校經堂刻本　十冊

230000－0902－0002110　500.15/2509
**校經山房叢書**　(清)朱記榮輯　清光緒三十年(1904)孫谿朱氏槐廬家塾刻本　三十二册

230000－0902－0002111　500.15/2509
**朱氏槐廬叢書**　(清)朱記榮輯　清光緒吴縣朱氏槐廬家塾刻本　八十册

230000－0902－0002112　500.15/2611
**有福讀書堂叢刻**　(清)吴引孫輯　清光緒二十七年(1901)儀徵吴氏刻本　二十三册　缺一種(好生救劫編)

230000－0902－0002113　500.15/2712
**後知不足齋叢書**　(清)鮑廷爵輯　清光緒常熟鮑氏刻本　三十二册

230000－0902－0002114　500.15/2741
**藕香零拾**　繆荃孫輯　清光緒宣統刻本　二十八册

230000－0902－0002115　500.15/2816
**隨盦徐氏叢書**　徐乃昌輯　清光緒至民國南陵徐氏刻本　十二册

230000－0902－0002116　500.15/2816
**積學齋叢書十五種**　徐乃昌輯　清光緒南陵徐氏刻本　十册

230000－0902－0002117　500.15/2816
**積學齋叢書十二種**　徐乃昌輯　清光緒南陵徐氏刻本　八册

230000－0902－0002118　500.15/2848
**邵武徐氏叢書**　(清)徐榦輯　清光緒刻本　四十册

230000－0902－0002119　500.15/2849
**觀自得齋叢書**　(清)徐士愷輯　清光緒石埭徐氏刻本　六册

230000－0902－0002120　500.15/2849
**觀自得齋叢書**　(清)徐士愷輯　清光緒石埭徐氏刻本　十二册

230000－0902－0002121　500.15/3102
**振綺堂叢書初集**　(清)汪康年輯　清宣統二年(1910)排印本　五册　缺(韓南溪四種)

230000－0902－0002122　500.15/3136
**小石山房叢書**　(清)顧湘輯　清同治十三年(1874)虞山顧氏刻本　二十册

230000－0902－0002123　500.15/3138
**靈鶼閣叢書**　(清)江標輯　清光緒元和江氏湖南使院刻本　四十八册

230000－0902－0002124　500.15/3212
**艷史叢鈔**　(清)淞北玉魫生(王韜)輯　清光緒四年(1878)弢園鉛印本　八册

230000－0902－0002125　500.15/3234
**滂喜齋叢書三十六種**　(清)潘祖蔭輯　清同治、光緒吴縣潘氏滂喜齋京師刻本　三十四册

230000－0902－0002126　500.15/3234
**功順堂叢書十八種**　(清)潘祖蔭輯　清光緒吴縣潘氏刻本　二十四册

230000－0902－0002127　500.15/4036
**漸西村舍彙刊四十二種**　(清)袁昶輯　清光緒桐廬袁氏刻本　七十五册

230000－0902－0002128　500.15/4036
**漸西村舍彙刊二十九種**　(清)袁昶輯　清光緒桐廬袁氏刻本　六十四册

230000－0902－0002129　500.15/4078
**木樨軒叢書**　李盛鐸輯　清光緒德化李氏木樨軒刻本　四十八册

230000－0902－0002130　500.15/4241
**咫進齋叢書**　(清)姚覲元輯　清光緒九年(1883)歸安姚氏刻本　二十四册

230000－0902－0002131　500.15/4416
**嘯園叢書**　(清)葛元煦輯　清光緒九年(1883)仁和葛氏刻本　三十六册

230000－0902－0002132　500.15/4416
**嘯園叢書**　(清)葛元煦輯　清光緒九年(1883)仁和葛氏刻本　四十八册

230000－0902－0002133　500.15/4429
**觀古堂彙刻書**　葉德輝輯　清光緒二十八年(1902)湘潭葉郎園刻本　三十二册

230000－0902－0002134　500.15/5011
**香艷叢書**　(清)蟲天子輯　清宣統國學扶輪社鉛印本　五十四册

230000－0902－0002135　500.15/7241
**聚學軒叢書十六種**　劉世珩輯　清光緒貴池劉氏刻本　二十册

230000－0902－0002136　500.15/7269
**述古叢鈔**　(清)劉晚榮輯　清同治九年至光緒五年(1870－1879)劉氏藏修書屋刻本　九册

230000－0902－0002137　500.15/7433
**十萬卷樓叢書**　(清)陸心源輯　清光緒歸安陸氏刻本　一百十二册

230000－0902－0002138　500.15/8043
**第一樓叢書**　(清)俞樾撰　清同治十年(1871)刻本　六册

230000－0902－0002139　500.15/8064
**曾文正公全集**　(清)曾國藩撰　清同治、光緒湖南傳忠書局刻本　六十五册

230000－0902－0002140　500.16/0123
**半厂叢書初編**　(清)譚獻輯　清光緒仁和譚氏刻本　十册

230000－0902－0002141　500.16/6051
**玉簡齋叢書初集**　羅振玉輯　清宣統二年(1910)上虞羅氏刻本　八册

230000－0902－0002142　206.2/7445
**唐陸宣公奏議讀本四卷**　(唐)陸贄撰　(清)汪銘謙編輯　(清)馬傳庚評點　清光緒二十六年(1900)會稽馬氏石印本　二册

230000－0902－0002143　500.2/4429
**麗廔叢書**　葉德輝輯　清光緒長沙葉氏刻本　八册

230000－0902－0002144　500.2/4474
**鐵華館叢書**　(清)蔣鳳藻輯　清光緒長洲蔣氏刻本　六册

230000－0902－0002145　500.3/2706
**古逸叢書二十六種**　(清)黎庶昌輯　清光緒遵義黎氏日本東京使署影刻本　四十七册

230000－0902－0002146　500.3/2706
**古逸叢書二十六種**　(清)黎庶昌輯　清光緒遵義黎氏日本東京使署影刻本　四十九册

230000－0902－0002147　500.3/7164
**玉函山房輯佚書五百九十四種**　(清)馬國翰輯　清光緒九年(1883)長沙嫏嬛館刻本　一百二十册

230000－0902－0002148　500.4/1010
**武林往哲遺著**　(清)丁丙輯　清光緒丁氏錢塘嘉惠堂刻本　九十六册

230000－0902－0002149　500.4/1010
**武林掌故**　(清)丁丙輯　清光緒丁氏錢塘嘉惠堂刻本　二百八册

230000－0902－0002150　500.4/1200
**永嘉叢書**　(清)孫衣言輯　清同治、光緒瑞安孫氏詒善祠塾刻本　八十册

230000－0902－0002151　500.4/2114
**粵十三家集五種**　(清)伍元薇輯　清道光二十年(1840)南海伍氏詩雪軒刻本　八册

230000－0902－0002152　500.4/4777
**金華叢書六十九種**　(清)胡鳳丹輯　清同治、光緒永康胡氏退補齋刻本　二百七十四册

230000－0902－0002153　500.4/4995
**湖北叢書三十種**　(清)趙尚輔輯　清光緒十七年(1891)三餘草堂刻本　一百册

230000－0902－0002154　500.4/5339
**常州先哲遺書**　盛宣懷輯　清光緒武進盛氏刻本　六十册　缺後編補遺

230000－0902－0002155　500.5/2509
**孫谿朱氏經學叢書初編**　(清)朱記榮輯　清光緒十二年(1886)吳縣朱氏槐廬刻本　十二册

230000－0902－0002156　500.5/2627
**二程全書**　(宋)程顥　(宋)程頤撰　(宋)朱熹輯　清同治五年(1866)河南嵩邑程氏刻

本　十九册

230000－0902－0002157　500.5/2640
**十子全書一百二十九卷**　(清)王子興輯　清嘉慶九年(1804)姑蘇王氏聚文堂刻本　三十二册　缺八卷(明道文集一至四、伊川文集二至四、續錄一卷)

230000－0902－0002158　500.5/7550
**湖海樓叢書十二種**　(清)陳春輯　清嘉慶蕭山陳氏湖海樓刻本　三十六册

230000－0902－0002159　500.5/8328
**屑玉叢譚初集六卷二集六卷**　(清)錢徵　蔡爾康輯　清光緒四年(1878)上海申報館鉛印本　十二册

230000－0902－0002160　500.6/1060
**頤志齋叢書**　(清)丁晏撰　清咸豐、同治山陽丁氏六藝堂刻本　二十册

230000－0902－0002161　500.6/2477
**黎文肅公遺書**　(清)黎培敬撰　清光緒十七年(1891)湘潭黎氏刻本　二十册

230000－0902－0002162　500.6/3193
**汪龍莊先生遺書**　(清)汪輝祖撰　清同治盱眙吳氏三益齋刻本　六册

230000－0902－0002163　500.6/4037
**李笠翁全集**　(清)李漁撰　清芥子園刻本　二十册

230000－0902－0002164　500.6/7272
**劉武慎公遺書**　(清)劉長佑撰　清光緒鉛印本　二十七册

230000－0902－0002165　500.6/8043
**春在堂全集**　(清)俞樾撰　清光緒刻本　一百册

230000－0902－0002166　500.61
**羅豫章先生集十二卷**　(宋)羅從彦撰　清同治十三年(1874)刻本　四册

230000－0902－0002167　500.61/4442
**石林遺書七種**　(宋)葉夢得撰　清光緒、宣統長沙葉德輝觀古堂刻本　七册

230000－0902－0002168　500.61/7772
**歐陽文忠公全集**　(宋)歐陽修撰　清光緒十九年(1893)澹雅書局刻本　三十二册

230000－0902－0002169　500.63/1032
**王文成公全書三十八卷**　(明)王守仁撰　清同治、光緒刻本　二十四册

230000－0902－0002170　500.63/1032
**陽明先生集要三種**　(明)王守仁撰　(明)施邦曜評輯　清宣統三年(1911)上海明明學社鉛印本　四册

230000－0902－0002171　500.63/1032
**陽明先生集要三編**　(明)王守仁撰　(明)施邦曜評輯　清光緒五年(1879)貴州扶風山陽明祠刻本　十四册

230000－0902－0002172　500.64/1053
**船山遺書**　(清)王夫之撰　清同治四年(1865)湘鄉曾國荃金陵節署刻本　一百四册

230000－0902－0002173　206.2/6715
**硃批諭旨三百六十卷**　(清)鄂爾泰等編　清光緒十三年(1887)上海點石齋石印朱墨本　六十册

230000－0902－0002174　500.65/1037
**古愚老人消夏錄**　(清)王汲撰　清乾隆、嘉慶古愚山房刻本　十五册

230000－0902－0002175　500.65
**授堂遺書**　(清)武億撰　清道光二十三年(1843)偃師武氏刻本　十六册

230000－0902－0002176　500.65/2022
**焦氏遺書**　(清)焦循撰　清光緒二年(1876)衡陽魏氏刻民國上海受古書店印本　四十册

230000－0902－0002177　500.65/2574
**朱氏羣書**　(清)朱駿聲撰　清道光二十九年(1849)刻本　二册

230000－0902－0002178　500.65/3708
**二思堂叢書**　(清)梁章鉅撰　清光緒元年(1875)福州梁氏刻本　十六册

230000－0902－0002179　500.64/3404
**洪北江全集二十三種二百二十二卷**　（清）洪亮吉撰　清光緒授經堂刻本　八十四冊

230000－0902－0002180　500.65/4039
**左文襄公全集**　（清）左宗棠撰　清光緒刻本　一百十五冊

230000－0902－0002181　500.65/4288
**援鶉堂筆記五十卷**　（清）姚範撰　清道光十五年（1835）淮南監制官署刻本　十六冊

230000－0902－0002182　500.65/7547
**唐人説薈一百六十四種**　（清）陳世熙輯　清道光二十三年（1843）刻本　二十四冊

230000－0902－0002183　500.65/8346
**潛研堂全書**　（清）錢大昕撰　清光緒長沙龍氏家塾刻本　八十冊

230000－0902－0002184　500.65/9748
**大雲山房文稿初集二集**　（清）惲敬撰　清光緒十四年（1888）湖北官書處刻本　八冊

230000－0902－0002185　500.66
**樓閣叢書二十六種**　（清）鄭學川撰　清同治三年（1864）刻本　二十冊

230000－0902－0002186　500.66/0070
**章氏遺書二種**　（清）章學誠撰　清道光十二年至十三年（1832－1833）章華紱刻本　五冊

230000－0902－0002187　500.66/0070
**章氏遺書二種**　（清）章學誠撰　清光緒三年（1877）貴陽刻本　五冊

230000－0902－0002188　500.66
**式訓堂叢書初集**　（清）章壽康輯　清光緒會稽章氏刻本　七冊

230000－0902－0002189　500.66/0887
**碧聲吟館叢書**　（清）許善長撰　清光緒仁和許氏刻本　三冊

230000－0902－0002190　500.66/2628
**程中丞全集**　程德全撰　清宣統鉛印本　九冊　缺一種（兩淮案牘鈔存）

230000－0902－0002191　500.66/2747
**安吳四種**　（清）包世臣撰　清同治十一年（1872）包誠刻本　十六冊

230000－0902－0002192　500.66/2816
**懷豳雜俎十二種**　徐乃昌撰　清光緒、宣統南陵徐氏刻本　八冊

230000－0902－0002193　500.66/3193
**汪龍莊遺書**　（清）汪輝祖撰　清光緒八年（1882）山東書局刻本　六冊

230000－0902－0002194　500.66/4030
**李文忠公全集**　（清）李鴻章撰　（清）吳汝綸編　清光緒三十一年至三十四年（1905－1908）金陵刻本　九十一冊　缺十九卷（譯署函稿一至六、海軍函稿一至二、電稿十三至二十三）

230000－0902－0002195　500.66/4429
**觀古堂所刊書**　葉德輝輯　清光緒中長沙葉氏刻本　九冊

230000－0902－0002196　500.66/4741
**胡文忠公遺集**　（清）胡林翼撰　清光緒元年（1875）湖北崇文書局刻本　三十二冊

230000－0902－0002197　500.66/7530
**五種遺規**　（清）陳宏謀輯　清光緒二十一年（1895）浙江書局刻本　十冊

230000－0902－0002198　500.66/8043
**春在堂全集**　（清）俞樾撰　清光緒五年（1879）刻本　六十冊

230000－0902－0002199　500.67/1044
**陶廬叢刻初集二十種二集七種**　王樹枏撰　清光緒至民國新城王氏刻本　一百九冊

230000－0902－0002200　500.7/3057
**二十五子彙函**　（清）鴻文書局輯　清光緒十九年（1893）上海鴻文書局石印本　十六冊

230000－0902－0002201　500.7/3143
**秘書廿一種**　（清）汪士漢輯　清文盛堂刻本　二十冊

230000－0902－0002202　500.82/1083

**小方壺齋輿地叢鈔十二帙**　王錫祺纂　清光緒鉛印本　六十一册

230000－0902－0002203　308.1/8408
**百美圖新詠不分卷**　題鑑塘主人撰　清同治九年(1870)義盛堂刻本　四册

230000－0902－0002204　404.3/1248
**四六叢話三十三卷選詩叢話一卷**　(清)孫梅輯　清光緒七年(1881)刻本　十一册　存三十二卷(三至三十三、選詩叢話一卷)

230000－0902－0002205　403.1/7530
**詩比興箋四卷**　(清)陳沆撰　清光緒九年(1883)彭祖賢武昌刻本　二册

230000－0902－0002206　403.5/1120
**天下同文一卷補遺一卷附錄一卷**　(元)□□編　清宣統三年(1911)雙照樓鉛印本　一册

230000－0902－0002207　402.3/2624
**古文觀止十二卷**　(清)吳乘權　(清)吳大職輯　清光緒三十二年(1906)蘇州掃葉山房刻本　五册

230000－0902－0002208　405.2/4923
**花間集十卷**　(五代)趙崇祚輯　清光緒十九年(1893)王鵬運四印齋刻本　一册

230000－0902－0002209　401/2540
**楚辭集注八卷**　(宋)朱熹撰　清康熙聽雨齋刻八十四家評點朱墨套印本　四册

230000－0902－0002210　402.4/0013
**宋丞相文山先生全集二十卷**　(宋)文天祥撰　清康熙焉文堂刻本　十册

230000－0902－0002211　405.53/4037
**笠翁十種曲**　(清)李漁撰　清大文堂刻本　二十册

230000－0902－0002212　403/4450
**十種唐詩選**　(清)王士禛删纂　清康熙刻本　一册　存六種八卷(國秀集選一卷、篋中集選一卷、搜玉集選一卷、御覽詩集選一卷、才調集選三卷、極玄集選一卷)

230000－0902－0002213　308.31/4777
**印文考略不分卷**　(清)鞠履厚撰　清乾隆留耕堂刻本　一册

230000－0902－0002214　403.12/4420
**文選六十卷**　(南朝梁)蕭統編　(唐)李善注　清乾隆雙桂堂刻本　十六册

230000－0902－0002215　403.12/7782
**古詩箋三十二卷**　(清)王士禛選　(清)聞人倓箋　清乾隆芷蘭堂刻本　四册

230000－0902－0002216　403.19/3022
**才調集補注十卷**　(五代)韋縠輯　(清)殷元勳箋注　(清)宋邦綏補注　清乾隆五十八年(1793)思補堂刻本　六册

230000－0902－0002217　302.2/0440
**火龍經三卷二集三卷三集二卷**　(明)劉基等增輯　清刻本　八册

230000－0902－0002218　405.2/1022
**清綺軒詞選十三卷**　(清)夏秉衡輯　清乾隆十六年(1751)清綺軒刻本　六册

230000－0902－0002219　403.2/4418
**古文析義十四卷**　(清)林雲銘評注　清乾隆五十年(1785)書業堂刻本　六册

230000－0902－0002220　403.26/4012
**蘭言詩鈔四卷**　(清)李瑞編　(清)穆騰額注釋　清光緒十二年(1886)上洋務本堂刻本　四册

230000－0902－0002221　405.3/7593
**玉獅堂傳奇十種曲附悲鳳曲一種**　(清)陳烺撰　清光緒十七年(1891)刻本　十四册

230000－0902－0002222　405.1/2523
**玉屑詞三卷**　(清)朱寯瀛撰　清光緒二十七年(1901)刻本　一册

230000－0902－0002223　405.53/6641
**鶴歸來傳奇二卷**　(清)瞿頡填詞　(清)周昂評點　清刻本　六册

230000－0902－0002224　404.39/3708
**文選旁證四十六卷**　(清)梁章鉅撰　清光緒八年(1882)吳下刻本　十二册

230000－0902－0002225　403.117/1173
**校正硃批增注七家詩選七卷**　(清)張熙宇輯評　清光緒六年(1880)上海掃葉山房朱墨套印本　四册

230000－0902－0002226　403.117/1084
**一微塵集五卷**　(清)王毓菁等撰　(清)何震彝校錄　清宣統元年(1909)江陰何氏覞芬室鉛印本　一册

230000－0902－0002227　403.114/5343
**宋七家詞選七卷**　(清)戈載輯　(清)杜文瀾校注　清光緒十一年(1885)曼陀羅華閣刻本　四册

230000－0902－0002228　403.114/8094
**樂府雅詞三卷拾遺二卷**　(宋)曾慥輯　清嘉慶二十一年(1816)秦氏享帚精舍刻詞學叢書本　六册

230000－0902－0002229　401/0163
**離騷箋二卷**　(清)龔景瀚撰　清光緒二年(1876)湖北崇文書局刻本　一册

230000－0902－0002230　401/2622
**離騷草木疏四卷**　(宋)吳仁傑撰　清光緒三年(1877)湖北崇文書局刻本　一册

230000－0902－0002231　405.1/7730
**草窗詞二卷補二卷**　(宋)周密撰　(清)朱古微輯　清光緒二十六年(1900)歸安朱氏刻本　一册

230000－0902－0002232　403.3/0845
**六朝文絜四卷**　(清)許槤評選　清光緒三年(1877)南海馮焌光刻朱墨套印本　四册

230000－0902－0002233　403.22/1014
**賦鈔箋略十五卷**　(清)雷琳　(清)張杏濱箋　清嘉慶二十二年(1817)刻本　四册

230000－0902－0002234　403.2145/4420
**金文雅十六卷**　(清)莊仲方編　清光緒十七年(1891)江蘇書局刻本　四册

230000－0902－0002235　308.32/1013
**古印蜕不分卷**　(清)王汝達輯　清光緒三十三年(1907)鈐印本　一册

230000－0902－0002236　308.1/2627
**青霞館論畫絕句一百首不分卷**　(清)吳修撰　清光緒二年(1876)葛氏嘯園刻本　一册

230000－0902－0002237　402.3/4780
**昌黎先生集四十卷遺文一卷**　(唐)韓愈撰　(唐)李漢編　清同治九年(1870)廣東述古堂刻本　八册

230000－0902－0002238　402.3/4450
**杜工部集二十卷首一卷**　(唐)杜甫撰　(明)王世貞等評點　清光緒二年(1876)粵東翰墨園刻六色套印本　十册

230000－0902－0002239　402.3/4428
**樊川文集二十卷外集一卷别集一卷**　(唐)杜牧撰　清光緒二十二年(1896)成都楊氏景蘇園影宋刻本　四册

230000－0902－0002240　402.3/4007
**東澗寫校李商隱詩集三卷**　(唐)李商隱撰　清宣統元年(1909)影印本　二册

230000－0902－0002241　402.3/8080
**溫飛卿詩集箋注九卷**　(唐)溫庭筠撰　(明)曾益注　(清)顧予咸補注　清宣統二年(1910)影印本　四册

230000－0902－0002242　211.5/1071
**大嶽太和山紀略八卷**　(清)王槩　(清)姚世倌等輯　清乾隆九年(1744)下荊南道署刻本　八册

230000－0902－0002243　403.21/2169
**楊盈川集十卷**　(唐)楊炯撰　清同治中鄒氏葄雅居刻初唐四傑集本　三册

230000－0902－0002244　403.21/2169
**盧昇之集七卷**　(唐)盧照鄰撰　清同治中鄒氏葄雅居刻初唐四傑集本　二册

230000－0902－0002245　403.1/1046
**新鐫五言千家詩箋注二卷附諸名家百花詩不分卷**　(清)王相選注　清光緒十年(1884)上洋掃葉山房刻本　二册

230000－0902－0002246　403.2/0040
**古文苑九卷**　（□）□□輯　清光緒五年(1879)飛青閣影宋刻本　二冊

230000－0902－0002247　403.11/0099
**唐詩三百首註釋六卷**　題(清)蘅塘退士編　(清)章燮注　**續選一卷**　(清)于慶元編　清光緒十年(1884)刻本　八冊

230000－0902－0002248　402.3/3120
**昌黎先生詩增注證訛十一卷**　(清)顧嗣立刪補　(清)黃鉞增注證訛　清道光二十八年(1848)二客軒刻咸豐七年(1857)四明鮑氏印本　四冊

230000－0902－0002249　402.4/4407
**宋黃文節公全集正集三十二卷首四卷續集十卷首一卷附刻大臨詞一卷外集二十四卷首一卷別集十九卷首一卷**　(宋)黃庭堅撰　**黃青社伐檀集二卷**　(宋)黃庶撰　清光緒二十年(1894)義寧州署刻本　二十八冊

230000－0902－0002250　402.4/4453
**重刊明成化本東坡七集一百十卷**　(宋)蘇軾撰　清光緒至宣統端方寶華盦刻朱印本　三十五冊　缺十卷(東坡集一至十)

230000－0902－0002251　402.24/4032
**支遁集二卷**　(晉)釋支遁撰　**補遺一卷**　(清)蔣清翊輯　清光緒十年(1884)邵武徐氏刻本　一冊

230000－0902－0002252　402.24/4032
**琴操二卷補一卷**　(漢)蔡邕撰　清光緒十年(1884)邵武徐氏刻本　一冊

230000－0902－0002253　402.7/1120
**西廬文集四卷**　(明)張雋撰　清宣統三年(1911)鉛印本　二冊

230000－0902－0002254　402/6032
**桐城吳氏文法教科書不分卷**　吳闓生撰　清光緒三十一年(1905)鉛印本　一冊

230000－0902－0002255　402.4/4407
**山谷詩集注二十卷外集十七卷別集二卷**　(宋)黃庭堅撰　(宋)任淵等注　清光緒二十五年(1899)刻本　二十冊

230000－0902－0002256　207.11/1066
**列仙傳校正本二卷讚一卷**　(漢)劉向撰　(清)王照圓校　**夢書一卷**　(清)王照圓輯　清光緒刻郝氏遺書本　一冊

230000－0902－0002257　402.4/7438
**鑑綱詠略八卷**　(清)張應鼎撰　(清)柯章龍輯注　清同治十二年(1873)南昌刻本　八冊

230000－0902－0002258　207.11/6023
**聖賢像贊三卷**　(明)呂維祺輯　清光緒四年(1878)曲阜會文堂刻本　四冊

230000－0902－0002259　402.4/4943
**角山樓蘇詩評注彙鈔二十卷附錄三卷目錄二卷**　(清)趙克宜輯訂　清咸豐維楊王永元刻本　八冊

230000－0902－0002260　402.4/1114
**岳忠武王文集八卷首一卷末一卷**　(宋)岳飛撰　(清)黃邦寧纂修　(清)郝延年補修　清同治十一年(1872)王鵬越刻本　四冊

230000－0902－0002261　402.3/2676
**白香山詩長慶集二十卷別集一卷後集十七卷補遺二卷附年譜一卷年譜舊本一卷**　(唐)白居易撰　(清)汪立名編　清宏道堂刻本　十二冊

230000－0902－0002262　402.7/5045
**漁洋山人精華錄訓纂十卷補五卷首一卷附金氏精華錄箋注辨訛一卷**　(清)惠棟撰　**漁洋山人自撰年譜二卷**　(清)王士禛撰　惠棟註補　**附錄一卷**　(清)王啓汸　(清)王啓汧撰　清光緒十七年(1891)會稽徐氏述史樓刻本　十四冊

230000－0902－0002263　404.1/1036
**司空詩品註釋一卷**　(唐)司空圖撰　清光緒元年(1875)掃葉山房刻本　一冊

230000－0902－0002264　500.1/3436
**香豔小品八種**　沈宗畸輯　清宣統元年

(1909)番禺沈氏石印本　四冊

230000－0902－0002265　500.14/4023
**李氏五種**　(清)李兆洛撰　清光緒十四年(1888)上海掃葉山房刻本　十二冊

230000－0902－0002266　500.15/0848
**榆園叢刻十三種附娛園叢刻十種**　(清)許增輯　清同治、光緒刻本　十九冊

230000－0902－0002267　500.15/3136
**小石山房叢書三十八種六十四卷**　(清)顧湘輯　清同治十三年(1874)虞山顧氏刻本　二十冊

230000－0902－0002268　500.15/4141
**咫進齋叢書六種十七卷**　(清)姚覲元輯　清光緒九年(1883)歸安姚氏刻本　六冊

230000－0902－0002269　205/4029
**灩澦囊五卷**　(清)李馥榮輯　清道光二十七年(1847)退思軒刻本　五冊

230000－0902－0002270　500.66/8700
**胡文忠公遺集八十六卷首一卷**　(清)胡林翼撰　(清)曾國荃　(清)鄭敦輯　清光緒元年(1875)湖北崇文書局刻本　三十二冊

230000－0902－0002271　500.66/8700
**胡文忠公遺集八十六卷首一卷**　(清)胡林翼撰　(清)曾國荃　(清)鄭敦輯　清光緒元年(1875)湖北崇文書局刻本　三十二冊

230000－0902－0002272　500.82/1083
**小方壺齋輿地叢鈔十二帙**　(清)王錫祺輯　清光緒十七年(1891)上海著易堂鉛印本　三十冊　存八帙(一至三、六至八、十一至十二)

230000－0902－0002273　214.12/8042
**補後漢書藝文志一卷考十卷**　曾樸撰　清光緒二十一年(1895)錫山文苑閣木活字印本　六冊

230000－0902－0002274　304/3131
**佩文齋廣羣芳譜一百卷**　(清)汪灝等撰　清同治七年(1868)江左書林刻本　四十八冊

230000－0902－0002275　214.18/3388
**經籍訪古志六卷補遺一卷**　(日本)澀江全善　(日本)森立之撰　清光緒十一年(1885)徐承祖鉛印本　八冊

230000－0902－0002276　305/3044
**重刊補註洗冤錄集證六卷**　(清)王又槐增輯　(清)李觀瀾補輯　(清)阮其新補注　清光緒八年(1882)京都寶文堂刻四色套印本　六冊

230000－0902－0002277　211/3404
**東晉疆域志四卷**　(清)洪亮吉撰　清嘉慶元年(1796)京師刻本　二冊

230000－0902－0002278　301.41/7707
**周濂溪先生全集十三卷**　(宋)周敦頤撰　(清)張伯行編　清同治五年(1866)福州正誼書院刻本　四冊

230000－0902－0002279　405.53/4127
**紅樓夢散套十六卷**　(清)荊石山民填詞　清嘉慶二十年(1815)蟾波閣刻本　四冊

230000－0902－0002280　203.7/4403
**平定粵匪紀略十八卷附記四卷**　(清)杜文瀾撰　清同治八年(1869)群玉齋木活字印本　十冊

230000－0902－0002281　302.6/3640
**火攻挈要三卷圖一卷**　(明)焦勖纂　(德國)湯若望授　清道光刻本　一冊　存一卷(火攻挈要卷上)

230000－0902－0002282　308.13/4643
**欽定夢墨樓法帖十卷**　(清)陳奕禧書　清雍正十二年(1734)刻拓印本　九冊　存九卷(一、三至十)

230000－0902－0002283　308.13/4084
**山海經圖讃一卷**　(清)李鐵林書　清光緒十七年(1891)手寫本　一冊

230000－0902－0002284　308.13/4084
**盧鴻終南草堂十志歌詞一卷**　(清)李鐵林書　清光緒十三年(1887)寫本　一冊

230000－0902－0002285　308.13/4444

**桂林書行楷字帖不分卷** (清)李桂林書 清末寫本 一冊

230000－0902－0002286 308.13/1133
**張文襄公真蹟一卷** (清)張之洞書 清末寫本 一冊

230000－0902－0002287 308.13/2011
**吴文碑一卷** (唐)釋大雅集 (晉)王羲之書 唐開元九年(721)刻拓印本 一冊

230000－0902－0002288 308.13/1124
**圭峯禪師碑不分卷** (唐)裴休書 唐大中九年(855)刻拓印本 一冊

230000－0902－0002289 402.6/7244
**太師誠意伯劉文成公集二十卷首一卷** (明)劉基撰 清光緒二十六年(1900)浙江書局刻民國五年(1916)增刻本 十冊

230000－0902－0002290 402.6/7244
**太師誠意伯劉文成公集二十卷首一卷** (明)劉基撰 清光緒二十六年(1900)浙江書局刻民國五年(1916)增刻本 十冊

230000－0902－0002291 308.13/3150
**時晴齋法帖十卷** (清)汪由敦書 清乾隆刻拓印本 六冊 存六卷(一、二、四至五、七、九)

230000－0902－0002292 403.11/3102
**明三十家詩選初集八卷二集八卷** (清)汪端輯 清道光二年(1822)刻本 八冊

230000－0902－0002293 405.217/4708
**太素齋詞鈔二卷** (清)勒方錡撰 清光緒十年(1884)刻本 一冊

230000－0902－0002294 405.217/4708－1
**太素齋詞鈔二卷** (清)勒方錡撰 清光緒十年(1884)刻本 一冊

230000－0902－0002295 308.3/0731
**松雪堂印萃不分卷** (清)郭啟翼刻 清乾隆鈐印本 八冊

230000－0902－0002296 211.1/6031
**山海經十八卷** (晉)郭璞傳 (清)畢沅校正 清乾隆四十八年(1783)畢氏經訓堂刻本 六冊

230000－0902－0002297 214.194/2528
**經義攷二百九十八卷目錄二卷** (清)朱彝尊撰 清乾隆二十年(1755)盧見曾刻本 四十冊 存二百九十七卷(一至二百八十五、二百八十七至二百九十八)

230000－0902－0002298 215/3340
**史通通釋二十卷附錄一卷** (清)浦起龍撰 清乾隆十七年(1752)梁溪浦氏求放心齋刻本 四冊

230000－0902－0002299 110.21/4426
**説文字原集注十六卷説文字原表一卷表説一卷** (清)蔣和撰 清乾隆刻本 四冊

230000－0902－0002300 402.7/4432
**香屑集十八卷首一卷末一卷** (清)黃之雋集 清雍正十二年(1734)遂初園刻本 八冊

230000－0902－0002301 101.1/1033
**易見九卷首一卷啟蒙二卷** (清)貢渭濱撰 清乾隆二十四年(1759)脈望書樓刻本 十六冊

230000－0902－0002302 103.1/0821
**詩深二十六卷首二卷** (清)許伯政撰 清乾隆刻本 六冊

230000－0902－0002303 105.11/4240
**春秋左傳杜注三十卷首一卷** (清)姚培謙撰 清乾隆十一年(1746)陸氏小鬱林刻本 八冊

230000－0902－0002304 403.4/3452
**毛詩明辯錄十卷** (清)沈青崖撰 清乾隆十四年(1749)毛德基刻本 四冊

230000－0902－0002305 105.4/0044
**春秋比事目錄四卷** (清)方苞撰 (清)王兆符 (清)程崟編 清乾隆九年(1744)方苞抗希堂刻本 二冊

230000－0902－0002306 312.5/1441
**快心編傳奇初集五卷十回二集五卷十回三集**

六卷十二回　題（清）天花才子撰　（清）四橋居士評點　清課花書屋刻本　十六冊

230000－0902－0002307　215.3/7222
**評鑑闡要十二卷**　（清）劉統勲等纂　清乾隆三十六年(1771)內府刻本　六冊

230000－0902－0002308　405.52/4487
**新刻出像點板時尚崑腔雜出醉怡情八卷**　題（清）青溪菰蘆釣叟輯　清刻本　八冊

230000－0902－0002309　312.5/6050
**平妖傳八卷四十回**　（明）羅本撰　（明）馮夢龍補　清刻本　八冊

230000－0902－0002310　313.1/2234
**御錄宗鏡大綱二十卷**　（清）世宗胤禛撰　清雍正十二年(1734)武英殿刻本　四冊

230000－0902－0002311　500.12/0032
**稗海七十種四百四十九卷**　（明）商濬輯　清康熙振鷺堂刻本　四十八冊

230000－0902－0002312　401/4418
**楚辭燈四卷楚懷襄二王在位事跡攷一卷**　（清）林雲銘撰　**屈原列傳一卷**　（漢）司馬遷撰　清康熙三十六年(1697)挹奎樓刻本　四冊

230000－0902－0002313　403.116/2528
**明詩綜一百卷**　（清）朱彝尊輯　（清）汪森（清）胡期恒等評　清乾隆吳氏清來堂刻本　二十八冊

230000－0902－0002314　313.1/2234
**御錄經海一滴六卷**　（清）世宗胤禛輯錄　清雍正十三年(1735)刻本　六冊

230000－0902－0002315　311.1/2129
**省軒攷古類編十二卷**　（清）柴紹炳輯　（清）姚廷謙評　清雍正澹成堂刻本　二冊

230000－0902－0002316　211.5/2311
**西湖志四十八卷**　（清）傅玉露等撰　清雍正兩浙鹽驛道庫刻本　二十冊

230000－0902－0002317　308.13/1034
**淳化祕閣法帖攷正十卷附二卷**　（清）王澍撰　清雍正詩鼎齋刻本　八冊

230000－0902－0002318　202.7/4303
**大清文宗顯皇帝實錄三百五十六卷**　（清）賈楨　（清）周祖培等纂修　清咸豐七年(1857)內府紅格抄本　一冊　存一卷(二百二十六)

230000－0902－0002319　110.19/7426
**埤雅二十卷**　（宋）陸佃撰　清刻本　六冊

230000－0902－0002320　500.13/9456
**賞奇軒四種合編四卷**　（清）□□輯　清刻本　四冊

230000－0902－0002321　206.2/6715
**硃批諭旨三百六十卷**　（清）世宗胤禛編　清乾隆三年(1738)朱墨套印本　一百一十二冊

230000－0902－0002322　211.2/3764
**[咸豐]重修興化縣志十卷**　（清）梁國棣修（清）劉熙載等纂　清咸豐二年(1852)尊經閣刻本　十冊

230000－0902－0002323　305.19/1074
**重刊補注洗冤錄集證五卷附錄六種**　（清）王又槐增輯　（清）李觀瀾補輯　（清）阮其新補注　清光緒十七年(1891)京都琉璃廠刻四色套印本　六冊

230000－0902－0002324　107.4/4444
**萬充宗先生經學五書**　（清）萬斯大撰　清乾隆萬福刻嘉慶印本　六冊

230000－0902－0002325　107.4/1103
**稽古日鈔八卷**　（清）張方湛等輯　清乾隆二十九年(1764)秋曉山房刻本　四冊

230000－0902－0002326　108.51/4061
**四書反身錄八卷**　（清）李顒撰　清刻本　四冊

230000－0902－0002327　203.1/7175
**繹史一百六十卷首一卷**　（清）馬驌撰　清康熙刻本　四十四冊　存一百三十七卷(二十四至一百六十)

230000－0902－0002328　203.1/7175
**繹史一百六十卷首一卷**　（清）馬驌撰　清康

熙刻光緒十五年(1889)金匱蒲氏重修本　三十二册

230000－0902－0002329　205.17/2613
**晉史乘一卷楚史檮杌一卷**　(□)□□撰　(明)吳琯校　明刻古今逸史本　一册

230000－0902－0002330　205.6/7334
**荊駝逸史五十八種附一種**　(清)陳湖逸士輯　清刻本　三十六册

230000－0902－0002331　206.2/6715
**硃批諭旨三百六十卷**　(清)鄂爾泰等編　清刻朱墨套印本　九十二册

230000－0902－0002332　206.2/6715
**硃批諭旨三百六十卷**　(清)鄂爾泰等編　清刻朱墨套印本　九十九册　缺(十三册)

230000－0902－0002333　207.11/8346
**疑年錄四卷**　(清)錢大昕撰　清嘉慶十八年(1813)刻本　一册

230000－0902－0002334　107.3/1013
**經傳釋詞十卷**　(清)王引之撰　清刻本　四册

230000－0902－0002335　207.127/4372
**貳臣傳二十卷逆臣傳八卷四王傳二卷**　(清)□□撰　清木活字印本　六册

230000－0902－0002336　207.126/3145
**史外三十二卷**　(清)汪有典撰　清刻本　六册

230000－0902－0002337　102.41/8352
**欽定春秋傳説彙纂三十八卷首二卷**　(清)王掞等撰　清刻本　二十册　存三十三卷(一至九、十一至十八、二十一至三十五,首下)

230000－0902－0002338　207.27/3423
**沈德潛年譜一卷**　(清)沈德潛撰　清乾隆二十九年(1764)教忠堂刻沈歸愚詩文全集本　一册

230000－0902－0002339　403.22/2049
**皋座草堂古文美觀不分卷**　(清)□□撰　清抄本　十六册

230000－0902－0002340　403.22/0008
**文章雜鈔不分卷**　(清)□□撰　清抄本　四册

230000－0902－0002341　211.2/8011
**[乾隆]臨榆縣志十四卷首一卷**　(清)鍾和梅纂修　清乾隆二十一年(1756)刻本　六册

230000－0902－0002342　403.18/3409
**清南苑大閱頌詞一百章**　(清)達麟撰　清抄本　三册

230000－0902－0002343　402.7/4327
**西堂全集四種附一種一百三十卷**　(清)尤侗撰　清康熙刻本　十九册　存五十四卷(西堂文集二十四卷、西堂詩集二十四卷、附湘中草六卷)

230000－0902－0002344　402.7/4327
**西堂全集四種附一種一百三十卷**　(清)尤侗撰　清康熙刻本　三十六册　存一百二十七卷(西堂文集二十四卷、西堂詩集三十卷、西堂餘集六十七卷、附湘中草六卷)

230000－0902－0002345　403.21/2812
**國朝二十四家文鈔二十四卷**　(清)徐斐然輯　清乾隆六十年(1795)刻本　八册

230000－0902－0002346　405.5/2717
**雲林別墅繪像妥注第六才子書六卷首一卷**　(清)鄒聖脈注　清乾隆五十三年(1788)刻本　六册

230000－0902－0002347　405.53/4037
**憐香伴傳奇二卷**　(清)李漁撰　清刻本　二册

230000－0902－0002348　308.32/2137
**印史五卷**　(明)何通摹印　明鈐印本　一册　存一卷(四)

230000－0902－0002349　308.32/1020
**醉愛居印賞二卷**　(清)王睿章刻印　清乾隆鈐印本　一册

230000－0902－0002350　308.32/0725
**松筠桐蔭館印譜三卷附集印一卷**　(清)郭偉

勷等輯　清乾隆四十三年(1778)鈐印本　五冊

230000－0902－0002351　308.32/0725
**松筠桐蔭館印譜三卷附集印一卷**　(清)郭偉勷等輯　清乾隆四十三年(1778)鈐印本　六冊

230000－0902－0002352　305.11/1411
**黃帝內經素問集注九卷**　(清)張志聰撰　清康熙刻本　六冊

230000－0902－0002353　310.3/1014
**西山日記二卷**　(明)丁元薦撰　清康熙二十八年(1689)先醒齋刻本　四冊

230000－0902－0002354　305.7/1040
**唐王燾先生外臺秘要方四十卷**　(唐)王燾撰　明崇禎十三年(1640)程氏經餘居刻本　三十二冊

230000－0902－0002355　305.19/4054
**太和堂詳校醫宗必讀十卷**　(明)李中梓撰　清乾隆四十六年(1781)刻本　六冊

230000－0902－0002356　402.3/4453
**杜工部集二十卷首一卷**　(唐)杜甫　清道光十四年(1834)芸葉盦五色套印本　八冊

230000－0902－0002357　211.2/1085
**欽定日下舊聞考一百六十卷**　(清)于敏中等撰　清刻本　三十五冊　存一百十六卷(一至二十、四十一至一百十六、一百四十一至一百六十)

230000－0902－0002358　207.5/1204
**孔氏大宗譜一卷附支譜十三種孔氏支譜齒序一卷**　(清)孔廣林錄　清刻本　一冊

230000－0902－0002359　207.3/1040
**朱子[熹]年譜四卷考異四卷附錄二卷**　(清)王懋竑纂訂　清乾隆十七年(1752)王氏白田草堂刻清末浙江書局補刻本　四冊

230000－0902－0002360　402.7/2704
**壯悔堂文集不分卷**　(清)侯方域撰　清抄本　四冊

230000－0902－0002361　207.27/7637
**覺羅寶興列傳一卷**　(清)□□撰　清內府抄本　一冊

230000－0902－0002362　402.6/0038
**青邱高季迪先生詩集十八卷遺詩一卷扣弦集一卷鳧藻集五卷年譜一卷附錄一卷**　(明)高啟撰　(清)金壇輯注　清雍正六年(1728)文瑞樓刻本　八冊

230000－0902－0002363　307.3/2838
**嚴陵張九儀增釋地理琢玉斧巒頭歌括不分卷**　(明)徐之鏌撰　清刻本　三冊

230000－0902－0002364　212.17/2514
**皇朝詞林典故六十四卷**　(清)朱珪等撰　清嘉慶十年(1805)武英殿刻本　七冊　存十四卷(一至十四)

230000－0902－0002365　207.5/6715
**欽定八旗滿洲氏族通譜八十卷目錄二卷**　(清)鄂爾泰等撰　清乾隆九年(1744)武英殿刻本　二十四冊　存五十七卷(一至三十二、五十八至八十,目錄二卷)

230000－0902－0002366　301.44/2540
**小學集註六卷**　(宋)朱熹撰　清雍正五年(1727)武英殿刻本　二冊

230000－0902－0002367　405.53/4448
**紅雪樓九種曲十三卷**　(清)蔣士銓撰　清刻本　十冊

230000－0902－0002368　308.32/3223
**清代名家印譜不分卷**　(清)□□輯　清鈐印本　四冊

230000－0902－0002369　314.24/5034
**太極靈寶祭煉科儀二卷**　(清)婁近垣增訂　清乾隆刻本　二冊

230000－0902－0002370　314.29/2690
**最樂編六卷**　(明)高道淳輯　清乾隆六十年(1795)刻本　六冊

230000－0902－0002371　402.3/3340
**讀杜心解六卷首一卷**　(清)浦起龍撰　清雍

正三年(1725)寧我齋刻本　十册

230000－0902－0002372　402.3/4007
**李義山詩集箋注三卷詩話一卷年譜一卷**　(清)朱鶴齡撰　清乾隆東柯草堂刻本　四册

230000－0902－0002373　311.2/4483
**歷代名賢列女氏姓譜一百五十七卷**　(清)蕭智漢輯　清乾隆五十七年(1792)聽濤山房刻嘉慶二十年(1815)刻本　八十册

230000－0902－0002374　402.7/7552
**枕善堂尺牘一隅二十卷**　(清)陳春舫撰　清抄本　八册

230000－0902－0002375　403.2/2847
**御選古文淵鑒六十四卷**　(清)徐乾學等編　清康熙内府刻五色套印本　四十册

230000－0902－0002376　402.4/4430
**水心文集二十九卷**　(宋)葉適撰　清乾隆二十年(1755)刻本　十二册

230000－0902－0002377　401/2540
**楚辭集注八卷**　(宋)朱熹撰　清康熙聽雨齋刻八十四家評點朱墨套印本　六册

230000－0902－0002378　402.7/1034
**半舫齋古文八卷**　(清)夏之蓉撰　(清)戴祖啟批點　清乾隆三十六年(1771)刻本　四册

230000－0902－0002379　403.1/1132
**唐詩類苑二百卷**　(明)張之象輯　明萬曆二十九年(1601)曹仁孫刻本　二十八册　存一百卷(四十九至一百、一百二十四至一百四十七、一百七十七至二百)

230000－0902－0002380　500.13/2168
**雅雨堂藏書十二種**　(清)盧見曾輯　清乾隆二十一年(1756)德州盧氏刻本　二十二册

230000－0902－0002381　308.3/3119
**歷朝印識五卷**　(清)馮承輝撰　清道光十七年(1837)文學山房木活字印本　二册

230000－0902－0002382　207.11/1028
**於越先賢像傳贊二卷**　(清)王齡撰　清咸豐六年(1856)蕭山王氏養和堂刻本　二册

230000－0902－0002383　202.9/6031
**續資治通鑑二百二十卷**　(清)畢沅撰　清嘉慶二年(1797)鎮洋畢氏刻六年(1801)桐鄉馮集梧補刻同治八年(1869)江蘇書局重修本　五十六册　存二百七卷(一至一百八、一百十五至一百十八、一百二十三至一百四十、一百四十四至二百二十)

230000－0902－0002384　207.126/3145
**前明忠義别傳三十二卷**　(清)汪有典纂　清道光二十五年(1845)木活字印本　十二册

# 黑龍江省齊齊哈爾市圖書館古籍普查登記目録

全國古籍普查登記目録

國家圖書館出版社
National Library of China Publishing House

230000－0903－0000001　380－1/2
**妙法蓮華經七卷**　(後秦)釋鳩摩羅什譯　明永樂七年(1409)內府刻本　一冊　存四卷(一至二、六至七)

230000－0903－0000002　370－2/2
**中華古今注三卷**　(五代)馬縞撰　明弘治十四年(1501)無錫華氏影宋百川學海本　一冊

230000－0903－0000003　420－6/1
**新刊宋學士全集三十三卷**　(明)宋濂撰　明嘉靖三十年(1551)韓叔陽刻本　十二冊

230000－0903－0000004　410/1
**楚辭二卷**　(戰國)屈原等撰　明萬曆四十八年(1620)閔齊伋刻三色套印本　二冊

230000－0903－0000005　110/21
**御纂周易折中二十二卷首一卷**　(清)李光地等撰　清康熙五十四年(1715)武英殿刻同治八年(1869)永懷堂刻本　十二冊

230000－0903－0000006　310/11
**大學衍義四十三卷**　(宋)眞德秀撰　明弘治刻本　八冊

230000－0903－0000007　190－2/15
**康熙字典三十六卷總目一卷檢字一卷辯似一卷等韻一卷補遺一卷備考一卷**　(清)張玉書　(清)陳廷敬編　(清)淩紹雯纂修　清康熙五十五年(1716)內府刻本　四十冊

230000－0903－0000008　140－3/4
**禮記集說三十卷**　(元)陳澔撰　明刻本　二十四冊

230000－0903－0000009　190－2/1
**說文解字十五卷**　(漢)許慎撰　(宋)徐鉉等校定　明汲古閣刻本　八冊

230000－0903－0000010　140－3/3
**禮記集說十六卷**　(元)陳澔撰　明正統十二年(1447)司禮監刻本　八冊

230000－0903－0000011　400－2/7
**蘇黃尺牘六卷**　(明)鍾惺　(明)譚元春選　明刻本　六冊

230000－0903－0000012　130－2
**詩集傳二十卷詩序辨說一卷詩傳綱領一卷詩圖一卷**　(宋)朱熹撰　明正統十二年(1447)司禮監刻本　十六冊

230000－0903－0000013　140－1/1
**儀禮明解二十卷**　(明)何喬新撰　明正德刻本　五冊　存八卷(十三至二十)

230000－0903－0000014　340－4/
**東垣十書**　(金)李杲編　明萬曆敦化堂刻本　十六冊

230000－0903－0000015　420－3/8
**元豐類稾五十卷**　(宋)曾鞏撰　明刻本　十一冊　存二十八卷(二十三至五十)

230000－0903－0000016　420－7/37
**御製詩初集四十四卷**　(清)高宗弘曆撰　清乾隆十四年(1749)內府刻本　二十四冊

230000－0903－0000017　230/5
**貞觀政要十卷**　(唐)吳兢撰　明成化元年(1465)內府刻本　六冊

230000－0903－0000018　380－1/8
**慈悲水懺法三卷**　(唐)釋知玄撰　明正統元年(1436)阮普興泥金寫本(有圖)　三冊

230000－0903－0000019　420－6/5
**鳥鼠山人小集十卷後集一卷**　(明)胡世甫撰　(明)馬驥等校　明嘉靖十八年(1539)李濂刻本　八冊

230000－0903－0000020　420－6/2
**解學士文集十卷**　(明)解縉撰　明嘉靖四十一年(1562)刻本　十冊

230000－0903－0000021　420－2/9
**李頎集三卷**　(唐)李頎撰　明嘉靖刻本　一冊

230000－0903－0000022　420－7/7
**午亭文編五十卷**　(清)陳廷敬撰　(清)林佶輯錄　清康熙四十七年(1708)林佶刻本　十冊

230000－0903－0000023　420－7/38

**御製文二集四十四卷目録二卷** (清)高宗弘曆撰　清乾隆五十一年(1786)内府刻本　十二册

230000－0903－0000024　420－7/36
**御製詩六集五百七卷** (清)高宗弘曆撰 (清)蔣溥等編　清乾隆十四年(1749)内府刻本　二百十四册

230000－0903－0000025　400－1/12
**古文淵鑒六十四卷** (清)聖祖玄燁選 (清)徐乾學等編注　清康熙二十四年(1685)内府刻五色套印本　二十四册

230000－0903－0000026　400－1/13
**古文淵鑒六十四卷** (清)聖祖玄燁選 (清)徐乾學等編注　清康熙二十四年(1685)内府刻五色套印本　二十五册

230000－0903－0000027　190－2/7
**千文六書統要二卷** (明)李登訂 (明)胡正言篆　明崇禎胡正言十竹齋刻本　四册

230000－0903－0000028　420－1/2
**蔡中郎集八卷** (漢)蔡邕撰 (明)汪士賢校　明萬曆至天啓汪氏刻漢魏諸名家集本　四册

230000－0903－0000029　500－1/3
**太平御覽一千卷** (宋)李昉等撰　明萬曆二年(1574)周堂銅活字印本(卷七百六十三爲手抄補配本)　一册　存五卷(七百六十一至七百六十五)

230000－0903－0000030　310/7
**潛夫論十卷附王符傳一篇** (漢)王符撰 (明)程榮校　明萬曆新安程氏刻漢魏叢書本　三册

230000－0903－0000031　360－2/1
**集古印譜五卷** (明)甘暘編　明萬曆二十四年(1596)刻鈐印本　五册

230000－0903－0000032　320/3
**韓非子二十卷** (戰國)韓非撰　**識誤三卷** (清)顧廣圻撰　清嘉慶二十三年(1818)全椒吳氏影宋刻本　四册

230000－0903－0000033　315/6
**沖虛至德真經八卷** (晉)張湛注 (唐)殷敬順釋文　明嘉靖十二年(1533)世德堂刻本　四册

230000－0903－0000034　365/2
**佩文齋廣群芳譜一百卷** (清)汪灝等撰　清康熙四十七年(1708)内府刻本　四十八册

230000－0903－0000035　140－1/1
**周禮明解十二卷** (明)何喬新撰　明正德刻本　五册

230000－0903－0000036　420－2/11
**朱文公校昌黎先生文集四十卷外集十卷集傳一卷遺文一卷遺詩一卷** (唐)韓愈撰　明正統十三年(1448)書林王宗玉刻本　十六册　存五十二卷(文集四十卷、外集十卷、集傳一卷、遺文一卷)

230000－0903－0000037　370－1/1
**鶡冠子三卷十九篇** (戰國)鶡冠子撰　唐貞觀三年(629)寫本　一軸　存一卷三篇(卷一五至七)

230000－0903－0000038　420－7/35
**樂善堂全集四十卷目録四卷** (清)高宗弘曆輯　清乾隆二年(1737)内府刻本　二十四册

230000－0903－0000039　190－1/5
**五雅全書** (明)郎奎金編　明天啓六年(1626)武林郎氏堂策檻刻本　六册

230000－0903－0000040　150－1/7
**呂東萊先生左氏博議十二卷** (宋)呂祖謙撰 (明)吳勉學校　明刻本　四册

230000－0903－0000041　110/28
**大易則通十五卷閏一卷** (清)胡世安撰　清順治十八年(1661)胡氏刻本　八册

230000－0903－0000042　110/19
**易經襯講二卷** (明)徐標編　清乾隆四十年(1775)惺惺齋刻本　四册

230000－0903－0000043　110/12

**周會魁校正易經大全二十卷首一卷**　(明)胡廣等撰　(明)周士顯校　明萬曆三十三年(1605)書林余氏刻本　十册

230000－0903－0000044　110/43
**理象解原四卷**　(清)朓圖撰　清乾隆十二年(1747)紫竹齋刻本　八册

230000－0903－0000045　110/40
**周易告蒙四卷圖注三卷**　(清)趙世迥撰　清乾隆三十八年(1773)四德堂刻本　六册

230000－0903－0000046　110/44
**易注十二卷附洪範傳一卷**　(清)崔致遠撰　清乾隆四年(1739)絳雲樓刻本　七册

230000－0903－0000047　110/47
**周易象理淺言十卷**　(清)張圻撰　(清)孫懿齋鑒定　清乾隆三十四年(1769)永譽堂刻本　十册

230000－0903－0000048　400－1/19
**御選唐宋文醇五十八卷**　(清)高宗弘曆輯　清乾隆三年(1738)武英殿刻五色套印本　二十四册

230000－0903－0000049　260－3/10
**御製人臣儆心録一卷**　(清)世祖福臨撰　清刻朱墨印本　一册

230000－0903－0000050　400－1/81
**御選唐宋詩醇四十七卷目録二卷**　(清)高宗弘曆選　清乾隆十五年(1750)刻五色套印本　十八册　缺十二卷(十至十三、三十六至三十七、四十至四十五)

230000－0903－0000051　110/17
**周易廣義四卷圖一卷**　(宋)程頤傳　(宋)朱熹本義　(清)鄭敷教廣義　清康熙二十三年(1684)松月樓刻本　八册

230000－0903－0000052　110/22
**御纂周易述義十卷**　(清)傅恒等撰　清乾隆二十年(1755)内府刻本　八册

230000－0903－0000053　340－8/2
**劉河間傷寒三書二十卷**　(金)劉完素撰　(明)程郊倩訂　明萬曆十三年(1585)金陵吴諫懷德堂刻本　八册

230000－0903－0000054　100/1
**新刻十三經注疏**　(明)毛晉注疏　明崇禎元年至十二年(1628－1639)毛氏汲古閣刻本　一百二十册　缺二種二十九卷(毛詩注疏二十卷、孝經注疏九卷)

230000－0903－0000055　400－4/1
**述本堂詩集十八卷**　(清)方觀承等輯　清乾隆二十年(1755)方氏刻本　六册　缺二種二卷(葆素齋古樂府一卷、葆素齋今樂府一卷)

230000－0903－0000056　400－2/15
**歸錢尺牘五卷**　(清)顧棫輯　清康熙三十八年(1699)宛委堂刻本　六册

230000－0903－0000057　320/1
**管子二十四卷**　(唐)房玄齡注釋　(明)劉績增注　明天啓五年(1625)朱養純花齋刻本　九册

230000－0903－0000058　380－1/14
**覺空老人評唱通玄和尚問萬松和尚答林泉頌般若集一卷**　(明)釋常遠首録　(明)釋常化次録　明萬曆三十一年(1603)刻本　二册

230000－0903－0000059　210－1/5
**甲子會紀五卷**　(明)薛應旂編集　(明)陳仁錫評閲　明刻本　四册

230000－0903－0000060　210－2/2
**明紀編年十二卷**　(明)鍾惺撰　(清)王汝南補定　清順治十七年(1660)尚德堂刻本　六册

230000－0903－0000061　400－1/9
**正續名世文宗十六卷**　(明)王世貞編選　(明)陳繼儒校注　明萬曆四十五年(1617)翁少麓刻本　八册

230000－0903－0000062　375－3/1
**焦氏易林十六卷**　(漢)焦贛撰　(明)唐琳訂　明天啓六年(1626)新都唐琳刻本　四册

230000－0903－0000063　380－1/13

重刊四家錄四卷 （□）□□撰 明初刻本 一冊 存二卷（三至四）

230000－0903－0000064 310/19
困知記二卷續五卷外編一卷附錄一卷 （明）羅欽順撰 明嘉靖十六年（1537）刻本 八冊

230000－0903－0000065 310/15
新刻九我李太史校正大方性理全書七十卷 （明）胡廣撰 （明）李廷機校正 明萬曆三十一年（1603）金陵李洪宇刻本 十八冊

230000－0903－0000066 110/33
易卦玩辭述二卷 （清）陳詵撰 清康熙五十一年（1712）信學齋刻本 二冊

230000－0903－0000067 460－1/10
輟畊錄三十卷 （元）陶宗儀撰 明廣文堂刻本 十二冊

230000－0903－0000068 110/35
周易象義合參十二卷首一卷 （清）吳德信輯 清康熙四十五年（1706）餘慶堂刻本 十冊

230000－0903－0000069 390/10
五車韻瑞一百六十卷附洪武正韻一卷 （明）淩稚隆輯 明文茂堂刻本 二十四冊

230000－0903－0000070 400－1/10
晚邨精選八大家古文八卷 （清）呂留良選 清康熙四十三年（1704）呂葆中刻本 八冊

230000－0903－0000071 150－2/2
春秋公羊傳十二卷考一卷 （明）閔齊伋裁注 明天啓元年（1621）烏程閔齊伋刻本 六冊

230000－0903－0000072 150－3/1
春秋穀梁傳十二卷考一卷 （晉）范甯集解 （明）閔齊伋裁注 明天啓元年（1621）烏程閔齊伋刻本 六冊

230000－0903－0000073 140－2/5
禮箋三卷 （清）金榜撰 清乾隆五十九年（1794）游文齋刻本 四冊

230000－0903－0000074 400－1/2
玉臺新詠十卷 （南朝陳）徐陵編 清乾隆抄本 六冊

230000－0903－0000075 110/13
周易傳義大全四卷 （明）胡廣等輯 清乾隆十五年（1750）恒陽陶靈抄本 四冊

230000－0903－0000076 360－1/7
十竹齋畫譜不分卷 （明）胡正言輯 清康熙刻五色套印本 八冊

230000－0903－0000077 470/1
文心雕龍十卷 （南朝梁）劉勰撰 （清）黃叔琳輯注 清乾隆六年（1741）養素堂刻本 四冊

230000－0903－0000078 370－2/1
古今注三卷 （晉）崔豹撰 明影宋刻本 一冊

230000－0903－0000079 370－1/7
淮南鴻烈解二十一卷 （漢）劉安撰 （漢）高誘注 明刻本 十冊

230000－0903－0000080 420－7/18
御製避暑山莊詩二卷 （清）聖祖玄燁撰 清乾隆六年（1741）内府刻本（有圖） 四冊

230000－0903－0000081 380－1/4
大方廣佛華嚴經八十卷 （唐）釋實叉難陁譯 明嘉靖二十二年（1543）李勝刻本 二冊 存二卷（二十一、五十八）

230000－0903－0000082 360－1/13
御製耕織圖四十六幅 （清）焦秉貞畫 （清）朱圭刻 清康熙三十五年（1696）内府刻本 一冊

230000－0903－0000083 420－3/6
蘇學士文集十六卷 （宋）蘇舜欽撰 清康熙三十七年（1698）震澤徐惇孝、徐惇復白華書屋刻本 四冊

230000－0903－0000084 130/3
詩經八卷 （宋）朱熹集注 明末刻本 六冊

230000－0903－0000085 420－2/25
溫飛卿詩集箋注九卷 （唐）溫庭筠撰 （明）曾益原注 （清）顧予咸補注 清康熙三十六年（1697）顧嗣立秀野草堂刻本 四冊

230000－0903－0000086　360－1/9
**芥子園畫傳二集四種**　（清）王槩輯　清康熙十八年（1679）金陵芥子園刻五色套印本　五册

230000－0903－0000087　420－7/10
**曝書亭集八十卷附録一卷**　（清）朱彝尊撰　清乾隆張星寫刻本　二十八册

230000－0903－0000088　360－2/3
**兩京名人印録不分卷**　（清）許兆熊刻　清嘉慶二十二年（1817）抄本　二册

230000－0903－0000089　330/1
**農政全書六十卷**　（明）徐光啟撰　（明）張國維　（明）方岳貢鑒定　明崇禎十二年（1639）平露堂刻本（有圖）　二十册

230000－0903－0000090　450－3/5
**龍沙劍傳奇二卷**　（清）程煐填詞　（清）夢熊釣叟　（清）二吾居士評點　清嘉慶七年（1802）抄本　二册

230000－0903－0000091　390－8
**山堂肆考五集二百二十八卷補遺十二卷**　（明）彭大翼撰　（明）張幼學編　明萬曆四十七年（1619）梅野石渠閣刻本　六十册

230000－0903－0000092　110/14
**易象正十二卷終二卷**　（明）黄道周撰　清康熙三十二年（1693）刻石齋九種本　三册　存八卷（一至六、終二卷）

230000－0903－0000093　375－1/1
**揚子太玄經十卷説玄一卷**　（漢）揚雄撰　（晉）范望注　明天啓六年（1626）武林趙汝源刻本　二册

230000－0903－0000094　400－2/19
**問詩樓合選一卷**　（清）楊習幽等撰　清乾隆五十七年（1792）黄格抄本　一册

230000－0903－0000095　110/45
**易經揆一十四卷易學啟蒙補二卷**　（清）梁錫璵撰　清乾隆十六年（1751）刻本　十册

230000－0903－0000096　130/1
**毛詩鄭箋纂疏補協二十卷**　（漢）鄭玄箋　（明）屠本畯纂疏　明萬曆二十二年（1594）玄鑒室刻本　十二册

230000－0903－0000097　420－3/7
**司馬文正公傳家集八十卷目録二卷附録一卷年譜一卷**　（宋）司馬光撰　（清）陳弘謀重訂　清乾隆六年（1741）培遠堂刻本　十二册

230000－0903－0000098　500/4
**守山閣叢書四集一百十二種**　（清）錢熙祚輯　清道光二十四年（1844）金山錢氏增刻本　一百九十二册　缺一種二卷（詞源二卷）

230000－0903－0000099　500/3
**貸園叢書初集十二種**　（清）周永年輯　清乾隆五十四年（1789）曆城周氏竹西書屋據益都李文藻刻版重編印本　十六册

230000－0903－0000100　500/2
**説鈴三集六十二種**　（清）吴震方輯　清康熙四十一年（1702）刻本（續集五十一年刻本）　二十四册　存五十七種（前集三十四種、後集十六種、續集七種）

230000－0903－0000101　500/1
**增訂漢魏叢書四集九十六種**　（清）王謨輯　清乾隆五十六年（1791）金溪王氏刻本　八十三册　存六十五種（經翼二十種、别史十四種、子餘十九種、載籍十二種）

230000－0903－0000102　500/29
**功順堂叢書十八種**　（清）潘祖蔭輯　清光緒中期吴縣潘氏刻本　三十二册

230000－0903－0000103　500/17
**平津館叢書三十八種**　（清）孫星衍輯　清光緒十一年（1885）吴縣朱氏槐廬家塾刻本　五十册

230000－0903－0000104　500/5
**昭代叢書十集五百卷别集六十卷附一卷**　（清）張潮　（清）張漸輯　（清）楊復吉　（清）沈楙悳續輯　清道光吴江沈氏世楷堂刻本　一百七十二册

230000－0903－0000105　500/12
**函海四十函一百五十九種**　(清)李調元輯　清光緒七年至八年(1881－1882)廣漢鍾登甲樂道齋刻本　一百二十册

230000－0903－0000106　500/76－2
**顧亭林先生遺書十種補遺十一種**　(清)顧炎武撰　清蓬瀛閣刻吳縣朱記榮增刻光緒三十二年(1906)彙印本　八册　存十種(遺書十種)

230000－0903－0000107　500/21
**湖海樓叢書十三種**　(清)陳春輯　清嘉慶十六年至二十四年(1811－1819)蕭山陳氏刻本　三十二册

230000－0903－0000108　500/25
**春暉堂叢書十二種**　(明)徐渭仁輯　清道光、咸豐上海徐氏刻同治補刻本　九册　缺一種一卷(居易堂殘稿一卷)

230000－0903－0000109　500/27
**當歸草堂叢書八種**　(清)丁丙輯　清同治錢唐丁氏刻本　八册

230000－0903－0000110　500/28
**滂喜齋叢書四函五十種**　(清)潘祖蔭輯　清同治、光緒吳縣潘氏京師刻本　十二册

230000－0903－0000111　500/30
**十萬卷樓叢書三編五十一種**　(清)陸心源輯　清光緒歸安陸氏刻本　一百二十册　缺一種五卷(麟臺故事四卷補遺一卷)

230000－0903－0000112　500/32
**邵武徐氏叢書初刻十五種二集八種**　(清)徐幹輯　清光緒刻本　二十册　存十五種(初刻十五種)

230000－0903－0000113　500/34
**古逸叢書二十六種**　(清)黎庶昌輯　清光緒遵義黎氏日本東京使署影刻本　四十九册

230000－0903－0000114　500/37
**南菁書院叢書八集四十一種**　王先謙　繆荃孫輯　清光緒十四年(1888)江陰南菁書院刻本　四十册

230000－0903－0000115　500/41
**榆園叢刻十五種附一種**　(清)許增輯　清同治、光緒間刻本　二十四册

230000－0903－0000116　500/42－1
**槐廬叢書五編四十六種**　(清)朱記榮輯　清光緒三年至十五年(1877－1889)吳縣朱氏槐廬家塾刻本　八十册

230000－0903－0000117　500/42－2
**槐廬叢書五編四十六種**　(清)朱記榮輯　清光緒三年至十五年(1877－1889)吳縣朱氏槐廬家塾刻本　八十册

230000－0903－0000118　500/43
**校經山房叢書二十七種**　(清)朱記榮輯　清光緒三十年(1904)孫谿朱氏槐廬家塾據式訓堂叢書版重編本　三十二册

230000－0903－0000119　500/44
**靈鶼閣叢書六集五十六種**　(清)江標輯　清光緒二十一年至二十三年(1895－1897)元和江氏湖南使院刻本　四十八册

230000－0903－0000120　500/46
**積學齋叢書二十種**　徐乃昌輯　清光緒南陵徐氏刻本　十六册

230000－0903－0000121　500/47
**鄦齋叢書二十種**　徐乃昌輯　清光緒二十六年(1900)南陵徐氏刻本　十六册

230000－0903－0000122　500/48
**懷豳雜俎十二種**　徐乃昌輯　清光緒、宣統南陵徐氏刻本　八册

230000－0903－0000123　500/64
**武林往哲遺箸五十六種後編十種**　(清)丁丙輯　清光緒錢塘丁氏嘉惠堂刻本　九十六册　缺三種三十四卷(遺箸:筠故詩集一卷、弘藝錄三十二卷、藝苑玄幾一卷)

230000－0903－0000124　500/50
**峭帆樓叢書十八種**　趙詒琛輯　清宣統至民國間新陽趙氏刻本　二十册

230000－0903－0000125　500/59
**玉函山房輯佚書三編補遺二編**　(清)馬國翰輯　清光緒九年(1883)長沙嫏嬛館刻本　九十六册

230000－0903－0000126　500/60
**畿輔叢書一百二十六種**　(清)王灝輯　清光緒五年(1879)定州王氏謙德堂刻本　四百二十二册

230000－0903－0000127　500/62－1
**涇川叢書四十四種續七種**　(清)趙紹祖(清)趙繩祖輯　清道光十二年(1832)經縣趙氏古墨齋刻本　二十四册

230000－0903－0000128　500/63
**武林掌故叢編二十六集一百九十一種**　(清)丁丙輯　清光緒四年至二十五年(1878－1899)錢塘丁氏嘉惠堂刻本　二百八册

230000－0903－0000129　500/49
**晨風閣叢書二十二種**　沈宗畸輯　清宣統元年(1909)番禺沈氏刻本　十六册

230000－0903－0000130　500/66
**紹興先正遺書四集十五種**　(清)徐友蘭輯　清光緒會稽徐氏鑄學齋刻本　四十八册

230000－0903－0000131　500/67
**湖北叢書三十種**　(清)趙尚輔輯　清光緒十七年(1891)三餘草堂刻本　一百册

230000－0903－0000132　500/94
**石泉書屋全集六種**　(清)李佐賢撰　清同治利津李氏刻本　四十六册　存四種一百二十卷(古泉匯首集四卷、元集十四卷、亨集十四卷、利集十八卷、貞集十四卷,書畫鑑影二十四卷,武定詩續鈔二十四卷,吾廬筆談八卷)

230000－0903－0000133　500/96
**曾文正公全集**　(清)曾國藩撰　清同治、光緒傳忠書局刻本　一百二册　缺二種十二卷(曾文正公家書十卷、曾文正公家訓二卷)

230000－0903－0000134　500/82
**忠雅堂文集十二卷詩集二十七卷補遺二卷銅弦詞二卷**　(清)蔣士銓撰　清同治十年(1871)蔣氏四種叢書本　十册　存三十一卷(詩集二十七卷、補遺二卷、銅弦詞二卷)

230000－0903－0000135　500/83
**龍莊遺書四種**　(清)汪輝祖撰　清光緒江蘇書局刻本　六册

230000－0903－0000136　500/78－1
**船山遺書**　(清)王夫之撰　清同治四年(1865)湘鄉曾國荃金陵刻本　一百册　缺九種八十四卷(四書訓義三十八卷、搔首問一卷、愚鼓詞一卷、相宗絡索一卷、古詩評選六卷、唐詩評選六卷、春秋四傳質十二卷、明詩評選八卷、董齋文集十卷、補遺二卷)

230000－0903－0000137　500/69
**嶺南遺書六集五十九種**　(清)伍元薇　(清)伍崇曜輯　清道光、同治南海伍氏粵雅堂文字歡娛室刻本　八十四册　缺三種十二卷(第三集羅浮志十卷、小學古訓一卷、龐氏家訓一卷)

230000－0903－0000138　500/71
**河南程氏全書(二程全書)六種**　(宋)程顥(宋)程頤撰　(宋)朱熹輯　清光緒三十四年(1908)澹雅局刻本　二十册　缺一種十四卷(河南程氏文集十二卷遺文一卷附錄一卷)

230000－0903－0000139　500/73
**王文成公全書七種**　(明)王守仁撰　清同治、光緒刻本　二十四册

230000－0903－0000140　500/76－1
**顧亭林先生遺書十種**　(清)顧炎武撰　清蓬瀛閣刻吳縣朱記榮增刻光緒三十二年(1906)彙印本　八册

230000－0903－0000141　420－7/181
**曾文正公全集十五種**　(清)曾國藩撰　清同治、光緒傳忠書局刻本　一百二十八册　缺二種十二卷(曾文正公家書十卷、曾文正公家訓二卷)

230000－0903－0000142　420－7/182
**曾忠襄公全集四種附二種**　(清)曾國藩撰

清光緒二十九年(1903)刻本　六十三冊

230000－0903－0000143　420－7/224

**庸庵全集七種**　(清)薛福成撰　清光緒無錫薛氏刻本　四十四冊

230000－0903－0000144　420－8/18

**程中丞全集六種**　程德全撰　清宣統排印本　十八冊　缺一種(兩淮案牘鈔存不分卷)

230000－0903－0000145　500/84－2

**惜抱軒全集十種**　(清)姚鼐撰　清同治五年(1866)省心閣刻本　二十冊

230000－0903－0000146　500/86

**崔東壁遺書二編十九種**　(清)崔述撰　清道光四年(1824)陳履和東陽刻本　二十冊　存三種(前編三種)

230000－0903－0000147　500/78－2

**船山遺書**　(清)王夫之撰　清同治四年(1865)湘鄉曾國荃金陵刻本　一百冊

230000－0903－0000148　500/87

**洪北江全集二十三種**　(清)洪亮吉撰　清光緒洪用懃授經堂刻本　八十四冊

230000－0903－0000149　500/78－3

**船山遺書**　(清)王夫之撰　清同治四年(1865)湘鄉曾國荃金陵刻本　一百十六冊　存四十四種二百八十六卷(周易内傳六卷、周易内傳發例一卷、周易大象解一卷、周易稗疏四卷、周易考異一卷、周易外傳七卷、書經稗疏四卷、尚書引義六卷、詩經稗疏四卷、詩經攷異一卷、詩經叶韻辨一卷、詩廣傳五卷、禮記章句四十九卷、春秋稗疏二卷、春秋家說七卷、春秋世論五卷、續春秋左氏傳博議二卷、讀四書大全說十卷、四書稗疏一卷、四書攷異一卷、説文廣義三卷、讀通鑑論三十卷末一卷、宋論十五卷、永曆實錄二十六卷、蓮峯誌五卷、張子正蒙註九卷、思問錄内篇一卷外篇一卷、俟解一卷、噩夢一卷、黄書一卷、識小錄一卷、老子衍一卷、莊子解三十三卷、莊子通一卷、愚鼓詞一卷、楚辭通釋十四卷末一卷、薑齋文集十卷補遺三卷、五十自定稿一卷、六十自定稿一卷、七十自定稿一卷、柳岸吟一卷、鼓棹初集一卷二集一卷、經義一卷、王船山叢書校勘記二卷)

230000－0903－0000150　500/88

**焦氏叢書十種**　(清)焦循撰　清光緒二年(1876)衡陽魏氏刻本　四十冊

230000－0903－0000151　500/89

**槐軒全書二十一種附九種**　(清)劉沅撰　清咸豐至民國刻本　一百七冊　缺九種(附九種)

230000－0903－0000152　500/90

**安吴四種**　(清)包世臣撰　清同治十一年(1872)包誠刻本　十六冊

230000－0903－0000153　500/91

**二思堂叢書六種**　(清)梁章鉅撰　清光緒元年(1875)福州梁氏刻本　十六冊

230000－0903－0000154　500/92－1

**中復堂全集九種附一種**　(清)姚瑩撰　清同治六年(1867)姚濬昌安福縣署刻本　二十四冊

230000－0903－0000155　500/92－2

**中復堂全集九種附一種**　(清)姚瑩撰　清同治六年(1867)姚濬昌安福縣署刻本　二十四冊　存七種七十四卷(文後集十四卷文外集二卷、後湘詩集九卷二集五卷續集七卷、東溟奏稿四卷、識小錄八卷、東槎紀略五卷、寸陰叢錄四卷、康輶紀行十六卷)

230000－0903－0000156　500/93

**儆居遺書十一種**　(清)黄式三撰　清同治、光緒刻本　八冊　存一種二十卷(儆居集二十卷)

230000－0903－0000157　500/95

**羅忠節公遺集(羅山遺集)八種**　(清)羅澤南撰　清咸豐、同治刻本　八冊　缺一種一卷(小學韻語一卷)

230000－0903－0000158　500/97

**左文襄公全集**　(清)左宗棠撰　清光緒刻本

一百二十二册

230000－0903－0000159　500/98－1
**春在堂全書三十四種**　(清)俞樾撰　清光緒十五年(1889)刻本　七十三册　存十七種三百十卷(羣經平議三十五卷、諸子平議三十五卷、第一樓叢書三十卷、曲園雜纂五十卷、俞樓雜纂五十卷、賓萌集六卷外集四卷、春在堂雜文二卷續編五卷三編四卷四編八卷五編八卷六編十卷補遺六卷、春在堂詩編二十三卷詞録三卷、春在堂隨筆十卷、春在堂尺牘六卷、新定牙牌數一卷、金剛般若波羅蜜經注二卷、游藝録六卷、小蓬萊謡一卷、袖中書二卷、東瀛詩記二卷、慧福樓幸草一卷)

230000－0903－0000160　500/98－2
**春在堂全書三十四種**　(清)俞樾撰　清光緒二十八年(1902)刻本　八十五册　存十二種三百十卷(羣經平議三十五卷、俞樓雜纂五十卷、賓萌集六卷外集四卷、春在堂雜文二卷續編五卷三編四卷四編八卷五編八卷六編十卷補遺六卷、春在堂詩編二十三卷詞録三卷、春在堂隨筆十卷、春在堂尺牘六卷、楹聯録存五卷附録一卷、四書文一卷、右台仙館筆記十六卷、茶香室叢鈔二十三卷續鈔二十五卷三鈔二十九卷四鈔二十九卷、新定牙牌數一卷)

230000－0903－0000161　500/108
**大鶴山房全書十種附一種**　鄭文焯撰　清光緒至民國刻民國九年(1920)蘇州交通圖書館彙印本　八册

230000－0903－0000162　240－1/51－1
**欽定外藩蒙古回部王公表傳一百二十卷首一卷**　(清)國史館理藩院編　清内府刻本　十五册　存二十四卷(一至十八、二十五至二十八、三十三至三十四)

230000－0903－0000163　260－2/34
**欽定戶部則例一百卷首一卷**　(清)英傑等纂　清同治四年(1865)刻本　四十八册

230000－0903－0000164　260－2/35
**欽定宫中現行則例四卷**　清刻本　四册

230000－0903－0000165　280－3/5
**海録一卷**　(清)楊炳南撰　清道光二十二年(1842)刻本　一册

230000－0903－0000166　325/32
**草廬經畧十二卷**　(明)□□撰　清光緒七年(1881)成都刻本　四册

230000－0903－0000167　340－1/7
**徐氏醫書八種**　(清)徐大椿撰　清光緒十八年(1892)湖北官書處刻本　十二册

230000－0903－0000168　340－10/10
**温病條辨六卷首一卷附歌括一卷**　(清)吳瑭撰　清光緒七年(1881)醉雲軒刻本　六册

230000－0903－0000169　340－12/6
**傅青主女科二卷附産後編二卷**　(清)傅山撰　清同治八年(1869)湖北崇文書局刻本　二册

230000－0903－0000170　340－15/8－1
**衛生學問答二篇附圖一卷**　丁福保撰　清光緒二十九年(1903)鉛印本　一册　存(上篇)

230000－0903－0000171　340－2/24
**重廣補注黄帝内經素問二十四卷靈樞十二卷附素問遺編一卷**　(唐)王冰注　清光緒十年(1884)文成堂刻本　十册

230000－0903－0000172　340－3/7－1
**同仁堂藥目一卷**　(清)樂鳳鳴撰　清光緒十五年(1889)京都同仁堂刻本　一册

230000－0903－0000173　340－3/7－2
**同仁堂藥目一卷**　(清)樂鳳鳴撰　清光緒十五年(1889)京都同仁堂刻本　一册

230000－0903－0000174　340－4/16
**欽定四庫全書提要醫家類三卷**　(清)紀昀等撰　清宣統三年(1911)上海文明書局鉛印本　一册

230000－0903－0000175　340－4/17
**增補壽世保元十卷**　(明)龔廷賢撰　清宣統三年(1911)上海錦章圖書局石印本　一册　存五卷(六至十)

230000－0903－0000176　345－1/6

**御製曆象考成後編十卷**　(清)允祿等撰　清光緒二十二年(1896)勵志書屋刻本　十六册

230000－0903－0000177　345－1/7

**御製曆象考成二十六卷**　(清)允祿等撰　清光緒二十一年(1895)湖北官書處刻本　十五册

230000－0903－0000178　345－3/2

**九數通考十一卷首一卷末一卷**　(清)屈曾發輯　**續集十卷**　(清)顧觀光撰　清光緒二十四年(1898)復古書齋石印本　十册

230000－0903－0000179　345－3/3

**九數通考十一卷首一卷末一卷**　(清)屈曾發輯　清光緒十四年(1888)上海點石齋石印本　五册

230000－0903－0000180　345－3/14

**代數啟蒙四卷**　(清)馮澂撰　清光緒二十三年(1897)江蘇書局刻清渠叢書本　四册

230000－0903－0000181　280－1/49

**皇朝藩屬輿地叢書六集**　(清)浦口輯　清光緒二十九年(1903)金匱浦氏靜寄東軒石印本　四十八册

230000－0903－0000182　345－1/2

**萬象一原九卷首一卷**　(清)夏鸞翔撰　清光緒二十四年(1898)江蘇書局刻本　二册

230000－0903－0000183　345－1/3

**四元玉鑑細艸三卷**　(元)朱世傑撰　(元)鍾煜校　清道光十八年(1838)刻本　五册

230000－0903－0000184　345－1/4

**疇人傳四十六卷續編六卷三編七卷**　(清)阮元等撰　清光緒二十二年(1896)上海璣衡堂石印本　六册

230000－0903－0000185　345－1/5

**御製曆象考成二十六卷後編十卷**　(清)允祿等撰　清光緒二十三年(1897)雙梧書屋石印本　二十五册

230000－0903－0000186　345－2/16

**大清光緒二十一年時憲書一卷**　(清)思祿等編　清光緒朱墨套印本　一册

230000－0903－0000187　345－3/5

**筆算教本八編首一編**　(日本)澤田吾一撰　(清)崔朝慶譯訂　清光緒三十二年(1906)上海商務印書館鉛印本　二册

230000－0903－0000188　345－3/8

**代數術補式二十六卷首一卷**　(英國)華里司輯　(英國)傅蘭雅口譯　清光緒二十六年(1900)上海順成書局石印本　八册

230000－0903－0000189　345－3/9

**算經十書**　(清)孔繼涵輯　清光緒二十二年(1896)上海鴻寶齋石印本　八册

230000－0903－0000190　345－3/10

**盈朒一得二卷**　(清)崔朝慶撰　清光緒二十二年(1896)江蘇書局刻本　一册

230000－0903－0000191　345－3/15

**算表合璧一卷**　(清)崔朝慶　(清)楊冰編　黄裳治等校　清光緒二十八年(1902)江楚書局刻本　一册

230000－0903－0000192　345－3/16

**算學啟蒙述義三卷**　(元)朱世傑撰　(清)王鑒述義　清光緒十年(1884)刻本　三册

230000－0903－0000193　345－3/17

**溥通新代數六卷**　(清)徐虎臣選譯　清光緒二十九年(1903)江楚書局刻本　六册

230000－0903－0000194　345－3/19

**數學啟蒙二卷**　(英國)偉烈亞力撰　清光緒二十六年(1900)廣雅書局刻本　二册

230000－0903－0000195　345－3/20

**割圜通解一卷**　(清)吳誠撰　清光緒二十四年(1898)江蘇書局刻本　一册

230000－0903－0000196　345－3/22

**九數存古九卷**　(清)顧觀光撰　清光緒十八年(1892)江蘇書局刻本　四册

230000－0903－0000197　345－3/22－1

**九數存古九卷**　(清)顧觀光撰　清光緒十八

年(1892)刻本　四冊

230000－0903－0000198　345－3/24

**曲線新説一卷隄積術辨一卷**　(清)蔣維鐘撰　清光緒二十五年(1899)刻本　一冊

230000－0903－0000199　345－3/26

**中西算學大成一百卷**　(清)陳維祺纂　清光緒二十七年(1901)石印本　二十冊

230000－0903－0000200　345－3/27

**御製數理精蘊上編五卷下編四十卷表八卷**　(清)允祉等撰　清光緒八年(1882)江寧藩署刻本　四十冊

230000－0903－0000201　420－7/249

**楊園先生全集五十四卷年譜一卷**　(清)張履祥撰　(清)姚璉輯　清同治十年(1871)江蘇書局刻本　十五冊　缺四卷(四十七至五十)

230000－0903－0000202　430/21

**仁在堂全集**　(清)路德撰　清道光十五年(1835)三讓睦記刻本　八冊

230000－0903－0000203　450－3/18

**蔣氏四種**　(清)蔣士銓撰　清同治十年(1871)刻本　十二冊　存一種(蔣鉛山九種曲)

230000－0903－0000204　460－3/82

**繡像濟公傳□□卷□□回**　上海校經山房輯　清宣統元年(1909)上海校經山房石印本　二十五冊　存七卷(三、七至八、十至十二、十四)

230000－0903－0000205　460－3/84

**繡像八續濟公傳四卷**　(清)坑餘生撰　清宣統元年(1909)上海有益齋石印本　四冊

230000－0903－0000206　460－4/9

**繪圖增像後列國志萬仙鬭法四卷六十回**　(□)□□撰　清光緒三十四年(1908)上海文盛堂石印本　四冊

230000－0903－0000207　460－4/12

**第一才子書十六卷一百二十回**　(明)羅貫中撰　(清)毛宗崗　(清)金人瑞評　清光緒三十三年(1907)蜀東瀛洲書局刻本(有圖)　十六冊

230000－0903－0000208　460－4/13

**四大奇書第一種十九卷首一卷**　(明)羅貫中撰　(清)金人瑞批　(清)毛宗崗評　清光緒上海掃葉山房刻本(有圖)　十冊　存十卷(一至九、首一卷)

230000－0903－0000209　460－4/25

**新評龍圖神斷公案十卷**　(□)□□撰　清同治六年(1867)禪山翰寶樓刻本　六冊

230000－0903－0000210　460－4/31－1

**繪圖增像第五才子書水滸全傳八卷首一卷七十回**　(元)施耐庵撰　(清)金人瑞評釋　清宣統三年(1911)上海書局石印本　八冊

230000－0903－0000211　460－4/42

**于少保萃忠全傳十卷**　(明)孫高亮撰　清道光二年(1822)務本堂刻本　六冊

230000－0903－0000212　460－4/43

**娱目醒心編十六卷**　(清)杜綱編次　(清)自怡軒老人評　清同治十二年(1873)大文堂刻本(有圖)　六冊　存十二卷(一至四、七至十四)

230000－0903－0000213　460－4/49

**聊齋志異新評十六卷**　(清)蒲松齡撰　(清)王士正評　清道光二十二年(1842)掃葉山房刻本　十六冊

230000－0903－0000214　460－4/53

**新刻按鑑編篡開闢衍繹通俗志傳六卷八十回**　(明)周遊集　(明)王黌釋　清光緒十三年(1887)上海掃葉山房刻本(有圖)　六冊

230000－0903－0000215　460－4/56

**紅樓夢一百二十卷**　(清)曹雪芹(曹霑)撰　清光緒三年(1877)上浣芸居樓刻本　三十冊　存一百卷(一至三十七、五十八至一百二十)

230000－0903－0000216　460－4/65

**增評補像全圖金玉緣首一卷一百二十回**

(清)曹霑　(清)高鶚撰　清光緒三十四年(1908)求不負齋石印本　十六冊

230000－0903－0000217　460－4/70
**兒女英雄傳評話四十回**　(清)文康撰(清)還讀我書室主人評　清光緒十四年(1888)上海蜚英館石印本　六冊

230000－0903－0000218　460－4/71
**兒女英雄傳評話八卷四十四回首一回**　(清)文康撰　清光緒二十四年(1898)上海書局石印本　八冊

230000－0903－0000219　460－4/72
**續兒女英雄全傳六卷三十二回**　(清)無名氏撰　清光緒二十四年(1898)京都宏文書局石印本　六冊

230000－0903－0000220　460－4/73
**鏡花緣二十卷一百回**　(清)李汝珍撰　清道光十年(1830)芥子園刻本　六冊　存八卷(一至八)

230000－0903－0000221　460－4/77
**繡像夢影緣四十八回**　(清)爨下生撰　清光緒二十一年(1895)竹簡齋繪圖石印本　十六冊

230000－0903－0000222　460－4/79
**繪圖花月因緣十六卷五十二回**　(清)魏秀仁撰　(清)棲霞居士評閱　清光緒三十四年(1908)書業公司鉛印本　八冊

230000－0903－0000223　460－4/81
**繡像三續洪秀全演義二卷**　(日本)禺山世次郎撰　清宣統三年(1911)上海洋書局石印本　二冊

230000－0903－0000224　460－4/83
**黑奴籲天錄四卷**　(美國)斯土活撰　林紓　魏易譯　清光緒二十七年(1901)武林魏氏刻本　四冊

230000－0903－0000225　460－4/84
**鐵血宰相十八章**　(日本)吉川潤二郎撰(清)錢應清　(清)丁疇隱譯　清光緒二十九年(1903)文明書局鉛印本　二冊

230000－0903－0000226　460－4/88
**飛武全傳四卷三十二回**　(清)一笑翁撰　清嘉慶二十三年(1818)一笑軒刻本　二冊

230000－0903－0000227　470/1
**文心雕龍十卷**　(南朝梁)劉勰撰　清光緒三年(1877)湖北崇文書局刻本　二冊

230000－0903－0000228　470/16
**隨園詩話十六卷補遺十卷**　(清)袁枚撰　清道光四年(1824)富春堂刻本　十冊

230000－0903－0000229　470/20
**古文筆法八卷首一卷**　(清)李扶九輯　清光緒三十年(1904)申江書局石印本　四冊

230000－0903－0000230　470/23
**書林揚觶二卷**　(清)方東樹撰　清同治十年(1871)望三益齋刻本　二冊

230000－0903－0000231　470/24
**文學史一卷**　(清)竇警凡撰　清光緒三十二年(1906)鉛印本　一冊

230000－0903－0000232　470/28
**論學舉隅二卷**　(□)鼓吹軒編次　清光緒二十七年(1901)上海同文館石印本　二冊

230000－0903－0000233　470/28－1
**策論舉隅二卷**　(□)鼓吹軒編次　清光緒二十七年(1901)上海同文館石印本　二冊

230000－0903－0000234　470/29
**飲冰室詩話五卷**　梁啟超撰　清宣統二年(1910)上海書局石印本　五冊

230000－0903－0000235　370－1/1
**墨子十六卷**　(清)畢沅校注　清光緒二十七年(1901)新化三味書室刻本　四冊

230000－0903－0000236　370－3/18
**浪跡叢談十一卷**　(清)梁章鉅撰　清道光二十七年(1847)亦東園刻本　四冊

230000－0903－0000237　375－1/9
**皇極經世六十卷附編一卷補編一卷**　(宋)邵

雍撰　清咸豐元年(1851)洛陽安樂窩刻本　十二册

230000－0903－0000238　375－1/10
**永寧通書四集十二卷**　(清)王維德纂輯　清光緒十二年(1886)掃葉山房刻本　四册

230000－0903－0000239　375－3/8
**卜筮正宗十四卷**　(清)王維德撰　清光緒三十一年(1905)上海江東書局石印本　三册　存十卷(一至三、八至十四)

230000－0903－0000240　375－3/11
**山羊指迷四卷**　(明)周景一撰　清光緒九年(1883)浙寧汲綆齋刻本　四册

230000－0903－0000241　375－3/32
**新增算法統宗大全十二卷**　(明)程大位撰　清光緒九年(1883)上海掃葉山房刻本　六册

230000－0903－0000242　375－4/1
**參星秘要諏吉便覽不分卷附寶鏡圖**　(清)費淳鑒定　清光緒八年(1882)掃葉山房刻朱墨套印本　四册

230000－0903－0000243　375－4/2
**參星秘要諏吉便覽不分卷附寶鏡圖**　(清)費淳鑒定　清光緒二十年(1894)掃葉山房刻朱墨套印本　四册

230000－0903－0000244　375－5/2
**新鐫神峯張先生通考闢謬命理大全六卷**　(明)張楠撰　清同治八年(1869)貴文堂刻本　六册

230000－0903－0000245　375－5/5
**太古演禽不分卷**　(清)嘯道人訂　清光緒二年(1876)葛氏嘯園刻本　一册

230000－0903－0000246　380－1/1
**靈峰蕅益大師選定淨土十要十卷**　(後秦)釋鳩摩羅什譯　(明)釋智旭解　清光緒二十年(1894)廣陵藏經院刻本　四册

230000－0903－0000247　380－1/4
**永嘉真覺大師證道歌一卷**　(元)釋宏德注頌　(元)德弘編　清光緒三十四年(1908)嶺南易廷憙刻本　一册

230000－0903－0000248　380－1/6
**妙法蓮華經玄義節要二卷**　(明)釋智旭節要　清光緒刻本　二册

230000－0903－0000249　380－1/8
**大乘止觀法門四卷**　(唐)釋曲授撰　清光緒六年(1880)長沙刻經處刻本　一册

230000－0903－0000250　380－1/13
**三千有門頌畧解一卷附觀心十法界圖**　(明)釋真覺解　清光緒十年(1884)昭慶慧空經房刻本　一册

230000－0903－0000251　380－1/16
**彌陀經疏鈔演義定本三卷**　(清)釋古德演義　(清)釋智願定本　清光緒刻本　三册

230000－0903－0000252　380－1/17
**大方廣圓覺修多羅了義經二卷**　(唐)釋佛陀多羅譯　清同治八年(1869)金陵刻經處刻本　一册

230000－0903－0000253　380－1/18
**相宗八要解二卷**　(唐)釋玄奘譯　(明)釋明昱解　清光緒二十八年(1902)金陵刻經處刻本　二册

230000－0903－0000254　380－1/24
**大悲心咒行法一卷**　(宋)釋知禮集　清光緒十一年(1885)昭慶慧空經房刻本　一册

230000－0903－0000255　380－1/29
**畧釋新華嚴經修行次第決疑論四卷**　(唐)李通玄撰　清同治九年(1870)如皋刻經處刻本　二册

230000－0903－0000256　380－1/30
**大方廣佛華嚴經要解一卷**　(宋)釋戒環集　清同治十一年(1872)金陵刻經處刻本　一册

230000－0903－0000257　380－1/35
**楞嚴貫珠十卷**　(明)釋戒潤撰　清光緒常州天寧寺刻本　五册

230000－0903－0000258　380－1/49
**佛教中學課本古文乙丙丁三集**　(□)□□撰

清光緒金陵刻經處刻本　三冊

230000－0903－0000259　380－1/51

**佛頂光明摩訶薩怛多般怛囉無上神咒一卷**　(清)釋續法集　清光緒三峰寺刻本　一冊

230000－0903－0000260　380－1/56

**毘尼日用切要一卷**　(清)釋讀體彙集　(清)釋源諒重訂　清潭柘寺盬院來琳音義刻本　一冊

230000－0903－0000261　380－1/58

**佛母大孔雀明王經三卷**　(唐)釋不空譯　清宣統元年(1909)刻本　一冊

230000－0903－0000262　380－1/59

**御製大雲輪請雨經一卷附太上祈雨龍王眞經三卷**　(清)永瑢訂　(清)陳宸書校　清同治九年(1870)湖北崇文書局刻本(有圖)　一冊

230000－0903－0000263　380－1/60

**過去現在因果經四卷**　(南朝宋)釋求那跋陀羅譯　清光緒十年(1884)江北刻經處刻本　一冊

230000－0903－0000264　380－1/62

**大方廣圓覺修多羅了義經二卷**　(唐)釋佛陀多羅譯　清同治八年(1869)金陵刻經處刻本　一冊

230000－0903－0000265　380－1/63

**慈悲梁皇寶懺十卷**　(南朝梁)武帝蕭衍集　清光緒十五年(1889)金陵刻經處刻本　三冊

230000－0903－0000266　380－1/65

**仁王護國般若波羅蜜經二卷**　(後秦)釋鳩摩羅什譯　清光緒刻本　一冊

230000－0903－0000267　380－1/71

**盂蘭盆經折衷疏一卷**　(晉)釋法護譯　(晉)靈耀疏　清光緒刻本　一冊

230000－0903－0000268　380－1/72

**妙法蓮華經弘傳序解一卷**　(清)釋弘悟撰　清光緒寧波三寶經房刻本　一冊

230000－0903－0000269　380－1/76

**一切經音義二十五卷**　(唐)釋元應撰　(清)莊炘等校　**華嚴經音義二卷**　(唐)釋慧苑撰　清同治八年(1869)刻本　四冊

230000－0903－0000270　380－1/77

**大佛頂首楞嚴經正脈疏四十卷首一卷**　(明)釋眞鑒撰　(明)福登校　清光緒二十二年(1896)金陵刻經處刻本　十四冊

230000－0903－0000271　380－1/80

**佛說梵網經二卷**　(後秦)釋鳩摩羅什譯　清光緒十年(1884)金陵刻經處刻本　一冊

230000－0903－0000272　380－1/81

**佛說盂蘭盆經新疏一卷**　(明)釋智旭疏　(明)釋道昉參訂　清光緒刻本　一冊

230000－0903－0000273　380－1/82

**華嚴經畧策五種**　(唐)釋澄觀等撰　清光緒刻本　一冊

230000－0903－0000274　380－1/83

**禪關策進三卷**　(明)釋袾宏輯　清道光二十七年(1847)刻本　一冊

230000－0903－0000275　380－1/86

**教觀綱宗一卷釋義一卷**　(明)釋智旭撰　清光緒刻本　一冊

230000－0903－0000276　380－1/87

**佛祖心燈宗教律諸家演派合冊附剌麻溯源一卷**　(清)釋守一編　清光緒十六年(1890)金陵刻經處刻本　一冊

230000－0903－0000277　380－1/88

**大佛頂首楞嚴經疏解蒙鈔六十卷首一卷**　(明)釋蒙叟撰　清光緒十五年(1889)蘇城瑪瑙經房刻本　二十冊

230000－0903－0000278　100/2

**十三經注疏校勘記附釋文校勘記**　(清)阮元撰　清嘉慶十三年(1808)揚州阮氏文選樓刻本　四十冊　缺二卷(孟子音義校勘記二卷)

230000－0903－0000279　100/3

**十三經古注**　(明)金蟠　(明)葛鼒校　清同治八年(1869)浙江書局本　十六冊　存五種一百十一卷(周易九卷附畧例一卷、周禮四十

二卷、春秋公羊傳二十八卷、春秋穀梁傳二十卷、爾雅十一卷）

230000－0903－0000280　110/1

**通志堂經解**　（清）納蘭成德輯　清康熙十九年（1680）成德刻通志堂經解本　一百二十六冊　存（易类三百八十卷）

230000－0903－0000281　110/2

**漢魏二十一家易注二十一種**　（清）孫堂輯　清嘉慶四年（1799）映雪草堂刻本　八冊

230000－0903－0000282　110/4

**周易兼義九卷**　（三國魏）王弼注　（唐）孔穎達正義　明崇禎毛氏汲古閣刻十三經注疏本　四冊

230000－0903－0000283　110/5

**李氏易傳十七卷**　（唐）李鼎祚集解　**周易音義一卷**　（唐）陸德明撰　清乾隆二十一年（1756）雅雨堂叢書本　六冊

230000－0903－0000284　110/6

**蘇氏易傳九卷**　（宋）蘇軾撰　明崇禎汲古閣刻本　三冊

230000－0903－0000285　110/7

**易原八卷**　（宋）程大昌撰　清乾隆武英殿木活字排印武英殿聚珍版書本　二冊

230000－0903－0000286　110/8

**易經四卷**　（宋）朱熹本義　清乾隆怡府樂善堂刻本　四冊

230000－0903－0000287　110/9

**易象意言一卷**　（宋）蔡淵撰　（清）吳省蘭輯　清嘉慶南匯吳氏聽彝堂刻藝海珠塵本　一冊

230000－0903－0000288　110/10

**晦庵先生朱文公易說二十三卷**　（宋）朱熹撰　（宋）朱鑒輯　清康熙十五年（1676）通志堂刻本　十冊

230000－0903－0000289　110/11

**易學濫觴一卷**　（元）黃澤撰　清乾隆武英殿木活字排印武英殿聚珍版書本　一冊

230000－0903－0000290　110/15

**古周易訂詁十六卷附答客問一篇**　（明）何楷撰　（清）郭文錟校　清乾隆十六年（1751）荊園余氏刻朱墨套印本　二十四冊

230000－0903－0000291　110/16

**周易傳義補疑十二卷**　（明）姜寶纂注　明萬曆十四年（1586）古之賢新安郡齋刻本　八冊

230000－0903－0000292　110/18

**易憲四卷附圖說一卷**　（明）沈泓撰　清乾隆九年（1744）刻本　三冊

230000－0903－0000293　110/20

**易經窮抄六補定本七卷**　（清）王國瑚撰　清順治刻本　六冊

230000－0903－0000294　110/23

**易箋八卷首一卷**　（清）陳法撰　清乾隆三十年（1765）敬和堂刻本　六冊

230000－0903－0000295　110/24

**周易函書約存十五卷首三卷約注十八卷別集十六卷**　（清）胡煦撰　（清）彭啟豐等校　清乾隆三十八年（1773）胡季堂、葆璞堂刻本　二十六冊

230000－0903－0000296　110/25

**易翼述信十二卷**　（清）王又樸撰　清乾隆十六年（1751）刻本　十二冊

230000－0903－0000297　110/27

**周易辨畫四十卷**　（清）連斗山撰　清乾隆四十年（1775）連氏刻本　十冊

230000－0903－0000298　110/29

**周易疏畧四卷**　（清）張沐撰　清康熙十九年（1680）敦臨堂刻本　四冊

230000－0903－0000299　110/30

**易經大全會解四卷**　（清）來爾繩撰輯　清康熙五十八年（1719）振賢堂刻本　二冊

230000－0903－0000300　110/31

**周易淺義四卷**　（清）耿極撰　清康熙二十七年（1688）觀象軒刻本　五冊

230000－0903－0000301　110/32

**周易本義正解二十二卷首一卷**　(清)丁鼎時　(清)吳瑞麟撰　清康熙三十一年(1692)賜書堂刻本　十八冊

230000－0903－0000302　110/34
**易宗十二卷首一卷**　(清)孫宗彝撰　清康熙二十九年(1690)天心閣刻本　六冊

230000－0903－0000303　110/36
**陸堂易學十卷首一卷今文尚書說三卷**　(清)陸奎勛輯　清乾隆元年(1736)刻陸堂經學叢書本　四冊

230000－0903－0000304　110/37
**周易八卷首一卷**　(清)應德廣撰　清乾隆十四年(1749)刻本　四冊

230000－0903－0000305　110/38
**易經貫一二十二卷**　(清)金誠撰　清乾隆十七年(1752)和序堂刻本　二十冊

230000－0903－0000306　110/39
**演周易四卷**　(清)陳英猷撰　清乾隆十八年(1753)壘石山房刻本　四冊

230000－0903－0000307　110/41
**易圖解一卷**　(清)德沛注釋　清乾隆元年(1736)刻本　一冊

230000－0903－0000308　110/42
**周易補注十一卷**　(清)德沛輯　清乾隆六年(1741)刻本　六冊　存六卷(上經三卷、下經三卷)

230000－0903－0000309　110/46
**易見九卷易見啟蒙二卷首一卷**　(清)貢渭濱輯　清乾隆二十四年(1759)脈望書樓刻本　十二冊

230000－0903－0000310　110/48
**易守三十二卷**　(清)葉佩蓀撰　清乾隆五十七年(1792)刻本　八冊

230000－0903－0000311　110/49
**河圖道原一卷九章**　(清)朱雲龍撰　清乾隆六十年(1795)朱氏二南軒刻本　一冊

230000－0903－0000312　110/50
**讀易舉例四卷首三卷**　(清)俞大謨撰　清嘉慶五年(1800)可儀堂刻本　二冊

230000－0903－0000313　110/51
**周易虞氏義九卷虞氏消息二卷**　(清)張惠言撰　清嘉慶八年(1803)揚州阮氏琅嬛僊館刻本　八冊

230000－0903－0000314　110/52
**讀易集說不分卷**　(清)朱勳撰　清嘉慶二十二年(1817)資善堂刻本　十二冊

230000－0903－0000315　110/54
**七緯七種**　(漢)鄭玄注　清嘉慶十四年(1809)侯官趙氏小積石山房刻七緯本　六冊
存八卷(易乾坤鑿度一卷、易乾鑿度一卷、易稽覽圖一卷、易辨終備一卷、易乾元序制記一卷、易通卦驗一卷、易是類謀一卷、易坤靈圖一卷)

230000－0903－0000316　110/55
**新刻來瞿唐先生易注十五卷首一卷末一卷**　(明)來知德撰　清文選樓李連福刻本　十六冊

230000－0903－0000317　110/55－1
**新刻來瞿唐先生易注十五卷首一卷末一卷**　(明)來知德撰　清朝爽堂刻本(有圖)　八冊
存九卷(八至十五、末一卷)

230000－0903－0000318　110/56
**鄭氏周易三卷附鄭氏周易爻辰圖一卷**　(漢)鄭玄注　(宋)王應麟撰集　(清)惠棟增補　清乾隆二十一年(1756)雅雨堂叢書本　一冊

230000－0903－0000319　110/59
**易漢學八卷**　(清)惠棟撰　清乾隆柏筠堂刻本　四冊

230000－0903－0000320　120/1
**尚書大傳四卷**　(漢)伏勝撰　(漢)鄭玄注
**考異一卷補遺一卷續補遺一卷**　(清)盧文弨撰　清乾隆二十一年(1756)盧氏刻雅雨堂叢書本　一冊

230000－0903－0000321　120/2

**東坡先生書傳二十卷**　(宋)蘇軾撰　明萬曆焦竑刻兩蘇經解本　二冊

230000－0903－0000322　120/3
**尚書全解四十卷**　(宋)林之奇撰　清康熙十九年(1680)成德刻通志堂經解本　十冊

230000－0903－0000323　120/4
**禹貢說斷四卷**　(宋)傅寅撰　清刻武英殿聚珍版書本　二冊

230000－0903－0000324　120/5
**尚書辨解十卷**　(明)郝敬撰　(明)郝千秋(明)郝千石校　明刻本　六冊

230000－0903－0000325　120/6
**禹貢錐指二十卷圖一卷**　(清)胡渭撰　清康熙四十四年(1705)漱六軒刻本　十六冊

230000－0903－0000326　120/7
**今文尚書說三卷**　(清)陸奎勛撰　清乾隆元年(1736)刻陸堂經學叢書本　一冊

230000－0903－0000327　120/8
**洪範注補五卷**　(清)潘士權撰　清乾隆四年(1739)國子監刻本　四冊

230000－0903－0000328　120/9
**尚書釋天六卷**　(清)盛百二撰　清乾隆十八年(1753)秀水李氏刻本　六冊

230000－0903－0000329　120/10
**尚書後案三十卷後辨一卷**　(清)王鳴盛撰　清乾隆四十五年(1780)王氏禮堂刻本　八冊

230000－0903－0000330　130/4
**絜齋毛詩經筵講義四卷**　(宋)袁燮撰　清乾隆武英殿木活字排印武英殿聚珍版書本　二冊

230000－0903－0000331　130/5
**詩毛氏傳疏三十卷釋毛詩音四卷毛詩說一卷毛詩傳義類十九篇鄭氏箋考徵一卷**　(清)陳奐撰　清道光二十七年(1847)吳門南園掃葉山莊陳氏刻本　十二冊

230000－0903－0000332　130/6
**毛詩稽古編三十卷附考一卷**　(清)陳啟源撰　清嘉慶十八年(1813)龐佑清刻本　八冊

230000－0903－0000333　130/7
**毛詩名物圖說九卷**　(清)徐鼎輯　清乾隆三十六年(1771)徐氏清德堂刻本　二冊

230000－0903－0000334　130/8
**詩外傳十卷**　(漢)韓嬰撰　明刻本　四冊

230000－0903－0000335　130/10
**詩瀋二十卷**　(清)范家相撰　清乾隆三十九年(1774)古趣亭刻本　四冊

230000－0903－0000336　140－1/2
**周禮補亡六卷**　(元)邱葵撰　清紅格抄本　六冊

230000－0903－0000337　140－1/3
**周官析疑三十六卷**　(清)方苞撰　清雍正十年(1732)抗希堂刻望溪全書本　十一冊

230000－0903－0000338　140－1/4
**周官辨一卷**　(清)方苞撰　清乾隆七年(1742)抗希堂刻望溪全書本　一冊

230000－0903－0000339　140－1/5
**周禮輯義十二卷**　(清)姜兆錫撰　清雍正九年(1731)寅清樓刻本　八冊

230000－0903－0000340　140－2/1
**儀禮十七卷附嚴本儀禮鄭氏注校錄一卷續校一卷**　(漢)鄭玄注　清嘉慶十九年至二十年(1814－1815)黃丕烈影宋刻本　四冊

230000－0903－0000341　140－2/2
**儀禮疏五十卷**　(唐)賈公彥等撰　清道光十年(1830)汪士鐘藝芸書舍影宋刻本　十二冊

230000－0903－0000342　140－2/3
**儀禮識誤三卷**　(宋)張淳撰　清乾隆武英殿木活字排印武英殿聚珍版書本　一冊

230000－0903－0000343　140－2/4
**讀禮通考一百二十卷**　(清)徐乾學編　清康熙三十五年(1696)冠山堂刻本　四十冊

230000－0903－0000344　140－3/1
**大戴禮記十三卷**　(漢)戴德撰　(北周)盧辯

注　清乾隆二十三年(1758)盧見曾刻雅雨堂叢書本　四冊

230000－0903－0000345　140－3/2
**大戴禮記十三卷**　(漢)戴德撰　(北周)盧辯注　清乾隆二十一年(1756)雅雨堂叢書本　二冊

230000－0903－0000346　140－3/5
**禮記集説十卷**　(元)陳澔撰　明崇禎金陵奎壁齋刻本　六冊　存六卷(四到六、八至十)

230000－0903－0000347　140－4/1
**新定三禮圖二十卷**　(宋)聶崇義集注　清康熙十五年(1676)通志堂刻本　四冊

230000－0903－0000348　140－4/2
**吴文正公三禮考注六十四卷首一卷**　(元)吴澄考定　(明)羅倫校正　清乾隆二年(1737)刻本　十二冊

230000－0903－0000349　140－5/1
**儀禮經傳通解三十七卷**　(宋)朱熹撰　**儀禮經傳通解續二十九卷**　(宋)黄幹撰　清吕氏寳誥堂刻本　二十冊

230000－0903－0000350　140－5/2
**儀禮經傳通解續二十九卷**　(宋)黄幹撰　清吕氏寳誥堂刻本　十四冊　存二十七卷(三至二十九)

230000－0903－0000351　140－5/3
**禮書綱目八十五卷首三卷**　(清)江永編　清嘉慶十五年(1810)鏤恩堂刻本　二十四冊

230000－0903－0000352　150－1/1
**春秋釋例十五卷**　(晉)杜預撰　(清)孫星衍校　清嘉慶孫星衍刻岱南閣叢書本　八冊

230000－0903－0000353　150－1/2
**春秋傳説例一卷**　(宋)劉敞撰　清乾隆武英殿木活字排印武英殿聚珍版書本　一冊

230000－0903－0000354　290－4/37
**甌鉢羅室書畫過目考四卷首一卷附一卷**　(清)李玉棻編　清光緒二十年(1894)文奎堂刻本　四冊

230000－0903－0000355　315/35
**最上一乘慧命經二十七卷**　(清)柳華陽撰　清光緒八年(1882)京都龍華齋刻本　一冊

230000－0903－0000356　315/36
**華陽金仙證論**　(清)柳華陽撰　清光緒九年(1883)京都龍華齋刻本　一冊

230000－0903－0000357　345－1/8
**春樹齋叢説不分卷**　(清)溫葆深撰　清光緒二年(1876)金陵溫氏刻本　二冊

230000－0903－0000358　360－1/38
**點石齋叢畫十卷**　尊聞閣主(蔡爾康)輯　清光緒十一年(1885)上海點石齋石印本　八冊

230000－0903－0000359　360－1/10
**無雙譜二卷**　(□)□□撰　清道光醉石山房刻本(有圖)　一冊

230000－0903－0000360　360－1/11
**集錦冊**　(清)馮亦驥等繪　清光緒彩色畫冊　一冊

230000－0903－0000361　360－1/44
**穰梨館過眼錄四十卷續錄十六卷**　(清)陸心源編　清光緒十七年(1891)吴興陸氏家塾刻本　十八冊

230000－0903－0000362　360－1/45
**澄蘭室古緣萃錄十八卷**　(清)邵松年輯　清光緒三十年(1904)上海鴻文書局石印本　六冊

230000－0903－0000363　360－1/46
**虚齋名畫錄十六卷**　龐元濟撰　清宣統元年(1909)龐氏刻本　十六冊

230000－0903－0000364　360－1/60
**周臨芥子園畫傳五卷**　(清)周鏞臨畫　清光緒十三年(1887)石印本　三冊　存四卷(一至四)

230000－0903－0000365　340－11/3
**喉科四卷附集驗良方**　(清)包永泰撰　清宣統二年(1910)上海大東門内校經山房石印本　一冊

230000－0903－0000366　340－11/4
**白喉治法忌表抉微一卷**　(清)耐修子錄　清光緒二十五年(1899)鉛印本　一冊

230000－0903－0000367　360－1/13
**點石齋畫報不分卷**　(清)吳友如等繪　清光緒十年至二十四年(1884－1898)石印本　十二冊

230000－0903－0000368　360－1/14
**習苦齋畫絮十卷**　(清)戴熙撰　清光緒十九年(1893)刻本　四冊

230000－0903－0000369　360－1/28
**詩畫舫六卷**　(明)唐寅繪　(明)陳繼儒原序　清光緒十四年(1888)影印本　六冊

230000－0903－0000370　360－1/61
**芥子園畫譜大全二集九卷**　(清)王槩畫　清光緒十四年(1888)石印本　四冊

230000－0903－0000371　360－1/62
**芥子園畫傳三集六卷**　(清)王槩等輯　清光緒十四年(1888)石印本　四冊

230000－0903－0000372　360－1/62－1
**芥子園畫傳三集六卷**　(清)王槩等輯　清光緒十四年(1888)石印本　四冊

230000－0903－0000373　360－1/64
**芥子園畫傳四卷**　(清)王槩摹繪　清光緒十六年(1890)鴻寶齋石印本　二冊

230000－0903－0000374　360－1/65
**芥子園畫傳四集六卷**　巢勳摹畫　清光緒二十三年(1897)碧湖山莊影印本　六冊

230000－0903－0000375　150－1/3
**春秋辨疑四卷**　(宋)肖楚撰　清乾隆武英殿木活字排印武英殿聚珍版書本　三冊

230000－0903－0000376　150－1/4
**春秋考十六卷**　(宋)葉夢得撰　(清)紀昀等校　清乾隆武英殿木活字排印武英殿聚珍版書本　四冊

230000－0903－0000377　150－1/6
**春秋集注四十卷**　(宋)高閌撰　清乾隆武英殿木活字排印武英殿聚珍版書本　十冊

230000－0903－0000378　150－1/8
**欽定春秋傳說彙纂三十八卷首二卷**　(清)王掞等撰　清康熙六十年(1721)內府刻本　二十四冊

230000－0903－0000379　150－1/9
**半農先生春秋說十五卷**　(清)惠士奇撰　(清)吳泰來　(清)惠棟校　清乾隆十四年(1749)璜川書屋刻本　四冊　存九卷(一至九)

230000－0903－0000380　150－1/10
**春秋鈔十卷首一卷**　(清)朱軾輯　(清)鄂爾達校　清乾隆元年(1736)刻朱文端公藏書本　四冊

230000－0903－0000381　150－1/11
**左傳文鈔不分卷**　(□)□□撰　清抄本　一冊

230000－0903－0000382　150－1/12
**春秋胡傳三十卷**　(宋)胡安國撰　明毛晉汲古閣刻本　十冊

230000－0903－0000383　150－2/1
**春秋公羊經傳解詁十二卷**　(漢)何休撰　清道光四年(1824)揚州汪氏問禮堂影宋刻本　六冊

230000－0903－0000384　360－1/69
**南宋院畫錄八卷**　(清)厲鶚輯　清光緒十年(1884)錢唐丁氏竹書堂刻本　四冊

230000－0903－0000385　150－2/3
**春秋公羊傳十二卷考一卷**　(明)閔齊伋裁注　明天啓元年(1621)敦化堂刻本　四冊

230000－0903－0000386　150－3/2
**春秋穀梁傳十二卷考一卷**　(明)閔齊伋裁注　明天啓元年(1621)敦化堂刻本　四冊

230000－0903－0000387　150－4/1
**春秋十六卷首一卷**　(清)□□輯　**陸氏三傳釋文音義十六卷**　(唐)陸德明撰　清嘉慶十年(1805)刻本　十六冊

230000－0903－0000388　170－3/1
**大學一卷石經大學一卷中庸一卷**　(宋)朱熹章句　明萬曆二十四年(1596)清江公署刻六經正義本　一册

230000－0903－0000389　170－5/1
**四書補注兼考十九卷**　(清)何磻補注　(清)屈大均參補　(清)何磻　(清)屈大均考　清刻本　五册

230000－0903－0000390　180/1
**鄭志三卷**　(漢)鄭玄撰　(三國魏)鄭小同編　清乾隆武英殿木活字排印武英殿聚珍版書本　一册

230000－0903－0000391　180/2
**鄭氏遺書五種**　(漢)鄭玄撰　(清)王復輯　清嘉慶二年(1797)承德孫馮翼刻問經堂叢書本　二册

230000－0903－0000392　180/3
**六經正誤六卷**　(宋)毛居正校勘　清康熙十九年(1680)成德刻通志堂經解本　四册

230000－0903－0000393　180/4
**六經奧論六卷首一卷**　(宋)鄭樵撰　清康熙十九年(1680)刻通志堂經解本　二册

230000－0903－0000394　180/5
**六經圖六卷**　(清)王皜校錄　清乾隆五年(1740)向山堂刻本　六册

230000－0903－0000395　180/6
**萬充宗先生經學五書**　(清)萬斯大撰　清嘉慶元年(1796)辨志堂刻本　六册

230000－0903－0000396　180/7
**石經考異二卷諸史然疑一卷**　(清)杭世駿撰　清乾隆五十七年(1792)刻杭氏七種本　二册

230000－0903－0000397　190－1/2
**爾雅注疏十一卷**　(晉)郭璞注　(宋)刑昺疏　清乾隆十年(1745)三樂齋刻本　四册

230000－0903－0000398　190－1/3
**新刻爾雅三卷音釋三卷**　(晉)郭璞注　(明)胡文煥校　明萬曆三十一年(1603)胡氏刻格致叢書本　二册

230000－0903－0000399　190－1/4
**新刻廣雅十卷**　(三國魏)張揖撰　(隋)曹憲音解　(明)胡文煥校正　明萬曆三十一年(1603)胡氏刻格致叢書本　一册　存四卷(一至四)

230000－0903－0000400　190－1/6
**五雅四十一卷**　(明)郎奎金編　明天啓六年(1626)武林郎氏堂策檻刻本　六册

230000－0903－0000401　190－1/7
**爾雅註疏參議六卷**　(清)姜兆錫撰　清雍正十年(1732)寅清樓刻九經補注本　二册

230000－0903－0000402　190－1/8
**爾雅正義二十卷釋文三卷**　(清)邵晉涵撰　清乾隆五十三年(1788)餘姚邵氏家塾刻本　八册

230000－0903－0000403　190－1/9
**拾雅二十卷**　(清)夏味堂撰　清道光二年(1822)高郵夏氏遂園刻本　八册

230000－0903－0000404　190－1/10
**經籍籑詁一百六卷附補遺**　(清)阮元撰　清嘉慶四年(1799)揚州阮氏琅嬛仙館刻本　六十五册

230000－0903－0000405　190－2/2
**字林七卷首一卷**　(晉)吕忱撰　(清)任大椿考逸　清嘉慶二十四年(1819)曾氏面城樓刻本　二册

230000－0903－0000406　190－2/3
**五經文字三卷**　(唐)張參撰　**新加九經字樣一卷**　(唐)唐玄度撰　清乾隆五年(1740)祁門馬曰璐刻本　四册

230000－0903－0000407　190－2/4
**汗簡三卷目錄畧敘一卷**　(宋)郭忠恕撰　清康熙四十二年(1703)汪氏一隅草堂影宋刻本　三册

230000－0903－0000408　190－2/5

**佩觿三卷**　(宋)郭忠恕撰　清海寧許氏影宋刻本　二冊

230000－0903－0000409　190－2/6
**六書正譌五卷**　(元)周伯琦編注　(明)胡正言訂篆　明崇禎七年(1634)海岳胡氏十竹齋刻本　四冊

230000－0903－0000410　190－2/8
**六書通十卷**　(明)閔齊伋撰　(清)畢弘述篆訂　清康熙五十九年(1720)閔齊伋刻本　五冊

230000－0903－0000411　190－2/9
**六書分類十二卷首一卷**　(清)傅世垚輯　清康熙四十四年(1705)聽松閣刻本　十四冊

230000－0903－0000412　190－2/11
**繆篆分韻五卷**　(清)桂馥撰　清嘉慶元年(1796)刻本　五冊

230000－0903－0000413　190－2/14
**漢隸字源六卷**　(宋)婁機撰　明崇禎毛氏汲古閣影宋刻本　六冊

230000－0903－0000414　190－3/1
**集韻十卷**　(宋)丁度等撰　清康熙四十五年(1706)曹寅揚州使院刻嘉慶十九年(1814)浙寧簡香重修本　十冊

230000－0903－0000415　200－1/1
**十七史**　(明)毛晉編　明崇禎至清順治間毛氏汲古閣刻本　二百六十八冊

230000－0903－0000416　200－2/1
**史記一百三十卷附司馬貞補史記一卷**　(漢)司馬遷撰　(明)陳仁錫評　明崇禎元年(1628)古吳維新堂刻本　三十二冊

230000－0903－0000417　200－2/2
**史記評林一百三十卷**　(明)淩稚隆輯校　明萬曆五年(1577)吳興淩氏刻本　三十二冊

230000－0903－0000418　200－3/2
**隋書八十五卷**　(唐)魏徵等撰　明崇禎至清順治間琴川毛氏汲古閣刻十七史本　八冊

230000－0903－0000419　200－3/3
**舊唐書二百卷附考證**　(五代)劉昫撰　清乾隆四年(1739)武英殿刻本　六十冊

230000－0903－0000420　200－3/4
**宋史四百九十六卷目錄三卷**　(元)脱脱等撰　明成化七年至十六年(1471－1480)朱英刻嘉靖、萬曆南京國子監遞修本　一百二十冊

230000－0903－0000421　200－3/5
**明史藳三百十卷目錄三卷**　(清)王鴻緒編撰　清雍正元年(1723)敬慎堂刻本　九十六冊

230000－0903－0000422　210－1/1
**資治通鑑二百九十四卷釋文辨誤十二卷**　(宋)司馬光撰　(元)胡三省音注　清嘉慶二十一年(1816)鄱陽胡克家影元刻本　一百二十冊

230000－0903－0000423　210－1/2
**資治通鑑二百九十四卷釋文辨誤十二卷**　(宋)司馬光撰　(元)胡三省音注　清嘉慶二十一年(1816)鄱陽胡克家影元刻本　一百冊

230000－0903－0000424　210－1/3
**司馬溫公稽古錄二十卷**　(宋)司馬光撰　明崇禎陳鳳梧刻本　六冊

230000－0903－0000425　210－1/4
**資治通鑑綱目前編二十五卷正編五十九卷續編二十七卷末一卷**　(明)陳仁錫評閲　明春明堂刻本　九十六冊

230000－0903－0000426　210－2/1
**通紀會纂四卷**　(明)鍾惺撰　明天啓刻本　一冊　存二卷(一至二)

230000－0903－0000427　210－2/3
**欽定明鑑二十四卷首一卷**　(清)托津等撰　清嘉慶二十三年(1818)内府刻本　六冊

230000－0903－0000428　230/2
**戰國策三十三卷**　(漢)高誘注　(宋)姚宏校補　清乾隆二十一年(1756)雅雨堂叢書本　六冊

230000－0903－0000429　230/3
**越絕書十五卷**　(漢)袁康撰　(明)鍾惺評

明刻本　二冊

230000－0903－0000430　230/4
**東觀漢記二十四卷**　(漢)劉珍等撰　清乾隆六十年(1795)掃葉山房刻本　四冊

230000－0903－0000431　230/6
**奉天錄**　(唐)趙元一撰　(清)孫爾準校訂　清敷文閣刻本　一冊

230000－0903－0000432　230/7
**契丹國志二十七卷**　(宋)葉隆禮撰　清掃葉山房刻本　二冊

230000－0903－0000433　230/8
**大金國志四十卷**　(宋)宇文懋昭撰　清掃葉山房刻本　二冊

230000－0903－0000434　230/9
**國語二十一卷**　(三國吳)韋昭解　**校刊明道本韋氏解國語札記一卷**　(清)黄丕烈撰　清嘉慶五年(1800)黄氏讀未見書齋影宋刻本　四冊

230000－0903－0000435　360－1/90
**御製耕織圖不分卷**　(清)焦秉貞畫　清嘉慶刻本　一冊

230000－0903－0000436　240－1/1
**元朝名臣事十五卷**　(元)蘇天爵撰　清乾隆武英殿木活字排印武英殿聚珍版書本　八冊

230000－0903－0000437　240－1/2
**弘簡録二百五十四卷**　(明)邵經邦撰　清康熙三十七年(1698)刻本　十冊　存四十二卷(七十一至一百十二)

230000－0903－0000438　240－1/3
**俎豆集三十卷**　(清)潘承焯編　清乾隆四十三年(1778)汲古閣刻本　六冊

230000－0903－0000439　240－1/4
**宜鑑無雙論一卷**　(清)朱雲龍撰　清嘉慶元年(1796)朱氏二南軒刻本　一冊

230000－0903－0000440　240－1/5
**古品節録六卷**　(清)朱軾撰　清嘉慶四年(1799)關中書院刻本　六冊

230000－0903－0000441　240－2/1
**晏子春秋七卷音義二卷**　(清)孫星衍校　清乾隆五十三年(1788)孫星衍刻本　四冊

230000－0903－0000442　240－3/1
**孔子世家考二卷弟子列傳考一卷歷代典禮考一卷**　(清)鄭環撰　清嘉慶八年(1803)刻本　四冊

230000－0903－0000443　240－8/1
**明朝進士題名録不分卷**　(□)□□撰　清初刻本　七冊

230000－0903－0000444　255/1
**史通通釋二十卷附舉例附録一卷**　(清)浦起龍撰　清乾隆十七年(1752)浦氏求放心齋刻本　八冊

230000－0903－0000445　255/2
**史通削繁四卷**　(清)紀昀撰　清道光十三年(1833)兩廣節署刻朱墨套印本　四冊

230000－0903－0000446　260－1/1
**文獻通考紀要二卷**　(清)尹會一撰　清乾隆四年(1739)采潤堂刻本　四冊

230000－0903－0000447　260－3/1
**為政忠告(三事忠告)四卷**　(元)張養浩撰　清道光十一年(1831)曆城尹濟源碧鮮齋刻本　一冊

230000－0903－0000448　260－3/2
**福惠全書三十二卷**　(清)黄六鴻撰　清康熙三十八年(1699)懷德堂刻本　十冊

230000－0903－0000449　260－8/1
**刑部比照加減成案續編三十二卷首一卷**　(清)許槤訂　清道光二十三年(1843)杭州許槤刻本　十六冊

230000－0903－0000450　265－1/1
**大清聖祖仁皇帝聖訓六十卷**　(清)聖祖玄燁撰　清雍正九年(1731)敕修乾隆六年(1741)内府刻本　十三冊　存十三卷(六至九、十一、四十二至四十六、四十八至四十九、五十一)

230000－0903－0000451　265－1/2
**大清世宗憲皇帝聖訓三十六卷**　(清)世宗胤禛撰　清乾隆五年(1740)敕修乾隆六年(1741)内府刻本　一册　存一卷(六)

230000－0903－0000452　265－1/3
**雍正朱批諭旨不分卷**　(清)世宗胤禛批　清雍正十年(1732)内府刻朱墨套印本　一百十二册

230000－0903－0000453　265－2/1
**歷代名臣奏議三百十九卷**　(明)黄淮等輯　(明)張溥刪正　明崇禎八年(1635)張溥刻本　八十册

230000－0903－0000454　265－2/2
**歷代名臣奏議三百十九卷**　(明)黄淮等輯　(明)張溥刪正　明崇禎八年(1635)張溥刻本　十一册　存六十一卷(三十九至四十一、一百五至一百九、一百三十二至一百四十、一百五十四至一百九十一、二百三至二百八)

230000－0903－0000455　265－2/3
**譚襄敏公奏議十卷**　(明)譚綸撰　(明)顧所有纂修　清初抄本　二册

230000－0903－0000456　270/1
**鏡鏡詅癡五卷**　(清)鄭復光撰　(清)楊尚文繪圖　清道光二十八年(1848)靈石楊尚文校刻連筠簃叢書本　二册

230000－0903－0000457　280－1/1
**[乾隆]府廳州縣圖志五十卷**　(清)洪亮吉撰　清乾隆五十三年(1788)刻本　十二册

230000－0903－0000458　280－2/1
**[正德]武功縣志三卷首一卷**　(明)康海撰　清乾隆二十六年(1761)刻本　一册

230000－0903－0000459　280－2/2
**[康熙]靈壽縣志十卷末一卷**　(清)陸隴其修　(清)傅維橒纂　清康熙二十五年(1686)刻本(有圖)　四册

230000－0903－0000460　280－2/3
**[雍正]湖廣通志一百二十卷首一卷**　(清)邁柱等修　(清)夏力恕等撰　清雍正十一年(1733)刻本　四十八册

230000－0903－0000461　280－2/4
**[雍正]西湖志四十八卷**　(清)李衛等修　(清)傅玉露等撰　清雍正十二年(1734)兩浙監驛道庫刻本(有圖)　二十册

230000－0903－0000462　280－2/5
**[乾隆]西湖志纂十五卷首一卷**　(清)沈德潛　(清)傅玉露輯　(清)梁詩正等纂　清乾隆二十七年(1762)賜經堂刻本　六册

230000－0903－0000463　280－2/6
**[道光]洞庭湖志十四卷**　(清)綦世基原本　(清)夏大觀等輯訂　清道光八年(1828)六安直隸州州丞署刻本(有圖)　十册

230000－0903－0000464　280－2/7
**[乾隆]塔子溝紀畧十二卷**　(清)哈達清格撰　清乾隆三十八年(1773)刻本　四册

230000－0903－0000465　280－3/1
**三輔黄圖六卷**　(□)□□撰　清康熙四年(1665)顔敏刻本　二册

230000－0903－0000466　280－3/2
**日下舊聞四十二卷**　(清)朱彝尊撰　(清)朱昆田補遺　清康熙二十六年(1687)六峯閣刻本　十六册

230000－0903－0000467　280－3/3
**唐昭陵陪葬名氏考一卷**　(清)馮縉纂輯　清嘉慶二十四年(1819)稿本　一册

230000－0903－0000468　280－3/4
**顔山雜記四卷**　(清)孫廷銓撰　清康熙五年(1666)刻本　四册

230000－0903－0000469　280－4/1
**水經注四十卷首一卷**　(北魏)酈道元撰　清乾隆武英殿木活字排印武英殿聚珍版書本　十六册

230000－0903－0000470　280－4/2
**行水金鑑一百七十五卷首一卷**　(清)傅澤洪撰　清雍正三年(1725)淮陽道署刻本(有圖)

三十六册

230000－0903－0000471　280－5/1

**黄山遊記一卷投筆集一卷**　(清)錢謙益撰　清同治二年(1863)庭芬都公鍾室抄本　一册

230000－0903－0000472　280－7/1

**歷代輿地沿革險要圖六十八幅**　楊守敬　饒敦秩撰　清光緒五年(1879)東湖饒氏刻朱墨套印本　一册

230000－0903－0000473　285－1/1

**亦政堂重修考古圖十卷**　(宋)呂大臨撰　(清)黄晟校　清乾隆十七年(1752)天都黄晟亦政堂刻本　五册

230000－0903－0000474　285－2/1

**歷代鐘鼎彝器欵識法帖二十卷**　(宋)薛尚功撰　清嘉慶二年(1797)阮元刻本　八册

230000－0903－0000475　285－2/2

**歷代鐘鼎彝器欵識法帖二十卷**　(宋)薛尚功撰　清嘉慶二年(1797)阮元刻本　四册

230000－0903－0000476　285－2/3

**鐘鼎字源五卷**　(清)汪立名撰　清康熙五十五年(1716)錢塘汪氏一隅草堂刻本　四册

230000－0903－0000477　285－2/4

**積古齋鐘鼎彝器款識十卷**　(清)阮元編録　清嘉慶九年(1804)阮氏刻本　四册

230000－0903－0000478　285－2/5

**兩罍軒彝器圖釋十二卷**　(清)吳雲撰　清同治十一年(1872)吳氏刻本　八册

230000－0903－0000479　285－2/6

**攀古廔彝器款識不分卷**　(清)潘祖蔭記　清同治十一年(1872)京師滂喜齋刻本　二册

230000－0903－0000480　285－3/1

**國山碑考一卷**　(清)吳騫撰　清乾隆五十一年(1786)拜經樓叢書本(有圖)　二册

230000－0903－0000481　285－3/2

**漢魏碑刻紀存一卷**　(清)謝道承編　(清)馮縉校　清嘉慶二十四年(1819)抄本　一册

230000－0903－0000482　285－3/3

**漢石例六卷**　(清)劉寶楠録　清道光二十九年(1849)靈石楊氏刻連筠簃叢書本　四册

230000－0903－0000483　285－4/1

**秦漢瓦當文字一卷**　(清)程敦撰　清乾隆五十二年(1787)横渠書院刻本　二册

230000－0903－0000484　290/1

**汲古閣珍藏秘本書目一卷**　(清)毛扆書　清榮寶齋抄本　一册

230000－0903－0000485　290/2

**經義考三百卷**　(清)朱彝尊撰　**目録二卷**　(清)盧見曾編　清乾隆二十年(1755)德州盧氏補刻秀水朱氏本　四十八册　缺二卷(二百九十九至三百)

230000－0903－0000486　290/2－1

**經義考三百卷目録二卷**　(清)朱彝尊撰　清乾隆二十年(1755)盧氏雅雨堂刻本　六十四册　缺二卷(二百九十九至三百)

230000－0903－0000487　290/3

**百宋一廛賦一卷**　(清)顧廣圻撰　(清)黄丕烈注　清嘉慶黄丕烈刻本　一册

230000－0903－0000488　290/4

**金石録三十卷**　(宋)趙明誠撰　清道光黄本驥輯蔣環刻三長物齋叢書本　六册

230000－0903－0000489　290/5

**金石録補二十七卷**　(清)葉奕苞撰　**石門碑醳一卷**　(清)王森文撰　清咸豐六年(1856)蔣光煦校刻别下齋叢書本　八册

230000－0903－0000490　290/6

**中州金石考八卷**　(清)黄叔璥輯　清乾隆六年(1741)刻本　四册

230000－0903－0000491　290/7

**潛研堂金石文跋尾六卷續七卷又續六卷**　(清)錢大昕撰　清乾隆五十二年(1787)錢氏刻本　四册　存十二卷(跋尾一至二、續四至七、又續六卷)

230000－0903－0000492　290/8

**兩漢金石記二十二卷**　(清)翁方綱撰　清乾隆五十四年(1789)翁方綱南昌使院刻本　二十四册

230000－0903－0000493　290/9
**金石索十二卷**　(清)馮雲鵬　(清)馮雲鵷輯　清道光元年(1821)滋陽縣署刻本　十二册

230000－0903－0000494　100/14
**御纂七經綱領不分卷**　(□)□□撰　清江楚書局刻本　二册

230000－0903－0000495　100/15
**黃刻六經七十七卷**　(清)□□輯　清道光十六年(1836)楊郡二郎廟惜字局刻本　四十二册

230000－0903－0000496　100/16
**六經七十七卷**　清同治十三年(1874)江西書局刻本　四十二册

230000－0903－0000497　100/17
**相臺岳氏本古注五經九十三卷周易畧例一卷春秋年表一卷名號歸一圖二卷**　(宋)岳珂校　清乾隆四十八年(1783)武英殿影宋刻本　六十册

230000－0903－0000498　110/26
**郭氏傳家易說十一卷**　(宋)郭雍撰　清同治十三年(1874)江西書局刻本　八册

230000－0903－0000499　110/27
**郭氏傳家易說十一卷**　(宋)郭雍撰　清刻本　九册

230000－0903－0000500　110/29
**誠齋易傳二十卷**　(宋)楊萬里撰　清光緒二十一年(1895)湖北官書處刻本　八册

230000－0903－0000501　110/30
**誠齋易傳二十卷**　(宋)楊萬里撰　清光緒二十一年(1895)湖北官書處刻本　八册

230000－0903－0000502　110/32
**周易要義十卷首一卷**　(宋)魏了翁撰　清光緒十二年(1886)江蘇書局刻本　四册

230000－0903－0000503　110/33
**翼元十二卷**　(宋)張行成撰　清末刻本　五册

230000－0903－0000504　110/36
**新刻來瞿唐先生易注十五卷首一卷末一卷圖像一卷**　(明)來知德撰　清嘉慶十四年(1809)寧遠堂刻本　十一册

230000－0903－0000505　110/39
**刪訂來氏易注象數圖說二卷**　(明)來知德撰　(明)張恩霨刪訂　清光緒十年(1884)張恩霨刻本　二册

230000－0903－0000506　110/41
**易說醒四卷**　(明)洪守美撰　清同治十一年(1872)新豐世族刻本　三册

230000－0903－0000507　110/43
**象數論六卷**　(清)黃宗羲撰　清光緒廣雅書局刻本　二册

230000－0903－0000508　110/44
**象數論六卷**　(清)黃宗羲撰　清光緒廣雅書局刻本　二册

230000－0903－0000509　110/46
**周易卦變解八宮說一卷**　(清)吳脈鬯撰　清道光二十年(1840)柏柳堂刻本　一册

230000－0903－0000510　110/47
**增輯易象圖說二卷**　(清)吳脈鬯撰　清道光二十年(1840)柏柳堂刻本　二册

230000－0903－0000511　110/49
**易經大全會解四卷**　(清)來爾繩輯　清嘉慶二十四年(1819)蕭山裕文堂刻本　二册

230000－0903－0000512　110/50
**易經大全會解四卷**　(清)來爾繩撰　清道光二十六年(1846)刻本　四册

230000－0903－0000513　110/55
**御纂周易述義十卷**　(清)傅恒等撰　清刻本　六册

230000－0903－0000514　110/56
**御纂周易述義十卷**　(清)傅恒等撰　清刻本　六册

230000－0903－0000515　110/61
**讀易偶録五卷**　(清)金榮鎬撰　(清)謝代壎校訂　清嘉慶二年(1797)刻本　五册

230000－0903－0000516　110/62
**寄傲山房塾課纂輯御案易經備旨七卷**　(清)鄒聖脈輯　(清)鄒廷猷編　清嘉慶三年(1798)務本堂刻本　六册

230000－0903－0000517　110/63
**寄傲山房塾課纂輯御案易經備旨七卷**　(清)鄒聖脈輯　清光緒六年(1880)掃葉山房刻本　二册　存三卷(五至七)

230000－0903－0000518　110/64
**寄傲山房塾課纂輯易經備旨七卷**　(清)鄒聖脈輯　清光緒三十年(1904)上海文盛書局石印本　四册

230000－0903－0000519　110/65
**寄傲山房塾課纂輯易經備旨七卷**　(清)鄒聖脈輯　清光緒上海大成書局石印本　六册

230000－0903－0000520　110/69
**讀易傳心十二卷圖說三卷**　(清)韓怡撰　清嘉慶十三年(1808)木杍堂刻本　五册

230000－0903－0000521　110/70
**易說六卷**　(清)惠士奇撰　清嘉慶十五年(1810)璜川吳氏刻本　六册

230000－0903－0000522　110/71
**周易經義審七卷首一卷**　(清)盧浙撰　清嘉慶十七年(1812)三芝山房刻本　八册

230000－0903－0000523　110/74
**周易介五卷**　(清)單維輯　清嘉慶二十一年(1816)半山亭刻本　五册

230000－0903－0000524　110/75
**周易恒解五卷首一卷**　(清)劉沅注釋　清嘉慶二十五年(1820)虛受齋刻本　四册

230000－0903－0000525　110/78
**茗柯全書十二種**　(清)張惠言撰　清道光康紹鏞刻本　十六册

230000－0903－0000526　110/79
**河上易注八卷圖說二卷**　(清)黎世序撰　清道光元年(1821)謙豫齋刻本　六册

230000－0903－0000527　120/1
**尚書大傳四卷**　(漢)伏勝撰　(漢)鄭玄注　**考異一卷續補一卷**　(清)盧文弨撰　清光緒三年(1877)湖北崇文書局刻本　一册

230000－0903－0000528　120/2
**書經二十卷**　(漢)孔安國傳　(唐)陸德明音義　清同治八年(1869)永懷堂刻本　三册

230000－0903－0000529　120/4
**禹貢指南四卷**　(宋)毛晃撰　清刻本　二册

230000－0903－0000530　120/5
**禹貢說斷四卷**　(宋)傅寅撰　清刻本　四册

230000－0903－0000531　120/7
**書集傳六卷**　(宋)蔡沈撰　清嘉慶十七年(1812)金閶書業堂刻本　四册

230000－0903－0000532　120/8
**書集傳六卷**　(宋)蔡沈撰　清咸豐三年(1853)掃葉山房刻本　四册

230000－0903－0000533　120/9
**書集傳六卷**　(宋)蔡沈撰　清光緒三年(1877)永和堂刻本　四册

230000－0903－0000534　120/10
**書經六卷**　(宋)蔡沈集傳　清光緒五年(1879)山西濬文書局刻本　四册

230000－0903－0000535　120/11
**書經六卷首一卷末一卷**　(宋)蔡沈集傳　**音釋三卷**　(元)鄒季友撰　清光緒七年(1881)江蘇書局刻本　五册

230000－0903－0000536　120/12
**書集傳六卷**　(宋)蔡沈撰　清光緒十年(1884)掃葉山房刻本　四册

230000－0903－0000537　120/13
**書集傳六卷**　(宋)蔡沈撰　清光緒十二年(1886)江左書林刻本　四册

230000－0903－0000538　120/14

**書集傳六卷**　(宋)蔡沈撰　清光緒十二年(1886)上洋江左書林刻本　四册

230000－0903－0000539　120/15
**書集傳六卷**　(宋)蔡沈撰　清光緒十三年(1887)掃葉山房刻本　四册

230000－0903－0000540　120/16
**書集傳六卷**　(宋)蔡沈撰　清光緒十六年(1890)吳氏翰清閣刻本　四册

230000－0903－0000541　120/17
**書集傳六卷**　(宋)蔡沈撰　清光緒十七年(1891)掃葉山房刻本　四册

230000－0903－0000542　120/18
**書集傳六卷**　(宋)蔡沈撰　清光緒十七年(1891)掃葉山房刻本　四册

230000－0903－0000543　120/19
**書經六卷首一卷末一卷**　(宋)蔡沈集傳　清光緒二十一年(1895)湖北官書處刻本　四册

230000－0903－0000544　120/20
**書集傳六卷**　(宋)蔡沈撰　清光緒二十六年(1900)成文信刻本　四册

230000－0903－0000545　120/21
**書經六卷**　(宋)蔡沈集傳　清刻本　四册

230000－0903－0000546　120/22
**書經六卷首一卷末一卷**　(宋)蔡沈集傳　清光緒刻本　四册

230000－0903－0000547　120/23
**書集傳六卷**　(宋)蔡沈撰　清宣統元年(1909)掃葉山房石印本　四册

230000－0903－0000548　120/28
**書經集傳音釋六卷首一卷末一卷**　(宋)蔡沈集傳　(元)鄒季友音釋　清光緒十五年(1889)江南書局刻本　六册

230000－0903－0000549　120/29
**書蔡傳坿釋一卷**　(清)丁晏撰　清光緒二十年(1894)廣雅書局刻本　一册

230000－0903－0000550　120/30
**尚書詳解五十卷**　(宋)陳經撰　清刻本　十二册

230000－0903－0000551　120/31
**尚書要義二十卷**　(宋)魏了翁撰　清光緒十年(1884)江蘇書局刻本　六册

230000－0903－0000552　120/32
**尚書要義二十卷**　(宋)魏了翁撰　清光緒十年(1884)江蘇書局刻本　六册

230000－0903－0000553　120/33
**書經精華六卷**　(清)薛嘉穎撰　清道光五年(1825)光韙堂刻本　三册

230000－0903－0000554　120/34
**尚書古文疏證八卷**　(清)閻若璩撰　清同治六年(1867)錢塘汪氏振綺堂補刻本　八册

230000－0903－0000555　120/35
**尚書中候疏證一卷**　(清)皮錫瑞撰　清光緒元年(1875)刻本　一册

230000－0903－0000556　120/36
**尚書離句六卷**　(清)錢在培輯解　清光緒四年(1878)京都文成堂刻本　四册

230000－0903－0000557　120/37
**尚書離句六卷**　(清)錢在培輯解　清光緒四年(1878)越城聚奎堂刻本　四册

230000－0903－0000558　120/38
**尚書離句六卷**　(清)錢在培輯解　清實寧堂刻本　二册

230000－0903－0000559　120/39
**尚書離句六卷**　(清)錢在培輯解　清宣統三年(1911)上海掃葉山房石印本　四册

230000－0903－0000560　120/40
**書經體注大全合參六卷**　(清)范翔鑒定　(清)錢希祥纂輯　清光緒五年(1879)上洋紫文閣刻本　四册

230000－0903－0000561　120/41
**書經體注大全合參六卷**　(清)范翔鑒定　(清)錢希祥纂輯　清光緒六年(1880)掃葉山房刻本　四册

230000－0903－0000562　120/42
**書經體注大全六卷**　(清)錢希祥纂輯　清宣統三年(1911)掃葉山房石印本(有圖)　四冊

230000－0903－0000563　120/43
**書經備旨七卷**　(清)鄒聖脈纂輯　(清)鄒廷猷編　清光緒六年(1880)校經山房刻本　六冊

230000－0903－0000564　120/44
**寄傲山房塾課纂輯書經備旨七卷**　(清)鄒聖脈纂輯　清光緒十二年(1886)成文信書局刻本　四冊

230000－0903－0000565　120/45
**寄傲山房塾課纂輯書經備旨七卷**　(清)鄒聖脈纂輯　清光緒十二年(1886)江左書林刻本　六冊

230000－0903－0000566　120/46
**書說二卷附汲冢周書輯要一卷**　(清)郝懿行撰　清光緒八年(1882)東路廳署刻本　三冊

230000－0903－0000567　120/47
**尚書今古文注疏三十卷**　(清)孫星衍撰　清光緒十一年(1885)朱氏槐廬家塾刻本　八冊

230000－0903－0000568　120/48
**禹貢班義述三卷附考一卷**　(清)成蓉鏡撰　清光緒十四年(1888)廣雅書局刻本　一冊

230000－0903－0000569　120/49
**尚書伸孔篇一卷**　(清)焦廷琥撰　清光緒十四年(1888)廣雅書局刻本　一冊

230000－0903－0000570　120/50
**王會篇箋釋三卷**　(清)何秋濤撰　清光緒十七年(1891)江蘇書局刻本　三冊

230000－0903－0000571　120/51
**尚書考異六卷**　(清)梅鷟撰　清光緒十八年(1892)浙江書局刻本　四冊

230000－0903－0000572　120/52
**欽定書經圖說五十卷**　(清)孫家鼐等撰　清光緒二十九年(1903)石印本　十六冊

230000－0903－0000573　120/53
**欽定書經圖說五十卷**　(清)孫家鼐等撰　清光緒二十九年(1903)石印本　十六冊

230000－0903－0000574　120/54
**欽定書經圖說五十卷**　(清)孫家鼐等撰　清光緒二十九年(1903)石印本　十六冊

230000－0903－0000575　120/55
**尚書孔傳參正三十六卷**　王先謙撰　清光緒三十年(1904)虛受堂刻本　六冊

230000－0903－0000576　120/56
**尚書讀本二卷**　吳闓生撰　清光緒三十四年(1908)保陽書局鉛印本　二冊

230000－0903－0000577　120/57
**新刻書經備旨善本輯要六卷**　(清)馬大猷輯　清光緒文玉堂刻本　四冊

230000－0903－0000578　130/2
**詩經二十卷**　(漢)毛亨傳　(漢)鄭玄箋　清同治八年(1869)永懷堂刻本　三冊

230000－0903－0000579　130/3
**韓詩外傳十卷**　(漢)韓嬰撰　清光緒三年(1877)湖北崇文書局刻本　二冊

230000－0903－0000580　130/4
**毛詩要義二十卷**　(宋)魏了翁撰　清光緒十二年(1886)江蘇書局刻本　十二冊

230000－0903－0000581　130/6
**詩總聞二十卷**　(宋)王質撰　清刻本　六冊

230000－0903－0000582　130/7
**詩集傳八卷**　(宋)朱熹撰　清嘉慶二十四年(1819)金閶書業堂刻本　四冊

230000－0903－0000583　130/8
**詩集傳八卷**　(宋)朱熹撰　清同治十三年(1874)上洋醉六堂刻本　四冊

230000－0903－0000584　130/9
**詩集傳八卷**　(宋)朱熹撰　清光緒五年(1879)掃葉山房刻本　四冊

230000－0903－0000585　130/10
**詩集傳八卷**　(宋)朱熹撰　清光緒五年

(1879)山西濬文書局刻本　四册

230000－0903－0000586　130/11
**詩集傳八卷**　(宋)朱熹撰　清光緒五年(1879)上海紫文閣刻本　四册

230000－0903－0000587　130/12
**詩經二十卷末一卷**　(宋)朱熹集傳　清光緒七年(1881)江蘇書局刻本　五册

230000－0903－0000588　130/13
**詩集傳八卷**　(宋)朱熹撰　清光緒十一年(1885)上洋百忍堂刻本　四册

230000－0903－0000589　130/14
**詩集傳八卷**　(宋)朱熹撰　清光緒十二年(1886)掃葉山房刻本　四册

230000－0903－0000590　130/15
**詩集傳八卷**　(宋)朱熹撰　清光緒十二年(1886)上洋江左書林刻本　四册

230000－0903－0000591　130/16
**詩集傳八卷**　(宋)朱熹撰　清光緒十三年(1887)泰山堂刻本　四册

230000－0903－0000592　130/17
**詩集傳八卷**　(宋)朱熹撰　清光緒十四年(1888)刻本　四册

230000－0903－0000593　130/18
**詩集傳八卷**　(宋)朱熹撰　清光緒十五年(1889)掃葉山房刻本　四册

230000－0903－0000594　130/19
**詩集傳八卷**　(宋)朱熹撰　清光緒十七年(1891)掃葉山房刻本　四册

230000－0903－0000595　130/20
**詩集傳八卷**　(宋)朱熹撰　清光緒十九年(1893)滬上熙記書莊刻本　四册

230000－0903－0000596　130/21
**詩集傳八卷**　(宋)朱熹撰　清光緒二十一年(1895)京都文琳堂刻本　四册

230000－0903－0000597　130/22
**詩經八卷**　(宋)朱熹集傳　清光緒二十一年(1895)湖北官書處刻本　四册

230000－0903－0000598　130/23
**詩集傳八卷**　(宋)朱熹撰　清光緒校經山房刻本　四册

230000－0903－0000599　130/25
**詩經八卷**　(宋)朱熹集傳　清光緒刻本　三册　存六卷(三至八)

230000－0903－0000600　130/26
**詩經八卷**　(宋)朱熹集傳　清寶興堂刻本　三册　存六卷(三至八)

230000－0903－0000601　130/27
**詩集傳八卷**　(宋)朱熹撰　清宣統二年(1910)上海會文堂石印本(有圖)　四册

230000－0903－0000602　130/28
**詩集傳八卷**　(宋)朱熹撰　清宣統三年(1911)上海章福記石印本　四册

230000－0903－0000603　130/33
**詩經八卷**　(宋)朱熹集傳　清石印本　一册　存二卷(四至五)

230000－0903－0000604　130/34
**毛詩稽古編三十卷附考一卷**　(清)陳啟源撰　清光緒九年(1883)上海同文書局石印本　八册

230000－0903－0000605　130/35
**三刻黃維章先生詩經嫏嬛體注八卷**　(明)黃文焕撰　(清)范翔重訂　清嘉慶二十三年(1818)吳郡桐石山房刻本　四册

230000－0903－0000606　130/36
**詩經精華十卷**　(清)薛嘉穎撰　清道光五年(1825)光韙堂刻本　五册

230000－0903－0000607　130/37
**詩毛氏傳疏三十卷釋毛詩音四卷毛詩說一卷毛詩傳義類十九篇鄭氏箋考徵一卷**　(清)陳奐撰　清光緒九年(1883)徐子靜刻本　十二册

230000－0903－0000608　130/38
**詩經繹參四卷**　(清)鄧翔撰　清同治六年

(1867)孔氏刻本　四册

230000－0903－0000609　130/39
**欽定詩經傳説彙纂二十一卷首二卷詩序二卷**　(清)王鴻緒等校　清同治七年(1868)馬新貽刻本　十六册

230000－0903－0000610　130/40
**詩説二卷詩經拾遺一卷**　(清)郝懿行撰　清光緒八年(1882)東路廳署刻本　三册

230000－0903－0000611　130/41
**詩經融注大全體要八卷**　(清)高朝瓔撰　清光緒九年(1883)掃葉山房刻本　四册

230000－0903－0000612　130/42
**詩古微上編三卷中編十卷下編三卷首一卷**　(清)魏源輯　清光緒十三年(1887)掃葉山房席氏補刻本　八册

230000－0903－0000613　130/43
**御案詩經備旨八卷**　(清)鄒聖脈纂輯　清光緒六年(1880)掃葉山房刻本　八册

230000－0903－0000614　130/44
**御案詩經備旨八卷**　(清)鄒聖脈纂輯　清光緒三十年(1904)掃葉山房刻本　八册

230000－0903－0000615　130/48
**詩經詳説九十四卷**　(清)冉觀祖撰　清光緒七年(1881)大樑書局刻本　六十册

230000－0903－0000616　130/49
**詩問七卷**　(清)郝懿行　(清)王照圓撰　清光緒八年(1882)東路廳署刻郝氏遺書本　八册

230000－0903－0000617　130/50
**毛詩傳箋通釋三十二卷**　(清)馬瑞辰撰　清光緒十四年(1888)廣雅書局刻本　十二册

230000－0903－0000618　130/51
**毛詩後箋三十卷**　(清)胡承珙撰　(清)陳奐補　清光緒十六年(1890)廣雅書局刻本　十二册

230000－0903－0000619　130/52
**詩集傳坿釋一卷**　(清)丁晏撰　清光緒二十年(1894)廣雅書局刻本　一册

230000－0903－0000620　130/53
**毛詩訂詁八卷坿錄二卷**　(清)顧棟高撰　清光緒二十二年(1896)江蘇書局刻本　四册

230000－0903－0000621　130/54
**毛詩訂詁八卷坿錄二卷**　(清)顧棟高撰　清光緒二十二年(1896)江蘇書局刻本　四册

230000－0903－0000622　130/55
**御纂詩義折中二十卷**　(清)傅恒等撰　清光緒二十七年(1901)煙臺文盛堂刻本　六册

230000－0903－0000623　130/56
**御纂詩義折中二十卷**　(清)傅恒等撰　清光緒浙江書局刻本　六册

230000－0903－0000624　130/57
**詩經恒解六卷**　(清)劉沅輯注　清光緒三十一年(1905)北京道德學社印刷所鉛印本　六册

230000－0903－0000625　130/58
**詩經喈鳳詳解八卷**　(清)陳抒孝輯注　(清)汪基增訂　清光緒蘇州掃葉山房刻本　八册

230000－0903－0000626　130/59
**詩經喈鳳詳解八卷**　(清)陳抒孝輯注　(清)汪基增訂　清光緒蘇州掃葉山房刻本　八册

230000－0903－0000627　130/60
**毛詩禮徵十卷**　(清)包世榮撰　清光緒刻本　三册

230000－0903－0000628　140－1/1
**周禮六卷**　(漢)鄭玄注　(唐)陸德明音義　清嘉慶十一年(1806)清芬閣刻本　六册

230000－0903－0000629　140－1/2
**周禮十二卷**　(漢)鄭玄注　(唐)陸德明音義　清光緒十二年(1886)湖北官書處刻本　六册

230000－0903－0000630　140－1/5
**周禮精華六卷**　(清)陳龍標輯　清咸豐九年(1859)寶華樓刻本　五册

230000－0903－0000631　140－1/6
**周禮二十四卷**　(清)李光坡述注　清光緒三年(1877)刻本　六冊

230000－0903－0000632　140－1/7
**周禮三家佚注一卷**　(清)孫詒讓校集　清光緒二十年(1894)刻本　一冊

230000－0903－0000633　140－2/1
**儀禮十七卷**　(漢)鄭玄注　清同治九年(1870)楚北崇文書局刻本　二冊

230000－0903－0000634　140－2/2
**儀禮十七卷**　(漢)鄭玄注　(唐)陸德明音義　清光緒十二年(1886)湖北官書處刻本　四冊

230000－0903－0000635　140－2/3
**儀禮十七卷**　(漢)鄭玄注　(明)金蟠訂　清同治八年(1869)永懷堂刻本　四冊

230000－0903－0000636　140－2/4
**儀禮十七卷**　(漢)鄭玄注　(清)張爾岐句讀　清同治十三年(1874)湖南書局刻本　八冊

230000－0903－0000637　140－2/6
**儀禮集釋三十卷**　(宋)李如圭撰　清刻本　十二冊

230000－0903－0000638　140－2/7
**儀禮要義五十卷**　(宋)魏了翁撰　清光緒十年(1884)江蘇書局刻五經要義本　十二冊

230000－0903－0000639　140－2/8
**儀禮要義五十卷**　(宋)魏了翁撰　清光緒十年(1884)江蘇書局刻五經要義本　十二冊

230000－0903－0000640　140－2/9
**儀禮釋官九卷首一卷**　(清)胡匡衷撰　清同治八年(1869)研六閣刻本　二冊

230000－0903－0000641　140－2/10
**儀禮古今文疏義十七卷**　(清)胡承珙撰　清光緒三年(1877)湖北崇文書局刻本　四冊

230000－0903－0000642　140－2/11
**輪輿私箋二卷**　(清)鄭珍撰　清光緒十七年(1891)廣雅書局刻本　一冊

230000－0903－0000643　140－2/12
**儀禮私箋八卷**　(清)鄭珍撰　清光緒十七年(1891)廣雅書局刻本　一冊

230000－0903－0000644　140－2/13
**儀禮私箋八卷**　(清)鄭珍撰　清刻本　二冊

230000－0903－0000645　140－2/14
**儀禮十七卷**　(清)吳廷華章句　清光緒二十四年(1898)蘇州書局刻本　四冊

230000－0903－0000646　140－3/2
**禮記四十九卷**　(漢)鄭玄注　(明)金蟠校　清同治八年(1869)永懷堂刻本　八冊

230000－0903－0000647　140－3/3
**禮記要義三十三卷**　(宋)魏了翁撰　清光緒十二年(1886)江蘇書局刻本　八冊

230000－0903－0000648　140－3/4
**禮記要義三十三卷**　(宋)魏了翁撰　清光緒十二年(1886)江蘇書局刻本　八冊

230000－0903－0000649　140－3/5
**禮記集說十卷**　(元)陳澔撰　清嘉慶金閶書業堂刻本　十冊

230000－0903－0000650　140－3/6
**禮記集說十卷**　(元)陳澔撰　清咸豐元年(1851)掃葉山房刻本　五冊

230000－0903－0000651　140－3/7
**禮記集說十卷**　(元)陳澔集說　清同治七年(1868)楚北崇文書局刻本　十冊

230000－0903－0000652　140－3/8
**禮記集說十卷**　(元)陳澔集說　清同治十三年(1874)江西書局刻本　十冊

230000－0903－0000653　140－3/9
**禮記集說十卷**　(元)陳澔集說　清光緒二年(1876)掃葉山房刻本　十冊

230000－0903－0000654　140－3/10
**禮記集說十卷**　(元)陳澔集說　清光緒四年(1878)成文信記刻本　十冊

230000－0903－0000655　140－3/11

**禮記集説十卷**　（元）陳澔集説　清光緒八年（1882）江蘇書局刻本　十冊

230000－0903－0000656　140－3/12
**禮記集説十卷**　（元）陳澔集説　清光緒八年（1882）上洋江左書林刻本　十冊

230000－0903－0000657　140－3/13
**禮記集説十卷**　（元）陳澔集説　清光緒十二年（1886）湖北官書處刻本　十冊

230000－0903－0000658　140－3/14
**禮記集説十卷**　（元）陳澔集説　清刻本　十冊

230000－0903－0000659　140－3/15
**禮記六十一卷**　（清）孫希旦集解　清同治十年（1871）刻本　二十六冊

230000－0903－0000660　140－3/16
**大戴禮記補注十三卷**　（清）孔廣森撰　清同治十三年（1874）淮南書局刻本　四冊

230000－0903－0000661　140－3/17
**禮記易讀二卷**　（清）志遠堂主人輯　清光緒二年（1876）書業德刻本　二冊

230000－0903－0000662　140－3/18
**禮記心典傳本三卷**　（清）胡瑤光輯　清光緒六年（1880）掃葉山房刻本　四冊

230000－0903－0000663　140－3/19
**鄭氏禮記箋四十九卷**　（清）郝懿行撰　（清）趙汝翰覆校　清光緒八年（1882）東路廳署刻本　十冊

230000－0903－0000664　140－3/20
**禮記天算釋一卷**　（清）孔廣牧撰　清光緒十五年（1889）廣雅書局刻本　一冊

230000－0903－0000665　140－3/21
**漱芳軒合纂禮記體注四卷**　（清）范翔參訂　清光緒六年（1880）掃葉山房刻本　四冊

230000－0903－0000666　140－3/22
**漱芳軒合纂禮記體注四卷**　（清）范翔參訂　清光緒十六年（1890）掃葉山房刻本　四冊

230000－0903－0000667　140－3/23
**全本禮記體注大全十卷**　（清）范紫登原定　（清）徐旦訂　（清）徐瑄補輯　清光緒善成堂刻本　十二冊

230000－0903－0000668　140－3/24
**全本禮記體注大全十卷**　（清）范紫登原定　（清）徐旦訂　（清）徐瑄補輯　清光緒善成堂刻本　十冊

230000－0903－0000669　140－3/25
**漱芳軒合纂禮記體注四卷**　（清）范翔參訂　（清）朱光斗等校　清光緒蘇州校經山房刻本　四冊

230000－0903－0000670　140－3/26
**漱芳軒合纂禮記體注四卷**　（清）范翔參訂　清光緒蘇州桐石山房刻本　四冊

230000－0903－0000671　140－3/27
**續禮記集説一百卷**　（清）杭世駿撰　清光緒二十一年（1895）浙江書局刻本　四十冊

230000－0903－0000672　140－3/28
**寄傲山房塾課纂輯禮記全文備旨十一卷**　（清）鄒聖脈纂輯　清光緒上洋掃葉山房刻本　十冊

230000－0903－0000673　140－3/29
**禮記訓纂四十九卷**　（清）朱彬輯　清宣統元年（1909）學部圖書局石印本　十冊

230000－0903－0000674　140－4/2
**四禮翼一卷**　（明）呂坤撰　清光緒十四年（1888）固始張氏刻本　一冊

230000－0903－0000675　140－4/3
**四禮翼一卷**　（明）呂坤撰　清光緒二十一年（1895）湖北官書處刻本　一冊

230000－0903－0000676　140－5/1
**五禮通考二百六十二卷首一卷**　（清）秦蕙田編輯　清光緒六年（1880）據江蘇書局本刻本　一百冊

230000－0903－0000677　140－5/2
**五禮通考二百六十二卷**　（清）秦蕙田撰　清光緒刻本　三十三冊　存八十四卷（一至八

十一、一百七十八至一百八十）

230000－0903－0000678　140－5/3
**禮書綱目八十五卷首三卷**　（清）江永編　清光緒二十一年（1895）廣雅書局刻本　二十冊

230000－0903－0000679　140－5/5
**大清通禮五十四卷**　（清）李玉鳴等纂修　清道光六年（1826）刻本　十六冊

230000－0903－0000680　140－6/1
**司馬氏書儀十卷**　（宋）司馬光撰　清同治七年（1868）江蘇書局刻本　一冊

230000－0903－0000681　150－2/1
**春秋公羊經傳解詁十二卷**　（漢）何休撰　清道光四年（1824）揚州汪氏問禮堂影宋刻本　二冊

230000－0903－0000682　150－2/2
**春秋公羊傳十一卷**　（漢）何休撰　（唐）陸德明音義　清同治七年（1868）湖北崇文書局刻本　四冊

230000－0903－0000683　150－3/1
**春秋穀梁傳十二卷**　（晉）范甯集解　清同治七年（1868）金陵書局刻本　二冊

230000－0903－0000684　150－3/2
**春秋穀梁傳十二卷**　（晉）范甯集解　清光緒十二年（1886）湖北官書處刻本　四冊

230000－0903－0000685　150－4/1
**春秋三傳十六卷首一卷附陸氏三傳釋文音義十六卷**　（唐）陸德明音義　清嘉慶十年（1805）刻本　十六冊

230000－0903－0000686　150－4/2
**春秋公羊傳十一卷**　（漢）何休撰　（唐）陸德明音義　（清）丁寶楨等校　**春秋穀梁傳十二卷**　（晉）范甯集解　（清）丁寶楨等校　清同治十一年（1872）山東書局尚志堂刻本　八冊

230000－0903－0000687　150－4/3
**董子春秋繁露十七卷**　（漢）董仲舒撰　清光緒三年（1877）湖北崇文書局刻本　二冊

230000－0903－0000688　150－4/4
**董子春秋繁露十七卷**　（漢）董仲舒撰　清光緒二十三年（1897）新化三味書局刻本　四冊

230000－0903－0000689　160/1
**孝經九卷**　（漢）鄭玄注　（明）金蟠訂　清同治八年（1869）永懷堂刻本　一冊

230000－0903－0000690　160/2
**孝經一卷**　（唐）玄宗李隆基注　（唐）陸德明音義　清光緒十二年（1886）湖北官書處刻本　一冊

230000－0903－0000691　160/6
**孝經啟蒙新解十八章**　（清）王澤厚注　清光緒十八年（1892）都門積善堂刻本　一冊

230000－0903－0000692　170－1/3
**論語二十卷**　（三國魏）何晏集解　（明）金蟠訂　清同治八年（1869）永懷堂刻本　二冊

230000－0903－0000693　170－1/5
**論語緒言一卷**　（清）張秉直撰　（清）張南金等編　清道光十五年（1835）刻本　一冊

230000－0903－0000694　170－1/6
**論語古注集箋十卷論語考一卷**　（清）潘維城撰　清光緒七年（1881）江蘇書局刻本　六冊

230000－0903－0000695　170－1/7
**論語後案二十卷**　（清）黄式三撰　清光緒九年（1883）浙江書局刻本　十冊

230000－0903－0000696　170－1/8
**論語古訓十卷**　（清）陳鱣撰　清光緒九年（1883）浙江書局刻本　二冊

230000－0903－0000697　170－1/9
**論語古訓十卷**　（清）陳鱣撰　清光緒九年（1883）浙江書局刻本　二冊

230000－0903－0000698　170－2/2
**孟子十四卷**　（漢）趙岐注　清光緒三十四年（1908）問經精舍刻本　三冊

230000－0903－0000699　170－2/3
**孟子十四卷**　（漢）趙岐注　（明）金蟠訂　清同治八年（1869）永懷堂刻本　二冊

230000－0903－0000700　170－2/6
**孟子要略五卷**　(宋)朱熹撰　清光緒二十八年(1902)廣雅書局刻本　一冊

230000－0903－0000701　170－2/7
**孟子趙注補正六卷**　(清)宋翔鳳撰　清光緒十七年(1891)廣雅書局刻本　一冊

230000－0903－0000702　170－3/1
**大學白文一卷**　(□)□□撰　清光緒三十三年(1907)學部圖書局石印本　一冊

230000－0903－0000703　170－4/1
**中庸白文一卷**　清光緒三十三年(1907)學部圖書局鉛印本　一冊

230000－0903－0000704　170－5/2
**四書句辨十九卷**　(宋)朱熹撰　清道光二十六年(1846)長白完顏氏雲蔭堂刻本　六冊

230000－0903－0000705　170－5/3
**新刻批點四書讀本十九卷**　(宋)朱熹集注　(清)高玲批點　清同治十三年(1874)三益堂刻朱墨套印本　六冊

230000－0903－0000706　170－5/4
**四書集注十九卷**　(宋)朱熹撰　清光緒三年(1877)江蘇書局刻本　六冊

230000－0903－0000707　170－5/5
**四書句辨十九卷**　(宋)朱熹撰　清光緒五年(1879)掃葉山房刻本　六冊

230000－0903－0000708　170－5/6
**四書集注十九卷**　(宋)朱熹撰　清光緒六年(1880)掃葉山房刻本　六冊

230000－0903－0000709　170－5/7
**四書離句集注十九卷附字禮辨正一卷**　(宋)朱熹撰　清光緒六年(1880)味經堂刻本　六冊

230000－0903－0000710　170－5/8
**四書集注十九卷**　(宋)朱熹撰　清光緒十七年(1891)掃葉山房刻本　六冊

230000－0903－0000711　170－5/9
**四書集注十九卷**　(宋)朱熹撰　清光緒十七年(1891)掃葉山房刻本　六冊

230000－0903－0000712　170－5/10
**四書集注十九卷**　(宋)朱熹撰　清光緒十七年(1891)掃葉山房刻本　六冊

230000－0903－0000713　170－5/11
**四書疑字辯十九卷**　(宋)朱熹撰　清光緒十八年(1892)浙江書局刻本　七冊

230000－0903－0000714　170－5/12
**四書集注十九卷**　(宋)朱熹撰　清光緒十九年(1893)滬上熙記書莊刻本　六冊

230000－0903－0000715　170－5/13
**四書集注十九卷**　(宋)朱熹撰　清光緒二十年(1894)上洋文政堂刻本　六冊

230000－0903－0000716　170－5/14
**四書集注十九卷**　(宋)朱熹撰　清光緒二十年(1894)上洋文政堂刻本　六冊

230000－0903－0000717　170－5/15
**四書集注十九卷**　(宋)朱熹撰　清光緒二十一年(1895)湖北官書處刻本　六冊

230000－0903－0000718　170－5/16
**四書集注十九卷**　(宋)朱熹撰　清光緒二十四年(1898)廣雅書局刻本　六冊

230000－0903－0000719　170－5/17
**四書集注十九卷**　(宋)朱熹撰　清光緒二十四年(1898)煙臺文勝堂刻本　六冊

230000－0903－0000720　170－5/18
**重校字典四書十九卷**　(宋)朱熹集注　清光緒二十四年(1898)煙臺文勝堂刻本　六冊

230000－0903－0000721　170－5/19
**四書章句集注十九卷**　(宋)朱熹撰　清裹如堂刻本　六冊

230000－0903－0000722　180/1
**鄭志三卷**　(漢)鄭玄撰　(三國魏)鄭小同編　清乾隆武英殿木活字排印武英殿聚珍版書本　一冊

230000－0903－0000723　180/2

**經典釋文三十卷** (唐)陸德明撰 清通志堂刻本 十二册

230000－0903－0000724 180/3
**經典釋文序錄一卷** (唐)陸德明撰 清光緒江楚書局刻本 一册

230000－0903－0000725 180/4
**相臺書塾刊正九經三傳沿革例一卷** (宋)岳珂撰 清光緒三年(1877)湖北崇文書局刻本 一册

230000－0903－0000726 180/5
**通志堂經解一百四十四種** (清)納蘭成德輯 清同治十二年(1873)粵東書局刻本 五百册

230000－0903－0000727 180/7
**歷代石經略二卷** (清)桂馥撰 清光緒九年(1883)陳州郡齋刻本 二册

230000－0903－0000728 180/8
**漢魏石經考三篇** (清)劉傳瑩撰 清光緒十二年(1886)沌城黃氏試館刻本 一册

230000－0903－0000729 180/8－1
**漢魏石經考三篇** (清)劉傳瑩撰 清光緒十二年(1886)沌城黃氏試館刻本 一册

230000－0903－0000730 180/10
**皇清經解一百八十三種續刻七種** (清)阮元輯 (清)嚴傑編 清道光九年(1829)廣東學海堂刻咸豐十一年(1861)補刻本 三百六十册

230000－0903－0000731 180/11
**皇清經解一百八十三種續刻七種** (清)阮元輯 (清)嚴傑編 清道光九年(1829)廣東學海堂刻咸豐十一年(1861)補刻本 三百六十册

230000－0903－0000732 180/12
**皇清經解續編一百八十七種** 王先謙編 清光緒十四年(1888)江蘇寶文堂刻本 三百二十册

230000－0903－0000733 180/13
**皇清經解續編二百九卷** 王先謙編 清光緒十五年(1889)上海蜚英館石印本 三十二册

230000－0903－0000734 180/17
**有竹石軒經句說二十六卷** (清)吳英撰 清嘉慶二十三年(1818)眞意堂刻本 十六册

230000－0903－0000735 180/18
**經傳考證八卷** (清)朱彬撰 清道光二年(1822)遊道堂刻本 二册

230000－0903－0000736 180/19
**經義述聞三十二卷** (清)王引之撰 清道光七年(1827)京師西江米巷壽藤書屋刻本 二十四册

230000－0903－0000737 180/21
**經笥質疑十五卷** (清)張瓚昭撰 清道光七年(1827)蘭明堂刻本[書義原古光緒十一年(1885)平江張氏家塾續刻本] 十二册

230000－0903－0000738 180/22
**味經齋遺書十二種** (清)莊存與撰 清道光莊綬甲寶研堂刻本 六册 存七種三十卷(尚書既見三卷、周官記五卷、書說一卷、毛詩說四卷、周官說五卷、春秋正辭十一卷、春秋舉例一卷)

230000－0903－0000739 200－2/1
**歷代史表五十九卷首一卷** (清)萬斯同撰 清光緒十五年(1889)廣雅書局刻本 十册

230000－0903－0000740 200－2/2
**史表功比說一卷** (清)張錫瑜撰 清光緒十四年(1888)廣雅書局刻本 一册

230000－0903－0000741 200－2/3
**廿二史考異一百卷** (清)錢大昕撰 清光緒二十年(1894)廣雅書局刻本 十八册

230000－0903－0000742 200－2/6
**三史拾遺五卷** (清)錢大昕撰 清光緒十七年(1891)廣雅書局刻本 一册

230000－0903－0000743 200－2/7
**諸史拾遺五卷** (清)錢大昕撰 清光緒十七年(1891)廣雅書局刻本 一册

230000－0903－0000744　200－2/8
**史記一百三十卷**　（漢）司馬遷撰　（南朝宋）裴駰集解　（唐）司馬貞索隱　（唐）張守節正義　清同治九年(1870)楚北崇文書局刻本　二十四冊

230000－0903－0000745　200－2/9
**史記一百三十卷**　（漢）司馬遷撰　（南朝宋）裴駰集解　（唐）司馬貞索隱　（唐）張守節正義　清同治九年(1870)楚北崇文書局刻本　二十四冊

230000－0903－0000746　200－2/10
**史記一百三十卷**　（漢）司馬遷撰　（南朝宋）裴駰集解　（唐）司馬貞索隱　（唐）張守節正義　清同治十二年(1873)成都書局刻本　二十六冊

230000－0903－0000747　200－2/11
**史記一百三十卷**　（漢）司馬遷撰　（南朝宋）裴駰集解　（唐）司馬貞索隱　（唐）張守節正義　清光緒十四年(1888)上海圖書集成印書局石印本　十六冊

230000－0903－0000748　200－2/13
**史記索隱三十卷**　（唐）司馬貞撰　清光緒十九年(1893)廣雅書局刻本　四冊

230000－0903－0000749　200－2/14
**史記志疑三十六卷附錄一卷**　（清）梁玉繩撰　清光緒十三年(1887)廣雅書局刻本　十六冊

230000－0903－0000750　200－2/15
**史記天官書補目一卷**　（清）孫星衍撰　清光緒十三年(1887)廣雅書局刻本　一冊

230000－0903－0000751　200－2/16
**晉宋書故一卷**　（清）郝懿行撰　清光緒十七年(1891)廣雅書局刻本　一冊

230000－0903－0000752　200－2/17
**南史八十卷**　（唐）李延壽撰　清咸豐元年(1851)新會陳氏刻本　二十三冊

230000－0903－0000753　200－2/18
**南史八十卷**　（唐）李延壽撰　清同治十一年(1872)金陵書局刻本　十二冊

230000－0903－0000754　200－2/19
**南史八十卷**　（唐）李延壽撰　清光緒二十九年(1903)五洲同文局石印本　二十冊

230000－0903－0000755　200－2/20
**北史一百卷**　（唐）李延壽撰　清咸豐元年(1851)新會陳氏刻本　三十四冊

230000－0903－0000756　200－2/21
**北史一百卷**　（唐）李延壽撰　清同治十一年(1872)金陵書局刻本　十一冊　存六十卷(四至八、四十六至一百)

230000－0903－0000757　200－2/22
**北史一百卷**　（唐）李延壽撰　清光緒二十九年(1903)五洲同文局石印本　二十四冊

230000－0903－0000758　200－2/23
**遼金元三史語解四十六卷**　（□）□□撰　清光緒四年(1878)江蘇書局刻本　十冊

230000－0903－0000759　200－3/1
**漢書一百卷**　（漢）班固撰　（唐）顏師古注　清同治十二年(1873)嶺東使署刻本　十六冊

230000－0903－0000760　200－3/2
**漢書一百卷**　（漢）班固撰　（唐）顏師古注　清同治十二年(1873)嶺東使署刻本　十六冊

230000－0903－0000761　200－3/3
**前漢書一百卷附考證**　（漢）班固撰　（唐）顏師古注　清同治十年(1871)成都書局刻本　三十二冊

230000－0903－0000762　200－3/4
**前漢書一百卷**　（漢）班固撰　（唐）顏師古注　清光緒二十一年(1895)上海畊餘主人石印本　十四冊

230000－0903－0000763　200－3/5
**前漢書一百卷**　（漢）班固撰　清光緒二十六年(1900)煥文書局石印本　十二冊

230000－0903－0000764　200－3/7
**漢書評林一百卷**　（明）淩稚隆輯　清同治十

三年(1874)長沙魏氏養翮書屋刻本　三十二冊

230000－0903－0000765　200－3/8
**漢書評林一百卷**　(明)淩稚隆輯　清光緒二十七年(1901)上海天章書局石印本　十二冊

230000－0903－0000766　200－3/9
**漢書注校補五十六卷**　(清)周壽昌撰　清光緒十七年(1891)廣雅書局刻本　十冊

230000－0903－0000767　200－3/10
**漢書疏證三十六卷**　(清)沈欽韓撰　清光緒二十六年(1900)浙江官書局刻本　二十四冊

230000－0903－0000768　200－3/10－1
**後漢書疏證三十卷**　(清)沈欽韓撰　清光緒二十六年(1900)浙江官書局刻本　十六冊

230000－0903－0000769　200－3/11
**後漢書九十卷**　(南朝宋)范曄撰　(唐)李賢注　**志三十卷**　(晉)司馬彪撰　(南朝梁)劉昭注　清同治十二年(1873)嶺東使署刻本　十六冊

230000－0903－0000770　200－3/12
**後漢書九十卷**　(南朝宋)范曄撰　(唐)李賢注　**志三十卷**　(晉)司馬彪撰　(南朝梁)劉昭注　清同治十二年(1873)嶺東使署刻本　十六冊

230000－0903－0000771　200－3/13
**後漢書九十卷**　(南朝宋)范曄撰　(唐)李賢注　**志三十卷**　(晉)司馬彪撰　(南朝梁)劉昭注　清同治十年(1871)成都書局刻本　二十八冊

230000－0903－0000772　200－3/16
**後漢書注又補一卷**　(清)沈銘彝撰　清光緒十四年(1888)廣雅書局刻本　一冊

230000－0903－0000773　200－3/17
**後漢書補表八卷**　(清)錢大昭撰　清光緒十七年(1891)廣雅書局刻本　三冊

230000－0903－0000774　200－3/18
**後漢三公年表一卷**　(清)華湛恩撰　清光緒十七年(1891)廣雅書局刻本　一冊

230000－0903－0000775　200－3/19
**兩漢書注考證二卷**　(清)何若瑤撰　清光緒二十年(1894)廣雅書局刻本　一冊

230000－0903－0000776　200－3/20
**三國志六十五卷**　(晉)陳壽撰　(南朝宋)裴松之注　清同治十年(1871)成都書局刻本　十四冊

230000－0903－0000777　200－3/21
**三國志六十五卷**　(晉)陳壽撰　(南朝宋)裴松之注　清光緒七年(1881)文雅齋刻本　十二冊

230000－0903－0000778　200－3/22
**三國志六十五卷**　(晉)陳壽撰　(南朝宋)裴松之注　清光緒三十三年(1907)上海華商集成圖書公司石印本　八冊

230000－0903－0000779　200－3/27
**三國志補注續一卷**　(清)侯康撰　清光緒十七年(1891)廣雅書局刻本　一冊

230000－0903－0000780　200－3/28
**三國志考證八卷**　(清)潘眉撰　清光緒十五年(1889)廣雅書局刻本　二冊

230000－0903－0000781　200－3/29
**三國志旁證三十卷**　(清)梁章鉅撰　清光緒十五年(1889)廣雅書局刻本　六冊

230000－0903－0000782　200－3/30
**三國志證聞三卷**　(清)錢儀吉撰　清光緒十一年(1885)江蘇書局刻本　二冊

230000－0903－0000783　200－3/31
**晉書一百三十卷**　(唐)房玄齡等撰　**音義三卷**　(唐)何超纂　清光緒二十八年(1902)武林竹簡齋石印本　八冊

230000－0903－0000784　200－3/32
**晉書一百三十卷**　(唐)房玄齡等撰　**音義三卷**　(唐)何超撰　清光緒二十九年(1903)五洲同文局石印本　三十冊

230000－0903－0000785　200－3/33

宋書一百卷　(南朝梁)沈約撰　清光緒二十八年(1902)武林竹簡齋石印本　六册

230000－0903－0000786　200－3/34
宋書一百卷　(南朝梁)沈約撰　清光緒二十九年(1903)五洲同文局石印本　二十四册

230000－0903－0000787　200－3/35
南齊書五十九卷　(南朝梁)蕭子顯撰　清光緒二十八年(1902)武林竹簡齋石印本　二册

230000－0903－0000788　200－3/36
梁書五十六卷　(唐)姚思廉撰　清光緒二十八年(1902)武林竹簡齋石印本　二册

230000－0903－0000789　200－3/37
梁書五十六卷　(唐)姚思廉撰　清光緒二十九年(1903)五洲同文局石印本　八册

230000－0903－0000790　200－3/38
陳書三十六卷　(唐)姚思廉撰　清咸豐元年(1851)新會陳氏刻本　六册

230000－0903－0000791　200－3/39
陳書三十六卷　(唐)姚思廉撰　清光緒二十九年(1903)五洲同文局石印本　六册

230000－0903－0000792　200－3/40
陳書三十六卷　(唐)姚思廉撰　清光緒二十八年(1902)武林竹簡齋石印本　一册

230000－0903－0000793　200－3/41
魏書一百十四卷　(北齊)魏收撰　清光緒二十八年(1902)武林竹簡齋石印本　八册

230000－0903－0000794　200－3/42
魏書一百十四卷　(北齊)魏收撰　清同治十一年(1872)金陵書局刻本　二十册

230000－0903－0000795　200－3/43
魏書一百十四卷　(北齊)魏收撰　清光緒二十九年(1903)五洲同文局石印本　二十四册

230000－0903－0000796　200－3/44
北齊書五十卷　(唐)李百藥撰　清同治十三年(1874)金陵書局刻本　四册

230000－0903－0000797　200－3/45
北齊書五十卷　(唐)李百藥撰　清光緒二十八年(1902)武林竹簡齋石印本　二册

230000－0903－0000798　200－3/46
周書五十卷　(唐)令狐德棻撰　清咸豐元年(1851)新會陳氏刻本　十册

230000－0903－0000799　200－3/47
周書五十卷　(唐)令狐德棻撰　清同治十三年(1874)金陵書局刻本　四册

230000－0903－0000800　200－3/48
周書五十卷　(唐)令狐德棻撰　清光緒二十八年(1902)竹簡齋石印本　二册

230000－0903－0000801　200－3/49
周書五十卷　(唐)令狐德棻撰　清光緒二十九年(1903)五洲同文局石印本　八册

230000－0903－0000802　200－3/50
隋書八十五卷　(唐)魏徵等撰　清咸豐元年(1851)新會陳氏刻本　二十一册

230000－0903－0000803　200－3/51
隋書八十五卷　(唐)魏徵等撰　清同治十年(1871)淮南書局刻本　十六册

230000－0903－0000804　200－3/52
隋書八十五卷　(唐)魏徵等撰　清同治十年(1871)淮南書局刻本　十二册

230000－0903－0000805　200－3/53
舊唐書二百卷　(五代)劉昫等撰　清同治十一年(1872)浙江書局刻本　三十六册　存一百八十三卷(一至四十二、四十九至九十六、一百二至一百十六、一百二十三至二百)

230000－0903－0000806　200－3/54
舊唐書二百卷　(五代)劉昫等撰　清同治十一年(1872)浙江書局刻本　四十册

230000－0903－0000807　200－3/55
舊唐書二百卷　(五代)劉昫撰　清光緒二十九年(1903)五洲同文局石印本　四十八册

230000－0903－0000808　200－3/56
新唐書二百二十五卷　(宋)歐陽修　(宋)宋祁撰　清同治十二年(1873)浙江書局刻本

四十册

230000－0903－0000809　200－3/57
**新唐書二百二十五卷**　(宋)歐陽修　(宋)宋祁撰　清同治十二年(1873)浙江書局刻本　四十册

230000－0903－0000810　200－3/58
**新唐書二百二十五卷**　(宋)歐陽修撰　**釋卷二十五卷**　(清)董衝撰　清光緒二十九年(1903)五洲同文書局石印本　二十六册　存一百三十四卷(九十二至二百二十五)

230000－0903－0000811　200－3/59
**唐書釋音二卷**　(宋)董衝撰　清光緒浙江書局刻本　一册

230000－0903－0000812　200－3/60
**舊五代史一百五十卷**　(宋)薛居正等撰　清嘉慶元年(1796)掃葉山房刻本　二十四册

230000－0903－0000813　200－3/61
**舊五代史一百五十卷目錄二卷附考證**　(宋)薛居正撰　清同治十一年(1872)湖北崇文書局刻本　十六册

230000－0903－0000814　200－3/62
**舊五代史一百五十卷目錄二卷附考證**　(宋)薛居正撰　清同治十一年(1872)湖北崇文書局刻本　十六册

230000－0903－0000815　200－3/63
**新五代史七十四卷**　(宋)歐陽修撰　(宋)徐無黨注　清同治十一年(1872)湖北崇文書局刻本　八册

230000－0903－0000816　200－3/64
**新五代史七十四卷**　(宋)歐陽修撰　(宋)徐無黨注　清同治十一年(1872)湖北崇文書局刻本　八册

230000－0903－0000817　200－3/65
**新舊五代史記注七十四卷**　(清)彭元瑞增注　清光緒雲甡書屋刻本　四十册

230000－0903－0000818　200－3/66
**宋史四百九十六卷**　(元)脱脱等撰　清光緒元年(1875)浙江書局刻本　一百册

230000－0903－0000819　200－3/67
**宋史四百九十六卷**　(元)脱脱等撰　清光緒元年(1875)浙江書局刻本　九十六册

230000－0903－0000820　200－3/68
**遼史一百十五卷**　(元)脱脱等撰　清道光四年(1824)刻本　十四册

230000－0903－0000821　200－3/69
**遼史一百十五卷**　(元)脱脱等撰　清同治十二年(1873)江蘇書局刻本　十二册

230000－0903－0000822　200－3/70
**遼史一百十五卷**　(元)脱脱等撰　清同治十二年(1873)江蘇書局刻本　七册　存六十四卷(六至四十八、六十三至六十八、七十一至八十五)

230000－0903－0000823　200－3/71
**遼史一百十五卷**　(元)脱脱等撰　清光緒二十九年(1903)五洲同文書局石印本　八册

230000－0903－0000824　200－3/72
**遼史拾遺二十四卷**　(清)厲鶚撰　清光緒元年(1875)江蘇書局刻本　八册

230000－0903－0000825　200－3/73
**遼史拾遺二十四卷補五卷**　(清)厲鶚撰　清光緒二十六年(1900)廣雅書局刻本　八册

230000－0903－0000826　200－3/74
**遼史拾遺補五卷**　(清)楊復吉輯　清光緒三年(1877)江蘇書局刻本　二册

230000－0903－0000827　200－3/75
**金史一百三十五卷**　(元)脱脱等撰　清道光四年(1824)刻本　三十八册

230000－0903－0000828　200－3/76
**金史一百三十五卷語解一卷**　(元)脱脱等撰　清同治十三年(1874)江蘇書局刻本　二十册

230000－0903－0000829　200－3/77
**金史一百三十五卷**　(元)脱脱等撰　清同治十三年(1874)江蘇書局刻本　二十册

230000－0903－0000830　200－3/78
**金史一百三十五卷語解一卷**　(元)脱脱等撰　清光緒二十九年(1903)五洲同文局石印本　二十四册

230000－0903－0000831　200－3/79
**金史詳校十卷附史論五答一卷**　(清)施國祁撰　清光緒六年(1880)會稽章氏刻本　十册

230000－0903－0000832　200－3/80
**元史二百十卷**　(明)宋濂等撰　清道光四年(1824)刻本　五十六册

230000－0903－0000833　200－3/81
**元史二百十卷目録二卷附考證**　(明)宋濂等撰　清同治十三年(1874)江蘇書局刻本　四十册　存二百五卷(一至一百五十六、一百六十二至二百十)

230000－0903－0000834　200－3/82
**元史新編九十五卷附校勘節略**　(清)魏源撰　清光緒三十一年(1905)邵陽魏氏慎微堂刻本　三十二册

230000－0903－0000835　200－3/87
**明史三百三十二卷目録四卷**　(清)張廷玉等撰　清道光四年(1824)刻本　九十六册

230000－0903－0000836　200－3/88
**明史三百三十二卷目録四卷**　(清)張廷玉等撰　清光緒三年(1877)湖北崇文書局刻本　八十册

230000－0903－0000837　200－3/89
**明史三百三十二卷目録四卷**　(清)張廷玉等撰　清光緒三年(1877)湖北崇文書局刻本　七十册　存二百九十九卷(一至二百九十九)

230000－0903－0000838　200－3/90
**明史三百三十二卷目録四卷**　(清)張廷玉等撰　清光緒二十八年(1902)武林竹簡齋石印本　二十四册

230000－0903－0000839　210－1/1
**竹書紀年統箋十二卷前編一卷**　(南朝宋)沈約注　(清)徐文靖箋　清光緒二十三年(1897)新化三味書局刻本　二册　缺五卷(八至十二)

230000－0903－0000840　210－1/2
**資治通鑑二百九十四卷**　(宋)司馬光撰　(元)胡三省音注　**通鑑宋本校勘記五卷通鑑元本校勘記二卷**　(清)張瑛撰　**釋文辨誤十二卷**　(元)胡三省撰　清同治八年(1869)江蘇書局補刻本　一百二册

230000－0903－0000841　210－1/3
**資治通鑑目録三十卷**　(宋)司馬光撰　清同治八年(1869)江蘇書局刻本　十册

230000－0903－0000842　210－1/4
**司馬溫公稽古録二十卷**　(宋)司馬光撰　清同治十一年(1872)湖北崇文書局刻本　四册

230000－0903－0000843　210－1/5
**司馬溫公稽古録二十卷附校勘記一卷**　(宋)司馬光撰　清光緒五年(1879)江蘇書局刻本　四册

230000－0903－0000844　210－1/6
**資治通鑑外紀十卷目録五卷**　(宋)劉恕撰　(清)胡克家注補　清同治十年(1871)江蘇書局刻本　十册

230000－0903－0000845　210－1/7
**續資治通鑑長編五百二十卷**　(宋)李燾撰　清光緒七年(1881)浙江書局刻本　一百二十册

230000－0903－0000846　210－1/8
**續資治通鑑長編拾補六十卷**　(清)秦緗業等撰　清光緒九年(1883)浙江書局刻本　十六册

230000－0903－0000847　210－1/9
**中興小紀四十卷**　(宋)熊克撰　清光緒十七年(1891)廣雅書局刻本　六册

230000－0903－0000848　210－1/10
**續資治通鑑二百二十卷**　(清)畢沅撰　清乾隆、嘉慶畢氏刻嘉慶六年(1801)馮集梧補刻同治六年(1867)、八年(1869)遞修本　八

十冊

230000－0903－0000849　210－1/11
**續資治通鑑二百二十卷**　(清)畢沅撰　清乾隆、嘉慶畢氏刻嘉慶六年(1801)馮集梧補刻同治六年(1867)、八年(1869)遞修本　六十冊

230000－0903－0000850　210－1/12
**資治通鑑後編一百八十四卷**　(清)徐乾學撰　清光緒刻本　四十八冊

230000－0903－0000851　210－1/13
**資治通鑑後編校勘記十五卷**　(清)夏震武撰　清光緒二十四年(1898)刻本　五冊

230000－0903－0000852　210－1/17
**袁王綱鑑合編三十九卷首一卷**　(明)袁黃　(明)王世貞編　**御撰明紀綱目二十卷**　(清)張廷玉等撰　清光緒三十年(1904)上海商務印書館鉛印本　十六冊

230000－0903－0000853　210－1/18
**御批增補了凡綱鑑四十卷首一卷**　(明)袁黃輯　清光緒二十八年(1902)上海慎記書莊石印本　十二冊

230000－0903－0000854　210－1/19
**御批增補了凡綱鑑四十卷首一卷**　(明)袁黃輯　清光緒二十八年(1902)漢讀樓書局石印本　十二冊

230000－0903－0000855　210－1/21
**重訂王鳳洲先生綱鑑會纂七十三卷**　(明)王世貞撰　(明)陳仁錫訂　(明)呂一經校　清光緒二十五年(1899)上海富文書局石印本　八冊

230000－0903－0000856　210－1/22
**資治通鑑綱目五十九卷前編二十五卷續編二十七卷**　(明)陳仁錫評閱　**御撰資治通鑑綱目三編二十卷**　(清)張廷玉等撰　清醉經文刻本　一百六十冊

230000－0903－0000857　210－1/24
**御批通鑑綱目前編十八卷首一卷正編五十九卷首一卷續編二十七卷首一卷**　(清)宋犖校　清光緒十三年(1887)上海同文書局影刻本　二十四冊

230000－0903－0000858　210－1/25
**歷代通鑑纂要九十二卷**　(明)李東陽等撰　清光緒二十三年(1897)廣雅書局刻本　四十八冊

230000－0903－0000859　210－1/26
**歷代通鑑纂要九十二卷**　(明)李東陽等撰　清光緒二十三年(1897)廣雅書局刻本　四十八冊

230000－0903－0000860　210－1/27
**御撰資治通鑑綱目三編四十卷**　(清)朱珪等撰　清同治十一年(1872)江西書局刻本　十二冊

230000－0903－0000861　210－1/28
**御撰資治通鑑綱目三編二十卷**　(清)張廷玉等撰　清光緒刻本　八冊

230000－0903－0000862　210－1/29
**通鑑綱目分注拾遺四卷書法存疑一卷**　(清)芮長恤撰　清康熙二十年(1681)留餘堂刻道光二十八年(1848)休寧方德肇重修本　清繆德棻批校　四冊

230000－0903－0000863　210－1/30
**御批歷代通鑑輯覽一百二十卷附明唐桂二王本末三卷**　(清)傅恒等撰　清同治十一年(1872)湖北崇文書局刻本　六十冊

230000－0903－0000864　210－1/31
**御批歷代通鑑輯覽一百二十卷**　(清)傅恒等撰　清光緒十三年(1887)上海同文書局石印本　二十四冊

230000－0903－0000865　210－1/32
**御批歷代通鑑輯覽一百二十卷附明唐桂二王本末三卷**　(清)傅恒等撰　清光緒二十年(1894)湖南澹雅書局刻本　九十六冊

230000－0903－0000866　210－1/33
**御批歷代通鑑輯覽一百二十卷附明唐桂二王**

本末三卷　(清)傳恒等撰　清光緒浙江書局刻朱墨套印本　四十八册

230000－0903－0000867　210－1/37
**紀元通考十二卷**　(清)葉維庚撰　清道光八年(1828)鐘秀山房刻本　四册

230000－0903－0000868　210－1/38
**三唐傳國編年五卷**　(清)吴非撰　清宣統元年(1909)劉氏刻本　二册

230000－0903－0000869　210－1/39
**歷代帝王年表三卷**　(清)齊召南編　清光緒二十八年(1902)長沙省庵刻本　三册

230000－0903－0000870　210－1/40
**萬國通鑑四卷**　(美國)謝衛樓撰　(清)趙如光譯　清光緒八年(1882)刻本(有圖)　六册

230000－0903－0000871　210－1/41
**萬國通鑑四卷**　(美國)謝衛樓撰　(清)趙如光譯　清光緒二十八年(1902)上海書局石印本(有圖)　四册

230000－0903－0000872　210－1/44
**西國近事彙編三十六卷**　(美國)金楷理口譯　(清)姚棻筆述　清光緒二十三年(1897)慎記書莊石印本　十册　缺二卷(西國近事彙編甲戌一至二)

230000－0903－0000873　210－2/1
**周季編略九卷**　(清)黄式三撰　清同治十二年(1873)浙江書局刻本　四册

230000－0903－0000874　210－2/2
**明通鑑九十卷首一卷目錄二十卷前編四卷附編六卷**　(清)夏燮編輯　清光緒二十三年(1897)湖北官書處校刻本　四十八册

230000－0903－0000875　210－2/3
**明鑑易知錄十五卷**　(清)吴乘權等輯　清同治二年(1863)寳慶經綸堂刻本　六册

230000－0903－0000876　210－2/5
**明紀六十卷**　(明)陳鶴纂　清同治十年(1871)江蘇書局刻本　二十册

230000－0903－0000877　210－2/7
**欽定明鑑二十四卷首一卷**　(清)托津等撰　清同治九年(1870)湖北崇文書局刻本　十册

230000－0903－0000878　210－2/8
**小腆紀年附考二十卷**　(清)徐鼒撰　清咸豐十一年(1861)刻本　十册

230000－0903－0000879　210－2/9
**二申野錄八卷**　(清)孫之騄輯　清同治六年(1867)吟香館刻本　四册

230000－0903－0000880　210－2/10
**皇清開國方略三十二卷首一卷**　(清)阿桂等撰　清光緒十五年(1889)上海廣百宋齋鉛印本　六册

230000－0903－0000881　210－2/11
**東華全錄四百九十四卷**　王先謙編　(清)周潤蕃　(清)周瀹蕃校　清光緒十三年(1887)義善書局刻本　一百七十六册

230000－0903－0000882　210－2/12
**六朝東華錄四百二十五卷**　王先謙編　清光緒十年至十六年(1884－1890)刻本　一百册

230000－0903－0000883　210－2/13
**東華續錄一百卷(同治朝)**　王先謙編　(清)張式恭校　清光緒刻本　八十册

230000－0903－0000884　210－2/14
**東華續錄二百二十卷(光緒朝)**　(清)朱壽朋編　(清)潘鴻鼎校　清宣統元年(1909)上海集成圖書公司鉛印本　六十四册

230000－0903－0000885　220/1
**通鑑紀事本末二百三十九卷**　(宋)袁樞撰　(明)張溥論正　清同治十二年(1873)江西書局刻本　八十册

230000－0903－0000886　220/2
**通鑑紀事本末二百三十九卷**　(宋)袁樞撰　(明)張溥論正　清同治十二年(1873)江西書局刻本　八十册

230000－0903－0000887　220/3
**通鑑紀事本末二百三十九卷**　(宋)袁樞撰　(明)張溥論正　清光緒十三年(1887)廣雅書

局刻本　四十八册

230000－0903－0000888　220/4
**通鑑長編紀事本末一百五十卷**　(宋)楊仲良撰　清光緒十九年(1893)廣雅書局刻本　二十四册

230000－0903－0000889　220/5
**三朝北盟會編二百五十卷首一卷**　(宋)徐夢莘編　**附校勘記二卷補遺一卷**　(□)□□撰　清光緒四年(1878)越東書局鉛印本　八十册

230000－0903－0000890　220/6
**三朝北盟會編二百五十卷首一卷**　(宋)徐夢莘編　**附校勘記二卷補遺一卷**　(□)□□撰　清光緒四年(1878)越東書局鉛印本　四十册

230000－0903－0000891　220/7
**宋史紀事本末一百九卷**　(明)馮琦編　(明)陳邦瞻增訂　(明)張溥論正　清同治十三年(1874)江西書局刻本　二十册

230000－0903－0000892　220/8
**宋史紀事本末一百九卷**　(明)馮琦編　(明)陳邦瞻增訂　(明)張溥論正　清同治十三年(1874)江西書局刻本　二十册

230000－0903－0000893　220/9
**遼史紀事本末四十卷首一卷末一卷**　(清)李有棠撰　清光緒二十六年(1900)廣雅書局刻本　四册

230000－0903－0000894　220/10
**遼史紀事本末四十卷首一卷末一卷**　(清)李有棠撰　清光緒二十九年(1903)李栘鄂樓刻本　八册

230000－0903－0000895　220/11
**金史紀事本末五十二卷首一卷**　(清)李有棠撰　清光緒二十七年(1901)廣雅書局刻本　六册

230000－0903－0000896　220/12
**金史紀事本末五十二卷首一卷末一卷**　(清)李有棠撰　清光緒二十九年(1903)李栘鄂樓刻本　十二册

230000－0903－0000897　220/13
**西夏紀事本末三十六卷首二卷**　(清)張鑑撰　清光緒十年(1884)江蘇書局刻本　四册

230000－0903－0000898　220/14
**元史紀事本末二十七卷**　(明)陳邦瞻編輯　(明)張溥論正　清同治十三年(1874)江西書局刻本　四册

230000－0903－0000899　220/15
**元史紀事本末二十七卷**　(明)陳邦瞻編輯　(明)張溥論正　清同治十三年(1874)江西書局刻本　四册

230000－0903－0000900　220/16
**元史紀事本末二十七卷**　(明)陳邦瞻撰　(明)張溥論正　清光緒十三年(1887)廣雅書局刻本　三册

230000－0903－0000901　220/17
**明史紀事本末八十卷**　(清)谷應泰撰　清同治十三年(1874)江西書局刻本　二十册

230000－0903－0000902　220/18
**明史紀事本末八十卷**　(清)谷應泰撰　清同治十三年(1874)江西書局刻本　二十册

230000－0903－0000903　220/19
**明史紀事本末八十卷**　(清)谷應泰撰　清光緒十三年(1887)廣雅書局刻本　十六册

230000－0903－0000904　220/20
**繹史一百六十卷世系表一卷年表一卷**　(清)馬驌撰　清光緒三十年(1904)浙江書局刻本　五十册

230000－0903－0000905　220/21
**繹史一百六十卷世系表一卷年表一卷**　(清)馬驌撰　清光緒二十三年(1897)武林尚友齋石印本　二十四册

230000－0903－0000906　220/22
**左傳紀事本末五十三卷**　(清)高士奇撰　清同治十二年(1873)江西書局刻本　十二册

230000－0903－0000907　220/23
**左傳紀事本末五十三卷**　(清)高士奇撰　清同治十二年(1873)江西書局刻本　十二冊

230000－0903－0000908　220/24
**聖武記十四卷**　(清)魏源撰　清道光二十年(1840)刻本　十二冊

230000－0903－0000909　220/25
**聖武記十四卷**　(清)魏源撰　清道光二十六年(1846)刻本　十二冊

230000－0903－0000910　220/26
**中西紀事二十四卷首一卷**　(清)夏燮撰　清同治四年(1865)刻本　六冊

230000－0903－0000911　220/28
**各國通商始末記二十卷**　(清)王之春編　清光緒二十一年(1895)寶善書局石印本(有圖)　六冊

230000－0903－0000912　240－1/19－1
**增廣尚友錄統編二十二卷**　(清)應祖錫編輯　清光緒二十八年(1902)鴻寶齋石印本　十二冊

230000－0903－0000913　240－1/19－2
**增廣尚友錄統編二十二卷**　(清)應祖錫編輯　清光緒二十八年(1902)鴻寶齋石印本　十二冊

230000－0903－0000914　240－1/22
**五朝名臣言行錄前集十卷後集十四卷**　(宋)朱熹撰集　**續集八卷別集二十六卷外集十七卷**　(宋)李幼武撰　清同治七年(1868)臨川桂氏刻本　十六冊

230000－0903－0000915　240－1/24
**元祐黨人傳十卷**　(清)陸心源撰　清光緒十五年(1889)刻本　四冊

230000－0903－0000916　240－1/25
**理學宗傳二十六卷**　(清)孫奇逢輯　清光緒六年(1880)浙江書局刻本　十二冊

230000－0903－0000917　240－1/31
**小腆紀傳六十五卷**　(清)徐鼒撰　**補遺一卷**　(清)徐承禮撰　清光緒十三年(1887)刻本　十七冊

230000－0903－0000918　240－1/32
**眉山詩案廣證六卷**　(清)張鑑撰　(清)郁士禎校　清光緒十年(1884)江蘇書局刻本　二冊

230000－0903－0000919　240－1/33
**金陵先正言行錄六卷**　(清)陳作霖撰　清光緒江楚書局刻本　一冊

230000－0903－0000920　240－1/34
**江西忠義錄十二卷首一卷**　(清)沈葆楨等修　(清)何應祺等撰　清同治十二年(1873)刻本　四冊

230000－0903－0000921　240－1/35
**國朝江西節孝錄八十七卷**　(清)江西通志局編　清光緒五年(1879)江西書局刻本　四十冊

230000－0903－0000922　240－1/36
**湖北節義錄十二卷補遺一卷**　(清)黃昌輔編定　(清)陳瑞珍彙纂　清同治九年(1870)崇文書局刻本　十三冊

230000－0903－0000923　240－1/37
**兩浙名賢錄六十二卷**　(明)徐象梅撰　清光緒二十六年(1900)浙江書局刻本　六十二冊

230000－0903－0000924　240－1/47
**碑傳集一百六十卷首二卷**　(清)錢儀吉纂錄　清光緒十九年(1893)江蘇書局刻本　六十冊

230000－0903－0000925　240－1/48
**續碑傳集八十六卷首二卷**　繆荃孫撰　清宣統二年(1910)江楚編譯書局刻本　二十四冊

230000－0903－0000926　240－1/49
**續碑傳集八十六卷首二卷**　繆荃孫撰　清宣統二年(1910)江楚編譯書局刻本　二十四冊

230000－0903－0000927　240－1/50
**續碑傳集八十六卷首二卷**　繆荃孫撰　清宣統二年(1910)江楚編譯書局刻本　二十四冊

230000－0903－0000928　240－1/51

**欽定續纂外藩蒙古回部王公表十二卷傳十二卷**　(清)彭蘊章等撰　清咸豐九年(1859)武英殿刻本　二十四册

230000－0903－0000929　240－1/53

**文獻徵存錄十卷**　(清)錢林輯　(清)王藻編　清咸豐八年(1858)有嘉樹軒刻本　十册

230000－0903－0000930　240－1/54

**文獻徵存錄十卷**　(清)錢林輯　(清)王藻編　清咸豐八年(1858)有嘉樹軒刻本　十二册

230000－0903－0000931　240－1/55

**國朝先正事略六十卷首一卷**　(清)李元度撰　(清)許時庚重校　清光緒十五年(1889)上海廣百宋齋鉛印本　十册

230000－0903－0000932　240－1/56

**國朝先正事略六十卷**　(清)李元度撰　(清)許時庚重校　清同治五年(1866)循陔草堂刻本　二十八册

230000－0903－0000933　240－1/57

**國朝耆獻類徵初編四百八十四卷總目二十卷通檢十卷滿漢同姓名錄一卷首二百四卷**　(清)李桓輯　清光緒十年(1884)湘陰李氏刻本　三百册

230000－0903－0000934　240－1/58

**國朝漢學師承記八卷附國朝經師經義目錄一卷國朝宋學淵源記二卷附記一卷**　(清)江藩撰　清光緒二十二年(1896)長沙周大文堂刻本　四册

230000－0903－0000935　240－1/63

**墨緣小錄一卷**　(清)潘曾瑩撰　清咸豐七年(1857)吳氏西泠印社活字印本　二册

230000－0903－0000936　240－1/64

**昭代名人尺牘小傳二十四卷**　(清)吳修編　清光緒三十四年(1908)吳隱影印本　二册

230000－0903－0000937　240－1/69

**大日本中興先覺志二卷**　(日本)岡本監輔撰　清光緒二十七年(1901)開導社刻本　二册

230000－0903－0000938　240－1/70

**外國列女傳八卷**　(清)陳壽彭譯　(清)薛紹徽編　清光緒三十二年(1906)金陵江楚編譯局石印本　三册

230000－0903－0000939　240－2/1

**晏子春秋七卷**　(清)孫星衍校　**音義二卷**　(清)孫星衍撰　**校勘二卷**　(清)黃以周撰　清光緒二十三年(1897)新化三味書局刻本　五册

230000－0903－0000940　240－2/3

**忠武志十卷**　(清)張鵬翮輯　清嘉慶二十年(1815)愛蓮堂刻本　四册

230000－0903－0000941　100/2

**十三經注疏**　清嘉慶十八年(1813)縹穀四友堂刻本　一百六十三册

230000－0903－0000942　100/3

**御製重刻十三經注疏**　(清)弘晝等校　清同治十年(1871)刻本　一百二十册

230000－0903－0000943　100/4

**御製重刻十三經注疏**　(清)弘晝等校　清同治十年(1871)刻本　一百二十册

230000－0903－0000944　100/5

**重刊宋本十三經註疏附校勘記**　(清)阮元校勘　清嘉慶二十年(1815)江西南昌府學刻本　一百二十一册　存十種五百九十八卷(附釋音毛詩註疏二十卷附校勘記二十卷、附釋音周禮註疏四十二卷附校勘記四十二卷、儀禮註疏五十卷附校勘記五十卷、附釋音禮記註疏五十九卷校勘記五十九卷、附釋音春秋左傳註疏四十一卷校勘記四十一卷、監本附釋音春秋公羊註疏二十八卷附校勘記二十八卷、監本附釋音春秋穀梁註疏二十卷附校勘記二十卷、論語註疏解經二十卷附校勘記二十卷、孝經註疏九卷附校勘記九卷、爾雅註疏十卷附校勘記十卷)

230000－0903－0000945　100/6

**十三經註疏校勘記**　(清)阮元撰　清光緒二十四年(1898)蘇州官書坊刻本　二十八册

存八種一百七十一卷(禮記註疏校勘記四十七卷釋文校勘記四卷、春秋左傳註疏校勘記三十六卷釋文校勘記六卷、春秋公羊傳註疏校勘記十一卷釋文校勘記一卷、春秋穀梁傳註疏校勘記十二卷釋文校勘記一卷、論語註疏校勘記十卷釋文校勘記一卷、孝經註疏校勘記三卷釋文校勘記一卷、爾雅註疏校勘記六卷附校勘記二卷、孟子註疏校勘記二十八卷音義校勘記二卷)

230000－0903－0000946　100/9
**十一經音訓**　(清)楊國楨撰　清光緒三年(1877)湖北崇文書局刻本　二十六册

230000－0903－0000947　100/10
**御纂七經**　(清)李光地等校　清同治六年(1867)浙江巡撫馬新貽刻本　一百八十九册　缺四卷(易經五至六、十九至二十)

230000－0903－0000948　100/11
**御纂七經**　(清)李光地等校　清同治十年(1871)湖北崇文書局刻本　一百七十册

230000－0903－0000949　100/12
**御纂七經**　(清)李光地等校　清同治刻本　一百八十四册

230000－0903－0000950　100/13
**御纂七經**　(清)李光地等校　清光緒十四年(1888)戶部江南書局刻本　一百四十二册

230000－0903－0000951　110/6
**周易八卷附朱子易學啟蒙一卷**　(宋)程頤傳　(宋)朱熹本義　(宋)吕祖謙音訓　清咸豐六年(1856)浦城興古齋祝氏刻本　八册

230000－0903－0000952　110/7
**周易四卷**　(宋)朱熹本義　清道光十二年(1832)掃葉山房刻本　二册

230000－0903－0000953　110/10
**易説六卷**　(宋)司馬光撰　清道光、咸豐大梁書院刻同治七年(1868)王儒行印本　二册

230000－0903－0000954　110/11
**周易四卷**　(宋)朱熹本義　清同治三年(1864)芥子園刻本　二册

230000－0903－0000955　110/12
**周易四卷**　(宋)朱熹本義　清同治十一年(1872)青雲樓刻本　二册

230000－0903－0000956　110/13
**周易四卷**　(宋)朱熹本義　清同治十三年(1874)京都刻本　二册

230000－0903－0000957　110/14
**周易四卷**　(宋)朱熹本義　清光緒三年(1877)永和堂刻本　二册

230000－0903－0000958　110/15
**周易四卷**　(宋)朱熹本義　清光緒六年(1880)掃葉山房刻本　二册

230000－0903－0000959　110/16
**周易四卷**　(宋)朱熹本義　清光緒六年(1880)蘇州綠蔭堂刻本　二册

230000－0903－0000960　110/17
**周易四卷**　(宋)朱熹本義　清光緒七年(1881)江蘇書局刻本　二册

230000－0903－0000961　110/18
**周易四卷**　(宋)朱熹本義　清光緒十二年(1886)上洋江左書林刻本　二册

230000－0903－0000962　110/19
**周易四卷**　(宋)朱熹本義　清光緒十二年(1886)湖北官書局刻本　二册

230000－0903－0000963　110/20
**周易四卷**　(宋)朱熹本義　清光緒十五年(1889)上海文成堂刻本　二册

230000－0903－0000964　110/21
**易經十二卷首一卷末一卷**　(宋)朱熹本義　清光緒十九年(1893)江南書局刻本　二册

230000－0903－0000965　110/22
**周易四卷**　(宋)朱熹本義　清末刻本　二册

230000－0903－0000966　110/80
**易旨四卷**　(清)朱澤澐撰　清道光四年(1824)刻本　四册

230000－0903－0000967　110/81
**周易詁要四卷**　(清)龍萬育輯　清道光四年(1824)敷文閣龍氏刻本　六册

230000－0903－0000968　110/82
**鄭氏爻辰補六卷**　(清)戴棠撰　清道光五年(1825)燕山書屋刻本　四册

230000－0903－0000969　110/83
**周易輯義初編四卷**　(清)盧兆鼇撰　清道光七年(1827)刻本　四册

230000－0903－0000970　110/84
**御纂周易折中二十二卷首一卷**　(清)李光地等撰　清同治六年(1867)馬新貽刻本　十二册

230000－0903－0000971　110/85
**周易通論四卷周易觀象十二卷周易觀象大指二卷**　(清)李光地注　清道光七年(1827)寶翰樓刻本　八册

230000－0903－0000972　110/86
**周易詮疑八卷**　(清)夏應銓撰　清道光十年(1830)桂香書屋刻本　四册

230000－0903－0000973　110/87
**周易遵述不分卷**　(清)蔣本撰　清道光十年(1830)王氏信芳閣木活字印本　八册

230000－0903－0000974　110/88
**周易豁解六卷首一卷**　(清)陳誼輯　清道光十二年(1832)阜南書屋新刻本　六册

230000－0903－0000975　110/89
**易確二十卷首一卷**　(清)許桂林撰　清道光十四年(1834)刻本　四册

230000－0903－0000976　110/90
**周易通義十六卷**　(清)邊廷英撰　清道光十六年(1836)刻本　十六册

230000－0903－0000977　110/91
**易卦圖說六卷**　(清)胡嗣超撰　清道光十七年(1837)香雪齋刻本　二册

230000－0903－0000978　110/92
**困翁易學八卷**　(清)王文潞注　(清)陶澍參訂　清道光十八年(1838)陶氏刻本　四册

230000－0903－0000979　110/93
**易藝舉隅六卷**　(清)陳本淦撰　清道光十九年(1839)天香閣刻本　四册

230000－0903－0000980　110/94
**喬氏易俟二十卷**　(清)喬萊撰　清道光二十一年(1841)戴繇刻本　四册

230000－0903－0000981　110/95
**周易述傳十卷**　(清)丁裕彥撰　清道光二十二年(1842)丁氏家塾刻本　十册

230000－0903－0000982　110/96
**周易用初四卷**　(清)杜宗嶽撰　清道光二十二年(1842)寶孺堂新刻本　八册

230000－0903－0000983　110/97
**匯易摘要三卷**　(清)釋達善摘集　清道光二十二年(1842)畢郢眞性堂刻本　三册

230000－0903－0000984　110/98
**周易傳注七卷周易筮考一卷**　(清)李塨撰　清道光二十三年(1843)博陵養正堂刻本　四册

230000－0903－0000985　110/99
**周易傳注七卷周易筮考一卷**　(清)李塨撰　清道光二十三年(1843)博陵養正堂刻本　三册

230000－0903－0000986　110/100
**易酌十四卷**　(清)刁包撰　清道光二十三年(1843)祁陽順積樓刻本　十四册

230000－0903－0000987　110/101
**周易象理指掌六卷**　(清)王登撰　清道光二十三年(1843)碧峰書屋刻本　六册

230000－0903－0000988　110/102
**方氏易學五書**　(清)方申撰　清道光二十五年(1845)青溪舊屋刻本　二册

230000－0903－0000989　110/103
**雙桂堂易說二種**　(清)紀大奎撰　清道光二十八年(1848)本衙刻本　六册

230000－0903－0000990　110/104
**周易解象四卷**　(清)孫勒撰　(清)王尚志校輯　清道光二十八年(1848)夢易堂刻本　四冊

230000－0903－0000991　110/105
**讀易備忘四卷**　(清)王滌心集注　清道光二十九年(1849)慎修堂刻本　三冊

230000－0903－0000992　110/106
**周易本義注六卷**　(清)胡方撰　清道光三十年(1850)粵雅堂刻本　五冊

230000－0903－0000993　110/107
**易庸四卷**　(清)周幹撰　清道光三十年(1850)震澤鎮硯華堂刻本　四冊

230000－0903－0000994　110/108
**周易撥易堂解二十卷首二卷末二卷**　(清)劉斯組撰　清道光刻本　二十四冊

230000－0903－0000995　110/109
**周易廓二十四卷**　(清)陳世鎔撰　清咸豐元年(1851)獨秀山莊刻本　六冊

230000－0903－0000996　110/110
**周易貫義六卷**　(清)卿彬注　清咸豐三年(1853)灌邑珠壁洞刻本　六冊

230000－0903－0000997　110/111
**田間易學不分卷**　(清)錢澄之撰　清同治二年(1863)皖桐斟雉堂刻本　八冊

230000－0903－0000998　110/112
**易經精華六卷末一卷**　(清)薛嘉穎撰　清同治三年(1864)賓華樓刻本　三冊

230000－0903－0000999　110/113
**易經詳說五十卷**　(清)冉觀祖撰　清同治八年(1869)寄願堂刻本　二十五冊

230000－0903－0001000　110/114
**易解經傳證五卷首一卷**　(清)張步騫注　清同治十年(1871)養靜齋刻本　五冊

230000－0903－0001001　110/115
**玩易四道十三卷首一卷**　(清)黄寅階輯　清同治十二年(1873)寡過未能齋刻本　十冊

230000－0903－0001002　110/116
**易經詮義十四卷首一卷**　(清)汪烜集　清同治十二年(1873)曲水書局木活字印本　十五冊

230000－0903－0001003　110/146
**費氏古易訂文十二卷**　王樹枏撰　清光緒十五年(1889)文莫室刻本　四冊

230000－0903－0001004　110/118
**易經如話十二卷首一卷**　(清)汪烜撰　清同治曲水書局木活字印本　六冊

230000－0903－0001005　110/120
**周易爻徵廣義六卷首一卷末一卷**　(清)閻汝弼編　清光緒元年(1875)刻本　八冊

230000－0903－0001006　110/122
**讀易質疑二卷**　(清)金穀春撰　清光緒元年(1875)刻本　二冊

230000－0903－0001007　110/123
**易義選參二卷**　(清)魏際瑞等撰　(清)邱維屏評選　清光緒二年(1876)翠微峰易堂刻本　二冊

230000－0903－0001008　110/124
**易經集解不分卷**　(清)潘泉撰　清光緒二年(1876)廣陵雙梧書屋刻本　一冊

230000－0903－0001009　110/125
**易傳集解十卷**　(清)潘泉撰　清光緒二年(1876)廣陵雙梧書屋刻本　二冊

230000－0903－0001010　110/126
**周易姚氏學十六卷首一卷**　(清)姚配中撰　清光緒三年(1877)湖北崇文書局刻本　六冊

230000－0903－0001011　110/127
**易學宗翼二十九卷首一卷**　(清)默希老圃撰　清光緒四年(1878)刻本　十二冊

230000－0903－0001012　110/128
**周易錄要十二卷**　(清)黄思誠輯　清光緒七年(1881)岳陽昭祐堂刻本　六冊

230000－0903－0001013　110/129
**易說十二卷附易說便錄一卷**　(清)郝懿行撰

清光緒八年(1882)東路廳署刻本　四册

230000－0903－0001014　110/130
**周易洗心十卷**　(清)任啟運撰　清光緒八年(1882)宜興任氏家塾刻本　六册

230000－0903－0001015　110/131
**周易洗心十卷**　(清)任啟運撰　清光緒八年(1882)一本堂刻本　六册

230000－0903－0001016　110/132
**增訂周易去疑十一卷首一卷末一卷**　(清)舒宏諤撰　清光緒八年(1882)養雲書屋刻本　十二册

230000－0903－0001017　110/133
**周易孔義集説二十卷**　(清)沈起元撰　清學易堂刻本　十二册

230000－0903－0001018　110/134
**周易孔義集説二十卷**　(清)沈起元撰　清光緒八年(1882)江蘇書局刻本　八册

230000－0903－0001019　110/135
**周易孔義集説二十卷**　(清)沈起元撰　清光緒八年(1882)江蘇書局刻本　八册

230000－0903－0001020　110/136
**周易古本撰十二卷附二卷**　(清)姜國伊撰　清光緒九年(1883)刻本　四册

230000－0903－0001021　110/137
**周易鏡十一卷學易管窺二卷**　(清)何毓福注釋　清光緒十年(1884)何氏刻本　十三册

230000－0903－0001022　110/138
**周易舊注十二卷**　(清)徐鬳撰　清光緒十二年(1886)徐承祖刻本　六册

230000－0903－0001023　110/139
**易經解注傳義辯正四十四卷首二卷末一卷**　(清)彭申甫編　清光緒十二年(1886)刻本　二十四册

230000－0903－0001024　110/140
**易冒十卷**　(清)程良玉撰　清光緒十二年(1886)刻本　六册

230000－0903－0001025　110/141
**易經通注九卷**　(清)傅以漸　(清)曹本榮撰　清光緒十二年(1886)雖園刻本　八册

230000－0903－0001026　110/142
**皇極經世易知八卷首一卷**　(清)何夢瑤輯釋　清光緒十三年(1887)上海校經山房刻本　八册

230000－0903－0001027　110/143
**李氏易解剩義三卷**　(清)李富孫輯　清光緒十三年(1887)吴縣朱氏家塾刻本　一册

230000－0903－0001028　110/144
**西樓易説十八卷**　(清)楊家洙撰　清光緒十四年(1888)木活字印本　十八册

230000－0903－0001029　110/145
**知非齋易注三卷首一卷末一卷**　(清)陳懋侯撰　清光緒十四年(1888)刻本　四册

230000－0903－0001030　110/117
**易學史鏡八卷**　(清)曹為霖撰　清同治十二年(1873)木筆花館刻本　八册

230000－0903－0001031　110/147
**易堂問目四卷**　(清)吴鼎輯　清光緒十六年(1890)習靜齋刻本　四册

230000－0903－0001032　110/148
**灉熻易考二卷**　(清)劉名瑞撰　清光緒十六年(1890)刻本　二册

230000－0903－0001033　110/149
**易林釋文二卷**　(清)丁晏撰　清光緒十六年(1890)廣雅書局刻本　一册

230000－0903－0001034　110/150
**易林釋文二卷**　(清)丁晏撰　清光緒十六年(1890)廣雅書局刻本　一册

230000－0903－0001035　110/151
**清風易注四卷**　(清)魏閥撰　清光緒十八年(1892)三餘草堂刻本　六册

230000－0903－0001036　110/152
**周易解故一卷**　(清)丁晏撰　清光緒十九年(1893)廣雅書局刻本　一册

230000－0903－0001037　110/153
**心易溯原二十四卷首一卷**　（清）謝若潮撰　清光緒二十年（1894）夢蕉堂刻本　八冊

230000－0903－0001038　110/154
**周易卦象六卷占易秘解一卷**　（清）張丙嘉輯　清光緒二十二年（1896）保陽刻本　七冊

230000－0903－0001039　110/155
**重訂周易二閭記三卷**　（清）茹敦和撰　（清）李慈銘重訂　清光緒會稽徐氏刻本　一冊

230000－0903－0001040　110/156
**重訂周易小義二卷**　（清）茹敦和撰　（清）李慈銘重訂　清光緒會稽徐氏刻本　一冊

230000－0903－0001041　110/157
**易經旁訓三卷**　（清）徐立綱撰　清刻本　二冊

230000－0903－0001042　110/158
**易經補義十二卷**　（清）葉酉撰　清末耕餘堂刻本　五冊

230000－0903－0001043　110/159
**周易本義補四卷**　（清）蘇了心撰　清末刻本　四冊

230000－0903－0001044　110/160
**周易人事疏證八卷續編八卷**　（清）章世臣輯　清宣統二年（1910）同文書館鉛印本　十二冊

230000－0903－0001045　150－1/2
**春秋左傳五十卷**　（晉）杜預注　（宋）林堯叟注釋　（唐）陸德明音義　（明）鍾惺等評點　清經綸堂刻本　十六冊

230000－0903－0001046　150－1/3
**春秋左傳五十卷**　（晉）杜預注　（宋）林堯叟注釋　（唐）陸德明音義　（明）鍾惺等評點　清光緒十一年（1885）掃葉山房刻本　十六冊

230000－0903－0001047　150－1/4
**春秋左傳五十卷**　（晉）杜預注　（宋）林堯叟注釋　（唐）陸德明音義　（明）鍾惺等評點　清光緒三十四年（1908）善成堂刻本　十六冊

230000－0903－0001048　150－1/5
**春秋左傳五十卷**　（晉）杜預注　（宋）林堯叟注釋　（唐）陸德明音義　（明）鍾惺等評點　清刻本　八冊　存二十四卷（二十七至五十）

230000－0903－0001049　150－1/6
**春秋左傳五十卷**　（晉）杜預注　（宋）林堯叟注釋　（唐）陸德明音義　（明）鍾惺等評點　清宣統二年（1910）上海煥文書局石印本　十二冊

230000－0903－0001050　150－1/7
**春秋左傳三十卷**　（晉）杜預集解　（明）金蟠校訂　清光緒浙江書局補刻本　十冊

230000－0903－0001051　150－1/8
**曲江書屋新訂批註左傳快讀十八卷首一卷**　（晉）杜預原注　（清）李紹崧選訂　清光緒三十三年（1907）經元堂刻本　十六冊

230000－0903－0001052　150－1/9
**曲江書屋新訂批註左傳快讀十八卷**　（晉）杜預原注　（清）李紹崧選訂　清光緒曲江書屋刻本　八冊　存八卷（十一至十八）

230000－0903－0001053　150－1/11
**春秋經解十五卷**　（宋）孫覺撰　清刻本　八冊

230000－0903－0001054　150－1/12
**春秋考十六卷**　（宋）葉夢得撰　清刻本　八冊

230000－0903－0001055　150－1/14
**春秋胡傳三十卷附林堯叟音注括列始末**　（宋）胡安國撰　清書業堂據博古堂版重修本　八冊

230000－0903－0001056　150－1/15
**春秋三十卷**　（宋）胡安國撰　清刻本　五冊

230000－0903－0001057　150－1/16
**春秋三十卷**　（宋）胡安國撰　清刻本　五冊

230000－0903－0001058　150－1/17
**春秋集注四十卷**　（宋）高閌撰　清刻本　十冊

230000－0903－0001059　150－1/18
**東萊博議四卷**　(宋)呂祖謙撰　清光緒七年(1881)刻本　四册

230000－0903－0001060　150－1/19
**東萊先生左氏博議二十五卷**　(宋)呂祖謙撰　清光緒二十四年(1898)江左書林石印本　四册

230000－0903－0001061　150－1/20
**東萊博議四卷**　(宋)呂祖謙撰　清光緒三十年(1904)上海書局石印本　一册

230000－0903－0001062　150－1/21
**增批輯注東萊博議注釋四卷**　(宋)呂祖謙撰　(清)劉紫山輯注　清宣統二年(1910)潤德堂鉛印本　四册

230000－0903－0001063　150－1/22
**增批輯注東萊博議注釋四卷**　(宋)呂祖謙撰　(清)劉紫山輯注　清宣統三年(1911)上海會文堂石印本　四册

230000－0903－0001064　150－1/23
**增批輯注東萊博議注釋四卷**　(宋)呂祖謙撰　(清)劉紫山輯注　清光緒二十八年(1902)上海錦章圖書局石印本　四册

230000－0903－0001065　150－1/26
**春秋會義二十六卷**　(宋)杜諤撰　清光緒十八年(1892)孫氏山淵閣刻本　十二册

230000－0903－0001066　150－1/29
**欽定春秋左傳讀本三十卷**　(清)英和等纂輯　清道光二年(1822)武英殿刻本　十六册

230000－0903－0001067　150－1/30
**欽定春秋左傳讀本三十卷**　(清)英和等纂輯　清同治八年(1869)江蘇書局刻本　十册

230000－0903－0001068　150－1/31
**欽定春秋左傳讀本三十卷**　(清)英和等纂輯　清同治八年(1869)江蘇書局刻本　十册

230000－0903－0001069　150－1/32
**欽定春秋左傳讀本三十卷**　(清)英和等纂輯　清光緒十二年(1886)居俟書屋刻本　十六册

230000－0903－0001070　150－1/34
**左傳易讀六卷**　(清)司徒則廬(司徒修)輯　清道光三十年(1850)文選樓刻本　六册

230000－0903－0001071　150－1/35
**左傳易讀六卷**　(清)司徒則廬(司徒修)輯　清光緒善成堂刻本　六册

230000－0903－0001072　150－1/36
**春秋恒解八卷**　(清)劉沅撰　清咸豐二年(1852)豫誠堂刻本　七册

230000－0903－0001073　150－1/39
**春秋大事表五十卷**　(清)顧棟高輯　(清)吳光裕參訂　清同治十二年(1873)山東尚志堂刻本　二十册

230000－0903－0001074　150－1/40
**春秋屬辭辨例編六十卷首二卷**　(清)張應昌撰　清同治十二年(1873)江蘇書局刻本　三十二册

230000－0903－0001075　150－1/41
**春秋屬辭辨例編六十卷首二卷**　(清)張應昌撰　清同治十二年(1873)江蘇書局刻本　三十一册

230000－0903－0001076　150－1/42
**春秋集古傳注二十六卷**　(清)郜坦撰　清光緒二年(1876)淮南書局刻本　四册

230000－0903－0001077　150－1/43
**春秋或問六卷**　(清)郜坦撰　清光緒二年(1876)淮南書局刻本　一册

230000－0903－0001078　150－1/44
**左傳舊疏考正八卷**　(清)劉文淇撰　清光緒三年(1877)湖北崇文書局刻本　四册

230000－0903－0001079　150－1/45
**左傳選十四卷**　(清)儲欣評　清同治十三年(1874)掃葉山房刻本　五册

230000－0903－0001080　150－1/46
**如西所刻諸名家評點春秋綱目左傳句解匯雋六卷**　(清)韓菼重訂　清光緒二十二年

(1896)王四和記刻本　六冊

230000－0903－0001081　150－1/47
**評點春秋綱目左傳句解匯雋六卷**　(清)韓菼重訂　清光緒校經山房刻本　六冊

230000－0903－0001082　150－1/48
**評點春秋綱目左傳句解匯雋六卷**　(清)韓菼重訂　清光緒掃葉山房刻本　六冊

230000－0903－0001083　150－1/49
**評點春秋綱目左傳句解匯雋六卷**　(清)韓菼重訂　清光緒掃葉山房刻本　六冊

230000－0903－0001084　150－1/50
**評點春秋綱目左傳句解匯雋六卷**　(清)韓菼重訂　清光緒綠蔭堂刻本　五冊

230000－0903－0001085　150－1/51
**評點春秋綱目左傳句解匯雋六卷**　(清)韓菼重訂　清光緒九年(1883)掃葉山房刻本　六冊

230000－0903－0001086　150－1/57
**春秋左傳三十卷**　(清)馮李驊集解　清光緒十二年(1886)湖北官書處刻本　十二冊

230000－0903－0001087　150－1/58
**春秋左繡三十卷**　(清)馮李驊　(清)陸浩評輯　清光緒十四年(1888)華川書屋刻本　十六冊

230000－0903－0001088　150－1/59
**春秋左繡三十卷**　(清)馮李驊　(清)陸浩評輯　清光緒上洋江左書林刻本　十六冊

230000－0903－0001089　150－1/61
**春秋述義拾遺八卷首一卷末一卷**　(清)陳熙晉撰　清光緒十七年(1891)廣雅書局刻本　二冊

230000－0903－0001090　150－1/62
**春秋規過考信三卷**　(清)陳熙晉撰　清光緒廣雅書局刻本　三冊

230000－0903－0001091　150－1/63
**讀左補義五十卷首一卷**　(清)姜炳璋輯　清光緒三多堂刻本　十六冊

230000－0903－0001092　150－1/64
**春秋左傳綱目杜林詳注十四卷**　(明)張岐然撰　清慶雲樓刻本　五冊　存八卷(一至八)

230000－0903－0001093　170－5/24
**四書讀本十九卷**　(宋)朱熹集注　清光緒榮祿堂刻本　六冊

230000－0903－0001094　170－5/25
**龍光四書十九卷**　(宋)朱熹章句　清光緒刻本　十一冊　缺二卷(論語四至五)

230000－0903－0001095　170－5/28
**四書章句集注二十六卷**　(宋)朱熹撰　**定本辨一卷家塾讀本句讀一卷**　(清)吳英撰　**附考四卷**　(清)吳志忠撰　清嘉慶十六年(1811)璜川吳氏眞意堂刻本　七冊

230000－0903－0001096　170－5/29
**新訂四書補注備旨十卷**　(明)鄧林撰　(清)杜定基增訂　清光緒五年(1879)上洋紫文閣刻本　八冊

230000－0903－0001097　170－5/30
**新訂四書補注備旨十卷**　(明)鄧林撰　(清)杜定基增訂　清光緒六年(1880)掃葉山房刻本　八冊

230000－0903－0001098　170－5/31
**新訂四書補注備旨十卷**　(明)鄧林撰　(清)杜定基增訂　清光緒九年(1883)壽春棣萼堂刻本　八冊

230000－0903－0001099　170－5/32
**新訂四書補注備旨十卷**　(明)鄧林撰　清光緒十年(1884)刻本　八冊

230000－0903－0001100　170－5/33
**新訂四書補注備旨十卷**　(明)鄧林撰　(清)杜定基增訂　清光緒十年(1884)堂記刻本　八冊

230000－0903－0001101　170－5/34
**新訂四書補注備旨十卷**　(明)鄧林撰　(清)杜定基增訂　清光緒二十二年(1896)掃葉山房刻本　八冊

230000－0903－0001102　170－5/35
**新訂四書補注備旨十卷**　(明)鄧林撰　清光緒二十六年(1900)新化三味堂刻本　五册　缺二卷(孟子一至二)

230000－0903－0001103　170－5/36
**新訂四書補注備旨十卷**　(明)鄧林撰　清光緒善成堂刻本　八册

230000－0903－0001104　170－5/37
**新訂四書補注備旨十卷**　(明)鄧林撰　清光緒文奎堂刻本　六册

230000－0903－0001105　170－5/38
**增訂四書補注備旨十卷**　(明)鄧林撰　(清)杜定基增訂　清光緒文英堂刻本　六册

230000－0903－0001106　170－5/39
**新訂四書補注備旨十卷**　(明)鄧林撰　清宣統元年(1909)上海久敬齋書局石印本　一册　存二卷(大學一、中庸一)

230000－0903－0001107　170－5/40
**新訂四書補注備旨十卷**　(明)鄧林撰　(清)杜定基增訂　清宣統二年(1910)掃葉山房石印本　八册

230000－0903－0001108　170－5/41
**新訂四書補注備旨十卷**　(明)鄧林撰　清宣統天寶書局石印本　七册

230000－0903－0001109　170－5/45
**四書反身錄八卷**　(清)李顒撰　清光緒浙江書局刻本　四册

230000－0903－0001110　170－5/46
**四書反身錄八卷**　(清)李顒撰　清光緒新城明善講堂刻本　四册

230000－0903－0001111　170－5/47
**漱芳軒合纂四書體注十九卷**　(清)范翔撰　清咸豐五年(1855)青雲樓刻本　六册

230000－0903－0001112　170－5/48
**四書體注十九卷**　(清)范翔撰　清光緒近文堂刻本　六册

230000－0903－0001113　170－5/49
**銅板四書體注附考十九卷**　(清)范翔撰　清光緒同慶堂刻本　六册

230000－0903－0001114　170－5/50
**漱芳軒合纂四書體注十九卷**　(清)范翔訂　清刻本　二册　存十卷(論語一至十)

230000－0903－0001115　170－5/51
**四書論二卷**　(清)王伊輯　清光緒二十七年(1901)上海文瑞樓石印本　四册

230000－0903－0001116　170－5/52
**增訂二論詳解四卷**　(清)劉忠輯　清光緒十二年(1886)紫文閣刻本　四册

230000－0903－0001117　170－5/53
**增訂二論詳解四卷**　(清)劉忠輯　清光緒十二年(1886)上洋江左書林刻本　四册

230000－0903－0001118　170－5/55
**四書朱子本義匯參四十三卷**　(清)王步青輯　(清)王土鼈編　清光緒五年(1879)據敦復堂原本重校刻本　三十二册

230000－0903－0001119　170－5/56
**四書朱子本義匯參四十三卷**　(清)王步青輯　(清)王土鼈編　清敦復堂刻本　十册

230000－0903－0001120　170－5/57
**四書朱子本義匯參四十三卷**　(清)王步青輯　清刻本　八册　存九卷(孟子六至十四)

230000－0903－0001121　170－5/58
**四書朱子本義匯參四十三卷**　(清)王步青輯　清掃葉山房刻本　八册　存十卷(大學一至三、中庸一至六、論語一)

230000－0903－0001122　170－5/59
**四書會解二十七卷**　(清)綦澧輯　清嘉慶五年(1800)還醇堂刻本　二十二册

230000－0903－0001123　170－5/60
**四書集疏附正二十二卷**　(清)張秉直撰　清道光十五年(1835)刻本　五册

230000－0903－0001124　170－5/61
**大中講義三卷**　(清)朱用純撰　清光緒二年(1876)江蘇書局刻本　三册

230000－0903－0001125　170－5/62

**四書便蒙節注十九卷**　(清)陸增壽撰　清光緒十三年(1887)上洋大文堂刻本　五册　存十四卷(大學一、中庸一、論語六至十、孟子一至七)

230000－0903－0001126　170－5/63

**四書恒解十一卷**　(清)劉沅輯注　清光緒三十一年(1905)北京道德學社印刷所鉛印本　八册

230000－0903－0001127　170－5/64

**集虚齋四書口義十卷**　(清)方棨如撰　(清)于光華編次　清光緒刻本　六册　存四卷(孟子七至十)

230000－0903－0001128　170－5/65

**四書大全摘要□□卷**　(□)□□撰　清刻本　十二册　存八卷(論語七至十、孟子四至七)

230000－0903－0001129　170－5/66

**四書人物類典串珠四十卷**　(清)臧志仁輯　清刻本　十五册　存三卷(二至四)

230000－0903－0001130　190－1/1

**爾雅三卷**　(晉)郭璞注　(唐)陸德明音義　清光緒十二年(1886)湖北官書處刻本　三册

230000－0903－0001131　190－1/2

**方言十三卷**　(漢)揚雄撰　(晉)郭璞注　清刻本　三册

230000－0903－0001132　190－1/3

**輶軒使者絶代語釋别國方言箋疏十三卷**　(清)錢繹撰　**附劉歆與揚雄書　揚雄答劉歆書**　(清)何翰章校勘　清光緒十六年(1890)廣雅書局刻本　四册

230000－0903－0001133　190－1/4

**爾雅注疏十一卷**　(晉)郭璞注　(宋)邢昺疏　清光緒八年(1882)崇德書院刻本　六册

230000－0903－0001134　190－1/5

**爾雅疏十卷**　(宋)邢昺疏　(清)陸心源校　清光緒四年(1878)吳興陸氏十萬卷樓刻本　四册

230000－0903－0001135　190－1/7

**爾雅郭注補正三卷**　(晉)郭璞注　(清)戴鎣補正　清光緒十一年(1885)海陽韓氏刻本　六册

230000－0903－0001136　190－1/9

**廣雅疏證十卷**　(清)王念孫撰　**博雅音十卷**　(清)王念孫校　清光緒五年(1879)淮南書局刻本　八册

230000－0903－0001137　190－1/10

**經籍籑詁一百六卷**　(清)阮元撰　清光緒六年(1880)淮南書局補刻本　四十八册

230000－0903－0001138　190－1/12

**爾雅郭注義疏三卷**　(清)郝懿行撰　清光緒十四年(1888)湖北官書處刻本　八册

230000－0903－0001139　190－1/13

**爾雅郭注義疏三卷**　(清)郝懿行撰　清光緒十四年(1888)湖北官書處刻本　八册

230000－0903－0001140　190－1/15

**爾雅補注殘本一卷**　(清)劉玉麐撰　清光緒十四年(1888)廣雅書局刻本　一册

230000－0903－0001141　190－1/16

**釋穀四卷**　(清)劉寶楠撰　清光緒十四年(1888)廣雅書局刻本　一册

230000－0903－0001142　190－1/17

**爾雅匡名二十卷**　(清)嚴元照撰　清光緒十六年(1890)廣雅書局刻本　四册

230000－0903－0001143　190－1/18

**爾雅注疏本正誤五卷**　(清)張宗泰撰　清光緒二十六年(1900)廣雅書局刻本　一册

230000－0903－0001144　190－1/20

**小爾雅訓纂六卷**　(清)宋翔鳳撰　清光緒十六年(1890)廣雅書局刻本　一册

230000－0903－0001145　190－1/24

**普通百科新大辭典**　(清)上海國學扶輪社編　清宣統三年(1911)上海國學扶輪社鉛印本　十五册

230000－0903－0001146　190－2/1
**說文解字十五卷附校記一卷**　(漢)許慎撰　(宋)徐鉉等校　清光緒七年(1881)淮南書局刻本　五册

230000－0903－0001147　190－2/3
**刊謬正俗八卷**　(唐)顔師古撰　清光緒三年(1877)湖北崇文書局刻本　一册

230000－0903－0001148　190－2/4
**說文解字通釋四十卷**　(宋)徐鍇傳釋　(宋)朱翺反切　清光緒九年(1883)江蘇書局刻本　八册

230000－0903－0001149　190－2/5
**九經字彙不分卷**　清刻本　六册

230000－0903－0001150　190－2/6
**汗簡七卷**　(宋)郭忠恕撰　(清)鄭珍箋正　清光緒十五年(1889)廣雅書局刻本　四册

230000－0903－0001151　190－2/7
**復古編二卷校正一卷附録一卷**　(宋)張有撰　**安陸集一卷**　(宋)張先撰　**曾樂軒稾一卷**　(宋)張維撰　清光緒八年(1882)淮南書局刻本　三册

230000－0903－0001152　190－2/8
**續復古編四卷**　(元)曹本撰　清光緒十二年(1886)歸安姚氏咫進齋刻本　二册

230000－0903－0001153　190－2/10
**班馬字類五卷**　(宋)婁機撰　清光緒十七年(1891)思賢書局刻本　二册

230000－0903－0001154　190－2/11
**字鑑五卷**　(元)李文仲撰　**佩觿三卷**　(宋)郭忠恕撰　清光緒十一年(1885)刻本　二册

230000－0903－0001155　190－2/12
**字彙十二集首一卷末一卷**　(明)梅膺祚音釋　清掃葉山房刻本　十四册

230000－0903－0001156　190－2/13
**字彙十二集首一卷末一卷**　(明)梅膺祚音釋　清刻本　十一册　存十一集(一至十一)

230000－0903－0001157　190－2/14
**字彙十二集首部一卷**　(明)梅膺祚音釋　(清)吳志伊增補　清光緒上海掃葉山房刻本　七册　存七集(一至七)

230000－0903－0001158　190－2/15
**說文解字注三十二卷**　(清)段玉裁注　清同治六年(1867)蘇州保息局補刻本　三十二册

230000－0903－0001159　190－2/16
**段注說文解字三十二卷**　(清)段玉裁注　清同治十一年(1872)湖北崇文書局刻本　十五册

230000－0903－0001160　190－2/17
**段注說文解字三十二卷**　(清)段玉裁注　清光緒十六年(1890)石印本　八册

230000－0903－0001161　190－2/18
**汲古閣說文訂一卷**　(清)段玉裁撰　清同治十一年(1872)湖北崇文書局刻本　一册

230000－0903－0001162　190－2/20
**說文解字句讀三十卷**　(清)王筠撰　清光緒八年(1882)四川尊經書局刻本　二十册

230000－0903－0001163　230/1
**周書十一卷**　(清)朱右曾集訓校釋　清光緒三年(1877)湖北崇文書局刻本　二册

230000－0903－0001164　230/2
**周書十一卷**　(清)朱右曾集訓校釋　清光緒三年(1877)湖北崇文書局刻本　二册

230000－0903－0001165　230/4
**國語二十一卷**　(三國吳)韋昭解　**札記一卷**　(清)黄丕烈撰　**考異四卷**　(清)汪遠孫撰　清同治八年(1869)刻本　五册

230000－0903－0001166　230/5
**國語二十一卷**　(三國吳)韋昭解　**札記一卷**　(清)黄丕烈撰　**考異四卷**　(清)汪遠孫撰　清同治八年(1869)刻本　五册

230000－0903－0001167　230/11
**戰國策三十三卷**　(漢)高誘注　**重刻剡川姚氏本戰國策札記三卷**　(清)黄丕烈撰　清同治八年(1869)湖北崇文書局刻本　五册

230000－0903－0001168　230/12
**戰國策三十三卷**　(漢)高誘注　**重刻剡川姚氏本戰國策札記三卷**　(清)黄丕烈撰　清同治八年(1869)湖北崇文書局刻本　五冊

230000－0903－0001169　230/16
**涑水記聞十六卷補遺一卷**　(宋)司馬光撰　清光緒三年(1877)湖北崇文書局刻本　四冊

230000－0903－0001170　230/18
**路史前紀九卷後紀十四卷餘論十卷國名記十一卷發揮六卷**　(宋)羅泌撰　(宋)羅蘋注　清光緒二年(1876)紅杏山房刻本　十六冊

230000－0903－0001171　230/20
**史署八十七卷**　(清)朱堃輯　清光緒二十五年(1899)萬本書局刻朱墨套印本　十二冊

230000－0903－0001172　230/21
**史存三十卷**　(清)劉沅輯　清道光二十五年(1845)雙江劉氏刻本　十六冊

230000－0903－0001173　230/22
**史存三十卷**　(清)劉沅輯　清道光二十五年(1845)雙江劉氏刻本　十六冊

230000－0903－0001174　230/25
**十六國春秋一百卷**　(北魏)崔鴻撰　(清)汪曰桂重訂　清光緒十二年(1886)湖北官書處刻本　十二冊

230000－0903－0001175　230/23
**晋署六十五卷序目一卷**　(清)周濟撰　清光緒二年(1876)味雋齋刻本　九冊　缺七卷(列傳一至七)

230000－0903－0001176　230/24
**晋署六十五卷**　(清)周濟撰　清光緒二年(1876)味雋齋刻本　十冊

230000－0903－0001177　230/28
**靖康傳信錄三卷建炎進退志四卷建炎時政記三卷**　(宋)李綱撰　清光緒十八年(1892)吉林探源書舫刻本　三冊

230000－0903－0001178　230/29
**欽定蒙古源流八卷**　(清)小徹辰薩囊台吉撰　(清)陸錫熊等譯　清刻本　四冊

230000－0903－0001179　230/30
**元朝秘史十卷續二卷**　(元)□□撰　清光緒三十四年(1908)葉氏觀古堂刻本　六冊

230000－0903－0001180　230/36
**典故紀聞十八卷**　(明)余繼登輯　清光緒五年(1879)謙德堂刻畿輔叢書本　六冊

230000－0903－0001181　230/41
**欽定滿洲源流考二十卷首一卷**　(清)阿桂等撰　清光緒三十年(1904)中西書局石印本　四冊

230000－0903－0001182　230/42
**欽定滿洲源流考二十卷首一卷**　(清)阿桂等撰　清光緒三十年(1904)中西書局石印本　四冊

230000－0903－0001183　230/43
**郎潛紀聞初筆七卷二筆八卷三筆六卷**　(清)陳康祺撰　清宣統二年(1910)石印本　九冊　缺二卷(初筆三至四)

230000－0903－0001184　230/46
**平定粵寇紀略十八卷附賊名記邪記逆跡記瑣聞記四卷**　(清)杜文瀾撰　清光緒元年(1875)詒穀堂刻本　八冊

230000－0903－0001185　230/47
**平定粵寇紀略十八卷附賊名記邪記逆跡記瑣聞記四卷**　(清)杜文瀾撰　清光緒元年(1875)校經堂刻本　八冊

230000－0903－0001186　230/56
**萬國史記二十卷**　(日本)岡本監輔撰　清光緒二十四年(1898)石印本　八冊

230000－0903－0001187　230/57
**萬國史記二十卷**　(日本)岡本監輔撰　清光緒二十八年(1902)掃葉山房石印本　六冊

230000－0903－0001188　230/582
**萬國史略六卷**　(美國)彼德巴利撰　(清)陳壽彭譯　清光緒三十二年(1906)金陵江楚編譯官書局石印本　四冊

230000－0903－0001189　230/59

**西洋通史前編十一卷**　(法國)駝㬹屢撰　(日本)村上義茂重譯　清光緒二十八年(1902)上洋會文譯書社石印本　七册

230000－0903－0001190　230/60

**泰西新史攬要(泰西近百年來大事記)二十四卷**　(英國)馬懇西撰　(英國)李提摩太譯　清光緒二十三年(1897)美華書館鉛印本　八册

230000－0903－0001191　230/61

**泰西新史攬要(泰西近百年來大事記)二十四卷**　(英國)馬懇西撰　(英國)李提摩太譯　清光緒二十三年(1897)美華書館鉛印本　五册　存十八卷(七至二十四)

230000－0903－0001192　230/63

**俄羅斯三卷**　(法國)波留撰　(日本)林毅陸譯　(日本)中島端重譯　清光緒三十年(1904)商務印書館鉛印本　三册

230000－0903－0001193　230/65

**普法戰紀十八卷**　(清)張宗良口譯　(清)王韜輯　清光緒二十三年(1897)鉛印本　九册

230000－0903－0001194　230/67

**亞美利加洲通史十編**　(清)戴彬編譯　(清)王慕陶校　清光緒二十八年(1902)上海商務印書館鉛印本　二册

230000－0903－0001195　230/68

**埃及近世史二十七章**　(日本)柴四郎撰　(清)章起謂譯　清光緒二十九年(1903)上海商務印書館鉛印本　一册

230000－0903－0001196　230/69

**埃及近事考一卷**　(清)劉鑒譯　清光緒三十三年(1907)金陵江楚編譯官書局石印本　一册

230000－0903－0001197　230/70

**東洋史要二卷附圖一卷**　(日本)桑原隲藏撰　樊炳清譯　清光緒二十五年(1899)東文學社石印本　一册　存一卷(上)

230000－0903－0001198　230/72

**日本新史攬要七卷**　(日本)石村貞一編輯　(清)遊瀛主人譯　清光緒二十五年(1899)石印本　七册

230000－0903－0001199　230/73

**日本維新三十年史十二編附錄一編**　(日本)東京博文館編輯　清光緒二十九年(1903)上海廣智書局鉛印本　六册

230000－0903－0001200　230/74

**日本維新三十年史十二編附錄一編**　(日本)東京博文館編輯　清光緒二十九年(1903)上海廣智書局鉛印本　六册

230000－0903－0001201　230/75

**日本歷史七編**　(日本)萩野由之撰　(清)劉大猷譯　清光緒二十七年(1901)石印本　五册

230000－0903－0001202　230/77

**日本史綱二卷**　(□)□□撰　清光緒三十二年(1906)金陵江楚編譯官書局石印本　一册

230000－0903－0001203　230/78

**波斯志不分卷**　(清)學部編譯圖書局編　清光緒三十三年(1907)學部圖書局鉛印本　一册

230000－0903－0001204　240－1/1

**歷代名臣傳三十五卷首一卷歷代名臣續編五卷首一卷歷代名儒八卷首一卷歷代循吏八卷**　(清)朱軾　(清)蔡世遠同訂　清同治、光緒刻本　二十四册

230000－0903－0001205　240－1/2

**歷代名臣言行錄二十四卷**　(清)朱桓編輯　(清)潘永季校定　清光緒元年(1875)湖北文源堂刻本　三十二册

230000－0903－0001206　240－1/3

**歷代名臣言行錄二十四卷**　(清)朱桓撰　清光緒二十六年(1900)湖南書局刻本　三十六册

230000－0903－0001207　240－1/4

**歷代名臣傳三十五卷首一卷歷代名臣續編三卷首一卷歷代名儒八卷循吏傳八卷** （清）朱軾 （清）蔡世遠訂 （清）張江分纂 清光緒江蘇書局刻本 二十四冊

230000－0903－0001208 240－1/6
**古列女傳八卷** （漢）劉向撰 （明）黃魯曾贊 清光緒三年（1877）湖北崇文書局刻本 四冊

230000－0903－0001209 240－1/7
**古今列女傳四卷** （漢）劉向撰 （明）解縉補 清光緒二十四年（1898）鏡清書屋刻本 四冊

230000－0903－0001210 240－1/9
**典故列女全傳四卷** （清）曉星樵人校 清宣統元年（1909）掃葉山房石印本 四冊

230000－0903－0001211 240－1/10
**高士傳三卷** （晉）皇甫謐撰 清光緒三年（1877）湖北崇文書局刻本 一冊

230000－0903－0001212 240－1/12
**百將圖傳二卷** （清）丁日昌輯 清同治八年（1869）江蘇書局刻本 二冊

230000－0903－0001213 240－1/13
**百將圖傳二卷** （清）丁日昌輯 清同治八年（1869）江蘇書局刻本 二冊

230000－0903－0001214 240－1/14
**廣名將傳二十卷** （明）黃道周注斷 清道光二十九年（1849）刻海山仙館叢書本 六冊

230000－0903－0001215 240－1/15
**侯度錄三卷通侯雜述一卷** （清）黃鳳岐撰 清光緒二十一年（1895）京都刻本 一冊

230000－0903－0001216 240－1/16
**成仁譜二十六卷** （清）盛敬輯 （清）趙兆熙 （清）郜建烈編校 清道光二十五年（1845）邗江木活字印本 八冊

230000－0903－0001217 240－1/17
**史姓韻編六十四卷** （清）汪輝祖輯 （清）馮祖憲重校 清光緒十年（1884）上海中西書局石印本 四冊

230000－0903－0001218 240－1/18
**新纂氏族箋釋八卷** （清）熊俊運撰 清刻本 四冊

230000－0903－0001219 300/1
**子書百家** （清）崇文書局輯 清光緒元年（1875）湖北崇文書局刻本 一百八冊 缺十五卷（說苑六至二十）

230000－0903－0001220 300/2
**子書百家** （清）崇文書局輯 清光緒元年（1875）湖北崇文書局刻本 八十冊

230000－0903－0001221 300/4
**二十二子** （清）浙江書局輯 清光緒二十七年（1901）浙江書局補刻本 八十三冊

230000－0903－0001222 300/5
**新鐫校正評注分類百子金丹全書十卷任兆麟述記三卷** （明）郭士俊選注 清光緒二十九年（1903）上海書局石印本 四冊

230000－0903－0001223 310/1
**孔子家語十卷** （三國魏）王肅注 清同治十二年（1873）善成堂刻本 二冊

230000－0903－0001224 310/3
**荀子二十卷** （唐）楊倞注 清光緒二十三年（1897）新化三味書局刻本 六冊

230000－0903－0001225 310/6
**新書十卷** （漢）賈誼撰 清光緒二十三年（1897）新化三味書局刻本 二冊

230000－0903－0001226 310/8
**鹽鐵論二卷** （漢）桓寬撰 清光緒元年（1875）湖北崇文書局刻本 二冊

230000－0903－0001227 310/10
**揚子法言十三卷音義一卷** （漢）揚雄撰 （晉）李軌注 清光緒二十三年（1897）新化三味書局刻本 一冊

230000－0903－0001228 310/12
**女誡淺釋一卷附校勘記一卷** （漢）班昭撰 （清）勞紡釋 清光緒二十五年（1899）守拙之

居刻本　一册

230000－0903－0001229　310/13

**文中子中說十卷**　(隋)王通撰　(宋)阮逸注　清光緒二十三年(1897)新化三味書局刻本　二册

230000－0903－0001230　310/15

**近思錄集注十四卷考訂朱子世家一卷**　(清)江永集注　**校勘記一卷**　(清)王炳撰　清同治八年(1869)江蘇書局刻本　四册

230000－0903－0001231　310/16

**近思錄十四卷**　(清)江永集注　**考訂朱子世家一卷**　(清)江永撰　清咸豐三年(1853)刻本　四册

230000－0903－0001232　310/17

**近思錄十四卷**　(清)江永集注　清同治七年(1868)楚北崇文書局刻本　四册

230000－0903－0001233　310/18

**小學集注六卷**　(宋)朱熹撰　(明)陳選集注　清光緒十年(1884)河南學政馮文蔚刻本　二册

230000－0903－0001234　310/20

**御纂朱子全書六十六卷**　(清)李光地等輯　清光緒江西書局刻本　四十册

230000－0903－0001235　310/21

**朱子約編八卷**　(清)鄭士範輯　清光緒十九年(1893)鳳翔周氏刻本　二册

230000－0903－0001236　310/22

**朱子語類日鈔五卷**　(清)陳澧編　清光緒二十六年(1900)廣雅書局刻本　一册

230000－0903－0001237　310/24

**大學衍義四十三卷**　(宋)眞德秀撰　清同治十三年(1874)金陵書局刻本　八册

230000－0903－0001238　310/25

**大學衍義四十三卷**　(宋)眞德秀撰　清光緒二十七年(1901)上海書局石印本　六册

230000－0903－0001239　310/26

**心經一卷政經一卷附錄一卷**　(宋)眞德秀撰　清光緒江蘇書局刻本　一册

230000－0903－0001240　310/27

**北溪字義二卷附補遺一卷嚴陵講義一卷論説一卷**　(宋)陳淳撰　清光緒二十二年(1896)吉林探源書舫刻本　二册

230000－0903－0001241　310/28

**朱子讀書法四卷**　(宋)張洪　(宋)齊熙編　清光緒二十三年(1897)八旗書院刻本　四册

230000－0903－0001242　310/30

**讀書分年日程三卷綱領一卷**　(元)程端禮撰　清同治七年(1868)湖北崇文書局刻本　二册

230000－0903－0001243　310/31

**程氏家塾讀書分年日程三卷綱領一卷**　(元)程端禮撰　清同治八年(1869)江蘇書局刻本　一册

230000－0903－0001244　310/32

**程氏家塾讀書分年日程三卷綱領一卷**　(元)程端禮撰　清光緒二十五年(1899)吉林探源書舫盛福刻本　二册

230000－0903－0001245　310/33

**小學六卷**　(明)吳訥集解　清同治八年(1869)江蘇書局刻本　二册

230000－0903－0001246　190－2/23

**段氏説文注訂八卷**　(清)鈕樹玉撰　清同治十三年(1874)湖北崇文書局刻本　二册

230000－0903－0001247　190－2/24

**說文新附考六卷說文續考一卷**　(清)鈕樹玉撰　清同治十三年(1874)湖北崇文書局刻本　二册

230000－0903－0001248　190－2/25

**說文解字校錄十五卷**　(清)鈕樹玉校錄　清光緒十一年(1885)江蘇書局刻本　十四册

230000－0903－0001249　190－2/26

**小學匯函十四種**　(清)鍾謙鈞撰　清光緒十五年(1889)湘南書局刻本　三十二册

230000－0903－0001250　190－2/27

**急就章考異一卷**　(清)莊世驥撰　清光緒十七年(1891)廣雅書局刻本　一冊

230000－0903－0001251　190－2/28
**倉頡篇三卷**　(清)孫星衍撰　**續一卷**　(清)任大椿撰　**補二卷**　(清)陶方琦撰　清光緒十六年(1890)江蘇書局刻本　二冊

230000－0903－0001252　190－2/29
**倉頡篇三卷**　(清)孫星衍撰　**續一卷**　(清)任大椿撰　**補二卷**　(清)陶方琦撰　清光緒十六年(1890)江蘇書局刻本　二冊

230000－0903－0001253　190－2/30
**字林考逸八卷補一卷**　(清)任大椿撰　清光緒十六年(1890)江蘇書局刻本　四冊

230000－0903－0001254　190－2/31
**字林考逸八卷補一卷**　(清)任大椿撰　清光緒十六年(1890)江蘇書局刻本　四冊

230000－0903－0001255　190－2/33
**說文拈字七卷補遺一卷**　(清)王玉樹撰　清嘉慶八年(1803)芳梫堂刻本　四冊

230000－0903－0001256　190－2/34
**說文通訓定聲十八卷柬韻一卷古今韻準一卷**　(清)朱駿聲輯　(清)朱鏡蓉參訂　清咸豐元年(1851)臨嘯閣刻本　二十四冊

230000－0903－0001257　190－2/35
**說文解字義證五十卷**　(清)桂馥撰　清同治九年(1870)湖北崇文書局刻本　三十二冊

230000－0903－0001258　190－2/36
**說文提要一卷**　(清)陳建侯撰　清同治十二年(1873)湖北崇文書局刻本　一冊

230000－0903－0001259　190－2/37
**說文引經考證八卷**　(清)陳瑑撰　(清)徐郙參校　清同治十三年(1874)湖北崇文書局刻本　二冊

230000－0903－0001260　190－2/38
**字學舉隅一卷**　(清)黄虎癡撰　(清)龍啟瑞輯　清同治十三年(1874)湖北崇文書局刻本　一冊

230000－0903－0001261　190－2/39
**增廣字學舉隅四卷**　(清)鐵珊輯　清光緒元年(1875)蘭州郡署刻本　四冊

230000－0903－0001262　190－2/40
**臨文便覽六卷**　(清)張仰山撰　清光緒元年(1875)刻本　二冊

230000－0903－0001263　190－2/41
**說文通檢十四卷首一卷末一卷**　(清)黎永椿編　清光緒二年(1876)湖北崇文書局刻本　二冊

230000－0903－0001264　190－2/42
**說文辨疑一卷**　(清)顧廣圻撰　清光緒三年(1877)湖北崇文書局刻本　一冊

230000－0903－0001265　190－2/43
**讀說文雜識一卷**　(清)許棫撰　清光緒七年(1881)刻本　一冊

230000－0903－0001266　190－2/44
**說文楬原二卷**　(清)張行孚編　(清)余澍校　清光緒十年(1884)知不足齋刻本　二冊

230000－0903－0001267　190－2/45
**說文引經證例二十四卷**　(清)承培元撰　清光緒十二年(1886)廣雅書局刻本　六冊

230000－0903－0001268　190－2/46
**說文本經答問二卷**　(清)鄭知同撰　清光緒十六年(1890)廣雅書局刻本　一冊

230000－0903－0001269　190－2/47
**考正字彙一卷**　清光緒二十五年(1899)同文局石印本　一冊

230000－0903－0001270　190－2/48
**說文闔音通一卷**　(清)謝章鋌撰　清光緒二十八年(1902)刻本　一冊

230000－0903－0001271　190－2/49
**名原二卷**　(清)孫詒讓撰　清光緒三十一年(1905)刻本　一冊

230000－0903－0001272　190－2/50
**潛研堂說文答問疏證六卷**　(清)薛傳均撰　清光緒廣雅書局刻本　一冊

230000－0903－0001273　190－2/51
**說文古籀補十四卷補遺一卷附錄一卷**　（清）吳大澄撰　清光緒九年(1883)刻本　四冊

230000－0903－0001274　190－2/52
**小學六卷首一卷末一卷**　（清）尹嘉銓疏　清刻本　二冊

230000－0903－0001275　190－2/56
**康熙字典四十二卷**　（清）張玉書等撰　清光緒元年(1875)湖北崇文書局刻本　四十六冊

230000－0903－0001276　190－2/59
**康熙字典四十二卷**　（清）張玉書等撰　清光緒十一年(1885)上海同文書局石印本　六冊

230000－0903－0001277　190－2/60
**康熙字典四十二卷**　（清）張玉書等撰　清光緒二十年(1894)上海點石齋石印本　六冊

230000－0903－0001278　190－2/61
**康熙字典四十二卷**　（清）張玉書等撰　清光緒三十年(1904)上海文星書局石印本　六冊

230000－0903－0001279　190－2/62
**康熙字典四十二卷**　（清）張玉書等撰　清光緒三十二年(1906)上海商務印書館石印本　六冊

230000－0903－0001280　190－2/63
**康熙字典四十二卷**　（清）張玉書等撰　清光緒三十三年(1907)上海鴻文書局石印本　六冊

230000－0903－0001281　190－2/64
**康熙字典四十二卷**　（清）張玉書等撰　清宣統元年(1909)章福記書局影印本　六冊

230000－0903－0001282　190－2/67
**十三經集字摹本不分卷分畫便查一卷摘錄一卷**　（清）彭玉雯撰　（清）萬青銓輯　清道光二十九年(1849)彭氏刻本　十冊

230000－0903－0001283　360－1/78
**過雲樓書畫記十卷**　（清）顧文彬撰　清光緒八年(1882)刻本　四冊

230000－0903－0001284　360－1/97
**辛丑銷夏記五卷**　（清）吳榮光撰　清光緒三十一年(1905)刻本　五冊

230000－0903－0001285　375－4/10
**八門九星陰陽二遁附諏吉便覽寶鏡圖不分卷**　（清）□□撰　清光緒七年(1881)刻本　二冊

230000－0903－0001286　440－1/9
**宋名家詞八十九卷**　（明）毛晉輯　清光緒十四年(1888)錢唐汪氏刻本　二十冊

230000－0903－0001287　440－1/11
**續詞選二卷附錄一卷**　（清）董毅輯　清道光十年(1830)刻本　一冊

230000－0903－0001288　440－1/12
**宋詞三百首一卷**　（清）上疆邨民編　清刻本　一冊

230000－0903－0001289　440－1/14
**宋元名家詞十五種**　（清）江標輯　清光緒二十一年(1895)湖南思賢書局刻本　四冊

230000－0903－0001290　440－1/15
**篋中詞六卷續四卷**　（清）譚獻簒錄　清光緒八年(1882)刻本　四冊

230000－0903－0001291　440－1/16
**忠雅堂評選四六法海八卷**　（清）蔣士銓評選　清同治十年(1871)刻朱墨套印本　十冊

230000－0903－0001292　440－1/17
**忠雅堂評選四六法海八卷**　（清）蔣士銓評選　清光緒十五年(1889)雲林閣刻朱墨套印本　八冊

230000－0903－0001293　440－1/18
**全史宮詞二十卷**　（清）史夢蘭撰　清咸豐六年(1856)史氏刻本　四冊

230000－0903－0001294　440－1/20
**長安宮詞一卷**　（清）胡延撰　清光緒二十八年(1902)刻本　一冊

230000－0903－0001295　440－1/25
**小檀欒室彙刻閨秀詞十集附閨秀詞鈔十六卷補遺一卷續補遺四卷**　徐乃昌輯　清光緒二

十一年(1895)南陵徐氏刻本　三十冊

230000－0903－0001296　440－1/26
**西泠詞萃六種**　(清)丁丙輯　清光緒錢唐丁氏刻本　四冊

230000－0903－0001297　440－2/4
**東坡樂府二卷**　(宋)蘇軾撰　清光緒十四年(1888)四印齋刻本　二冊

230000－0903－0001298　440－2/12
**山中白雲詞八卷**　(宋)張炎撰　(清)許增校　清光緒八年(1882)娛園刻本　二冊

230000－0903－0001299　440－2/13
**燈昏鏡曉詞四卷聚紅榭雅集詞一卷**　(清)宋謙撰　清宣統二年(1910)鉛印本　二冊

230000－0903－0001300　440－2/14
**蕭閑老人明秀集注六卷**　(金)蔡松年撰　(金)魏道明注解　清光緒二十一年(1895)四印齋刻本　二冊　存三卷(一至三)

230000－0903－0001301　440－2/15
**吳梅村詞一卷**　(清)吳偉業撰　清光緒十六年(1890)湖北官書處刻本　一冊

230000－0903－0001302　440－2/16
**曝書亭詞拾遺三卷附志異一卷**　(清)翁之潤輯錄　清光緒二十二年(1896)翁氏刻本　二冊

230000－0903－0001303　440－2/19
**采香詞四卷**　(清)杜文瀾撰　清同治四年(1865)曼陀羅華閣叢書本　二冊

230000－0903－0001304　440－2/20
**京華百二竹枝詞一卷**　(□)憂患生撰　清宣統二年(1910)北京益森公司鉛印本　一冊

230000－0903－0001305　440－2/21
**京華百二竹枝詞一卷**　(□)憂患生撰　清宣統二年(1910)北京益森公司鉛印本　一冊

230000－0903－0001306　440－3/1
**詞源二卷**　(宋)張炎撰　(清)許增校　清光緒八年(1882)娛園刻本　一冊

230000－0903－0001307　440－5/2
**詞律二十卷拾遺八卷補遺一卷**　(清)萬樹撰　(清)恩錫　(清)杜文瀾校　清光緒二年(1876)刻本　十六冊

230000－0903－0001308　450－2/16
**增像第六才子書五卷首一卷**　(元)王實甫撰　清光緒十五年(1889)上海潤寶齋石印本　一冊

230000－0903－0001309　450－3/2
**吴吴山三婦合評牡丹亭還魂記二卷**　(明)湯顯祖撰　(清)陳同評點　(清)錢宜參評　清同治九年(1870)清芬閣刻本　二冊

230000－0903－0001310　450－3/9
**鶴歸來傳奇二卷**　(清)瞿頡填詞　(清)周昂評點　清刻本　二冊

230000－0903－0001311　450－3/13
**繪圖綴白裘十二集四十八卷**　題(清)玩花主人輯　(清)錢德蒼增輯　清光緒上海廣雅書局石印本　十二冊

230000－0903－0001312　450－3/14
**倚晴樓七種曲**　(清)黃燮清撰　清咸豐、同治海鹽黃氏拙宜園刻倚晴樓集本　九冊

230000－0903－0001313　450－8/7
**聲調三譜附刊通韻譜說一卷王文簡公七言古體平仄圖式一卷**　(清)王祖源輯　清光緒十八年(1892)關中書院刻天壤閣叢書本　四冊

230000－0903－0001314　460－1/2
**山海經十八卷**　(晉)郭璞傳　(清)畢沅校正　清光緒三年(1877)浙江書局刻本　三冊

230000－0903－0001315　460－1/3
**山海經四卷**　(晉)郭璞撰　(清)吳任臣注　清光緒十年(1884)掃葉山房刻本(有圖)　四冊

230000－0903－0001316　460－1/6
**酉陽雜俎二十卷續集十卷**　(唐)段成式撰　清道光二十九年(1849)小嫏嬛山館刻本　四冊

230000－0903－0001317　460－1/7

**酉陽雜俎二十卷續集十卷**　（唐）段成式撰　（明）毛晉訂　清光緒三年（1877）湖北崇文書局刻本　六冊

230000－0903－0001318　460－1/10

**御覽闕史二卷**　（唐）參廖子撰　清光緒三年（1877）湖北崇文書局刻本　一冊

230000－0903－0001319　460－1/13

**世說新語六卷**　（南朝宋）劉義慶撰　（南朝梁）劉孝標注　清光緒三年（1877）湖北崇文書局刻本　四冊

230000－0903－0001320　460－1/14

**世說新語六卷**　（南朝宋）劉義慶撰　（南朝梁）劉孝標注　清光緒三年（1877）湖北崇文書局刻本　四冊

230000－0903－0001321　460－1/17

**唐語林八卷附校勘記**　（宋）王讜撰　（清）錢熙祚校　清光緒十九年（1893）湖北官書處刻本　四冊

230000－0903－0001322　460－1/20

**重刻宋本夷堅志四集八十卷**　（宋）洪邁撰　清光緒五年（1879）歸安陸心源刻本　十二冊

230000－0903－0001323　460－1/27

**池上草堂筆記八卷**　（清）梁恭辰撰　清同治十二年（1873）金陵刻本　八冊

230000－0903－0001324　460－1/46

**古今說部叢書十集**　（清）上海國學扶輪社輯　清宣統至民國間上海國學扶輪社鉛印本　四十三冊　缺九十卷（長物志十二卷、秀水閒居錄一卷、蒼梧雜誌一卷、談藪一卷、青箱雜記一卷、林下偶譚一卷、獨醒雜誌一卷、可談一卷、小窗自紀雜著一卷、神異經一卷、海內十洲記一卷、列仙傳一卷、搜神記一卷、搜神後記一卷、冥祥記一卷、述異記一卷、原化記一卷、竇櫝記一卷、袖中記一卷、玄亭涉筆一卷、荔枝譜一卷、嶠南瑣記二卷、志怪錄一卷、集靈記一卷、祥異記一卷、風騷旨格一卷、灌畦暇語一卷、春雨雜述一卷、天爵堂筆餘一卷、資暇錄一卷、戲瑕錄一卷、玉笑零音一卷、竹坡老人詩話一卷、筆經一卷、膳夫錄一卷、林下盟一卷、缾花譜一卷、攝生要錄一卷、滇行日錄一卷、太清記一卷、寓簡一卷、林下清錄一卷、真率筆記一卷、致虛雜俎一卷、下帷短牒一卷、燕閑錄一卷、春風堂隨筆一卷、枕譚一卷、冷齋夜話一卷、宜春傳信錄一卷、錢塘遺事一卷、相學齋雜鈔一卷、明良一卷、隴蜀餘閒一卷、征緬紀閑一卷、蜀徼聞紀一卷、南中紀聞一卷、桂海果志一卷、桂海蟲魚志一卷、還冤記一卷、蚓庵瑣語一卷、西清詩話一卷、研北雜記一卷、叩舷憑軾一卷、征緬紀略一卷、高坡異纂三卷、瓠里子筆談一卷、遣戍伊犁記一卷、楓窗小牘二卷、幸蜀紀一卷、談助一卷、庚巳編四卷）

230000－0903－0001325　460－3/4

**函髻記一卷**　（□）盟鷗榭著　清光緒活字印本　一冊

230000－0903－0001326　460－3/26

**想當然耳八卷**　（清）鄒鍾撰　清同治十年（1871）聚興堂刻本　三冊　存六卷（一至二、五至八）

230000－0903－0001327　460－3/28

**悅心集四卷**　（清）世宗胤禛輯　清光緒三年（1877）京師聚珍堂書坊刻本　二冊

230000－0903－0001328　460－3/31

**諧鐸十二卷**　（清）沈起鳳撰　清光緒二十一年（1895）海上書局石印本（有圖）　四冊

230000－0903－0001329　460－3/32

**繪圖情史二十四卷**　（清）詹詹外史評輯　清宣統元年（1909）北京自強書局石印本　一冊

230000－0903－0001330　460－4/4

**東周列國全志二十三卷一百八回**　（清）蔡元放（蔡昇）評點　清咸豐四年（1854）書成山房刻朱墨套印本　十二冊　存五十二回（一至五十二）

230000－0903－0001331　460－4/6

**東周列國全志八卷一百八回**　(清)蔡畀評點　清光緒二十五年(1899)上海尺敬齋石印本(有圖)　八冊

230000－0903－0001332　460－4/29
**子不語二十四卷續集十卷**　(清)袁枚編　清光緒十九年(1893)倉山舊主石印本　四冊

230000－0903－0001333　460－4/44
**義俠好逑傳四卷十八回**　(清)名教中人編次　清大文堂刻本　四冊

230000－0903－0001334　460－4/39
**增像第六才子書五卷首一卷**　(元)王實甫撰　(清)金人瑞評　清光緒二十二年(1896)上海賞奇軒影印本　六冊

230000－0903－0001335　460－4/48
**聊齋志異新評十六卷**　(清)蒲松齡撰　(清)王士正評　(清)但明倫新評　清道光二十二年(1842)廣順但氏刻朱墨套印本　十六冊

230000－0903－0001336　315/11
**列子八卷**　(晉)張湛注　清光緒二十三年(1897)新化三味書局刻本　二冊

230000－0903－0001337　370－1/2
**墨子間詁十五卷目錄一卷附錄一卷後語二卷**　(清)孫詒讓撰　清宣統二年(1910)刻本　八冊

230000－0903－0001338　370－1/3
**墨子間詁十五卷目錄一卷附錄一卷後語二卷**　(清)孫詒讓撰　清宣統二年(1910)刻本　八冊

230000－0903－0001339　370－1/7
**呂氏春秋二十六卷**　(秦)呂不韋輯　清光緒元年(1875)湖北崇文書局刻本　四冊

230000－0903－0001340　371－1/9
**淮南子二十一卷**　(漢)劉安撰　(漢)高誘注　清光緒二十三年(1897)新化三味書局刻本　六冊

230000－0903－0001341　370－1/10
**淮南天文訓補注二卷**　(清)錢塘撰　清光緒刻本　一冊　存一卷(下)

230000－0903－0001342　370－1/14
**顏氏家訓二卷**　(北齊)顏之推撰　清光緒元年(1875)湖北崇文書局刻本　一冊

230000－0903－0001343　370－1/16
**夢溪筆談二十六卷補三卷續十一篇**　(宋)沈括撰　**校字記一卷**　(清)陶福祥訂　清光緒三十二年(1906)番禺陶氏愛廬刻本　四冊

230000－0903－0001344　370－1/17
**老學庵筆記十卷**　(宋)陸游撰　清光緒三年(1877)湖北崇文書局刻本　二冊

230000－0903－0001345　370－1/19
**媿林漫錄二卷**　(明)瞿式耜輯　清光緒十六年(1890)江蘇書局刻本　二冊

230000－0903－0001346　370－1/21
**池北偶談二十六卷**　(清)王士禛撰　清光緒二十二年(1896)上海慎記書莊石印本　八冊

230000－0903－0001347　370－1/24
**讀書雜志八十二卷餘編二卷**　(清)王念孫撰　清同治九年(1870)金陵書局刻本　二十四冊

230000－0903－0001348　370－1/25
**浮丘子十二卷**　(清)湯鵬撰　清同治四年(1865)刻本　四冊

230000－0903－0001349　370－1/26
**浮丘子十二卷**　(清)湯鵬撰　清同治四年(1865)刻本　四冊

230000－0903－0001350　370－1/27
**述學內篇三卷外篇一卷補遺一卷別錄一卷附校勘記一卷**　(清)汪中撰　清同治八年(1869)揚州書局刻本　二冊

230000－0903－0001351　370－1/29
**吹網錄六卷鷗陂漁話六卷**　(清)葉廷管撰　(清)胡珽等參校　清同治八年(1869)刻本　四冊

230000－0903－0001352　370－1/33
**輶軒語不分卷**　(清)張之洞撰　清光緒二十

一年(1895)湖北官書處刻本　一冊

230000－0903－0001353　370－1/34
**有不為齋隨筆十卷**　(清)光聰諧撰　清光緒十三年(1887)蘇州藩府刻本　二冊

230000－0903－0001354　370－1/35
**愈愚錄六卷**　(清)劉寶楠撰　清光緒十五年(1889)廣雅書局刻本　二冊

230000－0903－0001355　370－1/36
**翼教叢編六卷**　(清)蘇輿編　清光緒二十四年(1898)武昌刻本　三冊

230000－0903－0001356　370－1/37
**槐軒雜著四卷**　(清)劉沅撰　清光緒二十七年(1901)刻本　四冊

230000－0903－0001357　370－2/1
**白虎通疏證十二卷**　(清)陳立撰　清光緒元年(1875)淮南書局刻本　四冊

230000－0903－0001358　370－2/3
**容齋隨筆十六卷續筆十六卷三筆十六卷四筆十六卷五筆十卷**　(宋)洪邁撰　清光緒九年(1883)刻本　十四冊

230000－0903－0001359　370－2/6
**賓退錄十卷**　(宋)趙與旹撰　清光緒影宋刻本　四冊

230000－0903－0001360　370－2/7
**困學紀聞二十卷**　(宋)王應麟撰　清桐華書塾刻本　六冊

230000－0903－0001361　370－2/9
**翰林記二十卷**　(明)黄佐撰　清南海伍氏粵雅堂文字歡娛室刻本　四冊

230000－0903－0001362　370－2/10
**日知錄之餘四卷**　(清)顧炎武撰　清宣統二年(1910)刻本　二冊

230000－0903－0001363　370－2/11
**日知錄集釋三十二卷栞誤二卷**　(清)顧炎武撰　(清)黄汝成集釋　清同治十一年(1872)湖北崇文書局刻本　十六冊

230000－0903－0001364　370－2/12
**日知錄集釋三十二卷栞誤二卷續栞誤二卷**　(清)顧炎武撰　(清)黄汝成集釋　清光緒十二年(1886)點石齋石印本　四冊

230000－0903－0001365　370－2/13
**古香齋鑒賞袖珍春明夢餘錄七十卷**　(清)孫承澤撰　清光緒七年(1881)孔氏三十有三萬卷堂刻本　三十二冊

230000－0903－0001366　370－2/15
**十駕齋養新錄二十卷餘錄三卷附錢辛楣先生[大昕]年譜一卷竹汀居士年譜續一卷**　(清)錢大昕撰　清光緒二年(1876)浙江書局刻本　八冊

230000－0903－0001367　370－2/16
**劄樸十卷**　(清)桂馥撰　清光緒九年(1883)長洲蔣氏心矩齋刻本　八冊

230000－0903－0001368　370－2/17
**札樸十卷**　(清)桂馥撰　(清)李信校　清嘉慶十八年(1813)刻會稽徐氏補刻本　十冊

230000－0903－0001369　370－2/18
**稱謂錄三十二卷**　(清)梁章鉅撰　(清)梁恭辰校　清光緒元年(1875)刻本　八冊

230000－0903－0001370　370－2/21
**茶香室續鈔二十五卷**　(清)俞樾撰　清道光刻本　六冊

230000－0903－0001371　370－2/22
**學古堂日記四十九種**　(清)雷浚撰　(清)汪之昌選　清光緒二十年至二十二年(1894－1896)刻本　二十六冊

230000－0903－0001372　370－3/1
**智囊補二十八卷**　(明)馮夢龍重輯　清刻三讓堂本　八冊　存十二卷(一至三、五至十一、二十二至二十三)

230000－0903－0001373　370－3/3
**定香亭筆談四卷**　(清)阮元記　(清)吳文溥錄　清光緒二十五年(1899)浙江書局刻本　四冊

230000－0903－0001374　370－3/4
**小滄浪筆談四卷**　(清)阮元撰　清光緒二十六年(1900)江蘇書局刻本　二册

230000－0903－0001375　370－3/5
**經餘必讀八卷續編八卷**　(清)雷琳等輯　清嘉慶八年(1803)大中堂刻本　八册

230000－0903－0001376　370－3/6
**熙朝新語十六卷**　(清)余金輯　清光緒六年(1880)經綸堂刻本　四册

230000－0903－0001377　370－3/7
**兩般秋雨盦隨筆八卷**　(清)梁紹壬纂　清光緒十年(1884)許之璡刻本　十六册

230000－0903－0001378　370－3/12
**經餘必讀八卷續編八卷三集四卷**　(清)雷琳等輯　清光緒二十年(1894)尚德堂刻本　十册

230000－0903－0001379　370－3/13
**札迻十二卷**　(清)孫詒讓撰　清光緒二十年(1894)刻本　四册

230000－0903－0001380　370－3/14
**嘯亭雜錄八卷**　(清)昭槤撰　清光緒二十七年(1901)掃葉山房石印本　四册

230000－0903－0001381　370－5/1
**意林五卷**　(唐)馬總撰　清光緒三年(1877)湖北崇文書局刻本　二册

230000－0903－0001382　370－5/4
**玉芝堂談薈三十六卷**　(明)徐應秋撰　清光緒元年(1875)蒨園刻本　二十册

230000－0903－0001383　370－5/5
**弦雪居重訂遵生八箋十九卷總目一卷**　(明)高濂撰　(明)鍾惺校閱　清光緒十年(1884)刻本　二十册

230000－0903－0001384　375－2/1
**大唐開元占經一百二十卷**　(唐)瞿曇悉達等撰　清恒德堂刻本　二十四册

230000－0903－0001385　375－3/2
**軒轅碑記醫學祝由十三科二卷**　(□)□□撰　清青洞天刻本　二册

230000－0903－0001386　375－5/13
**袁柳莊先生神相全編三卷**　(明)袁忠徹撰　清刻本　一册

230000－0903－0001387　375－5/17
**新刊校正增釋合併麻衣先生人相編五卷**　(清)陸位崇編　清唐鯉耀刻本　一册

230000－0903－0001388　375－5/20
**新刊合併官板音義評注淵海子平五卷**　(宋)徐升編　(明)楊淙增校　清謙益堂刻本　四册

230000－0903－0001389　380－2/5
**周易參同契發揮三卷附釋疑一卷**　(宋)俞琰撰　清同治十年(1871)錢江王詒燕堂刻本　三册

230000－0903－0001390　380－2/6
**古本周易參同契集注二卷**　(漢)魏伯陽撰　(清)仇兆鰲集注　清刻本　四册

230000－0903－0001391　380－2/8
**道統正宗一卷**　(明)涵穀子撰　(□)張則黄校　清光緒十五年(1889)刻本　一册

230000－0903－0001392　380－2/15
**道書十二種**　(清)劉一明撰　清光緒六年(1880)上海翼化堂刻本　十六册

230000－0903－0001393　380－2/20
**呂祖全書三十三卷**　(清)劉體恕輯　清同治七年(1868)湘潭宣化志道堂刻本　十二册

230000－0903－0001394　380－2/21
**張三豐先生全集八卷**　(明)張君實撰　(清)李西月重編　**呂祖[巖]年譜七卷**　(清)火西月編　**呂祖編年詩集十卷**　(清)火西月重編　**太上十三經四卷**　(□)純陽先生注解　**如意寶珠二卷**　(明)張三豐鑒定　**靈寶畢法三卷**　(□)鍾離權撰　無根樹二注　(□)劉悟元注　清道光二十四年(1844)空青洞天刻本　二十八册

230000－0903－0001395　380－2/31

**陰隲文注解不分卷**　(清)黄正元注解　清道光十七年(1837)永盛刻字鋪刻本　四册

230000－0903－0001396　380－2/32
**陰隲文注解不分卷性天眞鏡一卷慾海慈航一卷御虛階一卷**　(□)□□撰　清道光十七年(1837)永盛刻字鋪刻本　七册

230000－0903－0001397　380－2/33
**文昌帝君陰隲文説證不分卷**　(清)筱霞(清)丹臺彙輯　清同治三年(1864)維揚近文堂刻本　一册

230000－0903－0001398　380－2/35
**聖域賢關上集五卷首一卷下集八卷首一卷**　(□)□□撰　清同治元年(1862)樂進壇刻本　五册

230000－0903－0001399　380－2/36
**暗室燈二卷三十八篇**　題(清)深山居士撰　清同治四年(1865)刻本　二册

230000－0903－0001400　380－2/36－1
**暗室燈二卷三十八篇**　題(清)深山居士撰　清同治四年(1865)刻本　二册

230000－0903－0001401　380－2/37
**暗室燈二卷**　題(清)深山居士撰　清宣統元年(1909)廣益書局石印本　二册

230000－0903－0001402　380－2/38
**養眞集二卷**　(清)養眞子撰　(清)王士端注　清同治六年(1867)高平三易氏刻本　一册

230000－0903－0001403　380－2/39
**養眞集二卷**　(清)養眞子撰　(清)王士端注　清同治六年(1867)高平三易氏刻本　一册

230000－0903－0001404　380－2/40
**養眞集二卷**　(清)養眞子撰　(清)王士端注　清同治六年(1867)高平三易氏刻本　一册

230000－0903－0001405　380－2/42
**全人矩矱摘抄四卷首一卷末一卷**　(清)孫念劬編　清同治七年(1868)槐蔭書屋刻本　二册

230000－0903－0001406　380－2/43
**返性圖輯要寶錄二卷**　(清)洗心覺民校訂　清光緒二年(1876)勵學堂義塾惜字局刻本　二册

230000－0903－0001407　380－2/45
**救生船四卷末一卷**　(清)富興等承辦　清光緒十二年(1886)永興堂刻本　四册

230000－0903－0001408　380－2/46
**勸世歸眞四卷**　(□)□□輯　清光緒十五年(1889)勸善壇刻本　四册

230000－0903－0001409　380－2/47
**宣講拾遺六卷首一卷**　(清)莊跛仙撰　清光緒十九年(1893)上海掃葉山房刻本　六册

230000－0903－0001410　380－2/48
**重鐫增訂敬信錄三十八篇**　(□)□□撰　清光緒二十一年(1895)刻本　二册

230000－0903－0001411　380－2/49
**道統大成七種**　(清)汪啟濩輯　清光緒二十六年(1900)申江刻本　十册

230000－0903－0001412　380－2/68
**金仙證論十八篇**　(清)柳華陽撰　清光緒四年(1878)刻本　一册

230000－0903－0001413　375－4/11
**增補諏吉寶鏡圖二卷**　(清)俞榮寬撰　清光緒三年(1877)刻朱墨套印本　二册

230000－0903－0001414　310/34－2
**薛文清公讀書錄鈔四卷**　(明)薛瑄撰　(清)陸緯輯　清光緒七年(1881)仁和葛氏刻本　一册

230000－0903－0001415　310/35
**居業錄四卷**　(明)胡居仁撰　清同治九年(1870)張楷之刻本　四册

230000－0903－0001416　310/36
**中庸衍義十七卷**　(明)夏良勝撰　(清)曾國藩等校　清同治十年(1871)刻本　十二册

230000－0903－0001417　310/37
**呻吟語六卷**　(明)呂坤撰　清同治十三年(1874)木犀山房刻本　四册

230000－0903－0001418　310/38
**呂子節錄四卷補遺二卷**　(明)呂坤撰　(清)陳宏謀評輯　清光緒十年(1884)江西書局刻本　四册

230000－0903－0001419　310/40
**呂語集粹四卷**　(明)呂坤撰　(清)陳宏謀評　清光緒五年(1879)蘇州緑蔭堂刻本　四册

230000－0903－0001420　310/41
**蕺山先生人譜一卷人譜類記二卷**　(明)劉宗周撰　(清)洪正治校編　清嘉慶十六年(1811)松筠刻本　四册

230000－0903－0001421　310/42
**人譜正篇一卷續編一卷三編一卷人譜類記增訂六卷**　(明)劉宗周撰　清光緒三年(1877)湖北崇文書局刻本　三册

230000－0903－0001422　310/44
**思辨錄輯要前集二十二卷後集十三卷**　(明)陸世儀撰　清光緒三年(1877)江蘇書局刻本　八册

230000－0903－0001423　310/45
**龍文鞭影初集二卷**　(明)蕭良有撰　(明)楊臣諍增訂　**龍文鞭影二集二卷**　(清)李暉吉　(清)徐瀠輯　清同治二年(1863)禪山同文會刻本　四册

230000－0903－0001424　310/47
**龍文鞭影初集二卷**　(明)蕭良有撰　(明)楊臣諍增訂　**龍文鞭影二集二卷**　(清)李暉吉　(清)徐瀠輯　清光緒十二年(1886)上洋江左書林刻本　四册

230000－0903－0001425　310/48
**龍文鞭影初集二卷**　(明)蕭良有撰　(明)楊臣諍增訂　**龍文鞭影二集二卷**　(清)李暉吉　(清)徐瀠輯　清光緒十二年(1886)江左書林新刻本　三册　缺一卷(初集上)

230000－0903－0001426　310/49
**龍文鞭影四卷二集二卷**　(明)蕭良有撰　(明)楊臣諍增訂　清光緒三年(1877)掃葉山房刻本　三册　缺二卷(龍文鞭影一至二)

230000－0903－0001427　310/51
**了凡四訓一卷**　(明)袁黄撰　清光緒十五年(1889)湖北官書處刻本　一册

230000－0903－0001428　310/53
**聖祖仁皇帝庭訓格言不分卷**　(清)聖祖玄燁撰　清光緒江蘇書局刻本　二册

230000－0903－0001429　310/55
**潛菴先生志學會約一卷困學錄一卷**　(清)湯斌撰　清光緒四年(1878)江蘇書局刻本　一册

230000－0903－0001430　310/56
**孔子集語十七卷**　(清)孫星衍撰　清光緒二十三年(1897)新化三味書局刻本　三册　存十三卷(一至十三)

230000－0903－0001431　310/57
**五種遺規**　(清)陳宏謀輯　清光緒二十一年(1895)浙江書局刻本　十册

230000－0903－0001432　310/58
**五種遺規**　(清)陳宏謀輯　清光緒五年(1879)江西書局刻本　十二册

230000－0903－0001433　375－4/12
**擇日便覽不分卷**　(清)敖慶善輯　清光緒二十八年(1902)抄本　一册

230000－0903－0001434　310/60
**養正遺規摘鈔十四篇補鈔三篇**　(清)陳宏謀編　清同治七年(1868)楚北崇文書局刻本　一册

230000－0903－0001435　310/62
**學仕遺規四卷**　(清)陳宏謀輯　清光緒五年(1879)江蘇書局刻本　五册

230000－0903－0001436　310/65
**傳家寶三集八卷四集八卷**　(清)石成金撰　清光緒二十一年(1895)上海書局石印本　八册

230000－0903－0001437　310/66
**雙節堂庸訓六卷**　(清)汪輝祖撰　清光緒刻本　一册

230000－0903－0001438　310/67
**唐問苑先生暨張太夫人遺訓二卷**　(清)唐錫晉輯　清宣統三年(1911)美濃紙石印本　一册

230000－0903－0001439　310/70
**女子家庭模範一卷**　(清)蘇完瓜爾佳籛年撰　清宣統二年(1910)天津醒華報館石印本　一册

230000－0903－0001440　310/74
**子問二卷**　(清)劉沅撰　清咸豐二年(1852)虚受齋刻本　二册

230000－0903－0001441　310/77
**持志塾言二卷**　(清)劉熙載撰　清同治六年(1867)刻本　一册

230000－0903－0001442　310/86
**人範須知六卷**　(清)盛隆編輯　清同治二年(1863)石竹山房刻本　六册

230000－0903－0001443　310/87
**繹志十九卷**　(清)胡承諾撰　清同治十一年(1872)浙江書局刻本　八册

230000－0903－0001444　310/89
**人範六卷**　(清)蔣元輯　清光緒二十七年(1901)廣雅書局刻本　一册

230000－0903－0001445　310/90
**勵志錄二卷**　(清)沈近思撰　清光緒刻本　一册

230000－0903－0001446　310/99
**程氏性理字訓一卷**　(清)程逢原撰　清同治八年(1869)刻本　一册

230000－0903－0001447　310/100
**性理論二卷**　(清)龐鐘璐編　清光緒五年(1879)掃葉山房刻本　二册

230000－0903－0001448　310/101
**性理易讀六卷**　(□)□□撰　清光緒二十一年(1895)吉林探源書舫盛福刻本　二册

230000－0903－0001449　310/103
**性理體注標題講義八卷**　(宋)周敦頤撰　(宋)朱熹注　(清)許鏘增訂　清咸豐二年(1852)刻本　四册

230000－0903－0001450　310/104
**願體集四卷**　(清)陳拂霞撰　清道光元年(1821)抱青閣刻本　四册

230000－0903－0001451　310/105
**聖學總論不分卷**　(清)陸育吉撰　清咸豐四年(1854)古田凝道齋刻本　八册

230000－0903－0001452　310/106
**聖諭像解二十卷**　(清)梁延年編輯　清光緒二十八年(1902)石印本　十册

230000－0903－0001453　310/107
**聖諭像解二十卷**　(清)梁延年編輯　清光緒二十八年(1902)江蘇撫署刻本　十册

230000－0903－0001454　310/109
**弟子職集解一卷**　(清)莊述祖輯　**考證一卷補音一卷**　(清)黄彭年輯　清光緒十四年(1888)江蘇書局刻本　一册

230000－0903－0001455　310/110
**弟子規一卷**　(清)李子潛撰　清末刻本　一册

230000－0903－0001456　310/111
**點勘記二卷省堂筆記一卷**　(清)歐陽泉撰　清光緒九年(1883)刻本　二册

230000－0903－0001457　310/112
**點勘記二卷省堂筆記一卷**　(清)歐陽泉撰　清光緒四年(1878)江蘇書局刻本　四册

230000－0903－0001458　310/113
**無邪堂答問五卷**　(清)朱一新輯　清光緒二十一年(1895)廣雅書局刻本　五册

230000－0903－0001459　310/114
**無邪堂答問五卷**　(清)朱一新輯　清光緒二十一年(1895)廣雅書局刻本　五册

230000－0903－0001460　310/116
**儒門法語一卷**　(清)彭定求原編　(清)湯金釗輯要　清光緒元年(1875)江蘇學政署刻本　一册

230000－0903－0001461　310/117
**庸言四卷補遺一卷**　（清）余元遴撰　清光緒二十二年(1896)江蘇書局刻本　二冊

230000－0903－0001462　310/118
**素一老人大學聖經注解**　（清）素一老人撰　清光緒三十一年(1905)刻本　一冊

230000－0903－0001463　310/122
**舉業上乘二卷首一卷補編一卷**　（清）王贇元撰　清咸豐十年(1860)槐蔭堂刻本　一冊

230000－0903－0001464　310/123
**勸學篇二篇**　（清）張之洞撰　清光緒二十四年(1898)江蘇書局刻本　二冊

230000－0903－0001465　310/124
**勸學篇二篇**　（清）張之洞撰　清光緒黄紹箕刻本　一冊

230000－0903－0001466　310/125
**顧學篇二十篇**　（清）顧文翰編　清宣統元年(1909)洗翠軒刻本　一冊

230000－0903－0001467　310/126
**勸學淺語十篇**　（清）沈源深撰　清光緒二十五年(1899)福州致用書院刻本　一冊

230000－0903－0001468　310/132
**幼學故事尋源十卷**　（明）程登吉撰　（清）楊應象集注　清正祖文雅堂刻本　五冊

230000－0903－0001469　310/134
**寄傲山房塾課新增幼學故事瓊林四卷首一卷**　（明）程允升(程登吉)撰　（清）鄒聖脉增補　清光緒二十一年(1895)文成堂刻本　四冊

230000－0903－0001470　310/135
**寄傲山房塾課新增幼學故事瓊林四卷首一卷**　（明）程允升(程登吉)撰　（清）鄒聖脉增補　清光緒文成堂刻本　四冊

230000－0903－0001471　310/139
**育正堂重訂幼學須知句解四卷首一卷**　（明）程登吉撰　（清）錢元龍校　清嘉慶元年(1796)書業堂刻本　四冊

230000－0903－0001472　310/140
**育正堂重訂幼學須知句解四卷首一卷**　（明）程登吉撰　（清）錢元龍校　清道光二十七年(1847)蘇州桐石山房刻本　四冊

230000－0903－0001473　310/141
**育正堂重訂幼學須知句解四卷**　（明）程允升(程登吉)撰　（清）錢元龍校　清光緒書業堂刻本　四冊

230000－0903－0001474　310/142
**小學纂注六卷**　（清）高愈纂注　**忠經一卷**　（漢）鄭玄集注　**孝經一卷**　（明）陳選集注　清同治五年(1866)晉祁書業堂刻本　五冊

230000－0903－0001475　310/143
**小學纂注六卷**　（清）高愈纂注　**總論一卷　文公朱夫子[熹]年譜一卷**　清同治八年(1869)江蘇書局刻本　二冊

230000－0903－0001476　310/144
**小學纂注六卷**　（清）高愈纂注　**總論一卷**　清光緒十二年(1886)掃葉山房刻本　四冊

230000－0903－0001477　310/145
**小學纂注六卷**　（清）高愈纂注　**文公朱子[熹]年譜**　（清）高愈撰　**忠經一卷**　（漢）鄭玄集注　**孝經一卷**　（明）陳選集注　清光緒十二年(1886)上洋掃葉山房刻本　五冊

230000－0903－0001478　310/146
**小學纂注六卷**　（清）高愈纂注　**小学總論一卷　忠經一卷**　（漢）鄭玄集注　**孝經一卷**　（明）陳選集注　清光緒十二年(1886)上洋掃葉山房刻本　五冊

230000－0903－0001479　310/148
**小學集解六卷**　（清）張伯行輯注　清同治六年(1867)楚北崇文書局刻本　三冊

230000－0903－0001480　310/149
**小學集解六卷**　（清）張伯行輯注　清同治十一年(1872)江西撫署刻本　三冊

230000－0903－0001481　310/150
**小學集解六卷**　（清）張伯行輯注　清光緒二

十七年(1901)廣雅書局刻本　四冊

230000－0903－0001482　310/151
**小學集注六卷附小學總論一卷**　(明)陳選集注　**忠經一卷**　(漢)鄭玄集注　**孝經一卷**　(明)陳選集注　清刻本　四冊

230000－0903－0001483　310/153
**小學韻語一卷**　(清)羅澤南撰　清光緒五年(1879)江蘇書局刻本　一冊

230000－0903－0001484　310/154
**小學韻語一卷**　(清)羅澤南撰　清光緒十五年(1889)刻本　一冊

230000－0903－0001485　310/158
**小四書五卷**　(明)朱升輯　清葛封堂、葛鎮坤刻本　三冊　存四卷(二至五)

230000－0903－0001486　310/159
**校訂女四書箋注四卷**　(清)王相箋注　清光緒三年(1877)蘇州崇德書院刻本　二冊

230000－0903－0001487　310/160
**校訂女四書箋注四卷**　(清)王相箋注　清文成堂刻本　二冊

230000－0903－0001488　310/162
**徐氏三種**　(清)徐士業編　清文成堂刻本　四冊

230000－0903－0001489　310/163
**徐氏三種**　(清)徐士業編　清光緒六年(1880)蘇州掃葉山房刻本　三冊

230000－0903－0001490　310/164
**三字經訓詁一卷**　(清)王相撰　清光緒十年(1884)掃葉山房刻本　一冊

230000－0903－0001491　310/165
**百家姓考略一卷**　(清)王相撰　清掃葉山房刻本　一冊

230000－0903－0001492　310/166
**千字文釋義一卷**　(清)汪嘯尹輯　清蘇州掃葉山房刻本　一冊

230000－0903－0001493　310/167
**李氏蒙求補注六卷王先生十七史蒙求十六卷**　(清)金三俊輯　清道光二十八年(1848)大文堂刻本　六冊

230000－0903－0001494　310/168
**童蒙須知韻語一卷**　(清)萬斛泉撰　清同治五年(1866)上海道署刻本　一冊

230000－0903－0001495　310/169
**養蒙金鑑二卷首一卷**　(清)林之望編輯　清光緒元年(1875)鄂垣藩署刻本　二冊

230000－0903－0001496　310/170
**正蒙必讀十二卷**　(清)鮑東里編輯　清光緒二十八年(1902)會文堂石印本　六冊

230000－0903－0001497　310/171
**小隱齋課蒙草四卷**　(清)王振綱編　清光緒九年(1883)上洋掃葉山房刻本　四冊

230000－0903－0001498　310/172
**蒙學課本三卷**　(□)□□撰　**小兒語**　(明)呂得勝撰　**續小兒語**　(明)呂坤撰　**老學研語**　(清)李惺撰　清光緒江楚書局刻本　一冊

230000－0903－0001499　310/174
**尋常語一卷**　(□)□□撰　清光緒五年(1879)守經堂刻本　一冊

230000－0903－0001500　315/3
**老子道德經二卷**　(三國魏)王弼注　清光緒二十三年(1897)新化三味書局刻本　一冊

230000－0903－0001501　315/15
**莊子十卷**　(戰國)莊周　(晉)郭象注　(唐)陸德明音義　清光緒二年(1876)浙江書局刻本　四冊

230000－0903－0001502　315/16
**莊子十卷**　(戰國)莊周　(晉)郭象注　(唐)陸德明音義　清光緒二十三年(1897)新化三味書室刻本　四冊

230000－0903－0001503　315/17
**莊子南華眞經十卷**　(晉)郭象注　清光緒十一年(1885)傳忠書局刻本　六冊

230000－0903－0001504　315/18
**莊子内篇注四卷**　(明)釋德清撰　清光緒十四年(1888)金陵刻經處刻本　二冊

230000－0903－0001505　315/19
**莊子内篇二卷**　王闓運注　清同治八年(1869)刻本　二冊

230000－0903－0001506　315/20
**南華眞經正義内篇一卷外篇一卷雜篇一卷附識餘三卷**　(清)陳壽昌輯　清光緒十九年(1893)怡顔齋刻本　六冊

230000－0903－0001507　315/21
**莊子集釋十卷**　(清)郭慶藩輯　清光緒二十年(1894)思賢講舍刻本　八冊

230000－0903－0001508　315/23
**莊子集解八卷**　王先謙撰　清宣統元年(1909)思賢書局刻本　三冊

230000－0903－0001509　315/24
**莊子雪三卷**　(清)陸樹芝輯注　清光緒刻本　四冊

230000－0903－0001510　315/30
**文子纘義十二卷**　(元)杜道堅撰　清光緒三年(1877)浙江書局刻本　二冊

230000－0903－0001511　315/31
**文子纘義十二卷**　(元)杜道堅撰　清光緒二十三年(1897)新化三味書局刻本　三冊　存八卷(一至八)

230000－0903－0001512　320/1
**管子二十四卷**　(唐)房玄齡注　清光緒二十三年(1897)新化三味書局刻本　六冊

230000－0903－0001513　320/8
**韓非子二十卷**　(戰國)韓非撰　**識誤三卷**　(清)顧廣圻撰　清光緒二十三年(1897)新化三味書局刻本　五冊　缺三卷(韓非子一至三)

230000－0903－0001514　320/12
**洗冤錄詳義四卷首一卷附摭遺二卷補一卷**　(清)許槤編校　清光緒三年(1877)湖北藩署刻本　六冊

230000－0903－0001515　320/13
**洗冤錄詳義四卷首一卷摭遺二卷補一卷**　(清)許槤編校　清光緒十六年(1890)湖北官書處刻本　六冊

230000－0903－0001516　320/14
**洗冤錄義證四卷**　(清)剛毅編輯　清光緒十七年(1891)江蘇書局刻本　二冊

230000－0903－0001517　320/15
**重刊補注洗冤錄集證六卷**　(清)王又槐增輯　清光緒三年(1877)浙江書局刻四色套印本　五冊

230000－0903－0001518　320/17
**重刊補注洗冤錄集證六卷**　(清)王又槐增輯　清光緒三十年(1904)北直文昌會刻五色套印本　六冊

230000－0903－0001519　320/18
**重刊補注洗冤錄集證六卷**　(宋)宋慈撰　(清)王又槐增輯　清光緒三十年(1904)石印本　四冊

230000－0903－0001520　320/19
**重刊補注洗冤錄集證五卷續增洗冤錄辨正參考三卷**　(宋)宋慈撰　(清)王又槐增輯　清光緒三十三年(1907)上海書局石印本　四冊

230000－0903－0001521　325/5
**孫子十家注十三卷遺説一卷**　(清)孫星衍　(清)吳人驥校　清光緒二十三年(1897)新化三味書局刻本　六冊

230000－0903－0001522　325/6
**孫子十家注十三卷**　(清)孫星衍　(清)吳人驥校　清光緒二十三年(1897)新化三味書局刻本　五冊　存十二卷(二至十三)

230000－0903－0001523　325/7
**趙注孫子四卷附孫子考一卷**　(明)趙本學撰　清光緒三十二年(1906)北洋陸軍編譯局鉛印本　四冊

230000－0903－0001524　325/8

**趙注孫子四卷**　(明)趙本學撰　清光緒三十二年(1906)北洋陸軍編譯局鉛印本　四冊

230000－0903－0001525　325/13
**虎鈐經二十卷**　(宋)許洞撰　清刻本　四冊

230000－0903－0001526　325/14
**紀效新書十八卷首一卷**　(明)戚繼光撰　清道光二十一年(1841)刻本　六冊

230000－0903－0001527　325/15
**紀效新書十八卷首一卷**　(明)戚繼光撰　清邵綬名刻本　四冊

230000－0903－0001528　325/16
**洴澼百金方十四卷**　(清)惠麓酒民編次　清道光二十年(1840)刻本　五冊

230000－0903－0001529　325/17
**讀史兵略四十六卷**　(清)胡林翼撰　清咸豐十一年(1861)武昌節署刻本　十六冊

230000－0903－0001530　325/20
**戰守心法四卷**　(清)袁祖禮撰　清光緒三十三年(1907)刻本　四冊

230000－0903－0001531　325/21
**訓練操法詳晰圖說二十二卷**　袁世凱撰　清光緒二十八年(1902)昌言報館石印本　六冊　存十一卷(一至十一)

230000－0903－0001532　325/22
**江南陸師學堂武備課程九種**　(清)錢德培撰輯　**課藝二卷**　(清)章亮元等撰　清光緒二十五年(1899)刻本　十六冊

230000－0903－0001533　325/23
**湖北武學四十五卷**　(德國)梅開爾撰　(清)楊其昌等譯　清光緒二十六年(1900)湖北官書處刻本　二十二冊

230000－0903－0001534　325/24
**湖北武學四十五卷**　(德國)梅開爾撰　(清)楊其昌等譯　清光緒二十六年(1900)湖北官書處刻本　三十一冊

230000－0903－0001535　325/25
**新譯陸軍兵書二種**　(德國)漢纳根譯　清光緒十年(1884)北洋武備學堂石印本　二冊

230000－0903－0001536　325/26
**兵書三種**　(清)王鑫編撰　清光緒二十一年(1895)湖北官書處刻本　一冊

230000－0903－0001537　325/28
**西洋兵書五種六十三卷附表附圖後五種十九卷附圖**　(清)張香帥編　清光緒江南製造局石印本　十二冊

230000－0903－0001538　325/29
**前敵須知四卷**　(英國)克利賴撰　舒高第等譯　清光緒鉛印本　四冊

230000－0903－0001539　325/31
**外國師船圖表十二卷**　(清)許景澄編　清光緒十四年(1888)上海蜚英館石印本　四冊

230000－0903－0001540　330/2
**欽定授時通考七十八卷**　(清)鄂爾泰等撰　清光緒江西書局刻本　二十四冊

230000－0903－0001541　330/3
**欽定康濟錄四卷**　(清)陸曾禹　(清)倪國璉撰　清同治八年(1869)楚北崇文書局刻本　四冊

230000－0903－0001542　330/4
**蠶桑簡明輯說一卷補遺一卷附圖**　(清)黄世本撰　清光緒十四年(1888)刻本　一冊

230000－0903－0001543　330/5
**捕蝗要訣二卷附除蝻八要**　(清)錢炘和撰　清光緒十七年(1891)江蘇書局刻本　一冊

230000－0903－0001544　340－1/3
**徐氏醫書十六種**　(清)徐大椿撰　清光緒三十三年(1907)上海六藝書局石印本　十三冊

230000－0903－0001545　340－1/4
**景岳全書十六種**　(明)張介賓撰　(明)魯超訂　清石印本　十六冊

230000－0903－0001546　340－1/5
**韓園醫學六種**　(清)潘霨輯　清光緒九年(1883)江西書局刻本　十二冊

230000－0903－0001547　340－1/6
**周澂之校刻醫學叢書十二種**　(清)周學海輯校　清光緒十七年(1891)池陽周氏刻宣統三年(1911)印本　四十册

230000－0903－0001548　340－1/11
**陳修園醫書五十種**　(清)陳念祖撰　清光緒三十一年(1905)上海商務印書館鉛印本　二十八册

230000－0903－0001549　340－1/12
**陳修園醫書七十種**　(清)陳念祖撰　清宣統元年(1909)上海廣雅啓新書局石印本　二十七册

230000－0903－0001550　340－1/14
**醫學叢書初編十種**　(清)李芝綬編　清光緒四年(1878)錢唐丁氏當歸草堂刻本　五册

230000－0903－0001551　340－2/4
**銀海精微二卷**　(唐)孫思邈輯　(清)周生之較正　清宣統元年(1909)掃葉山房石印本　二册

230000－0903－0001552　340－2/6
**重刊巢氏諸病源候總論五十卷**　(隋)巢元方等撰　清光緒十二年(1886)湖北官書處刻本　八册

230000－0903－0001553　340－2/7
**素問集注四卷**　(清)陳念祖集注　清宣統二年(1910)石印本　一册

230000－0903－0001554　340－2/8
**金匱玉函經二注合刻二十二卷附十藥神書**　(清)趙以德衍義　(清)周揚俊補注　清光緒二十四年(1898)宏道堂刻本　六册

230000－0903－0001555　340－2/10
**重廣補注黄帝内經素問二十四卷**　(唐)啓玄子(王冰)次注　**黄帝内經靈樞十二卷附素問遺篇**　(清)黄以周校　清光緒三年(1877)浙江書局影宋刻本　十册

230000－0903－0001556　340－2/11
**仲景脉法續注二卷**　(漢)張機撰　(清)張志聰原注　清光緒十七年(1891)貴州節使刻本　二册

230000－0903－0001557　340－2/21
**張仲景傷寒論原文淺注六卷**　(清)陳念祖集注　清道光二十一年(1841)在兹堂刻本　四册

230000－0903－0001558　340－2/22
**扁鵲心書三卷神方一卷**　(宋)竇材重集　(清)胡珏參訂　清刻本　二册

230000－0903－0001559　340－3/1
**理瀹駢文摘要二卷附録應驗諸方一卷**　(清)吳尚先撰　清光緒元年(1875)江蘇書局刻本　二册

230000－0903－0001560　340－3/2
**珍珠囊指掌補遺藥性賦四卷**　(金)李杲編輯　**雷公炮製藥性解六卷**　(明)李中梓編　清光緒三十二年(1906)蘇州掃葉山房刻本　四册

230000－0903－0001561　340－3/6
**本草備要不分卷**　(清)汪昂撰　清光緒五年(1879)掃葉山房刻本　五册

230000－0903－0001562　340－3/7
**同仁堂藥目一卷**　(清)同仁堂編　清光緒十五年(1889)京都同仁堂刻本　一册

230000－0903－0001563　340－3/13
**本草從新十八卷**　(清)吳儀洛重訂　清光緒六年(1880)掃葉山房刻本　六册

230000－0903－0001564　340－3/14
**本草備要八卷**　(清)汪昂撰　清光緒三十三年(1907)上海同文書局石印本　一册

230000－0903－0001565　340－3/18
**本草綱目五十二卷脈學奇經八脈考二卷**　(明)李時珍撰　(清)吳毓昌校訂　**本草萬方鍼線八卷**　**本草綱目拾遺十卷**　(清)蔡烈先輯　清光緒十一年(1885)合肥張氏味古齋刻本　三十三册　缺十七卷(十四至十七、十九至三十一)

230000－0903－0001566　340－3/19
**本草綱目五十二卷圖三卷脈學奇經八脈考二卷**　(明)李時珍撰　(清)吳毓昌校訂　**本草萬方鍼線八卷**　(清)蔡烈先輯　清同治十一年(1872)芥子園刻本　五十二册

230000－0903－0001567　340－4/1
**吴醫彙講十一卷**　(清)唐大烈撰輯　清宣統二年(1910)掃葉山房石印本　二册

230000－0903－0001568　340－4/2
**張氏醫書七種**　(清)張璐　(清)張登撰　清光緒三十三年(1907)上海書局石印本　二十册

230000－0903－0001569　340－4/4
**增補萬病回春原本八卷**　(明)龔廷賢編　清光緒三十二年(1906)江東書局石印本　八册

230000－0903－0001570　340－4/6
**新刊醫林狀元壽世保元十集**　(明)龔廷賢撰　清刻本　十册

230000－0903－0001571　340－4/10
**醫林纂要探源十卷**　(清)汪紱輯　清光緒二十三年(1897)江蘇書局刻本　十册

230000－0903－0001572　340－4/11
**沈氏尊生書五種**　(清)沈金鰲撰　清光緒二十三年(1897)刻本　二十一册

230000－0903－0001573　340－4/12
**筆花醫鏡四卷**　(清)江涵暾撰　清光緒十一年(1885)田氏刻本　二册

230000－0903－0001574　340－4/14
**東醫寶鑑二十三卷**　(朝鮮)許浚等撰　清道光十一年(1831)富春堂刻本　二十五册

230000－0903－0001575　340－4/19
**醫學啓蒙彙編六卷**　(明)翟良撰　清刻本　四册　存四卷(二至五)

230000－0903－0001576　340－4/21
**秘傳證治要訣十二卷**　(明)戴元禮撰　清刻本　二册

230000－0903－0001577　340－5/1
**證治彙補八卷**　(清)李惺菴撰　清光緒十八年(1892)簡玉山房刻本　八册

230000－0903－0001578　340－5/2
**醫宗備要三卷**　(清)曾香撰　清同治八年(1869)楚北崇文書局刻本　一册

230000－0903－0001579　340－5/5
**傷寒審症表一卷**　(清)包誠撰輯　清同治十年(1871)湖北崇文書局刻本　一册

230000－0903－0001580　340－5/11
**新刻校定脈訣指掌病式圖説一卷**　(元)朱震亨撰　清刻本　一册

230000－0903－0001581　340－6/4
**長沙方歌括六卷**　(清)陳念祖撰　清道光南雅堂刻本　二册

230000－0903－0001582　340－6/5
**世補齋醫書前集六種後集四種**　(清)陸懋修撰　清光緒十年(1884)刻本　六册　存五種二十卷(前集:文集十二至十六、不謝方一卷、傷寒論陽明病釋四卷、内經運氣表一卷、内經運氣病釋九卷)

230000－0903－0001583　340－6/8
**世補齋醫書**　(清)陸懋修撰　清光緒十年(1884)刻十二年(1886)山左書局印本　八册

230000－0903－0001584　340－6/9
**醫方集解不分卷**　(清)汪昂撰　清光緒五年(1879)掃葉山房刻本　六册

230000－0903－0001585　340－6/15
**驗方新編十六卷續編二卷**　(清)鮑相璈編輯　清光緒十四年(1888)上海掃葉山房刻本　十册

230000－0903－0001586　340－6/24
**證治要訣類方四卷**　(明)戴元禮輯　清刻本　二册

230000－0903－0001587　340－7/1
**寓意草不分卷**　(清)喻昌撰　清刻本　一册

230000－0903－0001588　340－8/1
**六科準繩六種**　(明)王肯堂輯　(明)程永培

校　清光緒十八年(1892)上海圖書集成印書局石印本　四十册

230000－0903－0001589　340－8/4
**求嗣指源二集**　(清)錢峻編輯　清光緒二十二年(1896)吉林三利泉記刻本　一册

230000－0903－0001590　340－8/7
**溫熱經緯五卷**　(清)王士雄編　清同治十三年(1874)湖北崇文書局刻本　四册

230000－0903－0001591　340－8/8
**驚風辨證必讀書二卷**　(清)劉德馨編　清光緒二十七年(1901)江氏刻本　一册

230000－0903－0001592　340－8/9
**男科二卷**　(清)傅山撰　清光緒十三年(1887)湖北官書處刻本　二册

230000－0903－0001593　340－8/10
**肺病問答四十一條**　(日本)石神亨撰　(清)沙曾詒譯　清光緒二十年(1894)上海文明書局鉛印本　一册

230000－0903－0001594　340－8/10－1
**肺病問答四十一條**　(日本)石神亨撰　(清)沙曾詒譯　清光緒二十年(1894)上海文明書局鉛印本　一册

230000－0903－0001595　340－9/2
**王洪緒先生外科證治全生六卷**　(清)王維德撰　清咸豐十一年(1861)武昌節署刻本　一册

230000－0903－0001596　340－9/7
**重訂外科正宗十二卷**　(明)陳實功撰　清光緒十四年(1888)掃葉山房刻本　六册

230000－0903－0001597　340－10/2
**痘疹詩賦二卷**　(清)張鑾撰　清光緒八年(1882)掃葉山房刻本　二册

230000－0903－0001598　340－10/5
**溫疫論補注二卷**　(明)吳有性撰　(清)鄭重光補注　清光緒六年(1880)掃葉山房刻本　二册

230000－0903－0001599　340－10/6
**溫疫論補注二卷**　(明)吳有性撰　(清)鄭重光補注　清同治三年(1864)樊川文成堂刻本　二册

230000－0903－0001600　340－12/10
**濟陰綱目十四卷**　(明)武之望撰　清宏道堂刻本　八册

230000－0903－0001601　340－10/13
**達生編二卷**　(清)亟齋居士撰　清光緒三十三年(1907)上海書局石印本　一册

230000－0903－0001602　340－13/2
**改良幼科三種九卷**　(清)陳世凱重訂　清宣統元年(1909)掃葉山房石印本　四册

230000－0903－0001603　340－15/5
**衛濟餘編十八卷**　(清)王纕堂編　清道光七年(1827)昭德堂刻本　八册

230000－0903－0001604　340－15/8
**衛生學問答二篇**　丁福保纂　清光緒二十九年(1903)鉛印本　二册

230000－0903－0001605　340－15/8－1
**衛生學問答二篇**　丁福保纂　清光緒二十九年(1903)鉛印本　一册　存(上篇)

230000－0903－0001606　420－3/1
**徐騎省集三十卷附補遺一卷校勘記一卷**　(宋)徐鉉撰　清光緒十六年(1890)黟縣李宗煝刻本　八册

230000－0903－0001607　420－3/3
**武夷新集二十卷楊文公逸詩文一卷**　(宋)楊億撰　清嘉慶十六年(1811)留香室祝氏刻本　六册

230000－0903－0001608　420－3/6
**元豐類稾五十卷首一卷末一卷**　(宋)曾鞏撰　清光緒十六年(1890)慈利漁浦書院刻本　十册

230000－0903－0001609　420－3/7
**曾南豐文集四卷**　(宋)曾鞏撰　清宣統二年(1910)上海會文堂石印本　二册

230000－0903－0001610　420－3/11

**王臨川全集一百卷目錄二卷** （宋）王安石撰 清光緒九年（1883）繆氏刻本 十六冊

230000－0903－0001611 420－3/13
**蘇文忠公詩集五十卷目錄二卷** （清）紀昀評點 清同治八年（1869）韞玉山房刻二色套印本 十二冊

230000－0903－0001612 420－3/15
**蘇文忠公詩編注集成四十六卷總案四十五卷諸家雜綴酌存一卷蘇海識餘四卷牋詩圖一卷** （清）王文誥輯訂 清光緒十四年（1888）浙江書局刻本 二十四冊

230000－0903－0001613 420－3/19
**山谷詩集注二十卷** （宋）任淵撰 **外集詩注十七卷** （宋）史容撰 **別集詩注二卷** （宋）史季溫撰 清宣統二年（1910）雙井祠堂刻本 二十冊

230000－0903－0001614 420－3/21
**後山先生集二十四卷首一卷** （宋）陳師道撰 清光緒十一年（1885）刻本 四冊

230000－0903－0001615 420－3/23
**淮海集四十卷後集六卷長短句三卷** （宋）秦觀撰 （明）徐渭評 清同治十二年（1873）秦氏刻本 六冊

230000－0903－0001616 420－3/25
**倚松老人詩集二卷** （宋）饒節撰 清宣統二年（1910）姚埭沈氏刻本 一冊

230000－0903－0001617 420－3/26
**道鄉先生文集四十卷補遺一卷附錄一卷** （宋）鄒浩撰 清光緒二十五年（1899）刻本 六冊

230000－0903－0001618 420－3/27
**慶湖遺老詩集九卷補遺一卷拾遺一卷** （宋）賀鑄撰 清宣統二年（1910）宜秋館刻本 三冊

230000－0903－0001619 420－3/29
**石林居士建康集八卷補遺文一卷紀年畧一卷石林詩話三卷** （宋）葉夢得撰 清道光二十四年（1844）刻本 三冊

230000－0903－0001620 420－3/32
**陵陽先生詩四卷** （宋）韓駒撰 清宣統二年（1910）姚埭沈曾植刻本 一冊

230000－0903－0001621 420－3/34
**羅鄂州小集六卷附錄二卷** （宋）羅願撰 清光緒十九年（1893）黟縣李氏刻本 二冊 缺一卷（附錄一）

230000－0903－0001622 420－3/35
**朱子集一百四卷目錄二卷** （宋）朱熹撰 清咸豐十年（1860）紫霞洲祠堂刻本 四十冊

230000－0903－0001623 420－3/38
**陸象山先生全集三十六卷附少湖徐先生學則辯一卷** （宋）陸九淵撰 清道光三年（1823）金谿槐堂書屋刻本 十六冊

230000－0903－0001624 420－3/39
**范石湖詩集注三卷** （宋）范成大撰 （清）沈欽韓注 清光緒十九年（1893）廣雅書局刻本 二冊

230000－0903－0001625 420－3/40
**石屏詩集十卷** （宋）戴復古撰 清嘉慶二十二年（1817）臨海宋世犖刻本 三冊

230000－0903－0001626 420－3/41
**龍川文集三十卷首一卷** （宋）陳亮撰 **辨僞考異二卷朱文公經濟文衡一卷葉水心先生文集一卷** （清）胡鳳丹撰 清光緒元年（1875）湖北崇文書局刻本 十冊

230000－0903－0001627 420－3/42
**魏鶴山先生渠陽詩一卷** （宋）魏了翁撰 清光緒貴池劉氏石印本 一冊

230000－0903－0001628 420－3/45
**潛室陳先生木鐘集十一卷** （宋）陳埴撰 清同治六年（1867）刻本 四冊

230000－0903－0001629 420－3/47
**黃山谷全書十九卷首一卷** （宋）黃庭堅撰 **黃青社先生伐檀集二卷** （宋）黃庶撰 清光緒雙井堂刻本 八冊

230000－0903－0001630　420－3/48
**黃山谷全書十九卷**　(宋)黄庭堅撰　清光緒雙井堂刻本　一册　存三卷(十四至十六)

230000－0903－0001631　420－4/1
**元遺山詩集箋注十四卷首一卷末一卷**　(金)元好問撰　(清)施國祁箋　清道光二年(1822)南潯瑞松堂蔣氏刻本　六册

230000－0903－0001632　420－4/2
**元遺山詩集箋注十四卷首一卷末一卷**　(金)元好問撰　(清)施國祁箋　清道光七年(1827)苕溪吳氏醉六堂刻本　八册

230000－0903－0001633　420－5/1
**剡源集三十卷**　(元)戴表元撰　**札記一卷**　(清)郁松年撰　清道光二十年(1840)上海郁氏刻宜稼堂叢書本　七册

230000－0903－0001634　420－5/6
**文獻公全集十一卷首一卷日損齋筆記一卷**　(元)黄溍撰　清咸豐元年(1851)刻本　十册

230000－0903－0001635　420－5/7
**江月松風集十二卷續集一卷補遺一卷附文一卷附録一卷**　(元)錢惟善撰　清光緒八年(1882)清風室刻本　二册

230000－0903－0001636　420－6/2
**太師誠意伯劉文成公集二十卷首一卷**　(明)劉基撰　清光緒二十六年(1900)浙江書局刻本　十册

230000－0903－0001637　420－6/3
**太師誠意伯劉文成公集二十卷首一卷**　(明)劉基撰　清光緒二十六年(1900)浙江書局刻本　十册

230000－0903－0001638　420－6/5
**海叟詩集四卷集外詩一卷附録一卷**　(明)袁凱撰　(明)曹炳曾重輯　清宣統三年(1911)江西印刷局石印本　二册

230000－0903－0001639　420－6/6
**石笥山房文集六卷補遺一卷詩集十一卷詩餘一卷補遺二卷續補遺二卷**　(清)胡天游撰　清咸豐二年(1852)刻本　十册

230000－0903－0001640　420－6/7
**西昌王抑菴集四十卷首一卷**　(明)王直撰　清同治六年(1867)忠清堂刻本　八册

230000－0903－0001641　420－6/11
**懷麓堂全集一百卷首一卷本傳一卷年譜一卷**　(明)李東陽撰　清嘉慶八年(1803)隴下學易堂刻本　二十册

230000－0903－0001642　420－6/16
**空同詩集三十四卷**　(明)李夢陽撰　清光緒十五年(1889)渭南嚴氏刻本　十二册

230000－0903－0001643　420－6/18
**太史升菴遺集二十六卷**　(明)楊慎撰　(明)楊金吾等輯　清道光二十四年(1844)景清堂刻本　四册

230000－0903－0001644　420－6/20
**四溟山人詩集十卷**　(明)謝榛撰　清宣統元年(1909)問影樓鉛印本　二册　缺二卷(四至五)

230000－0903－0001645　420－6/21
**震川先生集三十卷别集十卷**　(明)歸有光撰　清光緒六年(1880)常熟歸氏刻本　十六册

230000－0903－0001646　420－6/22
**重刊校正唐荊川先生文集十二卷外集三卷附録一卷補遺五卷**　(明)唐順之撰　清光緒江南書局刻本　十册

230000－0903－0001647　420－6/23
**滄溟詩集十四卷**　(明)李攀龍撰　清光緒三十三年(1907)渭南嚴氏刻本　四册

230000－0903－0001648　420－6/24
**楊忠愍公全集四卷**　(明)楊繼盛撰　清道光八年(1828)刻本　四册

230000－0903－0001649　420－6/28
**弇山堂别集一百卷**　(明)王世貞撰　清光緒廣雅書局刻本　二十四册　缺一卷(三十三)

230000－0903－0001650　420－6/30
**山帶閣集三十三卷附録一卷**　(明)朱曰藩撰

清道光十五年(1835)宜祿堂刻本　六册

230000－0903－0001651　420－6/31
**泌園詩文集三十七卷**　(明)董份撰　清末民國初刻本　十二册

230000－0903－0001652　420－6/35
**來禽館集二十九卷**　(明)邢侗撰　清光緒十七年(1891)刻本　十二册

230000－0903－0001653　420－6/40
**瞿忠宣公全集十卷**　(明)瞿式耜撰　清光緒十三年(1887)刻本　四册

230000－0903－0001654　420－6/41
**石臼集九卷後集七卷**　(明)邢昉撰　清乾隆十六年(1751)刻光緒十八年(1892)補刻本　六册

230000－0903－0001655　420－6/42
**嶧桐詩集十卷文集十卷**　(清)劉城撰　清光緒十九年(1893)劉氏刻本　八册

230000－0903－0001656　420－6/43
**張忠敏公遺集十卷首一卷附錄六卷**　(明)張國維撰　清光緒五年(1879)江蘇書局刻本　六册

230000－0903－0001657　420－6/44
**寶綸堂集十卷拾遺一卷**　(明)陳洪綬撰　清光緒十四年(1888)董氏取斯堂活字印本　八册

230000－0903－0001658　420－6/50
**海日堂集七卷補遺一卷**　(清)程可則撰　清道光五年(1825)一經書室刻本　四册

230000－0903－0001659　420－6/52
**汲古堂集二十八卷**　(明)何白撰　清道光十六年(1836)董登瀛刻本　十册　存十四卷(一至十四)

230000－0903－0001660　420－6/56
**西溪百詠二卷**　(明)釋大善撰　清光緒八年(1882)八千卷樓丁氏刻本　二册

230000－0903－0001661　420－6/57
**竹齋詩集四卷附文一卷**　(明)王冕撰　清嘉慶四年(1799)邵武徐氏刻本　二册

230000－0903－0001662　420－7/8
**梅村詩集箋注十八卷**　(清)吳偉業撰　(清)吳翌鳳箋注　清光緒二十二年(1896)新化三味堂刻本　十二册

230000－0903－0001663　420－7/9
**梅村詩集箋注十八卷**　(清)吳偉業撰　(清)吳翌鳳箋注　清光緒十年(1884)湖北官書處刻本　十二册

230000－0903－0001664　420－7/19
**居易軒遺稾二卷**　(清)趙炳龍撰　清光緒十四年(1888)長沙刻本　一册

230000－0903－0001665　420－7/26
**湯子遺書二卷**　(清)湯斌撰　清光緒二十三年(1897)吉林探源書舫盛福刻本　二册

230000－0903－0001666　420－7/27
**潛菴先生全集**　(清)湯斌撰　清同治十二年(1873)紅杏山房刻本　八册

230000－0903－0001667　420－7/28
**巳畦詩集十卷附殘餘一卷文集二十二卷校記一卷汪謬一卷原詩四卷**　(清)葉燮撰　清咸豐八年(1858)刻本　十册

230000－0903－0001668　420－7/29
**昱青堂雜集一卷**　(清)吳脈鬯撰　清道光二十年(1840)柏柳堂刻本　一册

230000－0903－0001669　420－7/33
**讀書堂全集四十六卷**　(清)趙士麟撰　清光緒十九年(1893)浙江書局刻本　十二册

230000－0903－0001670　420－7/34
**三魚堂全集十二卷外集六卷賸言十二卷附錄二卷**　(清)陸隴其撰　清宣統三年(1911)上海掃葉山房石印本　八册

230000－0903－0001671　420－7/36
**聊齋文集二卷**　(清)蒲松齡撰　清宣統元年(1909)國學扶輪社鉛印本　一册

230000－0903－0001672　420－7/38
**翁山詩外二十卷**　(清)屈大均撰　清宣統二

年(1910)國學扶輪社鉛印本　十二冊　存十九卷(一至十九)

230000－0903－0001673　420－7/39
**翁山文外十六卷**　(清)屈大均撰　清宣統二年(1910)國學扶輪社鉛印本　五冊

230000－0903－0001674　420－7/40
**憺園全集三十六卷**　(清)徐乾學撰　清光緒九年(1883)刻本　十六冊

230000－0903－0001675　420－7/41
**彭羨門全集三十七卷南往集三卷延露詞三卷**　(清)彭孫遹撰　清宣統三年(1911)掃葉山房石印本　十二冊

230000－0903－0001676　420－7/42
**甌香館集十二卷首一卷末一卷**　(清)惲格撰　清光緒七年(1881)刻本　四冊

230000－0903－0001677　420－7/45
**漁洋山人精華錄訓纂十卷年譜二卷附錄一卷總目二卷**　(清)惠棟撰　清同治十二年(1873)京都寶華堂刻本　六冊　存四卷(二至三、七、十)

230000－0903－0001678　420－7/47
**篤素堂集鈔三卷**　(清)張英撰　清光緒十七年(1891)江蘇書局刻本　一冊

230000－0903－0001679　420－7/50
**秋影樓詩集九卷**　(清)汪繹撰　清光緒二十三年(1897)鐵琴銅劍樓刻本　二冊

230000－0903－0001680　420－7/51
**南山全集十六卷補遺一卷年譜一卷**　(清)戴名世撰　清道光三十年(1850)秀野軒活字印本　八冊

230000－0903－0001681　420－7/57
**香禪精舍集十五種**　(清)潘鐘瑞輯　清光緒十年(1884)刻本　十六冊

230000－0903－0001682　420－7/59
**義門先生集十二卷附錄一卷**　(清)何焯撰　清宣統三年(1911)中華圖書館影印本　四冊

230000－0903－0001683　420－7/63
**詒晋齋集八卷後集一卷隨筆一卷**　(清)永瑆撰　清道光二十八年(1848)刻本　四冊

230000－0903－0001684　420－7/66
**白田草堂存稾八卷**　(清)王懋竑撰　清光緒二十年(1894)廣雅書局刻本　二冊

230000－0903－0001685　420－7/69
**望溪先生文集十八卷集外文十卷補遺二卷**　(清)方苞撰　**附錄一卷年譜一卷**　(清)蘇惇元撰　清咸豐元年(1851)戴氏刻本　十六冊

230000－0903－0001686　420－7/70
**望溪先生文集十八卷集外文十卷補遺二卷**　(清)方苞撰　**附錄一卷年譜一卷**　(清)蘇惇元撰　清咸豐元年(1851)戴氏刻本　十六冊

230000－0903－0001687　420－7/73
**德蔭堂集十六卷首一卷附後序**　(清)阿克敦撰　清嘉慶二十一年(1816)那彥成刻本　四冊

230000－0903－0001688　420－7/80
**道古堂文集四十八卷詩集三十六卷集外文一卷集外詩一卷軼事一卷**　(清)杭世駿撰　清光緒十四年(1888)振綺堂補刻本　十六冊

230000－0903－0001689　420－7/81
**海峰先生文十卷詩六卷**　(清)劉大櫆撰　清同治十三年(1874)刻本　六冊

230000－0903－0001690　420－7/86
**寶綸堂外集十二卷**　(清)齊召南撰　清宣統三年(1911)掃葉山房石印本　二冊

230000－0903－0001691　420－7/88
**鮚埼亭集三十八卷世譜一卷首一卷經史問答十卷外編五十卷**　(清)全祖望撰　清同治十一年(1872)刻本　三十二冊

230000－0903－0001692　420－7/90
**切問齋集十二卷**　(清)陸燿撰　清光緒十八年(1892)江蘇書局刻本　四冊

230000－0903－0001693　420－7/96
**戴東原集十二卷**　(清)戴震撰　**戴東原先生[震]年譜一卷覆校札記一卷**　(清)段玉裁編

清宣統二年(1910)渭南嚴氏刻本　六冊

230000－0903－0001694　420－7/97
**紀文達公遺集三十二卷**　(清)紀昀撰　清嘉慶十七年(1812)刻本　十冊

230000－0903－0001695　420－7/98
**汪子文錄十卷附錄一卷**　(清)汪縉撰　清光緒七年(1881)刻本　四冊

230000－0903－0001696　420－7/99
**忠雅堂詩集二十七卷文集十二卷補遺二卷詞集二卷**　(清)蔣士銓撰　清光緒刻本　十八冊

230000－0903－0001697　420－7/101
**甌北詩鈔二十一卷**　(清)趙翼撰　清道光二十三年(1843)味經堂刻本　四冊

230000－0903－0001698　420－7/103
**惜抱先生尺牘八卷**　(清)姚鼐書　清宣統元年(1909)小萬柳堂刻本　四冊

230000－0903－0001699　420－7/105
**尊聞居士集八卷**　(清)羅有高撰　清光緒八年(1882)刻本　四冊

230000－0903－0001700　420－7/106
**二林居士集二十四卷**　(清)彭紹升撰　清光緒七年(1881)刻本　六冊

230000－0903－0001701　420－7/107
**測海集六卷**　(清)彭紹升撰　清同治四年(1865)刻本　二冊

230000－0903－0001702　420－7/108
**述古堂文集十二卷**　(清)錢兆鵬撰　清光緒七年(1881)刻本　四冊

230000－0903－0001703　420－7/110
**有正味齋駢體文二十四卷首一卷**　(清)吳錫麒撰　(清)王廣業箋　清光緒十五年(1889)上海蜚英館石印本　四冊

230000－0903－0001704　420－7/111
**清尊集十六卷**　(清)汪遠孫輯　清道光十九年(1839)振綺堂刻本　四冊

230000－0903－0001705　420－7/114
**劉氏遺書八卷**　(清)劉台拱撰　清光緒十五年(1889)刻廣雅書局叢書本　二冊

230000－0903－0001706　420－7/115
**劉氏遺書八卷**　(清)劉台拱撰　清光緒十五年(1889)刻廣雅書局叢書本　二冊

230000－0903－0001707　420－7/116
**孫淵如先生全集十二卷附贈言一卷詩錄十卷**　(清)孫星衍撰　清光緒十一年(1885)吳縣朱氏槐廬刻本　八冊

230000－0903－0001708　420－7/118
**心知堂詩稿十八卷**　(清)汪仲洋撰　清道光七年(1827)刻本　四冊

230000－0903－0001709　420－7/119
**吳學士文集四卷詩集五卷**　(清)吳鼒撰　清光緒八年(1882)江寧藩署刻本　六冊

230000－0903－0001710　420－7/120
**味根山房詩鈔九卷文集一卷**　(清)史善長撰　清光緒刻本　五冊

230000－0903－0001711　420－7/121
**大雲山房文稾初集四卷二集四卷**　(清)惲敬撰　清光緒十四年(1888)官書處刻本　八冊

230000－0903－0001712　420－7/123
**賞雨茅屋詩集二十二卷外集一卷**　(清)曾燠撰　清嘉慶二十四年(1819)刻本　八冊

230000－0903－0001713　420－7/124
**天真閣集五十四卷外集六卷附長真閣集七卷詩餘一卷**　(清)孫原湘撰　清嘉慶五年(1800)孫氏刻本　十六冊

230000－0903－0001714　420－7/126
**鐵橋漫稿八卷**　(清)嚴可均撰　清光緒十一年(1885)長洲蔣氏刻本　四冊

230000－0903－0001715　420－7/127
**雕菰集二十四卷**　(清)焦循撰　**梅花館集二卷**　(清)焦廷琥撰　清蘇州文學山房活字印本　十六冊

230000－0903－0001716　420－7/128

**貞定先生遺集四卷** （清）莫與儔撰 **郘亭遺文八卷** （清）莫友芝撰 清光緒刻本 二册

230000－0903－0001717 420－7/130

**瓶水齋詩集十七卷別集二卷詩話一卷** （清）舒位撰 清光緒十二年（1886）刻本 八册

230000－0903－0001718 420－7/131

**初月樓四種二十五卷** （清）吳德旋著 （清）康兆晉編 清光緒九年（1883）刻花雨樓叢書本 六册

230000－0903－0001719 420－7/132

**壎篪集十卷** （清）劉沅輯 清咸豐十年（1860）刻本 二册

230000－0903－0001720 420－7/133

**石泉書屋全集六種** （清）李佐賢撰 清同治中期利津李氏刊本 十二册 存二種（石泉書屋類稿、石泉書屋詩鈔）

230000－0903－0001721 420－7/138

**養一齋文集二十卷** （清）李兆洛撰 清光緒四年（1878）刻本 八册

230000－0903－0001722 420－7/136

**太乙舟文集八卷** （清）陳用光撰 清道光十七年（1837）刻本 六册

230000－0903－0001723 420－7/139

**小萬卷齋文藁二十四卷首一卷末一卷詩藁三十二卷詩續藁十二卷末一卷經進藁四卷** （清）朱琦撰 清光緒十一年（1885）嘉樹山房刻本 二十四册

230000－0903－0001724 420－7/142

**蘭因集二卷** （清）陳文述輯 清光緒七年（1881）錢唐丁氏刻本 一册

230000－0903－0001725 420－7/143

**秣陵集六卷金陵歷代紀年事表一卷圖考一卷** （清）陳文述撰 清光緒十年（1884）淮南書局刻本 三册

230000－0903－0001726 420－7/144

**西泠懷古集十卷** （清）陳文述撰 清道光三年（1823）于越中刻本 四册

230000－0903－0001727 420－7/145

**西泠閨詠十六卷** （清）陳文述撰 清光緒十八年（1892）西泠翠螺閣刻本 四册

230000－0903－0001728 420－7/147

**太鶴山人集十三卷** （清）端木國瑚撰 清道光二十年（1840）刻本 六册

230000－0903－0001729 420－7/148

**鳳巢山樵求是錄外集四卷續錄一卷** （清）吳慈鶴撰 清道光七年（1827）刻本 二册

230000－0903－0001730 420－7/149

**吳巢松詩文全集二十三卷** （清）吳慈鶴撰 清同治二年（1863）蘇州振新書社刻本 六册 存十八卷（岑華居士蘭鯨録詩八卷、岑華居士外集文二卷、鳳巢山樵求是録詩六卷、鳳巢山樵求是二録詩一至二）

230000－0903－0001731 420－7/150

**琴隱園詩集三十六卷詞集四卷** （清）湯貽汾撰 （清）吳雲等重校 清光緒元年（1875）刻本 十册

230000－0903－0001732 420－7/151

**因寄軒文初集十卷二集六卷補遺一卷小異遺文一卷** （清）管同撰 清光緒五年（1879）刻本 四册

230000－0903－0001733 420－7/153

**養素園詩四卷** （清）王德溥輯 清光緒七年（1881）竹書堂刻本 二册

230000－0903－0001734 420－7/154

**沈端恪公遺書二卷** （清）沈近思撰 清同治十二年（1873）浙江書局刻本 二册

230000－0903－0001735 420－7/156

**西漚全集十卷外集八卷** （清）李惺撰 清同治七年（1868）李氏刻本 十六册

230000－0903－0001736 420－7/157

**愈愚錄六卷** （清）劉寶楠撰 清光緒十四年（1888）廣雅書局刻本 二册

230000－0903－0001737 420－7/158

**意苕山館詩稿十六卷** （清）陸嵩撰 **嶺上白**

**雲集十二卷窳翁文鈔四卷** （清）陸懋修撰 清光緒十八年（1892）京師刻本 八册

230000－0903－0001738 420－7/159

**龔定盦文集三卷續集四卷補編四卷文集補一卷補詞選一卷補詞録一卷補續録一卷附孝珙手抄詞一卷年譜一卷拾遺一卷** （清）龔自珍撰 清宣統元年（1909）國學扶輪社鉛印本 七册

230000－0903－0001739 420－7/160

**世忠堂文集八卷** （清）鄒鳴鶴撰 清同治二年（1863）鄒氏刻本 八册

230000－0903－0001740 420－7/161

**自然好學齋詩鈔十卷** （清）汪端撰 清同治十三年（1874）刻本 三册

230000－0903－0001741 420－7/162

**古微堂内集三卷外集七卷** （清）魏源撰 清光緒四年（1878）淮南書局刻本 四册

230000－0903－0001742 420－7/164

**少嵒賦草四卷續集一卷** （清）夏思沺撰 清道光十一年（1831）務本堂刻本 四册

230000－0903－0001743 420－7/165

**養雲山館試帖四卷** （清）許球撰 （清）王榮紱注釋 清道光二十七年（1847）京都文成堂刻本 四册

230000－0903－0001744 420－7/166

**敦教堂詩鈔六卷續刻二卷** （清）官峰甫撰 （清）吉爾哈春校 清同治二年（1863）吉氏刻本 七册 存五卷（二至六）

230000－0903－0001745 420－7/167

**吴氏遺著五卷坿録一卷** （清）吴淩雲撰 清光緒十七年（1891）廣雅書局刻本 二册

230000－0903－0001746 420－7/168

**倚晴樓詩集十二卷續集四卷** （清）黄燮清撰 清咸豐七年（1857）刻本 四册

230000－0903－0001747 420－7/169

**小謨觴館詩集注八卷詩續集注二卷附録一卷文集注四卷文續集注二卷** （清）彭兆蓀撰 孫元培等注 清光緒十九年（1893）苕溪佟氏刻本 四册

230000－0903－0001748 420－7/170

**復莊駢儷文榷初編八卷二編八卷復莊詩問三十四卷疎影樓詞五卷** （清）姚燮撰 清咸豐四年（1854）大梅山館刻本 十六册

230000－0903－0001749 420－7/171

**復莊詩問三十四卷附詩傳一卷詩評一卷** （清）姚燮撰 清道光二十六年（1846）刻本 十二册

230000－0903－0001750 420－7/172

**西泠仙詠三卷** （清）陳文述撰 清光緒八年（1882）西泠丁氏翠螺仙館刻本 二册

230000－0903－0001751 420－7/173

**柈湖文集十二卷** （清）吴敏樹撰 清光緒十九年（1893）思賢講舍刻本 四册

230000－0903－0001752 420－7/174

**巢經巢詩鈔九卷後集四卷** （清）鄭珍撰 清咸豐二年（1852）刻本 四册

230000－0903－0001753 420－7/175

**巢經巢詩鈔九卷後集四卷書後一卷** （清）鄭珍撰 清光緒三十一年（1905）獨山莫氏刻本 四册

230000－0903－0001754 420－7/176

**顯志堂稿十二卷夢柰詩稿一卷** （清）馮桂芬撰 清光緒二年（1876）校邠廬刻本 八册

230000－0903－0001755 420－7/177

**東塾集六卷附申范一卷** （清）陳澧撰 清光緒十八年（1892）菊坡精舍刻本 四册

230000－0903－0001756 420－7/178

**坦園全集八種** （清）楊恩壽撰 清光緒長沙楊氏刻本 三十六册

230000－0903－0001757 420－7/179

**吟秋館詩稿四卷續稿二卷** （清）朱葆元撰 清光緒五年（1879）刻本 二册

230000－0903－0001758 420－7/180

**郘亭詩鈔六卷** （清）莫友芝撰 清咸豐二年

(1852)刻同治五年(1866)重修本　四册

230000－0903－0001759　200－1/1
**二十四史附考證**　清同治八年(1869)嶺南葄古堂翻刻武英殿本　八百五十一册　缺八卷(四十七至五十、一百八十七至一百九十)

230000－0903－0001760　200－1/4
**二十四史**　清光緒十年(1884)上海同文書局石印本　六百八十七册　缺十八卷(一百八十七至一百九十八、三百十八至三百二十三)

230000－0903－0001761　290－4/36
**書目答問不分卷附國朝著述諸家姓名略一卷**　(清)張之洞撰　清光緒上海淞隱閣刻本　四册

230000－0903－0001762　375－6/6
**地理錄要四卷**　(清)蔣平階撰　(清)于楷校　清嘉慶七年(1802)于楷刻本　一册

230000－0903－0001763　190－2/68
**草字彙十二卷**　(清)石梁集　清刻本　六册

230000－0903－0001764　190－2/68－2
**草字彙十二卷**　(清)石梁集　清道光二十六年(1846)英德堂刻本　六册

230000－0903－0001765　190－2/69
**玉堂字彙四卷**　(明)梅膺祚編　清姑蘇掃葉山房刻本　四册

230000－0903－0001766　190－2/70
**增補玉堂字彙四卷**　(明)梅膺祚編　清光緒二年(1876)維揚寶翰樓李氏刻本　四册

230000－0903－0001767　190－2/73
**繪圖簡明白話字彙十二卷**　(清)沈燊編　清宣統三年(1911)彪蒙書室石印本　一册

230000－0903－0001768　190－2/74
**澄衷蒙學堂字課圖說四卷檢字一卷類字一卷**　(清)劉樹屏編　清光緒二十九年(1903)澄衷蒙學堂石印本　八册

230000－0903－0001769　190－2/75
**澄衷蒙學堂字課圖說四卷檢字一卷類字一卷**　(清)劉樹屏編　清光緒三十一年(1905)澄衷蒙學堂石印本　六册

230000－0903－0001770　190－2/76
**澄衷蒙學堂字課圖說四卷檢字一卷類字一卷**　(清)劉樹屏編　清光緒三十一年(1905)石印本　六册

230000－0903－0001771　190－2/77
**養蒙針度五卷**　(清)潘子聲撰　清道光十四年(1834)儀徵夏錦源刻本　二册

230000－0903－0001772　190－2/78
**養蒙針度五卷**　(清)潘子聲撰　清光緒六年(1880)掃葉山房刻本　二册

230000－0903－0001773　190－2/79
**養蒙針度五卷**　(清)潘子聲撰　清光緒六年(1880)掃葉山房刻本　二册

230000－0903－0001774　190－2/80
**養蒙針度五卷**　(清)潘子聲撰　清光緒六年(1880)掃葉山房刻本　二册

230000－0903－0001775　190－2/114
**商務印書館華英字典**　(□)□□撰　清光緒三十二年(1906)鉛印本　一册

230000－0903－0001776　190－3/2
**古今韻會舉要三十卷**　(元)黃公紹編　(元)熊忠舉要　清光緒九年(1883)淮南書局刻本　十册

230000－0903－0001777　190－3/3
**毛詩古音考五卷屈宋古音義三卷**　(明)陳第撰　(清)徐時作重訂　清嘉慶、道光武昌張氏刻本　六册

230000－0903－0001778　190－3/9
**李氏音鑑六卷**　(清)李汝珍撰　清同治七年(1868)木樨山房重修刻本　四册

230000－0903－0001779　190－3/10
**韻字略不分卷**　(清)毛謨撰　清光緒元年(1875)湖北崇文書局刻本　二册

230000－0903－0001780　190－3/11
**六書音韻表五卷**　(清)段玉裁撰　清同治十一年(1872)湖北崇文書局刻本　二册

230000－0903－0001781　190－3/12
**佩文廣韻匯編五卷**　(清)李元祺編　清同治十一年(1872)金陵書局刻本　二冊

230000－0903－0001782　190－3/13
**增注字類標韻六卷**　(清)華綱鑑定　(清)范多玨重訂　清光緒二年(1876)掃葉山房鉛印本　二冊

230000－0903－0001783　190－3/14
**韻歧五卷**　(清)江昱輯　清光緒七年(1881)刻本　二冊

230000－0903－0001784　190－3/15
**五方元音二卷**　(清)樊騰鳳原編　(清)年希堯增補　清光緒十年(1884)文興堂刻本　四冊

230000－0903－0001785　190－3/16
**五方元音二卷**　(清)樊騰鳳原編　(清)年希堯增補　清光緒十九年(1893)刻本　四冊

230000－0903－0001786　190－3/17
**五方元音十二卷**　(清)樊騰鳳原編　(清)年希堯增補　清光緒三十四年(1908)上海江東茂記書局石印本　四冊

230000－0903－0001787　190－3/18
**五方元音十二卷**　(清)樊騰鳳原編　(清)年希堯增補　清宣統三年(1911)上海鑄記書局石印本　四冊

230000－0903－0001788　190－3/23
**剔弊廣增分韻五方元音二卷首一卷**　(□)□□撰　清光緒十一年(1885)書業德刻本　五冊

230000－0903－0001789　190－3/24
**詩韻集成十卷**　(清)余照輯　清光緒十一年(1885)掃葉山房刻本　四冊

230000－0903－0001790　190－3/25
**詩韻集成十卷**　(清)余照輯　清光緒十二年(1886)姑蘇掃葉仁記刻本　四冊

230000－0903－0001791　190－3/35
**佩文詩韻釋要五卷**　(清)周兆基輯　清宣統三年(1911)商務印書館石印本　一冊

230000－0903－0001792　260－1/5
**皇朝三通五百二十六卷**　(清)曹仁虎等輯　清光緒八年(1882)浙江書局刻本　二百四十冊

230000－0903－0001793　260－1/7
**九通二千三百十四卷附考證**　(□)□□輯　清光緒浙江書局刻本　九百八十九冊　缺三十五卷(七十一至九十二、九十七至一百九)

230000－0903－0001794　260－1/9
**文獻通考三百四十八卷附考證三卷**　(元)馬端臨撰　清光緒二十七年(1901)上海圖書集成局鉛印本　四十四冊

230000－0903－0001795　260－1/10
**文獻通考二十四卷首一卷**　(元)馬端臨撰　清光緒二十九年(1903)點石齋石印本　十八冊

230000－0903－0001796　260－1/11
**三通考輯要七十六卷**　湯壽潛編輯　清光緒二十五年(1899)圖書集成局鉛印本　三十冊

230000－0903－0001797　260－1/12
**西漢會要七十卷**　(宋)徐天麟撰　清光緒十年(1884)江蘇書局刻本　十冊

230000－0903－0001798　260－1/14
**東漢會要四十卷**　(宋)徐天麟撰　清光緒十年(1884)江蘇書局刻本　八冊

230000－0903－0001799　260－1/16
**唐六典三十卷**　(唐)玄宗李隆基撰　(唐)李林甫注　清光緒二十一年(1895)廣雅書局刻本　四冊

230000－0903－0001800　260－1/17
**唐會要一百卷**　(宋)王溥撰　清光緒十年(1884)江蘇書局刻本　二十四冊

230000－0903－0001801　260－1/19
**五代會要三十卷**　(宋)王溥撰　清光緒十二年(1886)江蘇書局刻本　六冊

230000－0903－0001802　260－2/1

**大金集禮四十卷附校勘記一卷** (□)□□撰 清光緒二十一年(1895)廣雅書局刻本 四冊

230000－0903－0001803 260－2/2
**欽定大清會典一百卷** (清)允祹等撰 清光緒二十五年(1899)上海書局石印本 六冊

230000－0903－0001804 260－2/3
**大清會典四卷** (□)□□撰 清同治十一年(1872)湖北崇文書局刻本 四冊

230000－0903－0001805 260－2/4
**大清會典五十二卷** (□)□□撰 清光緒江南省刻本 十二冊

230000－0903－0001806 260－2/5
**欽定大清會典八十卷** (清)托津重修 清刻本 四十冊

230000－0903－0001807 260－2/6
**欽定大清會典一百卷** (清)崑岡等纂修 清光緒二十五年(1899)石印本 三十六冊

230000－0903－0001808 260－2/7
**欽定大清會典事例九百二十卷目錄八卷** (清)崑岡等纂修 清光緒二十五年(1899)刻本 三百六十冊

230000－0903－0001809 260－2/8
**欽定大清會典事例一千二百二十卷** (清)崑岡等纂修 清光緒二十五年(1899)石印本 三百八十四冊

230000－0903－0001810 260－2/9
**欽定大清會典圖二百七十卷首一卷** (清)崑岡等纂修 清光緒二十五年(1899)石印本 七十四冊

230000－0903－0001811 260－2/10
**大清通禮五十四卷** (清)穆克登額等續撰 清光緒九年(1883)江蘇書局刻本 十二冊

230000－0903－0001812 260－2/12－1
**盛京典制備考八卷** (清)崇厚等編 清光緒二十五年(1899)盛京太和山坊刻本 六冊

230000－0903－0001813 260－2/12－2
**盛京典制備考八卷** (清)崇厚等編 清光緒二十五年(1899)盛京太和山坊刻本 六冊

230000－0903－0001814 260－2/13
**欽定吏部處分則例五十二卷** 清光緒十三年(1887)刻本 二十四冊

230000－0903－0001815 260－2/15
**欽定理藩部則例六十四卷通例二卷原奏一卷** (清)松森等纂修 清光緒三十四年(1908)鉛印本 十六冊

230000－0903－0001816 260－2/16
**吾學錄初編二十四卷** (清)吳榮光撰 清道光十二年(1832)刻本 八冊

230000－0903－0001817 260－2/17
**吾學錄初編二十四卷** (清)吳榮光撰 清同治九年(1870)江蘇書局刻本 六冊

230000－0903－0001818 260－2/18
**吾學錄初編二十四卷** (清)吳榮光撰 清同治九年(1870)江蘇書局刻本 六冊

230000－0903－0001819 260－2/19
**文廟丁祭譜一卷** (□)□□撰 清同治七年(1868)江蘇書局刻本 一冊

230000－0903－0001820 260－2/20
**文廟祀位一卷** (清)倭什琿布等輯 清同治八年(1869)楚北崇文書局刻本 一冊

230000－0903－0001821 260－2/22
**皇朝祭器樂舞錄二卷** (清)徐暢連輯 清同治十年(1871)楚北崇文書局刻本 二冊

230000－0903－0001822 260－2/23
**直省釋奠禮樂記六卷首一卷** (清)應寶時編 清同治十二年(1873)刻本 四冊

230000－0903－0001823 260－2/24
**直省釋奠禮樂記六卷首一卷** (清)應寶時編 清光緒十七年(1891)廣東藩署刻本 四冊

230000－0903－0001824 260－2/25
**中祀合編一卷** (□)□□撰 清同治、光緒刻本 一冊

230000－0903－0001825　260－2/26
**大婚禮節一卷**　(□)□□撰　清同治十一年(1872)刻本　一冊

230000－0903－0001826　260－2/27
**皇朝詞林典故六十四卷**　(清)朱珪等撰　清光緒十三年(1887)刻本　三十四冊

230000－0903－0001827　260－2/29
**欽定武場條例十六卷**　(清)景清等撰　清光緒二十一年(1895)刻本　十五冊　存十五卷(一至九、十一至十六)

230000－0903－0001828　260－2/30
**欽定學堂章程二卷**　(清)張百熙等編　清光緒二十八年(1902)石印本　二冊

230000－0903－0001829　260－2/31
**奏定學堂章程二十卷**　(清)張百熙等編　清光緒二十九年(1903)江楚編譯官書局鉛印本　五冊

230000－0903－0001830　260－2/32－1
**奏定學堂章程二十卷**　(清)張百熙等編　清光緒三十年(1904)京洲同文局石印本　八冊

230000－0903－0001831　260－2/32－2
**奏定學堂章程二十卷**　(清)張百熙等編　清光緒三十年(1904)京洲同文局石印本　八冊

230000－0903－0001832　260－2/33
**欽定學堂章程十二卷**　(清)張之洞等訂　清光緒三十三年(1907)學部鉛印本　六冊

230000－0903－0001833　260－3/2
**重刊救荒補遺書二卷**　(宋)董煟編撰　(清)張光大新增　(清)朱熊補遺　清同治八年(1869)楚北崇文書局刻本　二冊

230000－0903－0001834　260－3/3
**魏鄭公諫續錄二卷**　(元)翟思忠撰　清刻本　一冊

230000－0903－0001835　260－3/6
**資治新書十四卷首一卷二集二十卷**　(清)李漁蒐輯　(清)沈心友訂　清經綸堂刻本　二十四冊

230000－0903－0001836　260－3/7
**資治新書初集十四卷首一卷二集二十卷**　(清)李漁蒐輯　(清)沈心友訂　清光緒二十年(1894)上海圖書集成印書局鉛印本　十二冊

230000－0903－0001837　260－3/8
**資治新書十四卷首一卷二集二十卷**　(清)李漁論次　清同治五年(1866)翰寶樓刻本　二十四冊

230000－0903－0001838　260－3/12
**圖民錄四卷**　(清)袁守定撰　清道光二十五年(1845)刻本　二冊

230000－0903－0001839　260－3/13
**牧令書二十三卷保甲書四卷**　(清)徐棟輯　清道光二十八年(1848)刻本　十五冊　缺八卷(十二下至十九)

230000－0903－0001840　260－3/14
**牧令書輯要十卷牧民忠告二卷**　(清)徐棟原編　(清)丁日昌重編　清同治七年(1868)姑蘇書局刻本　十冊

230000－0903－0001841　260－3/15
**牧令書輯要十卷**　(清)徐棟原編　(清)丁日昌重編　清同治八年(1869)湖北崇文書局刻本　十冊

230000－0903－0001842　260－3/16
**學治一得編一卷附錄一卷**　(清)何耿繩輯　清同治十三年(1874)湖北崇文書局刻牧令書四種本　一冊

230000－0903－0001843　260－3/17
**牧令須知六卷**　(清)剛毅撰　清光緒十五年(1889)江蘇書局刻本　二冊

230000－0903－0001844　260－3/18
**州縣佐雜須知合刻八卷**　(清)方汝謙編　清道光二十九年(1849)掃葉山房刻本　六冊

230000－0903－0001845　260－3/19
**學治臆説二卷續説一卷説贅一卷**　(清)汪輝祖撰　清光緒江蘇書局刻龍莊遺書本　一冊

230000－0903－0001846　260－3/21
**在官法戒錄摘抄四卷**　(清)陳宏謀編輯　清同治七年(1868)楚北崇文書局刻本　二册

230000－0903－0001847　260－3/22
**欽頒州縣事宜一卷**　(清)田文鏡撰　清同治七年(1868)江蘇書局刻本　一册

230000－0903－0001848　260－3/23
**保甲書輯要四卷**　(清)徐棟編　清同治七年(1868)江蘇書局刻本　一册

230000－0903－0001849　260－3/24
**庸吏庸言二卷**　(清)劉衡撰　清同治七年(1868)江蘇書局刻本　一册

230000－0903－0001850　260－3/25
**庸吏庸言二卷**　(清)劉衡撰　清同治七年(1868)崇文書局刻本　二册

230000－0903－0001851　260－3/26
**察吏六條一卷**　(清)應寶時撰　清同治八年(1869)刻本　一册

230000－0903－0001852　260－3/27
**荒政輯要九卷首一卷**　(清)汪志伊撰　清同治八年(1869)楚北崇文書局刻本　二册

230000－0903－0001853　260－3/28
**實政錄七卷**　(明)呂坤撰　清同治十一年(1872)江蘇書局刻本　六册

230000－0903－0001854　260－3/28－1
**實政錄七卷**　(明)呂坤撰　清同治七年(1868)湖北崇文書局刻本　四册

230000－0903－0001855　260－3/29
**讀律心得三卷蜀僚問答一卷**　(清)劉衡撰　清同治刻本　一册

230000－0903－0001856　260－3/29－1
**讀律心得三卷蜀僚問答二卷附漁陽山人手鏡**　(清)劉衡撰　清同治七年(1868)楚北崇文書局刻本　一册

230000－0903－0001857　260－3/30
**籌濟編三十二卷首一卷**　(清)楊景仁輯　清光緒五年(1879)江蘇書局刻本　八册

230000－0903－0001858　260－3/31
**校邠廬抗議一卷**　(清)馮桂芬撰　清光緒九年(1883)津河廣仁堂刻本　一册

230000－0903－0001859　260－3/32
**公門果報錄一卷續錄一卷附錄一卷**　(清)宋楚望撰　清光緒十八年(1892)江蘇書局刻本　一册

230000－0903－0001860　260－3/33
**宦鄉要則七卷首一卷**　(清)張鑒瀛編　清光緒十八年(1892)上海書局石印本　二册

230000－0903－0001861　260－3/34
**欽定歷代職官表七十二卷首一卷**　(清)永瑢等撰　清光緒二十二年(1896)廣雅書局刻本　二十二册

230000－0903－0001862　260－3/35
**誡子書一卷**　(清)聶繼模撰　清光緒二十三年(1897)刻本　一册

230000－0903－0001863　260－3/36
**政治學二卷**　(清)南弘　(清)陳訓旭譯　清光緒三十二年(1906)金陵江楚編譯官書局石印本　一册

230000－0903－0001864　260－3/37
**病榻夢痕錄二卷夢痕錄餘一卷**　(清)汪輝祖撰　清光緒刻本　三册

230000－0903－0001865　260－4/1
**財政四綱四卷**　(清)錢恂撰　清光緒二十七年(1901)鉛印本　二册

230000－0903－0001866　260－4/2
**財政四綱四卷**　(清)錢恂撰　清光緒二十七年(1901)鉛印本　二册

230000－0903－0001867　260－4/3
**原富五卷**　(英國)斯密亞丹撰　(清)嚴復譯　清光緒二十八年(1902)南洋公學譯書院鉛印本　八册

230000－0903－0001868　260－4/4
**經濟學粹四卷**　(比利時)耶密邇羅貌禮撰　(英國)亞弗勒孛烈兒譯　(日本)牧山耕平重

譯　清光緒三十二年(1906)金陵江楚編譯官書局石印本　二册

230000－0903－0001869　260－4/5
**黑龍江財政沿革利弊説明書三卷首一卷末一卷**　(清)黑龍江清理財政局編　清宣統二年(1910)清理財政局鉛印本　三册

230000－0903－0001870　260－4/6
**黑龍江財政沿革利弊説明書三卷**　(清)黑龍江清理財政局編　清宣統二年(1910)黑龍江清理財政局鉛印本　一册　存一卷(上)

230000－0903－0001871　260－4/7
**理財考鏡十卷**　(清)孫德全撰　清宣統二年(1910)鉛印本　四册

230000－0903－0001872　260－5/1
**五千年中外交涉史九十七卷**　題(清)屯廬主人輯　清光緒二十九年(1903)上海蜚英書局鉛印本　二十册

230000－0903－0001873　260－5/2
**光緒乙巳年交涉要覽二編五卷**　(清)□□輯　清光緒三十三年(1907)北洋官報局鉛印本　五册

230000－0903－0001874　260－5/3
**東三省交涉輯要十二卷附圖**　(清)劉瑞霖擬訂　(清)孫鳳翔等輯　清宣統二年(1910)鉛印本　七册

230000－0903－0001875　260－5/4
**東三省交涉輯要十二卷首一卷**　(清)劉瑞霖擬訂　(清)孫鳳翔等輯　清宣統二年(1910)鉛印本　六册

230000－0903－0001876　260－5/5
**西畺交涉志要六卷**　(清)鍾鏞撰述　(清)金梁校訂　清宣統三年(1911)鉛印本　二册

230000－0903－0001877　260－5/6
**各國交涉便法論六卷**　(英國)費利摩羅巴德撰　(英國)傅蘭雅譯　清光緒二十四年(1898)上海書局石印本　六册

230000－0903－0001878　260－5/7
**各國交涉公法論三集十六卷末一卷**　(英國)費利摩羅巴德撰　(英國)傅蘭雅口譯　(清)俞世爵筆述　**公法總論一卷**　(英國)羅伯村撰　(英國)傅蘭雅等譯　清光緒二十二年(1896)小倉山房鉛印本　八册

230000－0903－0001879　260－5/9
**通商條約章程成案彙編三十卷**　(清)李瀚章等纂　清光緒十二年(1886)鉛印本　十二册

230000－0903－0001880　260－5/10
**通商各關華洋貿易總册二卷**　(清)上海通商海關造册處譯　清光緒二十九年(1903)鉛印本　一册

230000－0903－0001881　260－5/11
**分類洋務經濟時事新論六卷**　(清)李長福編　清光緒二十年(1894)長白吏隱僊館石印本　六册

230000－0903－0001882　260－5/12
**通商表四卷**　(清)楊楷等輯　清光緒二十一年(1895)海昌官廨刻本　四册

230000－0903－0001883　260－5/13
**最新世界統計年鑑十一章附錄一卷**　(清)謝蔭昌編譯　清宣統二年(1910)奉天圖書館鉛印本　一册

230000－0903－0001884　260－5/14
**一九〇九年最新世界統計年鑑十一章附表**　(日本)伊東佑穀撰　(清)謝蔭昌譯　清宣統二年(1910)奉天圖書印刷所鉛印本　一册

230000－0903－0001885　260－5/15
**金軺籌筆四卷和約一卷**　(□)□□撰　清光緒九年(1883)刻本　四册

230000－0903－0001886　260－5/16
**星軺指掌三卷續一卷**　(清)聯芳　(清)慶常譯　清光緒二年(1876)同文館鉛印本　四册

230000－0903－0001887　260－5/17
**新纂約章大全七十三卷**　(清)陸鳳石編　清宣統元年(1909)上海崇義堂石印本　四十八册

230000－0903－0001888　260－5/18
**新纂約章大全七十三卷**　(清)陸鳳石編　清宣統元年(1909)南洋官書局石印本　四十八册

230000－0903－0001889　260－5/19
**中外約章纂新十卷**　(清)□□撰　清光緒三十年(1904)上海時中書局鉛印本　十册

230000－0903－0001890　260－5/22
**各國約章纂要六卷首一卷附録一卷**　勞乃宣輯　清光緒十八年(1892)上海圖書集成局鉛印本　四册

230000－0903－0001891　260－5/25
**約章分類輯要三十八卷首一卷附録五卷**　蔡乃煌編　清光緒二十七年(1901)上海緯文閣石印本　三十七册

230000－0903－0001892　260－5/29
**萬國公法會通十卷**　(德國)步倫編　清光緒二十二年(1896)上海飛鴻閣石印本　四册

230000－0903－0001893　260－5/30
**萬國憲法比較一卷**　(日本)辰巳小二郎撰　(清)戢翼翬譯　清光緒二十八年(1902)出洋學生編輯所鉛印本　一册

230000－0903－0001894　260－5/31
**萬國公法提要四卷**　張鳳臺編　清光緒三十年(1904)鉛印本　四册

230000－0903－0001895　260－5/32
**萬國公法四卷**　(美國)丁韙良譯　清同治三年(1864)京都崇實館刻本　四册

230000－0903－0001896　260－5/33
**各國憲法源泉三種合編三編**　(德國)挨里捏克撰　(清)林萬里　(清)陳承澤重譯　清光緒三十四年(1908)中國圖書公司鉛印本　一册

230000－0903－0001897　260－5/34
**局外中立公牘三卷**　(□)□□撰　清光緒三十年(1904)鉛印本　三册

230000－0903－0001898　260－5/37
**非常國際法論三編**　(日本)花井卓藏撰　(清)黄皋瑞譯　清光緒三十年(1904)北京官書局鉛印本　一册

230000－0903－0001899　260－5/38
**西例便覽五卷**　(清)胡禮垣譯撰　(清)馮鈞葆編　清光緒二十二年(1896)上海管可壽齋石印本　五册

230000－0903－0001900　260－5/39
**西政挈要六卷**　(清)姜炳奎編輯　清光緒二十九年(1903)上海文寶書局石印本　六册

230000－0903－0001901　260－5/40
**歐洲最近政治史十六章**　(日本)森山守次撰　清光緒二十九年(1903)商務印書館鉛印本　一册

230000－0903－0001902　260－5/41
**歐洲最近政治史十六章**　(日本)森山守次撰　清光緒二十九年(1903)商務印書館鉛印本　一册

230000－0903－0001903　260－5/42
**歐洲新政史二卷**　商務印書館編　清光緒末商務印書館鉛印本　一册　存一卷(上)

230000－0903－0001904　260－5/43
**歐洲東方交涉記十二卷**　(英國)麥高爾撰　(美國)林樂知　(清)瞿昂來譯　清光緒六年(1880)刻本　二册

230000－0903－0001905　260－5/44
**歐美政治要義十八章**　(清)戴鴻慈　(清)端方編　清光緒三十三年(1907)石印本　四册

230000－0903－0001906　260－5/45
**歐美政治要義十八章**　(清)戴鴻慈　(清)端方編　清光緒三十三年(1907)上海商務印書館石印本　四册

230000－0903－0001907　260－5/46
**歐美各國憲法六卷**　(日本)衆議院譯　(清)汪有齡重譯　清末刻本　一册

230000－0903－0001908　260－5/49
**英國警察二十二節附各國警察大綱分類巡捕**

**新編** （清）何元瀚譯述　清光緒三十二年（1906）金陵江楚編譯官書局石印本　一冊

230000－0903－0001909　260－5/50
**德國陸軍考四卷** （法國）歐盟輯撰　（清）吳宗濂譯　清光緒二十七年（1901）江南製造局鉛印本　四冊

230000－0903－0001910　260－5/51
**德國學校制度二編** （日本）加藤駒二撰　中國國民叢書社譯　清光緒二十九年（1903）商務印書館鉛印本　一冊

230000－0903－0001911　260－5/52
**義大利財政彙考一卷附錄一卷義大利権煙志略一卷坿官售煙價冊一卷國債彙編一卷銀行章程一卷** （清）翟青松口譯　許沐鑅筆述　清光緒三十一年（1905）駐義使署鉛印本　二冊

230000－0903－0001912　260－5/55
**中俄約章會要三卷續編一卷** （清）總理衙門編　清光緒八年（1882）同文館鉛印本　四冊

230000－0903－0001913　260－5/56
**中俄約章會要三卷續編一卷** （清）總理衙門編　清光緒八年（1882）同文館鉛印本　四冊

230000－0903－0001914　260－5/57
**中俄界約斠注七卷首一卷** （清）錢恂撰　清光緒二十年（1894）上海醉六堂刻本　二冊

230000－0903－0001915　260－5/58
**俄國政俗通考三卷** （美國）林樂知撰　（清）任廷旭譯　清光緒二十六年（1900）上海廣學會鉛印本（有圖）　二冊

230000－0903－0001916　260－5/59
**中俄國際約注五卷** （清）施紹常編輯　清光緒三十一年（1905）商務印書館鉛印本　二冊

230000－0903－0001917　260－5/63
**日本軍事教育編三十二卷** （清）錢恂編　清光緒二十五年（1899）江楚書局刻本　二冊

230000－0903－0001918　260－5/67
**日本普通學務錄十卷首一卷** （清）陳仰撰　清光緒三十年（1904）石印本　三冊

230000－0903－0001919　260－5/68
**明治小學教育沿革四節** （清）京師編書局譯　清光緒三十二年（1906）京師官書局鉛印本　一冊

230000－0903－0001920　260－5/69
**日本明治小學教育沿革四節** （清）京師學部編譯局譯　清光緒三十二年（1906）京師官書局鉛印本　一冊

230000－0903－0001921　260－5/70
**日本憲法説明書十二章** （日本）穗積八束撰　清光緒三十三年（1907）政治官報局鉛印本　一冊

230000－0903－0001922　260－5/72
**日本政治要覽十編** （□）□□撰　清光緒三十三年（1907）政治官報局鉛印本　二冊

230000－0903－0001923　260－5/73
**日本議會詁法六卷** （□）□□撰　清光緒三十三年（1907）政治官報局鉛印本　二冊

230000－0903－0001924　400－1/2
**文選六十卷考異十卷** （南朝梁）蕭統撰　（唐）李善注　清同治八年（1869）潯陽萬氏刻本　二十四冊

230000－0903－0001925　400－1/6
**文選旁證四十六卷** （清）梁章鉅撰　清道光十八年（1838）刻本　十二冊

230000－0903－0001926　400－1/7
**重訂文選集評十五卷首一卷末一卷** （清）于光華編　清同治十一年（1872）江蘇書局刻本　十六冊

230000－0903－0001927　400－1/14
**才調集補注十卷** （五代）韋穀編　（清）殷元勳箋注　（清）宋邦綏補注　清光緒二十年（1894）江蘇書局刻本　四冊

230000－0903－0001928　400－1/15
**東萊先生古文關鍵二卷後跋一卷** （宋）呂祖謙評　清光緒二十四年（1898）江蘇書局刻本

二册

230000－0903－0001929　400－1/16
**謝疊山先生文章軌範七卷**　（宋）謝枋得撰　清光緒二十一年（1895）湖北官書處刻本　二册

230000－0903－0001930　400－1/17
**古文苑九卷**　（宋）章樵注　清光緒五年（1879）宏達堂刻本　二册

230000－0903－0001931　400－1/18
**古文苑二十一卷**　（宋）章樵注　清光緒十二年（1886）江蘇書局刻本　四册

230000－0903－0001932　400－1/19
**增補千家詩注解四卷**　（清）任來吉選　（清）王相注　清光緒五年（1879）廣東三元堂刻本　二册

230000－0903－0001933　400－1/20
**注釋千家詩四卷**　（宋）謝枋得選　（清）王相注　清光緒十九年（1893）熙記書莊刻本　二册

230000－0903－0001934　400－1/21
**注釋千家詩四卷**　（宋）謝枋得選　（清）王相注　清光緒十年（1884）掃葉山房刻本　二册

230000－0903－0001935　400－1/22
**韻對五七言千家詩輯鈔四卷後附敬避字樣廿四詩品**　（清）成文信書坊輯　清光緒二十年（1894）成文信刻本　二册

230000－0903－0001936　400－1/25
**瀛奎律髓刊誤四十九卷**　（宋）方回選　（清）紀曉嵐（紀昀）批點　清光緒六年（1880）懺花盦刻本　十六册

230000－0903－0001937　400－1/25－1
**瀛奎律髓刊誤四十九卷**　（宋）方回選　（清）紀曉嵐（紀昀）批點　清嘉慶五年（1800）李光垣刻本　九册　存三十八卷（一至十九、二十四至三十九、四十七至四十九）

230000－0903－0001938　400－1/26
**樂府詩集一百卷首二卷**　（宋）郭茂倩編　清同治十三年（1874）湖北崇文書局刻本　十六册

230000－0903－0001939　400－1/28
**漢魏六朝一百三家集**　（明）張溥編　清刻本　一百册　存九十二集（一至七十一、八十三至一百三）

230000－0903－0001940　400－1/32
**唐宋八大家類選十四卷**　（清）儲欣評　清光緒十八年（1892）湖北官書處刻本　六册

230000－0903－0001941　400－1/33
**唐宋十大家全集四十九卷外集二卷**　（清）儲欣編　**才調集補注十卷**　（五代）韋縠輯　（□）馮舒　（□）馮班評閲　清光緒八年（1882）江蘇書局刻本　三十六册

230000－0903－0001942　400－1/34
**唐宋十大家全集四十九卷外集二卷**　（清）儲欣編　清光緒八年（1882）江蘇書局刻本　三十二册

230000－0903－0001943　400－1/35
**古文七種三十四卷**　（清）儲欣評　清光緒九年（1883）静遠堂刻本　二十四册

230000－0903－0001944　400－1/37
**古文淵鑒六十四卷**　（清）徐乾學等編注　清刻本　三十二册

230000－0903－0001945　400－1/38
**御選古文淵鑒六十四卷**　（清）徐乾學等編注　清光緒十年至十一年（1884－1885）孔氏三十有三萬卷堂刻古香齋五色套印本　三十册

230000－0903－0001946　400－1/39
**古文淵鑒六十四卷**　（清）聖祖玄燁選　（清）徐乾學等編注　清宣統二年（1910）學部圖書局影印本　十二册　存三十三卷（一至十九、三十六至四十九）

230000－0903－0001947　400－1/40
**漁洋山人古詩選五言詩十七卷七言詩十五卷**　（清）王士禛選編　清同治五年（1866）金陵書局刻本　八册

230000－0903－0001948　400－1/41

**漁洋山人古詩選五言詩十七卷七言詩十五卷五言今體詩鈔九卷七言今體詩鈔九卷**　(清)王士禛選編　清同治五年(1866)金陵書局刻本　有朱筆圈點　十册

230000－0903－0001949　400－1/42

**本事詩前後集十二卷**　(清)徐釚編輯　(清)徐榦校刊　清邵武徐氏刻本　四册

230000－0903－0001950　400－1/52

**聚瀛堂古文觀止十二卷**　(清)吴乘權　(清)吴大職輯　清嘉慶十年(1805)書業堂刻本　六册

230000－0903－0001951　400－1/53

**古文觀止十二卷**　(清)吴乘權　(清)吴大職輯　清光緒二十七年(1901)浙紹墨潤堂石印本　六册　存十一卷(一至六、八至十二)

230000－0903－0001952　400－1/61

**書業德重訂古文釋義新編八卷**　(清)余誠評注　清嘉慶五年(1800)三元堂刻本　八册

230000－0903－0001953　400－1/62

**古文釋義新編八卷**　(清)余誠評注　清嘉慶十五年(1810)聚文堂刻本　七册　存七卷(一至七)

230000－0903－0001954　400－1/63

**桂芳齋重訂古文釋義新編八卷**　(清)余誠評注　清同治六年(1867)緯文堂刻本　八册

230000－0903－0001955　400－1/64

**書業德重訂古文釋義新編八卷**　(清)余誠評注　清光緒十一年(1885)成文信刻本　八册

230000－0903－0001956　400－1/65

**書業德重訂古文釋義新編八卷**　(清)余誠評注　清光緒十五年(1889)掃葉山房刻本　八册

230000－0903－0001957　400－1/66

**古文釋義新編八卷**　(清)余誠評注　清光緒二十三年(1897)上海文瑞樓刻本　四册

230000－0903－0001958　400－1/67

**重訂古文釋義新編八卷**　(清)余誠評注　清光緒二十四年(1898)煙臺成文信刻本　七册　存七卷(一至六、八)

230000－0903－0001959　400－1/74

**古文雅正十四卷**　(清)蔡世遠選評　清光緒二十二年(1896)上海圖書集成印書局鉛印本　四册

230000－0903－0001960　400－1/75

**古文翼八卷**　(清)唐德宜編　(清)張承霖等重校　清刻本　六册　存六卷(三至八)

230000－0903－0001961　400－1/76

**歷朝詩約選九十二卷**　(清)劉大櫆撰　清光緒二十一年(1895)文徵閣刻本　二十二册

230000－0903－0001962　400－1/77

**御選唐宋文醇五十八卷**　(清)高宗弘曆選　清光緒三年(1877)楊昌濬刻本　二十册

230000－0903－0001963　400－1/79

**御選唐宋詩醇四十七卷目錄二卷**　(清)高宗弘曆選　清乾隆二十五年(1760)珊城遺安堂朱墨套印本　十册

230000－0903－0001964　400－1/80

**御選唐宋詩醇四十七卷目錄二卷**　(清)高宗弘曆選　清光緒七年(1881)浙江書局刻本　二十册

230000－0903－0001965　400－1/83

**古文眉詮七十九卷首一卷**　(清)浦起龍編　清光緒二十四年(1898)嶺南良產書屋刻本　三十二册

230000－0903－0001966　400－1/84

**古文辭類纂七十四卷**　(清)姚鼐輯　清同治八年(1869)江蘇書局刻本　十二册

230000－0903－0001967　400－1/86

**續古文苑二十卷**　(清)孫星衍輯　清嘉慶十七年(1812)冶城山館刻本　十册

230000－0903－0001968　400－1/87

**續古文苑二十卷**　(清)孫星衍輯　清光緒九年(1883)江蘇書局刻本　六册

230000－0903－0001969　400－1/88
**七十家賦鈔六卷賦鈔札記六卷**　(清)張惠言輯　清光緒二十三年(1897)江蘇書局刻本　五冊

230000－0903－0001970　400－1/89
**駢體文鈔三十一卷**　(清)李兆洛輯　清光緒八年(1882)刻本　張伯英朱筆圈點　八冊

230000－0903－0001971　400－1/90
**駢體文鈔三十一卷**　(清)李兆洛輯　清光緒八年(1882)刻本　十二冊

230000－0903－0001972　400－1/92
**詩比興箋四卷**　(清)陳沆撰　清光緒九年(1883)刻本　二冊

230000－0903－0001973　400－1/93
**古文詞畧二十卷**　(清)梅曾亮撰　清光緒二十五年(1899)成都志古堂刻本　六冊

230000－0903－0001974　400－1/94
**六朝文絜四卷**　(清)許槤評選　(清)朱鈞參校　清光緒五年(1879)刻朱墨套印本　一冊

230000－0903－0001975　400－1/98
**選注六朝唐賦不分卷**　(清)馬傳庚選注　清光緒十四年(1888)邗江文富堂刻本　二冊

230000－0903－0001976　400－1/100
**頤典齋賦讀本二卷**　(清)許耀編　清咸豐元年(1851)刻本　二冊

230000－0903－0001977　400－1/101
**古文一隅三卷**　(清)朱宗洛評選　清光緒十五年(1889)喬晉栂家塾精刻本　二冊

230000－0903－0001978　400－1/102
**四忠遺集三十九卷**　(清)□□輯　清同治七年(1868)楚醴景萊書室刻十年(1871)楚醴聚奎書閣印本　二十冊

230000－0903－0001979　400－1/103
**四忠遺集三十九卷**　(清)□□輯　清光緒二十三年(1897)湘南書局刻本　十六冊

230000－0903－0001980　400－1/104
**桃花潭文徵六卷**　(清)翟大程編輯　清光緒三十年(1904)涇川翟氏刻本　六冊

230000－0903－0001981　400－1/105
**十八家詩鈔二十八卷**　(清)曾國藩輯　(清)李鴻章訂　清同治十三年(1874)傳忠書局刻本　十八冊

230000－0903－0001982　400－1/106
**十八家詩鈔二十八卷**　(清)曾國藩輯　(清)李鴻章訂　清同治十三年(1874)傳忠書局刻本　二十冊　缺四卷(九、十二、二十三、二十八)

230000－0903－0001983　400－1/107
**十八家詩鈔二十八卷**　(清)曾國藩輯　清同治十三年(1874)傳忠書局刻本　十一冊　存十一卷(三至十三)

230000－0903－0001984　400－1/108
**經史百家雜鈔二十六卷**　(清)曾國藩輯　(清)李鴻章校　清光緒三十二年(1906)商務印書館鉛印本　十二冊

230000－0903－0001985　400－1/109
**經史百家雜鈔二十六卷**　(清)曾國藩輯　(清)李鴻章校　清光緒三十二年(1906)商務印書館鉛印本　十二冊

230000－0903－0001986　400－1/110
**賦學正鵠集釋十一卷**　(清)李元度輯　清光緒十三年(1887)掃葉山房刻本　八冊

230000－0903－0001987　400－1/111
**八代詩選二十卷**　王闓運撰　清光緒十六年(1890)江蘇書局刻本　八冊

230000－0903－0001988　400－1/112
**八代詩選二十卷**　王闓運撰　清光緒十六年(1890)江蘇書局刻本　八冊

230000－0903－0001989　400－1/114
**桐城吴氏古文讀本十三卷**　(清)吳汝綸評選　清光緒二十九年(1903)鉛印本　二冊　存七卷(一至七)

230000－0903－0001990　400－1/117
**蘭言詩鈔四卷**　(清)李瑞輯　(清)穆騰額注

釋　清光緒十七年(1891)上洋文成堂刻本　四冊

230000－0903－0001991　400－1/118
**詳注蘭言詩鈔四卷**　(清)穆騰額注釋　清光緒二十一年(1895)珍藝書局鉛印本　四冊

230000－0903－0001992　400－1/119
**古文翼八卷**　(清)唐德宜編　(清)張承霖等重校　清光緒十九年(1893)湖南經國書局刻本　八冊

230000－0903－0001993　260－5/75
**日本財務行政述要五篇附錄一篇**　何煜編　清宣統三年(1911)鉛印本　二冊

230000－0903－0001994　260－5/75－1
**日本財務行政述要五篇附錄一篇**　何煜編　清宣統三年(1911)鉛印本　二冊

230000－0903－0001995　260－5/75－2
**日本財務行政述要五篇附錄一篇**　何煜編　清宣統三年(1911)鉛印本　二冊

230000－0903－0001996　260－5/76
**日本財務行政述要五篇附錄一篇**　何煜編　清宣統三年(1911)鉛印本　二冊

230000－0903－0001997　260－5/77
**新譯日本法規大全二十五卷首一卷**　商務印書館編　(清)劉崇傑等譯校　**日本法規解字一冊**　錢恂　董鴻禕編纂　清光緒三十三年(1907)商務印書館鉛印本　八十一冊

230000－0903－0001998　260－5/78
**新譯日本法規大全二十五卷首一卷**　商務印書館編　清光緒三十三年(1907)商務印書館鉛印本　八十冊

230000－0903－0001999　260－5/79
**列國政要一百三十二卷首一卷附譯名對照表**　(清)戴鴻慈　(清)端方輯　清光緒三十三年(1907)石印本　三十二冊

230000－0903－0002000　260－5/80
**列國政要一百三十二卷首一卷附譯名對照表**　(清)戴鴻慈　(清)端方輯　清光緒三十三年(1907)石印本　三十二冊

230000－0903－0002001　260－5/81
**列國政要續編九十四卷首一卷**　(清)戴鴻慈　(清)端方輯　清宣統三年(1911)石印本　三十二冊

230000－0903－0002002　260－5/82
**外交報**　商務印書館編　清光緒三十一年(1905)鉛印本　五冊

230000－0903－0002003　260－6/1
**海防策要四卷**　(□)□□撰　清光緒十四年(1888)上海蜚英館石印本　一冊

230000－0903－0002004　260－6/3
**整頓保甲巡防章程一卷**　(□)□□撰　清光緒二十四年(1898)刻本　一冊

230000－0903－0002005　260－6/4
**長江礮臺芻議一卷**　(清)姚錫光撰　清光緒二十二年(1896)刻本　一冊

230000－0903－0002006　260－6/5
**鄉守外編輯要八卷**　(清)許乃釗編輯　清道光三十年(1850)刻本　四冊

230000－0903－0002007　260－7/1
**李文忠公外部函稾二十八卷**　(清)吳汝綸編輯　清光緒二十八年(1902)蓮池書社鉛印本　十四冊

230000－0903－0002008　260－7/3
**北洋公牘類纂二十五卷**　(清)甘厚慈輯　清光緒三十三年(1907)北京益森公司鉛印本　二十冊

230000－0903－0002009　260－7/4
**江蘇省例不分卷**　(□)□□撰　清光緒三十三年(1907)江蘇書局刻本　十二冊

230000－0903－0002010　260－7/7
**四川商辦鐵路駐宜公司第三期報告冊**　(□)□□撰　清宣統二年(1910)鉛印本　二冊

230000－0903－0002011　260－7/8
**四川商辦鐵路駐宜公司第二期報告冊**　(□)□□撰　清宣統二年(1910)鉛印本　二冊

230000－0903－0002012　260－7/11
**政治官報不分卷**　(清)政治官報局編　清宣統二年(1910)鉛印本　三冊

230000－0903－0002013　260－7/14
**城鎮自治公所辦事方法暨順序期限清單並說明書一卷**　(清)□□撰　清末石印本　一冊

230000－0903－0002014　260－7/18
**奉天全省農業試驗場報告第一冊**　(清)羅振芳編撰　清光緒三十三年(1907)奉天工藝傳習所鉛印本　一冊

230000－0903－0002015　260－7/19
**奉天農業試驗場報告書卷上**　(清)奉天農業試驗場編　清宣統三年(1911)奉天振東排印局鉛印本　一冊

230000－0903－0002016　260－7/21
**奏定黑龍江東省鐵路購地伐木煤礦合同**　徐世昌　程德全奏　清光緒三十四年(1908)奉天中和印書館鉛印本　一冊

230000－0903－0002017　260－7/22
**黑龍江省諮議局籌辦處報告書四編**　(清)黑龍江省諮議局籌辦處編　清宣統元年(1909)諮議局鉛印本　一冊

230000－0903－0002018　260－7/23
**黑龍江省諮議局籌辦處報告書四編**　(清)黑龍江省諮議局籌辦處編　清宣統元年(1909)諮議局鉛印本　一冊

230000－0903－0002019　260－7/24
**黑龍江省諮議局籌辦處報告書四編附職員表**　(清)黑龍江省諮議局籌辦處編　清宣統鉛印本　二冊

230000－0903－0002020　260－7/35
**黑龍江省墾務要覽四編**　(清)黑龍江墾務總局編　清宣統元年(1909)鉛印本　一冊

230000－0903－0002021　260－7/37
**黑龍江實業普通細則章程一卷**　(清)□□撰　清宣統三年(1911)鉛印本　一冊

230000－0903－0002022　260－7/38
**黑龍江實業普通細則章程一卷**　(清)□□撰　清宣統三年(1911)鉛印本　二冊

230000－0903－0002023　260－8/1
**唐律疏義三十卷附音義一卷洗冤錄五卷**　(唐)長孫無忌等撰　清光緒十七年(1891)刻本　八冊

230000－0903－0002024　260－8/2
**補宋書刑法志一卷補宋書食貨志一卷**　(清)郝懿行撰　清光緒十七年(1891)廣雅書局刻本　一冊

230000－0903－0002025　260－8/4
**續增刑案匯覽十六卷**　(清)祝松庵輯　清道光二十年(1840)棠樾慎思堂刻本　十六冊

230000－0903－0002026　260－8/5
**刑案匯覽六十卷首一卷末一卷拾遺備考一卷**　(清)祝慶祺編　清道光十四年(1834)棠樾慎思堂刻本　六十二冊　缺二卷(四十七、五十)

230000－0903－0002027　260－8/6
**刑案匯覽六十卷首一卷末一卷拾遺備考一卷續增刑案匯覽十六卷**　(清)祝慶祺編　清咸豐二年(1852)棠樾文淵堂刻本　八十冊

230000－0903－0002028　260－8/7
**新增刑案匯覽十六卷首一卷續增刑案匯覽十六卷**　(清)潘文舫　(清)徐諫荃輯　清光緒十二年(1886)圖書集成局石印本　十二冊

230000－0903－0002029　260－8/11
**秋審實緩比較條款五卷**　(清)謝信齋撰　清光緒四年(1878)江蘇書局刻本　二冊

230000－0903－0002030　260－8/10
**秋讞輯要六卷首一卷**　(清)剛毅輯　清光緒十五年(1889)江蘇書局刻本　八冊

230000－0903－0002031　260－8/25
**通行章程六卷**　(清)王汝礪補撰　清光緒三十三年(1907)宏道堂刻本　八冊

230000－0903－0002032　260－8/12
**秋審實緩比較彙案新編二卷**　(清)桑春榮編

清光緒九年(1883)京都擷華書局刻本　二册

230000－0903－0002033　260－8/13
**駁案新編三十二卷續編七卷秋審實緩比較彙案二卷**　(清)全士潮等編　清光緒十年(1884)刻本　三十二册

230000－0903－0002034　260－8/14
**駁案續編七卷**　(□)□□撰　清刻本　六册

230000－0903－0002035　260－8/15
**駁案新編三十二卷**　(清)全士潮等編　清光緒九年(1883)大興桑春榮刻本　二十四册

230000－0903－0002036　260－8/16
**不用刑審判書六卷**　(清)魏息園輯　清光緒三十三年(1907)商務印書館鉛印本　二册

230000－0903－0002037　260－8/17
**名法指掌四卷**　(清)徐灝撰　清同治九年(1870)湖北崇文書局刻本　四册

230000－0903－0002038　260－8/18
**三流道里表不分卷**　(清)弘晝等修　(清)唐紹祖等纂修　清同治十一年(1872)江蘇書局刻本　二册

230000－0903－0002039　260－8/19
**審看擬式四卷首一卷末一卷**　(清)剛毅撰　清光緒十五年(1889)江蘇書局刻本　二册

230000－0903－0002040　260－8/20
**奇冤紀聞二卷清册一卷**　(清)遊春澤編　清光緒二十四年(1898)上海飛鴻閣石印本　三册

230000－0903－0002041　260－8/21
**刺字集四卷**　沈家本撰　清光緒二十四年(1898)江蘇書局刻本　一册

230000－0903－0002042　260－8/22
**律例便覽八卷處分則例圖六卷**　(清)蔡嵩年　(清)蔡逢年輯　清同治九年(1870)江蘇書局刻本　六册

230000－0903－0002043　260－8/23
**讀律一得歌四卷**　(清)宗繼增編　清光緒十六年(1890)江蘇書局刻本　二册

230000－0903－0002044　260－8/24
**通行條例十五卷**　(清)□□撰　清光緒十四年(1888)江蘇書局刻本　六册

230000－0903－0002045　260－8/26
**法律名辭通釋十卷**　(清)劉天佑撰　清光緒三十四年(1908)紳班法政學堂鉛印本　十册

230000－0903－0002046　260－8/27
**大清律例彙輯便覽四十卷附表三卷**　(清)三泰等纂　清同治十一年(1872)湖北讞局刻本　三十二册

230000－0903－0002047　260－8/28
**大清律例彙輯便覽四十卷附表三卷**　(清)三泰等纂　清光緒十四年(1888)刻本　三十二册

230000－0903－0002048　260－8/29
**大清律例增修統纂集成四十卷附二卷**　(清)陶駿　(清)陶念霖增修　清光緒二十年(1894)浙省大街清河坊刻本　二十四册

230000－0903－0002049　260－8/30
**大清律例增修統纂集成四十卷附二卷**　(清)陶駿　(清)陶念霖增修　清光緒三十三年(1907)孫谿朱氏校經山房刻本　二十四册

230000－0903－0002050　260－8/31
**[光緒辛丑迄宣統乙酉]大清法規大全一百五十九卷首十二卷**　(清)上海政學社編　清宣統元年(1909)政學社鉛印本　四十二册

230000－0903－0002051　260－8/32
**欽定大清現行刑律三十六卷首一卷附二卷**　沈家本等修　清宣統二年(1910)仿聚珍版石印本　十八册

230000－0903－0002052　260－8/33
**欽定大清刑律第一編三十六章**　沈家本編　清宣統三年(1911)刻本　二册

230000－0903－0002053　260－8/34
**欽定大清刑律第二編三十六章**　沈家本編　清宣統三年(1911)刻本　二册

230000－0903－0002054　260－8/35
**大清現行刑律案語不分卷**　沈家本等編　核**訂現行刑律不分卷**　（清）奕劻等編　清宣統元年（1909）法律館鉛印本　十五冊

230000－0903－0002055　260－8/36
**大清律例總類十六卷**　（□）□□撰　清光緒十五年（1889）江蘇書局刻本　四冊

230000－0903－0002056　260－8/38
**大理院光緒三十三年統計表二卷**　（□）□□撰　清光緒三十三年（1907）鉛印本　二冊

230000－0903－0002057　260－8/39
**刑臺秦鏡二卷**　（□）□□撰　清光緒刻本　二冊

230000－0903－0002058　260－8/40
**大清新刑律四編**　（清）法學社編　清宣統三年（1911）奉天省關東印書館鉛印本　一冊

230000－0903－0002059　260－8/41
**大清法政彙編四種**　（清）上海政學社編　清宣統元年（1909）上海政學社石印本　十八冊　缺一種一百七條（第四種六百十八至七百二十四）

230000－0903－0002060　260－8/42
**大清光緒新法令十三卷附錄一卷**　商務印書館編　清宣統元年（1909）商務印書館鉛印本　二十冊

230000－0903－0002061　260－8/43
**大清光緒新法令十三卷附錄二卷**　商務印書館編　清宣統元年（1909）商務印書館鉛印本　二十冊

230000－0903－0002062　260－8/43－1
**大清光緒新法令十三卷附錄二卷**　商務印書館編　清宣統元年（1909）商務印書館鉛印本　二十冊

230000－0903－0002063　260－8/44
**光緒政要十一卷**　（清）沈桐生輯　（清）董沅　（清）董潤校　清宣統元年（1909）上海崇義堂鉛印本　八冊

230000－0903－0002064　260－8/46
**大清宣統新法令**　商務印書館編　清宣統元年（1909）商務印書館鉛印本　七冊　存七冊（一至五、七、九）

230000－0903－0002065　260－8/45
**大清宣統新法令**　商務印書館編　清宣統元年（1909）商務印書館鉛印本　存三十二冊　缺一冊（十七）

230000－0903－0002066　260－8/47
**山東鹽法志二十二卷首一卷附編十卷**　（清）李如枚修　（清）宋湘等纂　清嘉慶十四年（1809）刻本　二十四冊

230000－0903－0002067　260－8/48
**山東鹽法續增備考六卷**　（清）恩錫輯　（清）劉臺耀校　清同治三年（1864）刻本　十冊

230000－0903－0002068　260－8/50
**公法便覽四卷總論一卷續一卷**　（美國）丁韙良編　清光緒三年（1877）鉛印本　六冊

230000－0903－0002069　260－8/70
**樊山公牘四卷**　樊增祥撰　清宣統三年（1911）廣益書局石印本　四冊

230000－0903－0002070　265－1/1
**聖諭廣訓二卷**　（清）聖祖玄燁撰　（清）世宗胤禛廣訓　清刻本　二冊

230000－0903－0002071　265－1/2
**聖諭十六條附律易解一卷**　（清）夏炘繹　清同治九年（1870）江蘇書局刻本　一冊

230000－0903－0002072　265－1/4
**世宗憲皇帝諭旨一百五十九卷**　（清）允祿等校　清光緒二十一年（1895）浙江官書局刻本　三十二冊

230000－0903－0002073　265－1/5
**十朝聖訓九百二十二卷**　（□）□□撰　清刻本　二百十冊　缺一百四十七卷（世宗十七至三十六、仁宗六十六至一百三十、宣宗一百八至一百三十、穆宗一百二十二至一百六十）

230000－0903－0002074　265－1/6

**十朝聖訓九百二十二卷** (□)□□撰 清光緒二年(1876)石印本 一百冊

230000－0903－0002075 265－2/1
**唐陸宣公奏議讀本四卷首一卷** (唐)陸贄撰 (清)汪銘謙編輯 (清)馬傳庚評點 清光緒二十六年(1900)會稽馬氏石印本 二冊

230000－0903－0002076 265－2/3
**唐陸宣公奏議讀本四卷首一卷** (唐)陸贄撰 (清)汪銘謙編 (清)馬傳庚評點 清光緒二十六年(1900)會稽馬氏石印本 一冊 存二卷(一至二)

230000－0903－0002077 265－2/4
**宋包孝肅公奏議十卷** (宋)包拯撰 清道光二十年(1840)朝宗書室活字印本 一冊

230000－0903－0002078 265－2/5
**林文忠公政書三集三十七卷畿輔水利議十二卷滇軺紀程一卷荷戈紀程一卷蒐遺一卷** (清)林則徐撰 清光緒二年(1876)三山林氏刻本 十二冊 缺二卷(乙集奏稿二至三)

230000－0903－0002079 265－2/6
**林文忠公政書三十七卷** (清)林則徐撰 清光緒二年至五年(1876－1879)刻本 八冊 存十七卷(乙集一至四、六至八,丙集十卷)

230000－0903－0002080 265－2/7
**曾文正公奏議十卷首一卷補編四卷文鈔四卷附校勘記** (清)曾國藩撰 (清)薛福成編 清同治十二年(1873)蘇郡刻本 十六冊

230000－0903－0002081 265－2/8
**曾文正公奏議十卷首一卷末一卷補編四卷** (清)曾國藩撰 (清)薛福成編 清同治十二年(1873)蘇郡刻本 十二冊

230000－0903－0002082 265－2/11
**左恪靖侯奏稿初編三十八卷續編七十六卷三編六卷** (清)左宗棠撰 清光緒刻本 六十四冊

230000－0903－0002083 265－2/12
**左文襄公奏疏三十八卷續編七十六卷三編六卷** (清)左宗棠撰 清光緒十六年(1890)上海圖書集成局鉛印本 二十冊

230000－0903－0002084 265－2/13
**彭剛直公奏稿八卷** (清)彭玉麟撰 清光緒十七年(1891)石印本 四冊

230000－0903－0002085 265－2/14
**彭剛直公奏稿八卷** (清)彭玉麟撰 清光緒十七年(1891)石印本 四冊

230000－0903－0002086 265－2/15
**吳柳堂奏稿三卷** (清)吳可讀撰 (清)袁祖志編 清光緒三十二年(1906)上海文瑞樓刻本 三冊

230000－0903－0002087 265－2/16
**沈文肅公政書七卷首一卷** (清)沈葆楨撰 清光緒六年(1880)吳門節署刻本 八冊

230000－0903－0002088 265－2/18
**移孝軒疏稾二卷** (清)李灼華撰 清宣統三年(1911)石印本 二冊

230000－0903－0002089 265－2/20
**同治中興京外奏議約編八卷** (清)陳弢編 清光緒元年(1875)篋劍囊琴之室刻本 八冊

230000－0903－0002090 265－2/21
**奏疏分類便覽七卷** (□)□□撰 清光緒三年(1877)京都擷華書局鉛印本 七冊

230000－0903－0002091 265－2/22
**教案奏議彙編八卷首一卷** (清)程宗裕編 清光緒二十七年(1901)上海書局石印本 六冊

230000－0903－0002092 265－2/23
**奏摺譜一卷** (清)饒旬宣纂 清光緒十三年(1887)刻本 一冊

230000－0903－0002093 265－2/24
**奏摺譜一卷** (清)饒旬宣纂 清光緒九年(1883)刻本 一冊

230000－0903－0002094 265－2/26
**程將軍守江奏稿十七卷** 程德全撰 **黑龍江歷任將軍懇務奏稿四卷** (□)□□撰 清末

鉛印本　六冊　存十二卷(一至二、九至十六,懇務奏稿三至四)

230000－0903－0002095　265－2/27
**周中丞撫江奏稿五卷**　周樹模撰　清宣統二年(1910)鉛印本　五冊

230000－0903－0002096　265－2/28
**周中丞撫江奏稿五卷**　周樹模撰　清宣統二年(1910)鉛印本　五冊

230000－0903－0002097　265－2/29
**周中丞撫江奏稿五卷**　周樹模撰　清宣統二年(1910)鉛印本　五冊

230000－0903－0002098　265－2/30
**周中丞撫江奏稿五卷**　周樹模撰　清宣統二年(1910)鉛印本　五冊

230000－0903－0002099　265－2/31
**周中丞撫江奏稿五卷**　周樹模撰　清宣統二年(1910)鉛印本　五冊

230000－0903－0002100　265－2/32
**周中丞撫江函稿三卷**　周樹模撰　清宣統三年(1911)鉛印本　一冊

230000－0903－0002101　280－1/1
**地球韻言四卷**　(清)張士瀛撰　清光緒二十四年(1898)刻本　二冊

230000－0903－0002102　280－1/2
**地球韻言四卷**　(清)張士瀛撰　清光緒二十四年(1898)刻本　二冊

230000－0903－0002103　280－1/3
**地理全志一百四十三章**　(英國)慕維廉撰　清光緒九年(1883)鉛印本　一冊

230000－0903－0002104　280－1/4
**瀛環志畧十卷續集四卷末一卷附一卷**　(清)徐繼畬撰　清光緒二十四年(1898)掃葉山房石印本　八冊

230000－0903－0002105　280－1/5
**世界第一譚二十一章**　(日本)村上俊藏撰　(清)陶懋立參譯　清光緒二十九年(1903)上海文明書局鉛印本　一冊

230000－0903－0002106　280－1/6
**地理人文關係論八章**　(□)□□撰　清光緒三十二年(1906)金陵江楚編譯官書局石印本　一冊

230000－0903－0002107　280－1/8
**蓬萊軒輿地學叢書二十三卷首一卷**　(清)丁謙撰　清光緒二十八年(1902)石印本　四冊

230000－0903－0002108　280－1/10
**問影樓輿地叢書第一集十五種**　胡思敬輯　清光緒三十四年(1908)新昌胡氏京師鉛印本　十冊

230000－0903－0002109　280－1/11
**歷代地理沿革圖二十二圖紀元編三卷**　(清)馬徵麟訂正　清同治十年(1871)朱墨套印本　四冊

230000－0903－0002110　280－1/12
**歷代地理志韻編今釋二十卷附皇朝輿地志編二卷**　(清)李兆洛輯　(清)六嚴等編集　清同治九年(1870)合肥李氏刻本　八冊

230000－0903－0002111　280－1/13
**輿地沿革表四十卷**　(清)楊丕復撰　清光緒十四年(1888)刻本　二十四冊

230000－0903－0002112　280－1/16
**中國歷史戰爭形勢圖說附論二卷**　(清)盧彤撰　清宣統二年(1910)鉛印本　一冊

230000－0903－0002113　280－1/18
**楚漢諸侯疆域志三卷**　(清)劉文淇撰　清光緒十五年(1889)廣雅書局刻本　一冊

230000－0903－0002114　280－1/19
**補三國疆域志二卷**　(清)洪亮吉撰　清光緒十七年(1891)廣雅書局刻本　一冊

230000－0903－0002115　280－1/20
**三國郡縣表八卷**　(清)吳增僅撰　清光緒二十一年(1895)刻本　四冊

230000－0903－0002116　280－1/21
**晉書地理志新補正五卷**　(清)畢沅撰　清光緒二十年(1894)廣雅書局刻本　一冊

230000－0903－0002117　280－1/22
**晉太康三年地記一卷**　(清)畢沅輯　清光緒二十一年(1895)廣雅書局刻本　一冊

230000－0903－0002118　280－1/23
**晉疆域志四卷**　(清)洪亮吉撰　清光緒十七年(1891)廣雅書局刻本　二冊

230000－0903－0002119　280－1/24
**補梁疆域志四卷**　(清)洪齮孫撰　清光緒十七年(1891)廣雅書局刻本　二冊

230000－0903－0002120　280－1/25
**十六國疆域志十六卷**　(清)洪亮吉撰　清光緒十七年(1891)廣雅書局刻本　四冊

230000－0903－0002121　280－1/27
**元豐九域志十卷**　(宋)王存等撰　清刻本　六冊

230000－0903－0002122　280－1/28
**宋州郡志校勘記一卷**　(清)成孺撰　清光緒十四年(1888)廣雅書局刻本　一冊

230000－0903－0002123　280－1/30
**輿地廣記三十八卷**　(宋)歐陽忞撰　**札記二卷**　(清)黄丕烈撰　清光緒六年(1880)金陵書局刻本　四冊

230000－0903－0002124　280－1/31
**輿地紀勝二百卷首一卷**　(宋)王象之編　清咸豐五年(1855)南海伍氏刻本　二十四冊

230000－0903－0002125　280－1/34
**天下郡國利病書一百二十卷**　(清)顧炎武輯　清道光三年(1823)敷文閣刻本　六十冊

230000－0903－0002126　280－1/35
**天下郡國利病書一百二十卷**　(清)顧炎武輯　清道光三年(1823)成都龍萬育刻本　五十八冊

230000－0903－0002127　280－1/36
**天下郡國利病書一百二十卷**　(清)顧炎武輯　清光緒二十七年(1901)圖書集成局鉛印本　二十七冊

230000－0903－0002128　280－1/37
**讀史方輿紀要一百三十卷輿地總圖四卷**　(清)顧祖禹輯　(清)彭元瑞定　清道光三年(1823)敷文閣刻本　六十八冊

230000－0903－0002129　280－1/38
**讀史方輿紀要一百三十卷輿地總圖四卷**　(清)顧祖禹輯　(清)彭元瑞校　清道光三年(1823)宏道堂刻本　六十二冊

230000－0903－0002130　280－1/39
**方輿紀要簡覽三十四卷**　(清)顧祖禹撰　(清)潘鐸輯錄　清咸豐八年(1858)紅杏書屋刻本　十六冊

230000－0903－0002131　280－1/40
**方輿全圖總說五卷**　(清)顧祖禹輯　(清)浦錫齡校訂　清光緒二十七年(1901)圖書集成局鉛印本　四冊

230000－0903－0002132　280－1/41
**欽定皇輿西域圖志五十二卷首四卷**　(清)傅恒等修　(清)褚廷璋等撰　清光緒十九年(1893)杭州便益書局石印本　十二冊

230000－0903－0002133　280－1/42
**大清一統志五百卷目錄一卷**　(清)和珅等撰　清光緒二十七年(1901)上海寶善齋石印本　六十冊　存四百十七卷(一至四百十七)

230000－0903－0002134　280－1/43－1
**大清一統志輯要五十卷**　(清)洪亮吉撰　清光緒二十八年(1902)山左輿圖局石印本　十二冊

230000－0903－0002135　280－1/43－2
**大清一統志輯要五十卷**　(清)洪亮吉撰　清光緒二十八年(1902)山左輿圖局石印本　十二冊

230000－0903－0002136　280－1/44
**大清一統輿圖南十卷北二十卷首一卷**　(清)嚴樹森編　清同治二年(1863)湖北撫署刻本　十冊

230000－0903－0002137　280－1/45
**大清一統輿圖南十卷北二十卷首一卷**　(清)

嚴樹森編　清同治二年(1863)湖北撫署刻本　十二冊

230000－0903－0002138　280－1/46
**大清一統輿圖南十卷北二十卷首一卷**　(清)嚴樹森編　清同治二年(1863)湖北撫署刻本　十二冊

230000－0903－0002139　280－1/47
**皇朝藩部要略十八卷世系表四卷**　(清)祁韻士撰　清光緒十年(1884)浙江書局刻本　八冊

230000－0903－0002140　280－1/48
**皇朝藩部要略十八卷世系表四卷**　(清)祁韻士撰　清光緒十年(1884)浙江書局刻本　八冊

230000－0903－0002141　280－1/50
**皇朝輿地略一卷**　(清)馮焌光撰　清同治七年(1868)刻本　一冊

230000－0903－0002142　280－1/51
**皇朝輿地韻編二卷**　(清)李兆洛撰　清光緒十年(1884)湖北省官書處刻本　一冊

230000－0903－0002143　280－1/52
**皇朝直省府廳州縣歌括一卷**　(清)蔣升撰　清光緒二十三年(1897)江楚書局刻本　一冊

230000－0903－0002144　280－1/53
**乾隆府廳州縣圖志五十卷**　(清)洪亮吉撰　清光緒五年(1879)授經堂刻本　二十冊

230000－0903－0002145　280－1/54
**乾隆府廳州縣圖志五十卷**　(清)洪亮吉撰　清光緒二十三年(1897)新化三味書室刻本　十六冊

230000－0903－0002146　280－1/56
**五軍道理表不分卷**　(清)明亮等纂　清同治十二年(1873)江蘇書局刻本　十八冊

230000－0903－0002147　280－2/3
**[光緒]順天府志一百三十卷附錄一卷**　(清)萬青黎　(清)周家楣修　(清)張之洞等纂　清光緒二十八年(1902)補刻本　三十八冊　存八十一卷(一至十八、四十二至六十四、八十至八十八、一百一至一百三十,附錄一卷)

230000－0903－0002148　280－2/5
**[道光]皖省志略四卷附錄一卷**　(清)朱雲錦纂　清道光元年(1821)金閶傳書齋毛上珍刻本　四冊

230000－0903－0002149　280－2/6
**[光緒]重修安徽通志三百五十卷補遺十卷**　(清)吳坤修　(清)沈葆楨等修　(清)何紹基等纂　清光緒三年(1877)刻本　一百二十冊

230000－0903－0002150　375－6/7
**地理辨正疏五卷首一卷末一卷**　(清)張心言撰　清道光九年(1829)培杏書屋刻本　四冊

230000－0903－0002151　375－6/10
**陽宅大全十卷**　題(明)一壑居士集　清光緒三十二年(1906)上海江東書局石印本　四冊

230000－0903－0002152　375－6/18
**地理五訣八卷陽宅三要四卷**　(清)趙廷棟撰　清乾隆五十一年(1786)聚盛堂刻本　六冊

230000－0903－0002153　380－1/120
**樓閣叢書二十八種**　(清)鄭學川輯　清咸豐至同治宗鏡堂刻民國三年(1914)印本　十一冊　存十二種(法界聖凡水陸齋普利道場性相通論九卷、佛說阿彌陀經論、華嚴小懺一卷、華嚴大懺一卷、心鏡華嚴念佛圖一卷、五教說一卷、婆羅門書一卷、虛空樓閣一卷、虛空樓閣懺一卷、虛空樓閣問答一卷、樓閣聲音一卷附一卷補一卷、虛空樓閣聯句一卷)

230000－0903－0002154　280－2/7
**安徽輿圖表說十卷**　(□)□□撰　清光緒二十二年(1896)石印本　三冊

230000－0903－0002155　280－2/8
**皖志便覽三卷**　(清)李應珏撰　清光緒二十四年(1898)鏤雲閣刻本　二冊

230000－0903－0002156　280－2/9
**欽定新疆識畧十二卷首一卷**　(清)松筠纂修

清光緒刻本　十冊

230000－0903－0002157　280－2/10
**新疆賦一卷**　(清)徐松撰　清光緒二十九年(1903)上海文瑞樓石印本　一册

230000－0903－0002158　280－2/16
**漢西域圖考七卷首一卷**　(清)李光廷撰　(清)李承緒重繪　清同治九年(1870)陽湖趙氏壽諼草堂刻本　四册

230000－0903－0002159　280－2/17
**漢西域圖考七卷**　(清)李光廷撰　**西域水道記五卷**　(□)□□撰　**漢書西域傳補注二卷**　(清)徐松撰　清光緒二十九年(1903)上海文瑞樓石印本　十册

230000－0903－0002160　280－2/18
**江西全省輿圖十四卷首一卷**　(清)曾國藩等修　(清)顧長齡撰　清同治七年(1868)刻本　十五册

230000－0903－0002161　280－2/19
**[光緒]江西通志一百八十卷首五卷**　(清)劉坤一等修　(清)劉繹等纂　清光緒七年(1881)刻本　一百二十册

230000－0903－0002162　280－2/20
**[同治]蘇州府志一百五十卷首三卷**　(清)李銘皖等修　(清)馮桂芬等纂　清光緒八年(1882)江蘇書局刻本　八十册

230000－0903－0002163　280－2/21
**浙江全省輿圖並水陸道里記不分卷**　(清)宗源瀚等編　清光緒二十年(1894)浙江輿圖總局石印本　二十册

230000－0903－0002164　375－6/21
**校正陽宅大全圖說十卷**　(清)周繼書序　清宣統三年(1911)上海進步書局石印本　一册

230000－0903－0002165　375－6/22
**黃帝宅經二卷葬經内篇一卷**　(晉)郭璞撰　清光緒三年(1877)湖北崇文書局刻本　一册

230000－0903－0002166　280－2/22
**[光緒]敕修浙江通志二百八十卷首三卷**　(清)李衛等修　(清)沈翼機等纂　清光緒二十五年(1899)浙江書局刻本　一百二十册

230000－0903－0002167　280－2/23
**光緒湖北輿地記二十四卷**　(清)湖北輿圖局撰　清光緒二十年(1894)湖北輿圖局刻本　二十四册

230000－0903－0002168　280－2/24
**光緒湖北輿地記二十四卷**　(清)湖北輿圖局撰　清光緒二十年(1894)湖北輿圖局刻本　二十四册

230000－0903－0002169　280－2/26
**鄂省營制驛傳彙編四卷**　(清)陳仲衡編　清光緒十五年(1889)刻本　四册

230000－0903－0002170　280－2/27
**[嘉慶]四川通志二百四十卷首二十二卷**　(清)常明等修　清嘉慶二十一年(1816)刻本　四册　存四卷(一百五、一百九、一百四十至一百四十一)

230000－0903－0002171　280－2/30
**[道光]重纂福建通志二百七十八卷首一卷附一卷**　(清)孫爾準等修　(清)陳壽祺纂　清同治七年(1868)正誼書院刻本　一百四十册

230000－0903－0002172　280－2/32
**廣東圖說九十二卷首一卷圖二十三卷**　(清)毛鴻賓等編　(清)郭嵩燾等修　(清)陳澧等繪圖　清光緒刻本　二十一册

230000－0903－0002173　280－2/33
**[嘉慶]廣西通志二百七十九卷**　(清)謝啓昆修　(清)胡虔撰　清嘉慶六年(1801)刻同治四年(1865)補刻本　四册　存五十一卷(九十至一百四十)

230000－0903－0002174　380－1/17－1
**大方廣圓覺修多羅了義經二卷**　(唐)釋佛陀多羅譯　清同治八年(1869)金陵刻經處刻本　一册

230000－0903－0002175　380－1/189
**增壹阿含經二十二卷**　(前秦)釋曇摩難提譯

清刻本　五册

230000－0903－0002176　380－1/210

**慾海慈航一卷**　（清）黄正元纂輯　清道光十七年（1837）北京晉文齋刻本　一册

230000－0903－0002177　340－1/17

**周氏醫學叢書三集二十九種**　（清）周學海輯　清光緒、宣統池陽周氏刻宣統三年（1911）彙印本　二十三册　存八種（本草經疏十四至三十，脈訣刊誤集解下，增輯難經本義二卷，中藏經三卷附方一卷，巢氏諸病源候總論五十卷，脈因證治四卷，小兒藥證直訣三卷附方一卷，診家直訣二卷、辨脈法篇一卷平脈法篇一卷）

230000－0903－0002178　280－2/34

**［光緒］續雲南通志稿二百卷首六卷目錄一卷**　（清）王文韶等修　（清）黄膺等重校　清光緒二十七年（1901）四川刻本　一百册　存一百九十一卷（一至二十七、三十一至一百九十四）

230000－0903－0002179　280－2/35

**西藏圖考八卷首一卷**　（清）黄沛翹撰　清光緒二十年（1894）刻本　四册

230000－0903－0002180　280－2/37

**［乾隆］盛京通志四十八卷**　（清）吕耀曾修　（清）魏樞等纂　（清）雷以誠補修　清咸豐二年（1852）補刻本　二十册

230000－0903－0002181　280－2/38

**朔方備乘六十八卷目錄一卷首十二卷**　（清）何秋濤撰　清光緒七年（1881）刻本　二十四册

230000－0903－0002182　280－2/39

**朔方備乘六十八卷目錄一卷首十二卷**　（清）何秋濤撰　清光緒十年（1884）石印本　八册

230000－0903－0002183　280－2/40

**東三省政略十二卷附圖一帙八幅**　徐世昌編　清宣統三年（1911）鉛印本　五十册

230000－0903－0002184　280－2/49

**［光緒］吉林通志一百二十二卷**　（清）長順修　（清）李桂林等纂　清光緒十七年（1891）刻本　四十八册

230000－0903－0002185　280－2/49－1

**吉林外記十卷**　（清）薩英額撰　清光緒二十一年（1895）漸西村舍刻本　四册

230000－0903－0002186　280－2/50

**吉林輿地圖說二十四卷**　（清）秦世銓撰　清光緒二十四年（1898）石印本　一册

230000－0903－0002187　280－2/51

**黑龍江外記八卷**　（清）西清撰　清光緒二十六年（1900）廣雅書局刻本　一册　存四卷（一至四）

230000－0903－0002188　280－2/71

**蒙古遊牧記十六卷**　（清）張穆撰　清同治六年（1867）壽陽祁氏刻本　四册

230000－0903－0002189　280－2/72

**蒙古遊牧記十六卷**　（清）張穆撰　清同治六年（1867）壽陽祁氏刻本　四册

230000－0903－0002190　280－2/103

**吴地記一卷附後集一卷**　（唐）陸廣微撰　清同治十二年（1873）江蘇書局刻本　一册

230000－0903－0002191　280－2/104

**吴郡圖經續記三卷附校勘記一卷**　（宋）朱長文撰　清同治十二年（1873）江蘇書局刻本　一册

230000－0903－0002192　280－2/105

**［同治］上海縣志札記六卷**　（清）秦榮光撰　清光緒二十八年（1902）松江振華德記印書館鉛印本　六册

230000－0903－0002193　280－2/107

**彙刻太倉舊志五種二十六卷**　繆朝荃輯　清宣統元年（1909）刻本　八册

230000－0903－0002194　280－2/108

**滄浪小志二卷**　（清）宋犖輯　清光緒十年（1884）江蘇書局刻本　一册

230000－0903－0002195　280－2/110

[同治]武功縣志三卷首一卷 （明）康海撰 清同治十二年（1873）湖北崇文書局刻本 一冊

230000－0903－0002196 280－2/111
杭州八旗駐防營志略二十五卷 （清）張大昌輯 清光緒十九年（1893）浙江書局刻本 六冊

230000－0903－0002197 280－2/116
[咸豐]南潯鎮志四十卷首一卷 （清）汪曰楨纂 清咸豐九年（1859）刻本 十冊

230000－0903－0002198 280－2/123
澳門記畧二卷首一卷末一卷 （清）印光任（清）張汝霖撰 清光緒六年（1880）江寧藩署刻本 二冊

230000－0903－0002199 280－3/2
西湖志四十八卷 （清）李衛修 （清）傅王露等撰 清光緒四年（1878）浙江書局刻本 二十冊

230000－0903－0002200 280－3/3
五畝園小志題詠合刻四卷 （清）謝家福輯 清光緒十六年（1890）蘇城徐文藝齋刻本 二冊

230000－0903－0002201 280－4/1
湖山便覽十二卷 （清）翟灝 （清）翟瀚輯 清光緒元年（1875）槐蔭堂王氏刻本 六冊

230000－0903－0002202 280－4/9
武夷山志二十四卷首一卷 （清）董天工編 清道光二十七年（1847）羅良嵩尺木軒刻本 八冊

230000－0903－0002203 280－4/10
石鐘山志十六卷首一卷補遺 （清）丁義方（清）方宗誠輯 （清）胡傳釗校訂 清光緒九年（1883）聽濤眺雨軒刻本 八冊

230000－0903－0002204 280－4/12
水經注四十卷首一卷 （北魏）酈道元撰 清光緒三年（1877）湖北崇文書局刻本 十二冊

230000－0903－0002205 280－4/14
水經注西南諸水考三卷弧三角平視法一卷摹印述一卷 （清）陳澧撰 清光緒刻本 一冊

230000－0903－0002206 280－4/15
水經注西南諸水考三卷弧三角平視法一卷摹印述一卷 （清）陳澧撰 清光緒刻本 一冊

230000－0903－0002207 280－4/16
今水經表二卷 （清）黃宗羲撰 清光緒三年（1877）湖北崇文書局刻本 一冊

230000－0903－0002208 280－4/17
水道提綱二十八卷 （清）齊召南編錄 清光緒七年（1881）上海文瑞樓鉛印本 八冊

230000－0903－0002209 280－4/18
西域水道記五卷漢書西域傳補注二卷新疆賦一卷 （清）徐松撰 清光緒刻本 八冊

230000－0903－0002210 280－4/19
西域水道記五卷漢書西域傳補注二卷新疆賦一卷 （清）徐松撰 清光緒刻本 六冊

230000－0903－0002211 280－4/20
畿輔河道水利叢書八種 （清）吳邦慶編 清道光四年（1824）刻本 十冊

230000－0903－0002212 280－4/21
五省溝洫圖說一卷 （清）沈夢蘭撰 清光緒六年（1880）江蘇書局刻本 一冊

230000－0903－0002213 280－4/22
鄂省丁漕指掌十卷 （清）林遠村 （清）王大經撰 清光緒元年（1875）藩署刻本 十冊

230000－0903－0002214 280－4/23
中國江海險要圖志二十二卷首一卷圖五卷補編五卷 （英國）海軍海圖官局纂 （清）陳壽彭譯 清光緒二十七年（1901）經世文社石印本 十五冊

230000－0903－0002215 280－4/24
中國江海險要圖志二十二卷圖五卷 （英國）海軍海圖官局纂 （清）陳壽彭譯 清光緒二十七年（1901）經世文社石印本 五冊

230000－0903－0002216 280－4/25
中國江海險要圖志二十二卷首一卷圖五卷補

編五卷　(英國)海軍海圖官局纂　(清)陳壽彭譯　清光緒三十三年(1907)廣雅書局石印本　十五册

230000－0903－0002217　280－4/26
**海道圖說十五卷附長江圖說一卷**　(英國)金約翰輯　(英國)傅蘭雅口譯　(清)王德均筆述　清光緒刻本　十册

230000－0903－0002218　280－4/27
**敏果齋七種**　(清)许乃钊輯　清道光刻本　二册　存二種四卷(安瀾紀要二卷、迴瀾紀要二卷)

230000－0903－0002219　280－4/28
**荆楚修疏指要五卷首二卷**　(清)胡祖翮撰　清同治十一年(1872)湖北崇文書局刻本　二册

230000－0903－0002220　280－4/29
**河工策要四卷**　(□)□□撰　清光緒十四年(1888)上海蜚英館石印本　一册

230000－0903－0002221　280－5/2
**徐霞客遊記二十卷補編一卷**　(明)徐宏祖撰　清嘉慶十三年(1808)葉廷甲水心齋增刻本　二十册

230000－0903－0002222　280－5/4
**龍井見聞錄十卷附傳二卷**　(清)汪孟鋗撰　清光緒十年(1884)嘉惠堂丁氏刻本　四册

230000－0903－0002223　280－6/1
**環遊地球新錄四卷**　(清)李圭撰　清光緒三年(1877)刻本　四册

230000－0903－0002224　280－6/2
**環遊地球新錄四卷**　(清)李圭撰　清光緒三年(1877)刻本　四册

230000－0903－0002225　280－6/3
**環遊地球新錄四卷**　(清)李圭撰　清光緒十年(1884)刻本　四册

230000－0903－0002226　280－6/4
**東瀛參觀錄三卷**　(清)李澍恩　(清)李達春輯　清光緒三十二年(1906)鉛印本　一册

230000－0903－0002227　280－6/6
**東遊日記一卷**　(清)王鶴鳴撰　清宣統二年(1910)石印本　一册

230000－0903－0002228　280－6/10
**俄遊彙編十二卷**　(清)繆祐孫撰　清光緒十五年(1889)上海秀文書局石印本　四册

230000－0903－0002229　280－6/11
**中亞洲俄屬遊記二卷**　(英國)蘭士德撰　(清)莫鎮藩譯　清光緒二十年(1894)上海時務報館石印本　二册

230000－0903－0002230　280－6/12
**初使泰西記一卷**　(清)志剛　(清)宜垕編　清光緒十一年(1885)上錫祺鉛印小方壺齋輿地叢鈔本　二册

230000－0903－0002231　280－6/13
**西事類編十六卷**　(清)沈純輯　清光緒十三年(1887)上海申報館鉛印本　六册

230000－0903－0002232　280－6/14
**西征紀程四卷**　(清)鄒代鈞撰　清光緒十七年(1891)鉛印本　二册

230000－0903－0002233　280－6/15
**出使英法義比四國日記六卷**　(清)薛福成撰　清光緒十七年(1891)刻本　四册

230000－0903－0002234　280－6/16
**出使英法義比四國日記六卷**　(清)薛福成撰　清光緒二十二年(1896)上海圖書集成印書局鉛印本　四册

230000－0903－0002235　280－6/17
**道西齋日記二卷**　(清)王詠霓撰　清光緒十八年(1892)上洋鴻寶齋石印本　一册

230000－0903－0002236　280－6/18
**英軺日記十二卷**　(清)載振撰　清光緒二十九年(1903)上海文明編譯書局鉛印本　二册　存五卷(八至十二)

230000－0903－0002237　285－1/2
**京畿金石考二卷**　(清)孫星衍撰　清道光二十年(1840)李錫齡刻惜陰軒叢書本　二册

230000－0903－0002238　285－1/3
**金石三例三種**　（清）盧見曾輯　（清）王芑孫評　清光緒四年（1878）南海馮氏讀有用書齋刻套印本　四冊

230000－0903－0002239　285－1/5
**兩浙金石志十八卷補遺一卷**　（清）阮元編錄　清光緒十六年（1890）浙江書局刻本　十二冊

230000－0903－0002240　285－1/7
**金石萃編補正四卷**　（清）方履籛撰　清光緒二十年（1894）上海醉六堂石印本　四冊

230000－0903－0002241　285－1/8
**金石萃編補畧二卷**　（清）王言撰　清光緒八年（1882）刻本　二冊

230000－0903－0002242　285－1/9
**小蓬萊閣金石文字**　（清）黄易輯　清道光十四年（1834）刻本　六冊

230000－0903－0002243　285－1/15
**金石摘十五卷續刻八卷**　（清）陳善墀輯　清同治十二年至光緒二年（1873－1876）瀏陽縣學之不求甚解齋刻本　二十三冊

230000－0903－0002244　285－1/16
**恒軒所見所藏吉金錄一卷**　（清）吳大澂輯　清同治十一年（1872）刻光緒十一年（1885）印本　二冊

230000－0903－0002245　285－1/17
**行素草堂金石叢書十六種**　（清）朱記榮輯訂　清光緒吳縣朱氏刻十四年（1888）彙印本　四十冊

230000－0903－0002246　285－1/19
**重定金石契不分卷**　（清）張燕昌撰　清光緒二十二年（1896）聚學軒主劉氏刻本　四冊

230000－0903－0002247　285－1/20
**長安獲古編二卷補一卷**　（清）劉喜海輯　清光緒東武劉氏刻本　二冊

230000－0903－0002248　285－1/31
**曝書亭金石文字跋尾六卷**　（清）朱彝尊撰　清光緒九年（1883）吳縣朱氏槐廬刻本　四冊

230000－0903－0002249　285－2/3
**積古齋鐘鼎彝器款識十卷**　（清）阮元編錄　清光緒五年（1879）武昌刻本　六冊

230000－0903－0002250　285－2/6
**古今待問錄四卷錄餘補遺一卷**　（清）朱楓輯　清光緒十六年（1890）常熟鮑氏後知不足齋刻本　二冊

230000－0903－0002251　285－2/7
**攈古錄金文三卷**　（清）吳式芬撰　清光緒二十一年（1895）刻本　九冊

230000－0903－0002252　285－2/8
**奇觚室吉金文述二十卷**　（清）劉心源輯　清光緒二十八年（1902）影印本　十冊

230000－0903－0002253　285－2/9
**陶齋吉金錄八卷**　（清）端方輯　清光緒三十四年（1908）上海有正書局影印本　八冊

230000－0903－0002254　285－2/10
**陶齋吉金錄八卷**　（清）端方輯　清光緒三十四年（1908）上海有正書局影印本　八冊

230000－0903－0002255　285－2/11
**陶齋吉金續錄二卷**　（清）端方輯　清宣統元年（1909）有正書局影印本　二冊

230000－0903－0002256　285－2/14
**西清續鑑甲編二十卷附錄一卷**　（□）□□撰　清宣統二年（1910）涵芬樓影印本　四十二冊

230000－0903－0002257　285－3/1
**集古錄目五卷**　（宋）歐陽棐撰　（清）黄本驥編　**跋尾十卷**　（宋）歐陽修撰　清道光二十四年（1844）三長物齋刻本　六冊

230000－0903－0002258　285－3/2
**集古錄跋尾十卷**　（宋）歐陽修撰　**目五卷**　（宋）歐陽棐撰　（清）黄本驥編　清光緒十三年（1887）刻行素草堂金石叢書本　六冊

230000－0903－0002259　285－3/3
**隸釋二十七卷隸續二十一卷**　（宋）洪適撰

**汪本隸釋刊誤一卷**　(清)黄丕烈撰　清同治十年(1871)皖南洪氏晦木齋摹刻本　十二册

230000－0903－0002260　285－3/4
**寰宇訪碑錄十二卷**　(清)孫星衍　(清)邢澍撰　清光緒九年(1883)江蘇書局刻本　四册

230000－0903－0002261　285－3/5
**補寰宇訪碑錄五卷失編一卷**　(清)趙之謙纂集　(清)沈樹鏞覆勘　清同治三年(1864)沈氏刻本　二册

230000－0903－0002262　285－3/6
**平津讀碑記八卷續紀一卷**　(清)洪頤煊撰　清光緒十二年(1886)吳縣朱氏刻槐廬叢書本　四册

230000－0903－0002263　285－3/7
**漢碑徵經一卷**　(清)朱百度撰　清光緒十五年(1889)廣雅書局刻本　一册

230000－0903－0002264　285－3/9
**唐昭陵石蹟考略五卷附謁唐昭陵記一卷**　(清)林侗撰　清光緒十七年(1891)徐氏觀自得齋刻本　二册

230000－0903－0002265　285－3/10
**匋齋臧石記四十四卷首一卷匋齋臧甎記二卷**　(清)端方撰　清宣統元年(1909)商務印書館石印本　十二册

230000－0903－0002266　285－3/11
**語石十卷**　葉昌熾撰　清宣統元年(1909)葉氏自刻本　四册

230000－0903－0002267　285－5/1
**泉布統志九卷首一卷附一卷**　(清)孟麟輯　清道光十三年(1833)孟氏自刻本　三十二册

230000－0903－0002268　285－5/6
**古今錢略三十二卷首一卷末一卷**　(清)倪模撰　清光緒五年(1879)望江倪氏經鋤堂自刻本　十六册

230000－0903－0002269　290－1/3
**欽定四庫全書總目二百卷首四卷**　(清)紀昀等撰　清刻本　一百二十册

230000－0903－0002270　290－1/4
**欽定四庫全書總目二百卷首一卷**　(清)紀昀等撰　清同治七年(1868)廣東書局刻本　一百二十册

230000－0903－0002271　290－1/5
**欽定四庫全書總目二百卷首一卷**　(清)紀昀等撰　清同治七年(1868)廣東書局刻本　一百册

230000－0903－0002272　290－1/7
**欽定四庫全書簡明目錄二十卷首一卷**　(清)紀昀等撰　清同治七年(1868)廣東書局刻本　十二册

230000－0903－0002273　290－1/9
**欽定天祿琳琅書目前編十卷**　(清)于敏中等重輯　**後編二十卷**　(清)彭元瑞續編　清光緒十年(1884)長沙王先謙刻本　十册

230000－0903－0002274　290－1/10
**欽定天祿琳琅書目前編十卷**　(清)于敏中等重輯　**後編二十卷**　(清)彭元瑞續編　清光緒十年(1884)長沙王先謙刻本　九册　存二十七卷(前編十卷,後編一至三、七至二十)

230000－0903－0002275　290－2/1
**昭德先生郡齋讀書志二十卷**　(宋)晁公武撰　**考異一卷附志一卷**　(宋)趙希弁撰　(宋)姚應績編　清光緒十年(1884)長沙王先謙刻本　十册

230000－0903－0002276　290－2/2
**直齋書錄解題二十二卷**　(宋)陳振孫撰　清光緒九年(1883)江蘇書局刻本　六册

230000－0903－0002277　290－2/5
**皕宋樓藏書志一百二十卷續志四卷**　(清)陸心源編　清光緒八年(1882)十萬卷樓刻本　三十二册

230000－0903－0002278　290－2/6
**楹書隅錄五卷續編四卷**　(清)楊紹和編　清光緒二十年(1894)楊氏海源閣刻本　八册

230000－0903－0002279　290－2/7

**鐵琴銅劍樓藏書目録二十四卷** （清）瞿鏞編 清光緒二十四年（1898）常熟瞿氏刻鐵琴銅劍樓叢書本 十册

230000 – 0903 – 0002280 290 – 2/8
**善本書室藏書志四十卷附録一卷** （清）丁丙輯 清光緒二十七年（1901）錢塘丁氏刻本 十六册

230000 – 0903 – 0002281 290 – 3/2
**全蜀藝文志六十四卷首一卷** （明）楊慎輯 （清）鄒蘭生校 清光緒十七年（1891）鄒氏刻本 十册

230000 – 0903 – 0002282 290 – 4/1
**隋經籍志考證十三卷** （清）章宗源撰 清光緒三年（1877）湖北崇文書局刻本 四册

230000 – 0903 – 0002283 290 – 4/2
**宋史藝文志補一卷** （清）倪燦撰 清光緒十七年（1891）廣雅書局刻本 一册

230000 – 0903 – 0002284 290 – 4/3
**元史藝文志四卷** （清）錢大昕補撰 清光緒江蘇書局刻本 一册

230000 – 0903 – 0002285 290 – 4/4
**補三史藝文志一卷** （清）金門詔撰 清光緒十七年（1891）廣雅書局刻本 一册

230000 – 0903 – 0002286 290 – 4/5
**八史經籍志二十六卷** （日本）□□輯 清光緒九年（1883）鎮海張壽榮刻本 十六册

230000 – 0903 – 0002287 290 – 4/6
**經義考三百卷** （清）朱彝尊撰 **目録二卷** （清）盧見曾編 清光緒二十三年（1897）浙江書局刻本 五十册 存二百九十八卷（一至二百九十八）

230000 – 0903 – 0002288 290 – 4/7
**小學考五十卷** （清）謝啟昆撰 清光緒十四年（1888）浙江書局刻本 二十册

230000 – 0903 – 0002289 290 – 4/9
**放翁題跋六卷** （宋）陸游撰 清光緒四年（1878）仁和葛元煦刻本 二册

230000 – 0903 – 0002290 290 – 4/10
**儀顧堂題跋十六卷** （清）陸心源撰 清光緒十六年（1890）刻本 六册

230000 – 0903 – 0002291 290 – 4/11
**儀顧堂續跋十六卷** （清）陸心源撰 清光緒十八年（1892）刻本 六册

230000 – 0903 – 0002292 290 – 4/12
**清儀閣題跋不分卷** （清）張廷濟撰 清光緒十九年（1893）刻本 四册

230000 – 0903 – 0002293 290 – 4/13
**清儀閣題跋不分卷** （清）張廷濟撰 清光緒十九年（1893）刻本 四册

230000 – 0903 – 0002294 290 – 4/15
**墨妙亭碑目考二卷附考一卷** （清）張鑑撰 清光緒十年（1884）江蘇書局刻本 二册

230000 – 0903 – 0002295 290 – 4/16
**藏書紀事詩六卷補遺一卷** 葉昌熾撰 清光緒二十三年（1897）江標刻靈鶼閣叢書本 十六册 缺一卷（補遺一卷）

230000 – 0903 – 0002296 290 – 4/17
**藏書紀事詩六卷補遺一卷** 葉昌熾撰 清光緒二十三年（1897）江標長沙使署刻本 六册 缺一卷（補遺一卷）

230000 – 0903 – 0002297 290 – 4/18
**暫定各學堂應用書目一卷** （清）京師大學堂編 清光緒二十九年（1903）江楚編譯官書局刻本 一册

230000 – 0903 – 0002298 290 – 4/19
**竹崦盦金石目録五卷** （清）趙魏撰 清宣統元年（1909）長沙刻本 五册

230000 – 0903 – 0002299 420 – 7/183
**曾文正公文鈔四卷補一卷附校勘記** （清）曾國藩撰 清同治十一年（1872）刻本 四册

230000 – 0903 – 0002300 420 – 7/183 – 1
**曾文正公文鈔四卷榮哀録一卷** （清）曾國藩撰 清同治十一年（1872）刻本 五册

230000 – 0903 – 0002301 420 – 7/184

**曾文正公全集四卷**　(清)曾國藩撰　清光緒二年(1876)傳忠書局刻本　四冊

230000－0903－0002302　420－7/185
**曾文正公雜著四卷**　(清)曾國藩撰　(清)李瀚章編　清同治十三年(1874)傳忠書局刻本　二冊

230000－0903－0002303　420－7/186
**曾文正公家書十卷家訓二卷**　(清)曾國藩撰　清光緒二年(1876)傳忠書局刻本　十二冊

230000－0903－0002304　420－7/189
**胡文忠公遺集八十六卷首一卷**　(清)胡林翼撰　清光緒元年(1875)湖北崇文書局刻本　三十二冊

230000－0903－0002305　420－7/189－1
**胡文忠公遺集八十六卷首一卷**　(清)胡林翼撰　清光緒元年(1875)湖北崇文書局刻本　十八冊　存四十五卷(一至九、十六至十八、三十一至三十七、四十七至六十、六十九至七十四、八十一至八十六)

230000－0903－0002306　420－7/190
**胡文忠公遺集八十六卷首一卷**　(清)胡林翼撰　清光緒十四年(1888)上海著易堂鉛印本　八冊

230000－0903－0002307　420－7/191
**胡文忠公遺集十卷首一卷**　(清)胡林翼撰　清同治七年(1868)醉六堂刻本　十冊

230000－0903－0002308　420－7/192
**學詁齋文集二卷**　(清)薛壽撰　清光緒十五年(1889)廣雅書局刻本　一冊

230000－0903－0002309　420－7/193
**遜學齋文鈔十二卷首一卷末一卷續鈔五卷詩鈔十卷詩續鈔五卷**　(清)孫衣言撰　清同治十二年(1873)刻本　十二冊

230000－0903－0002310　420－7/194
**二知軒詩鈔十四卷續鈔四卷**　(清)方濬頤撰　清同治五年(1866)廣州刻本　十冊

230000－0903－0002311　420－7/195
**郭侍郎集五十五卷**　(清)郭嵩燾撰　清光緒十八年(1892)刻本　二十八冊

230000－0903－0002312　420－7/196
**嶺上白雲集十二卷窳翁文鈔四卷**　(清)陸懋修撰　清光緒二十三年(1897)刻本　四冊

230000－0903－0002313　420－7/197
**劉武慎公遺書二十五卷**　(清)劉長佑撰　**年譜三卷**　(清)鄧輔綸編　清光緒二十六年(1900)鉛印本　二十八冊

230000－0903－0002314　420－7/198
**來雲閣詩六卷**　(清)金和撰　清光緒十八年(1892)丹陽束氏刻本　二冊

230000－0903－0002315　420－7/200
**適齋詩集四卷惕龕[完顏文勤]年譜一卷**　(清)完顏崇實撰　清光緒三年(1877)刻本　一冊

230000－0903－0002316　420－7/201
**廣經室文鈔不分卷**　(清)劉恭冕撰　清光緒十五年(1889)廣雅書局刻廣雅書局叢書本　一冊

230000－0903－0002317　420－7/206
**李文忠公全集一百六十五卷首一卷**　(清)李鴻章撰　清光緒三十一年(1905)金陵刻本　一百冊

230000－0903－0002318　420－7/207
**李文忠公全集一百六十五卷首一卷**　(清)李鴻章撰　清光緒三十一年(1905)金陵刻本　一百冊

230000－0903－0002319　420－7/209
**攜雪堂文集四卷**　(清)吳可讀撰　(清)李崇洸等箋注　清光緒二十六年(1900)浙江書局刻本　四冊

230000－0903－0002320　420－7/210
**寒松閣老人集二十三卷**　(清)張鳴珂撰　清光緒十九年(1893)蘇州交通圖書館刻本　八冊

230000－0903－0002321　420－7/211

**湖唐林館駢體文二卷**　(清)李慈銘撰　清光緒十年(1884)刻本　一册

230000－0903－0002322　420－7/213
**翠螺閣詩詞稾不分卷**　(清)淩祉媛撰　清咸豐四年(1854)刻本　二册

230000－0903－0002323　420－7/217
**松夢寮詩稿六卷**　(清)丁丙撰　清光緒二十五年(1899)刻本　三册

230000－0903－0002324　420－7/240
**賭棋山莊集六十五卷**　(清)謝章鋌撰　清光緒十年(1884)南昌刻本　二十六册

230000－0903－0002325　420－7/241
**賭棋山莊筆記合刻五種**　(清)謝章鋌撰　清光緒二十七年(1901)刻本　三册

230000－0903－0002326　420－7/242
**賭棋山莊餘集五卷**　(清)謝章鋌撰　清光緒二十八年(1902)謝氏刻本　二册

230000－0903－0002327　420－7/243
**臥知齋駢體文初稾一卷外集初稾一卷**　(清)涂景濤撰　清光緒五年(1879)刻本　一册

230000－0903－0002328　420－7/244
**一規八棱硯齋詩鈔集六卷**　(清)徐廷華撰　清光緒九年(1883)武昌廌齋刻本　三册

230000－0903－0002329　420－7/245
**梅窩詩鈔三卷詞鈔一卷遺稾一卷**　(清)陳良玉撰　清光緒十九年(1893)刻本　二册

230000－0903－0002330　420－7/246
**吟香室詩草二卷續刻一卷附刻一卷**　(清)楊蘊輝撰　清光緒二十三年(1897)南海縣署刻本　二册

230000－0903－0002331　420－7/248
**�室吟八卷壬癸編甲乙編四卷**　(清)王柏心撰　清咸豐七年(1857)刻本　四册

230000－0903－0002332　420－8/12
**俞俞齋文稿初集四卷詩稿初集二卷詩餘一卷**　(清)史念祖撰　清光緒三十二年(1906)廣陵刻本　六册

230000－0903－0002333　420－8/13
**海藏樓詩一卷**　鄭孝胥撰　清光緒三十二年(1906)鉛印本　一册

230000－0903－0002334　420－8/14
**夢園文稾初集一卷**　(□)□□撰　清末刻本　一册

230000－0903－0002335　420－8/15
**綺雲樓雜著三卷曇花唫一卷**　(清)竇士鏞撰　清宣統元年(1909)鉛印本　一册

230000－0903－0002336　420－8/16
**吳摯甫文集四卷**　(清)吳摯甫撰　清宣統二年(1910)國學扶輪社石印本　五册

230000－0903－0002337　420－8/17
**劍懷堂詩草内外編二卷**　(清)宋謙撰　清宣統二年(1910)鉛印本　二册

230000－0903－0002338　420－8/19
**沈觀齋詩二卷**　周樹模撰　清宣統二年(1910)龍江節署石印本　二册

230000－0903－0002339　420－8/20
**沈觀齋詩二卷**　周樹模撰　清宣統二年(1910)龍江節署石印本　一册

230000－0903－0002340　420－8/22
**陶廬箋牘四卷**　王樹枏撰　清光緒三十四年(1908)刻陶廬叢刻本　二册

230000－0903－0002341　420－8/25
**徧行堂集十六卷**　(清)釋澹歸撰　清宣統三年(1911)上海國學扶輪社鉛印本　八册

230000－0903－0002342　420－8/26
**徧行堂集十六卷**　(清)釋澹歸撰　清宣統三年(1911)上海國學扶輪社鉛印本　八册

230000－0903－0002343　420－8/27
**闢杯堂詩集二卷**　(清)杯隱撰　清光緒三十年(1904)鉛印本　一册

230000－0903－0002344　420－8/29
**小綠天盦詩文補遺不分卷**　九峰淡士撰　清宣統三年(1911)刻本　一册

230000－0903－0002345　430/1
**歷代名人書札二卷**　吴曾祺編　清光緒三十四年(1908)商務印書館鉛印本　二册

230000－0903－0002346　430/2
**歷代名人書札二卷**　吴曾祺編　清宣統三年(1911)商務印書館鉛印本　二册

230000－0903－0002347　430/22
**時藝核第三集時藝課第四集**　(清)路德輯　清道光二十年(1840)漁古山房刻本　六册

230000－0903－0002348　430/23
**蓮仙尺牘六卷**　(清)繆艮撰　(清)趙古農選　清道光二十七年(1847)文德堂刻本　六册

230000－0903－0002349　430/24
**臙脂牡丹六卷**　(清)王德寬撰　清咸豐五年(1855)丹桂堂刻本　六册

230000－0903－0002350　430/25
**臙脂牡丹六卷**　(清)王德寬撰　清咸豐十一年(1861)大成堂刻本　六册

230000－0903－0002351　430/26
**音注小倉山房尺牘八卷補遺八卷**　(清)袁牧撰　(清)胡光斗箋釋　清咸豐九年(1859)青蘿室刻本　四册

230000－0903－0002352　430/27
**音注小倉山房尺牘八卷**　(清)袁牧撰　(清)胡光斗箋釋　清光緒二十七年(1901)申昌書局石印本　二册

230000－0903－0002353　430/28
**音注小倉山房尺牘八卷**　(清)袁牧撰　(清)胡光斗箋釋　清光緒三十二年(1906)章福書局石印本　一册

230000－0903－0002354　430/30
**半圓尺牘二十五卷補遺六卷**　題(清)静福山人撰　清同治四年(1865)刻本　二十册

230000－0903－0002355　430/31
**周文忠公尺牘二卷**　(清)周天爵撰　清同治七年(1868)蘇松太道署刻本　一册

230000－0903－0002356　430/32
**旅津摘錦六卷**　(清)行方便人撰　清同治七年(1868)藝海堂刻本　六册

230000－0903－0002357　430/33
**注釋八銘塾鈔二集**　(清)吴蘭陔編　清同治九年(1870)榴紅書屋刻本　六册

230000－0903－0002358　430/34
**注釋八銘塾鈔初集四卷**　(清)吴蘭陔編　清同治九年(1870)榴紅書屋刻本　六册

230000－0903－0002359　430/35
**注釋八銘塾鈔初集五卷**　(清)吴蘭陔編　(□)李文山注釋　清光緒六年(1880)掃葉山房刻本　六册

230000－0903－0002360　430/36
**注釋八銘塾鈔二集**　(清)吴蘭陔編　清光緒六年(1880)刻本　六册

230000－0903－0002361　430/37
**新選經藝備體二百十篇**　(清)周男麒編　清光緒元年(1875)京都琉璃廠刻本　八册

230000－0903－0002362　430/38
**適軒尺牘八卷**　(清)徐菊生撰　清光緒二年(1876)刻本　四册

230000－0903－0002363　430/39
**分韻試帖青雲集合注四卷**　(清)楊逢春輯　清光緒四年(1878)書業德記刻本　四册

230000－0903－0002364　430/40
**試帖青雲集四卷**　(清)楊逢春輯　清光緒十年(1884)掃葉山房刻本　四册

230000－0903－0002365　430/41
**分韻試帖青雲集合注四卷**　(清)楊逢春輯　清光緒十年(1884)聚盛堂刻本　四册

230000－0903－0002366　430/42
**知愧軒尺牘十六卷**　(清)管士駿撰　清光緒五年(1879)管氏刻本　四册

230000－0903－0002367　430/43
**六梅書屋尺牘四集**　(清)淩丹陛撰　清光緒五年(1879)京都二酉齋刻本　四册

230000－0903－0002368　430/44
**塾課小題正鵠初集不分卷二集不分卷三集不分卷訓蒙草詳註不分卷**　(清)李元度輯　清光緒五年(1879)掃葉山房刻本　八冊

230000－0903－0002369　430/45
**小題文藪不分卷**　(清)張承臚編　清光緒九年(1883)上海點石齋石印本　六冊

230000－0903－0002370　430/47
**名賢手札八卷**　(清)郭慶藩輯　清光緒十一年(1885)上海同文書局石印本　四冊

230000－0903－0002371　430/48
**名賢手札八卷**　(□)□□撰　清光緒三十四年(1908)上洋海左書局石印本　四冊

230000－0903－0002372　430/49
**詳校補注正續秋水軒尺牘四卷續刻一卷**　(清)許思湄撰　清光緒十二年(1886)春草堂刻朱墨套印本　二冊

230000－0903－0002373　430/56
**尺牘初桄二卷**　(清)子虛氏輯　清光緒十二年(1886)鉛印本　二冊

230000－0903－0002374　430/57
**尺牘初桄二卷**　(清)子虛氏輯　清光緒十五年(1889)上海點石齋石印本　二冊

230000－0903－0002375　430/58
**分類尺牘備覽三十卷**　(清)王韜撰　清光緒十四年(1888)上洋珍藝書局鉛印本　六冊

230000－0903－0002376　430/59
**分類尺牘三十卷**　(清)王韜撰　清光緒十六年(1890)海上石印本　八冊

230000－0903－0002377　430/60
**巧搭從新三卷**　(清)遊藝軒主人編　清道光十六年(1836)刻本　四冊

230000－0903－0002378　430/61
**目耕齋初二三集**　(清)沈叔眉選刊　清光緒十九年(1893)上海點石齋石印本　三冊

230000－0903－0002379　430/62
**新花樣生意尺牘六卷**　(清)仲奇民撰　清光緒二十年(1894)石印本　五冊

230000－0903－0002380　430/63
**熊襄愍公尺牘四卷**　(清)熊廷弼手抄　清光緒二十一年(1895)京師刻本　四冊

230000－0903－0002381　430/64
**分類應酧通考八卷**　(清)裴稼蓀輯　清光緒二十二年(1896)上海英華書局石印本　八冊

230000－0903－0002382　430/65
**格致課藝彙編十三卷**　(清)王韜撰　清光緒二十三年(1897)上海書局石印本　十三冊

230000－0903－0002383　430/66
**詳注三百六十行尺牘六卷**　(□)□□撰　清光緒二十三年(1897)源記書局石印本　六冊

230000－0903－0002384　430/67
**曾文正公家書十卷附家訓一卷榮哀錄一卷大事記四卷**　(清)曾國藩撰　清光緒二十九年(1903)上海錦章書局石印本　六冊

230000－0903－0002385　430/74
**酬世錦囊四集**　(清)鄒景揚輯　清聯墨堂刻本　八冊　缺一集(一)

230000－0903－0002386　430/75
**明文小題傳薪八卷**　(清)臧岳評釋　清刻本　八冊

230000－0903－0002387　430/76
**明文小題傳薪五卷**　(清)臧岳評釋　清善成堂刻本　八冊

230000－0903－0002388　430/77
**國朝名人書札二卷**　(□)□□撰　清宣統二年(1910)商務印書館鉛印本　四冊

230000－0903－0002389　430/88
**通問便集二卷**　題(清)子虛氏輯　清光緒十二年(1886)海昌莊刻本　二冊

230000－0903－0002390　430/89
**普通尺牘全璧八卷**　(清)西湖俠漢撰　清光緒三十四年(1908)上海六藝書局影印本　八冊

230000－0903－0002391　430/90
**分類普通尺牘全璧八卷**　(清)西湖俠漢撰

清光緒三十四年(1908)上海六藝書局石印本　八冊

230000－0903－0002392　430/125
**續新文牘十八卷**　清宣統二年(1910)政學社石印本　十八冊

230000－0903－0002393　430/126
**新文牘十卷**　南洋官書局編　清宣統三年(1911)南洋官書局石印本　二十冊

230000－0903－0002394　110/57
**鄭氏周易三卷附鄭氏周易爻辰圖一卷**　(漢)鄭玄注　(宋)王應麟輯　(清)惠棟增補　清抄本　一冊

230000－0903－0002395　110/58
**碩松堂讀易記十六卷首一卷**　(清)邱仰文輯　清乾隆三十三年(1768)刻本　十冊

230000－0903－0002396　110/59
**易研八卷首一卷**　(清)胡翹元撰述　清乾隆五十七年(1792)凝暉閣刻本　八冊

230000－0903－0002397　110/60
**易漢學八卷**　(清)惠棟撰　清乾隆柏筠堂刻本　二冊

230000－0903－0002398　110/61
**周易集傳八卷**　(元)龍仁夫撰　(清)蔣光煦校　清道光十七年(1837)刻別下齋叢書本　四冊

230000－0903－0002399　110/62
**易經體注大全合參四卷**　(清)來爾繩輯　清康熙二十年(1681)崇文堂刻本　二冊

230000－0903－0002400　110/63
**易占經緯四卷**　(清)韓邦奇輯　清乾隆十六年(1751)刻本　四冊

230000－0903－0002401　110/64
**周易明解輯說四卷**　(清)馮椅撰　清乾隆五十八年(1793)刻本　四冊

230000－0903－0002402　110/65
**周易四卷**　(宋)朱熹集注　清乾隆五十六年(1791)金閶書業堂刻本　二冊

230000－0903－0002403　120/12
**書經六卷**　(宋)蔡沈集傳　清乾隆六十年(1795)金閶函三堂刻本　四冊

230000－0903－0002404　140－1/6
**周禮節訓六卷**　(清)黄叔琳撰　(清)姚培謙重訂　清乾隆三十二年(1767)姚氏刻本　二冊

230000－0903－0002405　140－4/4
**御製三禮義疏一百七十八卷**　(清)鄂爾泰等撰　清乾隆十三年(1748)内府刻本　一百五十九冊

230000－0903－0002406　150－1/13
**春秋三十卷附林堯叟音注括列始末**　(宋)胡安國撰　清康熙四十七年(1708)雲間敬業堂華氏刻本　八冊

230000－0903－0002407　150－1/27
**研經堂春秋事義合注十二卷**　(清)單鐸撰　清乾隆十五年(1750)刻本　四冊

230000－0903－0002408　150－1/28
**御纂春秋直解十二卷**　(清)傅恒等撰　清乾隆二十三年(1758)内府刻本　八冊

230000－0903－0002409　170－5/44
**欽定四書文四卷**　(清)方苞輯　清乾隆四年(1739)刻本　二十冊

230000－0903－0002410　180/9
**復堂易貫不分卷春秋貫不分卷**　(清)于大鯤撰　清乾隆三十八年(1773)聽雨山房刻本　二冊

230000－0903－0002411　190－2/32
**隸法彙纂十卷**　(清)項懷述撰　清乾隆四十五年(1780)小酉山房刻本　四冊

230000－0903－0002412　190－2/16
**康熙字典十二集**　(清)張玉書等撰　清康熙刻本　五冊　存二集(午上、中,未)

230000－0903－0002413　210－1/20
**綱鑑會纂三十九卷首一卷**　(明)王世貞撰　**明紀綱目二十卷**　(清)張廷玉等撰　清乾隆

經正堂刻本　四十冊

230000－0903－0002414　210－1/35

**尺木堂綱鑑易知錄九十二卷御撰資治通鑑綱目三編二十卷**　(清)吳乘權等輯　清康熙五十年(1711)尺木堂刻本　四十八冊

230000－0903－0002415　210－1/36

**尺木堂綱鑑易知錄九十二卷御撰資治通鑑綱目三編二十卷**　(清)吳乘權等輯　清康熙五十年(1711)尺木堂刻本　四十八冊

230000－0903－0002416　230/10

**國語二十一卷**　(三國吳)韋昭解　(宋)宋庠補音　清乾隆文盛堂刻國語國策合注本　六冊

230000－0903－0002417　240－3/13

**重刻四先生年譜四卷**　(清)毛念恃訂　清乾隆十年(1745)張坦刻本　二冊

230000－0903－0002418　255/8

**十七史商榷一百卷**　(清)王鳴盛撰　清乾隆五十二年(1787)洞涇草堂刻本　二十四冊

230000－0903－0002419　260－2/11

**大清通禮五十卷**　(清)來保等編撰　清刻本　八冊

230000－0903－0002420　290－1/6

**欽定四庫全書簡明目錄二十卷首一卷**　(清)紀昀撰　清乾隆四十九年(1784)趙懷玉刻本　十二冊

230000－0903－0002421　310/61

**訓俗遺規五卷**　(清)陳宏謀輯　(清)華希閔重編　清乾隆五十五年(1790)含英閣刻本　三冊

230000－0903－0002422　310/63

**重刻添補傳家寶俚言新本四集三十二卷**　(清)石成金撰　清乾隆四年(1739)經綸堂刻本　三十一冊

230000－0903－0002423　340－10/1

**仙傳痘疹奇書三卷**　(清)高如山撰　(清)高堯臣輯　清乾隆四十二年(1777)天德堂刻本　四冊

230000－0903－0002424　375－1/3

**皇極經世書八卷首一卷**　(清)王植撰　清乾隆二十一年(1756)刻本　八冊

230000－0903－0002425　375－1/4

**河洛精蘊九卷**　(清)江永撰　清乾隆三十九年(1774)蘊眞書屋刻本　四冊

230000－0903－0002426　375－1/5

**河洛精蘊九卷**　(清)江永撰　清乾隆三十九年(1774)兩儀堂刻本　四冊

230000－0903－0002427　375－3/16

**增刪卜易六卷**　題(清)野鶴老人撰　清乾隆五十年(1785)金閶綠蔭堂刻本　六冊

230000－0903－0002428　375－5/1

**新鍥神峯張先生通考闢謬命理正宗大全六卷**　(明)張楠著集　(明)杜春芳校正　清乾隆二十九年(1764)古吳三多齋刻本　二冊　存二卷(一、五)

230000－0903－0002429　375－5/6

**水鏡集四卷**　(清)范騋撰　清康熙十九年(1680)三讓堂刻本　四冊

230000－0903－0002430　375－5/8

**七政星學全書不分卷**　(清)楊夢祿撰　清乾隆四十二年(1777)休寧屯溪命館刻本　二冊

230000－0903－0002431　400－1/21

**唐宋八家文讀本三十卷**　(清)沈德潛評點　清乾隆十五年(1750)小欝林刻本　十二冊

230000－0903－0002432　400－1/1－1

**文選六十卷**　(南朝梁)蕭統選編　(唐)李善注　(清)何義門(何焯)評點　清乾隆三十七年(1772)海錄軒刻朱墨套印本　十六冊

230000－0903－0002433　400－1/27

**古文發蒙集六卷**　(清)王相纂　(清)殷承爵參訂　清康熙三十二年(1693)文盛堂刻本　六冊

230000－0903－0002434　400－2/71

**庚辰集五卷唐人試律說一卷**　(清)紀昀選編

清乾隆二十七年(1762)刻本　六冊

230000－0903－0002435　420－2/27
**李太白文集三十六卷**　(唐)李白撰　(清)王琦輯注　清乾隆刻本　六冊　存十八卷(一至十八)

230000－0903－0002436　420－2/28
**讀杜心解六卷首一卷**　(唐)杜甫撰　(清)浦起龍解　清雍正二年(1724)寧我齋刻本　十二冊

230000－0903－0002437　420－3/33
**岳忠武王文集八卷首一卷末一卷**　(宋)岳飛撰　(清)黄邦寧撰修　清乾隆三十五年(1770)刻本　四冊

230000－0903－0002438　420－7/46
**板橋集六卷**　(清)鄭燮撰　清乾隆八年(1743)司徒文膏刻本　四冊

230000－0903－0002439　420－7/46－1
**板橋集六卷**　(清)鄭燮撰　清乾隆八年(1743)司徒文膏刻本　四冊

230000－0903－0002440　420－7/48
**吴詩集覽二十卷談藪一卷**　(清)吴偉業撰　(清)靳榮藩集覽　清乾隆四十年(1775)淩雲亭刻本　十六冊

230000－0903－0002441　430/17
**塾課分編八集**　(清)王步青編　清敦復堂刻本　二十二冊

230000－0903－0002442　430/18
**春霆集注釋五卷**　(清)潘炳綱注釋　清乾隆四十三年(1778)奎壁堂刻本　六冊

230000－0903－0002443　430/19
**分類詳注飲香尺牘四卷首一卷**　題(清)飲香居士編　清乾隆五十二年(1787)至誠堂刻本　三冊　存四卷(一至三、首一卷)

230000－0903－0002444　500/15
**龍威秘書十集**　(清)馬俊良輯　清乾隆五十九年(1794)石門馬氏大酉山房刻本　八十冊

230000－0903－0002445　110/121
**周易爻徵補義四卷**　(清)汝弼抄　清抄本　四冊

230000－0903－0002446　130/24
**詩經八卷**　(宋)朱熹集傳　清刻本　四冊

230000－0903－0002447　150－1/65
**春秋左傳音訓不分卷**　(清)楊國楨撰　清刻本　八冊

230000－0903－0002448　150－2/4
**春秋公羊傳音訓不分卷春秋穀梁傳音訓不分卷**　(清)楊國楨撰　清刻本　四冊

230000－0903－0002449　170－1/4
**論語意原四卷**　(宋)鄭汝諧撰　清刻本　二冊

230000－0903－0002450　170－5/20
**四書不分卷**　(宋)朱熹集注　清刻本　六冊

230000－0903－0002451　190－2/57
**康熙字典十二集**　(清)張玉書等纂　清刻本　四十冊

230000－0903－0002452　190－2/58
**康熙字典十二集**　(清)張玉書等纂　清刻本　四十冊

230000－0903－0002453　265－1/1－1
**聖諭廣訓一卷**　(清)世宗胤禛撰　清乾隆三十八年(1773)泉州府刻本　一冊

230000－0903－0002454　285－1/1
**金石文字記六卷**　(清)顧炎武撰　清刻本　六冊

230000－0903－0002455　285－5/5
**古泉叢話三卷附錄一卷**　(清)戴熙撰　清同治十一年(1872)吴縣潘祖蔭滂喜齋刻本　一冊

230000－0903－0002456　310/52
**聖祖仁皇帝庭訓格言一卷**　(清)聖祖玄燁撰　清刻本　一冊

230000－0903－0002457　310/54
**御製勸善要言一卷**　(清)世祖福臨撰　清刻

本　一册

230000－0903－0002458　310/88
**人壽金鑑二十二卷**　（清）程得齡輯　清光緒元年（1875）湖北崇文書局刻本　六册

230000－0903－0002459　310/147
**小學六卷**　（清）高愈撰注　清刻本　二册

230000－0903－0002460　310/152
**小學集注六卷**　（明）陳選集注　清刻本　四册

230000－0903－0002461　320/16
**重刊補注洗冤錄集證四卷重刊洗冤錄彙纂補輯一卷附一卷**　（清）王又槐增輯　（清）李觀瀾補輯　（清）阮其新補注　清光緒十七年（1891）京都琉璃廠刻五色套印本　六册

230000－0903－0002462　325/2
**孫子十家注十三卷**　（宋）吉天保輯　（清）孫星衍　（清）吳人驥校　**敘錄一卷遺說一卷**　清咸豐五年（1855）淡香齋木活字印本　六册

230000－0903－0002463　340－2/1
**張仲景傷寒論貫珠集八卷**　（漢）張機撰　（清）龍怡注　清嘉慶十五年（1810）活字印本　四册

230000－0903－0002464　345－3/12
**算藝鈔存七卷**　（清）吳傳綺選　（清）徐士先編次　清刻朱印本　四册

230000－0903－0002465　400－1/36
**御製古文淵鑒六十四卷**　（清）徐乾學等編注　清刻五色套印本　二十三册

230000－0903－0002466　400－1/78
**御選唐宋詩醇四十七卷目錄二卷**　（清）高宗弘曆選　清乾隆二十五年（1760）紫陽書院刻本　二十四册

230000－0903－0002467　400－2/5
**唐人五十家小集五十種**　（清）江標輯　清光緒二十一年（1895）蘇州振新書社影宋刻本　十六册

230000－0903－0002468　400－2/6
**唐中興間氣集二卷**　（唐）高仲武輯　清光緒十九年（1893）武進費氏影宋刻本　二册

230000－0903－0002469　420－2/13
**杜工部集二十卷首一卷**　（唐）杜甫撰　清光緒二年（1876）粵東翰墨園刻六色套印本　十册

230000－0903－0002470　420－2/53
**雲仙散錄一卷三百六十七條**　（唐）馮贄錄　清光緒三十年（1904）徐乃昌影宋刻本　一册

230000－0903－0002471　420－3/18
**山谷詩集注二十卷**　（宋）任淵撰　**外集詩注十七卷**　（宋）史容撰　**別集詩注二卷**　（宋）史季溫撰　清光緒二十一年（1895）影宋刻本　二十册

230000－0903－0002472　420－7/91
**御製詩集六卷**　（清）高宗弘曆撰　（清）翁同龢校　清光緒潘祖蔭刻本　四册

230000－0903－0002473　420－7/129
**揅經室集六十卷**　（清）阮元撰　清刻本　二十八册

230000－0903－0002474　420－7/146
**茮聲館全集文八卷首一卷詩二十卷詩補遺四卷詩續補一卷**　（清）朱為弼撰　清咸豐二年（1852）刻本　十册

230000－0903－0002475　420－7/221
**味靈華館詩六卷**　（清）商廷煥撰　清宣統二年（1910）刻本　一册

230000－0903－0002476　440－1/8
**樂府新編陽春白雪前集五卷後集五卷**　（元）楊朝英選集　清光緒三十一年（1905）南陵徐乃昌影元刻本　一册

230000－0903－0002477　440－1/10
**詞綜三十八卷**　（清）朱彝尊輯　（清）汪森增訂　清刻本　二十四册

230000－0903－0002478　440－2/1
**新雕校證大字白氏諷諫五十首**　（唐）白居易撰　清光緒十九年（1893）影宋刻本　一册

230000－0903－0002479　440－2/2
**新雕校證大字白氏諷諫五十首**　(唐)白居易撰　清光緒十九年(1893)影宋刻本　一冊

230000－0903－0002480　440－2/3
**新雕校證大字白氏諷諫五十首**　(唐)白居易撰　清光緒十九年(1893)影宋刻本　一冊

230000－0903－0002481　460－1/21
**輟畊錄三十卷**　(元)陶宗儀撰　清刻本　十二冊

230000－0903－0002482　265－1/3
**硃批諭旨三百六十卷**　(清)鄂爾泰等輯　清雍正十年(1732)內府刻朱墨套印本　一百二冊

230000－0903－0002483　110/1
**周易易經四卷**　(□)□□撰　清刻本　四冊

230000－0903－0002484　110/2
**周易易經四卷**　(□)□□撰　清乾隆三十一年(1766)刻本　四冊

230000－0903－0002485　110/3
**周易易經四卷**　(□)□□撰　清乾隆三十年(1765)刻本　四冊

230000－0903－0002486　110/53
**周易易經四卷**　(□)□□撰　清乾隆三十一年(1766)刻本　四冊

230000－0903－0002487　120/1
**書經六卷**　(宋)蔡沈集傳　清刻本　四冊

230000－0903－0002488　120/2
**書經六卷**　(宋)蔡沈集傳　清京都琉璃廠文盛堂刻本　四冊

230000－0903－0002489　130/1
**書經六卷**　(宋)蔡沈集傳　清乾隆刻本　五冊　存五卷(二至六)

230000－0903－0002490　130/2
**詩經八卷**　(宋)朱熹集傳　清刻本　四冊

230000－0903－0002491　130/2－1
**御製繙譯詩經八卷**　清刻本　四冊

230000－0903－0002492　130/3
**御製繙譯詩經八卷**　清刻本　四冊

230000－0903－0002493　130/9
**新刻滿漢字詩經六卷**　清順治十一年(1654)聽松樓刻本　六冊

230000－0903－0002494　140－3/1
**御製繙譯禮記三十卷**　清乾隆五十七年(1792)刻本　十二冊

230000－0903－0002495　140－3/6
**禮記三十卷**　(□)□□撰　清乾隆四十八年(1783)內府刻滿漢文合璧本　十一冊　存二十八卷(一至二、五至三十)

230000－0903－0002496　170/1
**四書集注**　(宋)朱熹撰　清刻本　七冊

230000－0903－0002497　170/2
**御製繙譯四書孟子二卷**　清刻本　三冊　存(孟子上,孟子下一、下二)

230000－0903－0002498　170/3
**御製繙譯四書六卷**　清光緒十四年(1888)京都聚珍堂刻本　六冊

230000－0903－0002499　170/4
**四書集注**　(宋)朱熹撰　清刻本　十三冊

230000－0903－0002500　170/5
**四書集注**　(宋)朱熹撰　清刻本　十四冊

230000－0903－0002501　190－2/1
**蒙文習字本**　(□)□□撰　清光緒十八年(1892)抄本　一冊

230000－0903－0002502　190－2/2
**清漢文海四十卷**　(清)玉亭伯麟編　清道光元年(1821)刻本　十冊　存二十卷(一至二十)

230000－0903－0002503　190－2/3
**清文彙書十二卷**　(清)李延基編　清光緒京都三槐堂刻本　十二冊

230000－0903－0002504　190－2/3－1
**清文彙書十二卷**　(清)李延基編　清光緒京

都三槐堂刻本　十二册

230000－0903－0002505　190－2/3－2
**清文彙書十二卷**　（清）李延基編　清光緒京都三槐堂刻本　十二册

230000－0903－0002506　190－2/4
**翻譯類編四卷**　（清）尼瑪察冠景編　清文淵堂刻本　四册

230000－0903－0002507　190－2/5
**清文補彙八卷**　（清）宜興輯　清光緒十六年（1890）京都書業堂刻本　八册

230000－0903－0002508　190－2/5－1
**清文補彙八卷**　（清）宜興輯　清光緒十六年（1890）京都書業堂刻本　八册

230000－0903－0002509　190－2/5－2
**清文補彙八卷**　（清）宜興輯　清刻本　八册

230000－0903－0002510　190－2/6
**清文彙書□□卷**　（□）□□撰　清藜照閣中和堂刻本　二册　存二卷（二、六）

230000－0903－0002511　190－2/7
**清文典要四卷**　（清）秋芳堂主人纂集　清光緒四年（1878）文淵堂刻本　四册

230000－0903－0002512　190－2/7－1
**清文典要四卷**　（清）秋芳堂主人纂集　清光緒四年（1878）文淵堂刻本　四册

230000－0903－0002513　190－2/8
**小詞彙不分卷**　（□）□□撰　清光緒抄本　一册

230000－0903－0002514　190－2/10
**滿漢日雜用語一卷**　（□）□□撰　清光緒十九年（1893）恩良堂抄本　一册

230000－0903－0002515　190－2/12
**御製滿珠蒙古漢字三合切音清文鑑三十三卷**　（清）阿桂等撰　清乾隆抄本　十一册　存十一卷（十六至二十、二十六至三十一）

230000－0903－0002516　190－2/13
**三合便覽十二卷**　（清）富俊增輯　清乾隆五十七年（1792）雙峯閣刻本　十二册

230000－0903－0002517　190－2/13－1
**三合便覽十二卷**　（清）富俊增輯　清乾隆五十七年（1792）雙峯閣刻本　十二册

230000－0903－0002518　190－2/14
**四體合璧文鑑三十二卷補編四卷文鑑總目八卷**　（清）高宗弘曆敕撰　清刻本　十一册

230000－0903－0002519　190－2/15
**三合便覽不分卷**　（清）富俊增輯　清乾隆五十七年（1792）刻本　十二册

230000－0903－0002520　190－2/16
**三合便覽不分卷**　（清）富俊增輯　清刻本　十一册

230000－0903－0002521　190－2/17
**欽定蒙文彙書十二卷**　清内府刻本　八册　存八卷（五至十二）

230000－0903－0002522　190－2/18
**三合便覽不分卷**　（清）富俊增輯　清乾隆四十五年（1780）刻本　六册

230000－0903－0002523　190－2/18－1
**三合便覽不分卷**　（清）富俊增輯　清乾隆四十五年（1780）刻本　六册

230000－0903－0002524　190－2/19
**蒙文晰義四卷**　（清）賽尚阿纂輯　清道光二十八年（1848）刻本　四册

230000－0903－0002525　190－2/19－1
**蒙文晰義四卷**　（清）賽尚阿纂輯　清道光二十八年（1848）刻本　四册

230000－0903－0002526　190－2/20
**御製清文鑑□□卷**　清刻本　四册　存二卷（二上下、三上下）

230000－0903－0002527　190－2/21
**音漢清文鑑□□卷**　（□）□□撰　清刻本　二册　存十卷（十一至二十）

230000－0903－0002528　190－2/22
**重刻清文虛字指南編二卷**　（清）萬福撰　清

光緒二十年(1894)京都聚珍堂刻本　二冊

230000－0903－0002529　190－2/23
**欽定蒙文彙書十六卷**　(清)賽尚阿原編　(清)松森補編　清光緒十七年(1891)內府刻本　十二冊

230000－0903－0002530　190－2/24
**三合蒙古清文鑑三十一卷**　(清)阿桂等撰　清抄本　十二冊　存六卷(一至六各上下)

230000－0903－0002531　190－2/25
**御製增訂清文鑑八卷補編四卷**　(清)傅恒撰　清刻本　十二冊

230000－0903－0002532　190－2/26
**文鑑總綱八卷四體合璧文鑑三十二卷**　(□)□□撰　清刻本　十一冊

230000－0903－0002533　190－2/27
**滿蒙通覽二卷**　(□)□□撰　清宣統二年(1910)抄本　二冊

230000－0903－0002534　190－3/2
**欽定清漢對音字式一卷**　清道光十六年(1836)刻本　一冊

230000－0903－0002535　200－3/1
**三國志二十四卷**　(晉)陳壽撰　清抄本　二十一冊　存二十一卷(一至六、十至二十四)

230000－0903－0002536　210－2/1
**實錄內摘出舊清語**　(□)□□撰　清抄本　十八冊

230000－0903－0002537　240－9/1
**黑龍江各地官員職銜冊**　(□)□□撰　清抄本　六冊

230000－0903－0002538　260－3/1
**文武官員所用補褂坐褥項冊**　(□)□□撰　清光緒十七年(1891)抄本　一冊

230000－0903－0002539　260－3/2
**滿蒙漢拾貳頭**　(□)□□撰　清光緒十五年(1889)抄本　一冊

230000－0903－0002540　260－3/3
**三合吏治輯要不分卷**　(清)高鶚撰　清光緒元年(1875)隆福寺蕭姓刻本　二冊

230000－0903－0002541　260－7/1
**黑龍江城事宜四卷**　(清)恩貴抄錄　清光緒二十二年(1896)紅格抄本　四冊

230000－0903－0002542　265－1/1
**訓旨一卷**　(□)□□撰　清光緒十一年(1885)抄本　一冊

230000－0903－0002543　265－1/2
**上諭八旗十三卷**　(清)允禄等編　清雍正、乾隆刻本　三冊

230000－0903－0002544　265－1/3
**諭旨**　(□)□□撰　清光緒三十四年(1908)抄本　一冊

230000－0903－0002545　265－2/1
**奏疏錄要四十五篇**　(□)□□撰　清光緒十八年(1892)慶善抄本　一冊

230000－0903－0002546　280－2/1
**黑龍江所屬各驛臺里程表**　(清)□□撰　清光緒二十一年(1895)抄本　一冊

230000－0903－0002547　280－2/1－1
**黑龍江所屬各驛里程冊**　(清)□□撰　清光緒十六年(1890)抄本　一冊

230000－0903－0002548　310/1
**滿蒙漢三文合璧教科書八卷**　(清)榮德譯　清宣統元年(1909)石印本　四冊

230000－0903－0002549　310/1－1
**滿蒙漢三文合璧教科書八卷**　(清)榮德譯　清宣統元年(1909)石印本　十冊

230000－0903－0002550　310/2
**滿漢合璧四十條**　(□)□□撰　清光緒敖慶善抄本　一冊

230000－0903－0002551　310/2－1
**滿蒙漢合璧四十條**　(□)□□撰　清光緒敖慶善抄本　一冊

230000－0903－0002552　310/3

**滿蒙合璧三字經注解二卷**　(清)富俊輯　(清)英俊譯　清道光十二年(1832)京都三槐堂刻本　四册

230000－0903－0002553　310/3－1
**滿蒙合璧三字經注解**　(清)富俊輯　(清)英俊譯　清道光十二年(1832)京都槐堂刻本　四册

230000－0903－0002554　310/4
**滿漢幼學六卷**　(□)□□撰　清抄本　六册

230000－0903－0002555　310/5
**三合聖諭廣訓四卷**　(□)□□撰　清敖慶善抄本　四册

230000－0903－0002556　310/6
**御纂性理精義十二卷**　(清)李光地等撰　清刻本　四册　存六卷(一至五、八)

230000－0903－0002557　310/23
**聖諭廣訓十六條**　(□)□□撰　清雍正二年(1724)刻本　一册

230000－0903－0002558　345/1
**大清同治十一年時憲書一卷**　清同治刻本　一册

230000－0903－0002559　375/1
**觀嫁娶吉兇日書一卷**　(□)□□撰　清光緒十六年(1890)敖慶善抄本　一册

230000－0903－0002560　375/2
**相命書不分卷**　(□)□□撰　清光緒十六年(1890)抄本　一册

230000－0903－0002561　375/3
**出行緊急不暇擇日常作縱橫法不分卷**　(□)□□撰　清光緒十七年(1891)抄本　一册

230000－0903－0002562　375/4
**圓夢書不分卷**　(□)□□撰　清光緒二十一年(1895)抄本　一册

230000－0903－0002563　390/1
**清語摘抄四種**　(□)□□撰　清光緒十七年(1891)京都名德堂刻本　四册

230000－0903－0002564　390/2
**清語摘抄四種**　(□)□□撰　清光緒十五年(1889)京都三槐堂刻本　四册

230000－0903－0002565　390/3
**滿漢六部成語六卷**　(□)□□撰　清道光二十二年(1842)小酉堂刻本　六册

230000－0903－0002566　400－2/1
**古文十六卷**　(清)孟保輯並譯　清咸豐元年(1851)刻本　十六册

230000－0903－0002567　430/1
**滿漢合璧書札一卷**　(□)□□撰　清光緒和靖堂抄本　一册

230000－0903－0002568　460－4/2
**擇繙聊齋志異二十四卷**　(清)扎克丹譯　清道光二十八年(1848)刻本　二十四册

230000－0903－0002569　260－1/8
**六通一千七百八十八卷**　清光緒二十七年(1901)上海圖書集成局石印本　二百三十二册

230000－0903－0002570　260－1/6
**九通一千九百十四卷**　清光緒十二年(1886)浙江書局刻本　一千册

230000－0903－0002571　260－1/8
**六通一千七百八十八卷**　清光緒二十七年(1901)上海圖書集成局石印本　二百三十二册

230000－0903－0002572　260－8/37
**清訟章程一卷**　清光緒刻本　一册

230000－0903－0002573　280－6/12－1
**初使泰西記一卷**　(清)宜垕撰　清光緒十一年(1885)王錫琪鉛印本　一册

230000－0903－0002574　110/40
**周易闡要四卷**　(明)吳尚默撰　清嘉慶八年(1803)橋東書塾刻本　六册

230000－0903－0002575　110/66
**壽山堂易説二卷圖解一卷繫辭一卷**　題(唐)呂巖撰　清嘉慶四年(1799)刻本　六册

230000－0903－0002576　110/67
**周易說四卷**　(清)張爾岐著　清嘉慶十年(1805)文錦堂刻本　四冊

230000－0903－0002577　110/68
**周易粹鈔八卷首一卷**　(清)孫昭德編　清嘉慶十一年(1806)儒行坊刻本　四冊

230000－0903－0002578　110/72
**周易訓義七卷首一卷**　(清)喻遜撰輯　清嘉慶十八年(1813)月桂軒刻本　五冊

230000－0903－0002579　110/73
**周易引經通釋十卷**　(清)李鈞簡輯注　清嘉慶十九年(1814)鶴陰書屋刻本　十冊

230000－0903－0002580　130/5
**詩緝三十六卷**　(宋)嚴粲撰　清嘉慶十五年(1810)篠上聽彝堂刻本　十二冊

230000－0903－0002581　150－1/33
**春秋說畧十二卷春秋比二卷**　(清)郝懿行撰　清道光七年(1827)刻本　四冊

230000－0903－0002582　240－3/1
**春秋世族譜二卷**　(清)陳厚耀撰　清嘉慶五年(1800)刻本　二冊

230000－0903－0002583　200－1/2
**二十四史附考證三千二百六卷**　清同治、光緒五省官書局合刻光緒五年(1879)湖北書局彙印本　五百五十七冊

230000－0903－0002584　360－1/30
**詩中畫二卷**　(清)馬濤繪　清光緒十一年(1885)石印本　二冊

230000－0903－0002585　375－4/1－1
**參星秘要諏吉便覽不分卷附寶鏡圖**　(清)費淳鑒定　清光緒八年(1882)掃葉山房刻朱墨套印本　四冊

230000－0903－0002586　380－1/121
**釋氏稽古略四卷**　(元)釋覺岸撰　**續集三卷**　(明)釋大聞撰　清光緒十二年(1886)刻本　五冊

230000－0903－0002587　380－1/125
**佛說阿彌陀經要解一卷**　(後秦)釋鳩摩羅什譯　(明)釋智旭解　清光緒三十四年(1908)昭慶經房刻本　一冊

230000－0903－0002588　375－4/5
**董氏諏吉新書一卷**　(明)董潛撰　**續編一卷**　(清)蔣雲撰　清光緒二十四年(1898)江蘇書局刻本　二冊

230000－0903－0002589　380－1/128
**金剛般若波羅蜜經破空論一卷**　(後秦)釋鳩摩羅什譯　(明)釋智旭論　清同治十年(1871)如皋刻經處刻本　一冊

230000－0903－0002590　380－1/130
**大乘止觀法門釋要六卷**　(明)釋智旭撰　清光緒二十二年(1896)刻本　二冊

230000－0903－0002591　380－1/132
**大佛頂如來密因修證了義諸菩薩萬行首楞嚴經十卷**　(唐)釋般剌密帝譯　(清)釋敏曦校　清光緒二十四年(1898)蘇城瑪璃經房刻本　三冊

230000－0903－0002592　380－1/136
**千手千眼大悲懺法一卷**　(唐)釋伽梵達摩譯　清光緒金陵刻經處刻本　一冊

230000－0903－0002593　380－1/141
**靈峰蕅益大師選定淨土十要十卷**　(明)釋智旭輯　清光緒二十年(1894)廣陵藏經禪院刻本　四冊

230000－0903－0002594　380－1/92
**西歸直指四卷首一卷**　(清)周夢顏彙輯　清光緒十二年(1886)金陵刻經處刻本　一冊

230000－0903－0002595　380－1/144
**金剛般若經智者疏一卷**　(隋)釋智顗撰　(隋)釋顯宗會　**般若波羅蜜多心經疏一卷**　(唐)釋玄奘譯經　(唐)釋靖邁撰疏　清光緒二十三年(1897)金陵刻經處刻本　一冊

230000－0903－0002596　380－1/95
**大方廣佛華嚴經六十卷**　(晉)釋佛陀跋陀羅等譯　清光緒七年(1881)常熟刻經處刻本

十六册

230000－0903－0002597　380－1/145
**佛祖心燈宗教律諸家演派一卷剌麻朔源一卷**　（清）釋守一編　清光緒十六年（1890）金陵刻經處刻本　一册

230000－0903－0002598　380－1/97
**佛說四十二章經解一卷**　（明）釋智旭撰　清光緒十一年（1885）金陵刻經處刻本　一册

230000－0903－0002599　380－1/146
**性相通說一卷**　（明）釋德清撰　清同治十二年（1873）金陵刻經處刻本　一册

230000－0903－0002600　380－1/98
**佛說梵網經二卷**　（後秦）釋鳩摩羅什譯　清光緒十年（1884）金陵刻經處刻本　一册

230000－0903－0002601　380－1/152
**金剛般若波羅蜜經一卷**　（後秦）釋鳩摩羅什譯　清光緒十五年（1889）金陵刻經處刻本　一册

230000－0903－0002602　380－1/152－1
**金剛般若波羅蜜經一卷**　（後秦）釋鳩摩羅什譯　清光緒十五年（1889）金陵刻經處刻本　一册

230000－0903－0002603　380－1/155
**六祖大師法寶壇經一卷**　（唐）釋慧能撰（唐）釋法海錄　清同治十一年（1872）如皋刻經處刻本　一册

230000－0903－0002604　380－1/156
**實相般若波羅蜜經一卷**　（唐）釋菩提流志等譯　清光緒元年（1875）江北刻經處刻本　一册

230000－0903－0002605　380－1/157
**大乘起信論裂網疏六卷**　（明）釋智旭撰　清光緒金陵書局刻本　一册

230000－0903－0002606　380－1/157－1
**大乘起信論裂網疏六卷**　（明）釋智旭撰　清光緒金陵書局刻本　一册

230000－0903－0002607　380－1/101
**佛說阿彌陀經要解便蒙鈔三卷**　（明）釋智旭解　（清）釋達默鈔　清光緒二十三年（1897）蓮蕊氏刻本　三册

230000－0903－0002608　380－1/165
**性相通說一卷**　（明）釋德清撰　清同治十二年（1873）金陵刻經處刻本　一册

230000－0903－0002609　380－1/178
**法界安立圖三卷**　（明）釋仁潮集錄　清光緒刻本　二册

230000－0903－0002610　380－1/101－1
**佛說阿彌陀經要解便蒙鈔二卷**　（明）釋智旭解　（清）釋達默鈔　清光緒二十三年（1897）蓮蕊氏刻本　二册

230000－0903－0002611　380－1/179
**四分戒本一卷**　（後秦）釋佛陀耶舍譯　（晉）釋竺佛念譯　清光緒十八年（1892）金陵刻經處刻本　一册

230000－0903－0002612　380－1/180
**大佛頂經文句十卷玄義二卷**　（明）釋智旭撰　清光緒刻本　七册　存七卷（一至六、八）

230000－0903－0002613　380－1/105
**天台四教儀正文不分卷**　（高麗）釋諦觀錄
**天台八教大意**　（清）釋灌頂撰　清宣統元年（1909）揚州藏經院刻本　一册

230000－0903－0002614　380－1/190
**大般涅槃經四十卷後分品目二卷**　（北涼）釋曇無讖譯　清光緒五年（1879）善成妙湛摹刻本　五册　存二十卷（一至二十）

230000－0903－0002615　380－1/106
**成唯識論觀心法要十卷**　（明）釋智旭撰　清光緒二十六年（1900）揚州藏經院刻本　十册

230000－0903－0002616　380－1/107
**楞嚴經宗通十卷**　（明）曾鳳儀撰　清道光十年（1830）刻本　十册

230000－0903－0002617　380－1/193
**金剛藥師觀音三經**　（清）□□撰　清刻本　三册

230000－0903－0002618　345－1/1

**梅氏叢書輯要二十二種附二種**　(清)梅文鼎撰　(清)谷成重校輯　清光緒二十四年(1898)侯官林傳甲石印本　六册

230000－0903－0002619　380－1/194

**金剛藥師觀音三經**　(清)□□撰　清宣統二年(1910)刻本　三册

230000－0903－0002620　400－2/89

**皇朝經世文新編續集二十一卷**　(清)甘韓輯　(清)楊鳳藻校正　清光緒二十八年(1902)商絳雪齋書局石印本　十八册

230000－0903－0002621　380－1/108

**法化老和尚貪瞋癡注一卷**　(清)釋法化撰　清同治九年(1870)慧空經房刻本　一册

230000－0903－0002622　380－1/111

**賢愚因緣經十卷**　(北魏)釋慧覺譯　清光緒刻本　二册　存七卷(一至四、八至十)

230000－0903－0002623　380－1/116

**三千有門頌略解一卷**　(明)釋眞覺解　清光緒十一年(1885)昭慶慧空經房刻本　一册

230000－0903－0002624　380－1/117

**釋氏十三經注疏不分卷**　(明)釋通潤撰　清光緒三十四年(1908)金陵刻經處刻本　三十册

230000－0903－0002625　340－14/3

**新刊補注銅人腧穴鍼灸圖經五卷**　(宋)王惟一編修　清宣統元年(1909)貴池劉氏玉海堂影宋刻本　二册

230000－0903－0002626　340－14/2

**鍼灸甲乙經十二卷**　(晉)皇甫謐集　清光緒十一年(1885)四明存存軒刻本　四册

230000－0903－0002627　260－7/9

**新民叢報彙編**　清光緒三十二年(1906)文會書局石印本　十六册

230000－0903－0002628　260－7/10

**新民叢報彙編**　清光緒三十二年(1906)文會書局石印本　十六册

230000－0903－0002629　310/2

**孔叢子二卷**　(漢)孔鮒撰　(明)裘紹譔校　明崇禎十年(1637)刻本　二册

230000－0903－0002630　310/3

**新書十卷附錄一卷**　(漢)賈誼撰　(明)黃甫龍　(明)唐琳訂　明刻本　四册

230000－0903－0002631　310/4

**新序十卷**　(漢)劉向撰　(明)翁立環閱　(明)何良俊輯　明萬曆四年(1576)鄞縣楊美益汾陽刻本　四册

230000－0903－0002632　310/5

**說苑二十卷**　(漢)劉向撰　(明)鍾人傑閱　明萬曆四年(1576)鄞縣楊美益汾陽刻本　六册

230000－0903－0002633　310/6

**揚子法言十三卷**　(漢)揚雄撰　(晉)李軌注　**附音義一卷**　清嘉慶二十四年(1819)秦氏石研齋影宋刻本　二册

230000－0903－0002634　310/8

**傅子一卷**　(晉)傅玄撰　清乾隆三十九年(1774)內府木活字印本　一册

230000－0903－0002635　310/9

**中說十卷**　(隋)王通撰　(明)吳勉學校　明吳勉學刻二十家子書本　二册

230000－0903－0002636　310/10

**中說十卷**　(隋)王通撰　(宋)阮逸注　清光緒十六年(1890)貴陽陳矩影宋刻本　二册

230000－0903－0002637　310/12

**周子全書二十二卷首一卷**　(宋)周敦頤撰　(清)董榕輯　清乾隆二十一年(1756)刻本　十册

230000－0903－0002638　310/13

**重鐫近思錄集解十四卷**　(清)李振裕　(清)高裔重編　清康熙二十八年(1689)徽婺崇正堂刻本　三册

230000－0903－0002639　310/14

**蕺山先生人譜一卷人譜類記二卷**　(明)劉宗

周撰　(清)洪正治校編　清雍正四年(1726)洪氏教忠堂刻本　四冊

230000－0903－0002640　310/16

**薛文清公讀書全錄類編二十卷**　(明)薛瑄撰　(明)侯鶴齡編　明萬曆二十四年(1596)大雅堂刻本　八冊

230000－0903－0002641　310/17

**大學衍義補一百六十卷首一卷**　(明)丘濬撰　(明)陳仁錫評閱　明刻本　四十冊

230000－0903－0002642　310/18

**胡敬齋先生居業錄十二卷**　(明)胡居仁撰　(明)余祐編　清乾隆二十二年(1757)李頤雙松堂刻本　二冊

230000－0903－0002643　310/20

**呻吟語六卷**　(明)呂坤撰　(明)劉言謹等校　明萬曆四十四年(1616)刻本　六冊

230000－0903－0002644　310/22

**御纂性理精義十二卷**　(清)李光地等撰　清康熙內府刻本　八冊

230000－0903－0002645　315/1

**道德經二卷老子考異一卷**　(宋)蘇轍注　明萬曆刻朱墨套印本　四冊

230000－0903－0002646　315/2

**道德寶章一卷八十一章**　(宋)白玉蟾注　清道光十八年(1838)黃鼎施禹泉影元刻本　一冊

230000－0903－0002647　315/3

**老子元翼二卷老子考異一卷附錄一卷**　(明)焦竑原輯　(清)郭乾泗重校　清乾隆五年(1740)山陽郭氏刻本　四冊

230000－0903－0002648　315/4

**御注道德經二卷**　(清)世祖福臨撰　清順治十三年(1656)內府刻本　二冊

230000－0903－0002649　315/5

**老子道德經考異二卷**　(清)畢沅撰　清乾隆四十八年(1783)經訓堂刻本　二冊

230000－0903－0002650　315/7

**莊子南華眞經十卷**　(晉)郭象注　明刻本　六冊

230000－0903－0002651　315/8

**莊子翼八卷莊子闕誤一卷附錄一卷**　(明)焦竑撰　(明)王元貞校閱　明萬曆十六年(1588)王元貞刻本　六冊

230000－0903－0002652　315/9

**南華發覆八卷**　(明)釋性通注　(明)方應祥等校　清乾隆十四年(1749)雲林懷德堂刻本　五冊

230000－0903－0002653　315/10

**莊子集解八卷**　王先謙集解　清宣統元年(1909)思賢書局刻本　于驅興批校　三冊

230000－0903－0002654　315/11

**月旦堂新鐫繡像列仙傳四卷**　(明)洪應明輯　明吳門種書堂刻本　四冊

230000－0903－0002655　320/2

**管子一卷**　(清)方苞刪定　清乾隆元年(1736)抗希堂刻十六種本　六冊

230000－0903－0002656　325/1

**武經七書**　(宋)□□撰　明刻本　六冊

230000－0903－0002657　325/2

**武備志二百四十卷**　(明)茅元儀輯　明天啓元年(1621)蓮溪草堂刻本　八十冊

230000－0903－0002658　340－3/1

**本草萬方鍼線八卷**　(清)蔡烈先輯　清乾隆四十九年(1784)全閶書業堂刻本　四冊

230000－0903－0002659　340－3/2

**痘疹元珠一卷附療痘遺方一卷**　(清)江希舜撰　清抄本　一冊

230000－0903－0002660　340－4/1

**赤水玄珠三十卷**　(明)孫一奎撰　明刻清修本　三十二冊

230000－0903－0002661　340－4/3

**傷寒證治準繩八卷雜病證治類方八卷**　(明)王肯堂撰　明萬曆刻清康熙三十一年(1692)金壇虞氏修補本　二十冊　存十二卷(傷寒

證治準繩八卷、雜病證治類方五至八）

230000－0903－0002662　340－4/4
**急救須知五卷**　（清）朱本中纂　清康熙十五年（1676）刻本　六册

230000－0903－0002663　340－4/5
**御纂醫宗金鑑九十卷首一卷**　（清）吴謙等撰　清乾隆刻本　九十六册

230000－0903－0002664　340－6/1
**唐王燾先生外臺秘要方四十卷**　（唐）王燾撰　（明）程衍道訂　明崇禎十三年（1640）經餘居刻本　八册　存十卷（二十一至三十）

230000－0903－0002665　340－7/1
**薛氏醫案七十八卷**　（明）薛己撰　（明）吴玄有校　明刻本　六册

230000－0903－0002666　340－8/1
**漢張仲景先生金匱要畧廣注三卷**　（清）李彣注　清康熙二十一年（1682）刻本　六册

230000－0903－0002667　340－8/3
**丹溪先生心法五卷附録一卷金匱鉤玄二卷**　（元）朱震亨撰　（明）吴中珩校　明步月樓刻本　八册

230000－0903－0002668　340－8/4
**醫易合參五卷**　（□）□□撰　清初抄本　三册　存三卷（二、四至五）

230000－0903－0002669　340－8/5
**鼓峰心法不分卷**　（清）高旦中撰　清道光十七年（1837）喜亭抄本　一册

230000－0903－0002670　340－8/6
**金匱心典三卷**　（漢）張機撰　（清）尤怡集注　清雍正刻本　九册

230000－0903－0002671　340－11/1
**喉證指南四卷首一卷**　（清）嚴江寄輯　清光緒十三年（1887）刻本　二册

230000－0903－0002672　340－13/1
**錢氏小兒藥證直訣三卷附方不分卷**　（宋）錢乙撰　清陳世傑起秀堂影宋刻本　四册

230000－0903－0002673　360－1/1
**師竹軒畫譜一卷**　（□）□□撰　清初抄本　二册

230000－0903－0002674　360－1/2
**水心題跋一卷**　（宋）葉適撰　（明）毛晉訂　明汲古閣刻本　一册

230000－0903－0002675　360－1/3
**後邨題跋四卷**　（宋）劉克莊撰　（明）毛晉訂　明汲古閣刻本　二册

230000－0903－0002676　360－1/4
**法帖釋文十卷**　（宋）劉次莊撰　**海嶽名言一卷寶章待訪録一卷**　（宋）米芾撰　明弘治十四年（1501）無錫華氏影刻宋百川學海本　一册

230000－0903－0002677　360－1/5
**圖繪寶鑑八卷**　（元）夏文彦撰　（明）毛大倫增補　清借緑草堂刻本　六册

230000－0903－0002678　360－1/6
**書畫跋跋三卷續三卷**　（明）孫鑛撰　清乾隆五年（1740）孫氏居業堂刻本　四册

230000－0903－0002679　360－1/8
**王奉常書畫題跋二卷**　（清）王時敏撰　清松竹齋紅格抄本　二册

230000－0903－0002680　360－1/10
**芥子園畫傳二集四種**　（清）王概等摹　清嘉慶五年（1800）金陵芥子園刻五色套印本　四册

230000－0903－0002681　360－1/11
**庚子銷夏記八卷附閒者軒帖考一卷**　（清）孫承澤撰　清乾隆二十五年至二十六年（1760－1761）鮑廷博知不足齋刻本　六册

230000－0903－0002682　360－1/12
**江邨銷夏録三卷**　（清）高士奇輯　清康熙三十二年（1693）刻本　六册

230000－0903－0002683　360－1/14
**金農佛册一卷**　（清）金農繪　清雍正十一年（1733）繪本　一册

230000－0903－0002684　360－1/15
**晚笑堂竹莊畫傳不分卷**　（清）上官周撰並繪　清乾隆八年（1743）上官周刻本　五册

230000－0903－0002685　360－1/16
**張宗蒼摺本八幅**　（清）張宗蒼繪　（清）張晫等配詩　清乾隆張宗蒼進呈抄本　一册

230000－0903－0002686　360－1/17
**國朝畫徵録三卷續録二卷首一卷圖畫精意識一卷**　（清）張庚撰　（清）蔣泰校　清乾隆四年（1739）刻本　四册

230000－0903－0002687　360－1/18
**淳化秘閣法帖考正十卷附二卷釋文二卷**　（清）王澍撰　（清）沈宗騫臨帖　（清）陳焯校畫　清乾隆三十三年（1768）沈宗騫水壺閣刻本　十六册

230000－0903－0002688　360－1/19
**寫照提綱一卷**　（清）丁思銘等撰　清抄本　一册

230000－0903－0002689　360－1/20
**硯園煙墨箸録正編一卷附編一卷**　（清）許兆熊集　清嘉慶十九年（1814）石契齋刻本　二册

230000－0903－0002690　360－1/21
**文美齋詩箋譜二卷**　（清）張龢菴繪　清光緒十九年（1893）刻朱印本　二册

230000－0903－0002691　360－1/22
**文美齋詩箋譜二卷**　（清）張龢菴繪　清宣統三年（1911）刻五色套印本　二册

230000－0903－0002692　360－2/2
**賴古堂印譜不分卷**　（清）周亮工輯　清初鈐印本　一册

230000－0903－0002693　360－4/1
**棋經一卷十三篇**　（宋）晏天章撰　（明）王廷訥訂　明書林聚玉堂刻本　二册

230000－0903－0002694　365/1
**雲林石譜三卷**　（宋）杜綰撰　（明）程百二輯　明萬曆四十三年（1615）新安程氏叢刻本　二册

230000－0903－0002695　370－1/2
**鶡冠子三卷**　（宋）陸佃解　（明）王宇評　明天啓五年（1625）朱養純花齋刻本　二册

230000－0903－0002696　370－1/3
**鬼谷子三卷**　（南朝梁）陶宏景注　清嘉慶十年（1805）江都秦氏刻本　二册

230000－0903－0002697　370－1/4
**吕氏春秋二十六卷**　（秦）吕不韋撰　（明）王鏎訂　（明）陳繼儒校　清乾隆南亭畢氏經訓堂刻本　六册

230000－0903－0002698　370－1/5
**淮南子二十一卷**　（漢）劉安撰　（漢）劉向校定　（明）黄之寀校正　明刻黄氏重修本　六册

230000－0903－0002699　370－1/6
**淮南子二十一卷**　（漢）高誘注　清乾隆五十三年（1788）武進莊逵吉咸寧官署刻本　十二册

230000－0903－0002700　370－1/8
**懶眞子五卷**　（宋）馬永卿撰　明商濬刻稗海叢書本　二册

230000－0903－0002701　370－1/9
**石林燕語十卷**　（宋）葉夢得撰　（明）商濬校　明商濬刻稗海叢書本　二册

230000－0903－0002702　370－1/10
**避暑録話二卷**　（宋）葉夢得撰　明商濬刻稗海叢書本　四册

230000－0903－0002703　370－1/11
**鶴林玉露十六卷補遺一卷**　（宋）羅大經撰　明商濬刻稗海叢書本　六册

230000－0903－0002704　370－1/12
**草木子四卷**　（明）葉子奇撰　清康熙四十二年（1703）抄本　一册

230000－0903－0002705　370－1/13
**居易録三十四卷**　（清）王士禛撰　清康熙四十年（1701）刻本　八册

230000－0903－0002706　370－1/14
**香祖筆記十二卷**　(清)王士禛撰　清康熙四十四年(1705)宋犖刻本　四册

230000－0903－0002707　370－1/15
**草木子二卷**　(明)葉子奇撰　清乾隆二十七年(1762)刻本　一册

230000－0903－0002708　370－2/3
**釋常談三卷**　(□)□□撰　明弘治十四年(1501)無錫華氏影宋刻本　一册

230000－0903－0002709　370－2/4
**考古編十卷**　(宋)程大昌撰　清嘉慶十年(1805)虞山張海鵬照曠閣刻學津討原本　三册

230000－0903－0002710　370－2/5
**學齋佔畢纂一卷**　(宋)史繩祖撰　明商濬刻稗海叢書本　一册

230000－0903－0002711　370－2/6
**儲華谷袪疑説纂一卷**　(宋)儲泳撰　明商濬刻稗海叢書本　一册

230000－0903－0002712　370－2/7
**日知録三十二卷**　(清)顧炎武撰　清康熙三十四年(1695)潘耒刻本　十二册

230000－0903－0002713　370－2/8
**聞見瓣香録十卷**　(清)秦武域撰　清乾隆五十八年(1793)笑竹書屋刻本　十册

230000－0903－0002714　370－2/9
**十駕齋養新録二十卷餘録三卷**　(清)錢大昕撰　清嘉慶九年(1804)刻本　八册

230000－0903－0002715　370－3/1
**寄園寄所寄十二卷**　(清)趙吉士撰　清康熙三十四年(1695)刻本　十一册

230000－0903－0002716　370－5/1
**小窗别紀四卷**　(明)吴從先評選　(明)施沛校　明萬曆四十二年(1614)刻本　四册

230000－0903－0002717　375－1/2
**河洛理數七卷**　(宋)陳搏　(宋)邵雍撰　(明)史應選重訂　明崇禎五年(1632)英德堂刻本　八册

230000－0903－0002718　375－2/1
**觀象玩占五十卷**　(唐)李淳風撰　明萬曆二十四年(1596)黑格抄本　十册

230000－0903－0002719　375－3/2
**秘藏大六壬大全十三卷**　(清)郭御青校訂　清康熙四十三年(1704)刻本　十三册

230000－0903－0002720　375－3/3
**卜法詳考四卷**　(清)胡煦撰　清乾隆三十八年(1773)胡氏葆璞堂刻本　四册

230000－0903－0002721　375－4/1
**奇門遁甲統宗十二卷**　(三國蜀)諸葛亮撰　清初刻本　佚名朱筆批校　十二册

230000－0903－0002722　375－4/2
**陰陽五要奇書五集**　(明)江之棟輯　(清)顧鶴庭重輯　清乾隆五十五年(1790)姑蘇顧氏樂眞堂刻本　八册

230000－0903－0002723　375－4/3
**欽定協記辨方書三十六卷**　(清)允祿等纂　清乾隆六年(1741)内府刻本　十五册

230000－0903－0002724　375－6/1
**新刻東海王先生纂輯陽宅十書四卷**　(明)王君榮纂輯　(明)左之龍等校　明同文堂刻本　四册

230000－0903－0002725　375－6/2
**陽宅集成八卷**　(清)姚廷鑾纂輯　清乾隆十六年(1751)刻本　八册

230000－0903－0002726　380－1/3
**妙法蓮華經臺宗會議七卷**　(明)釋智旭撰　明萬曆刻本　八册

230000－0903－0002727　380－1/5
**大方廣佛華嚴經新論四十卷**　(唐)李通玄撰　(□)鄭弘道定　明萬曆四十年(1612)新都潘之恒刻本　二十册

230000－0903－0002728　380－1/6
**大寶積經一百二十卷**　(唐)釋菩提流志譯　唐人寫本　一軸　存(第一百四卷軸)

230000－0903－0002729　380－1/9
**五燈會元二十卷**　(宋)釋普濟撰　清光緒二十八年(1902)貴池劉氏玉海堂影刻本　十二册

230000－0903－0002730　380－1/10
**寶顔堂訂正羅湖野録四卷**　(宋)釋曉瑩撰　明刻本　二册

230000－0903－0002731　380－1/11
**宗鏡録一百卷**　(宋)釋延壽撰　清雍正十二年(1734)内府刻本　二十册

230000－0903－0002732　380－1/12
**御録經海一滴六卷**　(清)世宗胤禛録　清雍正十三年(1735)内府刻本　六册

230000－0903－0002733　390/1
**王先生十七史蒙求十六卷**　(宋)王令撰　清康熙養志堂刻本　二册

230000－0903－0002734　390/2
**事類賦三十卷**　(宋)吴淑撰並注　(明)華麟祥校　**廣事類賦四十卷**　(清)華希閔撰　(清)鄒兆升參評　清乾隆二十九年(1764)刻本　十一册　缺四卷(廣事類賦三十七至四十)

230000－0903－0002735　390/3
**太平御覽一千卷**　(宋)李昉等撰　明萬曆銅活字印本　一册　存五卷(七百六十一至七百六十五)

230000－0903－0002736　390/4
**古今合璧事類備要前集六十九卷後集八十一卷續集五十六卷**　(宋)謝維新輯　**别集九十四卷外集六十六卷**　(宋)虞載輯　明藍格抄本　佚名批校　二册

230000－0903－0002737　390/6
**新刻小學紺珠十卷**　(宋)王應麟編著　(明)胡文煥校　明錢唐胡文煥刻本　四册

230000－0903－0002738　390/7
**圖書編一百二十七卷**　(明)章潢編　明天啓三年(1623)刻本　四十八册

230000－0903－0002739　390/9
**尚友録二十二卷**　(明)廖用賢編　(□)張伯琮補輯　清康熙五年(1666)古婺正業堂刻本　十六册

230000－0903－0002740　390/11
**新刊校正圓機活法詩學全書二十四卷**　(明)王世貞增校　(明)蔣先庚重訂　明刻本　十二册　存七卷(十八至二十四)

230000－0903－0002741　390/12
**新刊校正增補圓機詩韻活法全書十四卷**　(明)王世貞增校　(明)蔣先庚重訂　明刻本　七册

230000－0903－0002742　390/13
**八編類纂二百八十五卷目録一卷六經圖六卷地類圖二卷**　(明)陳仁锡撰评　明天啓六年(1626)三畏堂刻本　二百四十册

230000－0903－0002743　390/14
**增訂二三塲群書備考四卷**　(明)袁黄撰　(明)袁儼注　明崇禎十五年(1642)沈昌世致和堂刻本　十二册

230000－0903－0002744　390/15
**蘭雪堂古事苑定本十二卷**　(明)鄧志謨編　清康熙二十五年(1686)蘭雪堂刻本　六册

230000－0903－0002745　390/16
**省軒考古類編十二卷**　(清)柴紹炳撰　(清)姚培謙評　清雍正二年(1724)刻本　八册

230000－0903－0002746　390/17
**類林新咏三十六卷**　(清)姚之駰撰　清康熙四十六年(1707)刻本　十二册

230000－0903－0002747　390/18
**五經類編二十八卷**　(清)周世樟編　清雍正刻本　十册

230000－0903－0002748　390/19
**御定淵鑑類函四百五十卷目録四卷**　(清)張英等撰　清康熙四十九年(1710)清吟堂刻本　一百四十册

230000－0903－0002749　400－1/1

**文選六十卷**　(南朝梁)蕭統編　(唐)李善注　(清)何義門(何焯)評點　清乾隆三十七年(1772)海錄軒刻朱墨套印本　二十四冊

230000－0903－0002750　400－1/3
**回文類聚四卷**　(宋)桑世昌編　**續編十卷冠五綵璿璣及織錦故事圖畫一卷**　(清)朱象賢編　清康熙間朱氏裕文堂刻本　三冊

230000－0903－0002751　400－1/4
**二十一史文選□□卷**　(明)周鍾選輯　明天啓刻本　一冊　存一卷(四十一)

230000－0903－0002752　400－1/5
**唐宋八大家文鈔八種**　(明)茅坤輯　明崇禎元年(1628)刻本　二十八冊

230000－0903－0002753　400－1/6
**新鐫焦太史彙選中原文獻二十四卷**　(明)焦竑選　明萬曆新安汪宗淳刻本　三冊　存七卷(子集一至七)

230000－0903－0002754　400－1/7
**古逸三十卷首一卷後一卷**　(明)潘基慶選注　明萬曆四十年(1612)刻本　十二冊

230000－0903－0002755　400－1/8
**古文品外錄二十四卷**　(明)陳繼儒選評　明萬曆刻本　二十四冊

230000－0903－0002756　345－1/1
**管窺輯要八十卷附天文步天歌一卷**　(清)黄鼎撰　清順治十年(1653)善成堂刻本　三十二冊　存七十五卷(一至六十一、六十七至八十)

230000－0903－0002757　400－1/11
**宋金元詩永二十卷**　(清)吳綺選　清康熙十七年(1678)思永堂刻本　十六冊

230000－0903－0002758　400－1/14
**近光集二十卷**　(清)汪士鋐編纂　(清)徐修仁等參注　清康熙五十八年(1719)刻本　八冊

230000－0903－0002759　400－1/15
**近光集二十八卷**　(清)汪士鋐編纂　(清)徐修仁等參注　清康熙五十八年(1719)刻本　八冊

230000－0903－0002760　400－1/16
**古詩源十四卷**　(清)沈德潛選　清康熙五十八年(1719)竹嘯軒刻本　佚名批注　三冊

230000－0903－0002761　400－1/18
**詩林韶護選二十卷**　(清)顧嗣立選　(清)周煌重選　清乾隆刻本　四冊

230000－0903－0002762　400－1/20
**唐宋八家文讀本三十卷**　(清)沈德潛評點　清乾隆十五年(1750)沈氏刻本　十六冊

230000－0903－0002763　400－2/1
**東嵒草堂評訂唐詩鼓吹十卷**　(元)郝天挺注　(明)廖文炳解　清順治十六年(1659)陸貽典等刻本　十冊

230000－0903－0002764　400－2/2
**唐詩英華二十二卷**　(清)顧有孝編　清順治十四年(1657)嘉興九思堂刻本　十二冊

230000－0903－0002765　400－2/3
**唐四家詩四種**　(清)汪立名編　清康熙三十四年(1695)汪立名刻本　六冊

230000－0903－0002766　400－2/4
**中晚唐詩叩彈集十二卷續三卷**　(清)杜詔　(清)杜庭珠集　清康熙四十三年(1704)采山亭刻本　佚名朱筆圈点　二冊　存八卷(一至八)

230000－0903－0002767　400－2/5
**重訂唐詩别裁集二十卷**　(清)沈德潛選　清乾隆二十八年(1763)教忠堂刻本　十冊

230000－0903－0002768　400－2/6
**唐詩觀瀾集二十四卷**　(清)李因培選評　(清)淩應曾編注　清乾隆二十四年(1759)李氏刻本　八冊

230000－0903－0002769　400－2/8
**宋詩鈔八十五種**　(清)吳之振編　清康熙十年(1671)吳氏鑑古堂刻本　二十冊

230000－0903－0002770　400－2/9

**宋四名家詩四種**　(清)周之鱗　(清)柴升編　清康熙有文堂刻本　八册

230000－0903－0002771　400－2/10
**宋四名家詩四種**　(清)周之鱗　(清)柴升選編　清康熙有文堂刻本　六册

230000－0903－0002772　400－2/11
**金詩選四卷**　(清)顧奎光選輯　(清)陶玉禾參評　清乾隆十六年(1751)刻本　四册

230000－0903－0002773　400－2/12
**元詩選十集首一卷**　(清)顧嗣立編　清康熙三十三年(1694)顧氏秀野草堂刻本　二十四册

230000－0903－0002774　400－2/13
**元詩自攜二十一卷**　(清)姚培謙選輯　清康熙六十一年(1722)遂安堂刻本　十册

230000－0903－0002775　400－2/14
**明人尺牘選四卷**　(清)王元勳　(清)程化騄輯　清康熙四十四年(1705)刻本　佚名朱筆批校　二册

230000－0903－0002776　400－2/16
**感舊集十六卷**　(清)王士禎編選　(清)盧見曾補傳　清乾隆十七年(1752)盧氏雅雨堂刻本　八册

230000－0903－0002777　400－2/17
**欽定國朝詩别裁集三十二卷**　(清)沈德潛撰評　清乾隆二十五年(1760)教忠堂刻本　十二册

230000－0903－0002778　400－2/18
**續補七言詩歌行鈔□□卷**　(清)翁方綱選　清抄本　一册　存二卷(六至七)

230000－0903－0002779　400－3/1
**宛雅初編八卷二編八卷三編二十四卷**　(明)梅鼎祚輯　(清)施會曾　(清)張汝霖補緝　清乾隆十四年(1749)西阪草堂刻本　十册

230000－0903－0002780　400－3/2
**白山詩介十卷**　(清)鐵保輯　清嘉慶六年(1801)鐵保刻本　四册

230000－0903－0002781　400－4/2
**述本堂詩集十八卷**　(清)方觀承等撰　清乾隆十九年(1754)刻本　十六册

230000－0903－0002782　410/2
**楚辭八卷辯證二卷後語八卷**　(宋)朱熹集注　(明)蔣之翹評校　明天啓六年(1626)忠雅堂刻本　四册

230000－0903－0002783　410/3
**楚辭通釋十四卷末一卷**　(清)王夫之撰　清同治四年(1865)湘鄉曾氏金陵節使刻本　六册

230000－0903－0002784　410/4
**楚辭新注八卷**　(清)屈復撰　清乾隆三年(1738)屈氏刻本　四册

230000－0903－0002785　420－1/1
**蔡中郎集八卷**　(漢)蔡邕撰　(明)汪士賢校　明汪士賢刻漢魏諸名家集本　四册

230000－0903－0002786　420－1/3
**蔡中郎集十卷外紀一卷外集四卷列傳一卷年表一卷**　(漢)蔡邕撰　清咸豐二年(1852)東郡楊氏海源閣刻本　六册

230000－0903－0002787　420－1/4
**嵇中散集十卷**　(三國魏)嵇康撰　(明)汪士賢校　明汪士賢刻本　一册

230000－0903－0002788　420－1/5
**嵇中散集九卷附録一卷**　(三國魏)嵇康撰　明崇禎張溥刻漢魏六朝百三家集本　二册

230000－0903－0002789　420－1/6
**陶淵明文集十卷**　(晉)陶潛撰　清嘉慶十二年(1807)魯銓影宋刻本　三册

230000－0903－0002790　420－1/7
**梁元帝集一卷**　(南朝梁)元帝蕭繹撰　(明)張溥輯　明崇禎張溥刻漢魏六朝百三家集本　二册

230000－0903－0002791　420－1/8
**江文通文集十卷**　(南朝梁)江淹撰　(明)汪士賢校　明萬曆天啓新安汪士賢刻漢魏六朝

集本　佚名朱筆批校　四冊

230000－0903－0002792　420－1/9
**徐孝穆全集六卷**　(南朝陳)徐陵撰　(清)吳兆宜箋注　**徐孝穆備考**　(清)徐文炳補輯　清乾隆揚州吳氏藝古堂刻本　二冊

230000－0903－0002793　420－2/2
**駱丞集注四集**　(唐)駱賓王撰　(明)顏文選注　明萬曆四十三年(1615)顏文選刻本　四冊

230000－0903－0002794　420－2/3
**分類補注李太白詩二十五卷**　(唐)李白撰　(宋)楊齊賢集注　(元)蕭士贇補注　明六經堂刻本　十二冊

230000－0903－0002795　420－2/4
**分類補注李太白詩二十五卷**　(唐)李白撰　(宋)楊齊賢集注　(元)蕭士贇補注　明萬曆長洲許自昌刻本　十二冊

230000－0903－0002796　420－2/5
**杜工部集二十卷**　(唐)杜甫撰　(清)錢謙益箋注　清康熙六年(1667)刻本　十二冊

230000－0903－0002797　420－2/6
**杜詩詳注二十五卷首一卷附編二卷**　(清)仇兆鰲輯注　清康熙三十二年(1693)刻本　十冊

230000－0903－0002798　420－2/7
**讀杜心解六卷首二卷**　(清)浦起龍撰　清雍正二年(1724)浦氏寧我齋刻本　六冊

230000－0903－0002799　420－2/8
**王右丞集二十八卷首一卷末一卷**　(唐)王維撰　(清)趙殿成箋注　清乾隆元年(1736)趙氏刻本　七冊

230000－0903－0002800　420－2/10
**文忠集十六卷**　(唐)顏眞卿撰　清刻武英殿聚珍版書本　四冊

230000－0903－0002801　420－2/12
**昌黎先生集四十卷外集十卷**　(唐)韓愈撰　(宋)廖瑩中注　明萬曆長洲徐時泰東雅堂刻本　十六冊

230000－0903－0002802　420－2/13
**昌黎先生詩集注十一卷附年譜一卷**　(唐)韓愈撰　(清)顧嗣立刪補　清康熙三十八年(1699)長洲顧氏秀野草堂刻本　佚名批注　四冊

230000－0903－0002803　420－2/14
**唐大家柳柳州文抄十二卷**　(唐)柳宗元撰　(明)茅坤批評　明萬曆刻唐宋八家文抄本　六冊

230000－0903－0002804　420－2/15
**唐柳河東集四十五卷外集五卷遺文一卷附錄一卷**　(唐)柳宗元撰　(明)蔣之翹輯注　明崇禎六年(1633)豹變齋刻本　八冊

230000－0903－0002805　420－2/16
**李衛公文集二十卷外集四卷別集十卷**　(唐)李德裕撰　(明)陳子龍評選　明萬曆刻本　八冊

230000－0903－0002806　420－2/18
**元氏長慶集六十卷補遺六卷附錄一卷**　(唐)元稹撰　明萬曆松江馬氏刻元白長慶集本　六冊

230000－0903－0002807　420－2/17
**李文饒文集二十卷別集十卷外集四卷**　(唐)李德裕撰　(明)韓敬評點　明天啓四年(1624)吳興茅兆河刻本　六冊

230000－0903－0002808　420－2/19
**元氏長慶集六十卷補遺六卷附錄一卷**　(唐)元稹撰　明萬曆松江馬氏刊元白長慶集本　四冊

230000－0903－0002809　420－2/20
**白氏長慶集七十一卷附錄一卷**　(唐)白居易撰　明萬曆松江馬氏刊元白長慶集本　十四冊

230000－0903－0002810　420－2/21
**白氏長慶集七十一卷附錄一卷**　(唐)白居易撰　明萬曆松江馬氏刊元白長慶集本　十冊

230000－0903－0002811　420－2/22
**白香山詩長慶集四十卷附録年譜二卷**　（唐）白居易撰　（清）汪立名編訂　清康熙四十三年（1704）汪氏一隅草堂刻本　十册

230000－0903－0002812　420－2/23
**重訂李義山詩集箋注三卷集外詩箋注一卷**　（唐）李商隱撰　（清）朱鶴齡箋注　（清）程夢星刪補　**年譜一卷詩話一卷**　（清）程夢星輯　清乾隆九年（1744）東柯草堂刻本　四册

230000－0903－0002813　420－2/24
**李義山詩文集詳注十二卷**　（唐）李商隱撰　（清）馮浩編訂　清乾隆四十五年（1780）馮氏德聚堂刻本　十四册

230000－0903－0002814　420－2/26
**唐劉蜕集六卷**　（唐）劉蜕撰　（明）吴馡輯　明抄本　一册　存四卷（一至四）

230000－0903－0002815　420－2/27
**重刊校正笠澤叢書四卷補遺詩一卷續補遺一卷**　（唐）陸龜蒙撰　清雍正九年（1731）江都陸鐘輝水雲漁屋刻本　四册

230000－0903－0002816　420－3/1
**南陽集六卷**　（宋）趙湘撰　（宋）趙抃編　清武英殿活字印本　四册

230000－0903－0002817　420－3/2
**林和靖先生詩集四卷附省心録一卷**　（宋）林逋撰　清康熙四十七年（1708）長洲吴調元刻本　四册

230000－0903－0002818　420－3/3
**范文正公忠宣公全集**　（宋）范仲淹　（宋）范純仁撰　清康熙四十六年（1707）范氏歲寒堂刻本　二十册

230000－0903－0002819　420－3/4
**范文正公全集**　（宋）范仲淹撰　清康熙四十六年（1707）范氏歲寒堂刻本　十册

230000－0903－0002820　420－3/5
**范忠宣公全集二十五卷**　（宋）范純仁撰　清康熙四十六年（1707）范氏歲寒堂刻本　六册

230000－0903－0002821　420－3/10
**曾文定公全集二十卷末一卷**　（宋）曾鞏撰　（清）彭期重編　清康熙二十一年（1682）彭毅齋刻本　八册

230000－0903－0002822　420－3/11
**宋邵康節先生伊川擊壤集十卷**　（宋）邵雍撰　（明）吴瀚摘注　清康熙八年（1669）邵養定等刻本　十册

230000－0903－0002823　420－3/12
**王荆文公詩五十卷**　（宋）王安石撰　（宋）李壁箋注　清乾隆六年（1741）武原張宗松清綺齋刻本　八册

230000－0903－0002824　420－3/13
**宋蘇文忠公集選三十卷**　（宋）蘇軾撰　（明）崔邦亮選　明萬曆二十七年（1599）楊四知刻本　十册

230000－0903－0002825　420－3/14
**坡仙集十六卷**　（宋）蘇軾撰　（明）李贄輯　明萬曆二十八年（1600）瑯琊焦竑刻本　九册　存十四卷（一至十、十三至十六）

230000－0903－0002826　420－3/15
**東坡詩鈔十八卷**　（宋）蘇軾撰　（清）姚廷謙訂　清康熙六十年（1721）刻本　六册

230000－0903－0002827　420－3/16
**施注蘇詩四十二卷總目二卷**　（宋）施元之　（宋）顧禧撰　（清）邵長蘅刪補　**續補遺二卷**　（清）馮景撰　**王注正譌一卷**　（清）邵長蘅撰　**東坡先生［蘇軾］年譜一卷**　（宋）王宗稷撰　清康熙三十八年（1699）宋犖刻本　十二册

230000－0903－0002828　420－3/17
**東坡先生編年詩五十卷**　（宋）蘇軾撰　（清）查慎行補注　清乾隆二十六年（1761）香雨齋刻本　十二册

230000－0903－0002829　420－3/18
**蘇詩補注八卷**　（宋）蘇軾撰　（清）翁方綱補注　清乾隆四十七年（1782）蘇齋刻本　四册

230000－0903－0002830　420－3/19
**重刻黃文節山谷先生文集三十卷別集二十卷外集十四卷**　（宋）黃庭堅撰　（明）周希令編　**伐檀二卷年譜十五卷**　（宋）黃庶撰　明萬曆四十二年（1614）滇中李友梅刻本　二十冊

230000－0903－0002831　420－3/20
**後山詩十二卷**　（宋）陳師道撰　（宋）任淵注　清乾隆武英殿活字印本　六冊

230000－0903－0002832　420－3/21
**學易集八卷**　（宋）劉跂撰　清乾隆武英殿活字印本　二冊

230000－0903－0002833　420－3/22
**茶山集八卷**　（宋）曾幾撰　清乾隆刻武英殿聚珍版書本　二冊

230000－0903－0002834　420－3/23
**朱子文鈔二十卷**　（宋）朱熹撰　（清）杜庭珠選抄　清康熙五十一年（1712）采山亭刻本　一冊　存五卷（一至五）

230000－0903－0002835　420－3/24
**絜齋集二十四卷**　（宋）袁燮撰　清乾隆刻武英殿聚珍版書本　十冊

230000－0903－0002836　420－3/25
**石湖居士詩集三十四卷**　（宋）范成大撰　（清）顧嗣立重訂　清康熙二十七年（1688）顧氏秀野草堂刻本　十冊

230000－0903－0002837　420－3/26
**劍南詩鈔不分卷**　（宋）陸游撰　（清）楊大鶴選編　清康熙二十四年（1685）楊氏野雪軒刻本　八冊

230000－0903－0002838　420－3/27
**燭湖集二十卷附編二卷**　（宋）孫應時撰　清嘉慶八年（1803）靜遠軒刻本　八冊

230000－0903－0002839　420－3/28
**宋丞相文山先生全集二十卷**　（宋）文天祥撰　（清）曾弘重梓　清康熙十二年（1673）曾弘焉文堂刻本　十冊

230000－0903－0002840　420－5/1
**趙文敏公松雪齋全集十卷外集一卷續集一卷附錄一卷**　（元）趙孟頫撰　（清）曹培廉校　清康熙五十二年（1713）曹氏城書室刻本　四冊

230000－0903－0002841　420－5/5
**趙文敏公松雪齋全集十卷外集一卷續集一卷附錄一卷**　（元）趙孟頫撰　（清）曹培廉校　清康熙五十二年（1713）曹氏城書室刻本　八冊

230000－0903－0002842　420－6/3
**康對山先生文集十卷**　（明）康海撰　（清）孙景烈選編　清乾隆二十六年（1761）刻本　五冊

230000－0903－0002843　420－6/4
**王陽明先生全集二十卷首一卷**　（明）王守仁撰　（清）俞嶙編　清刻本　六冊　存六卷（十一至十六）

230000－0903－0002844　420－6/6
**空同子集六十六卷目錄三卷附錄二卷**　（明）李夢陽撰　明萬曆三十年（1602）玉堂刻本　汪奠基跋　二十四冊

230000－0903－0002845　420－6/7
**陶菴先生全集二十二卷首一卷末一卷**　（明）黃淳耀撰　（清）李長青等編　清乾隆二十六年（1761）寶山學刻本　十二冊

230000－0903－0002846　420－7/1
**青溪遺稿二十八卷**　（清）程正揆撰　清康熙天咫閣刻本　五冊

230000－0903－0002847　420－7/2
**梅村集四十卷目錄二卷**　（清）吳偉業撰　清康熙刻本　十三冊　存三十七卷（一至八、十二至四十）

230000－0903－0002848　420－7/4
**林蕙堂文集十二卷**　（清）吳綺撰　（清）吳琥綉重校　清康熙博古堂刻本　六冊

230000－0903－0002849　420－7/5
**漁洋山人精華錄箋注十二卷補注一卷年譜一**

卷　(清)金榮箋注　(清)徐淮纂輯　清康熙鳳翽堂刻本　六冊

230000－0903－0002850　420－7/6
**漁洋山人精華錄訓纂十卷年譜一卷附錄一卷總目一卷**　(清)惠棟撰　清乾隆紅豆齋刻本　十二冊

230000－0903－0002851　420－7/8
**午亭文編五十卷**　(清)陳廷敬撰　(清)林佶輯錄　清乾隆四十三年(1778)刻本　十六冊

230000－0903－0002852　420－7/9
**朱竹垞先生鴛鴦湖櫂歌一卷**　(清)朱彝尊撰　清乾隆十五年(1750)刻本　一冊

230000－0903－0002853　420－7/13
**于清端公政書八卷首編一卷外集一卷**　(清)于成龍　(清)蔡方炳撰　清康熙四十六年(1707)刻本　十冊

230000－0903－0002854　420－7/14
**蓮洋集選十二卷**　(清)吳雯撰　清乾隆十五年(1750)夢鶴草堂刻本　六冊

230000－0903－0002855　420－7/15
**蓮洋集十二卷補遺一卷**　(清)吳雯撰　清乾隆十五年(1750)劉祖曾刻十六年(1751)宋弼五十五年(1790)徐昆等增修本　六冊

230000－0903－0002856　420－7/16
**聰山集三卷**　(清)申涵光撰　清康熙二年(1663)刻本　二冊

230000－0903－0002857　420－7/17
**三魚堂文集十二卷外集六卷附錄一卷**　(清)陸隴其撰　(清)侯銓編　清康熙嘉會堂刻本　九冊　缺一卷(十二)

230000－0903－0002858　420－7/19
**思綺堂文集十卷**　(清)章藻功撰　清康熙六十一年(1722)刻本　十冊

230000－0903－0002859　420－7/20
**望溪集不分卷**　(清)方苞撰　清乾隆刻本　十冊

230000－0903－0002860　420－7/21
**澄懷園語四卷**　(清)張廷玉撰　清乾隆十一年(1746)刻本　二冊

230000－0903－0002861　420－7/22
**白田草堂存稿二十四卷**　(清)王懋竑撰　清乾隆十七年(1752)刻本　六冊

230000－0903－0002862　420－7/23
**樊榭山房集十卷續集十卷文集八卷**　(清)萬鶚撰　清乾隆刻本　六冊　缺四卷(文集五至八)

230000－0903－0002863　420－7/24
**餘園詩鈔六卷**　(清)繆沅撰　(清)沈德潛　(清)金志章編輯　清乾隆十年(1745)葆素堂刻本　四冊

230000－0903－0002864　420－7/25
**集虛齋學古文十二卷附離騷經解畧一卷**　(清)方楘如撰　清乾隆十九年(1754)佩古堂刻本　六冊

230000－0903－0002865　420－7/26
**甘莊恪公全集十六卷**　(清)甘汝來撰　(清)甘禾敬編　清乾隆五十六年(1791)刻本　四冊

230000－0903－0002866　420－7/27
**冬心先生集四卷**　(清)金農撰　(清)壽鳳　(清)美鎏抄校　清抄本　二冊

230000－0903－0002867　420－7/29
**香樹齋全集八十七卷**　(清)錢陳群撰　清乾隆刻本　二十六冊

230000－0903－0002868　420－7/30
**弢甫五嶽集二十卷**　(清)桑調元撰　清乾隆脩汲堂刻本　六冊

230000－0903－0002869　420－7/31
**小倉山房詩集三十六卷補遺二卷**　(清)袁枚撰　清乾隆刻本　十冊

230000－0903－0002870　420－7/32
**道古堂文集四十八卷詩集二十六卷**　(清)杭世駿撰　清乾隆四十三年(1778)刻本　二十四冊

230000－0903－0002871　420－7/33
**銅鼓書堂遺稟三十二卷**　(清)查禮撰　清乾隆五十七年(1792)刻本　四册

230000－0903－0002872　420－7/34
**袁文箋正十六卷補注一卷**　(清)袁枚撰　(清)石韞玉箋注　清嘉慶十七年(1812)鶴壽山堂刻本　六册

230000－0903－0002873　420－7/39
**戴東原集十二集附覆校札記一卷**　(清)戴震撰　清乾隆五十七年(1792)段玉裁經韻樓刻本　八册

230000－0903－0002874　420－7/40
**忠雅堂文集十二卷**　(清)蔣士銓撰　清嘉慶二十二年(1817)桂林刻本　六册

230000－0903－0002875　420－7/41
**惜抱軒全集十種**　(清)姚鼐撰　清嘉慶刻咸豐十一年(1861)董文煥校刻本　十二册

230000－0903－0002876　420－7/42
**兩當軒集二十卷考異二卷附錄六卷**　(清)黄景仁撰　清咸豐八年(1858)刻本　六册

230000－0903－0002877　420－7/43
**王芑孫日記殘稿不分卷**　(清)王芑孫撰　清乾隆四十九年至五十九年(1784－1794)寫本　一册

230000－0903－0002878　420－7/44
**存悔齋集二十八卷外集四卷**　(清)劉鳳誥撰　清道光十年(1830)刻本　八册

230000－0903－0002879　420－7/45
**鄭板橋集六卷**　(清)鄭燮撰　清乾隆十四年(1749)上元司徒文膏刻本　四册

230000－0903－0002880　420－7/47
**吳詩集覽二十卷序目一卷**　(清)吳偉業撰　清乾隆四十年(1775)黎城靳氏淩雲亭刻道光七年(1827)胡伯齡印本　二十册

230000－0903－0002881　440－1/1
**清綺軒詞選十三卷**　(清)夏秉衡輯　清乾隆十六年(1751)桐石山房刻本　八册

230000－0903－0002882　440－1/2
**蔗塘外集一卷**　(清)查為仁編　清乾隆十三年(1748)宛平查氏刻本　一册

230000－0903－0002883　440－2/1
**山中白雲詞八卷附錄一卷**　(宋)張炎撰　清雍正四年(1726)刻本　二册

230000－0903－0002884　440－4/1
**詞律二十卷**　(清)萬樹撰　清康熙二十六年(1687)萬氏堆絮園刻本　十二册

230000－0903－0002885　450－3/1
**蜃中樓傳奇二卷**　(清)李漁編次　(清)壘菴居士批評　清刻笠翁十種曲本　二册

230000－0903－0002886　450－3/2
**比目魚傳奇二卷**　(清)李漁編次　清刻笠翁十種曲本　二册

230000－0903－0002887　450－3/3
**杏花村傳奇二卷三十二齣**　(清)夏綸撰　(清)徐夢元評　清乾隆十四年(1749)世光堂刻本　四册

230000－0903－0002888　450－3/4
**石榴記传奇四卷三十二齣**　(清)黄振填詞　清乾隆三十七年(1772)柴灣村舍刻本　八册

230000－0903－0002889　450－8/1
**納書楹紫釵記全譜二卷**　(清)葉堂訂譜　(清)王文治参訂　清乾隆五十七年(1792)納書楹刻本　二册

230000－0903－0002890　460－1/1
**李卓吾批點世説新語補二十卷**　(南朝宋)劉慶義撰　(南朝梁)劉孝標注　明書林余圯孺刻本　六册

230000－0903－0002891　460－1/2
**異苑十卷**　(南朝宋)劉敬叔撰　(明)胡震亨　(明)毛晉訂　清抄本　二册

230000－0903－0002892　460－1/3
**宣室志十卷補遺一卷**　(唐)張讀撰　明萬曆商濬刻稗海本　四册

230000－0903－0002893　460－1/4

**唐國史補三卷**　(唐)李肇撰　明崇禎毛晉汲古閣刻津逮秘書本　二冊

230000－0903－0002894　460－1/5
**三水小牘二卷**　(唐)皇甫枚撰　清乾隆五十七年(1792)盧文弨刻抱經堂叢書本　二冊

230000－0903－0002895　460－1/6
**玉泉子一卷**　(□)□□撰　明萬曆商濬刻稗海本　二冊

230000－0903－0002896　460－1/7
**摭言十五卷**　(五代)王定保撰　清乾隆二十一年(1756)盧氏刻雅雨堂叢書本　四冊

230000－0903－0002897　450－1/8
**青箱雜記十卷**　(宋)吳處厚撰　明萬曆商濬刻稗海本　四冊

230000－0903－0002898　460－1/9
**五色線二卷**　(宋)□□撰　(明)毛晉訂　明毛晉刻津逮秘書本　二冊

230000－0903－0002899　460－1/11
**松筠閣鈔異十二卷**　(清)高承勳輯　清道光八年(1828)渤海高氏刻本　十二冊

230000－0903－0002900　460－4/1
**皋鶴堂批評第一奇書金瓶梅一百回**　(清)李漁撰　清康熙三十四年(1695)在茲堂刻本　二十四冊

230000－0903－0002901　470/2
**文心雕龍十卷**　(南朝梁)劉勰撰　(清)黃叔琳輯注　(清)紀昀評　清道光十三年(1833)兩廣節署刻朱墨套印本　四冊

230000－0903－0002902　470/3
**漁隱叢話前集六十卷後集四十卷**　(宋)胡仔纂集　清乾隆五年(1740)楊佑啟耘經樓影宋刻本　十二冊

230000－0903－0002903　470/4
**漁洋山人詩問二卷**　(清)王士禎撰　(清)王祖肅校訂　清乾隆三十三年(1768)王祖肅刻本　二冊

230000－0903－0002904　280－1/32
**資治通鑑地理今釋十六卷**　(清)吳熙載撰　清光緒八年(1882)江蘇書局刻本　三冊

230000－0903－0002905　240－2/67
**哥倫波二十四章**　(美國)勃腊特撰　(清)包光鏞譯　清光緒二十八年(1902)上海文明書局鉛印本　一冊

230000－0903－0002906　420－5/6
**文獻公全集十一卷首一卷**　(元)黃溍撰　清咸豐元年(1851)刻本　十冊

230000－0903－0002907　420－5/7
**江月松風集十二卷補遺一卷附文一卷**　(元)錢惟善撰　清光緒八年(1882)清風室刻本　二冊

230000－0903－0002908　420－6/13
**甫田集三十六卷**　(明)文徵明撰　清宣統三年(1911)鉛印本　十二冊

230000－0903－0002909　420－6/15
**王文成公全書三十八卷**　(明)王守仁撰　(明)徐愛等編輯　清刻本　二十四冊

230000－0903－0002910　420－6/27
**新刻張太岳先生文集四十七卷**　(明)張居正撰　清光緒刻本　八冊　存二十五卷(一至二十五)

230000－0903－0002911　420－6/37
**鹿忠節公集二十一卷**　(明)鹿善繼撰　清刻本　六冊

230000－0903－0002912　420－7/10
**南雷文定前集十一卷後集四卷三集三卷四集四卷附錄一卷**　(清)黃宗羲撰　(清)馮祖憲校訂　清畊餘樓刻本　八冊

230000－0903－0002913　420－7/122
**邃雅堂集十卷續編一卷**　(清)姚文田撰　清道光元年至八年(1821－1828)刻民國九年(1920)振新書社印本　六冊

230000－0903－0002914　420－7/227
**不慊齋漫存八卷**　(清)徐賡陛撰　清刻本　五冊　存五卷(三至六、八)

230000－0903－0002915　110/119
**自得齋易學四種**　(清)丁澤安撰　清光緒元年(1875)刻本　四册

230000－0903－0002916　280－2/62
**龍沙六種**　(清)黑龍江學務公所圖書科編　清宣統元年(1909)鉛印本　一册

230000－0903－0002917　420－6/29
**呂新吾全集二十種**　(明)呂坤撰　明萬曆刻清同治、光緒修補印本　三十六册

230000－0903－0002918　400－4/6
**項城袁氏家集七種**　丁振鐸輯　清宣統三年(1911)清芬閣排印本　五十六册　缺一種二卷(自乂瑣言二卷)

230000－0903－0002919　300/1
**二十二子二十二種**　(清)浙江書局輯　清光緒元年(1875)浙江書局刻本　八十一册　缺一種二十卷(說苑一至二十)

230000－0903－0002920　310/1
**孔氏家語十卷**　(三國魏)王肅注　**札記一卷**　劉世珩撰　清光緒二十四年(1898)貴池劉氏玉海堂影宋刻本　四册

230000－0903－0002921　345－3/1
**四元玉鑑細艸三卷附增一卷附一卷**　(元)朱世傑編述　(清)羅士琳撰　清道光十六年(1836)揚州刻本　十册

230000－0903－0002922　375－4/4
**新鐫曆法便覽象吉備要通書大全二十九卷內附三元甲子未來曆一卷**　(清)魏鑑彙選　清康熙六十年(1721)善成堂刻本　九册

230000－0903－0002923　420－7/12
**黎洲遺著彙刊六十八卷首一卷**　(清)黄宗羲撰　清宣統二年(1910)上海時中書局鉛印本　二十册

230000－0903－0002924　260－5/36
**國際公法三編**　(日本)平岡定太郎撰　(清)薛瑩中校　清光緒傳經樓刻本　一册

230000－0903－0002925　260－5/71
**日本統計釋例六卷**　(清)政治官報局撰　清末鉛印本　二册

230000－0903－0002926　280－1/29
**輿地廣記三十八卷**　(宋)歐陽忞撰　清刻本　六册　存三十二卷(一至三十二)

230000－0903－0002927　260－2/14
**欽定理藩院則例六十四卷通例二卷原奏一卷**　(清)松森等纂修　清光緒十七年(1891)理藩院刻本　三十二册

230000－0903－0002928　260－3/20
**佐治藥言一卷續一卷**　(清)汪輝祖撰　清同治六年(1867)江蘇書局刻龍莊遺書本　一册

230000－0903－0002929　260－2/28
**欽定科場條例六十卷首一卷**　(清)景安等撰修　(清)達麟等覆校　清嘉慶二十三年(1818)刻本　十册

# 黑龍江省佳木斯市圖書館古籍普查登記目録

全國古籍普查登記目録

國家圖書館出版社
National Library of China Publishing House

# 古籍普查登記目録

黑龍江省北安市圖書館

全國古籍普查登記目録

230000－0904－0000001　0000001
**御製避暑山莊詩二卷**　(清)聖祖玄燁撰　清康熙五十一年(1712)内府刻朱墨套印本　二冊

230000－0904－0000002　0000002
**佩文齋詠物詩選四百八十六類**　(清)翰林院編修　清康熙四十六年(1707)内府刻本　五十六冊　存四百二十五類(一至四十八、一百十至四百八十六)

230000－0904－0000003　0000003
**司馬文正公傳家集八十卷**　(宋)司馬光撰　(清)陳弘謀重訂　清乾隆六年(1741)刻本　二十四冊

230000－0904－0000004　0000004
**莊子南華經解六卷**　(清)宣穎著　清刻本　六冊

230000－0904－0000005　0000005
**大清太祖高皇帝聖訓四卷**　清刻本　二冊

230000－0904－0000006　0000005
**大清太宗文皇帝聖訓六卷**　清刻本　三冊

230000－0904－0000007　0000005
**大清世祖章皇帝聖訓六卷**　清刻本　三冊

230000－0904－0000008　0000005
**大清聖祖仁皇帝聖訓六十卷**　清刻本　一冊　存六卷(二十七至三十二)

230000－0904－0000009　0000006
**删定荀子管子不分卷**　(清)方苞諿　(清)顧琮校　清刻本　四冊

230000－0904－0000010　0000060
**鶡冠子三卷**　(明)宋陸佃解　(明)王宇等評　**鬼谷子一卷關尹子一卷**　清掃葉山房石印本　一冊

230000－0904－0000011　0000007
**十子全書十種**　(清)王子興輯　清嘉慶九年(1804)刻本　三十二冊

230000－0904－0000012　0000008
**山海經十八卷**　(晉)郭璞傳　(清)項絪校刊　清刻本　四冊

230000－0904－0000013　0000009
**王陽明先生全集二十卷首一卷傳習錄一卷**　(清)俞嶙編　清刻本　十八冊　存十八卷(一、三至十三、十七至二十,首一卷;傳習錄一卷)

230000－0904－0000014　0000010
**帶經堂詩話三十卷**　(清)王士禛撰　清刻本　十冊

230000－0904－0000015　0000011
**資治通鑑二百九十四卷通鑑釋文辯誤十二卷**　(宋)司馬光撰　(元)胡三省音注　清同治八年(1869)江蘇書局刻本　一百冊

230000－0904－0000016　0000012
**資治通鑑目錄三十卷**　(宋)司馬光編集　清同治八年(1869)刻本　十冊

230000－0904－0000017　0000013
**續資治通鑑二百二十卷**　(清)畢沅編　清同治八年(1869)刻本　五十六冊　存一百九十四卷(一至一百十二、一百三十九至二百二十)

230000－0904－0000018　0000014
**御製耕織圖不分卷**　(清)焦秉貞繪　清刻本　一冊

230000－0904－0000019　0000015
**山海經四卷**　(晉)郭璞撰　(清)吳志伊注　清光緒十年(1884)埽葉山房刻本　四冊

230000－0904－0000020　0000016
**蒙演百孝圖一卷續編一卷**　(清)沈三賢繪像　(清)吳□贊詩　清同治六年(1867)詒燕堂刻本　四冊

230000－0904－0000021　0000017
**御定萬年書不分卷**　(□)□□撰　清刻本　二冊

230000－0904－0000022　0000018
**楚辭十七卷**　(戰國)屈原撰　(漢)劉向集　(漢)王逸校　(宋)洪興祖補注　清同治十一

年(1872)金陵書局刻本　四册

230000－0904－0000023　0000019
**曹集銓評十卷附録一卷年譜一卷**　(三國魏)曹植撰　(清)丁晏纂　清同治十一年(1872)刻本　二册

230000－0904－0000024　0000020
**康熙字典十二集補遺一卷備考一卷**　(清)毛承基補纂　清光緒十六年(1890)上海鴻寶書局石印本　六册

230000－0904－0000025　0000021
**禮記體注大全合衆四卷**　(清)范紫登(范翔)原本　(清)周旦林纂輯　清刻本　四册

230000－0904－0000026　0000022
**春秋十六卷釋文音義十六卷**　(清)□□輯　清刻本　七册　存二十三卷(春秋十至十六、釋文音義十六卷)

230000－0904－0000027　0000023
**昌黎先生集四十卷遺文一卷集傳一卷外集十卷**　(唐)韓愈撰　(唐)李漢編　清刻本　十二册

230000－0904－0000028　0000024
**六朝文絜四卷**　(清)許槤評選　(清)朱鈞參校　清道光五年(1825)朱墨套印本　二册

230000－0904－0000029　0000025
**廬陵歐陽文忠公全集一百五十八卷**　(宋)歐陽修撰　(清)孫衡校刊　清嘉慶二十四年(1819)刻本　十二册　存七十九卷(居士集一至四十、外集五十七至七十五、易童子問七十六至七十八、外制集七十九至八十一、内制集八十二至八十九、表奏書啟九十至九十五)

230000－0904－0000030　0000026
**續古文辭類纂二十八卷**　(清)黎庶昌纂　(清)蔣子蕃　宦應清同校　清光緒二十一年(1895)刻本　十二册

230000－0904－0000031　0000027
**章氏遺書二種文史通義八卷校讎通義三卷**　(清)章學誠著　清道光十二年至十三年(1832－1833)刻本　五册

230000－0904－0000032　0000028
**淳化閣釋文十卷**　(清)徐朝弼撰　清刻本　一册

230000－0904－0000033　0000028
**管子義證八卷**　(清)洪頤煊校刊　清光緒十五年(1889)刻本　二册

230000－0904－0000034　0000029
**懷豳雜俎叢書十二種**　徐乃昌輯　清宣統元年(1909)刻本　八册　缺一種(雲起軒詞鈔)

230000－0904－0000035　0000030
**國色天香十卷**　(明)吳敬所編輯　(明)周文煒重梓　清益元堂刻本　八册

230000－0904－0000036　0000031
**隨園三十種**　(清)袁枚撰　清光緒十八年(1892)鉛印本　四十八册

230000－0904－0000037　0000032
**禮記十卷**　(元)陳澔集說　清同治三年(1864)浙江撫署刻本　十册

230000－0904－0000038　0000033
**周易四卷**　(□)□□輯　清同治三年(1864)浙江撫署刻本　二册

230000－0904－0000039　0000033
**尚書六卷**　(□)□□撰　清同治三年(1864)浙江撫署刻本　四册

230000－0904－0000040　0000034
**龔定盦全集十四卷**　(清)龔自珍撰　清光緒二十三年(1897)刻本　六册

230000－0904－0000041　0000035
**繪圖安邦志全傳八卷**　(□)□□撰　清宣統二年(1910)上海章福記書局石印本　八册

230000－0904－0000042　0000036
**繡像馬潛龍走國全傳六卷**　(□)□□撰　清宣統元年(1909)上海茂記書莊石印本　六册

230000－0904－0000043　0000037
**詩經八卷**　(□)□□撰　清同治三年(1864)

浙江撫署刻本　四冊

230000－0904－0000044　0000038
**四書十九卷**　（□）□□撰　清同治三年(1864)浙江撫署刻本　六冊

230000－0904－0000045　0000039
**傅青主先生女科書三卷**　（清）傅山著　（清）謝森□校訂　清光緒十八年(1892)掃葉山房刻本　三冊

230000－0904－0000046　0000040
**唐詩三百首注疏六卷**　（清）孫洙編　（清）章燮注　（清）孫孝根校正　清道光十五年(1835)掃葉山房刻本　六冊

230000－0904－0000047　0000040
**唐詩三百首續選一卷**　（清）于慶元編　清道光二十年(1840)刻本　二冊

230000－0904－0000048　0000041
**唐詩三百首補注八卷**　（清）陳婉俊輯　清光緒十一年(1885)四藤吟社刻本　四冊

230000－0904－0000049　0000042
**增補諸家選擇萬全玉匣記二卷**　（晉）許遜撰　（清）劉誠識　清光緒九年(1883)刻本　一冊

230000－0904－0000050　0000043
**孔子家語十卷**　（三國魏）王肅注　（清）陶子霖鐫　清光緒二十四年(1898)玉海堂朱印本　二冊

230000－0904－0000051　0000044
**四種遺規摘鈔六卷**　（清）陳宏謀編　清嘉慶十九年(1814)勉行堂刻本　六冊

230000－0904－0000052　0000045
**欽定元承華事略補圖六卷**　（元）王惲撰　（清）徐郙等校正　清光緒刻本　二冊

230000－0904－0000053　0000046
**古文辭類纂七十四卷**　（清）姚鼐纂集　清道光合河康氏刻本　十二冊

230000－0904－0000054　0000047
**新刊古列女傳八卷**　（漢）劉向撰　（晉）顧愷之繪　清道光影宋刻本　四冊

230000－0904－0000055　0000048
**積古齋鐘鼎彝器款識十卷**　（清）阮元編　（清）朱為弼撰　清嘉慶九年(1804)刻本　六冊

230000－0904－0000056　0000049
**康熙字典十二集補遺十二集備考十二集**　（清）張玉書　（清）陳廷敬纂　清道光十一年(1831)刻本　四十冊

230000－0904－0000057　0000050
**人壽金鑑二十二卷**　（清）程得齡輯　清嘉慶二十五年(1820)柳衣園刻本　六冊

230000－0904－0000058　0000051
**繪圖綴白裘十二集四十八卷**　（清）玩花主人輯　（清）錢德蒼增輯　清光緒三十四年(1908)萃香社石印本　十二冊

230000－0904－0000059　0000052
**御纂醫宗金鑑十六卷**　（清）□□輯　清光緒三十二年(1906)石印本　五冊　存十二卷(一至十二)

230000－0904－0000060　0000053
**學堂日記故事圖說不分卷**　（清）□□輯　清宣統二年(1910)上海春記書莊石印本　一冊

230000－0904－0000061　0000054
**欽定協記辨方書三十六卷**　（清）允祿等纂　清宣統三年(1911)上海錦章書局石印本　三冊　存二十三卷(一至十九、三十三至三十六)

230000－0904－0000062　0000055
**今古奇觀四十卷**　（明）抱甕老人輯　清光緒六年(1880)京都老二酉堂刻本　八冊　存八卷(一至八)

230000－0904－0000063　0000056
**增訂本草備要四卷醫方湯頭歌括一卷**　（清）汪昂輯　清紫文閣刻本　四冊　存四卷(一、三至四,湯頭歌括一卷)

230000－0904－0000064　0000057

**增訂壽世保元十卷**　(明)龔廷賢編　(清)周亮登校　清光緒十二年(1886)上洋江左書林刻本　十册

230000－0904－0000065　0000058

**針灸大成十卷**　(明)楊繼洲撰　清光緒三十四年(1908)上海章福記石印本　六册

230000－0904－0000066　0000059

**太平廣記五百卷**　(宋)李昉等編　清掃葉山房石印本　七册　存八十七卷(一百三十三至一百六十五、一百七十一、一百九十七至二百十九、二百三十三至二百五十六、二百六十六至二百七十一)

# 黑龍江省牡丹江市圖書館古籍普查登記目録

全國古籍普查登記目録

國家圖書館出版社
National Library of China Publishing House

230000－0905－0000001　J230000－0905－0000002
**監本易經四卷**　（宋）朱熹本義　清光緒十七年（1891）石印本　二册

230000－0905－0000002　J230000－0905－0000003
**書經精華六卷**　（清）薛嘉穎撰　清咸豐十一年（1861）刻本　四册

230000－0905－0000003　J230000－0905－0000004
**新刻書經體註六卷**　（宋）蔡沈集傳　清同治二年（1863）刻本　四册

230000－0905－0000004　J230000－0905－0000005
**書經體註大全合參六卷**　（清）錢希祥纂輯　清咸豐八年（1858）刻本　四册

230000－0905－0000005　J230000－0905－0000006
**監本易經四卷**　（宋）朱熹本義　清咸豐四年（1854）刻本　三册

230000－0905－0000006　J230000－0905－0000007
**書經六卷**　（宋）蔡沈集傳　清光緒十九年（1893）刻本　四册

230000－0905－0000007　J230000－0905－0000008
**御案春秋左傳經解備旨十二卷**　（清）鄒聖脈纂輯　清光緒十三年（1887）刻本　五册

230000－0905－0000008　J230000－0905－0000009
**寄傲山房塾課纂輯禮記全文備旨十一卷**　（清）鄒聖脈纂輯　清刻本　三册　存七卷（五至十一）

230000－0905－0000009　J230000－0905－0000010
**寄傲山房塾課纂輯書經備旨蔡注捷錄七卷**　（清）鄒聖脈纂輯　清光緒六年（1880）刻本　七册

230000－0905－0000010　J230000－0905－0000012
**詩經備旨萃精八卷**　（清）鄒聖脈纂輯　清光緒刻本　八册

230000－0905－0000011　J230000－0905－0000013
**書經六卷**　（宋）蔡沈集傳　清光緒六年（1880）刻本　四册

230000－0905－0000012　J230000－0905－0000014
**尚書離句六卷**　（清）錢在培輯解　清光緒十八年（1892）刻本　四册

230000－0905－0000013　J230000－0905－0000015
**書經六卷**　（宋）蔡沈集傳　清嘉慶刻本　四册

230000－0905－0000014　J230000－0905－0000017
**書經六卷**　（宋）蔡沈集傳　清光緒十二年（1886）刻本　四册

230000－0905－0000015　J230000－0905－0000018
**書經八卷首一卷末一卷**　（宋）蔡沈集傳　清同治刻本　四册

230000－0905－0000016　J230000－0905－0000019
**韓詩外傳十卷**　（漢）韓嬰撰　清刻本　四册

230000－0905－0000017　J230000－0905－0000020
**詩經體註圖考大全八卷**　（清）高介石纂輯　清光緒十二年（1886）刻本　四册

230000－0905－0000018　J230000－0905－0000021
**詩經體註大全六卷**　（清）高介石定　（清）沈世楷輯　清光緒六年（1880）刻本　四册

230000－0905－0000019　J230000－0905－0000022
**詩經體註圖考大全八卷**　（清）高介石纂輯　清咸豐十年（1860）刻本　四册

230000－0905－0000020　J230000－0905－0000023
**御案詩經備旨八卷**　（清）鄒聖脈輯　清末石印本　四册

230000－0905－0000021　J230000－0905－0000024
**御纂詩義折中二十卷**　（清）傅恒等纂　清乾隆十二年（1747）刻本　六册

230000－0905－0000022　J230000－0905－0000025
**繪圖監本詩經六卷**　（宋）朱熹集傳　清宣統三年（1911）銅版印本　四册

230000－0905－0000023　J230000－0905－0000026
**詩經二十卷**　（漢）毛亨傳　（漢）鄭玄箋　（明）金蟠訂　清刻本　三册

230000－0905－0000024　J230000－0905－0000027
**監本詩經八卷**　（宋）朱熹集傳　清光緒十四年（1888）刻本　四册

230000－0905－0000025　J230000－0905－0000028
**監本詩經八卷**　(宋)朱熹集傳　清光緒十七年(1891)刻本　四冊

230000－0905－0000026　J230000－0905－0000029
**儀禮讀本十七卷**　(漢)鄭玄注　清刻本　六冊

230000－0905－0000027　J230000－0905－0000030
**儀禮十七卷**　(漢)鄭玄注　清光緒十二年(1886)刻本　四冊

230000－0905－0000028　J230000－0905－0000031
**監本禮記十卷**　(元)陳澔撰　清光緒八年(1882)刻本　五冊　存五卷(一至五)

230000－0905－0000029　J230000－0905－0000032
**三禮約編十九卷首一卷**　(清)汪基撰　清同治十三年(1874)刻本　八冊

230000－0905－0000030　J230000－0905－0000033
**周官精義十二卷**　(清)連斗山編　清乾隆四十一年(1776)安徽學署刻本　八冊

230000－0905－0000031　J230000－0905－0000034
**周禮節訓六卷**　(清)黄叔琳撰　清光緒十二年(1886)刻本　二冊

230000－0905－0000032　J230000－0905－0000035
**春秋左傳三十卷**　(晉)杜預集解　清永懷堂刻本　十冊

230000－0905－0000033　J230000－0905－0000036
**春秋左傳五十卷**　(晉)杜預注　清乾隆四十八年(1783)武英殿刻本　十五冊

230000－0905－0000034　J230000－0905－0000037
**春秋左氏傳地名補注十二卷**　(清)沈欽韓撰　清同治七年(1868)刻本　二冊

230000－0905－0000035　J230000－0905－0000038
**增批輯注東萊博議四卷**　(宋)呂祖謙撰　(□)□□批注　清宣統二年(1910)刻本　三冊　存三卷(二至四)

230000－0905－0000036　J230000－0905－0000039
**評點東萊博議四卷**　(宋)呂祖謙撰　(□)□□評點　清光緒二十四年(1898)掃葉山房刻本　二冊

230000－0905－0000037　J230000－0905－0000040
**續春秋左氏傳博議二卷**　(清)王夫之撰　清光緒二十四年(1898)掃葉山房刻本　二冊

230000－0905－0000038　J230000－0905－0000041
**左傳博議拾遺二卷**　(清)朱元英撰　清光緒二十四年(1898)掃葉山房刻本　二冊

230000－0905－0000039　J230000－0905－0000042
**春秋左繡三十卷**　(晉)杜預撰　清光緒二十八年(1902)新化三味書室刻本　十六冊

230000－0905－0000040　J230000－0905－0000043
**春秋左傳集解三十卷**　(晉)杜預撰　(唐)陸德明音義　清刻本　十五冊　存二十九卷(二至三十)

230000－0905－0000041　J230000－0905－0000044
**批點春秋左傳綱目句解六卷**　(清)韓菼重訂　清光緒十年(1884)刻本　六冊

230000－0905－0000042　J230000－0905－0000045
**曲江書屋新訂批註左傳快讀十九卷首一卷**　(清)李邵崧選訂　清光緒五年(1879)刻本　十六冊

230000－0905－0000043　J230000－0905－0000046
**欽定春秋傳説彙纂三十八卷首二卷**　(清)王掞　(清)張廷玉等撰　清康熙六十年(1721)刻本　二十四冊

230000－0905－0000044　J230000－0905－0000047
**監本四書**　(宋)朱熹集注　清光緒十九年(1893)刻本　六冊

230000－0905－0000045　J230000－0905－0000048
**四子書四種**　(宋)朱熹集注　清光緒五年(1879)刻本　六冊

230000－0905－0000046　J230000－0905－0000049
**新鐫四書釋義旁訓不分卷**　(清)李岱雲編輯　清嘉慶十三年(1808)刻本　六冊

230000－0905－0000047　J230000－0905－0000050
**新訂四書補註備旨九卷**　(明)鄧林撰　清光緒二十九年(1903)掃葉山房刻本　八冊

230000－0905－0000048　J230000－0905－0000051
**大題文府不分卷**　(清)同文書局輯　清光緒十三年(1887)上海同文書局石印本　二十冊

230000－0905－0000049　J230000－0905－0000052
**四子書四種**　(宋)朱熹集注　清咸豐十年(1860)刻本　六冊

230000－0905－0000050　J230000－0905－0000053
**四書題鏡不分卷**　(清)汪鯉翔纂述　清刻本　八冊

230000－0905－0000051　J230000－0905－0000054
**監本四書**　(宋)朱熹集注　清光緒十七年(1891)刻本　六冊

230000－0905－0000052　J230000－0905－0000055
**監本四書**　(宋)朱熹集注　清光緒十八年(1892)刻本　六冊

230000－0905－0000053　J230000－0905－0000056
**增訂二論詳解四卷**　(清)劉忠輯　清光緒二十四年(1898)掃葉山房刻本　四冊

230000－0905－0000054　J230000－0905－0000057
**四書人物類典串珠四十卷**　(清)臧志仁輯　清咸豐十一年(1861)刻本　四冊　存十七卷(一至十七)

230000－0905－0000055　J230000－0905－0000058
**四書典制類聯音註三十三卷**　(清)閻其淵輯　清光緒二年(1876)嵬山草堂刻本　十二冊

230000－0905－0000056　J230000－0905－0000059
**孟子集註本義滙糸二十卷**　(清)王步青輯　清刻本　六冊　存十一卷(一至四、十四至二十)

230000－0905－0000057　J230000－0905－0000060
**皇清經解一千四百八卷**　(清)阮元輯　清道光九年(1829)刻本　三十三冊　存一百十六卷(一至三、十至十九、一百五十一至一百七十五、三百十至三百十二、三百十六至三百十八、四百九十一至四百九十八、六百四十一、六百四十三、六百四十五至六百五十一、七百九十二至八百六、八百六十一至八百八十一、九百九十七至一千十五)

230000－0905－0000058　J230000－0905－0000061
**萬充宗先生經學五書**　(清)萬斯大撰　清乾隆二十三年(1758)刻本　六冊

230000－0905－0000059　J230000－0905－0000062
**五經旁訓辨體**　(清)徐立綱撰　清道光八年(1828)刻本　十冊

230000－0905－0000060　J230000－0905－0000063
**十三經註疏附考證**　清同治十年(1871)廣東書局刻本　一百三十八冊

230000－0905－0000061　J230000－0905－0000064
**新纂五方元音全書二卷**　(清)樊騰鳳撰　(清)年希堯增補　清光緒三年(1877)刻本　二冊

230000－0905－0000062　J230000－0905－0000065
**字彙十二卷首一卷末一卷**　(明)梅膺祚撰　清刻本　十三冊

230000－0905－0000063　J230000－0905－0000066
**爾雅註疏十一卷**　(晉)郭璞注　清光緒八年(1882)刻本　五冊

230000－0905－0000064　J230000－0905－0000067
**隸篇十五卷**　(清)翟云升輯　清道光十八年(1838)刻本　十冊

230000－0905－0000065　S230000－0905－0000001
**劉文莊公奏議八卷**　(清)劉秉璋撰　(清)朱孔彰編　清同治四年(1865)影印本　八冊

230000－0905－0000066　S230000－0905－0000002
**歷代名人年譜十卷**　(清)吳榮光編　清咸豐二年(1852)刻本　九冊　存九卷(一、三至十)

230000－0905－0000067　S230000－0905－0000003
**三魚堂日記十卷**　(清)陸隴其撰　清同治九年(1870)刻本　二冊

230000－0905－0000068　S230000－0905－0000004
**史姓韻編二十四卷**　(清)汪輝祖輯　清光緒二十九年(1903)石印本　八冊

230000－0905－0000069　S230000－0905－0000005

**國朝先正事略六十卷**　(清)李元度纂　清光緒十三年(1887)縮印本　八冊

230000－0905－0000070　S230000－0905－0000006
**國朝先正事略六十卷**　(清)李元度纂　清光緒二十八年(1902)刻本　三十二冊

230000－0905－0000071　S230000－0905－0000007
**歷代名臣言行録二十四卷**　(清)朱桓編　清光緒元年(1875)刻本　二十二冊

230000－0905－0000072　S230000－0905－0000008
**歷代名臣言行録二十四卷**　(清)朱桓編　清光緒十八年(1892)刻本　二十四冊

230000－0905－0000073　S230000－0905－0000009
**槐廳載筆二十卷**　(清)法式善編　清刻本　六冊

230000－0905－0000074　S230000－0905－0000010
**船山公[王夫之]年譜不分卷**　(清)王之春輯　清光緒十九年(1893)刻本　八冊

230000－0905－0000075　S230000－0905－0000011
**漢書一百卷**　(漢)班固撰　清同治十二年(1873)刻本　三十二冊

230000－0905－0000076　S230000－0905－0000012
**續先正事略八卷**　(清)朱孔彰撰　清光緒二十五年(1899)上海圖書集成印書局縮印本　四冊

230000－0905－0000077　S230000－0905－0000013
**國朝先正事略六十卷**　(清)李元度撰　清光緒二十五年(1899)上海圖書集成印書局縮印本　八冊

230000－0905－0000078　S230000－0905－0000014
**十七史**　明崇禎二年(1629)毛氏汲古閣刻本　一百四冊　存五百五卷(唐書二百二十五卷、宋書一百卷、北史一百卷、南史八十卷)

230000－0905－0000079　S230000－0905－0000015
**遼史拾遺二十四卷**　(清)厲鶚撰　清光緒元年(1875)江蘇書局刻二十四史本　八冊

230000－0905－0000080　S230000－0905－0000016
**遼史拾遺二十四卷**　(清)厲鶚撰　清光緒三年(1877)江蘇書局刻二十四史本　二冊　存五卷(一至五)

230000－0905－0000081　S230000－0905－0000017
**遼史拾遺二十四卷**　(清)厲鶚撰　清道光二年(1822)刻本　八冊

230000－0905－0000082　S230000－0905－0000018
**宋遼金元別史**　(清)席世臣輯　清嘉慶三年(1798)刻本　八冊

230000－0905－0000083　S230000－0905－0000019
**北史一百卷**　(唐)李延壽撰　清同治十一年(1872)金陵書局刻二十四史本　十六冊

230000－0905－0000084　S230000－0905－0000020
**史記一百三十卷**　(漢)司馬遷撰　(南朝宋)裴駰集解　清光緒四年(1878)金陵書局刻二十四史本　十六冊

230000－0905－0000085　S230000－0905－0000021
**漢書一百卷**　(漢)班固撰　(唐)顔師古注　清光緒十三年(1887)金陵書局刻本　十六冊

230000－0905－0000086　S230000－0905－0000022
**後漢书一百卷**　(南朝宋)范曄撰　(唐)李賢注　清光緒十三年(1887)金陵書局刻本　十六冊

230000－0905－0000087　S230000－0905－0000023
**三國志六十五卷**　(晉)陳壽撰　清光緒十三年(1887)江南書局刻本　八冊

230000－0905－0000088　S230000－0905－0000024
**晉書一百三十卷**　(唐)房玄齡等撰　**音義三卷**　(唐)何超撰　清同治十年(1871)金陵書局刻二十四史本　二十四冊

230000－0905－0000089　S230000－0905－0000025
**宋書一百卷**　(南朝梁)沈約撰　清同治十一年(1872)金陵書局刻二十四史本　十六冊

230000－0905－0000090　S230000－0905－0000026
**南齊書五十九卷**　(南朝梁)蕭子顯撰　清同治十三年(1874)金陵書局刻二十四史本　六冊

230000－0905－0000091　S230000－0905－0000027

**梁書五十六卷**　(唐)姚思廉撰　清同治十三年(1874)金陵書局刻二十四史本　六册

230000－0905－0000092　S230000－0905－0000028
**陳書三十六卷**　(唐)姚思廉撰　清同治十一年(1872)金陵書局刻二十四史本　四册

230000－0905－0000093　S230000－0905－0000029
**魏書一百十四卷**　(北齊)魏收撰　清同治十一年(1872)金陵書局刻二十四史本　二十册

230000－0905－0000094　S230000－0905－0000030
**北齊書五十卷**　(唐)李百藥撰　清同治十三年(1874)金陵書局刻二十四史本　四册

230000－0905－0000095　S230000－0905－0000031
**周書五十卷**　(唐)令狐德棻等撰　清同治十三年(1874)金陵書局刻二十四史本　四册　存三十八卷(一至三十八)

230000－0905－0000096　S230000－0905－0000032
**隋書八十五卷**　(唐)魏徵　(唐)長孫無忌等撰　清同治十年(1871)淮南書局刻二十四史本　十六册

230000－0905－0000097　S230000－0905－0000033
**南史八十卷**　(唐)李延壽撰　清同治十一年(1872)金陵書局刻二十四史本　十二册

230000－0905－0000098　S230000－0905－0000034
**北史一百卷**　(唐)李延壽撰　清同治十一年(1872)金陵書局刻二十四史本　二十册

230000－0905－0000099　S230000－0905－0000035
**舊唐書二百卷**　(五代)劉昫等撰　清同治十一年(1872)浙江書局刻二十四史本　七十二册

230000－0905－0000100　S230000－0905－0000036
**唐書二百二十五卷**　(宋)歐陽修　(宋)宋祁等撰　清同治十二年(1873)浙江書局刻二十四史本　四十册

230000－0905－0000101　S230000－0905－0000037
**舊五代史一百五十卷**　(宋)薛居正等撰　清同治十一年(1872)湖北崇文書局刻二十四史本　二十四册

230000－0905－0000102　S230000－0905－0000038
**宋史四百九十六卷**　(元)脱脱等撰　清光緒元年(1875)浙江書局刻二十四史本　一百册

230000－0905－0000103　S230000－0905－0000039
**遼史一百十五卷**　(元)脱脱等撰　清同治十二年(1873)江蘇書局刻二十四史本　十二册

230000－0905－0000104　S230000－0905－0000040
**金史一百三十五卷**　(元)脱脱等撰　清同治十三年(1874)江蘇書局刻二十四史本　二十册

230000－0905－0000105　S230000－0905－0000041
**元史二百十卷**　(明)宋濂　(明)王禕等撰　清同治十三年(1874)江蘇書局刻二十四史本　四十册

230000－0905－0000106　S230000－0905－0000042
**明史三百三十二卷**　(清)張廷玉等撰　清光緒三年(1877)湖北崇文書局刻二十四史本　八十册

230000－0905－0000107　S230000－0905－0000043
**御批歷代通鑑輯覧一百二十卷**　(清)傅恒等撰　清同治十年(1871)湖北崇文書局刻本　六十册

230000－0905－0000108　S230000－0905－0000044
**三國志六十五卷**　(晉)陳壽撰　清光緒十三年(1887)江南書局刻本　八册

230000－0905－0000109　S230000－0905－0000045
**三國志六十五卷附考證**　(晉)陳壽撰　清光緒十四年(1888)上海圖書集成局排印本　八册

230000－0905－0000110　S230000－0905－0000046
**舊五代史一百五十卷**　(宋)薛居正等撰　清乾隆四十年(1775)刻本　二十册

230000－0905－0000111　S230000－0905－0000047
**前漢書一百卷附考證**　(漢)班固撰　清光緒十四年(1888)上海圖書集成局排印本　二十册

230000－0905－0000112　S230000－0905－0000048

**古香齋鑒賞袖珍史記一百三十卷**　(漢)司馬遷撰　(南朝宋)裴駰集解　清光緒八年(1882)刻本　二十四册

230000－0905－0000113　S230000－0905－0000049

**資治通鑑二百九十四卷**　(宋)司馬光撰　清同治八年(1869)刻本　二十七册　存一百二十卷(十六至二十七、六十五至八十九、一百二十一至一百五十九、一百六十四至二百七)

230000－0905－0000114　S230000－0905－0000050

**後漢書集解一百二十卷**　王先謙撰　清刻本　三十册

230000－0905－0000115　S230000－0905－0000051

**五代史記七十四卷**　(宋)歐陽修撰　(宋)徐無黨注　(清)彭元瑞增注　清道光八年(1828)刻本　四十册

230000－0905－0000116　S230000－0905－0000052

**五代史記七十四卷**　(宋)歐陽修撰　(宋)徐無黨注　清同治十一年(1872)湖北崇文書局刻本　八册

230000－0905－0000117　S230000－0905－0000053

**明通鑑九十卷**　(清)夏燮撰　清同治十二年(1873)刻本　四十七册　存八十八卷(一至八十八)

230000－0905－0000118　S230000－0905－0000054

**欽定明鑑二十四卷**　(清)托津撰　清同治九年(1870)崇文書局刻本　十册

230000－0905－0000119　S230000－0905－0000055

**明紀六十卷**　(明)陳鶴撰　清同治十年(1871)江蘇書局刻本　二册　存六卷(一至六)

230000－0905－0000120　S230000－0905－0000056

**遼史紀事本末四十卷首一卷末一卷**　(清)李有棠撰　清光緒二十九年(1903)刻本　八册

230000－0905－0000121　S230000－0905－0000057

**金史紀事本末五十二卷首一卷末一卷**　(清)李有棠撰　清光緒二十九年(1903)刻本　十二册

230000－0905－0000122　S230000－0905－0000058

**綏寇紀略十二卷**　(清)吳偉業撰　清嘉慶照曠閣刻本　六册

230000－0905－0000123　S230000－0905－0000059

**歷朝紀事本末**　(清)陳如升　(清)朱記榮輯　清光緒二十八年(1902)上海捷記書局石印本　四十二册

230000－0905－0000124　S230000－0905－0000060

**左傳紀事本末五十三卷**　(清)高士奇撰　清同治十二年(1873)江西書局刻本　十二册

230000－0905－0000125　S230000－0905－0000061

**宋史紀事本末一百九卷**　(明)馮琦撰　(明)陳邦瞻增訂　(明)張溥論正　清同治十三年(1874)江西書局刻本　二十册

230000－0905－0000126　S230000－0905－0000062

**元史紀事本末二十七卷**　(明)陳邦瞻撰　(明)張溥論正　清同治十三年(1874)江西書局刻本　四册

230000－0905－0000127　S230000－0905－0000063

**明史紀事本末八十卷**　(清)谷應泰撰　清同治十三年(1874)江西書局刻本　二十册

230000－0905－0000128　S230000－0905－0000064

**皇朝開國方略三十二卷**　(清)阿桂等撰　清光緒十三年(1887)鉛印本　六册

230000－0905－0000129　S230000－0905－0000065

**皇朝開國方略三十二卷**　(清)阿桂等撰　清光緒十三年(1887)廣百宋齋鉛印本　六册

230000－0905－0000130　S230000－0905－0000066

**拳案雜存三卷**　勞乃宣撰　清光緒二十六年(1900)刻本　二册

230000－0905－0000131　S230000－0905－0000067

**戰國策三十三卷**　(漢)高誘注　**札記三卷**　(清)黄丕烈撰　清嘉慶八年(1803)黄氏讀未見書齋刻本　七册　存三卷(札記上、中、下)

230000－0905－0000132　S230000－0905－0000068

**淮軍平捻記十二卷**　(清)周世澄撰　清光緒刻本　六册

230000－0905－0000133　S230000－0905－0000069

**平浙紀略十六卷**　(清)秦緗業　(清)陳鍾英撰　清同治十二年(1873)浙江書局刻本　四冊

230000－0905－0000134　S230000－0905－0000070
**唐語林八卷**　(宋)王讜撰　清乾隆四十年(1775)刻本　四冊

230000－0905－0000135　S230000－0905－0000071
**中東戰紀本末八卷**　(美國)林樂知撰譯　清光緒二十二年(1896)上海圖書集成局鉛印本　二十冊

230000－0905－0000136　S230000－0905－0000072
**六朝東華錄三十二卷**　(清)蔣良騏撰　清乾隆三十年(1765)刻本　十六冊

230000－0905－0000137　S230000－0905－0000073
**拳匪記略八卷**　(清)僑析生撰　清光緒二十九年(1903)石印本　六冊

230000－0905－0000138　S230000－0905－0000074
**國語三君注輯存二十九卷**　(清)汪遠孫撰　清道光二十六年(1846)振綺堂刻本　十二冊

230000－0905－0000139　S230000－0905－0000075
**國語三君注輯存二十九卷**　(清)汪遠孫撰　清道光二十六年(1846)振綺堂刻本　四冊

230000－0905－0000140　S230000－0905－0000076
**嘯亭雜録十卷**　(清)昭槤撰　清光緒六年(1880)刻本　六冊

230000－0905－0000141　S230000－0905－0000077
**雙槐歲鈔十卷**　(明)黄瑜撰　清刻嶺南遺書本　六冊

230000－0905－0000142　S230000－0905－0000078
**聖武記十四卷**　(清)魏源譔　清道光二十六年(1846)刻本　十冊

230000－0905－0000143　S230000－0905－0000079
**兩漢博聞十二卷**　(宋)楊侃撰　清排印申報館叢書本　六冊

230000－0905－0000144　S230000－0905－0000080
**史通削繁四卷**　(清)紀昀撰　清光緒元年(1875)刻本　四冊

230000－0905－0000145　S230000－0905－0000081
**史通削繁四卷**　(清)紀昀撰　清道光十三年(1833)刻本　四冊

230000－0905－0000146　S230000－0905－0000082
**九朝東華録一百二十卷**　王先謙編　清光緒十年(1884)刻本　六十冊

230000－0905－0000147　S230000－0905－0000083
**繪圖史鑑節要便讀六卷**　(清)鮑東里撰　清道光十六年(1836)刻本　一冊

230000－0905－0000148　S230000－0905－0000084
**史記菁華錄六卷**　(清)姚苧田摘錄　清光緒二十二年(1896)上海書局石印本　六冊

230000－0905－0000149　S230000－0905－0000085
**資治新書初集十四卷**　(清)李漁撰　清刻本　六冊　存九卷(一至九)

230000－0905－0000150　S230000－0905－0000086
**資治新書十四卷**　(清)李漁撰　清光緒五年(1879)刻本　五冊　存六卷(一至六)

230000－0905－0000151　S230000－0905－0000087
**資治新書二集二十卷**　(清)李漁撰　清刻本　六冊　存九卷(五至八、九至十三)

230000－0905－0000152　S230000－0905－0000088
**在官法戒錄四卷**　(清)陳弘謀撰　清光緒二十八年(1902)上海古香閣石印本　一冊　存二卷(一至二)

230000－0905－0000153　S230000－0905－0000089
**十七史商榷一百卷**　(清)王鳴盛撰　清光緒六年(1880)刻本　二十四冊

230000－0905－0000154　S230000－0905－0000090
**十七史商榷一百卷**　(清)王鳴盛撰　清光緒六年(1880)刻本　十六冊

230000－0905－0000155　S230000－0905－0000091
**庚子海外紀事四卷**　(清)呂海寰撰　清光緒二十七年(1901)刻本　四冊

230000－0905－0000156　S230000－0905－0000092
**沈文肅公政書七卷首一卷**　(清)沈葆楨撰　清光緒十八年(1892)鉛印本　五冊　存四卷

（一至三、首一卷）

230000－0905－0000157　S230000－0905－0000093
**樊山政書二十卷**　樊增祥撰　清刻本　五册　存十卷（十一至二十）

230000－0905－0000158　S230000－0905－0000094
**續增刑案匯覽十六卷**　（清）祝慶祺編　清刻本　八册　存八卷（九至十六）

230000－0905－0000159　S230000－0905－0000095
**大清律例增修統纂集成四十卷**　（清）姚潤纂輯　（清）陶駿　（清）陶念霖增修　清光緒五年（1879）刻本　二十四册

230000－0905－0000160　S230000－0905－0000096
**谿上遺聞集録十卷**　（清）尹元煒撰　清道光二十八年（1848）刻本　五册

230000－0905－0000161　S230000－0905－0000097
**魯班經三卷**　（明）午榮彙編　清同治九年（1870）刻本　二册

230000－0905－0000162　S230000－0905－0000098
**新刑律修正案匯錄不分卷**　勞乃宣撰　清宣統元年（1909）刻本　二册

230000－0905－0000163　S230000－0905－0000099
**西湖志四十八卷**　（清）李衛等修　（清）傅王露等撰　清光緒四年（1878）浙江書局刻本　二十册

230000－0905－0000164　S230000－0905－0000100
**東三省沿革表六卷**　吴廷燮撰　清宣統元年（1909）刻本　六册

230000－0905－0000165　S230000－0905－0000101
**天咫偶聞十卷**　震鈞撰　清光緒三十三年（1907）刻本　八册

230000－0905－0000166　S230000－0905－0000102
**乘槎筆記不分卷**　（清）斌椿撰　清同治七年（1868）刻本　三册

230000－0905－0000167　S230000－0905－0000103
**西湖遊覽志二十四卷西湖遊覽志餘二十六卷**　（明）田汝成撰　清光緒二十二年（1896）錢塘丁氏嘉惠堂刻本　十二册

230000－0905－0000168　S230000－0905－0000105
**歷代輿地沿革險要圖不分卷**　楊守敬　饒敦秩撰　清光緒五年（1879）東湖饒氏刻本　一册

230000－0905－0000169　S230000－0905－0000106
**鴻雪因緣圖記不分卷**　（清）麟慶撰　（清）汪春泉等繪圖　清道光二十七年（1847）刻本　六册

230000－0905－0000170　S230000－0905－0000107
**世善堂藏書目錄二卷**　（明）陳第撰　清乾隆六十年（1795）刻本　二册

230000－0905－0000171　S230000－0905－0000108
**欽定四庫全書總目二百卷首四卷**　（清）紀昀等撰　清同治七年（1868）廣東書局刻本　一百四册

230000－0905－0000172　S230000－0905－0000109
**文子纘義二十卷**　（元）杜道堅撰　清乾隆四十五年（1780）刻本　八册

230000－0905－0000173　S230000－0905－0000110
**子書百家**　（清）崇文書局輯　清光緒元年（1875）湖北崇文書局刻本　八十六册

230000－0905－0000174　S230000－0905－0000111
**二十二子**　（清）浙江書局輯　清光緒元年（1875）浙江書局刻本　八十三册

230000－0905－0000175　S230000－0905－0000112
**逆臣傳四卷**　（清）國史館編　清刻本　四册

230000－0905－0000176　S230000－0905－0000113
**貳臣傳十二卷**　（清）國史館編　清刻本　四册　存四卷（九至十二）

230000－0905－0000177　S230000－0905－0000114
**聖諭廣訓不分卷**　（清）世宗胤禛撰　清雍正二年（1724）刻本　二册

230000－0905－0000178　S230000－0905－0000115
**南唐書十八卷**　（宋）陸游撰　清刻本　四册

230000－0905－0000179　S230000－0905－0000116
**五國故事二卷**　（宋）□□撰　清刻本　一册

230000－0905－0000180　S230000－0905－0000117
**四朝名臣言行録十三卷**　(宋)李幼武撰　清刻本　六册

230000－0905－0000181　S230000－0905－0000118
**蘭閨寶録六卷**　(清)惲珠輯　清道光十一年(1831)刻本　六册

230000－0905－0000182　S230000－0905－0000119
**伊雒淵源錄十四卷**　(宋)朱熹撰　清刻本　二册

230000－0905－0000183　S230000－0905－0000120
**十六國春秋一百卷**　(北魏)崔鴻撰　清刻本　二十册

230000－0905－0000184　S230000－0905－0000175
**三朝名臣言行録十四卷**　(宋)朱熹撰　清刻本　六册

230000－0905－0000185　S230000－0905－0000176
**皇朝名臣言行録八卷**　(宋)李幼武撰　清刻本　六册

230000－0905－0000186　S230000－0905－0000177
**五朝名臣言行録十卷**　(宋)朱熹撰　清刻本　六册

230000－0905－0000187　Z230000－0905－0000001
**女四書四種**　(清)王相箋注　清光緒十三年(1887)上海江左書林刻本　二册

230000－0905－0000188　Z230000－0905－0000002
**增補事類統編九十三卷**　(清)黄葆眞增輯　清光緒十四年(1888)石印本　十二册　存三十四卷(六十至九十三)

230000－0905－0000189　Z230000－0905－0000003
**策學淵萃四十二卷**　(清)□□輯　清刻本　十九册

230000－0905－0000190　Z230000－0905－0000004
**精選黄眉故事十卷**　(明)鄧志謨編　清康熙三十六年(1697)經濟堂刻本　七册　存七卷(三至九)

230000－0905－0000191　Z230000－0905－0000005
**古今圖書集成一万卷**　(清)陳梦雷纂　清光緒十四年(1888)鉛印本　一千六百十四册

230000－0905－0000192　Z230000－0905－0000006
**佩文韻府一百六卷**　(清)張玉書等撰　清康熙五十一年(1712)刻本　一百六十册

230000－0905－0000193　Z230000－0905－0000007
**六研齋筆記四卷二筆四卷三筆四卷**　(明)李日華撰　清刻本　二册　存四卷(三筆四卷)

230000－0905－0000194　Z230000－0905－0000008
**竹葉亭雜記八卷**　(清)姚元之撰　清光緒十九年(1893)陽湖汪洵署檢刻本　二册

230000－0905－0000195　Z230000－0905－0000009
**香祖筆記十二卷**　(清)王士禛撰　清康熙四十一年(1702)刻本　四册

230000－0905－0000196　Z230000－0905－0000010
**檢論九卷**　章炳麟撰　清刻本　三册

230000－0905－0000197　Z230000－0905－0000011
**札樸十卷**　(清)桂馥撰　清嘉慶十八年(1813)刻本　六册

230000－0905－0000198　Z230000－0905－0000012
**古書疑義舉例七卷**　(清)俞樾撰　清刻本　二册

230000－0905－0000199　Z230000－0905－0000013
**新編楊曾地理家傳心法捷訣一貫堪輿八卷**　(□)唐完庚編　清刻本　七册

230000－0905－0000200　Z230000－0905－0000014
**地理正義鉛弹子砂水要訣七卷**　(清)張鳳藻輯　清道光十八年(1838)刻本　八册

230000－0905－0000201　Z230000－0905－0000015
**重刊人子須知資孝地理心學統宗三十九卷**　(明)徐善繼　(明)徐善述撰　明萬曆十一年(1583)刻本　八册

230000－0905－0000202　Z230000－0905－0000016
**增訂陽宅井明三卷**　(清)邓遂識撰　清同治六年(1867)刻本　三册

230000－0905－0000203　Z230000－0905－0000017
**陰宅井明二卷**　(清)邓遂識撰　清同治六年

(1867)刻本　一册

230000－0905－0000204　Z230000－0905－0000018
**参星秘要諏吉便覽不分卷**　(清)費湁撰　清光緒八年(1882)刻本　一册

230000－0905－0000205　Z230000－0905－0000019
**增廣玉匣記通書六卷**　(宋)皇甫牧撰　清光緒六年(1880)刻本　二册

230000－0905－0000206　Z230000－0905－0000020
**欽定協紀辨方書十五卷**　(清)允祿等撰　清刻本　六册　存九卷(七至十五)

230000－0905－0000207　Z230000－0905－0000021
**三命通會十一卷**　(明)萬民英撰　清影印本　七册　存七卷(三、五、七至十一)

230000－0905－0000208　Z230000－0905－0000022
**歷代畫史彙傳七十二卷**　(清)彭藴璨編　清道光五年(1825)尚志堂彭氏刻本　三十二册

230000－0905－0000209　Z230000－0905－0000023
**聖詩譜一卷**　(美國)狄就烈撰　清同治十一年(1872)刻本　一册

230000－0905－0000210　Z230000－0905－0000024
**琵琶譜三卷**　(清)王君錫傳譜　清嘉慶二十三年(1818)刻本　三册

230000－0905－0000211　Z230000－0905－0000025
**妙法蓮華經七卷**　(後秦)釋鳩摩羅什譯　清刻本　七册

230000－0905－0000212　Z230000－0905－0000026
**佛説金剛般若波羅蜜經一卷**　(後秦)釋鳩摩羅什譯　清刻本　一册

230000－0905－0000213　Z230000－0905－0000027
**御選語錄十九卷**　(清)世宗胤禛選　清雍正十一年(1733)刻本　七册　存十二卷(一至十二)

230000－0905－0000214　Z230000－0905－0000028
**遵主聖範四卷**　清光緒三十年(1904)刻本　一册

230000－0905－0000215　Z230000－0905－0000029
**教務紀略四卷首一卷**　(清)李剛己輯錄　清光緒三十年(1904)山東印書局排印本　五册

230000－0905－0000216　Z230000－0905－0000030
**自西徂東七十二卷末一卷**　(德國)花之安撰　清光緒二十八年(1902)上海廣學會排印本　四册　存六十一卷(一至六十一)

230000－0905－0000217　Z230000－0905－0000031
**省身指掌九卷**　(清)傅恒理撰　清光緒三十年(1904)刻本　一册

230000－0905－0000218　Z230000－0905－0000032
**圓錐曲線不分卷**　(美國)路密斯撰　(美國)求德生選譯　劉師培筆述　清光緒二十九年(1903)刻本　一册

230000－0905－0000219　Z230000－0905－0000033
**形學備旨十卷**　(美國)狄考文選譯　(清)鄒立文筆述　清光緒十一年(1885)排二十八年(1902)第五次印本　一册　存四卷(一至四)

230000－0905－0000220　Z230000－0905－0000034
**天文揭要二卷**　(美國)赫士編譯　周文源筆述　清光緒二十九年(1903)刻本　二册

230000－0905－0000221　Z230000－0905－0000035
**八線拾級二卷**　(美國)溫德鄂輯　(清)劉光照譯　清光緒三十年(1904)排印本　一册

230000－0905－0000222　Z230000－0905－0000036
**代數備旨十三章**　(美國)狄考文選譯　(清)鄒立文　(清)生福維筆述　清光緒三十三年(1907)排印本　一册

230000－0905－0000223　Z230000－0905－0000037
**筆算數學三卷**　(美國)狄考文選譯　(清)鄒立文筆述　清光緒十八年(1892)影印本　三册

230000－0905－0000224　Z230000－0905－0000038
**天文初階**　(美國)赫士口譯　清光緒二十五年(1899)排印本　一册

230000－0905－0000225　Z230000－0905－0000039
**數理精藴五十三卷**　(清)聖祖玄燁撰　清宣統三年(1911)上海文瑞樓石印本　二十四册

230000－0905－0000226　Z230000－0905－0000040
**中西匯通醫經精義二卷**　（清）唐宗海撰　清光緒三十四年（1908）石印本　十二册

230000－0905－0000227　Z230000－0905－0000041
**傅青主男科二卷女科二卷**　（清）傅山撰　清石印本　六册

230000－0905－0000228　Z230000－0905－0000042
**訂補明醫指掌十卷**　（明）皇甫中撰　清咸豐八年（1858）刻本　六册

230000－0905－0000229　Z230000－0905－0000043
**詳校醫宗必讀十卷**　（明）李中梓撰　清石印本　五册

230000－0905－0000230　Z230000－0905－0000044
**補校醫林改錯二卷**　（清）王清任撰　清光緒五年（1879）刻本　二册

230000－0905－0000231　Z230000－0905－0000045
**證治準繩八卷**　（明）王肯堂輯　清光緒十八年（1892）上海圖書集成印書局鉛印本　五册

230000－0905－0000232　Z230000－0905－0000046
**趙氏醫貫六卷**　（明）趙獻可纂著　清刻本　四册

230000－0905－0000233　Z230000－0905－0000047
**重訂濟陰綱目十四卷**　（明）武之望撰　清刻本　八册

230000－0905－0000234　Z230000－0905－0000048
**重訂驗方新編十八卷**　（清）鮑相璈編　清光緒三十三年（1907）石印本　五册

230000－0905－0000235　Z230000－0905－0000049
**驚風辨證必讀書二種**　（清）劉德馨編　清光緒十八年（1892）刻本　一册

230000－0905－0000236　Z230000－0905－0000050
**外科正宗十二卷**　（明）陳實功撰　清光緒八年（1882）刻本　十二册

230000－0905－0000237　Z230000－0905－0000051
**傷寒論十卷**　（漢）張機撰　（晉）王熙編　清同治九年（1870）刻本　四册

230000－0905－0000238　Z230000－0905－0000052
**本草三家合註六卷**　（清）郭汝驄編　清宣統元年（1909）刻本　六册

230000－0905－0000239　Z230000－0905－0000053
**圖註八十一難經辨眞四卷**　（明）張世賢注　清刻本　二册

230000－0905－0000240　Z230000－0905－0000054
**增訂本草備要四卷**　（清）汪昂撰　清光緒七年（1881）刻本　四册

230000－0905－0000241　Z230000－0905－0000055
**增訂圖註本草備要四卷**　（清）汪昂撰　清光緒七年（1881）刻本　四册

230000－0905－0000242　Z230000－0905－0000056
**醫方湯頭歌訣六卷**　（清）汪昂撰　清刻本　二册　存二卷（五至六）

230000－0905－0000243　Z230000－0905－0000057
**校邠廬抗議二卷**　（清）馮桂芬撰　清光緒九年（1883）刻本　一册

230000－0905－0000244　Z230000－0905－0000058
**小學集註六卷**　（明）陳選撰　清光緒三十一年（1905）上海書局石印本　五册

230000－0905－0000245　Z230000－0905－0000059
**小學集註六卷**　（明）陳選撰　清刻本　四册

230000－0905－0000246　Z230000－0905－0000060
**小學纂注六卷**　（清）高愈撰　清光緒十四年（1888）蘇州掃葉山房刻本　四册

230000－0905－0000247　Z230000－0905－0000061
**御纂朱子全書六十六卷**　（宋）朱熹撰　清江西书局刻本　三十二册　存五十三卷（一至三十、四十四至六十六）

230000－0905－0000248　Z230000－0905－0000062
**三字經註解備要二卷**　（宋）王應麟撰　清光緒二十四年（1898）刻本　二册

230000－0905－0000249　Z230000－0905－0000063
**婦人須知二卷**　（美國）狄文氏編　清宣統元年（1909）上海華美書局排印本　一册　存一卷（二）

230000－0905－0000250　Z230000－0905－0000064
**養正遺規摘抄一卷**　(清)陳宏謀編　清光緒二十八年(1902)上海古香閣石印本　一册

230000－0905－0000251　Z230000－0905－0000065
**訓蒙四字經二卷二集二卷**　(清)李暉吉　(清)徐瓚輯　清光緒三年(1877)刻本　三册

230000－0905－0000252　Z230000－0905－0000066
**訓蒙四字經二集讀本二卷**　(清)李暉吉　(清)徐瓚輯　清光緒三十年(1904)刻本　二册

230000－0905－0000253　Z230000－0905－0000067
**訓蒙四字經讀本二卷**　(清)李暉吉　(清)徐瓚輯　清光緒三十年(1904)刻本　二册

230000－0905－0000254　Z230000－0905－0000068
**朱子原訂近思錄十四卷**　(宋)朱熹　(宋)呂祖謙輯　(清)江永集注　清同治四年(1865)刻本　四册

230000－0905－0000255　Z230000－0905－0000069
**五種遺規四種**　(清)陳宏謀輯　清光緒二十二年(1896)刻本　十二册

230000－0905－0000256　Z230000－0905－0000070
**在官法戒錄四卷**　(清)陳宏謀輯　清光緒二十一年(1895)浙江書局刻本　十册

230000－0905－0000257　Z230000－0905－0000071
**曾子家語六卷**　(清)王定安輯　清光緒十四年(1888)刻本　二册

230000－0905－0000258　Z230000－0905－0000072
**掃葉山房重訂幼學須知句解四卷**　(清)錢元龍校　清刻本　四册

230000－0905－0000259　Z230000－0905－0000073
**宣講拾遺七卷首一卷**　(清)冷德馨　(清)莊跛仙集　清光緒八年(1882)刻本　六册

230000－0905－0000260　Z230000－0905－0000074
**重刊補註洗冤錄集證六卷**　(宋)宋慈撰　(清)王又槐增輯　(清)李觀瀾補輯　(清)阮其新補注　清光緒十八年(1892)上海圖書集成印書局石印本　四册

230000－0905－0000261　Z230000－0905－0000075
**農桑輯要七卷**　(元)司農司撰　清光緒二十一年(1895)刻本　二册

230000－0905－0000262　Z230000－0905－0000076
**重鐫二如亭羣芳譜不分卷**　(明)王象晉輯　清刻本　二十四册

230000－0905－0000263　Z230000－0905－0000077
**莊子南華經解不分卷**　(清)宣茂撰　清康熙六十年(1721)刻本　六册

230000－0905－0000264　Z230000－0905－0000078
**老子道德經解不分卷**　(唐)呂純陽撰　清石印本　四册

230000－0905－0000265　Z230000－0905－0000079
**管子二十四卷**　(唐)房玄齡注　清刻本　六册

230000－0905－0000266　Z230000－0905－0000080
**日知録集釋三十二卷**　(清)黄汝成撰　清道光十四年(1834)刻本　十册

230000－0905－0000267　Z230000－0905－0000081
**白虎通四卷**　(漢)班固撰　清乾隆四十九年(1784)刻本　五册

230000－0905－0000268　Z230000－0905－0000082
**陔餘叢考四十三卷**　(清)趙翼撰　清乾隆五十五年(1790)刻本　十二册

230000－0905－0000269　JJ230000－0905－0000002
**分體利試文中六卷**　(清)郝朝昇評選　清乾隆八年(1743)刻本　八册

230000－0905－0000270　JJ230000－0905－0000003
**進九科同館賦鈔**　(清)孫欽昂編　清光緒二年(1876)刻本　八册

230000－0905－0000271　JJ230000－0905－0000004
**紫陽课藝四集**　(清)吳成志撰　清光緒五年(1879)刻本　四册

230000－0905－0000272　JJ230000－0905－0000005
**詳註分韻試帖青雲集四卷**　(清)楊逢春　(清)蕭應櫆輯　(清)沈品華等注　清光緒三年(1877)石印本　四册

230000－0905－0000273　JJ230000－0905－0000006
**新選經藝備體**　(清)茹古主人輯　清光緒二年(1876)刻本　八冊

230000－0905－0000274　JJ230000－0905－0000007
**紫雲仙琯三集八卷**　(清)高敏輯　清道光九年(1829)刻本　四冊

230000－0905－0000275　JJ230000－0905－0000008
**註釋八銘堂塾鈔二集**　(清)吳懋政編　清咸豐九年(1859)刻本　五冊

230000－0905－0000276　JJ230000－0905－0000009
**唐詩三百首續選四卷**　(清)于慶元編　清道光十七年(1837)刻本　四冊

230000－0905－0000277　JJ230000－0905－0000010
**唐詩三百首註疏六卷**　(清)蘅塘退士輯　(清)章燮注　清道光二十七年(1847)刻本　六冊

230000－0905－0000278　JJ230000－0905－0000011
**律賦錦標初集**　(清)蕭應櫱編　清嘉慶二十一年(1816)刻本　四冊

230000－0905－0000279　JJ230000－0905－0000012
**蘭言詩鈔三卷**　(清)楊昌光撰　清光緒五年(1879)刻本　三冊

230000－0905－0000280　JJ230000－0905－0000013
**關中書院課士詩**　(清)路德輯　清刻本　六冊

230000－0905－0000281　JJ230000－0905－0000014
**皇朝經世文續編一百二十卷**　(清)葛士濬輯　清光緒十二年(1886)刻本　十八冊　存一百十二卷(一至一百十二)

230000－0905－0000282　JJ230000－0905－0000015
**全唐詩三十二卷**　(清)曹寅等編　清光緒十三年(1887)刻本　二十四冊　存二十四卷(一至十六、二十五至三十二)

230000－0905－0000283　JJ230000－0905－0000016
**批點七家詩選註釋**　(清)王廷紹撰　清同治四年(1865)刻本　四冊

230000－0905－0000284　JJ230000－0905－0000017
**古唐詩合解十六卷**　(清)王堯衢撰　清光緒五年(1879)刻本　四冊

230000－0905－0000285　JJ230000－0905－0000018
**古唐詩合解十六卷**　(清)王堯衢撰　清同治八年(1869)刻本　七冊

230000－0905－0000286　JJ230000－0905－0000019
**歷代大家古文講授談**　(清)□□撰　清刻本　二冊

230000－0905－0000287　JJ230000－0905－0000020
**斯文精萃不分卷**　(清)尹繼善輯　清乾隆二十九年(1764)刻本　六冊

230000－0905－0000288　JJ230000－0905－0000021
**三十家詩鈔六卷**　(清)曾國藩纂　(清)王定安增輯　清同治十三年(1874)傳忠書局刻本　六冊

230000－0905－0000289　C230000－0905－0000001
**項城袁氏家集六十卷**　丁振鐸輯　清宣統三年(1911)清芬閣排印本　五十八冊

230000－0905－0000290　JJ230000－0905－0000023
**古文釋義新編八卷**　(清)余誠評注　清同治九年(1870)刻本　八冊

230000－0905－0000291　JJ230000－0905－0000024
**古文十二卷**　(清)吳楚材　(清)吳調侯輯　清康熙三十四年(1695)刻本　六冊

230000－0905－0000292　JJ230000－0905－0000025
**古文觀止十二卷**　(清)吳楚材　(清)吳調侯輯　清光緒九年(1883)刻本　六冊

230000－0905－0000293　JJ230000－0905－0000026
**古文淵鑒六十四卷**　(清)聖祖玄燁選　(清)徐乾學等編注　清康熙二十四年(1685)刻本　三十冊

230000－0905－0000294　JJ230000－0905－0000027
**太平廣記五百卷**　(宋)李昉等撰　清道光二十六年(1846)刻本　四十六冊

230000－0905－0000295　JJ230000－0905－0000028
**蓬山塾課孟子小題不分卷**　(清)劉清源撰　清道光二十五年(1845)刻本　六冊

230000－0905－0000296　JJ230000－0905－0000029
**笠翁一家言全集**　(清)李漁撰　清雍正八年(1730)刻本　八冊

230000－0905－0000297　JJ230000－0905－0000030
**屈原行吟澤畔賦四卷續一卷**　(清)夏思沺撰　清咸豐八年(1858)刻本　二冊

230000－0905－0000298　JJ230000－0905－0000031
**註釋水竹居賦不分卷**　(清)盛觀潮撰　清道光二十八年(1848)刻本　四冊

230000－0905－0000299　JJ230000－0905－0000032
**李申夫先生全集八卷**　(清)李榕撰　清光緒十八年(1892)刻本　四冊

230000－0905－0000300　JJ230000－0905－0000033
**張子全書十五卷**　(宋)張載撰　(宋)朱熹注　清同治九年(1870)刻本　八冊

230000－0905－0000301　JJ230000－0905－0000034
**史忠正公集四卷首一卷末一卷**　(明)史可法撰　(清)史山清輯　清乾隆五十三年(1788)刻本　三冊

230000－0905－0000302　JJ230000－0905－0000035
**胡文忠公全集**　(清)胡林翼撰　(清)胡鳳丹編　清光緒二十七年(1901)上海圖書集成印書局石印本　八冊

230000－0905－0000303　JJ230000－0905－0000036
**道生堂小題制藝**　(清)鍾聲撰　清光緒六年(1880)刻本　四冊

230000－0905－0000304　JJ230000－0905－0000037
**施註蘇詩四十二卷**　(宋)施元之撰　(清)邵長蘅等刪補　清康熙三十八年(1699)刻本　十六冊

230000－0905－0000305　JJ230000－0905－0000038
**拙尊園叢稿六卷**　(清)黎庶昌撰　清光緒刻本　四冊

230000－0905－0000306　JJ230000－0905－0000039
**適軒尺牘八卷**　(清)徐菊生撰　清同治十年(1871)刻本　六冊

230000－0905－0000307　JJ230000－0905－0000040
**皇朝經世文編一百二十卷**　(清)贺長齡輯　清光緒十五年(1889)上海廣百宋齋鉛印本　二十四冊

230000－0905－0000308　JJ230000－0905－0000041
**昌黎先生全集四十卷**　(唐)韓愈撰　清宣統三年(1911)石印本　十冊

230000－0905－0000309　JJ230000－0905－0000042
**讀杜心解六卷首二卷**　(清)浦起龍撰　清刻本　四冊

230000－0905－0000310　JJ230000－0905－0000043
**蘇文忠公詩編註集成四十五卷**　(清)王文誥編注　清嘉慶二十四年(1819)刻本　二十二冊

230000－0905－0000311　JJ230000－0905－0000044
**胡文忠遺集八十六卷**　(清)胡林翼撰　(清)鄭敦謹　(清)曾國荃輯　清同治六年(1867)刻本　二十八冊

230000－0905－0000312　JJ230000－0905－0000045
**宋廬陵胡澹庵先生文集三十二卷**　(宋)胡銓撰　清乾隆二十二年(1757)刻本　八冊

230000－0905－0000313　JJ230000－0905－0000046
**李文忠公全集**　(清)李鴻章撰　(清)吳汝綸編　清光緒三十一年(1905)石印本　八十六冊

230000－0905－0000314　JJ230000－0905－0000047
**克齋集十七卷**　(宋)陳文蔚撰　清康熙四十四年(1705)刻本　四冊

230000－0905－0000315　JJ230000－0905－0000048
**楚辭十七卷**　(戰國)屈原等撰　(漢)王逸注　(宋)洪興祖補注　清光緒九年(1883)長沙書堂山館刻本　八冊

230000－0905－0000316　JJ230000－0905－0000049
**草窗詞二卷**　(宋)周密撰　清咸豐十一年(1861)刻本　一冊

230000－0905－0000317　JJ230000－0905－0000050
**夢窗甲稾一卷乙稾一卷丙稾一卷丁稾一卷**　(宋)吳文英撰　清咸豐十一年(1861)刻本　二冊

230000－0905－0000318　JJ230000－0905－0000051
**倚晴楼七種曲**　（清）黄燮清撰　清刻本　十册

230000－0905－0000319　JJ230000－0905－0000052
**長生殿傳奇二卷**　（清）洪昇撰　清刻本　四册

230000－0905－0000320　JJ230000－0905－0000053
**來生福彈詞三十六回**　題（清）橘中逸叟撰　清刻本　十二册

230000－0905－0000321　JJ230000－0905－0000054
**樓外樓訂正妥註第六才子書二十卷**　（元）王實甫撰　（清）鄒聖脈注　清刻本　六册

230000－0905－0000322　JJ230000－0905－0000055
**東周列國全志二十三卷一百八回**　（清）蔡元放（蔡奡）批評　清刻本　八册

230000－0905－0000323　JJ230000－0905－0000056
**第一才子書二十卷首一卷**　（清）毛宗崗評　清光緒二十二年（1896）刻本　二十册

230000－0905－0000324　JJ230000－0905－0000057
**夷堅志二十卷**　（宋）洪邁撰　清乾隆四十三年（1778）刻本　二十册

230000－0905－0000325　JJ230000－0905－0000058
**閲微艸堂筆記二十四卷**　（清）紀昀撰　清石印本　十六册

230000－0905－0000326　JJ230000－0905－0000059
**新鐫異説五虎平西珍珠旗演義狄青前傳十四卷**　（清）□□撰　清石印本　十四册

230000－0905－0000327　JJ230000－0905－0000060
**蒙川先生遺稾六卷**　（宋）劉黻撰　清石印本　二册

230000－0905－0000328　JJ230000－0905－0000061
**遺山詩髓十四卷**　（清）温忠翰輯　清光緒十五年（1889）稿本　四册

230000－0905－0000329　JJ230000－0905－0000062
**湯潛菴先生集節要八卷**　（清）湯斌撰　（清）彭定求編　清康熙三十七年（1698）刻本　四册

230000－0905－0000330　JJ230000－0905－0000063
**雙溪集十二卷**　（宋）王炎撰　清康熙五十七年（1718）刻本　六册

230000－0905－0000331　C230000－0905－0000002
**二程全書**　（宋）程顥　（宋）程頤撰　清光緒三十四年（1908）滄雅書局刻本　二十册

230000－0905－0000332　C230000－0905－0000003
**援鶉堂筆記五十卷**　（清）姚範撰　清道光十五年（1835）刻本　十六册

230000－0905－0000333　C230000－0905－0000004
**潛研堂全書**　（清）錢大昕撰　清光緒十年（1884）刻本　六十册

230000－0905－0000334　C230000－0905－0000005
**三輔黄圖六卷**　（漢）□□撰　清刻本　一册

230000－0905－0000335　C230000－0905－0000006
**星經二卷**　（漢）甘公　（漢）石申撰　清刻本　一册

230000－0905－0000336　C230000－0905－0000007
**竹書紀年二卷**　（南朝梁）沈約注　清刻本　一册

230000－0905－0000337　C230000－0905－0000008
**白虎通德論四卷**　（漢）班固撰　清刻本　二册

230000－0905－0000338　C230000－0905－0000009
**素書三卷**　（漢）黄石公撰　清刻本　一册

230000－0905－0000339　JJ230000－0905－0000001
**國朝十家四六文鈔**　王先謙輯　清光緒十五年（1889）刻本　四册

# 黑龍江省大慶市圖書館古籍普查登記目録

全國古籍普查登記目録

國家圖書館出版社
National Library of China Publishing House

230000－0906－0000001　s1.5/01

**周禮注疏删翼三十卷**　(明)王志長撰　明崇禎十二年(1639)刻本　十册　存十三卷(一至十三)

230000－0906－0000002　s1.5/02

**周禮六卷**　(清)黄叔琳撰　清刻本　二册

230000－0906－0000003　s1.12/01

**春秋繁露十七卷附録一卷**　(漢)董仲舒撰　清乾隆五十年(1785)刻本　二册

230000－0906－0000004　s1.17/01

**六經圖定本三卷**　(清)王皜校録　清乾隆五年(1740)刻本　六册

230000－0906－0000005　1.15/01

**蘇老泉批點孟子真本二卷**　(宋)蘇洵批點　清嘉慶八年(1803)刻本　二册

230000－0906－0000006　s1.11/01

**春秋經傳集解三十卷首一卷**　(晉)杜預撰　(唐)陸德明音義　清康熙五十九年(1720)刻本　八册　存十四卷(一至三、六至十五,首一卷)

230000－0906－0000007　s1.15/01

**四書一貫講**　(清)顧天健著　清乾隆二十八年(1763)刻本　七册　存七卷(中庸一,孟子一至五、七)

230000－0906－0000008　1.15/02

**四書圖考十三卷**　(清)杜炳輯　清道光七年(1827)刻本　十二册

230000－0906－0000009　s1.15/02

**四書朱子本義匯參四十三卷首四卷**　(清)王步青輯　清乾隆十年(1745)刻本　三十二册

230000－0906－0000010　s2.2/01

**隆平集二十卷**　(宋)曾鞏撰　清康熙四十年(1701)刻本　六册

230000－0906－0000011　s2.16/01

**中州金石攷八卷**　(清)黄叔璥輯　清乾隆六年(1741)刻本　一册

230000－0906－0000012　s2.16/02

**隸釋二十七卷隸續二十一卷**　(宋)洪適撰　清刻本　十册

230000－0906－0000013　s2.3/01

**資治通鑑綱目五十九卷首一卷**　(宋)朱熹撰　(明)陳仁錫評閲　清康熙四十年(1701)刻本　二十六册　存十九卷(丑一至三、卯十三至二十七,首一卷)

230000－0906－0000014　s2.5/01

**宋史紀事本末十卷**　(明)馮琦編　(明)陳邦瞻補　明萬曆刻本　十册

230000－0906－0000015　s2.12/01

**詞林典故八卷**　(清)張廷玉輯　清乾隆十三年(1748)刻本　八册

230000－0906－0000016　s3.2/01

**朱子語類五十二卷**　(宋)朱熹撰　(清)周在延重校　清康熙十七年(1678)刻本　十六册

230000－0906－0000017　s3.2/02

**二程全書六十七卷**　(宋)程顥　(宋)程頤撰　清乾隆四十九年(1784)刻本　十二册

230000－0906－0000018　s3.10/01

**鍼灸大成十卷**　(明)楊繼洲撰　(清)章廷珪重修　清乾隆二年(1737)刻本　十册

230000－0906－0000019　s3.13/01

**四大奇書第一種十九卷一百二十回首一卷**　(明)羅貫中撰　(清)毛宗崗評　清刻本　二十册

230000－0906－0000020　s4.2/01

**朱文公校昌黎先生文集四十卷外集十卷集傳一卷遺文一卷遺詩一卷書一卷墓誌一卷啟一卷狀一卷**　(唐)韓愈撰　(明)朱吾弼編　明萬曆三十三年(1605)刻本　八册　存二十二卷(文集一至十四、外集三至十)

230000－0906－0000021　s4.2/02

**蘇老泉先生全集二十卷附録二卷**　(宋)蘇洵著　清康熙三十七年(1698)刻本　八册

230000－0906－0000022　s4.2/04

**白香山詩集四十集**　(唐)白居易撰　(清)汪立名編訂　清康熙四十二年(1703)刻本　十冊

230000－0906－0000023　s4.2/03
**蘇學士文集十六卷**　(宋)蘇舜欽撰　清康熙三十七年(1698)刻本　四冊

230000－0906－0000024　s4.2/05
**司馬溫公文集八十二卷**　(宋)司馬光撰　清康熙四十七年(1708)刻本　二十四冊

230000－0906－0000025　s4.2/06
**謝疊山公文集六卷**　(宋)謝枋得撰　清雍正十二年(1734)刻本　四冊

230000－0906－0000026　s4.2/07
**安陽集五十卷忠獻韓魏王別録二卷忠獻韓魏王遺事一卷忠獻韓魏王家傳十卷**　(宋)韓琦著　清乾隆四年(1739)刻本　十六冊

230000－0906－0000027　s4.2/08
**宋宗忠簡公集八卷**　(宋)宗澤撰　清乾隆二十六年(1761)刻本　二冊

230000－0906－0000028　s4.3/01
**古文淵鑒六十四卷**　(清)徐乾學編注　清康熙二十四年(1685)刻本　二十五冊　存四十四卷(一至四十四)

230000－0906－0000029　s4.3/02
**古唐詩合解十六卷**　(清)王堯衢註　清雍正十年(1732)刻本　六冊

230000－0906－0000030　1.4/01
**監本詩經八卷**　(宋)朱熹集傳　清光緒二十九年(1903)刻本　三冊　存六卷(一至二、五至八)

230000－0906－0000031　1.5/01
**周禮六卷**　(漢)鄭玄注　(唐)陸德明音義　清光緒六年(1880)刻本　六冊

230000－0906－0000032　1.7/01
**禮記十卷**　(元)陳澔集說　清光緒八年(1882)刻本　七冊　存七卷(一、四、六至十)

230000－0906－0000033　1.7/02
**禮記十卷**　(元)陳澔集說　清光緒八年(1882)刻本　十冊　存九卷(一、三至十)

230000－0906－0000034　1.11/01
**欽定春秋左傳讀本三十卷**　(清)英和纂輯　清同治八年(1869)刻本　十冊

230000－0906－0000035　1.11/03
**春秋大事表五十卷附録一卷**　(清)顧棟高纂輯　清光緒十四年(1888)刻本　二十四冊

230000－0906－0000036　1.12/02
**董子春秋繁露十七卷**　(漢)董仲舒撰　清光緒二年(1876)刻本　三冊

230000－0906－0000037　1.15/03
**覆正平本論語集解十卷**　(三國魏)何晏集解　清光緒八年(1882)刻本　三冊

230000－0906－0000038　1.15/04
**孟子七卷校刊記一卷**　(宋)朱熹集注　清光緒五年(1879)刻本　三冊

230000－0906－0000039　1.18/01
**康熙字典十二集**　(清)張玉書等撰　清光緒二十年(1894)石印本　六冊

230000－0906－0000040　1.18/02
**康熙字典十二集**　(清)張玉書等撰　清末商務印書館石印本　六冊

230000－0906－0000041　1.18/03
**康熙字典四十卷**　(清)張玉書等撰　清康熙五十五年(1716)刻本　四十冊

230000－0906－0000042　1.17/02
**重栞宋本十三經注疏附校勘記**　(清)阮元審定　清道光六年(1826)刻本　一百五十八冊

230000－0906－0000043　1.17/04
**十三經注疏**　(清)弘晝等纂　清同治十年(1871)廣東書局刻本　一百二十冊

230000－0906－0000044　1.17/07
**讀書雜誌六十二卷**　(清)王念孫著　清光緒二十年(1894)石印本　八冊

230000－0906－0000045　1.17/01

**白虎通四卷附闕文一卷校勘補遺一卷**　(漢)班固撰　清嘉慶七年(1802)刻本　四册

230000－0906－0000046　1.17/06
**公是先生七經小傳三卷**　(宋)劉敞著　清同治通志堂刻本　一册

230000－0906－0000047　2.2/01
**史記一百三十卷**　(清)弘晝等纂　清乾隆十二年(1747)刻本　十六册　存六十七卷(一至六十七)

230000－0906－0000048　2.2/02
**史記一百三十卷**　(漢)司馬遷撰　清光緒四年(1878)刻本　十六册

230000－0906－0000049　2.2/03
**前漢書一百卷**　(漢)班固撰　清刻本　三十二册

230000－0906－0000050　2.2/04
**前漢書一百卷**　(漢)班固撰　清光緒十三年(1887)金陵書局刻本　十六册

230000－0906－0000051　2.2/05
**後漢書一百二十卷附考證**　(南朝宋)范曄撰　清刻本　二十八册

230000－0906－0000052　2.2/06
**後漢書一百卷**　(南朝宋)范曄撰　清同治八年(1869)刻本　十三册

230000－0906－0000053　2.2/07
**三國志六十五卷**　(晉)陳壽撰　清同治十年(1871)刻本　十四册

230000－0906－0000054　2.2/08
**三國志六十五卷**　(晉)陳壽撰　清光緒二十九年(1903)石印本　十四册

230000－0906－0000055　2.2/09
**晉書一百三十卷**　(唐)房玄齡等撰　**音義三卷**　(唐)何超撰　清同治十年(1871)金陵書局刻本　二十册

230000－0906－0000056　2.2/10
**宋書一百卷**　(南朝梁)沈約撰　清同治十二年(1873)金陵書局刻本　十六册

230000－0906－0000057　2.2/11
**宋書一百卷附考證**　(南朝梁)沈約撰　清乾隆四年(1739)刻本　二十四册

230000－0906－0000058　2.2/12
**南齊書五十九卷**　(南朝梁)蕭子顯撰　清同治十三年(1874)金陵書局刻本　六册

230000－0906－0000059　2.2/13
**南齊書五十九卷**　(南朝梁)蕭子顯撰　清同治十三年(1874)金陵書局刻本　六册

230000－0906－0000060　2.2/14
**南齊書五十九卷**　(南朝梁)蕭子顯撰　清乾隆四年(1739)武英殿刻本　八册

230000－0906－0000061　2.2/16
**梁書五十六卷**　(唐)姚思廉撰　清乾隆四年(1739)武英殿刻本　八册

230000－0906－0000062　2.2/15
**梁書五十六卷**　(唐)姚思廉撰　清同治十三年(1874)金陵書局刻本　六册

230000－0906－0000063　2.2/17
**陳書三十六卷**　(唐)姚思廉撰　清同治十二年(1873)金陵書局刻本　四册

230000－0906－0000064　2.2/18
**魏書一百十四卷附考證**　(北齊)魏收撰　清乾隆四年(1739)武英殿刻本　二十四册

230000－0906－0000065　2.2/19
**魏書一百十四卷**　(北齊)魏收撰　清同治十二年(1873)金陵書局刻本　二十册

230000－0906－0000066　2.2/20
**北齊書五十卷**　(唐)李百藥撰　清乾隆四年(1739)武英殿刻本　八册

230000－0906－0000067　2.2/21
**北齊書五十卷**　(唐)李百藥撰　清同治十三年(1874)金陵書局刻本　四册

230000－0906－0000068　2.2/22
**北齊書五十卷**　(唐)李百藥撰　清同治十三年(1874)金陵書局刻本　四册

230000－0906－0000069　2.2/23
**周書五十卷**　(唐)令狐德棻等撰　清乾隆四年(1739)武英殿刻本　八册

230000－0906－0000070　2.2/24
**周書五十卷**　(唐)令狐德棻等撰　清同治十三年(1874)金陵書局刻本　六册

230000－0906－0000071　2.2/25
**周書五十卷**　(唐)令狐德棻等撰　清同治十三年(1874)金陵書局刻本　六册

230000－0906－0000072　2.2/26
**隋書八十五卷**　(唐)魏徵撰　清乾隆四年(1739)武英殿刻本　二十四册

230000－0906－0000073　2.2/27
**南史八十卷**　(唐)李延壽撰　清乾隆四年(1739)武英殿刻本　二十册

230000－0906－0000074　2.2/28
**北史一百卷**　(唐)李延壽撰　清乾隆四年(1739)武英殿刻本　二十四册

230000－0906－0000075　2.2/29
**北史一百卷**　(唐)李延壽撰　清同治十二年(1873)金陵書局刻本　二十册

230000－0906－0000076　2.2./30
**舊唐書二百卷**　(五代)劉昫撰　清乾隆四年(1739)武英殿刻本　六十册

230000－0906－0000077　2.2/31
**舊唐書二百卷**　(五代)劉昫撰　清同治十二年(1873)浙江書局刻本　四十册

230000－0906－0000078　2.2/32
**唐書二百二十五卷**　(宋)歐陽修等撰　清乾隆四年(1739)武英殿刻本　五十册

230000－0906－0000079　2.2/33
**唐書二百二十五卷**　(宋)歐陽修等撰　清同治十一年(1872)浙江書局刻本　四十册

230000－0906－0000080　2.2/34
**舊五代史一百五十卷**　(宋)薛居正等撰　清嘉慶元年(1796)刻本　八册　存七十四卷(一至七十四)

230000－0906－0000081　2.2/35
**舊五代史一百五十卷**　(宋)薛居正等撰　清同治十一年(1872)湖北崇文書局刻本　十六册

230000－0906－0000082　2.2/36
**五代史七十四卷**　(宋)歐陽修撰　清乾隆四年(1739)武英殿刻本　十册

230000－0906－0000083　2.2/37
**五代史七十四卷**　(宋)歐陽修撰　清同治十一年(1872)湖北崇文書局刻五省官書局合刻二十四史本　八册

230000－0906－0000084　2.2/38
**五代史七十四卷附考證**　(宋)歐陽修撰　清光緒十五年(1889)湖南大同書局刻本　十二册

230000－0906－0000085　2.2/39
**宋史四百九十六卷**　(元)脱脱等撰　清乾隆四年(1739)武英殿刻本　一百册

230000－0906－0000086　2.2/40
**宋史四百九十六卷**　(元)脱脱等撰　清光緒元年(1875)刻本　一百册

230000－0906－0000087　2.2/41
**遼史一百十六卷**　(元)脱脱等撰　清乾隆四年(1739)武英殿刻本　八册

230000－0906－0000088　2.2/42
**遼史一百十五卷**　(元)脱脱等撰　清同治十二年(1873)江蘇書局刻本　十二册

230000－0906－0000089　2.2/43
**金史一百三十五卷**　(元)脱脱等撰　清乾隆四年(1739)武英殿刻本　二十四册

230000－0906－0000090　2.2/44
**金史一百三十五卷**　(元)脱脱等撰　清同治十三年(1874)江蘇書局刻本　二十册

230000－0906－0000091　2.2/45
**元史二百十卷**　(明)宋濂等撰　清乾隆四年(1739)武英殿刻本　五十册

230000－0906－0000092　2.2/46

**元史二百十卷**　(明)宋濂等撰　清同治十三年(1874)江蘇書局刻本　四十冊

230000－0906－0000093　2.2/47
**明史三百三十二卷**　(清)張廷玉等撰　清光緒三年(1877)刻本　一百十二冊　存二百六十三卷(一至一百十七、一百八十七至三百三十二)

230000－0906－0000094　2.3/03
**資治通鑑三十卷**　(宋)司馬光撰　清同治八年(1869)刻本　十二冊

230000－0906－0000095　2.3/02
**資治通鑑目錄三十卷**　(宋)司馬光撰　清同治八年(1869)刻本　十二冊

230000－0906－0000096　2.3/01
**資治通鑑綱目五十九卷**　(宋)朱熹撰　清嘉慶九年(1804)姑蘇聚文堂刻本　二十五冊　存十八卷(一至五、二十四至二十八、四十六至四十九、五十六至五十九)

230000－0906－0000097　2.3/05
**御批歷代通鑑輯覽一百二十卷**　(清)傅恒等撰　清光緒五年(1879)刻本　九冊　存二十卷(一至四、十三至十八、六十三至六十四、六十七至七十二、七十五至七十六)

230000－0906－0000098　2.3/06
**御批歷代通鑑輯覽一百二十卷**　(清)傅恒等撰　清光緒三十年(1904)刻本　十六冊　存七十七卷(一至三十三、三十六至三十七、三十九至八十)

230000－0906－0000099　2.3/07
**御批歷代通鑑輯覽一百二十卷**　(清)傅恒等撰　清刻本　十六冊　存三十卷(五十二至六十二、六十四至七十五、七十八至八十四)

230000－0906－0000100　2.3/09
**王鳳洲綱鑑會纂三十九卷**　(明)王世貞撰　清光緒二十五年(1899)石印本　十二冊

230000－0906－0000101　2.3/08
**重訂王鳳洲先生綱鑑會纂綱目四十六卷**　(明)王世貞撰　明末善成堂刻本　二十四冊　存三十六卷(一至十一、十三至二十八、三十八至四十六)

230000－0906－0000102　2.3/10
**御批資治通鑑綱目續編二十七卷**　(清)聖祖玄燁撰　清刻本　六冊　存十五卷(十三至二十七)

230000－0906－0000103　2.3/11
**補注綱鑑擇言十卷**　(清)司徒修輯　清光緒二十八年(1902)刻本　六冊

230000－0906－0000104　2.3/12
**御撰資治通鑑綱目三編二十卷**　(清)張廷玉等編　清光緒二十一年(1895)石印本　十冊

230000－0906－0000105　2.3/13
**綱鑑易知錄二十卷**　(清)吳秉權輯　清光緒二十一年(1895)石印本　十冊

230000－0906－0000106　2.3/14
**建炎以來繫年要錄二百卷**　(宋)李心傳撰　清光緒八年(1882)影印本　三十六冊

230000－0906－0000107　2.4/01
**通鑑紀事本末二百三十九卷**　(宋)袁樞撰　清光緒十三年(1887)刻本　六冊　存三十五卷(四十六至八十)

230000－0906－0000108　2.4/02
**歷朝紀事本末六百五十八卷**　(宋)袁樞撰　清光緒石印本　五十六冊

230000－0906－0000109　2.4/03
**馬氏繹史一百六十卷**　(清)馬驌撰　清光緒二十三年(1897)縮印本　二十四冊

230000－0906－0000110　2.5/01
**國語鈔二卷**　(清)高嵣集評　清乾隆五十三年(1788)刻本　二冊

230000－0906－0000111　2.5/02
**國策鈔二卷**　(清)高嵣集評　清乾隆五十三年(1788)刻本　二冊

230000－0906－0000112　2.5/03
**公羊傳鈔一卷**　(清)高嵣集評　清乾隆五十

三年(1788)刻本　一册

230000－0906－0000113　2.5/04
**穀梁傳鈔一卷**　(清)高塘集評　清乾隆五十三年(1788)刻本　一册

230000－0906－0000114　2.5/05
**嘯亭雜録十卷續録三卷**　(清)昭槤撰　清光緒十九年(1893)石印本　六册　存十一卷(一至八、續録三卷)

230000－0906－0000115　2.5/06
**萬國通史前編十卷**　(英國)李思倫白約翰輯　清光緒二十六年(1900)鉛印本　十册

230000－0906－0000116　2.5/07
**萬國通史三編十卷**　(英國)李思倫白約翰輯　清光緒三十年(1904)鉛印本　十册

230000－0906－0000117　2.5/08
**萬國通鑑四卷**　(美國)謝衛樓撰　(清)趙如光譯　清光緒八年(1882)刻本　六册

230000－0906－0000118　2.7/01
**歷代史表五十九卷**　(清)萬斯同撰　清光緒十五年(1889)廣雅書局刻本　八册

230000－0906－0000119　2.7/02
**後漢書補表八卷**　(清)錢大昭撰　清光緒八年(1882)刻本　四册

230000－0906－0000120　2.9/01
**史通通釋二十卷**　(清)浦起龍撰　清光緒十一年(1885)刻本　八册

230000－0906－0000121　2.9/02
**二十四史劄記三十六卷補遺一卷**　(清)趙翼撰　清光緒二十六年(1900)刻本　十六册

230000－0906－0000122　2.9/03
**文史通義八卷校讎通義三卷**　(清)章學誠撰　清道光十三年(1833)影印本　五册

230000－0906－0000123　2.9/04
**史通削繁四卷**　(清)紀昀撰　清道光十三年(1833)刻本　四册

230000－0906－0000124　2.9/05
**史通削繁四卷**　(清)紀昀撰　清道光十三年(1833)刻本　二册

230000－0906－0000125　2.10/01
**人壽金鑑二十二卷**　(清)程得齡輯　清光緒元年(1875)湖北崇文書局刻本　六册

230000－0906－0000126　2.10/02
**疑年録三卷**　(清)錢大昕編　**續疑年録四卷**　(清)吴修撰　清同治元年(1862)刻本　二册

230000－0906－0000127　2.10/03
**三續疑年録十卷附補遺**　(清)陸心源編　清光緒五年(1879)刻本　二册

230000－0906－0000128　2.10/04
**宋名臣言行録五集**　(宋)朱熹等撰　清道光二十二年(1842)刻本　十二册

230000－0906－0000129　2.10/05
**明儒學案六十二卷**　(清)黄宗羲撰　清刻本　八册　存十五卷(四十八至六十二)

230000－0906－0000130　2.10/07
**理學宗傳二十六卷**　(清)孫奇逢撰　清康熙五年(1666)刻本　八册

230000－0906－0000131　2.10/08
**國朝漢學師承記八卷**　(清)江藩撰　清光緒九年(1883)刻本　四册

230000－0906－0000132　2.10/09
**孟子編年四卷**　(清)狄子奇撰　清光緒十三年(1887)浙江書局刻本　一册

230000－0906－0000133　2.10/10
**孔子編年四卷**　(清)狄子奇撰　清光緒十三年(1887)刻本　一册

230000－0906－0000134　2.10/11
**朱子[熹]年譜十二卷**　(清)王懋竑撰　清同治九年(1870)刻本　四册

230000－0906－0000135　2.10/12
**瞿木夫先生自訂年譜一卷**　(清)瞿中溶編　繆荃孫校　清道光二十一年(1841)刻本　一册

230000－0906－0000136　2.10/13
**四洪年譜四卷**　(清)洪汝奎輯　清宣統元年(1909)刻本　四冊

230000－0906－0000137　2.10/14
**駱文忠公[秉章]年譜二卷**　(清)張陰恒撰　清光緒二十一年(1895)刻本　二冊

230000－0906－0000138　2.10/15
**歷代畫史匯傳七十二卷**　(清)彭蘊璨編　清光緒八年(1882)刻本　二十四冊

230000－0906－0000139　2.10/16
**元祐黨人傳十卷**　(清)陸心源撰　清光緒十五年(1889)刻本　二冊

230000－0906－0000140　2.15/01
**歷代地理志韻編二十七卷**　(清)李兆洛撰　清同治九年(1870)刻本　十冊

230000－0906－0000141　2.15/02
**水經注釋四十卷首一卷附錄二卷**　(清)趙一清撰　清乾隆五十九年(1794)刻本　十冊

230000－0906－0000142　2.15/03
**水經注箋刊誤十二卷**　(清)趙一清撰　清乾隆五十九年(1794)刻本　六冊

230000－0906－0000143　2.11/01
**皇朝通志一百二十六卷**　(清)嵇璜等撰　清光緒二十七年(1901)鉛印本　十二冊

230000－0906－0000144　2.11/02
**西漢會要七十卷**　(清)徐天麟撰　清光緒五年(1879)刻本　十冊

230000－0906－0000145　2.11/03
**皇朝經世文編一百二十卷**　(清)賀長齡輯　清光緒十三年(1887)石印本　十二冊

230000－0906－0000146　2.11/04
**列國政要一百三十三卷**　(清)戴鴻慈輯　清光緒三十三年(1907)石印本　三十二冊

230000－0906－0000147　2.11/05
**三通序一卷**　(唐)杜佑撰　清光緒十四年(1888)刻本　一冊

230000－0906－0000148　2.11/06
**紀元編三卷末一卷**　(清)李兆洛撰　清道光十一年(1831)刻本　三冊

230000－0906－0000149　2.11/07
**欽定歷代職官表七十二卷**　(清)永瑢等撰　清光緒二十二年(1896)廣雅書局校刻本　二十八冊

230000－0906－0000150　2.11/08
**牧令書二十三卷**　(清)徐棟輯　清道光二十八年(1848)刻本　十八冊

230000－0906－0000151　2.11/09
**約章分類輯要三十八卷首一卷**　蔡乃煌纂　清光緒二十七年(1901)刻本　十二冊　存十一卷(一上、六下至八、十八、二十、二十七至二十九、三十二下,首一卷)

230000－0906－0000152　2.11/10
**重修名法指掌圖四卷**　(清)徐灝輯　清同治九年(1870)刻本　四冊

230000－0906－0000153　2.11/12
**許國公奏議**　(清)吳潛撰　清光緒八年(1882)刻本　四冊　存四卷(三至五、七)

230000－0906－0000154　2.16/01
**古今錢略三十二卷**　(清)倪模撰　清光緒三年(1877)刻本　十六冊

230000－0906－0000155　2.16/02
**重修宣和博古圖三十卷**　(清)王黼等撰　明萬曆于承祖刻崇禎印本　十冊

230000－0906－0000156　3.21/01
**孔子家語十卷**　(三國魏)王肅注　清同治十二年(1873)刻本　四冊

230000－0906－0000157　3.21/02
**孔子集語十七卷**　(清)孫星衍輯　清光緒三年(1877)刻本　四冊

230000－0906－0000158　3.21/03
**荀子二十卷**　(戰國)荀況撰　清光緒元年(1875)刻本　四冊

230000－0906－0000159　3.21/04

晏子春秋校勘記二卷　（戰國）荀況撰　清光緒刻本　一冊

230000－0906－0000160　3.21/05
**晏子春秋七卷**　（春秋）晏嬰撰　清光緒元年(1875)浙江書局刻本　二冊

230000－0906－0000161　3.21/06
**晏子春秋音義二卷**　（清）孫星衍輯　清刻本　二冊

230000－0906－0000162　3.21/07
**荀子集解三十二卷**　（唐）梁倞注　清光緒十七年(1891)刻本　六冊

230000－0906－0000163　3.21/08
**荀子三卷**　（戰國）荀況撰　清光緒元年(1875)刻本　一冊

230000－0906－0000164　3.22/01
**廣理學備考八集**　（清）范鄗鼎編　清五經堂刻本　八冊

230000－0906－0000165　3.22/02
**釋志六十一篇**　（清）胡承諾撰　清同治十一年(1872)刻本　八冊

230000－0906－0000166　3.22/03
**黃書一卷**　（清）王夫之撰　清宣統二年(1910)刻本　一冊

230000－0906－0000167　3.22/04
**揚子法言十三卷附音義**　（漢）揚雄撰　清嘉慶二十三年(1818)刻本　二冊

230000－0906－0000168　3.22/05
**大學衍義補輯要十二卷**　（明）丘濬撰　清道光二十二年(1842)刻本　十二冊

230000－0906－0000169　3.22/06
**揚子法言學引十三卷附音義**　（清）揚雄撰　清光緒二年(1876)刻本　一冊

230000－0906－0000170　3.22/07
**中說十卷**　（隋）王通撰　清光緒二年(1876)刻本　二冊

230000－0906－0000171　3.21/09
**新書十卷**　（漢）賈誼撰　清光緒元年(1875)浙江書局刻本　二冊

230000－0906－0000172　3.22/08
**大清穆宗毅皇帝聖訓一百六十卷**　（清）穆宗載淳著　清光緒十一年(1885)京都書局刻本　六冊　存十二卷(一至十二)

230000－0906－0000173　3.22/09
**榕村語錄三十卷**　（清）李光地撰　清雍正十一年(1733)刻本　七冊　存十四卷(十五至二十、二十三至三十)

230000－0906－0000174　3.22/10
**聖諭像解二十卷**　（清）梁延年輯　清光緒二十九年(1903)石印本　十冊

230000－0906－0000175　3.22/11
**朱子家禮五卷**　（宋）朱熹撰　清光緒十七年(1891)刻本　一冊

230000－0906－0000176　3.22/12
**家庭講話三卷**　（清）陸一亭著　清嘉慶刻本　一冊

230000－0906－0000177　3.3/01
**列子八卷**　（晉）張湛注　清光緒二年(1876)刻本　二冊

230000－0906－0000178　3.3/02
**尸子二卷**　（戰國）尸佼撰　清光緒三年(1877)刻本　一冊

230000－0906－0000179　3.3/03
**文子纘義十二卷**　（元）杜道堅撰　清光緒三年(1877)刻本　四冊

230000－0906－0000180　3.3/04
**莊子十卷**　（戰國）莊周撰　清光緒二年(1876)刻本　四冊

230000－0906－0000181　3.4/01
**墨子十六卷**　（戰國）墨翟撰　清光緒二年(1876)刻本　三冊

230000－0906－0000182　3.11/10
**呂氏春秋二十六卷**　（秦）呂不韋撰　清光緒元年(1875)刻本　五冊

230000－0906－0000183　3.7/01
**孫子十家注十三卷**　(宋)吉天保輯　清光緒三年(1877)浙江書局刻本　六册

230000－0906－0000184　3.8/01
**管子二十四卷**　(春秋)管仲撰　清光緒二年(1876)刻本　六册

230000－0906－0000185　3.8/02
**韓非子二十卷**　(戰國)韓非撰　**識誤三卷**　(清)顧廣圻撰　清光緒元年(1875)浙江書局刻本　五册

230000－0906－0000186　3.8/03
**韓非子二十卷**　(戰國)韓非撰　**識誤三卷**　(清)顧廣圻撰　清光緒元年(1875)刻本　六册

230000－0906－0000187　3.10/01
**重廣補注黄帝内經素問二十四卷黄帝内經靈樞十二卷附素問遺篇**　(唐)王冰注　清光緒三年(1877)浙江書局刻本　十册

230000－0906－0000188　3.10/02
**仲景全書二十卷**　(漢)張機撰　清光緒二十年(1894)刻本　八册

230000－0906－0000189　3.10/11
**傷寒論淺注補正七卷**　(清)唐宗海著　清光緒三十四年(1908)刻本　四册

230000－0906－0000190　3.10/12
**金匱要畧淺注補正九卷**　(清)唐宗海著　清光緒三十四年(1908)刻本　三册

230000－0906－0000191　3.10/13
**本草問答二卷**　(清)唐宗海著　清光緒三十四年(1908)刻本　一册

230000－0906－0000192　3.10/14
**血證論八卷**　(清)唐宗海著　清光緒三十四年(1908)刻本　二册

230000－0906－0000193　3.10/03
**中西匯通醫經精義二卷**　(清)唐宗海著　清光緒三十四年(1908)刻本　二册

230000－0906－0000194　3.10/04
**繪圖外科正宗十二卷**　(明)陳實功撰　清光緒十四年(1888)刻本　六册

230000－0906－0000195　3.10/05
**難産神驗良方一卷繡閣保産良方一卷**　(清)姚文僖撰　清光緒十九年(1893)刻本　一册

230000－0906－0000196　3.10/06
**達生編二卷**　(清)亟齋居士輯　清康熙十二年(1673)石印本　一册

230000－0906－0000197　3.10/07
**小兒推拿廣意二卷**　(清)熊應雄輯　清刻本　二册

230000－0906－0000198　3.10/08
**本草綱目五十二卷**　(明)李時珍撰　清光緒十一年(1885)刻本　三十八册　存五十二卷(一至二、三上、四至五十二)

230000－0906－0000199　3.10/09
**本草綱目五十二卷**　(明)李時珍撰　清順治十二年(1655)刻本　四十八册

230000－0906－0000200　3.10/10
**增廣大生要旨五卷**　(清)唐千頃纂　清咸豐八年(1858)刻本　四册

230000－0906－0000201　3.14/01
**御製數理精藴五十三卷**　(清)聖祖玄燁撰　清光緒八年(1882)廣東藩司刻本　九册　存十二卷(上編一至五,下編一、八至十三)

230000－0906－0000202　3.16/01
**格致書院課藝**　(清)王韜輯　清光緒二十四年(1898)鉛印本　十三册

230000－0906－0000203　3.16/02
**芥子園畫傳四集**　(清)李笠翁論定　清光緒十二年(1886)石印本　十二册

230000－0906－0000204　3.11/01
**泰西各國名人言行錄十六卷**　(清)張兆蓉輯　清光緒二十九年(1903)石印本　六册

230000－0906－0000205　3.11/02
**困學紀聞二十卷**　(宋)王應麟撰　清光緒八年(1882)刻本　十四册

230000－0906－0000206　3.11/03
**入幕須知五種**　(清)張廷驤輯　清光緒十三年(1887)浙江書局刻本　六冊

230000－0906－0000207　3.11/04
**正覺樓叢書**　(清)崇文書局輯　清光緒中期崇文書局刻本　三十三冊

230000－0906－0000208　3.11/05
**考卷約選二集**　(清)李錫瓚編　清嘉慶二十二年(1817)刻本　十二冊

230000－0906－0000209　3.11/06
**論衡三十卷**　(漢)王充撰　清光緒元年(1875)刻本　六冊

230000－0906－0000210　3.11/07
**五種遺規十一卷補編二卷**　(清)陳宏謀輯　清道光十年(1830)刻本　九冊

230000－0906－0000211　3.11/08
**五種遺規十三卷補七卷**　(清)陳宏謀輯　清光緒十五年(1889)刻本　十二冊

230000－0906－0000212　3.13/01
**山海經十八卷**　(晉)郭璞撰　清光緒三年(1877)刻本　三冊

230000－0906－0000213　3.18/01
**成唯識論義蘊十卷**　(唐)釋道邑撰　清刻本　五冊

230000－0906－0000214　3.18/02
**大方廣佛華嚴經著述集要**　(唐)釋澄觀述　清同治刻本　十二冊

230000－0906－0000215　3.18/03
**大方廣佛華嚴經八十卷**　(唐)釋實叉難陀譯　清刻本　二十冊

230000－0906－0000216　3.18/04
**教誡新學比丘行護律儀一卷**　(唐)釋道宣述　清末刻本　一冊

230000－0906－0000217　3.18/05
**阿毗達磨法蘊足論十卷**　(印度)釋大目乾蓮撰　清宣統二年(1910)刻本　四冊

230000－0906－0000218　3.18/06
**賢首五教儀六卷**　(清)釋續法集錄　清末刻本　二冊

230000－0906－0000219　3.18/07
**觀音十二圓覺一卷**　(唐)佛陀多羅譯　清光緒九年(1883)刻本　一冊

230000－0906－0000220　3.18/08
**大般涅槃經四十卷後分二卷**　(印度)三藏曇無讖譯　清光緒五年(1879)刻本　十一冊

230000－0906－0000221　3.18/09
**妙法蓮華經通義二十卷**　(明)釋德清述　清光緒三十四年(1908)刻本　五冊

230000－0906－0000222　3.18/10
**大佛頂首楞嚴經纂註十卷**　(明)釋真界述　清光緒三十四年(1908)刻本　五冊

230000－0906－0000223　5.1/01
**國朝元墨正宗二編**　(清)胡先琅論次　清嘉慶四年(1799)刻本　十冊

230000－0906－0000224　5.1/02
**太平御覽目錄十五卷**　(宋)李昉等撰　清嘉慶十七年(1812)刻本　三冊

230000－0906－0000225　5.1/03
**群書拾補不分卷**　(清)盧文弨撰　清光緒十三年(1887)石印本　八冊

230000－0906－0000226　5.1/04
**群書拾補不分卷**　(清)盧文弨撰　清光緒十五年(1889)刻本　十二冊

230000－0906－0000227　4.3/01
**欽定四書文四十一卷**　(清)方苞選　清乾隆五年(1740)刻本　十二冊

230000－0906－0000228　4.3/02
**古文喈鳳新編八卷**　(清)汪基輯　清光緒刻本　七冊

230000－0906－0000229　4.3/03
**古文辭類纂十五卷**　(清)姚鼐撰　清光緒二十年(1894)石印本　十八冊

230000－0906－0000230　4.3/04
**南宋文範七十卷**　(清)莊仲方編　清光緒十四年(1888)刻本　十六册

230000－0906－0000231　4.3/05
**元文類七十卷**　(元)蘇天爵輯　清光緒十五年(1889)刻本　十册

230000－0906－0000232　4.3/06
**明文在一百卷**　(清)薛熙纂　清光緒十五年(1889)刻本　十册

230000－0906－0000233　4.3/07
**金文雅十六卷**　(清)莊仲方述　清光緒十七年(1891)刻本　四册

230000－0906－0000234　4.3/08
**精選多寶船二集**　(清)日新居士輯　清光緒十三年(1887)石印本　八册

230000－0906－0000235　4.3/09
**唐文粹一百卷**　(宋)姚鉉輯　清光緒九年(1883)刻本　二十册

230000－0906－0000236　4.3/10
**唐文粹一百卷**　(宋)姚鉉纂　清光緒十六年(1890)刻本　二十册

230000－0906－0000237　4.3/11
**全上古三代秦漢三國六朝文七百四十一卷**　(清)嚴可均輯　清光緒十三年(1887)刻本　一百册

230000－0906－0000238　4.2/02
**杜詩偶評四卷**　(清)沈德潛纂　清刻本　二册

230000－0906－0000239　4.2/03
**樊川詩集注四卷**　(清)馮集梧注　清光緒十六年(1890)刻本　二册

230000－0906－0000240　4.2/04
**李義山詩集二卷**　(唐)李商隱撰　清同治九年(1870)刻本　四册

230000－0906－0000241　4.2/05
**溫飛卿詩集七卷别集一卷集外詩一卷**　(唐)溫庭筠撰　清光緒刻本　四册

230000－0906－0000242　4.2/06
**范文正公全集二十卷**　(宋)范仲淹撰　清宣統二年(1910)刻本　十册

230000－0906－0000243　4.2/07
**穆參軍集三卷**　(宋)穆修撰　清光緒刻本　一册

230000－0906－0000244　4.2/08
**王臨川全集一百卷**　(宋)王安石撰　清光緒九年(1883)刻本　十六册

230000－0906－0000245　4.2/09
**范忠宣公集二十五卷**　(宋)范純仁撰　清宣統二年(1910)刻本　六册

230000－0906－0000246　4.2/10
**東坡集四十卷**　(宋)蘇軾撰　清光緒、宣統刻本　四十八册

230000－0906－0000247　4.2/11
**王忠文公集二十四卷**　(明)王禕撰　清末刻本　五册　存十一卷(十至二十)

230000－0906－0000248　4.2/12
**羅鄂州小集六卷**　(宋)羅頌撰　清光緒十九年(1893)刻本　二册

230000－0906－0000249　4.2/13
**楊龜山先生集四十二卷首一卷**　(宋)楊時撰　清光緒五年(1879)刻本　十册

230000－0906－0000250　4.2/14
**山谷詩集注二十卷外集十七卷别集二卷**　(宋)黄庭堅撰　清光緒二十五年(1899)刻本　二十册

230000－0906－0000251　4.2/15
**柯山集五十卷**　(宋)張耒撰　(清)陸心源輯　清光緒刻本　十册

230000－0906－0000252　4.2/16
**後山集二十四卷首一卷**　(宋)陳師道撰　清光緒十一年(1885)刻本　六册

230000－0906－0000253　4.2/17
**梁溪全集一百八十卷附録年譜**　(宋)李綱撰　清刻本　四十册

230000－0906－0000254　4.2/18
**周益國文忠公集二百五卷**　（宋）周必大撰　清道光刻本　四十冊

230000－0906－0000255　4.2/19
**朱子全集六十四卷**　（宋）朱熹撰　清咸豐十年（1860）刻本　四十冊

230000－0906－0000256　4.2/20
**豫章羅先生文集十六卷首一卷末一卷**　（宋）羅從彥撰　（元）曹道振編　清光緒二十三年（1897）刻本　四冊

230000－0906－0000257　4.2/21
**龍川文集三十卷首一卷辨訛考異二卷附錄一卷**　（宋）陳亮撰　清同治七年（1868）刻本　八冊

230000－0906－0000258　4.2/23
**杜清獻公文集二十卷首一卷**　（宋）杜范撰　清同治九年（1870）刻本　四冊

230000－0906－0000259　4.2/24
**太師誠意伯劉文成公集二十卷首一卷**　（明）劉基撰　清刻本　十冊

230000－0906－0000260　4.2/25
**雲棲大師遺稿三卷**　（明）釋袾宏撰　清光緒二十五年（1899）刻本　四冊

230000－0906－0000261　4.2/26
**戴東原集十二卷附校札記一卷**　（清）戴震撰　（清）段玉裁編　清刻本　六冊

230000－0906－0000262　4.2/27
**切問齋集十六卷**　（清）陸燿撰　清刻本　一冊　存四卷（六至九）

230000－0906－0000263　4.2/28
**定盦文集三卷續集四卷續錄一卷補編四卷**　（清）龔自珍撰　清光緒二十三年（1897）刻本　八冊

230000－0906－0000264　4.2/29
**自怡軒古文選**　（清）許寶善撰　清刻本　一冊　存一卷（七）

230000－0906－0000265　4.2/30
**詳注嚶求集二卷**　（清）繆艮撰　清光緒十五年（1889）刻本　一冊

230000－0906－0000266　4.2/31
**善卷堂四六十卷**　（清）陸繁弨撰　清光緒元年（1875）刻本　六幅

230000－0906－0000267　4.2/32
**亭林全集一卷**　（清）顧炎武撰　清光緒二年（1876）刻本　一冊

230000－0906－0000268　4.2/33
**篤素堂文集四卷**　（清）張英撰　清鉛印本　二冊

230000－0906－0000269　4.2/34
**奉使車臣汗記程詩三卷**　（清）延清撰　清宣統元年（1909）鉛印本　三冊

230000－0906－0000270　4.4/01
**文心雕龍十卷**　（南朝梁）劉勰撰　清道光十三年（1833）刻本　四冊

230000－0906－0000271　4.4/02
**文心雕龍十卷**　（南朝梁）劉勰撰　清道光十三年（1833）刻本　四冊

230000－0906－0000272　4.8/01
**閱微草堂筆記二十四卷**　（清）紀昀撰　清道光十五年（1835）刻本　十冊

230000－0906－0000273　4.8/02
**東周列國全志二十三卷**　（明）馮夢龍撰　（清）蔡元放（蔡昇）重訂　清嘉慶六年（1801）刻本　二十四冊

230000－0906－0000274　4.8/03
**繪圖三國演義六十卷**　（明）羅貫中著　清光緒十六年（1890）刻本　十二冊

230000－0906－0000275　4.8/04
**增補齊省堂全圖儒林外史六十回**　（清）吳敬梓撰　清同治十三年（1874）石印本　六冊

230000－0906－0000276　4.5/01
**笠翁十種曲**　（清）李漁撰　清經本堂刻本　十三冊　存［憐香伴、二種曲（二冊）、三種曲（意中緣上、意中緣下）、第四種蜃種樓、第五

種凰求鳳、第六種奈何天、第七種比目魚上、七種曲、第八種玉搔頭、第九種巧團圓、第十種慎鸞交]

230000－0906－0000277　4.6/01
**來生福三十六回**　題(清)橘中逸叟撰　清同治九年(1870)刻本　二十四册

230000－0906－0000278　5.2/01
**真文忠公全集**　(宋)真德秀撰　清刻本　一百册

230000－0906－0000279　1.4/02
**詩經恒解六卷**　(清)劉沅輯注　清光緒三十一年(1905)鉛印本　六册

230000－0906－0000280　1.7/03
**禮記十卷**　(元)陳澔集說　清光緒八年(1882)刻本　四册　存四卷(一、六、九至十)

230000－0906－0000281　1.11/02
**讀左補義五十卷**　(清)姜炳璋輯　清同治十年(1871)刻本　九册　存二十八卷(一、二十二至四十、四十四至五十,首一卷)

230000－0906－0000282　1.11/06
**春秋左傳五十卷**　(晉)杜預注　清刻本　七册　存十七卷(十四至三十)

230000－0906－0000283　1.11/04
**讀左補義二十五卷**　(清)姜炳璋輯　清刻本　七册

230000－0906－0000284　1.11/05
**欽定春秋左傳讀本三十卷**　(清)英和輯　清光緒八年(1882)刻本　十一册　存二十卷(一至十二、十七至十八、二十五至三十)

230000－0906－0000285　1.18/04
**圓機韻學活法全書十四卷**　(明)王世貞增校　清刻本　二册　存四卷(一至四)

230000－0906－0000286　1.17/08
**皇清經解一千四百卷**　(清)阮元輯　清道光九年(1829)刻本　十三册　存五十六卷(一千二百八十四至一千三百三十九)

230000－0906－0000287　2.2/50
**漢書評林一百卷**　(明)凌稚隆輯校　明萬曆刻本　二十三册　存五十卷(十三至十五、三十四至三十六、四十四至八十五、九十九至一百)

# 黑龍江省伊春市圖書館古籍普查登記目録

全國古籍普查登記目録

國家圖書館出版社
National Library of China Publishing House

230000－0907－0000001　G00001——G00060
**御批通鑑輯覽一百二十卷**　（清）傅恆等纂　清光緒二十七年（1901）宏道書局刻本　六十册

230000－0907－0000002　G00061——G00142
**五經合纂大成**　（清）同文書局主人輯　清光緒石印本　八十二册　存（周易一至四，尚書一至二、四下、五上下、六，毛詩一至二十，周禮一至六，儀禮一至十七，禮記一至十，春秋左傳一至六十，春秋公羊傳，春秋穀梁傳，爾雅一至十一，孝經，大學，中庸，論語一至十，孟子一至七）

230000－0907－0000003　G00143——G00154
**增補事類統編九十三卷**　（清）黄葆眞增輯　清光緒十四年（1888）上海積山書局石印本　十二册

230000－0907－0000004　G00155——G00165
**情史類略二十四卷**　（明）馮夢龍輯　清道光二十八年（1848）三讓堂刻本　十一册

230000－0907－0000005　G00166——G00181
**增評加批歷史綱鑑補三十九卷**　（宋）司馬光通鑑　清光緒石印本　十四册

230000－0907－0000006　G00182——G00185
**輿地學講義二百二十課**　（清）韓樸存編　清光緒三十一年（1905）鉛印本　四册

230000－0907－0000007　G00186——G00196
**西遊真詮一百回**　（清）陳士斌詮解　清乾隆四十五年（1780）金閶書業堂刻本　十一册　存五十五回（一至五十、八十六至九十）

230000－0907－0000008　G00197——G00199
**杜陽雜編三卷**　（唐）蘇鶚撰　清刻本　三册

230000－0907－0000009　G00200——G00210
**古文分編集評卷三**　（清）于在衡裁定　（清）于光華編輯　清光緒三年（1877）刻本　五册

230000－0907－0000010　G00211——G00216
**忠武誌十卷**　（清）張鵬翮輯　清刻本　六册

230000－0907－0000011　G00217——G00220
**山海經箋疏十八卷圖讚一卷**　（晉）郭璞傳　（清）郝懿行箋疏　清嘉慶瑯嬛僊館刻本　四册

230000－0907－0000012　G00221——G00222
**黑龍江外紀八卷**　（清）西清撰　清光緒刻本　二册

230000－0907－0000013　G00223——G00224
**列子八卷**　（晉）張湛注　清光緒二年（1876）刻本　二册

230000－0907－0000014　G00225——G00244
**增訂精忠演義說本全傳二十卷**　（清）錢彩編次　（清）金豐增訂　清刻本　二十册

230000－0907－0000015　G00695——G00714
**四雪草堂重訂通俗隋唐演義二十卷一百回**　（清）褚人穫編　清康熙四雪草堂刻本（卷七三十至三十五回爲手抄補配）　二十册

230000－0907－0000016　G00251——G00298
**本草綱目五十二卷**　（明）李時珍撰　清乾隆三十二年（1767）刻本　四十八册

230000－0907－0000017　G00299
**蜀石經殘字一卷**　（清）陳宗彝撰　清道光六年（1826）刻本　一册

230000－0907－0000018　G00300——G00318
**新刻鍾伯敬先生批評封神演義二十卷一百回**　（明）許仲琳撰　（明）鍾惺評　清經綸堂刻本　十九册

230000－0907－0000019　G00319——G00322
**莊子因六卷**　（清）林雲銘評述　清光緒六年（1880）刻本　四册

230000－0907－0000020　G00323——G00346
**重訂綴白裘新集合編十二集四十八卷**　（清）錢德蒼增輯　（清）玩花主人輯　清道光三年（1823）刻本　二十四册

230000－0907－0000021　G00347——G00358
**鏡花緣二十卷一百回**　（清）李汝珍撰　清道光十二年（1832）刻本　十二册

230000－0907－0000022　G00359——G00364

**唐語林八卷** (宋)王讜撰 清乾隆刻本 六册

230000－0907－0000023 G00365——G00370
**淳化祕閣法帖考正十二卷** (清)王澍詳定 清順治刻本 六册

230000－0907－0000024 G00371——G00390
**忠烈俠義傳一百二十回** (清)石玉崑述 清光緒掃葉山房刻本 二十册

230000－0907－0000025 G00391——G00406
**水經注四十卷** (北魏)酈道元撰 清光緒十八年(1892)長沙王氏刻本 十六册

230000－0907－0000026 G00407——G00424
**日知錄三十二卷日知錄之馀四卷** (清)顧炎武撰 清乾隆六十年(1795)刻本 十八册

230000－0907－0000027 G00425——G00440
**聊齋志異增註十六卷** (清)蒲松齡撰 (清)王士正評 (清)呂湛恩注 清道光二十六年(1846)三讓堂刻本 十六册

230000－0907－0000028 G00441——G00452
**中東戰紀本末八卷續編四卷** 蔡爾康輯 (美國)林樂知譯 清光緒二十三年(1897)上海廣學會鉛印本 十四册

230000－0907－0000029 G00453——G00516
**明史稿三百十卷** (清)王鴻緒撰 清雍正敬慎堂刻本 六十四册

230000－0907－0000030 G00517——G00518
**天香樓外史誌異八卷** (明)思貞子著 (明)薛朝選 (明)袁枚輯 清光緒二十六年(1900)德記書局石印本 二册

230000－0907－0000031 G00529——G00534
**僞經考十四卷** 康有為撰 清光緒二十四年(1898)刻本 六册

230000－0907－0000032 G00535——G00540
**東萊左氏博議二十五卷** (宋)呂祖謙撰 清光緒二十四年(1898)刻本 六册

230000－0907－0000033 G00541——G00544
**甌鉢羅室書畫過目攷四卷** (清)李玉棻編輯 清光緒二十三年(1897)刻本 四册

230000－0907－0000034 G00545——G00558
**增補文成字彙十二卷首一卷末一卷** (明)梅膺祚撰 清同治七年(1868)刻本 十四册

230000－0907－0000035 G00559——G00562
**晏子春秋七卷** (春秋)晏嬰撰 (清)孫星衍校刊 **晏子春秋音義二卷** (清)孫星衍撰 **晏子春秋校勘二卷** (清)黄以周記 清光緒元年(1875)浙江書局刻本 四册

230000－0907－0000036 G00563——G00568
**定盦全集** (清)龔自珍撰 清宣統元年(1909)國學扶輪社鉛印本 六册

230000－0907－0000037 G00569——G00571
**諸史考異十八卷** (清)洪頤煊撰 清光緒十五年(1889)廣雅書局刻本 三册

230000－0907－0000038 G00576——G00580
**列女傳補注八卷敘錄一卷校正一卷** (清)王照圓撰 清嘉慶十七年(1812)郝氏曬書堂刻本 四册

230000－0907－0000039 G00581——G00590
**重刻繡像説唐演義全傳六十八回** (清)如蓮居士撰 清姑蘇緑慎堂刻本 十册 存五十三回(一至五十三回)

230000－0907－0000040 G00591——G00593
**女科仙方三卷** (清)傅山著 清光緒十七年(1891)刻本 三册

230000－0907－0000041 G00594——G00603
**繡像京本雲合奇蹤玉茗英烈全傳十卷八十回** (明)徐渭編 清刻本 十册

230000－0907－0000042 G00604;G00609
**西洋兵書二十二種** (清)上海日新社輯 清光緒二十七年(1901)上海日新社石印本 二册

230000－0907－0000043 G00613——G00618
**食物本草會纂十二卷** (清)沈李龍編 清刻本 六册 存十一卷(一至九、十一至十二)

230000－0907－0000044 G00619——G00624

**湘軍志十六卷**　王闓運撰　清光緒刻本　六冊

230000－0907－0000045　G00625——G00664；G00747——G00766
**欽定古今圖書集成一萬卷**　（清）陳梦雷編　清光緒二十二年至二十三年（1896－1897）鉛印本　六十冊　存五百二十卷（醫部彙考一至五百二十）

230000－0907－0000046　G00665——G00680
**粟香随筆八卷二筆八卷三筆八卷四筆八卷五筆八卷**　金武祥著　清掃葉山房石印本　十六冊

230000－0907－0000047　G00681——G00684
**豆棚閒話十二卷**　（清）艾納居士撰　清乾隆四十六年（1781）書業堂刻本　四冊

230000－0907－0000048　G00685——G00688
**詞綜三十卷**　（清）朱彝尊輯　（清）汪森輯　清康熙十七年（1678）汪氏裘抒樓刻本　四冊

230000－0907－0000049　G00689——G00694
**南華发覆八卷**　（明）釋性通撰　明末文奎堂刻本　六冊

230000－0907－0000050　G00695——G00714
**四雪草堂重訂通俗隋唐演義二十卷一百回**　（清）褚人穫撰　清康熙四雪草堂刻本　二十冊

230000－0907－0000051　G00715——G00746
**御選唐詩三十二卷目錄三卷**　（清）聖祖玄燁　（清）陳廷敬輯　清康熙五十二年（1713）刻本　三十二冊

# 黑龍江省大興安嶺地區圖書館古籍普查登記目録

全國古籍普查登記目録

國家圖書館出版社
National Library of China Publishing House

230000－0908－0000001　0600/0601
**新刊古列女傳八卷**　（漢）劉向撰　（晉）顧愷之繪　清嘉慶八年（1803）文選樓影宋刻本　二册

230000－0908－0000002　0640/0649
**漁洋山人古詩選五言詩十七卷七言今體詩鈔九卷五言今體詩鈔九卷七言詩歌行鈔十五卷**　（清）王士禛選　清同治五年（1866）金陵書局刻本　十册

230000－0908－0000003　0654/0659
**史記菁華錄六卷**　（清）姚苎田撰　清同治十一年（1872）趙氏刻本　六册

230000－0908－0000004　0660/0671
**蘇文忠公詩集五十卷目錄二卷**　（宋）蘇軾撰　（清）紀昀評點　清同治八年（1869）韞玉山房刻本　十二册

230000－0908－0000005　0524/0547
**西遊真詮一百回**　（清）陳士斌撰　清乾隆文奎堂刻本　二十四册

230000－0908－0000006　0381/0392
**日知錄三十二卷**　（清）顧炎武撰　清康熙五十八年（1719）經義齋刻本　十二册

230000－0908－0000007　0516/0523
**繪風亭評第七才子書琵琶記六卷釋義一卷**（元）高明撰　**才子琵琶寫情篇一卷**　（清）陳方平輯　清雍正映秀堂刻本　八册

230000－0908－0000008　0470/0489
**四大奇書第一種**　（明）羅貫中撰　（清）毛宗崗評　清康熙至乾隆間善成堂刻本　二十册

230000－0908－0000009　0510/0515
**繪像第六才子書八卷**　（元）王實甫著　（清）金聖歎評　清乾隆刻本　六册

230000－0908－0000010　0602/0625
**御選唐宋詩醇四十七卷**　（清）高宗弘曆選　清乾隆二十五年（1760）江蘇刻本　二十二册

230000－0908－0000011　0224/0231
**戰國策校注十卷**　（宋）鮑彪校注　（元）吳師道重校　清乾隆文盛堂刻本　八册

230000－0908－0000012　0236/0259
**四書朱子本義匯粲四十三卷首四卷**　（清）王步青輯　清乾隆十年（1745）敦復堂刻本　二十四册　存三十四卷（一至五、十五至四十三）

230000－0908－0000013　5287/5296
**夷堅志十集二十卷**　（宋）洪邁撰　清乾隆四十三年（1778）刻本　十册

230000－0908－0000014　0596/0599
**荀子不分卷管子不分卷**　（清）方苞删定　清乾隆元年（1736）刻本　四册

230000－0908－0000015　0286/0303
**李太白文集三十卷附錄六卷**　（唐）李白撰（清）王琦輯注　清乾隆二十四年（1759）聚錦堂刻本　十八册

230000－0908－0000016　0579/0587
**呂氏春秋二十六卷**　（秦）呂不韋撰　清乾隆靈巖山館刻本　九册

230000－0908－0000017　0553/0554
**註釋唐詩三百首不分卷**　（清）孫洙編　清乾隆二十八年（1763）文成堂刻本　二册

230000－0908－0000018　0393/0402
**左繡三十卷**　（清）馮李驊　（清）陸浩評輯　清康熙五十九年（1720）華川書屋刻本　十册

230000－0908－0000019　0490/0509
**第五才子書水滸傳七十五卷**　（元）施耐菴撰（清）金人瑞評　清雍正十二年（1734）芥子園刻本　二十册

230000－0908－0000020　0403/0410
**二十一史文鈔不分卷**　（明）戴羲選　清康熙抄本　八册

230000－0908－0000021　0314/0323
**香山詩鈔二十卷**　（唐）白居易撰　（清）楊大鶴選　清康熙四十年（1701）刻本　十册

230000－0908－0000022　0588/0595
**五代史七十四卷**　（宋）歐陽修撰　（宋）徐無

黨注　明毛晉汲古閣刻本　八册

230000－0908－0000023　0549/0552
**古詩源四卷**　（清）沈德潛輯　清乾隆刻本　四册

230000－0908－0000024　0375/0380
**古文觀止十二卷**　（清）吴乘權　（清）吴大職手錄　清康熙三十四年（1695）李光明莊刻本　六册

230000－0908－0000025　0232/0235
**詩經朱傳八卷**　（清）孫慶甲校述　清京口文成堂刻本　四册

230000－0908－0000026　0332/0371
**東坡先生全集七十五卷**　（宋）蘇軾撰　明末文盛堂刻本　四十册

230000－0908－0000027　0555/0578
**景岳全書六十四卷**　（明）張介賓著　（明）魯超訂　清乾隆三十三年（1768）藜照樓刻本　二十四册

230000－0908－0000028　0280/0283
**讀史提要錄十二卷**　（清）夏之蓉編　清乾隆三十七年（1772）刻本　四册

230000－0908－0000029　0584
**南唐書十八卷**　（宋）陸游撰　明末汲古閣刻本　一册

230000－0908－0000030　0411/0429
**新增說文韻府羣玉二十卷**　（元）陰時夫輯（元）陰中夫注　明萬曆文光堂刻本　二十册　存十九卷（一至十四、十六至二十）

230000－0908－0000031　0324/0331
**居易錄三十四卷**　（清）王士禛著　清乾隆刻本　八册

230000－0908－0000032　0204/0223
**春秋大事表五十卷**　（清）顧棟高輯　清乾隆十三年（1748）萬卷樓刻本　二十册

230000－0908－0000033　0260/0279
**史記評林一百三十卷**　（明）凌稚隆輯校　明萬曆刻本　二十册

230000－0908－0000034　0304/0313
**白香山詩集四十卷附年譜二卷**　（唐）白居易撰　（清）汪立名編　清康熙四十一年（1702）一隅草堂刻本　十册

230000－0908－0000035　1505/1532
**杜詩詳註二十五卷首一卷附編二卷**　（清）仇兆鰲輯　清康熙三十二年（1693）大文堂刻本　二十八册

230000－0908－0000036　0765/0766
**李商隱詩集三卷**　（唐）李商隱撰　清宣統影印本　二册

230000－0908－0000037　0672/0691
**史畧八十七卷**　（清）朱堃輯　清同治六年（1867）狀元閣刻本　二十册

230000－0908－0000038　0767/0770
**板橋詞鈔一卷板橋題畫一卷與舍弟書十六通一卷衜情十首一卷**　（清）鄭燮著　清乾隆刻後印本　四册

230000－0908－0000039　0725/0764
**朱子集一百四卷目錄二卷**　（宋）朱熹撰　清同治元年（1862）刻本　四十册

230000－0908－0000040　0692/0701
**杜詩鏡銓二十卷**　（清）楊倫編　**讀書堂杜工部文集註解二卷**　（清）張溍評注　清同治十一年（1872）望三益齋刻本　十册

230000－0908－0000041　0771/0778
**環地福分類字課圖說八卷**　（清）南洋公學編　清宣統二年（1910）上海普新書局石印本　八册

230000－0908－0000042　0793/0842，5483/5496
**宋史四百九十六卷目錄三卷**　（元）脱脱等修　清光緒三十四年（1908）上海集成圖書公司鉛印本　六十四册

230000－0908－0000043　0855/0866
**南北史識小錄二十八卷**　（清）沈名蓀　（清）朱昆田輯　（清）張應昌補　清同治十年（1871）清来堂刻本　十二册

230000－0908－0000044　0872/0887
**欽定詩經傳說彙纂二十一卷首二卷**　(清)王鴻緒纂　清光緒十四年(1888)江南書局刻本　十六册

230000－0908－0000045　0904/0905
**周易四卷**　(宋)朱熹本義　清光緒十九年(1893)千秋坊宛委山莊刻本　二册

230000－0908－0000046　0906/0907
**老子道德經解二卷**　(明)釋德清著　清同治十二年(1873)桂耕堂刻本　二册

230000－0908－0000047　0908/0917
**歷科朝元卷不分卷**　(清)王維珍署檢　清宣統二年(1910)影印本　十册

230000－0908－0000048　0936
**老子章義二卷**　(清)姚鼐撰　清同治九年(1870)刻本　一册

230000－0908－0000049　0937
**尸子二卷**　(清)汪繼培輯　清光緒三年(1877)浙江書局刻本　一册

230000－0908－0000050　0962/0965
**帝王表不分卷**　(清)齊召南編　(清)阮亨梅校勘　清道光四年(1824)小琅嬛僊館刻本　四册

230000－0908－0000051　0966/0975
**繪圖增像第五才子書水滸全傳十卷七十回**　(元)施耐庵撰　(清)金人瑞評釋　清光緒十八年(1892)上海廣百宋齋石印本　十册

230000－0908－0000052　0979
**百家姓一卷千字文一卷**　(清)左清源纂輯　(清)左輔校刊　清光緒元年(1875)刻本　一册

230000－0908－0000053　0988/0991
**春泉聞見錄四卷**　(清)劉壽眉撰　清嘉慶五年(1800)刻本　四册

230000－0908－0000054　1010
**詞選二卷附錄不分卷**　(清)張惠言錄　清同治六年(1867)刻本　一册

230000－0908－0000055　1012/1015
**西泠懷古集十卷**　(清)陳文述著　清光緒九年(1883)刻本　一册

230000－0908－0000056　1016/1039
**皇朝經世文編一百二十卷姓名總目二卷**　(清)賀長齡輯　清光緒十三年(1887)上海廣百宋齋鉛印本　二十四册

230000－0908－0000057　1040/1071
**皇朝經世文續編一百二十卷**　(清)葛士濬輯　清光緒十四年(1888)上海圖書集成局鉛印本　三十二册

230000－0908－0000058　1078
**金陵百詠一卷**　(宋)曾極撰　清宣統三年(1911)刻本　一册

230000－0908－0000059　1083/1088
**遵註四書旁訓讀本不分卷**　(宋)朱熹注　(清)張九儀輯　清乾隆五十五年(1790)會成堂刻本　六册

230000－0908－0000060　1089/1094
**書經六卷**　(宋)蔡沈集注　清泰州大西山房刻本　六册

230000－0908－0000061　1100/1111
**詞律二十卷**　(清)萬樹撰　**詞律拾遺八卷**　(清)徐本立纂　**詞律補遺不分卷**　(清)杜文瀾編　清光緒二年(1876)刻本　十二册

230000－0908－0000062　1112
**趙註孫子五卷**　(明)趙本學注　清同治二年(1863)刻本　一册

230000－0908－0000063　1119
**大清光緒二十二年歲次丙申時憲書不分卷**　清内府刻本　一册

230000－0908－0000064　1132
**支那史教科書不分卷**　(日本)富山房編　(清)唐淦譯　清光緒二十九年(1903)上海東亞譯書局石印本　一册

230000－0908－0000065　1133/1140
**歷代地理志韻編今釋二十卷皇朝輿地韻編二**

卷　(清)李兆洛輯　清同治九年(1870)合肥李鴻章刻李氏五種本　八册

230000－0908－0000066　1163/1178
**聊齋志異新評十六卷**　(清)蒲松齡著　(清)王士正評　(清)但明倫新評　清道光二十二年(1842)廣順但氏刻朱墨套印本　十六册

230000－0908－0000067　1179
**乙巳東瀛遊記不分卷**　(清)周錫璋撰　清光緒三十一年(1905)鉛印本　一册

230000－0908－0000068　0284/0285
**文心雕龍十卷**　(南朝梁)劉勰撰　清乾隆養素堂刻本　二册

230000－0908－0000069　1190
**華盛頓傳一卷重譯富國策一卷會報一卷**　(清)蔡國昭　(清)黎汝謙譯　清光緒十二年(1886)鉛印本　一册

230000－0908－0000070　1278/1283
**莊子因六卷**　(清)林雲銘撰　(清)楊攀梅考訂　清嘉慶二年(1797)刻本　六册

230000－0908－0000071　1301/1304
**山海經十八卷**　(晉)郭璞傳　(清)畢沅校勘　清光緒二十三年(1897)文瑞樓刻本　四册

230000－0908－0000072　1305/1310
**初學檢韵一卷**　(清)姚文登輯　清光緒十四年(1888)上海同文書局石印本　六册

230000－0908－0000073　1311
**揭子宣先生兵法百言三卷**　(清)揭子宣撰　(清)侯蓉釋証　清光緒三十四年(1908)石印本　一册

230000－0908－0000074　1321/1344
**東周列國志二十三卷**　(清)蔡元放(蔡奡)評述　清光緒十二年(1886)上海江左書林刻本　二十四册

230000－0908－0000075　1367/1368
**東洋史要二卷**　(日本)桑原隲藏撰　樊炳清譯　清光緒二十五年(1899)石印本　二册

230000－0908－0000076　1370/1377
**歷代名賢手札八卷**　(清)蕭士珂輯　清光緒二十二年(1896)學古斎石印本　八册

230000－0908－0000077　1396/1400
**紅樓夢傳奇二卷**　(清)紅豆邨樵(仲振奎)填詞　(清)邗亭居士按拍　清同治十二年(1873)友于堂刻本　五册

230000－0908－0000078　1401/1416
**遊戲世界十六期**　(清)寅半生輯　清光緒杭州崇實齋石印本　十六册

230000－0908－0000079　2340/2349
**重訂法國志略二十四卷**　(清)王韜撰　清光緒十六年(1890)鉛印本　十册

# 黑龍江省雞西市圖書館古籍普查登記目録

全國古籍普查登記目録

國家圖書館出版社
National Library of China Publishing House

230000－0909－0000001　經 1/1
**二十一史四譜五十四卷**　(清)沈炳震抄　清同治十年(1871)武林吳氏清來堂刻本　十六册

230000－0909－0000002　經 4/1
**詩經嫏嬛體注大全八卷**　(清)沈三曾撰　清光緒元年(1875)刻本　四册

230000－0909－0000003　經 102/1
**説文解字十五卷**　(漢)許慎撰　清光緒十一年(1885)刻本　十四册

230000－0909－0000004　經 61/1
**欽定春秋左傳讀本三十卷**　(清)英和纂輯　清同治十一年(1872)刻本　十六册

230000－0909－0000005　經 9/1
**群書拾補不分卷**　(清)盧文弨撰　清光緒十三年(1887)石印本　八册

230000－0909－0000006　經 103/3
**韻辨附文五卷**　(清)沈兆霖輯　清道光二十三年(1843)刻本　四册

230000－0909－0000007　史 8/1
**資治新書初集十四卷首一卷二集二十卷**　(清)李漁撰　清光緒二十年(1894)上海圖書集成印書局鉛印本　十二册

230000－0909－0000008　史 52/1
**陽明先生集要三種**　(明)王守仁撰　清宣統三年(1911)鉛印本　四册

230000－0909－0000009　史 6/1
**三國志證聞三卷**　(清)錢儀吉撰　清光緒十一年(1885)刻本　二册

230000－0909－0000010　史 86/1
**聖武記十四卷**　(清)魏源撰　清道光二十二年(1842)刻本　九册

230000－0909－0000011　史 95/1
**彙刻書目二十卷**　(清)顧修撰　清光緒十二年(1886)刻本　二十册

230000－0909－0000012　史 55/2
**曾文正公家書十卷**　(清)曾國藩撰　清光緒十三年(1887)鉛印本　六册

230000－0909－0000013　史 85/3
**中東戰紀本末八卷續編四卷**　(美國)林樂知譯　蔡尔康著　清光緒二十二年(1896)鉛印本　十二册

230000－0909－0000014　史 52/2
**關帝全書四十卷**　(清)黄啟曙輯　清光緒十四年(1888)刻本　八册　缺十七卷(二十四至四十)

230000－0909－0000015　史 8/5
**欽定大清會典一百卷**　(清)允祹纂　清光緒二十七年(1901)上海文林石印本　六册

230000－0909－0000016　史 4/7
**書林清話十卷**　葉德辉述　清宣統三年(1911)刻本　五册

230000－0909－0000017　史 4/4
**東萊左氏博議二十五卷**　(宋)吕祖謙撰　清光緒二十八年(1902)套印本　六册

230000－0909－0000018　史 951/3
**四庫全書總目二百卷**　(清)紀昀等編　清同治七年(1868)廣東書局刻本　一百册

230000－0909－0000019　史 52/3
**史外六卷**　(清)汪有典撰　清光緒二年(1876)刻本　三册

230000－0909－0000020　史 8/2
**牧令須知六卷**　(清)剛毅撰　清光緒十五年(1889)江蘇書局刻本　二册

230000－0909－0000021　史 2/5
**綱鑑易知録九十二卷**　(清)吴乘權等輯　清同治二年(1863)寶慶經綸堂刻本　四十册

230000－0909－0000022　集 61/2
**歸田瑣記八卷**　(清)梁章鉅著　清道光二十八年(1848)刻本　四册

230000－0909－0000023　史 942/2
**薛氏鐘鼎款識二十卷**　(宋)薛尚功撰　清嘉慶二年(1797)刻本　四册

230000－0909－0000024　史 8/10
**宋朝事實二十卷**　（宋）李攸撰　清刻本　六册

230000－0909－0000025　史 2/4
**歷代帝王年表三卷紀元編三卷**　（清）齊召南編　清乾隆四十二年（1777）廣雅堂刻本　六册

230000－0909－0000026　史 5/1
**宋名臣言行録前集十卷後集十四卷續集八卷別集二十六卷外集十七卷**　（宋）朱熹　（宋）李幼武撰　清道光元年（1821）補刻本　十二册

230000－0909－0000027　史 86/3
**讀史兵略四十六卷**　（清）胡林翼纂　清咸豐十一年（1861）刻本　十六册

230000－0909－0000028　子 122/3
**日知録三十二卷**　（清）顧炎武著　清康熙三十四年（1695）遂初堂刻本　十册

230000－0909－0000029　子 15/6
**省軒考古類編六卷**　（清）柴紹炳選　清道光五年（1825）刻本　一册

230000－0909－0000030　子 123/3
**癸巳存稿十五卷**　（清）俞正燮撰　清光緒十年（1884）刻本　十册

230000－0909－0000031　子 123/2
**日知録集釋三十二卷**　（清）顧炎武著　清刻本　十六册

230000－0909－0000032　子 15/5
**秘書二十八種**　（清）汪士漢輯　清道光三年（1823）刻本　二十四册

230000－0909－0000033　子 123/5
**日知録三十二卷日知録之餘四卷**　（清）顧炎武著　清乾隆六十年（1795）刻本　二十四册

230000－0909－0000034　子 8/2
**醫學叢書新編四十卷**　（清）丁丙輯　清光緒四年（1878）當歸草堂刻本　十二册

230000－0909－0000035　子 8/10
**外臺秘要四十卷**　（唐）王燾撰　清同治十三年（1874）刻本　四十册

230000－0909－0000036　子 86/1
**臨證指南十卷**　（清）葉桂撰　清乾隆二十九年（1764）刻本　十四册

230000－0909－0000037　子 81/4
**驗方新編十六卷**　（清）鮑相璈撰　清刻本　八册

230000－0909－0000038　子 81/1
**繪圖東醫寶鑑二十三卷**　（朝鮮）許浚編輯　清光緒十六年（1890）校經山房石印本　十五册

230000－0909－0000039　子 81/5
**重校本草從新十八卷**　（清）吳儀洛編　清宣統二年（1910）刻本　四册

230000－0909－0000040　子 85/2
**丹溪心法九卷**　（元）朱震亨著　明成化十八年（1482）刻本　十八册

230000－0909－0000041　子 8/9
**本草綱目拾遺十卷**　（清）趙學敏撰　清同治十年（1871）刻本　十册

230000－0909－0000042　子 81/3
**古今千家名醫萬方類編三十二卷**　（清）曹繩彦輯　（清）費伯雄重訂　清光緒三十年（1904）刻本　三十二册

230000－0909－0000043　子 81/6
**醫宗金鑑六十卷**　（清）吳謙等撰　清光緒三十年（1904）刻本　四十八册

230000－0909－0000044　子 8/8
**驗方新編十六卷**　（清）鮑相璈撰　清光緒十六年（1890）刻本　十册

230000－0909－0000045　集 61/4
**閱微草堂筆記二十四卷**　（清）紀昀撰　清刻本　十册

230000－0909－0000046　子 7/2
**齊民要術十卷**　（北魏）賈思勰撰　清光緒元年（1875）刻本　四册

230000－0909－0000047　子 88/2

**繪圖竇太師外科全書六卷**　(宋)竇杰撰　(宋)竇夢麟續增　清宣統二年(1910)石印本　六冊

230000－0909－0000048　子 88/1

**外科正宗十二卷**　(明)陳實功撰　清咸豐十年(1860)刻本　六冊

230000－0909－0000049　子 87/2

**傷寒論四卷**　(晉)王叔和編著　清乾隆三十年(1765)嵩秀堂刻本　四冊

230000－0909－0000050　集 37/4

**國朝閨閣詩抄不分卷**　(清)蔡殿齊編　清道光二十四年(1844)刻本　十二冊

230000－0909－0000051　子 8/6

**嵩厓尊生全書十五卷**　(清)景日昣著　清乾隆五十五年(1790)刻本　八冊

230000－0909－0000052　集 6/2

**古文淵鑒六十四卷**　(清)徐乾學等編注　清刻本　三十二冊

230000－0909－0000053　集 11/2

**飲冰室文集十八卷**　梁啓超著　清光緒二十九年(1903)鉛印本　十八冊

230000－0909－0000054　集 61/3

**履園叢話二十四卷**　(清)錢泳輯　清同治九年(1870)刻本　八冊

230000－0909－0000055　集 5/3

**繪圖綴白裘全集十二集四十八卷**　(清)玩花主人輯　(清)錢德蒼增輯　清光緒三十四年(1908)石印本　六冊

230000－0909－0000056　集 31/1

**漢魏叢書**　(清)王謨輯　清光緒二十年(1894)刻本　一百冊

230000－0909－0000057　集 5/4

**宋詩鈔初集**　(清)吳孟舉　(清)吳自牧選　清康熙十年(1671)鑑古堂刻本　三十二冊

230000－0909－0000058　集 61/4

**樂府詩集一百卷**　(宋)郭茂倩編次　清同治十三年(1874)刻本　十六冊

# 黑龍江省望奎縣圖書館古籍普查登記目録

全國古籍普查登記目録

國家圖書館出版社
National Library of China Publishing House

230000－0915－0000001　0001－0004
**監本書經六卷**　（宋）蔡沈集傳　清宣統元年（1909）刻本　四冊

230000－0915－0000002　0005－0020
**春秋左傳杜林合注五十卷**　（晉）杜預注（宋）林堯叟補注　清光緒三十一年（1905）石印本　十六冊

230000－0915－0000003　0021－0026
**康熙字典三十六卷總目一卷檢字一卷辨似一卷等韻一卷補遺一卷備考一卷**　（清）張玉書等撰　清同治石印本　六冊

230000－0915－0000004　0027－0040
**蘭亭序文不分卷**　清宣統三年（1911）影印本　十四冊

230000－0915－0000005　0041－0048
**重訂古文釋義八卷**　（清）余誠評註　清宣統二年（1910）刻本　八冊

230000－0915－0000006　0049－0052
**養雲山館試帖四卷**　（清）許球著　清光緒二十二年（1896）刻本　四冊

230000－0915－0000007　0053－0060
**七家試帖輯注匯鈔七種九卷**　（清）張熙宇輯（清）王植桂注　清同治九年（1870）刻本　八冊

# 黑龍江省安達市圖書館古籍普查登記目録

全國古籍普查登記目録

國家圖書館出版社
National Library of China Publishing House

230000－0916－0000001　k204.3/1
**欽定宋史四百九十六卷**　(元)脱脱等撰　清光緒三十三年(1907)上海華商集成圖書公司鉛印二十四史本　二十一册　存一百七十五卷(二百十至二百十四、二百二十二至二百二十四、二百二十九至二百三十一、二百三十五至二百九十九、三百九十八至四百九十六)

230000－0916－0000002　k204.3/2
**欽定舊唐書二百卷**　(五代)劉昫等撰　清光緒三十三年(1907)上海華商集成圖書公司鉛印二十四史本　十册　存八十一卷(四十四至一百二十四)

230000－0916－0000003　k204.3/3
**欽定南史八十卷**　(唐)李延壽撰　清光緒三十三年(1907)上海華商集成圖書公司鉛印二十四史本　十二册

230000－0916－0000004　k204.3/4
**欽定魏書一百十四卷**　(北齊)魏收撰　清光緒三十三年(1907)上海華商集成圖書公司鉛印二十四史本　八册　存四十八卷(六十七至一百十四)

230000－0916－0000005　k204.3/5
**欽定後漢書一百二十卷**　(南朝宋)范曄撰　清光緒三十三年(1907)上海華商集成圖書公司鉛印二十四史本　十二册

230000－0916－0000006　k204.3/6
**欽定晉書一百三十卷**　(唐)太宗李世民撰　清光緒三十三年(1907)上海華商集成圖書公司鉛印二十四史本　八册　存七十卷(六十一至一百三十)

230000－0916－0000007　k204.3/7
**[光緒]吉林通志一百二十二卷**　(清)長順等修　清刻本　八册　存二十卷(四十一至六十)

# 《黑龍江省哈爾濱市圖書館古籍普查登記目録》
## 書名筆畫字頭索引

### 一畫



### 二畫



### 三畫



### 四畫



### 五畫

## 六畫



## 七畫

## 八畫



## 九畫

## 十畫

## 十一畫



## 十二畫

## 十三畫

## 十四畫



## 十五畫



## 十六畫

## 十七畫



## 十八畫



## 十九畫



## 二十畫

## 二十一畫



## 二十二畫



## 二十四畫



## 二十六畫

# 《黑龍江省哈爾濱市圖書館古籍普查登記目録》書名筆畫索引

## 一畫



## 二畫



## 三畫

## 四畫

## 五畫

## 六畫

## 七畫

## 八畫

## 九畫

## 十畫

## 十一畫

## 十二畫

## 十三畫

## 十四畫

## 十五畫

## 十六畫

## 十七畫



## 十八畫

## 十九畫

## 二十畫



## 二十一畫



## 二十二畫

## 二十四畫



## 二十六畫

# 《黑龍江省齊齊哈爾市圖書館古籍普查登記目録》
## 書名筆畫字頭索引

### 一畫



### 二畫



### 三畫



### 四畫



### 五畫

## 六畫



## 七畫

## 八畫

## 九畫



## 十畫

## 十一畫

## 十二畫



## 十三畫

## 十四畫

## 十五畫



## 十六畫

## 二十二畫



## 二十三畫



## 二十四畫

# 《黑龍江省齊齊哈爾市圖書館古籍普查登記目録》
## 書名筆畫索引

### 一畫



### 二畫



### 三畫

## 四畫

## 五畫

## 六畫

## 七畫

## 八畫

## 九畫

## 十畫

## 十一畫

## 十二畫

## 十三畫

## 十四畫

## 十五畫

## 十六畫

## 十七畫

## 十八畫



## 十九畫

## 二十畫



## 二十一畫



## 二十二畫

## 二十三畫



## 二十四畫

# 《黑龍江省佳木斯市圖書館古籍普查登記目録》
## 書名筆畫字頭索引

### 二畫



### 三畫



### 四畫



### 五畫



### 七畫



### 八畫



### 九畫



### 十畫



### 十一畫



### 十二畫



### 十三畫

## 十四畫



## 十五畫



## 十六畫



## 十七畫



## 十九畫



## 二十一畫



## 二十二畫

# 《黑龍江省佳木斯市圖書館古籍普查登記目録》
## 書名筆畫索引

## 十二畫



## 十三畫



## 十四畫



## 十五畫



## 十六畫



## 十七畫



## 十九畫



## 二十一畫



## 二十二畫

# 《黑龍江省牡丹江市圖書館古籍普查登記目録》
## 書名筆畫字頭索引

### 二畫



### 三畫



### 四畫



### 五畫



### 六畫



### 七畫



### 八畫

## 九畫



## 十畫



## 十一畫



## 十二畫

## 十三畫



## 十四畫



## 十五畫



## 十六畫



## 十七畫



## 十八畫



## 十九畫



## 二十畫

## 二十一畫



## 二十二畫

# 《黑龍江省牡丹江市圖書館古籍普查登記目録》
## 書名筆畫索引

### 二畫



### 三畫



### 四畫



### 五畫

## 六畫



## 七畫



## 八畫

## 九畫



## 十畫



## 十一畫

## 十二畫



## 十三畫



## 十四畫

## 十五畫



## 十六畫



## 十七畫



## 十八畫



## 十九畫



## 二十畫

## 二十一畫



## 二十二畫

# 《黑龍江省大慶市圖書館古籍普查登記目録》
## 書名筆畫字頭索引

### 二畫



### 三畫



### 四畫



### 五畫



### 六畫



### 七畫



### 八畫

## 九畫



## 十畫



## 十一畫



## 十二畫



## 十三畫



## 十四畫

## 十五畫



## 十六畫



## 十七畫



## 十八畫



## 十九畫



## 二十畫



## 二十一畫



## 二十二畫



## 二十四畫

# 《黑龍江省大慶市圖書館古籍普查登記目録》
## 書名筆畫索引

### 二畫



### 三畫



### 四畫



### 五畫

## 六畫



## 七畫



## 八畫

## 九畫



## 十畫



## 十一畫

## 十二畫



## 十三畫



## 十四畫



## 十五畫



## 十六畫

## 十七畫



## 十八畫



## 十九畫



## 二十畫



## 二十一畫



## 二十二畫



## 二十四畫

#《黑龍江省伊春市圖書館古籍普查登記目録》
## 書名筆畫字頭索引

### 三畫



### 四畫



### 五畫



### 六畫



### 七畫



### 八畫



### 九畫



### 十畫



### 十一畫



### 十二畫



### 十三畫

## 十五畫



## 十七畫



## 十九畫

# 《黑龍江省伊春市圖書館古籍普查登記目録》
# 書名筆畫索引

## 三畫



## 四畫



## 五畫



## 六畫



## 七畫



## 八畫



## 九畫



## 十畫



## 十一畫



## 十二畫

## 十三畫



## 十五畫



## 十七畫



## 十九畫

# 《黑龍江省大興安嶺地區圖書館古籍普查登記目録》書名筆畫字頭索引

## 二畫



## 三畫



## 四畫



## 五畫



## 六畫



## 七畫



## 八畫



## 九畫



## 十畫

## 十一畫



## 十二畫



## 十三畫



## 十四畫



## 十五畫



## 十六畫



## 十七畫



## 十九畫



## 二十二畫

# 《黑龍江省大興安嶺地區圖書館古籍普查登記目録》
## 書名筆畫索引

### 二畫



### 三畫



### 四畫



### 五畫



### 六畫



### 七畫



### 八畫



### 九畫

## 十畫



## 十一畫



## 十二畫



## 十三畫



## 十四畫



## 十五畫



## 十六畫



## 十七畫



## 十九畫



## 二十二畫

# 《黑龍江省雞西市圖書館古籍普查登記目録》
## 書名筆畫字頭索引

### 二畫



### 三畫



### 四畫



### 五畫



### 七畫



### 八畫



### 九畫



### 十畫



### 十一畫



### 十二畫



### 十三畫



### 十四畫

## 十五畫



## 十六畫



## 十七畫



## 十八畫



## 十九畫



## 二十二畫



## 二十三畫

# 《黑龍江省雞西市圖書館古籍普查登記目録》
## 書名筆畫索引

### 二畫



### 三畫



### 四畫



### 五畫



### 七畫



### 八畫



### 九畫



### 十畫



### 十一畫



### 十二畫



### 十三畫

## 十四畫



## 十五畫



## 十六畫



## 十七畫



## 十八畫



## 十九畫



## 二十二畫



## 二十三畫

# 《黑龍江省望奎縣圖書館古籍普查登記目録》
## 書名筆畫字頭索引

### 二畫



### 九畫



### 十一畫



### 十四畫



### 二十畫

# 《黑龍江省望奎縣圖書館古籍普查登記目録》
## 書名筆畫索引

### 二畫



### 九畫



### 十一畫



### 十四畫



### 二十畫

# 《黑龍江省安達市圖書館古籍普查登記目録》
## 書名筆畫字頭索引

### 六畫



### 十二畫

# 《黑龍江省安達市圖書館古籍普查登記目録》
## 書名筆畫索引

### 六畫



### 十二畫